Urs Dempfle

Charakterisierung, Analyse und Beeinflussung der Konzernsteuerquote

GABLER EDITION WISSENSCHAFT

Forschungsreihe
Rechnungslegung und Steuern

Herausgegeben von
Professor Dr. Christoph Watrin,
Universität Münster

Urs Dempfle

Charakterisierung, Analyse und Beeinflussung der Konzernsteuerquote

Mit einem Geleitwort von Prof. Dr. Norbert Herzig

Deutscher Universitäts-Verlag

Bibliografische Information Der Deutschen Nationalbibliothek
Die Deutsche Nationalbibliothek verzeichnet diese Publikation in der Deutschen Nationalbibliografie; detaillierte bibliografische Daten sind im Internet über <http://dnb.d-nb.de> abrufbar.

Dissertation Universität zu Köln, 2006

1. Auflage September 2006

Lektorat: Brigitte Siegel / Anita Wilke

Der Deutsche Universitäts-Verlag ist ein Unternehmen von Springer Science+Business Media.
www.duv.de

Umschlaggestaltung: Regine Zimmer, Dipl.-Designerin, Frankfurt/Main
Druck und Buchbinder: Rosch-Buch, Scheßlitz
Gedruckt auf säurefreiem und chlorfrei gebleichtem Papier
Printed in Germany

ISBN-10 3-8350-0534-0
ISBN-13 978-3-8350-0534-1

Geleitwort

In der jüngeren Vergangenheit hat das Interesse an der Konzernsteuerquote, in der die effektive Ertragsteuerbelastung eines Konzerns zu dessen Periodenergebnis vor Steuern ins Verhältnis gesetzt wird, kontinuierlich zugenommen. Die hierbei als Belastungsgröße herangezogene effektive Steuerbelastung setzt sich zusammen aus der tatsächlichen und der latenten Steuerbelastung des Konzernergebnisses. Es kann daher nicht verwundern, dass der Bedeutungszuwachs der Konzernsteuerquote in Deutschland durch die im Bereich der Konzernabschlüsse immer weiter vordringende internationale Rechnungslegung große Unterstützung erfährt. Denn hiermit geht ein immenser Bedeutungszuwachs der latenten Steuern in der Rechnungslegung deutscher Konzerne einher, so dass der effektive Steueraufwand bei Anwendung der IAS/IFRS oder der US-GAAP regelmäßig einen engen sachlichen Zusammenhang mit dem Periodenergebnis vor Steuern aufweist. Konzernsteuerquoten wohnt bei Anwendung internationaler Rechnungslegungsgrundsätze daher eine besonders große Aussagekraft inne.

Außerdem enthält ein Konzernabschluss nach internationalen Rechnungslegungsgrundsätzen, aber auch nach DRS, die verpflichtende Angabe einer *tax reconciliation*. In dieser steuerlichen Überleitungsrechnung wird ausgehend von einer erwarteten Steuerbelastung die effektive Steuerbelastung des Konzerns hergeleitet und dadurch besonders anschaulich erläutert. Insbesondere durch diese Verpflichtung zur Erläuterung der Entwicklung der Konzernsteuerquote unterstützen die Vorschriften der internationalen Rechnungslegung deren Bedeutungszuwachs bei der Analyse von Konzernabschlüssen durch deren Hauptinteressenten, namentlich Investoren und von diesen beauftragte externe Analysten.

Während jedoch die Konzernsteuerquote als Kennzahl der Konzernabschlussanalyse in der Praxis zunehmend Beachtung findet, fehlte es im deutschsprachigen Schrifttum bislang an einer grundlegenden und umfassenden theoretischen Auseinandersetzung mit dieser Thematik. Diese Forschungslücke schließt die vorliegende Arbeit von Urs Dempfle, die im Sommersemester 2006 von der Wirtschafts- und Sozialwissenschaftlichen Fakultät der Universität zu Köln als Dissertation angenommen worden ist. Den Schwerpunkt der Untersuchung bildet dabei, nach einer sorgfältigen Grundlegung der Thematik unter den Aspekten der technischen und funktionalen Charakterisierung der Konzernsteuerquote, die Betrachtung der Herleitung und Erläuterung der Konzernsteuerquote in der Überleitungsrechnung. Diese Überlegungen sind außerordentlich interessant und führen zu einem erheblichen Erkenntnisfortschritt, der sich aus dem Zusammenspiel von empirischen Erhebungen und theoretisch fundierten Anforderungen an die Überleitungsrechnung ergibt. Aufbauend auf die hierbei herausgearbeiteten Erkenntnisse werden die Möglichkeiten und die wesentlichen Ansätze zu einer Beeinflussung der Konzernsteuerquote systematisiert und ausführlich diskutiert.

Insgesamt dringt die Arbeit dabei in einen bisher nur unzureichend erforschten Bereich vor und erarbeitet darüber hinaus weitere, ebenfalls Erfolg versprechende Ansätze für hierauf aufbauende Forschungsarbeiten. Sind in den bislang erschienenen Beiträgen zur Konzernsteuerquote lediglich einzelne ihrer Aspekte diskutiert worden, so steht mit der vorliegenden Untersuchung von Herrn Dempfle erstmals in der deutschsprachigen Literatur eine grundlegende und ausführliche Betrachtung der Konzernsteuerquote und ihrer Zusammenhänge zur Verfügung. Die Arbeit beschränkt sich dabei explizit nicht auf Einzelaspekte, sondern verfolgt mit der im Titel der Arbeit formulierten Zielsetzung den breit angelegten Ansatz einer „Charakterisierung, Analyse und Beeinflussung der Konzernsteuerquote".

Die Untersuchung zeichnet sich neben ihrer klaren Struktur und Sprache durch die sorgfältige und umfassende Auswertung von über 750 wirtschafts- und rechtswissenschaftlichen Literaturquellen aus. Sie stellt aber nicht nur einen ergiebigen Forschungsbeitrag der wirtschaftswissenschaftlichen Literatur dar, sondern liefert neben einer grundsätzlichen Auseinandersetzung eine Vielzahl von konkreten Detailinformationen zur Konzernsteuerquote, hier insbesondere im Hinblick auf ihre Analyse und Möglichkeiten zu ihrer Beeinflussung. Damit kann die Arbeit von Herrn Dempfle sowohl dem Wissenschaftler als auch dem mit der Analyse oder der Gestaltung von Konzernsteuerquoten befassten Praktiker gleichermaßen uneingeschränkt empfohlen werden.

Professor Dr. Norbert Herzig

Vorwort

Die vorliegende Arbeit entstand als Dissertation während meiner Tätigkeit am Seminar für Allgemeine Betriebswirtschaftslehre und betriebswirtschaftliche Steuerlehre der Universität zu Köln. Zielsetzung der Arbeit war es, die Konzernsteuerquote als noch recht junge Kennzahl der Konzernjahresabschlussanalyse und ihre besondere Funktionalität umfassend zu charakterisieren und zu analysieren, um hierauf aufbauend Ansätze zu ihrer Gestaltung aufzuzeigen. Im Mittelpunkt der Untersuchung stand dabei die Überleitungsrechnung als Kommunikations- und Erläuterungsinstrument der Konzernsteuerquote, die deren Analyse auch für externe Abschlussinteressenten ermöglicht. Die Arbeit wurde im April 2006 fertig gestellt; demgemäß hat bis zu diesem Zeitpunkt eine intensive Auseinandersetzung mit den relevanten Fachbeiträgen stattgefunden, und die Ausführungen berücksichtigen im Grundsatz den Literaturstand April 2006. Nach diesem Zeitpunkt bis zur Veröffentlichung der Arbeit erschienene Beiträge wurden, soweit dies möglich war, ebenfalls berücksichtigt.

Bei der Anfertigung der Dissertation konnte ich auf die Unterstützung einer Vielzahl von Personen bauen, ohne deren Hilfe die Arbeit nicht in dieser Form hätte vollendet werden können. Zunächst bin ich meinem Doktorvater, Herrn Prof. Dr. Norbert Herzig, für die Gelegenheit, an seinem Lehrstuhl zu promovieren und für die Anregung zum Thema zu Dank verpflichtet. Dank gebührt zudem Herrn Prof. Dr. Christoph Kuhner für die Übernahme des Zweitgutachtens und die Möglichkeit, meine Überlegungen in seinem Doktorandenseminar zu diskutieren sowie Herrn Prof. Dr. Eckart Bomsdorf für die Leitung der Prüfungskommission. Außerdem danke ich Herrn Prof. Dr. Christoph Watrin für die Aufnahme meiner Arbeit in die von ihm herausgegebene Schriftenreihe.

Großen Anteil daran, dass meine Tätigkeit am Steuerseminar der Universität zu Köln in einem angenehmen und freundschaftlichen Arbeitsumfeld stattfinden konnte, haben die Kolleginnen und Kollegen, die mich während meiner Zeit dort begleitet haben. Namentlich hervorheben möchte ich an dieser Stelle die Herren Dr. Sebastian Gocksch, Dr. Uwe Lochmann und Dr. Jörg Philippen, die mich, jeder auf seine ganz persönliche Art und Weise, während der langen Zeit der Promotion stets ermuntert und mir mit fachlichem Rat und moralischer Unterstützung zur Seite gestanden haben. Ihnen allen gebührt großer Dank.

Meiner Zimmerkollegin Pia Moll schulde ich Dank, meine häufig wechselnden Stimmungen zum Ende der Dissertationsphase stets mit Nachsicht ertragen zu haben, obwohl die beengten Verhältnisse in unserem kleinen Büro dies zusätzlich erschwert haben. Frau Katja Puhlmann danke ich dafür, dass sie trotz der ihr nur in geringem Maße zur Verfügung stehenden freien Zeit mein Manuskript mit enorm großem Engagement kritisch durchgesehen hat.

Mein ganz herzlicher Dank gilt meinen Eltern Ingrid und Helmut Dempfle, die mehr als alle anderen meine Ausbildung bis hin zur Promotion in jeglicher Hinsicht ausdauernd unterstützt und mir stets den notwendigen Rückhalt gewährt haben, der mir meinen bisherigen Werdegang ermöglicht hat. Ohne ihre Hilfe hätte die vorliegende Arbeit so nicht entstehen können.

Den wohl größten Anteil am Gelingen des Dissertationsprojektes aber trägt meine Freundin Margit Scholl, die mich von dessen Beginn an immer, auch in den Phasen großer nervlicher Belastung, fachlich und mental mit einem hohen Maß an Verständnis und Geduld unterstützt hat und die mir zudem bei der Überarbeitung des gesamten Manuskriptes eine äußerst große Hilfe war. Hierfür bin ich ihr ganz besonders dankbar.

Urs Dempfle

Inhaltsverzeichnis

Abbildungsverzeichnis

Verzeichnis der Gleichungen

Abkürzungsverzeichnis

a.A.	anderer Ansicht
ABl.EG	Amtsblatt der Europäischen Gemeinschaften
Abs.	Absatz
	Absätze
Abt.	Abteilung
aF	alte Fassung
AfA	Absetzung für Abnutzung
AG	Aktiengesellschaft
	Die Aktiengesellschaft (Zeitschrift)
AICPA	American Institute of Certified Public Accountants
AktG	Aktiengesetz
Alt.	Alternative
AltfahrzeugG	Gesetz über die Entsorgung von Altfahrzeugen (Altfahrzeug-Gesetz)
AO	Abgabenordnung
ARB	Accounting Research Bulletin
Art.	Artikel
AStG	Gesetz über die Besteuerung bei Auslandsbeziehungen (Außensteuergesetz)
AT&T	American Telephone and Telegraph Corporation
AWD	Außenwirtschaftsdienst des Betriebsberaters (Zeitschrift)
Az.	Aktenzeichen
BAnz	Bundesanzeiger
BASF	Badische Anilin- und Soda-Fabrik
BB	Betriebs-Berater (Zeitschrift)
BBK	Buchführung, Bilanz, Kostenrechnung (Zeitschrift)
BC	Basis for Conclusions
BDI	Bundesverband der Deutschen Industrie e.V.
BDO	Binder Dijker Otte & Co
ber.	berichtigt
BFH	Bundesfinanzhof
BFuP	Betriebswirtschaftliche Forschung und Praxis
BGB	Bürgerliches Gesetzbuch
BGBl.	Bundesgesetzblatt
BilReG	Gesetz zur Einführung internationaler Rechnungslegungsstandards und zur Sicherung der Qualität der Abschlussprüfung (Bilanzrechtsreformgesetz)

BiRiLiG	Gesetz zur Durchführung der Vierten, Siebenten und Achten Richtlinie des Rates der Europäischen Gemeinschaften zur Koordinierung des Gesellschaftsrechts (Bilanzrichtlinien-Gesetz)
Bj	Berichtsjahr
BMW	Bayerische Motoren Werke
BPV	Baetge & Partner GmbH & Co. Verfahrensentwicklung KG
BStBl.	Bundessteuerblatt
BT-Drs.	Bundestagsdrucksache
BVerfG	Bundesverfassungsgericht
bzw.	beziehungsweise
CDU	Christlich Demokratische Union Deutschlands
Co.	Compagnie
CSU	Christlich-Soziale Union in Bayern e.V.
d.h.	das heißt
DAX	Deutscher Aktienindex
DB	Der Betrieb (Zeitschrift)
DBA	Doppelbesteuerungsabkommen
DBW	Die Betriebswirtschaft (Zeitschrift)
DK	Der Konzern (Zeitschrift)
Dr.	Doktor
DRS	Deutsche Rechnungslegungs Standards
	Deutscher Rechnungslegungs Standard
Drs.	Drucksache
DRSC	Deutsches Rechnungslegungs Standards Committee e.V.
DSR	Deutscher Standardisierungsrat
DStR	Deutsches Steuerrecht (Zeitschrift)
DStZ	Deutsche Steuer-Zeitung (Zeitschrift)
DStZ/A	Deutsche Steuer-Zeitung/Ausgabe A (Zeitschrift)
DSWR	Datenverarbeitung - Steuer - Wirtschaft - Recht (Zeitschrift)
E.ON	Englische Variante des Wortes ‚Aeon' (Unendlichkeit)
e.V.	eingetragener Verein
EATR	Effective Average Tax Rate
EC	European Community
ED	Exposure Draft
E-DRS	Entwurf Deutscher Rechnungslegungs Standard
EG	Europäische Gemeinschaft
	Europäische Gemeinschaften

EGHGB	Einführungsgesetz zum Handelsgesetzbuch
Einf.	Einführung
EITR	Effective Income Tax Rate
EK	Eigenkapital
EK50	Teilbetrag des verwendbaren Eigenkapitals im Anrechnungsverfahren mit einer Tarifbelastung von 50%
EMTR	Effective Marginal Tax Rate
EStB	Der Ertragsteuerberater (Zeitschrift)
EStG	Einkommensteuergesetz
et al.	et alii (und andere)
ETR	Effective Tax Rate
ETVE	Entidades de Tenencia de Valores Extranjeros (Holdinggesellschaften mit vorrangigem Auslandsbesitz)
EU	Europäische Union
EuGH	Europäischer Gerichtshof
EWG	Europäische Wirtschaftsgemeinschaft
EWS	Europäisches Wirtschafts- und Steuerrecht (Zeitschrift)
f.	folgend
F.D.P.	Freie Demokratische Partei
FASB	Financial Accounting Standards Board
FAZ	Frankfurter Allgemeine Zeitung
FB	Finanz Betrieb (Zeitschrift)
ff.	fortfolgend
FKPG	Gesetz zur Umsetzung des Föderalen Konsolidierungsprogramms
Fn.	Fußnote
	Fußnoten
FR	Finanz-Rundschau (bis 1990), Finanz-Rundschau für Einkommensteuer, Körperschaftsteuer und Gewerbesteuer (seit 1991) (Zeitschrift)
FRR	Financial Reporting Releases
FS	Festschrift
GAAP	Generally Accepted Accounting Principles
GE	Geldeinheiten
	General Electric
GECS	General Electric Capital Services
GewSt	Gewerbesteuer
GewStG	Gewerbesteuergesetz
GG	Grundgesetz für die Bundesrepublik Deutschland
GmbH	Gesellschaft mit beschränkter Haftung

GmbHG	Gesetz betreffend die Gesellschaften mit beschränkter Haftung
GmbHR	GmbH-Rundschau (Zeitschrift)
GoB	Grundsätze ordnungsmäßiger Buchführung und Bilanzierung
GuV	Gewinn- und Verlustrechnung
h.c.	honoris causa (ehrenhalber)
HB	Handbuch
HdJ	Handbuch des Jahresabschlusses in Einzeldarstellungen
HFR	Höchstrichterliche Finanzrechtsprechung
HGB	Handelsgesetzbuch
Hrsg.	Herausgeber
http	Hypertext Transfer Protocol
HVB	Hypo- und Vereinsbank
HWB	Handwörterbuch der Betriebswirtschaft
HWO	Handwörterbuch der Organisation
HWR	Handwörterbuch des Rechnungswesens
HWRev	Handwörterbuch der Revision
HWRP	Handwörterbuch der Rechnungslegung und Prüfung
i. Br.	im Breisgau
i.d.F.	in der Fassung
i.d.R.	in der Regel
i.S.d.	im Sinne der
	im Sinne des
i.V.m.	in Verbindung mit
IAS	International Accounting Standards
IASB	International Accounting Standards Board
IASC	International Accounting Standards Committee
IASCF	International Accounting Standards Committee Foundation
IAS-VO	IAS-Verordnung
IDW	Institut der Wirtschaftsprüfer
IFA	International Fiscal Association
IFCO	International Food Container Organization
IFRS	International Financial Reporting Standards
IFSt	Institut „Finanzen und Steuern" e.V.
IN	Introduction
Inc., auch Inc	Incorporation, auch: Corporation
INF	Die Information über Steuer und Wirtschaft (Zeitschrift)
insb.	insbesondere
Intertax	International Tax Review (Zeitschrift)

InvZulG 2005	Investitionszulagengesetz 2005
IREP	Imposta Regionale sul Reddito Prodotto (lokale Wertschöpfungssteuer)
IRZ	Zeitschrift für Internationale Rechnungslegung
IStR	Internationales Steuerrecht (Zeitschrift)
IWB	Internationale Wirtschafts-Briefe (Zeitschrift)
JA	Jahresabschluss
JbFfSt	Jahrbuch der Fachanwälte für Steuerrecht
JKomG	Gesetz über die Verwendung elektronischer Kommunikationsformen in der Justiz (Justizkommunikationsgesetz)
JoA	Journal of Accountancy (Zeitschrift)
JoIAAT	Journal of International Accounting Auditing & Taxation
JÜ	Jahresüberschuss
jur.	juris (Rechtswissenschaft)
K+S	Kali und Salz
KapAEG	Gesetz zur Verbesserung der Wettbewerbsfähigkeit deutscher Konzerne an Kapitalmärkten und zur Erleichterung der Aufnahmen von Gesellschafterdarlehen (Kapitalaufnahmeerleichterungsgesetz)
KapCoRiLiG	Gesetz zur Durchführung der Richtlinie des Rates der Europäischen Union zur Änderung der Bilanz- und der Konzernbilanzrichtlinie hinsichtlich ihres Anwendungsbereiches (90/605/EWG), zur Verbesserung der Offenlegung von Jahresabschlüssen und zur Änderung anderer handelsrechtlicher Bestimmungen (Kapitalgesellschaften- und Co-Richtlinie-Gesetz)
KGaA	Kommanditgesellschaft auf Aktien
KOM	Kommission der Europäischen Gemeinschaften
KoR	Zeitschrift für kapitalmarktorientierte Rechnungslegung
Korb-II-Gesetz	Arbeitstitel des Gesetzes zur Umsetzung der Protokollerklärung der Bundesregierung zur Vermittlungsempfehlung zum Steuervergünstigungsabbaugesetz
KPMG	Klynveld Peat Marwick Goerdeler (Wirtschaftsprüfungsgesellschaft)
KSt	Körperschaftsteuer
KStG	Körperschaftsteuergesetz
LANXESS	Gebilde aus den Wörtern ‚lancer' (in Gang bringen) und ‚success'
lit.	litera (Buchstabe)
LLC	Limited Liabililty Company
LSE	London Stock Exchange
m.w.N.	mit weiteren Nachweisen

MA	Musterabkommen
MAN	Maschinenfabrik Augsburg Nürnberg
MDAX	Mid Cap DAX
MedCare	Medical Care
Mio.	Millionen
Mrd.	Milliarden
mult.	multiplex (verschiedene)
Münchener Rück	Münchener Rückversicherungs-Gesellschaft
N.V.	Naamloze Vennootschap (Aktiengesellschaft)
Neubearb.	Neubearbeitung
nF	neue Fassung
No.	Numero (Nummer)
Nr.	Nummer
NWB	Neue Wirtschafts-Briefe (Zeitschrift)
NYSE	New York Stock Exchange
o.V.	ohne Verfasser
ÖBA	Österreichisches Bank-Archiv (Zeitschrift)
OCI	Other Comprehensive Income
oec. publ.	oeconomiae publicae (Staatswissenschaft/Volkswirtschaft)
OECD	Organization for Economic Cooperation and Development (Organisation für Wirtschaftliche Zusammenarbeit und Entwicklung)
OECD-MA	OECD-Musterabkommen zur Vermeidung der Doppelbesteuerung auf dem Gebiet der Steuern vom Einkommen und vom Vermögen
PIStB	Praxis Internationale Steuerberatung (Zeitschrift)
Plc	Public Limited Company
Prof.	Professor
ProtErklG	Gesetz zur Umsetzung der Protokollerklärung der Bundesregierung zur Vermittlungsempfehlung zum Steuervergünstigungsabbaugesetz
PublG	Gesetz über die Rechnungslegung von bestimmten Unternehmen und Konzernen (Publizitätsgesetz)
ref.	reformatted
Reg. S-X	Regulation S-X
Repo	Repurchase Agreement
rer. pol.	rerum politicarum (Wirtschafts- und Sozialwissenschaften)
rev.	revised
RFHE	amtliche Sammlung der Entscheidungen des Reichsfinanzhofs

RGBl.	Reichsgesetzblatt
RGJ	Rumpfgeschäftsjahr
RIW	Recht der internationalen Wirtschaft (Zeitschrift)
Rs.	Rechtssache
RStBl.	Reichssteuerblatt
RWE	Rheinisch-Westfälisches Elektrizitätswerk
S	Hinweis auf Seitenzahl in WPg-Sonderheften
S.	Satz
	Seite
	Siehe
	Spalte
SAB	Staff Accounting Bulletin
SAP	ursprünglich: Systemanalyse und Programmentwicklung; heute: Systeme, Anwendungen und Produkte in der Datenverarbeitung
SBR	Schmalenbachs Business Review (Zeitschrift)
SE	Societas Europaea (Europäische Aktiengesellschaft)
SEC	Security Exchange Commission
SFAC	Statement of Financial Accounting Concepts
SFAS	Statement of Financial Accounting Standards
SMAX	Ehemaliges Segment an der Frankfurter Wertpapierbörse für kleine börsennotierte Unternehmen mit besonderen Transparenzanforderungen
sog.	sogenannte
SolZ	Solidaritätszuschlag
SolZG 1991	Gesetz zur Einführung eines befristeten Solidaritätszuschlags und zur Änderung von Verbrauchsteuer- und anderen Gesetzen
SolZG 1995	Solidaritätszuschlaggesetz 1995
ST	Der Schweizer Treuhänder (Zeitschrift)
StandOG	Gesetz zur Verbesserung der steuerlichen Bedingungen zur Sicherung des Wirtschaftsstandorts Deutschland im Europäischen Binnenmarkt (Standortsicherungsgesetz)
StB	Der Steuerberater (Zeitschrift)
	Steuerberater
Stbg	Die Steuerberatung (Zeitschrift)
StbJb	Steuerberater-Jahrbuch
StBP	Die steuerliche Betriebsprüfung (Zeitschrift)
StEntlG	Steuerentlastungsgesetz 1999/2000/2002
SteuerStud	Steuer und Studium (Zeitschrift)
StReformG 1990	Steuerreformgesetz 1990

StSenkG	Gesetz zur Senkung der Steuersätze und zur Reform der Unternehmensbesteuerung (Steuersenkungsgesetz)
StuB	Steuern und Bilanzen (Zeitschrift)
StuW	Steuer und Wirtschaft (Zeitschrift)
TUI	Touristik Union International
Tz.	Textziffer
u.a.	und andere unter anderem
u.U.	unter Umständen
UK	United Kingdom
UK-GAAP	United Kingdom Generally Accepted Accounting Principles
UMAG	Gesetz zur Unternehmensintegrität und Modernisierung des Anfechtungsrechts
UmwStG	Umwandlungssteuergesetz
UntStFG	Unternehmenssteuerfortentwicklungsgesetz
URL	Uniform Resource Locator
US	United States
USA	United States of America
US-GAAP	United States Generally Accepted Accounting Principles
VCI	Verband der Chemischen Industrie e.V.
vgl.	vergleiche
Vj	Vorjahr
Vol.	Volume
VorstOG	Gesetz über die Offenlegung der Vorstandsvergütungen (Vorstandsvergütungs-Offenlegungsgesetz)
vs.	versus
WiSt	Wirtschaftswissenschaftliches Studium (Zeitschrift)
WP	Wirtschaftsprüfer
WPg	Die Wirtschaftsprüfung (Zeitschrift)
WPK-Mitt.	Wirtschaftsprüferkammer-Mitteilungen
WT	Der Wirtschaftstreuhänder - Zeitschrift für Deutsches Prüfungs- und Treuhandwesen
z.B.	zum Beispiel
z.T.	zum Teil
z.v.E.	zu versteuerndes Einkommen

ZEW	Zentrum für europäische Wirtschaftsforschung
ZfB	Zeitschrift für Betriebswirtschaft
ZfbF	Zeitschrift für betriebswirtschaftliche Forschung
ZfgK	Zeitschrift für das gesamte Kreditwesen
ZfhF	Zeitschrift für handelswissenschaftliche Forschung
ZHR	Zeitschrift für das gesamte Handelsrecht und Wirtschaftsrecht

Symbolverzeichnis

E_k	k-ter Ergebnisbestandteil, der einem anderen als dem anzuwendenden Steuersatz unterliegt
E_n	n-ter Ergebnisbestandteil, der einem anderen als dem anzuwendenden Steuersatz unterliegt
G_q	q-ter Gewerbeertrag, der einem anderen als dem bei der Ermittlung des anzuwendenden Steuersatzes herangezogenen Hebesatz unterfällt
H	Gewerbesteuerlicher Hebesatz
i	Index für Steuereffekte, i = 1, ..., I; I = Anzahl der Steuereffekte
j	Index für Sachverhalte, die Abweichungen in der steuerlichen Bemessungsgrundlage auslösen, j = 1, ..., J; J = Anzahl der Sachverhalte
$JÜvSt^{ber}$	Bereinigter Jahresüberschuss vor Steuern
$JÜvSt_{reg}^{ber}$	Bereinigter Jahresüberschuss vor Steuern der jeweiligen Region
k	Index für Ergebnisbestandteile, die anderen als dem anzuwendenden Steuersatz unterliegen, k = 1, ..., K; K = Anzahl der Ergebnisbestandteile
m	Gewerbesteuermesszahl
Mod_r	r-te gewerbesteuerliche Modifikation (Hinzurechnung oder Kürzung gemäß §§ 8, 9 GewStG)
n	Index für Ergebnisbestandteile, die anderen als dem anzuwendenden Steuersatz unterliegen, n = 1, ..., N; N = Anzahl der Ergebnisbestandteile
p	Index für Sachverhalte, die Abweichungen in der steuerlichen Bemessungsgrundlage auslösen, p = 1, ..., P^n; P^n = Anzahl der auf den n-ten Ergebnisbestandteil einwirkenden Sachverhalte
q	Index für Gewerbeerträge, die anderen Hebesätzen als dem bei der Ermittlung des anzuwendenden Steuersatzes herangezogenen Hebesatz unterfallen, q = 1, ..., Q; Q = Anzahl der Gewerbeerträge
r	Index für gewerbesteuerliche Modifikationen, r = 1, ..., R; R = Anzahl der Modifikationen
reg	Regionenindex, reg = 1, ... , REG; REG = Anzahl der Regionen
s^{anz}	Anzuwendender Steuersatz
s_{reg}^{anz}	Regional determinierter anzuwendender Steuersatz
$s_{Var\,4}^{anz}$	Anzuwendender Steuersatz der Variante 4
s^{eff}	Effektiver Steuersatz

s_H^{ges}	Gesamtbelastungssatz deutscher Kapitalgesellschaften mit Körperschaftsteuer, Solidaritätszuschlag und Gewerbesteuer in Abhängigkeit vom gewerbesteuerlichen Hebesatz
$s_H^{GewSt\ fakt}$	Faktischer Belastungssatz deutscher Kapitalgesellschaften mit Gewerbesteuer in Abhängigkeit vom gewerbesteuerlichen Hebesatz
$s_{H\ anz}^{GewSt\ fakt}$	Faktischer Belastungssatz deutscher Kapitalgesellschaften mit Gewerbesteuer bei Anwendung des gewerbesteuerlichen Hebesatzes, der bei der Ermittlung des anzuwendenden Steuersatzes herangezogen wurde
$s_{H\ tat\ q}^{GewSt\ fakt}$	Faktischer Belastungssatz deutscher Kapitalgesellschaften mit Gewerbesteuer bei Anwendung des gewerbesteuerlichen Hebesatzes, der auf den Gewerbeertrag G_q tatsächlich angewendet wurde
$s_H^{GewSt\ nom}$	Nomineller Belastungssatz deutscher Kapitalgesellschaften mit Gewerbesteuer in Abhängigkeit vom gewerbesteuerlichen Hebesatz
s^{KSt}	Körperschaftsteuersatz
s^{SolZ}	Solidaritätszuschlagssatz
s_k^{tat}	Auf Ergebnisbestandteil k tatsächlich angewendeter Steuersatz
s_n^{tat}	Auf Ergebnisbestandteil n tatsächlich angewendeter Steuersatz
Se_i	i-ter Steuereffekt
St^{eff}	Effektiver Steueraufwand
St^{erw}	Erwarteter Steueraufwand
üp	Überleitungsposten in relativem Wert
$üp^{mehr}$	Steuermehrungen abbildende Überleitungsposten in relativen Werten
$üp^{mind}$	Steuerminderungen abbildende Überleitungsposten in relativen Werten
ÜP	Überleitungsposten in absolutem Betrag
$ÜP^{abh\ B}$	Steuersatzabhängiger Überleitungsposten, ausgelöst durch Abweichungen in der steuerlichen Bemessungsgrundlage
$ÜP^{abh\ B\&s}$	Steuersatzabhängiger Überleitungsposten, ausgelöst durch Abweichungen in der steuerlichen Bemessungsgrundlage und vom anzuwendenden Steuersatz
$ÜP^{abh\ s}$	Steuersatzabhängiger Überleitungsposten, ausgelöst durch Abweichungen vom anzuwendenden Steuersatz
$ÜP_{Bj}^{Best\ Aus}$	Überleitungsposten ‚Besteuerungsunterschied Ausland' im Berichtsjahr
$ÜP_{Var\ 3}^{GewSt}$	Steuersatzabhängiger Überleitungsposten zur Gewerbesteuer bei anzuwendenden Steuersätzen der Variante 3
$ÜP^{mehr}$	Steuermehrungen abbildende Überleitungsposten
$ÜP^{mind}$	Steuerminderungen abbildende Überleitungsposten

$\ddot{U}P^{unab}$	Steuersatzunabhängiger Überleitungsposten
ΔBMG_j	Änderungsbetrag der steuerlichen Bemessungsgrundlage, ausgelöst durch den Sachverhalt j
ΔBMG_p^n	Änderungsbetrag der steuerlichen Bemessungsgrundlage des n-ten Ergebnisbestandteils, ausgelöst durch den Sachverhalt p

1. Kapitel: Grundlegung

A. Einleitung

Eines der Hauptaufgabengebiete der betriebswirtschaftlichen Steuerlehre ist die Ermittlung und insbesondere die Quantifizierung von Steuerwirkungen.[1] Dabei ist vor dem Hintergrund der Dispositionsbezogenheit von Steuerwirkungen zunächst zu prüfen, ob ein realisierter Sachverhalt zu der steuerrechtlichen Wertung führt, dass er eine Steuerbelastung auslöst. Ist aus steuerjuristischer Sicht festgestellt, dass ein Steuerzugriff zu erfolgen hat, sind für betriebswirtschaftliche Zwecke die monetären Steuerrechtsfolgen zu bestimmen. Hierzu existieren verschiedene Quantifizierungsmethoden, um die Steuerbelastung in eine ökonomische Größe zu überführen. Je nach Zielsetzung kann die Quantifizierung sich dabei entweder auf die Steuerwirkungen einzelner Investitionen oder auf die gesamte Steuerbelastung der Unternehmung oder der Volkswirtschaft in einer Periode beziehen.[2] Zu den hierbei verwendeten Maßgrößen zählt auch die Konzernsteuerquote, die durch eine Gegenüberstellung von effektivem Steueraufwand und Konzernergebnis vor Steuern die effektive Ertragsteuerbelastung eines Konzerns in Form eines Prozentsatzes beziffert.[3]

Während die meisten Quantifikationsmaße und -methoden seit langer Zeit bekannt sind, ist die im englischsprachigen Raum als spezielle Ausprägung einer *effective tax rate*[4] verstandene Konzernsteuerquote in Deutschland erst in der jüngeren Vergangenheit als Maßgröße der Steuerbelastung von Konzernen in den Mittelpunkt der Betrachtung von Wissenschaft und

---

[1] Vgl. z.B. *Klinger*, Steuerlehre, WT 1942, S. 74; sowie *Wöhe*, Steuerlehre, ZfhF 1961, S. 50; *Rose*, Steuerberatung, in: *Thoma/Zacharias/Niemann* (Hrsg.), StbJb 1969/1970, 1970, S. 46; *Rose*, Unternehmung, 1973, S. 18 f., 34 m.w.N.; *Federmann*, Steuerlehre, 1977, S. 52 ff.; *Siegel*, Steuerpolitik, 1982, S. 14 ff.; *Wöhe*, Aufgaben, in: *Fischer* (Hrsg.), FS Scherpf, 1983, S. 5 ff. m.w.N., insbesondere S. 8; *Schneider*, Steuerplanungslehre, in: *Fischer* (Hrsg.), FS Scherpf, 1983, S. 21 ff.; *Wöhe*, Steuerlehre I/1, 6. Auflage, 1988, S. 24 ff.; *Rose*, Steuerlehre, 3. Auflage, 1992, S. 16 ff.; *Söffing*, Beratung, 1993, S. 7 f.

[2] Vgl. *Wagner/Dirrigl*, Steuerplanung, 1980, S. 154 ff.; *Schneider*, Steuerbelastungsvergleiche, WPg 1988, S. 281 ff.; *Esser*, Unternehmensbesteuerung, ZfbF 1990, S. 157 ff.; *Schneider*, Messung, BB 1990, S. 534 ff.; *Theisen/Mangels*, Standortwahl, DB 1991, S. 2197 ff.; *Rose*, Steuerlehre, 3. Auflage, 1992, S. 31 ff.; *Schneider*, Investition, 7. Auflage, 1992, S. 173 ff., 411 ff.; *Strunk*, Standortwahl, SteuerStud 1993, S. 53 ff.; *Claasen*, Steuerbelastung, 1994, S. 25 ff.; *Bone-Winkel*, Steuerbelastungsvergleiche, 1994, S. 52 ff.; *Fischer*, Gestaltungsüberlegungen, in: *Cagianut/Vallender* (Hrsg.), FS Höhn, 1995, S. 25 ff.; *Jacobs/Spengel*, Besteuerung, DBW 1995, S. 431 ff.; *Spengel*, Struktur, in: *Jacobs/Spengel* (Hrsg.), Aspekte, 1996, S. 37 ff.; *Jacobs/Spengel*, Tax Analyser, 1996, S. 107 ff.; *Bundesministerium der Finanzen*, Steuerbelastung, Studie 1999; *Jacobs/Spengel*, Measurement, Intertax 2000, S. 334 ff.; *Spengel/Lammersen*, Messung, StuW 2001, S. 222 ff.; *Broer*, Steuerbelastungsvergleiche, DStZ 2002, S. 441 ff.; *Spengel*, effektive Steuerbelastung, ZfbF 2002, S. 710 ff.; *Wagner*, Steuerforschung, StuW 2004, S. 239 ff.; *Jacobs*, Entwicklungstendenzen, StuW 2004, S. 252 ff.; *Broer*, Lohnsummensteuern, DStZ 2005, S. 484 ff.

[3] Vgl. *Herzig/Dempfle*, Konzernsteuerquote, DB 2002, S. 3. Vgl. zu einem ähnlichen Ansatz der Ermittlung prozentualer Belastungsquoten der Jahresergebnisse deutscher Aktiengesellschaften mit Steuern bereits *Schmölders*, Anteil des Staates, StuW 1967, S. 443 f.

[4] Vgl. zu effektiven Steuersätzen aus der Sicht gesamtwirtschaftlicher Investitionsmodelle z.B. *King/Fullerton*, Taxation, 1984, S. 9; *Fullerton*, Which Effective Tax Rate?, National Tax Journal 1984, S. 23 ff.; *Fullerton*, Use of Effective Tax Rates, National Tax Journal 1986, S. 285 ff.

Praxis gerückt.[5] Dies resultiert in erster Linie aus der im Bereich der Konzernabschlüsse[6] in Deutschland immer weiter vordringenden internationalen Rechnungslegung[7] nach US-GAAP[8] und insbesondere nach IAS/IFRS[9].[10] Auch die Verabschiedung des DRS 10 durch den DRSC[11] im Frühjahr 2002[12] unterstützte die zunehmende Bedeutung der Konzernsteuerquote in Deutschland. Denn um dem gewachsenen Informationsbedürfnis der Investoren Rechnung

---

5 Vgl. *Herzig/Dempfle*, Konzernsteuerquote, DB 2002, S. 1 ff.; *Haarmann*, Gestaltbarkeit, in: *Herzig/Günkel/Niemann* (Hrsg.), StbJb 2001/2002, 2002, S. 367 ff.; *Müller*, Konzernsteuerquote, DStR 2002, S. 1684 ff.; *Schäffeler*, Benchmark, Börsen-Zeitung Nr. 32 vom 15.2.2002, S. 7; *Herzig*, Gestaltung, WPg 2003, Sonderheft, S. S 80 ff.; *Herzig*, Bedeutung, in: *Wollmert et al.* (Hrsg.), FS Lück, 2003, S. 431 ff.; *Kröner*, Konzernsteuerquote, in: *Herzig* (Hrsg.), Organschaft, 2003, S. 569 ff.; *Kröner/Benzel*, Konzernsteuerquote, in: *Kessler/Kröner/Köhler* (Hrsg.), Konzernsteuerrecht, 2004, § 15, Tz. 1 ff.; *Adrian*, Tax Reconciliation, 2005, S. 65 ff., 107 ff. Vgl. mit einem Hinweis auf die steuerplanerische Notwendigkeit der Minimierung der Konzernsteuerquote auch bereits *Endres*, Neuordnung, in: *IDW* (Hrsg.), Unternehmenstätigkeit, 1996, S. 92; sowie ebenfalls bereits *Müller*, Steuermanagement, IStR 1996, S. 452 ff.

6 Seit Einführung des § 292a HGB durch das KapAEG im Jahr 1998 und dessen Erweiterung durch das KapCoRiLiG im Jahr 2000 besteht für deutsche Mutterunternehmen, die einen organisierten Kapitalmarkt in Anspruch nehmen, die Möglichkeit, unter bestimmten Voraussetzungen anstatt eines HGB-Konzernabschlusses einen Konzernabschluss nach international anerkannten Rechnungslegungsgrundsätzen aufzustellen, vgl. HGB vom 10.5.1897, RGBl 1897, S. 219; KapAEG vom 20.4.1998, BGBl. I 1998, S. 707; KapCoRiLiG vom 24.2.2000, BGBl. I 2000, S. 154. Die Möglichkeit der Anwendung internationaler Rechnungslegungsstandards wurde mit der Umsetzung der IAS-Verordnung durch das Bilanzrechtsreformgesetz zum 1.1.2005 durch die erweiterte Anwendung der IAS/IFRS ersetzt, vgl. BilReG vom 4.12.2004, BGBl. I 2004, S. 3166.

7 Seit dem 1.1.2005 wenden alle DAX-30-Unternehmen IAS oder US-GAAP an. Für das am 31.12.2004 endende Geschäftsjahr haben zuletzt noch die BASF und die Deutsche Telekom ihren Abschluss nach US-GAAP übergeleitet, vgl. z.B. http://www.standardsetter.de/drsc/faq.html#dax30. Zur Internationalisierung der Bilanzierungspraxis in Deutschland und empirischen Untersuchungen hierzu, vgl. *Spanheimer/Koch*, Bilanzierungspraxis, WPg 2000, S. 301 ff.; *Kirsch/Dohrn/Wirth*, DAX-100-Unternehmen, WPg 2002, S. 1217 ff.; *Küting/Zwirner*, Auslaufmodell, StuB 2002, S. 785 ff.; *Köhler et al.*, Erfahrungen, BB 2003, S. 2615 ff. Vgl. zu den Gründen des Wechsels der Rechnungslegungsnormen z.B. *Auer*, Motive, in: *Auer* (Hrsg.), Umstellung, 1998, S. 13 ff.; *Bruns*, Jahresabschlüsse, ZfbF 2002, S. 173 ff.; *Ernst*, Harmonisierung, ZfbF 2002, S. 181 ff.; *Ohlms/Tomaszewski/Trützschler*, Entwicklungstendenzen, ZfbF 2002, S. 191 ff.

8 Zwar fehlt im Gesetz eine Bezeichnung der ‚international anerkannten Rechnungslegungsgrundsätze', gleichwohl haben sich neben den International Accounting Standards (IAS) an dieser Stelle - obwohl im Grundsatz nur national verbindlich - die General Accepted Accounting Principles der USA (US-GAAP) durchgesetzt, vgl. *Adler/Düring/Schmaltz*, Kommentar, 6. Auflage, 1997, § 292a HGB, Tz. 22; *Herzig*, Internationalisierung, WPg 2000, S. 104, hier insbesondere Fn. 4; *Busse von Colbe*, Rechnungslegung, ZfbF 2002, S. 160; *Tschesche*, in: *Baetge/Kirsch/Thiele*, Bilanzrecht, 2002, § 292a HGB, Tz. 42; *Wagenhofer*, Internationale Rechnungslegungsstandards, 5. Auflage, 2005, S. 34.

9 Mit der am 24.5.2000 verabschiedeten neuen Satzung und der dadurch ausgelösten Reorganisation des seitdem als IASB (vormals IASC) bezeichneten Standardsetzers ging auch eine Umbenennung der Rechnungslegungsstandards von IAS (International Accounting Standards) in IFRS (International Financial Reporting Standards) einher. Die Umbenennung entfaltet keine Rückwirkung, so dass für bestehende Standards weiter die Bezeichnung IAS genutzt wird, die wiederum sämtlich Bestandteil der IFRS sind. Vgl. *IASCF*, IASB Constitution, online im Internet. Da in der vorliegenden Untersuchung zuvorderst der IAS 12 von Bedeutung ist, wird im Folgenden grundsätzlich weiter von der IAS-Rechnungslegung gesprochen, womit insgesamt die Rechnungslegung nach IAS und IFRS gemeint ist.

10 Vgl. z.B. *Endres*, Konzernsteuerquote, in: *Oestreicher* (Hrsg.), Steuerplanung, 2004, S. 164.

11 Vgl. zur Legitimität der Entwicklung von Rechnungslegungsstandards durch ein privates Gremium *Schmidt*, Legitimacy, SBR 2002, S. 171 ff.

12 Bekanntgemacht und damit inkraftgesetzt am 13.3.2002 durch das Bundesministerium der Justiz. Der Standard ist erstmals anzuwenden auf Konzernabschlüsse für Geschäftsjahre, die nach dem 31.12.2002 beginnen, vgl. *DRSC*, DRS 10, Abs. 45.

zu tragen[13] und diesen eine externe Analyse der in den Konzernabschlüssen ausgewiesenen effektiven Belastung der Konzerne mit Ertragsteuern zu ermöglichen, enthält der Anhang des Konzernjahresabschlusses nach IAS, US-GAAP und nach DRS 10 die verpflichtende Angabe einer Überleitungsrechnung.[14]

In der im englischsprachigen Raum als *tax reconciliation*[15] bezeichneten Überleitungsrechnung ist der Zusammenhang zwischen einer Soll-Größe ‚erwartete Steuerbelastung' und der im Jahresabschluss ausgewiesenen Ist-Größe ‚effektive Steuerbelastung' aufzuzeigen, indem ausgehend von einer erwarteten Steuerbelastung des Konzerns eine Überleitung zu der das Konzernergebnis effektiv treffenden Steuerbelastung aus tatsächlichen und latenten Steuern vorgenommen wird. Als Zielgröße der Überleitungsrechnung wird die Konzernsteuerquote entweder direkt als effektiver Steuersatz der Unternehmung hergeleitet[16] oder indirekt als absoluter Betrag des effektiven Steueraufwands ausgewiesen, der zur Bestimmung der Konzernsteuerquote als Prozentzahl zum Konzernergebnis vor Steuern in Beziehung gesetzt werden muss.[17]

Mit der durch die Einbettung in den Soll-Ist-Kontext der Überleitungsrechnung besonders anschaulichen Kommunikation - im Sinne einer Herleitung, Erläuterung und Verprobung - der ansonsten statischen Größe ‚Konzernsteuerquote' erfährt diese eine Dynamisierung, die analytische Einblicke in die steuerliche Situation des Konzerns und in dessen Steuerpolitik zulässt. Zudem wird durch die Herleitung und Erläuterung der das Ergebnis beeinflussenden Größe ‚effektive Steuerbelastung' eine Analyse der wesentlichen Einflüsse auf die Konzernsteuerquote, mithin eine Identifikation ihrer Werttreiber,[18] ermöglicht.[19] Insbesondere diese

13 Zur Notwendigkeit der externen Information von Unternehmensbeteiligten im Allgemeinen *Terrell/Terrell*, Accounting, 2005, S. 458 ff.

14 Vgl. *IASB*, IAS 12, Abs. 81 (c); *FASB*, SFAS No. 109, Abs. 47; *SEC*, Reg. S-X, online im Internet, Item 210.4-08, Abs. (h) (2); *DRSC*, DRS 10, Abs. 42.

15 Vgl. zur *tax reconciliation* nach HGB und IAS/IFRS ausführlich *Adrian*, Tax Reconciliation, 2005.

16 Der ‚effektive Steuersatz' ist die Größe, die sich aus der Division des effektiven Steueraufwands durch das Konzernergebnis vor Steuern errechnet und beziffert die durch die Ertragsbesteuerung induzierte Belastung des Unternehmensergebnisses mit einem Prozentwert. Diese Größe wird vereinfachend Steuerquote oder, ermittelt unter Verwendung des Konzernergebnisses, Konzernsteuerquote genannt. Im angelsächsischen Raum wird dieser Prozentwert mit dem Terminus *‚effective tax rate'* oder kurz ‚ETR' bezeichnet.

17 *„tax expense* [...] *or* [...] *average effective rate"*, *IASB*, IAS 12, Abs. 81 (c); *„percentages or dollar amounts of* [...] *the reported amount of income tax expense"*, *FASB*, SFAS No. 109, Abs. 47; „ausgewiesenen Steueraufwand/-ertrag oder [...] ausgewiesenen Steuersatz", *DRSC*, DRS 10, Abs. 42. Eine unmittelbare Veröffentlichung der Konzernsteuerquote ist in keinem der betrachteten Rechnungslegungsstandards gefordert. A.A. z.B. *Becker/Fuest/Spengel*, Investitionsverhalten, online im Internet, S. 1.

18 Zum Begriff der Werttreiber oder auch nur ‚Treiber' der Steuerquote *Herzig*, Gestaltung, WPg 2003, Sonderheft, S. S 90; *Dahlke/Eitzen*, Überleitungsrechnung, DB 2003, S. 2237. Vgl. mit einer ausführlichen Differenzierung der Werttreiber *Kröner*, Konzernsteuerquote, in: *Herzig* (Hrsg.), Organschaft, 2003, S. 565 f.; zugleich *Kröner/Benzel*, Konzernsteuerquote, in: *Kessler/Kröner/Köhler* (Hrsg.), Konzernsteuerrecht, 2004, § 15, Tz. 2, 8; diesen folgend *Kuhn/Röthlisberger/Niggli*, Konzernsteuerbelastung, ST 2003, S. 640 ff.; *Kröner*, Tax Accounting, in: *Herzig/Günkel/Niemann* (Hrsg.), StbJb 2004/2005, 2005, S. 287 ff.

19 Vgl. *Fischer*, IAS 12, BBK 2002, Fach 20, S. 682 f.; *Herzig/Dempfle*, Konzernsteuerquote, DB 2002, S. 3; *Dahlke/Eitzen*, Überleitungsrechnung, DB 2003, S. 2237; *Herzig*, Gestaltung, WPg 2003, Sonderheft, S. S 90; *KPMG*, Rechnungslegung, 3. Auflage, 2003, S. 286; *Wagenhofer*, Internationale Rechnungsle-

anschauliche Art und Weise der Kommunikation der Konzernsteuerquote in den Jahresabschlüssen stärkt ihre Anerkennung als neu hinzutretende Maßgröße.

Besondere Schubkraft erhält diese Entwicklung durch die weitgehende Verbindlichkeit der IAS innerhalb der Europäischen Union, denn die sogenannte IAS-Verordnung der EU[20] verpflichtet kapitalmarktorientierte Unternehmen[21] grundsätzlich[22] seit dem Jahr 2005 dazu, ihre Konzernabschlüsse nach IAS zu erstellen.[23] Während zum Zeitpunkt der Verabschiedung der Verordnung am 19.7.2002 ca. 350 Unternehmen in der Europäischen Union International Accounting Standards angewendet haben,[24] müssen nun alleine in Deutschland ca. 800 Unternehmen die Standards der IAS in ihren Konzernabschlüssen anwenden.[25] Europaweit sind von der Verpflichtung zur Anwendung der IAS etwa 7.000 Unternehmen unmittelbar betroffen. Darüber hinaus wird eine noch wesentlich größere Zahl von Unternehmen aufgrund ihrer Zugehörigkeit zu einer nach IAS bilanzierenden Unternehmensgruppe faktisch zur Anwendung der IAS verpflichtet.[26] Alle diese Unternehmen müssen seit 2005 in ihren Jahresabschlüssen eine Überleitungsrechnung veröffentlichen und damit, direkt oder indirekt, auch ihre Konzernsteuerquote offenlegen.

Hinzu tritt ein weiterer wesentlicher Aspekt, der den Bedeutungszuwachs der Konzernsteuerquote als Maßgröße bei der Beurteilung von Konzernabschlüssen deutlich macht und der ebenfalls durch das Vordringen internationaler Rechnungslegungsgrundsätze in den deutschen

gungsstandards, 5. Auflage, 2005, S. 587; kritisch *Hannemann/Peffermann*, IAS-Konzernsteuerquote, BB 2003, S. 733.

20 *Europäische Union*, Verordnung 1606/2002, ABl.EG Nr. L 243 vom 11.9.2002, S. 1 ff.

21 Der Begriff der Kapitalmarktorientierung dient allgemein der Abgrenzung von dem Begriff der Kapitalmarktnotierung. Unternehmen werden dann als ‚kapitalmarktnotiert' bezeichnet, wenn deren Anteile am Kapitalmarkt gehandelt werden. Reine Anleiheemittenten fallen demzufolge nicht unter den Begriff der kapitalmarktnotierten Unternehmen, wohl aber gelten Anleiheemittenten als kapitalmarktorientierte Unternehmen, vgl. *Burger/Ulbrich*, Kapitalmarktorientierung, KoR 2005, S. 39. Vgl. z.B. auch *Sultana/Willeke*, Unabhängigkeitsregeln, StuB 2005, S. 213; *Burger/Fröhlich/Ulbrich*, Kapitalmarktorientierung, KoR 2006, S. 117 f.

22 Artikel 9 der IAS-Verordnung sieht ein Mitgliedstaatenwahlrecht vor für Gesellschaften, von denen lediglich Schuldtitel zum Handel in einem geregelten Markt eines Mitgliedstaates zugelassen sind oder deren Wertpapiere zum öffentlichen Handel in einem Nichtmitgliedstaat zugelassen sind und die bereits vor der Veröffentlichung der IAS-Verordnung nach anderen international anerkannten Standards, insbesondere nach US-GAAP, bilanzierten. Diese Gesellschaften müssen bei Übernahme des Wahlrechtes in nationales Recht spätestens für Geschäftsjahre, die im Jahr 2007 beginnen, nach IAS bilanzieren, vgl. *Europäische Union*, Verordnung 1606/2002, ABl.EG Nr. L 243 vom 11.9.2002, S. 4. In Deutschland wurden diese Wahlrechte mit dem Bilanzrechtsreformgesetz in das HGB übernommen, vgl. Artikel 1, Abs. 20, BilReG vom 4.12.2004, BGBl. I 2004, S. 3169.

23 Zur Rechnungslegung nicht kapitalmarktorientierter Unternehmen nach IAS *Böcking/Herold/Müßig*, IFRS, DK 2004, S. 664 ff.; *Ballwieser*, IFRS, IRZ 2006, S. 23 ff.; *Pawelzik*, Mittelstand, DB 2006, S. 793 ff.

24 Vgl. *Van Hulle*, Rechnungslegungsstrategie, WPK-Mitt. 2002, S. 178.

25 Vgl. *Keitz*, IASB-Rechnungslegung, 2. Auflage, 2005, S. 5.

26 Zu Anwendungsbereich und Entwicklung der Verordnung und der Rechnungslegung in der EU ausgehend von den Bilanzrichtlinien vgl. *Van Hulle*, International Accounting Standards, WPg 2003, S. 968 ff., insbesondere S. 976 f.; sowie schon *Ernst*, EU-Verordnungsentwurf, BB 2001, S. 823 ff.; *Hahn*, Rechnungslegung, DStR 2001, S. 1267 ff.; *Lehwald*, IAS, Stbg 2001, S. 376 ff.; *Buchheim/Gröner*, IAS-Verordnung, BB 2003, S. 953 ff.; *Scholtissek*, Rechnungslegung, DStZ 2003, S. 869 ff.

Konzernabschlüssen unterstützt wird. Zur Ermittlung der einfachsten Form einer Steuerquote für einen Konzern werden alle von den einzelnen Konzerngesellschaften tatsächlich gezahlten und zurückgestellten Steuern addiert und zum Konzernergebnis vor Steuern ins Verhältnis gesetzt. Solche Steuerquoten sind allerdings nur wenig aussagekräftig, da in ihnen keine Be- oder Entlastungen aus latenten Steuern Eingang finden.[27] Allerdings kann der absolute Betrag der latenten Steuern den Betrag und damit den Einfluss der tatsächlichen Steuern auf das Konzernergebnis sogar übersteigen.[28] Insbesondere bei Anwendung internationaler Rechnungslegungsstandards weichen Steuerwerte und handelsbilanzielle Buchwerte[29] von Vermögensgegenständen oder Schulden oftmals deutlich voneinander ab, so dass der sachliche Zusammenhang von Steueraufwand und Vorsteuerergebnis in diesen Fällen ohne die Abgrenzung latenter Steuern nicht gewährleistet ist.

Als Belastungsmaß[30] der Kennzahl Konzernsteuerquote findet daher die im Konzernabschluss ausgewiesene effektive Ertragsteuerbelastung des Konzerns[31] Verwendung, die neben der tatsächlichen Ertragsteuerbelastung - dem tatsächlichen Ertragsteueraufwand[32], der sich aus Steuerzahlungen und -rückstellungen der Periode, Steuererstattungen und Steueraufwendungen für Vorjahre sowie aus Erträgen aus der Auflösung von Steuerrückstellungen zusammensetzt - die in derselben Periode angefallenen Be- und Entlastungen aus der Bildung und Auflösung von latenten Steuern berücksichtigt.[33] Die effektive Ertragsteuerbelastung wird zum Konzernergebnis vor Steuern in Relation gesetzt, welches idealiter um außergewöhnliche Ergebnisbestandteile bereinigt wurde.[34] Sonstige, nicht ertragsabhängige Steuern werden nicht

27 So auch *Müller*, Konzernsteuerquote, DStR 2002, S. 1684.

28 Vgl. *Kröner*, Konzernsteuerquote, in: *Herzig* (Hrsg.), Organschaft, 2003, S. 565 f.; zugleich *Kröner/Benzel*, Konzernsteuerquote, in: *Kessler/Kröner/Köhler* (Hrsg.), Konzernsteuerrecht, 2004, § 15, Tz. 8 (6), 10. Vgl. auch Abschnitt B.III.1 des 2. Kapitels, Seiten 54 ff.

29 Der Terminus ‚handelsrechtlich' dient in dieser Arbeit zur Abgrenzung von steuerrechtlichen Regelungen, nicht als Hinweis auf Regelungen des deutschen Handelsgesetzbuches. Im Begriffsverständnis der Untersuchung zählen somit Regelungen des HGB und der DRS ebenso zu den handelsrechtlichen Regelungen, wie Normen der IAS und der US-GAAP.

30 Beobachtungszahl der Kennzahl Konzernsteuerquote. Die bei der Bildung von Verhältniszahlen als Kennzahlen zu messende Größe steht im Zähler (Dividend), die als Maß dienende Größe, Bezugszahl, im Nenner (Divisor) des Bruches, vgl. Abschnitt E.III.2 des 2. Kapitels, Seiten 113 ff.

31 Zur umfassenden Bestimmung und Abgrenzung des Begriffs der ‚effektiven Steuerbelastung des Konzerns' vgl. Abschnitt B.I des 2. Kapitels auf den Seiten 45 ff.

32 Unter der Position ‚Steueraufwand' bzw. ‚Steuerbelastung' wird im Rahmen dieser Untersuchung der Saldo aus Steueraufwand und Steuerertrag verstanden. Ein positiver Steueraufwand - also eine Steuerbelastung - liegt vor, wenn der Steueraufwand den Steuerertrag übersteigt. Die Begriffe ‚effektiver Steueraufwand' und ‚effektive Steuerbelastung' sind somit inhaltsgleich. Auch die Bezugsgröße ‚Konzernergebnis vor Steuern' ist die Saldogröße aus Erträgen und Aufwendungen der betreffenden Periode. Übersteigen die Erträge die Aufwendungen, liegt ein positives Konzernergebnis vor.

33 Vgl. *Adler/Düring/Schmaltz*, Kommentar, 6. Auflage, 1997, § 275 HGB, Tz. 188; *Baetge/Bruns/Rolvering*, in: *Baetge et al.*, IAS, 2. Auflage, 2003, IAS 34, Tz. 188; *Coenenberg*, Jahresabschluss, 20. Auflage, 2005, S. 405 f., 521 f.; *Förschle*, in: *Ellroth et al.*, Beck'scher Bilanz-Kommentar, 6. Auflage, 2006, § 275 HGB, Tz. 254; *Förschle/Kroner*, in: *Ellroth et al.*, Beck'scher Bilanz-Kommentar, 6. Auflage, 2006, § 275 HGB, Tz. 347 f.

34 Zum Konzernergebnis als Bezugsgröße der Konzernsteuerquote und dessen Bereinigung ausführlich Abschnitt A des 2. Kapitels, Seiten 33 ff.

in die Konzernsteuerquote einbezogen. Formal lässt sich dieser Zusammenhang wie folgt darstellen:

$$\text{Konzernsteuerquote} = \text{relative effektive Ertragsteuerbelastung des Konzerns}$$

$$= \frac{\text{effektiver Ertragsteueraufwand}}{\text{Konzernergebnis vor Steuern}} \cdot 100$$

$$= \frac{\text{tatsächlicher + latenter Ertragsteueraufwand}}{\text{Konzernergebnis vor Steuern}} \cdot 100$$

Gleichung 1: Formale Darstellung der Konzernsteuerquote

Die tatsächlichen Ertragsteuern im Konzernabschluss sind die aus den Einzelabschlüssen der Konzernunternehmungen übernommenen Steuern vom Einkommen und vom Ertrag. Diese wurden nach dem jeweiligen nationalen Steuerrecht der Konzernunternehmungen ermittelt und werden voraussichtlich auch in dieser Höhe festgesetzt. Die Einzelsteuerbelastungen werden bei der Erstellung des Konzernabschlusses weitgehend unverändert übernommen.

Latente Steuern in den Konzernabschlüssen sind Steuerbelastungen, die im Zeitpunkt der Aufstellung des Jahresabschlusses noch nicht zahlungswirksam sind, aber in den kommenden Perioden das Konzernergebnis beeinflussen werden.[35] Nach deutschem Recht werden latente Steuern ebenfalls zunächst aus den Einzelabschlüssen in den Konzernabschluss übernommen. Zusätzlich zählen auch konzernspezifische Steuerlatenzen aus Vereinheitlichungsmaßnahmen der Handelsbilanzen I zu den Handelsbilanzen II und aus Konsolidierungsmaßnahmen zu den im Konzernabschluss abzugrenzenden Steuern. Nach internationalen Rechnungslegungsgrundsätzen hingegen werden Steuerabgrenzungen im Konzernabschluss unmittelbar vorgenommen.[36]

Da der Umfang der Berücksichtigung latenter Steuern in Abschlüssen nach IAS, US-GAAP und auch nach DRS wesentlich größer und sachgerechter ist als in den Abschlüssen nach dem deutschen HGB, steigt auch die Aussagekraft der auf Basis dieser Rechenwerke ermittelten Konzernsteuerquote.[37] Die umfassende Berücksichtigung der gesamten, das Unternehmen effektiv belastenden Steuern macht die Konzernsteuerquote besonders bedeutend für die Hauptinteressenten der Konzernabschlüsse und die Befriedigung ihrer Informationsbedürf-

[35] Vgl. *Kröner*, Konzernsteuerquote, in: *Herzig* (Hrsg.), Organschaft, 2003, S. 563 f.; zugleich *Kröner/Benzel*, Konzernsteuerquote, in: *Kessler/Kröner/Köhler* (Hrsg.), Konzernsteuerrecht, 2004, § 15, Tz. 6.

[36] Vgl. *App*, Latente Steuern, KoR 2003, S. 211; *Küting/Zwirner*, Unternehmenspraxis, WPg 2003, S. 302; *Fischer/Klöpfer/Sterzenbach*, Beurteilung, WPg 2004, S. 698.

[37] Vgl. *Herzig/Dempfle*, Konzernsteuerquote, DB 2002, S. 2; *Fischer*, IAS 12, BBK 2002, Fach 20, S. 683; *Adrian*, Tax Reconciliation, 2005, S. 108 f.

nisse. In erster Linie sind dies Investoren oder von diesen beauftragte externe Analysten.[38] Mit der wachsenden Bedeutung der internationalen Rechnungslegungsgrundsätze für deutsche Unternehmen[39] und der dadurch zunehmenden internationalen Vergleichbarkeit ihrer Abschlüsse wird die Bedeutung der Konzernsteuerquote als ernst zu nehmende Kennzahl bei der Analyse von Konzernabschlüssen zukünftig noch weiter steigen.[40] Auch unter diesem Aspekt unterstützt die Verbindlichkeit der IAS für Konzernabschlüsse in der Europäischen Union das Vordringen der Konzernsteuerquote.

Gleichzeitig wird hierdurch die Herkunft der Kennzahl Konzernsteuerquote offenbar: „Nur eine international wettbewerbsfähige Steuerquote sichert einen ausreichenden Ertrag pro Aktie eines Unternehmens, der den Anforderungen des Kapitalmarktes genügt."[41] Diese Aussage macht deutlich, dass der Bedeutungszuwachs der Konzernsteuerquote seine Ursache zuvorderst in der verstärkten Kapitalmarktorientierung moderner Unternehmenspolitik[42] und dem daraus resultierenden stark gewachsenen Anlegerinteresse hat, mithin also von den Kapitalmärkten ausgeht.[43] Der Ertrag pro Aktie eines Unternehmens - eine Nachsteuergröße - ist umso größer, je kleiner die Konzernsteuerquote ist, je günstiger aus Anteilseignersicht also die Verteilung des Vorsteuerergebnisses zwischen Fiskus und Anteilseignern ausgefallen ist. Insbesondere ist an dieser Stelle auf den Zusammenhang hinzuweisen, dass eine nur geringe Absenkung der Konzernsteuerquote eine Verbesserung des Ertrages pro Aktie bedeutet, die im realwirtschaftlichen Bereich nur durch eine erhebliche Ausweitung des Umsatzes zu erzielen gewesen wäre.[44]

Letztlich dient die Konzernsteuerquote aber nicht nur als Quantifikationsmaß der steuerlichen Belastung eines Konzerns und als Kennzahl zur Bilanzanalyse, sondern sie wird ebenso als Kennzahl im betriebswirtschaftlichen Sinne verstanden, die u.a. im Rahmen von Anreizsystemen zur Unterstützung einer wertorientierten Unternehmensführung als Beurteilungsgröße

---

38 Vgl. zur Bedeutung von Finanzanalysten als Intermediäre *Bruns*, Rechnungslegung, in: *Auer* (Hrsg.), Umstellung, 1998, S. 71 ff. Vgl. zu den verschiedenen Adressaten und Interessenten der Konzernabschlüsse und deren Informationsbedürfnissen z.B. *Busse von Colbe/Ordelheide*, Konzernabschlüsse, 6. Auflage, 1993, S. 13 ff.; *Ballwießer*, Konzernrechnungslegung, 1997, S. 19 ff.; *Rheinboldt*, Analyse, 1998, S. 7 ff.

39 Hierzu *Auer*, Motive, in: *Auer* (Hrsg.), Umstellung, 1998, S. 13 ff.

40 Vgl. *Müller*, Konzernsteuerquote, DStR 2002, S. 1684; *Herzig*, Gestaltung, WPg 2003, Sonderheft, S. S 81; *Herzig*, Bedeutung, in: *Wollmert et al.* (Hrsg.), FS Lück, 2003, S. 434.

41 *Werra*, Aspekte, FR 2000, S. 645.

42 Vgl. z.B. *Pellens*, Börseneinführung, ZfbF 1993, S. 852 ff.; *Busse von Colbe*, Rechnungswesen, WPg 1995, S. 713 ff.; *Jackstein*, Wettbewerb, in: *Burmester/Endres* (Hrsg.), FS Debatin, 1997, S. 185; *Werra*, Aspekte, FR 2000, S. 645 ff.; *Burger/Ulbrich*, Kapitalmarktorientierung, KoR 2005, S. 39 ff.; *Burger/Fröhlich/Ulbrich*, Kapitalmarktorientierung, KoR 2006, S. 113 ff.

43 Vgl. z.B. *Stein/Becker*, Steuerplanung, GmbHR 2003, S. 84; *Stein/Vitale*, Shareholder Value, in: *Grotherr* (Hrsg.), Handbuch, 2. Auflage, 2003, S. 550.

44 Vgl. *Herzig*, Gestaltung, WPg 2003, Sonderheft, S. S 80. Durch Senkung der Steuerauszahlungsquote um ein Prozent resultiert eine Steigerung des Unternehmenswertes um 1,4 bis 2,3%, alternativ hierzu ist eine Umsatzausweitung um 12 bis 15% notwendig, vgl. *Stein/Becker*, Unternehmenswertsteigerung, online im Internet; zitiert nach *Keuchel*, Steuerquote, Handelsblatt Nr. 237 vom 7.12.2005, S. 18.

herangezogen werden kann.[45] Dieses Verständnis der Konzernsteuerquote als Instrument der Unternehmenssteuerung resultiert nicht zuletzt aus der zunehmenden Bedeutung des externen Rechnungswesens für die Steuerung der Unternehmen, die ebenfalls insbesondere auf die Verwendung internationaler Rechnungslegungsstandards zurückzuführen ist.[46] In ihrer Gesamtheit liefern diese Entwicklungen den Anlass für die vorliegende Untersuchung.

B. Problemstellung und Zielsetzung der Arbeit

Untersuchungsgegenstand der vorliegenden Arbeit ist die Konzernsteuerquote sowie die aus der Entdeckung dieser Kennzahl resultierenden Entwicklungen für die Unternehmenspraxis in Deutschland.[47] Untersuchungsobjekte werden dabei in erster Linie deutsche internationale Konzerne sein.[48] Problembereiche ergeben sich zunächst bei der Ermittlung der Konzernsteuerquote und ihrer Einordnung in die betriebswirtschaftliche Steuerlehre und die Rechnungslegung. So haben sich im Hinblick auf die Bezugsgröße ‚Konzernergebnis vor Steuern' schon jetzt deutliche Unterschiede in der Rechnungslegungspraxis der Unternehmen entwickelt, beispielsweise im Hinblick auf die Einbeziehung oder die Eliminierung von Sondereinflüssen.[49] Insbesondere aber besteht Erläuterungsbedarf den Umfang der latenten Steuern in der Konzernsteuerquote betreffend, denn deren Berücksichtigung variiert, je nach angewendeter Rechnungslegungsnorm, ebenfalls stark. Aus der Variation des Umfangs latenter Steuern in der Konzernsteuerquote resultiert unweigerlich eine entsprechende Variation der Aussagekraft der Konzernsteuerquote. Zudem wurde bislang in wissenschaftlichen Untersuchungen der Charakter der Konzernsteuerquote als Quantifikationsmaß der steuerlichen Belastung von Unternehmen ebensowenig belegt wie ihre Eigenschaft als Kennzahl einer Konzernabschlussanalyse oder als Bezugsgröße eines Vergütungssystems.[50] Die Charakterisierung der Konzernsteuerquote sowie die umfassende Darstellung ihrer Komponenten und ihrer

---

45 Vgl. hierzu die Abschnitte E.III.2 und F.II.4 des 2. Kapitels, Seiten 113 ff. und 123 ff.

46 Vgl. zur Konvergenz externer Berichts- und interner Steuerungsgrößen im Allgemeinen *Deleker*, Steuerungsgrößen, DStR 1997, S. 631 ff.; *Funk*, Trend, ZfbF 1998, S. 189; *Heyd*, Harmonisierung, ST 2001, S. 208; *Adrian*, Tax Reconciliation, 2005, S. 59; und auf der Basis internationaler Rechnungslegungsstandards *Bruns*, Rechnungslegung, in: *Auer* (Hrsg.), Umstellung, 1998, S. 79 ff.; *Kahle*, Rechnungslegung, 2002, S. 87 ff.; *Kahle*, Unternehmenssteuerung, ZfbF 2003, S. 774 ff.

47 Vgl. zur Abgrenzung des Untersuchungsgegenstandes als ersten Schritt eines Forschungsprojektes z.B. *Mayntz/Holm/Hübner*, Soziologie, 5. Auflage, 1978, S. 26; *Schnell/Hill/Esser*, Sozialforschung, 6. Auflage, 1999, S. 7; *Atteslander*, Sozialforschung, 9. Auflage, 2000, S. 22.

48 Vgl. zur ausführlichen Abgrenzung dieser nur vordergründig widersprüchlichen Begriffsverbindung Abschnitt D.I, Seiten 15 ff.

49 Als Beispiel seien nur die Konzernsteuerquoten 2001 der Commerzbank und von Vodafone angeführt. So weist die Commerzbank auf der einen Seite, nicht zuletzt aufgrund hoher Restrukturierungsaufwendungen, eine hohe negative Konzernsteuerquote aus, während Vodafone eine Quote auf der Grundlage eines Ergebnisses „*before goodwill and exeptional non-operating items*" zeigt, vgl. Commerzbank AG, Geschäftsbericht 2001, S. 92; Vodafone Group Plc, Annual Report 2001, S. 36.

50 Dies obwohl der Vergütungsfunktion der Konzernsteuerquote für leitende Mitarbeiter der Konzernsteuerabteilungen eine zunehmend stärkere Bedeutung zugemessen wird, vgl. z.B. bereits *Herzig/Dempfle*, Konzernsteuerquote, DB 2002, S. 1; *Keuchel*, Steuerquote, Handelsblatt Nr. 237 vom 7.12.2005, S. 18.

umfangreichen betriebswirtschaftlichen Funktionen soll in der vorliegenden Arbeit vorgenommen werden.

Neben diesen eher technischen Fragen zur Ermittlung und Einordnung der Konzernsteuerquote bestehen Problemfelder hinsichtlich der Kommunikationsform der Quote in den Jahresabschlüssen. Die Konzernsteuerquote ist die herzuleitende und zu erläuternde Größe der nach IAS, US-GAAP und DRS obligatorischen Überleitungsrechnung.[51] Betrachtet man allerdings die Überleitungsrechnungen deutscher Konzerne in ihren bisherigen Erscheinungsformen, stellt man fest, dass bereits bei der Wahl der Größe ‚anzuwendender Steuersatz' als bestimmender Faktor sowohl der Ausgangsgröße ‚erwarteter Steueraufwand' als auch der steuersatzabhängigen Überleitungsposten erhebliche Unterschiede bestehen. Insbesondere diese divergierenden und zum Teil im Zeitablauf schwankenden Ausgangspositionen führen dazu, dass die Inhalte der einzelnen Überleitungsrechnungen im Allgemeinen und der Überleitungsposten im Speziellen differieren und bereits die periodenübergreifende Vergleichbarkeit von Überleitungsrechnungen einer Unternehmung schwierig ist, während die Vergleichbarkeit von Überleitungsrechnungen verschiedener Konzerne sogar schon innerhalb derselben Branche häufig nicht gewährleistet ist. Auch sind in den verschiedenen Vorschriften zur Überleitungsrechnung weder die auszuweisenden Überleitungspositionen noch die anzugebenden Vergleichswerte normiert, so dass hier für die Unternehmen Spielraum zur Gestaltung der Überleitungsrechnung besteht, der zu Lasten einer intersubjektiven Vergleichbarkeit im Sinne einer externen Analyse von Überleitungsrechnung und Konzernsteuerquote geht.

Aus diesem Grunde besteht die vorrangige Zielsetzung der Arbeit darin, die nach IAS, US-GAAP und DRS verpflichtende Überleitungsrechnung umfassend zu untersuchen und Gestaltungsaspekte einer aussagekräftigen und damit den Grundsatz der *decision usefulness*[52] umsetzenden, dabei aber gleichzeitig noch übersichtlichen und praktikablen Präsentationsform der Überleitungsrechnung aufzuzeigen. Hierzu sind zunächst die verschiedenen Bereiche der Überleitungsrechnung und deren einzelne Elemente ausführlich zu betrachten. Ergebnis dieser Betrachtung sollen jeweils Handlungsempfehlungen zur Optimierung der Aussagefähigkeit der einzelnen Bereiche sein. Die im Konzernabschluss ausgewiesene effektive Steuerbelastung als dritter Bereich und Zielgröße der Überleitungsrechnung ist die Summe aus tatsächlicher und latenter Steuerbelastung und somit fest vorgegeben. Daher müssen sich die Handlungsempfehlungen auf den anzuwendenden Steuersatz als Ausgangsgröße der Überleitungsrechnung sowie auf die Ausgestaltung und den Ausweis der einzelnen Überleitungsposten beschränken, die zum einen die Höhe der Überleitungsdifferenz zwischen effektiver und erwarteter Steuerbelastung insgesamt und zum anderen den Informationsgehalt der erläuterten Teilabweichungen determinieren.

---

[51] Vgl. *IASB*, IAS 12, Abs. 81 (c); *FASB*, SFAS No. 109, Abs. 47; *SEC*, Reg. S-X, online im Internet, Item 210.4-08, Abs. (h) (2); *DRSC*, DRS 10, Abs. 42.

[52] Vgl. *IASB*, Framework, Abs. 26; *FASB*, SFAC 1, Abs. 32 ff.

Zudem sollen Empfehlungen hinsichtlich einer im Sinne der Aussagekraft und der Vergleichbarkeit zweckmäßigen Gestaltung der Überleitungsrechnung abgegeben werden. Eine alternative Darstellung der Überleitungsrechnung sollte dabei nicht nur durch eine Strukturierung der einzelnen Überleitungsposten gekennzeichnet sein, sondern darüber hinaus sollte eine Aufspaltung der Überleitungsrechnung dazu dienen, die Vergleichbarkeit von Überleitungsrechnungen verschiedener Unternehmen über die bestehenden Formen hinaus zu erhöhen. Bei der Fülle der dabei vermittelten Informationen darf allerdings die Übersichtlichkeit und damit die Verständlichkeit der zu transportierenden Aussagen keinen Schaden nehmen. Die Ermittlung und Aufstellung einer solchen - inhaltlich deutlich aufgewerteten - Darstellungsform der Überleitungsrechnung führt gleichzeitig zu der Notwendigkeit, neue Abläufe und Ressourcen innerhalb der die Überleitungsrechnung erstellenden Abteilungen zu schaffen.

Eine weitere Entwicklung, die aus dem Hinzutreten der Konzernsteuerquote als Kennzahl der Konzernjahresabschlussanalyse in Deutschland resultiert, ist die Frage nach ihrem Einfluss auf die Steuerpolitik deutscher internationaler Konzerne. Diese werden zukünftig in deutlich umfassenderem Maße als bisher die Beeinflussung der Konzernsteuerquote anstreben müssen. Dabei verstärkt nicht zuletzt eine aussagekräftige und in Zukunft möglicherweise noch umfangreichere Kommunikation der Konzernsteuerquote in den Jahresabschlüssen durch die Überleitungsrechnung die Notwendigkeit, Einfluss auf die Entwicklung der Konzernsteuerquote zu nehmen.

Denn führt man sich vor Augen, dass die mit Hilfe der Überleitungsrechnung hergeleitete und dadurch Analysezwecken zugänglich gemachte Konzernsteuerquote den verschiedenen Interessenten des Konzernabschlusses bedeutende Hinweise auf die steuerliche Situation der Unternehmung im Zeitablauf und im Vergleich mit Mitbewerbern liefern kann,[53] muss die Quote im Umkehrschluss zwingend auch Einfluss auf die Steuerpolitik des Konzerns nehmen. Der Konzernsteuerquote wohnt insofern eine Verhaltenssteuerungsfunktion inne,[54] denn jede Unternehmung ist wirtschaftlich gezwungen, sich zur effektiven Nutzung des Kapitalmarktes den Anteilseignern in möglichst gutem Lichte zu präsentieren, d.h. in diesem Fall, die Konzernsteuerquote in einer für den Konzern günstigen Weise zu beeinflussen. Daher werden zunächst die Instrumente der Steuerbilanzpolitik[55] im Hinblick auf ihre Auswirkungen auf die Konzernsteuerquote analysiert, denn die Steuerbilanzpolitik war bislang der von der Steuer-

---

[53] Vgl. *Fischer*, IAS 12, BBK 2002, Fach 20, S. 682 f.; *Herzig/Dempfle*, Konzernsteuerquote, DB 2002, S. 3; *Dahlke/Eitzen*, Überleitungsrechnung, DB 2003, S. 2237; *Herzig*, Gestaltung, WPg 2003, Sonderheft, S. S 90; *Wagenhofer*, Internationale Rechnungslegungsstandards, 5. Auflage, 2005, S. 587; a.A. *Hannemann/Peffermann*, IAS-Konzernsteuerquote, BB 2003, S. 733.

[54] Vgl. *Adrian*, Tax Reconciliation, 2005, S. 64.

[55] Trotz des Maßgeblichkeitsprinzips des § 5 Abs. 1 EStG gibt es - nicht zuletzt aufgrund der immensen Bedeutung der Steuerbelastung für das Unternehmen - eine originäre und von der Handelbilanz losgelöste Steuerbilanzpolitik, EStG vom 19.10.2002, BGBl. I 2002, S. 4210.

abteilung eines Unternehmens stets zuvorderst beeinflusste Aktionsparameter.[56] Schnell wird dabei offenkundig, dass der Einfluss klassischer Steuerpolitik auf die Konzernsteuerquote äußerst beschränkt ist.

Aus dieser Feststellung entspringen nahezu zwangsläufig die Fragen nach Möglichkeiten zur Beeinflussung der Konzernsteuerquote. Welche Notwendigkeiten und Erfordernisse treten zu den bekannten Modellen klassischer Steuerbilanzpolitik hinzu? Kann unter den aus der Ermittlung der Konzernsteuerquote resultierenden Restriktionen ihrer Beeinflussung eine national ausgerichtete Steuerpolitik überhaupt zu einer dauerhaften Senkung der Quote führen? Welche Möglichkeiten stehen dem internationalen Konzern zur Senkung der Konzernsteuerquote zusätzlich zu einem national orientierten Maßnahmenkatalog zur Verfügung? Sind Umgestaltungen der Konzernstrukturen eine notwendige Folge der Anforderungen, die die Konzernsteuerquote an eine moderne Steuerpolitik stellt? Diese Veränderungen der Anforderungen an eine ‚neue' Konzernsteuerpolitik, die die Konzernsteuerquote ausgelöst hat, sollen in der Untersuchung ebenfalls aufgezeigt werden.

Weitere Zielsetzung dieser Arbeit ist es daher, Ansätze für eine ‚neue' Form der Steuergestaltung darzustellen, die es erlauben, die Konzernsteuerquote dauerhaft zu beeinflussen.[57] Dabei soll anhand von abstrakten Ausarbeitungen auf die grundsätzliche Möglichkeit zur Generierung von Steuerminderungspotentialen hingewiesen werden, kasuistische Betrachtungen werden nur in Ausnahmefällen Inhalt der Untersuchung sein. Dabei wird deutlich, dass insbesondere aufgrund der umfassenden Berücksichtigung latenter Steuern in der Konzernsteuerquote die Möglichkeiten einer Beeinflussung der Kennzahl deutlich begrenzt sind. Denn eine tatsächliche Steuerbelastung - im Sinne von gezahlten und zurückgestellten Steuern -, die mit Hilfe von steuerbilanzpolitischen Maßnahmen vorübergehend gesenkt werden konnte, wird durch die Einbeziehung der latenten Steuern in den ausgewiesenen effektiven Steueraufwand neutralisiert. Somit besteht der Bedarf, steuergestalterische Maßnahmen zu finden, die eine dauerhafte Beeinflussung der effektiven Steuerbelastung des Konzerns erlauben, die mithin die tatsächliche Steuerbelastung beeinflussen, ohne die Notwendigkeit zur Steuerabgrenzung auszulösen.

---

56 Vgl. hierzu *Börner/Krawitz*, Steuerbilanzpolitik, 1970, S. 38 ff.; *Dieckmann*, Steuerbilanzpolitik, 1970, S. 40 ff.; *Marettek*, Steuerbilanzpolitik, BFuP 1970, S. 7 ff.; *Marettek*, Unternehmenspolitik, 1971, S. 32 ff.; *Marettek*, Charakter, StuW 1974, S. 327; *Müller-Kröncke*, Steuerbilanzpolitik, 1974, S. 7 ff.; *Röthel*, Steuerbilanzpolitik, S. 28 ff.; *Wöhe*, Steuerbilanzpolitik, BFuP 1977, S. 216; *Marettek*, Steuerbilanzplanung, 1980, S. 37 ff.; *Wagner/Dirrigl*, Steuerplanung, 1980, S. 277 ff.; *Rückle*, Steuerbilanzpolitik, 1983, S. 98 ff.; *Packmohr*, Bilanzpolitik, 1984; *Hebig*, Steuerpolitik, AG 1986, S. 162; *Schneeloch*, Bilanzpolitik, DStR 1990, S. 98; *Heinhold*, Bilanzpolitik, in: *Wittmann et al.* (Hrsg.), HWB, 5. Auflage, 1993, S. 529; *Marten/Klopsch*, Steuerbilanzpolitik, DStR 1994, S. 1910; *Wöhe*, Bilanzierung, 9. Auflage, 1997, S. 55 ff. m.w.N.; *Kappler*, Steuerbilanzpolitik, 2000, S. 83 ff.; *Schneeloch*, Steuerpolitik, 2. Auflage, 2002, S. 113 ff.; *Scheffler*, Gewinnvorverlagerung, BB 2003, S. 1719 ff.

57 Vgl. mit ersten Ansätzen zu einer solcherart ausgerichteten Steuerpolitik bereits *Riedweg*, Steuerplanung, ST 1995, S. 186 ff.

Darüber hinaus resultieren aus der Einflussnahme der Konzernsteuerquote auf die Konzernsteuerpolitik unter Umständen weitere institutionelle Veränderungen, die in erster Linie die Organisation der Spitzeneinheit betreffen. Denn akzeptiert man den Gedanken, dass mit der Beeinflussung der Konzernsteuerquote ein neues Ziel zum steuerpolitischen Zielsystem[58] der Unternehmensleitung hinzugetreten ist, dann muss der Unternehmensleitung daran gelegen sein, die Erreichung dieses Ziels mit Hilfe eines Informations- und Kontrollsystems zu unterstützen. Aufgrund der sich ständig verändernden steuerlichen Rahmenbedingungen ist es nicht möglich, eine einzige steuerlich optimale Lösung zu entwickeln, die in unveränderter Form dauerhaft Bestand hat. Daher ist laufend zu verifizieren, ob und in welchem Umfang die einmal gefundenen Gestaltungsmöglichkeiten geeignet sind, die Konzernsteuerquote dauerhaft zu senken.[59] Hierzu reicht eine einmalige Steuerplanung nicht aus, vielmehr ist ein Steuercontrolling im Sinne eines „*Health Check*“[60] notwendig, welches den Entscheidungsträgern die notwendigen Informationen zur Verfügung stellt, die diese zu einer permanenten Fortentwicklung der Steuergestaltung benötigen.

Allerdings ist bislang in den Unternehmungen offenbar weder die Implementierung eines solchen Controllingsystems bewusst erfolgt, noch sind überhaupt abschließende Anforderungen an ein Steuercontrolling definiert worden.[61] Hat man sich für die Einführung eines solchen Instrumentariums entschieden, wird die Implementierung eines Steuercontrollings - innerhalb der Steuer- oder Controllingabteilung oder als eigene (Stabs-) Abteilung[62] - unweigerlich ebenfalls einschneidende Veränderungen in der Organisationsstruktur des Konzerns hervorrufen. Die Notwendigkeit eines Steuercontrollings aufzuzeigen ist daher ebenfalls eine Zielsetzung dieser Arbeit. Die Entwicklung eines tragfähigen Konzeptes hierzu sowie Möglichkeiten zu dessen Implementierung innerhalb des Konzerngebildes können jedoch nicht mehr Gegenstand der vorliegenden Untersuchung sein.

Zusammengefasst besteht die Zielsetzung der vorliegenden Arbeit somit darin, die Konzernsteuerquote als noch recht junge Kennzahl bei der Jahresabschlussanalyse deutscher internationaler Konzerne und ihre besondere Funktionalität für die Interessenten des Jahresabschlusses umfassend zu charakterisieren und zu analysieren, um hierauf aufbauend Ansätze zu ihrer

---

58 Vgl. zur Herleitung eines steuerpolitischen Zielsystems beispielhaft die Ausführungen bei *Vera*, Steuerabteilungen, 2001, S. 34 ff.; sowie schon *Eisenach*, Steuerplanung, 1974, S. 187 ff.; *Hebig*, Steuerabteilung, 1984, S. 57 ff.

59 So schon *Herzig*, Optimierung, Stbg 1996, S. 65 f. Vgl. auch *Herzig*, Globalisierung, WPg 1998, S. 289; *Herzig/Dempfle*, Konzernsteuerquote, DB 2002, S. 6.

60 *Riedweg*, Steuerplanung, ST 1995, S. 191; *Volkart*, Steuerpolitik, 1998, S. 93.

61 Vgl. mit ersten Ansätzen hierzu *Freidank*, Steuer-Controlling, Controlling 1996, S. 148 ff.; *Herzig*, Optimierung, Stbg 1996, S. 65 f.; *Schiffers*, Steuerberatung, StuW 1997, S. 49 f.; *Lexa*, Steuercontrolling, in: *Bertl/Mandl* (Hrsg.), FS Egger, 1997, S. 637 f.; *Zimmermann*, Steuercontrolling, 1997, S. 152 ff.; *Herzig/Zimmermann*, Steuercontrolling, DB 1998, S. 1144 ff.; zuletzt ausführlich *Schlager*, Steuercontrolling, in: *Feldbauer-Durstmüller/Schwarz/Wimmer* (Hrsg.), FS Stiegeler, 2005, S. 613 ff.

62 Vgl. *Schiffers*, Steuerberatung, StuW 1997, S. 50; *Lexa*, Steuercontrolling, in: *Bertl/Mandl* (Hrsg.), FS Egger, 1997, S. 648 f.; *Zimmermann*, Steuercontrolling, 1997, S. 274; *Herzig/Zimmermann*, Steuercontrolling, DB 1998, S. 1149.

Gestaltung aufzuzeigen. Im Mittelpunkt der Untersuchung wird dabei die Kommunikation der Konzernsteuerquote durch die Überleitungsrechnung stehen, die eine Analyse der Quote auch für externe Abschlussinteressenten ermöglicht. In Form einer Systematisierung von Handlungsalternativen sollen anschließend einige Möglichkeiten der Beeinflussung der Konzernsteuerquote aufgezeigt werden. Es soll der Versuch unternommen werden, die mit der Konzernsteuerquote einhergehenden beziehungsweise aus ihrem Auftreten resultierenden Veränderungen in den Bereichen der Steuerpolitik und der Strukturierung der Konzerne aufzuzeigen und zu systematisieren. Abbildung 1 verdeutlicht die geschilderten Zusammenhänge des Untersuchungsgegenstandes:

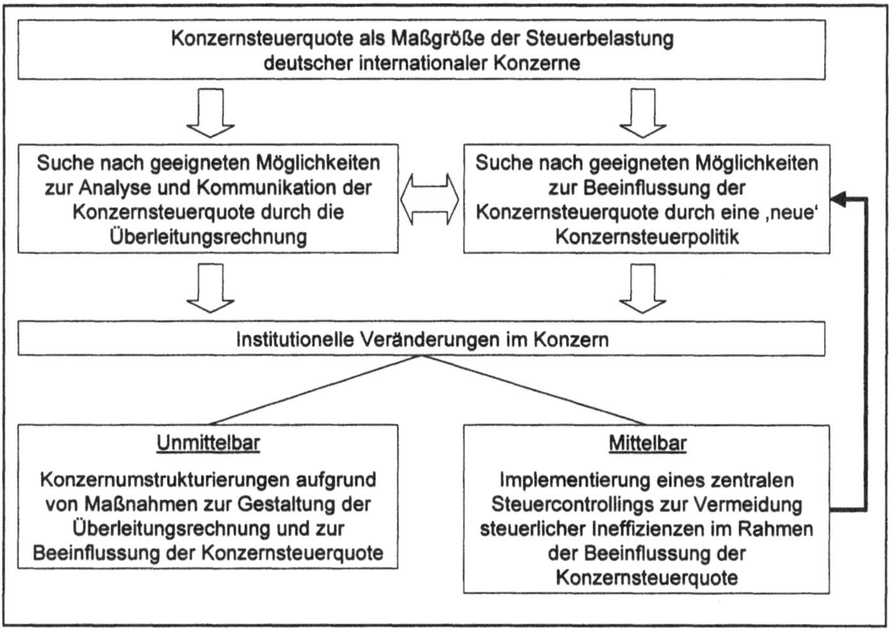

Abbildung 1: Zusammenhänge des Untersuchungsgegenstandes

C. Gang der Untersuchung

Die vorliegende Arbeit ist konzeptionell in fünf Kapitel unterteilt. In der Grundlegung im ersten Kapitel wurde bereits in die Problembereiche des Untersuchungsgegenstands eingeführt und die sich daraus ergebende Zielsetzung der Untersuchung formuliert. Außerdem werden der Untersuchungsgegenstand abgegrenzt und die zum Verständnis der weiteren Ausführungen notwendigen begrifflichen und inhaltlichen Grundlagen zu den Untersuchungsobjekten, den deutschen internationalen Konzernen, gelegt.

Im 2. Kapitel wird mit dem Ziel der betriebswirtschaftlichen Fundierung der Untersuchung die Ermittlung und Einordnung der Kennzahl Konzernsteuerquote aufgezeigt, der Untersuchungsgegenstand mithin charakterisiert. In den Abschnitten A und B werden die Komponenten der Konzernsteuerquote in ihren verschiedenen Ausprägungen dargestellt und deren Bestandteile untersucht. Neben der Bezugsgröße Konzernergebnis vor Steuern und den einbezogenen Steuerarten werden insbesondere die latenten Steuern als zentraler und besonders einflussreicher Bestandteil der Beobachtungsgröße der Konzernsteuerquote, der effektiven Steuerbelastung, vorgestellt. Dabei gilt es zunächst herauszuarbeiten, woraus der große Einfluss der latenten Steuern auf die Konzernsteuerquote resultiert. Die Betrachtung der Steuerabgrenzung selber erfolgt differenziert nach den untersuchten Rechnungslegungsstandards. Die möglichen mathematischen und sachlogischen Ausprägungen der Konzernsteuerquote werden in Abschnitt C veranschaulicht.

Anschließend wird die Konzernsteuerquote in den Kontext der Betriebswirtschaftslehre, namentlich in die betriebswirtschaftliche Steuerlehre und die Rechnungslegung eingeordnet. In Abschnitt D wird der Charakter der Konzernsteuerquote als Quantifikationsmaß zur Bemessung der Steuerlast von Konzernen herausgearbeitet und die Konzernsteuerquote damit als Instrument zur Erfüllung einer der Hauptaufgaben der betriebswirtschaftlichen Steuerlehre qualifiziert. Abschnitt E ist dem Ziel gewidmet, die Herkunft der Konzernsteuerquote aus dem Instrumentarium des Kapitalmarktes zu verdeutlichen. Notwendiges Hilfsmittel der Kapitalmarktteilnehmer ist die Jahresabschlussanalyse, die allgemein als Kennzahlenrechnung verstanden wird. Im Rahmen der Untersuchung gilt es daher, die Kennzahleneigenschaft der Konzernsteuerquote nachzuweisen, um damit ihre Eignung zur Unterstützung der Konzernabschlussanalyse zu belegen. Im abschließenden Abschnitt F werden, aufbauend auf den herausgearbeiteten Ergebnissen, die weiteren betriebswirtschaftlichen Funktionen der Konzernsteuerquote für die jeweiligen Interessenten des Konzernabschlusses aufgezeigt.

Nach dieser detaillierten Charakterisierung der Konzernsteuerquote als betriebswirtschaftliche Kennzahl wird im dritten Kapitel die Herleitung der Konzernsteuerquote in der Überleitungsrechnung untersucht, die den Interessenten als Analyseinstrument der Kennzahl Konzernsteuerquote zur Verfügung steht. In Abschnitt A werden zunächst Notwendigkeiten und konzeptionelle Grundlagen der Erstellung von Überleitungsrechnungen aus wirtschaftlicher, rechtlicher und praktischer Sicht vorgestellt. Ausführlich werden anschließend in den Abschnitten B, C und D die einzelnen Bereiche der Überleitungsrechnung und deren Inhalte untersucht. Dies zu dem Zweck, die Informationsnützlichkeit der möglichen Ausgangsgrößen und der Überleitungsposten für die Analyse der Zielgröße ‚effektive Steuerbelastung' aufzuzeigen, die Beobachtungszahl und damit beherrschende Größe der Konzernsteuerquote ist.[63]

---

63 Vgl. *Wissenbach*, Kennzahlen, 1967, S. 22, 75 f.; *Lachnit*, Jahresabschlußanalyse, 1979, S. 22; *Groll*, Kennzahlensystem, 2000, S. 10.

Neben der theoretischen Betrachtung wird zusätzlich eine Bestandsaufnahme der zur Zeit verwendeten, d.h. in den Geschäftsberichten ausgewiesenen Überleitungsrechnungen vorgenommen, um Problembereiche und Schwachstellen der dort verwendeten Inhalte und Darstellungsformen der Überleitungsrechnung zu identifizieren. In dieser Bestandsaufnahme werden die Überleitungsrechnungen der im Herbst 2005 im DAX-30 vertretenen Unternehmen für die Jahre 2000 bis 2004 berücksichtigt. Zu Vergleichszwecken werden die Überleitungsrechnungen der Dow Jones-30-Unternehmen herangezogen.

Auf den theoretischen Überlegungen und der Bestandsaufnahme aufbauend werden in Abschnitt E Gestaltungsmöglichkeiten für die Bilanzersteller aufgezeigt, die dazu dienen sollen, Überleitungsrechnungen zweckmäßiger und zielgerichteter zu entwickeln und zu veröffentlichen. Hierzu werden zunächst Vorschläge zu einer sinnvollen Rang- und Reihenfolge der einzelnen Überleitungsposten und deren Strukturierung unterbreitet. Zudem wird ein Modell einer Aufspaltung der Überleitungsrechnung entwickelt mit dem Ziel, die Vergleichbarkeit von Überleitungsrechnungen verschiedener Unternehmen herzustellen.

Im 4. Kapitel werden einige Ansätze zur Beeinflussung der Konzernsteuerquote aufgezeigt. In Abschnitt A werden zunächst die Möglichkeiten, die dem Steuermanagement zur Beeinflussung der Konzernsteuerquote zur Verfügung stehen, sowie die Grenzen, die ihm dabei gesetzt sind, allgemeingültig aufgezeigt. Anschließend werden in den Abschnitten B, C und D Ansätze zur Senkung der Quote vorgestellt. Hierzu erfolgt eine grobe Systematisierung danach, ob steuerliche Ineffizienzen vermieden oder ob im internationalen Kontext Qualifikationskonflikte oder das internationale Steuergefälle zur Minderung der Konzernsteuerquote genutzt werden. Die Betrachtung der Gestaltungsfelder, die das internationale Steuergefälle zur Absenkung der Quote bietet, erfolgt aufgrund deren besonderer Bedeutung differenziert nach deren Eingriffsintensität in die bestehenden oder neu zu gestaltenden Konzernstrukturen.

Zusammenfassung und Ausblick im 5. Kapitel beenden die vorliegende Untersuchung.

D. Abgrenzung der Untersuchungsobjekte

I. Deutsche internationale Konzerne

Die Konzernsteuerquote und ihre Einflussnahme auf Steuerpolitik und institutionelle Struktur werden in der vorliegenden Arbeit für deutsche internationale Konzerne untersucht. Denn zunächst sind es zur Zeit überhaupt nur Konzerne, die durch die betrachteten Rechnungslegungsvorschriften zur Veröffentlichung einer Überleitungsrechnung und damit einhergehend zur Offenlegung auch ihrer Konzernsteuerquote verpflichtet sind. Zudem sind es vorrangig international ausgerichtete, kapitalmarktorientierte Konzerne, die an Kennzahlen wie der Konzernsteuerquote gemessen werden, so dass zuvorderst für diese Unternehmen eine Charakterisierung und Analyse der Kennzahl von Interesse ist. Im Grundsatz gelten die Erkenntnisse aber auch für die Konzernsteuerquoten rein nationaler Konzerne.

Insbesondere aber die Gestaltungsempfehlungen zur Beeinflussung der Konzernsteuerquote betreffen ganz überwiegend internationale Unternehmensverbindungen. Denn letztlich sind, wie noch zu zeigen sein wird, die Möglichkeiten und der Umfang der Beeinflussbarkeit der Konzernsteuerquote abhängig vom Grad der Internationalisierung des Konzerngebildes und vom Willen der Handelnden, möglicherweise hierüber hinausgehende Unternehmensverbindungen mit dem Ausland einzugehen. Weniger mobile Unternehmen werden ihre Steuerpolitik vermutlich auch zukünftig eher an Steuerbarwerten und an der Vermeidung steuerlicher Ineffizienzen ausrichten.[64] Daher sollen die Konzernsteuerquoten internationaler Konzerne im Mittelpunkt der Betrachtung stehen. Während die Steuerpolitik und insbesondere die Strukturierung der Konzerne am Ende der Arbeit ausführlich betrachtet und im Folgenden nur kurz begrifflich vorgestellt werden sollen, gilt es zuvor, das Untersuchungsobjekt ‚deutscher internationaler Konzern' abschließend abzugrenzen.

1. Konzernbegriff im deutschen Recht

Die Gründe, die deutsche Unternehmen dazu veranlassen, eine Unternehmensverbindung mit einem oder mehreren[65] anderen Unternehmen einzugehen, sind vielfältig.[66] Für die Koalitionsteilnehmer steht zumeist das Ziel im Vordergrund, ihre Unternehmungen unter Aufgabe von Selbständigkeitszielen zu vereinigen, um Expansions- und Sicherungsabsichten im Verbund mit anderen leichter verwirklichen zu können, als ihnen dies alleine möglich ist.[67] Unternehmensverbindungen können dabei in sehr unterschiedlichen Formen vorliegen.[68] Die Bandbreite an Möglichkeiten der Zusammenarbeit reicht von stillschweigenden Kooperationen[69] bis hin zur Verschmelzung von Unternehmen im Wege der Gesamtrechtsnachfolge, bei der die rechtliche Selbständigkeit zumindest eines der beteiligten Unternehmen untergeht.[70] Die mittlerweile „normale"[71] oder „typische"[72] Organisationsform unternehmerischer Aktivi-

64 Vgl. *Herzig/Dempfle*, Konzernsteuerquote, DB 2002, S. 8.

65 Vgl. zu Beteiligungsstrategien in der Konzernpraxis *Binder*, Konzernpraxis, AG 1994, S. 391 ff.

66 Vgl. z.B. *Würdiger*, Konzernrecht, 2. Auflage, 1966, S. 255 ff.; *Schruff*, Konzern, in: *Wittmann et al.* (Hrsg.), HWB, 5. Auflage, 1993, S. 2276 f.; sowie ausführlich *Prantl*, Konzernbildung, 1994, S. 38 ff.

67 Vgl. *Oettle*, Zielsetzungen, ZfbF 1966, S. 257.

68 Vgl. die Übersicht bei *Prantl*, Konzernbildung, 1994, S. 25.

69 Zu den Motiven von Kooperationen als der losesten Form einer Unternehmensverbindung ausführlich *Langefeld-Wirth*, Rechtsfragen, RIW 1990, S. 2; *Müller*, Joint-Ventures, in: *IDW* (Hrsg.), Steuergestaltung, 1994, S. 235; *Staudt et al.*, Kooperationen, ZfB 1995, S. 1210; *Richter*, Kooperation, BFuP 1995, S. 524; *Sander*, Anrechnungsverluste, 1999, S. 25; *Nientimp*, Gewinnabgrenzung, 2003, S. 33.

70 Vgl. die Übersicht bei *Schubert/Küting*, Unternehmenszusammenschlüsse, 1981, S. 10 f.

71 *Theisen*, Konzern, 1991, S. 1.

72 *Ordelheide*, Konzern, BFuP 1986, S. 293.

täten großer, aber auch vieler mittelständischer Unternehmungen, ist der Konzern.[73] Da sich die Arbeit mit der Steuerquote von Konzernen auseinandersetzt, wird auf eine Betrachtung anderer Formen von Unternehmensverbindungen verzichtet.

Im Gegensatz zum betriebswirtschaftlichen Schrifttum[74] haben sich in den verschiedenen Rechtsgebieten recht konkrete und eindeutige Konzerndefinitionen etabliert.[75] Insbesondere ist auf die Begriffsbestimmung des Aktiengesetzes[76] zu verweisen, deren Inhalt sich weitgehend durchgesetzt hat.[77] Hiernach wird unter einem Unterordnungskonzern die Zusammenfassung mehrerer rechtlich selbständiger Unternehmen[78] - des herrschenden und mindestens eines abhängigen Unternehmens - unter einheitlicher wirtschaftlicher Leitung des herrschenden Unternehmens verstanden.[79] Die einheitliche Leitung als unabdingbares Begriffsmerkmal der Konzerndefinition[80] soll bereits dann vorliegen, wenn die Geschäftspolitik der einzelnen Unternehmungen zentral koordiniert wird, also ein einheitlicher Einfluss durch das herrschende Unternehmen ausgeübt wird.[81] Die verschiedenen Arten von Konzernen werden nach dem Verhältnis der Konzernunternehmen zueinander unterschieden. Im für die Untersuchung relevanten Unterordnungskonzern sind ein herrschendes Mutterunternehmen und mindestens ein abhängiges Tochterunternehmen (einbezogenes Unternehmen) unter einheitlicher Leitung des herrschenden Unternehmens zusammengefasst.[82] Nach Grundlage und Intensität der Abhän-

---

73 Im Jahr 1991 standen rund 90% der deutschen Aktiengesellschaften mit anderen Gesellschaften in zumindest konzernähnlichen Verbindungen, vgl. *Theisen*, Konzern, 1991, S. 1. Zu Umfang und Bedeutung der Konzernierung auch *Binder*, Konzernpraxis, AG 1994, S. 391 ff.; *Prantl*, Konzernbildung, 1994, S. 32 ff.

74 So *Theisen*, Konzern, 1991, S. 2, mit Nachweisen zu verschiedenen Definitionsversuchen. Vgl. zu ersten Definitionen bereits *Passow*, Betrieb, 1925, S. 100; *Liefmann*, Unternehmungen, 8. Auflage, 1930, S. 275. Vgl. auch Reichsfinanzhof, Urteil vom 30.1.1930, Az. I A 226/229, RStBl. 1930, S. 148; sowie *Schmalenbach*, Finanzierungen, 6. Auflage, 1937, S. 129; *Koberstein*, Unternehmenszusammenschlüsse, 1955, S. 57 ff.; *Münstermann*, Konsolidierte Bilanzen, ZfhF 1957, S. 435 f.; *Busse von Colbe*, Jahresabschluß, AG 1960, S. 146.

75 Vgl. *Schnorberger*, Verrechnungspreise, 1998, S. 7.

76 AktG vom 6.9.1965, BGBl. I 1965, S. 1089.

77 Ein eigenständiges GmbH-Konzernrecht existiert ebensowenig wie Regelungen zum Personengesellschaftskonzern. Auf GmbH-Konzerne werden jedoch einzelne aktienrechtliche Regelungen analog angewendet, vgl. *Theisen*, Konzern, 1991, S. 94 ff.; *Clausen*, Verbundene Unternehmen, 1992, S. 175 ff.; *Schruff*, Konzern, in: *Wittmann et al.* (Hrsg.), HWB, 5. Auflage, 1993, S. 2278; *Jaecks/Schönborn*, Konzernrecht, RIW 2003, S. 258 ff.

78 Das Gesetz differenziert an dieser Stelle nicht zwischen inländischen und ausländischen Unternehmen, vgl. *Adler/Düring/Schmaltz*, Kommentar, 6. Auflage, 1997, § 15 AktG, Tz. 18. Zum aktienrechtlichen Unternehmensbegriff auch *Clausen*, Verbundene Unternehmen, 1992, S. 114 ff.

79 § 18 Abs. 1 S. 1 AktG. Vgl. hierzu z.B. *Wöhe*, Allgemeine Betriebswirtschaftslehre, 21. Auflage, 2002, S. 315 ff. Ob die Europäische Aktiengesellschaft (SE) ebenfalls unter diese Regelungen gefasst werden kann, untersucht *Hommelhoff*, Konzernrecht, AG 2003, S. 179 ff.

80 Vgl. *Clausen*, Verbundene Unternehmen, 1992, S. 111.

81 Vgl. hierzu *Münstermann*, Konsolidierte Bilanzen, ZfhF 1957, S. 436; *Schruff*, Konzern, in: *Wittmann et al.* (Hrsg.), HWB, 5. Auflage, 1993, S. 2274; *Prantl*, Konzernbildung, 1994, S. 15 ff.; *Wöhe*, Allgemeine Betriebswirtschaftslehre, 21. Auflage, 2002, S. 316.

82 Gemäß § 18 Abs. 1 AktG. Gleichordnungskonzerne gemäß § 18 Abs. 2 AktG sind in praxi und im Rahmen der Untersuchung von vernachlässigbarer Bedeutung. Vgl. *Schubert/Küting*, Unternehmenszusammenschlüsse, 1981, S. 79 ff., 241; *Wöhe*, Allgemeine Betriebswirtschaftslehre, 21. Auflage, 2002, S. 316 f.

gigkeit werden Unterordnungskonzerne weiter in faktische, Vertrags- und Eingliederungskonzerne untergliedert.[83]

Theisen charakterisiert einen Konzern aus betriebswirtschaftlicher Sicht in Anlehnung an die aktienrechtliche Definition anhand der folgenden Merkmale. Entscheidend sind zunächst die Beibehaltung der rechtlichen Souveränität der einzelnen Konzerngesellschaften und die faktische und/oder vertragliche Zuordnung aller einbezogenen Tochterunternehmungen unter die einheitliche Leitung des Mutterunternehmens. Darüber hinaus kennzeichnen einen Konzern aus betriebswirtschaftlicher Sicht die Einschränkung der unternehmerischen Entscheidungsfreiheit an den Spitzen der einbezogenen Unternehmen sowie insbesondere die Organisation des Konzerngebildes als eine wirtschaftliche Entscheidungs- und Handlungseinheit.[84]

Dieses Konzernverständnis liegt der Arbeit zugrunde. Eine Differenzierung nach der Natur der Zuordnung der einbezogenen Unternehmen in faktische oder vertragliche Zuordnung ist nicht notwendig. Ausschlaggebend für das Vorhandensein eines Konzerns ist vielmehr die Tatfrage, dass ein Zusammenschluss mehrerer rechtlich unabhängiger Gesellschaften gegeben ist, die unter der tatsächlich ausgeübten einheitlichen Leitung einer herrschenden inländischen Konzernobergesellschaft stehen. Die aus der einheitlichen Leitung der Mutterunternehmung resultierende Einschränkung der Entscheidungsfreiheit der einbezogenen Unternehmen sowie das Bestehen einer organisatorischen Einheit im Hinblick auf wirtschaftliche Entscheidungen und Handlungen ist von zentraler Bedeutung für die Untersuchung, denn nur so ist es der Konzernobergesellschaft möglich, ohne gesellschaftsrechtliche Widerstände der einbezogenen Unternehmen Einfluss auf deren Steuerpolitik und damit auf die Steuerquote des Konzerns zu nehmen und diese zu steuern.

Ist durch das Vorhandensein eines inländischen Mutterunternehmens und mindestens einer einbezogenen, abhängigen Tochtergesellschaft ein Konzergebilde identifiziert, besteht für die Spitzeneinheit des Konzerns die Verpflichtung, einen Konzernabschluss aufzustellen, in den die Mutterunternehmung und alle Tochterunternehmen sowie darüber hinaus Gemeinschafts-

---

[83] Faktische Konzerne bilden die größte Gruppe im Rahmen der Unterordnungskonzerne und entstehen mit der faktischen Möglichkeit des herrschenden Unternehmens, aufgrund der Stimmrechtsmehrheit die Organe des abhängigen Unternehmens zu bestimmen. In einem Vertragskonzern basiert die Abhängigkeit der Unternehmen auf dem Abschluss eines Beherrschungsvertrages. Zu einer Eingliederung einer Gesellschaft in eine andere ist eine Beteiligung am Grundkapital der abhängigen Gesellschaft von mindestens 95% notwendig, die Gesellschaft bleibt aber dennoch rechtlich selbständig. Eine Typdifferenzierung von Konzernen wird nach wirtschaftlicher Zielsetzung und den Stufen des Leistungsprozesses bzw. des Leistungsprogramms entsprechend in vertikale, horizontale und konglomerate bzw. heterogene Konzertypen vorgenommen. Organisatorisch wird nach der Funktion der Konzernobergesellschaft in Stammhaus- und Holdingkonzerne unterschieden. Vgl. hierzu ausführlich *Schubert/Küting*, Unternehmenszusammenschlüsse, 1981, S. 79, 241 ff.; *Sigle*, Konzerngestaltungspolitik, BFuP 1986, S. 316 ff.; *Clausen*, Verbundene Unternehmen, 1992, S. 119 ff.; *Schruff*, Konzern, in: *Wittmann et al.* (Hrsg.), HWB, 5. Auflage, 1993, S. 2275 ff.; *Prantl*, Konzernbildung, 1994, S. 20 ff.; *Wöhe*, Allgemeine Betriebswirtschaftslehre, 21. Auflage, 2002, S. 316 ff.; *Döser*, Konzern, AG 2003, S. 406 ff.

[84] Die hier verwendete Abgrenzung orientiert sich an den betriebswirtschaftlichen Hauptmerkmalen eines Konzerns, vgl. *Theisen*, Konzern, 1991, S. 20.

und assoziierte Unternehmen einzubeziehen sind.[85] Die Konzerne, deren Jahresabschlüsse in der Arbeit betrachtet werden, gehören sämtlich der Gruppe der Unterordnungskonzerne an; die Frage, welche Konzerntypen vorliegen und ob es sich um einen Stammhaus- oder Holdingkonzern handelt, ist für die Untersuchung nicht von Interesse.

2. International verbundene Unternehmung

Neben dem noch aufzuzeigenden Merkmal des Inlandsbezugs der Konzernobergesellschaft besteht eine notwendige Eigenschaft des deutschen internationalen Konzerns im Vorhandensein von konzerntypischen Unternehmensverflechtungen in das Ausland. Ausschlaggebend für die Abgrenzung sind zunächst die Anknüpfungspunkte der internationalen Unternehmung, für die in der Literatur unterschiedliche, aber weitgehend inhaltsgleiche Bezeichnungen wie internationale, multinationale, supranationale, transnationale, globale oder Weltunternehmung existieren.[86] Über die Merkmale der internationalen Unternehmung hinausgehend soll für das Vorliegen eines internationalen Konzerns zusätzlich die Notwendigkeit von Unternehmensverbindungen mit dem Ausland im Sinne der oben dargestellten Beteiligungen an Tochter-, Enkel- oder Schwestergesellschaften treten.

Charakteristikum einer internationalen Unternehmung ist die Tatsache, dass sich ihre Unternehmenstätigkeit aufgrund ihrer räumlichen Dezentralisation auf mindestens zwei verschiedene Volkswirtschaften mit unterschiedlichen Umweltstrukturen erstreckt, die durch politische Grenzen voneinander getrennt sind. Die internationale Unternehmung zeichnet sich somit durch andauernden grenzüberschreitenden Austausch von Gütern, Investitionskapital und Personal aus. Sämtliche unternehmerischen Funktionen, zuvorderst der Prozess der Leistungserstellung, erstrecken sich auf das Hoheitsgebiet verschiedener Volkswirtschaften. Gleichzeitig lässt i.d.R. der Umfang der von der Unternehmung durchgeführten, dauerhaften Direktinvestitionen eine Integration in den Wirtschaftsprozess der anderen Volkswirtschaft vermuten.[87] Die Unternehmenspolitik der internationalen Unternehmung, zu der auch die

---

[85] §§ 290 i.V.m. 294, 310 und 311 HGB. Der Sitz der einzubeziehenden Unternehmen ist nicht von Bedeutung. Die Verpflichtung zur Aufstellung eines Konzernabschlusses für Unternehmen in der Europäischen Union ergibt sich trotz der IAS-Verordnung weiterhin aus dem jeweiligen nationalen Recht. Die IAS-Verordnung regelt nicht die Frage, welche Unternehmen zur Aufstellung eines Konzernabschlusses verpflichtet sind. Sie determiniert nur das Regelsystem, welches bei der Aufstellung der Abschlüsse zu befolgen ist. Für die Beantwortung der Frage, ob ein Konzernabschluss aufzustellen ist, bleibt für deutsche Konzerne somit auch nach dem 31.12.2004 alleine § 290 HGB relevant, vgl. nur *Lüdenbach*, in: *Lüdenbach/Hoffmann*, IFRS-Kommentar, 3. Auflage, 2005, § 32, Tz. 138.

[86] Eine weitere Differenzierung, z.B. nach dem Internationalisierungsgrad, wie sie *Borrmann* darstellt, ist hier nicht von Interesse, da aus der hier relevanten steuerlichen Sicht bereits das Vorliegen einer einzigen Untereinheit im Ausland ausreichend ist, vgl. *Borrmann*, Typus, in: *Perridon* (Hrsg.), Managementprobleme, 1970, S. 23 ff. Vgl. hierzu auch *Telkamp*, Betriebstätte, 1975, S. 27; *Krüger*, Analyse, 1978, S. 6; *Albach*, Unternehmung, ZfB 1981, Ergänzungsheft 1/81, S. 14; *Baumhoff*, Verrechnungspreise, 1986, S. 9, insbesondere Fn. 1; *Bone-Winkel*, Steuerbelastungsvergleiche, 1994, S. 48.

[87] Vgl. *Borrmann*, Typus, in: *Perridon* (Hrsg.), Managementprobleme, 1970, S. 20 ff.; *Seidel*, Gewinnverschiebungen, 1972, S. 24; *Bone-Winkel*, Steuerbelastungsvergleiche, 1994, S. 48; *Nientimp*, Gewinnabgrenzung, 2003, S. 40. In diesen Fällen gewinnt das Merkmal der Direktinvestition konstitutiven Charakter

Steuerpolitik zählt, muss die durch die regionale Dezentralisation induzierten strukturellen Unterschiede in den verschiedenen Unternehmensumwelten berücksichtigen und darf sich nicht an den Bedürfnissen und Strukturelementen nur der heimischen Volkswirtschaft orientieren.[88]

Um an den internationalen Märkten partizipieren zu können und um dort aktiv und unmittelbar aufzutreten, bedient sich die internationale Unternehmung der Einschaltung verschiedener Formen von ihr kontrollierter ökonomischer Untereinheiten wie Tochtergesellschaften oder Betriebstätten.[89] Diese festen Stützpunkte im Ausland dienen insgesamt mit den von ihnen ausgeübten Funktionen der Erreichung des Unternehmenszweckes der Gesamtunternehmung. Im Vorhandensein dieser Stützpunkte wird das wesentliche Abgrenzungsmerkmal zur nationalen Unternehmung mit Auslandsbeziehungen gesehen, die sich im Regelfall fremder Mittler im Ausland bedient.[90] Die zur Strukturierung der Unternehmenstätigkeit regelmäßig genutzte Organisationsform ist der Unternehmensverbund des internationalen Konzerns.[91] Unter einem internationalen Konzern wird in Erweiterung der oben dargestellten Konzerndefinition der Zusammenschluss einer Vielheit von Unternehmen verstanden, deren rechtlich selbständige, aber wirtschaftlich durch Kapitalbeteiligungen miteinander verbundene Teileinheiten in mindestens zwei verschiedenen Staaten ansässig sind und die von einem einheitlichen unternehmerischen Willen beherrscht werden, der von der Spitzeneinheit als Entscheidungszentrum koordiniert wird.[92] „Entscheidend ist das Vorhandensein mehrerer betrieblicher Einheiten in verschiedenen Staaten, die durch ein gewisses Maß zentralisierter Kontrolle einander zugeordnet werden.“[93]

3. Nationalität des internationalen Konzerns

Die Nationalität des internationalen Konzerns wird durch das Stammland der Spitzeneinheit bestimmt.[94] Ein deutscher internationaler Konzern nach dem Verständnis der Untersuchung ist demnach ein Gebilde, in dem die Konzernobergesellschaft eines in mindestens zwei verschiedenen Staaten angesiedelten Konzerns, die als herrschendes Unternehmen die einheitli-

für das Vorliegen der internationalen Unternehmung, erforderlich ist eine Direktinvestition zu deren Begründung aber nicht, vgl. *Koppensteiner*, Internationale Unternehmen, 1971, S. 32 f.

88 So *Borrmann*, Typus, in: *Perridon* (Hrsg.), Managementprobleme, 1970, S. 21.

89 Vgl. bereits *Telkamp*, Betriebstätte, 1975, S. 28; sowie *Nientimp*, Gewinnabgrenzung, 2003, S. 41.

90 Vgl. *Seidel*, Gewinnverschiebungen, 1972, S. 24; *Krüger*, Analyse, 1978, S. 5; *Baumhoff*, Verrechnungspreise, 1986, S. 10; *Bone-Winkel*, Steuerbelastungsvergleiche, 1994, S. 48.

91 Vgl. *Seidel*, Gewinnverschiebungen, 1972, S. 25, Fn. 5; *Baumhoff*, Verrechnungspreise, 1986, S. 10.

92 Vgl. *Strobl/Zirkel*, Konzern, AWD 1968, S. 463; *Borrmann*, Typus, in: *Perridon* (Hrsg.), Managementprobleme, 1970, S. 22; *Bellstedt*, Besteuerung, 3. Auflage, 1973, S. 162; *Kumpf*, Verrechnungspreise, 1976, S. 1.

93 *Koppensteiner*, Internationale Unternehmen, 1971, S. 32.

94 Vgl. *Borrmann*, Typus, in: *Perridon* (Hrsg.), Managementprobleme, 1970, S. 22; *Telkamp*, Betriebstätte, 1975, S. 28.

che Leitung der Unternehmensmehrheit ausübt, eine deutsche Gesellschaft ist. Da die vorliegende Untersuchung aus der Sicht des deutschen Rechts erfolgt, ist der Begriff ‚deutsche Gesellschaft' dabei gleichbedeutend mit dem Begriff ‚inländische Gesellschaft'. Mangels einer eigenständigen Definition des Inlandsbegriffs umfasst das Inland im Sinne des Einkommen- und Körperschaftsteuerrechts den räumlichen Geltungsbereich des Grundgesetzes, namentlich sämtliche Gebiete innerhalb der hoheitlichen Grenzen der Bundesrepublik Deutschland.[95]

a) Ausschluss von Personengesellschaften als Spitzeneinheit

Im Grundsatz kommen sowohl Personen-, als auch Kapitalgesellschaften als Spitzeneinheit eines deutschen internationalen Konzerns in Frage.[96] Aus den folgenden Gründen sollen jedoch nur solche Konzerne Gegenstand der Untersuchung sein, bei denen die Konzernobergesellschaft[97] eine börsennotierte Kapitalgesellschaft ist.

Der naheliegendste Grund besteht in der faktischen Unmöglichkeit, eine aussagekräftige Steuerquote eines Konzerns mit einer Personengesellschaft als herrschendem Mutterunternehmen zutreffend zu ermitteln.[98] Eine Personengesellschaft ist aufgrund ihrer beschränkten Steuersubjektivität[99] weder einkommen- noch körperschaftsteuerpflichtig, sondern wird als transparentes Gebildes behandelt. Gewinne und Verluste der Gesellschaft werden den Gesellschaftern anteilig zugerechnet und erst auf deren Ebene der Einkommen- oder Körperschaftsteuer unterworfen.[100] Soll die Gesamtbelastung der Gesellschaft mit tatsächlichen Steuern ermittelt werden, ist dies nur retrograd durch Addition der Steuerbelastungen der Gesellschafter möglich. Dies wird aufgrund der Schwierigkeit, an steuerrelevante Daten zu gelangen, nur in Ausnahmefällen möglich sein.[101]

---

95 Maßgebend sind die politischen Grenzen der Bundesrepublik Deutschland. Vgl. z.B. *Schaumburg*, Internationales Steuerrecht, 2. Auflage, 1998, S. 117 ff., Tz. 5.34, 5.36 ff.; *Kluge*, Steuerrecht, 4. Auflage, 2000, S. 164, Tz. M 3; *Mössner*, in: *Mössner et al.*, Steuerrecht, 3. Auflage, 2005, Tz. B 13; *Stapperfend*, in: *Herrmann/Heuer/Raupach*, EStG/KStG, 21. Auflage, 1996, § 1 EStG, Tz. 57.

96 Vgl. zur Nationalität von Personengesellschaften z.B. *Piltz*, Personengesellschaften, 1981, S. 23 ff.; *Schliephake*, Gewinnabgrenzung, 1990, S. 29 f.

97 Spitzeneinheit des Konzerns, die die einheitliche Leitung für eine oder mehrere Grundeinheiten (Konzernunternehmen) koordiniert beziehungsweise selber ausübt. Im Gegensatz zum rechtsformneutralen Begriff der ‚Spitzeneinheit' ist der Begriff ‚Konzernobergesellschaft' der Kapitalgesellschaft vorbehalten, vgl. mit Nachweisen zur Herkunft der Begriffe *Telkamp*, Betriebstätte, 1975, S. 29 f.

98 Die Problematik, ob Personengesellschaften herrschende oder abhängige Unternehmen sein können, behandelt *Theisen*, Konzern, 1991, S. 99 ff.

99 Vgl. zur beschränkten Rechtssubjektivität der Personengesellschaft im deutschen Steuerrecht nur *Schwichtenberg*, Einheit der Gesellschaft, DStZ/A 1976, S. 143 ff.; *Schünemann*, Steuersubjektivität, BB 1976, S. 475 ff.; *Herzig/Kessler*, Steuerrechtsfähigkeit, DB 1985, S. 2476 ff.; sowie *Bodden*, Tatbestandsverwirklichung, DStZ 2002, S. 393 ff.; *Schmidt*, Personengesellschaften, WPg 2002, S. 1136 f.

100 Vgl. *Prinz*, Unternehmenssteuerreform, FR 1999, S. 1266.

101 Vgl. zur Ermittlung der einkommensteuerlichen Belastung verschiedener Formen von Personengesellschaften sowie zu Steuerbelastungsvergleichen verschiedener Rechtsformen z.B. *Wehrheim*, Steuerwirkungslehre, 2. Auflage, 2004, S. 100 ff., 133 ff.

Die Ermittlung der tatsächlichen Steuerbelastung als Element der Zählergröße der Konzernsteuerquote ist jedoch notwendige Voraussetzung, um eine aussagekräftige Konzernsteuerquote herleiten zu können. Aber selbst wenn es gelingt, die tatsächliche Steuerbelastung der Gesellschaft zu ermitteln, werden bei der Ermittlung jeweils die persönlichen Steuersätze der Gesellschafter angewendet, abhängig von der Struktur der Gesellschafter und deren persönlichen Verhältnissen. Ein zwischenbetrieblicher Vergleich von Steuerquoten verschiedener Konzerne mit Personengesellschaften als Spitzeneinheit ist daher nicht aussagekräftig, da die Gesellschafterstruktur verschiedener Gesellschaften in aller Regel nicht homogen ist. Auch eine koordinierte Einflussnahme auf die Konzernsteuerquote ist aufgrund der häufig divergierenden Interessen der Gesellschafter nur in sehr begrenztem Umfang möglich.

Zudem kann bei Personengesellschaften auch die Steuerabgrenzung nicht in dem Umfang[102] vorgenommen werden, in dem sie bei Kapitalgesellschaften stattfindet.[103] Da die Einkommensteuer von Gesellschaftern einer Personengesellschaft in der Regel nicht im Abschluss der Gesellschaft verbucht wird,[104] die Gesellschaft aber auch bei Ausweis der Einkommensteuer in ihrer Gewinn- und Verlustrechnung nicht Steuerschuldner ist,[105] wird in den meisten Fällen überhaupt nur die Gewerbesteuer[106] der Personengesellschaft abgegrenzt.[107] Aus diesem Grund ist es nicht möglich, die effektive Steuerbelastung der Personenunternehmung zutreffend zu bestimmen. Der Vergleich der Steuerquoten von Konzernen, bei denen einerseits Personen- und andererseits Kapitalgesellschaften Spitzeneinheiten sind, ist damit wirtschaftlich unsinnig. Da im internationalen Bereich die Gesellschaftsform der Personengesellschaft - zumal als Spitzeneinheit eines Konzerns - unüblich ist,[108] könnte die Konzernsteuerquote eines Konzerns mit einer Personengesellschaft als Spitzeneinheit auch international nicht zu Vergleichszwecken dienen.

Neben den praktischen Schwierigkeiten und der unzureichenden Aussagekraft so ermittelter Steuerquoten sind Personengesellschaften als Spitzeneinheit eines Konzerns im Grundsatz nicht von der im Handelsgesetzbuch normierten Pflicht zur Aufstellung und Offenlegung ei-

---

102 Vgl. die Darstellung des Abgrenzungsumfanges im Abschnitt B.IV des 2. Kapitels ab Seite 59.

103 Die Vorschrift des § 274 HGB ist im Grundsatz auf Kapitalgesellschaften und Personengesellschaften i.S.d. § 264a HGB beschränkt. Eine sinngemäße Anwendung ergibt sich aber für Genossenschaften und sehr große Unternehmen, die dem PublG unterfallen, vgl. *Karrenbrock*, Latente Steuern, 1991, S. 336 f.; *Baumann*, in: *Küting/Weber*, HB der Rechnungslegung, 4. Auflage, 1995, § 274 HGB, Tz. 2; *Adler/Düring/Schmaltz*, Kommentar, 6. Auflage, 1997, § 274 HGB, Tz. 7 f.; *Karrenbrock*, in: *Wysocki et al.*, HdJ, 1984, Abt. I/13 (3. Neubearb. 2002), Tz. 21 f.; *Rabeneck/Reichert*, Latente Steuern, DStR 2002, S. 1369; *Coenenberg*, Jahresabschluss, 20. Auflage, 2005, S. 446.

104 Vgl. *Eberhartinger*, in: *Baetge/Kirsch/Thiele*, Bilanzrecht, 2002, § 274 HGB, Tz. 4.

105 Vgl. *Rabeneck/Reichert*, Latente Steuern, DStR 2002, S. 1369.

106 GewStG vom 15.10.2002, BGBl. I 2002, S. 4167.

107 Vgl. zur Steuerabgrenzung bei Personengesellschaften nach DRS 10 und IAS 12 *Kirsch*, Personengesellschaften, DStR 2002, S. 1875 ff.; *Kirsch*, Latente Ertragsteuern, DStZ 2003, S. 331 ff.

108 Während in Deutschland, insbesondere im Bereich der mittelständischen Unternehmen, die Rechtsform einer Personengesellschaft vorherrscht, vgl. nur *Sigloch*, in: *Westermann*, Handbuch der Personengesellschaften, 4. Auflage, 1994, II. Teil, Tz. 4 ff.

nes Konzernabschlusses betroffen. § 290 Abs. 1 HGB stellt ausdrücklich auf die Kapitalgesellschaft als Mutterunternehmen ab.[109] Zwar weiten die §§ 11, 15 PublG[110] die Rechnungslegungs- und Offenlegungspflicht für Mutterunternehmen rechtsformunabhängig auf sehr große Unternehmen[111] aus. Unternehmen dieser Größe sind jedoch auch in Deutschland typischerweise als Kapitalgesellschaft strukturiert, so dass von dieser Vorschrift faktisch nur eine sehr geringe Zahl von Konzernen mit Personengesellschaften als Spitzeneinheit betroffen ist. Außerdem sind Personengesellschaften gemäß § 264a HGB[112] zur Aufstellung und Offenlegung eines Konzernabschlusses verpflichtet, wenn nicht wenigstens ein persönlich haftender Gesellschafter eine natürliche Person oder eine Personengesellschaft ohne faktische Haftungsbeschränkung ist. Solange die Gesellschaft also nicht zu dem Kreis der zur Aufstellung verpflichteten Unternehmen zählt oder freiwillig einen Konzernabschluss aufstellt, ist die Konzernsteuerquote der Personengesellschaft nur internen Unternehmensbeteiligten zugänglich.

Jedoch besteht das Interesse an der Konzernsteuerquote insbesondere von Anleger- bzw. Analystenseite, die die Arbeit der Steuerabteilungen von Konzernen anhand solcher Daten beurteilen möchten, die in den Konzernabschlüssen veröffentlicht und damit externen Adressaten zugänglich sind. Damit ist die Aufstellung und insbesondere die Veröffentlichung eines Konzernabschlusses zwangsläufig notwendige Voraussetzung für eine externe Analyse der Konzernsteuerquote.[113] Hierbei ist zudem - wie noch zu zeigen sein wird - die Anwendung internationaler Rechnungslegungsgrundsätze Voraussetzung für die große Aussagekraft der Konzernsteuerquote. Zur Aufstellung eines befreienden Konzernabschlusses nach international anerkannten Rechnungslegungsgrundsätzen sind aber nur solche Personengesellschaften als Mutterunternehmen berechtigt, die entweder die Größenkriterien des § 11 Abs. 6 Nr. 2 PublG erfüllen oder dem § 264a HGB[114] unterfallen. Erfüllt eine Personengesellschaft diese Kriterien nicht, wäre sie zur Kommunikation ihrer Konzernsteuerquote gegenüber den Analysten faktisch gezwungen, ohne rechtliche Verpflichtung einen Konzernabschluss aufzustellen und, um der Konzernsteuerquote Aussagekraft zu verleihen, bei der Aufstellung des Konzernabschlusses internationale Rechnungslegungsstandards anzuwenden.

Die Betrachtung der Konzernsteuerquoten durch Anleger oder von diesen beauftragten Analysten wird dabei zuvorderst aus dem Interesse an einer potentiellen Investition in Anteile der

---

109 Eine Ausnahme hiervon besteht für Kreditinstitute, Finanzdienstleistungsinstitute, Versicherungsunternehmen und Pensionsfonds. Diese Unternehmen sind unabhängig von ihrer Rechtsform gemäß §§ 340i und 341i HGB verpflichtet, einen Konzernabschluss aufzustellen.

110 PublG vom 15.8.1969, BGBl. I 1969, S. 1189.

111 Hierzu müssen mindestens zwei der drei folgenden Merkmale an drei aufeinander folgenden Konzernabschlussstichtagen erfüllt sein: 1. Die Bilanzsumme der Konzernbilanz übersteigt 65 Mio. €. 2. Die Umsatzerlöse der Konzern-Gewinn- und Verlustrechnung übersteigen 130 Mio. €. 3. Die inländischen Konzernunternehmen haben im Wirtschaftsjahr insgesamt durchschnittlich mehr als 5.000 Arbeitnehmer beschäftigt.

112 § 264a HGB eingeführt durch das KapCoRiLiG vom 24.2.2000, BGBl. I 2000, S. 154.

113 Zu Funktionen der Konzernsteuerquote für die Abschlussinteressenten Abschnitt F des 2. Kapitels, Seiten 119 ff.

114 I.d.F. des BilReG vom 4.12.2004, BGBl. I 2004, S. 3166.

zu beurteilenden Gesellschaft mit dem Ziel der Realisierung von Dividenden- und/oder Kapitalgewinnen heraus angestellt. Solche Portfolioinvestitionen sind im Gegensatz zu Direktinvestitionen typischerweise nicht auf eine Beteiligung im Sinne einer unternehmerischen Betätigung mit der damit verbundenen Einflussnahme und der Übernahme unternehmerischer Verantwortung für die Beteiligungsgesellschaft gerichtet, sondern vielmehr auf eine rein monetäre Beteiligung im Sinne einer Geldanlage zur Verfolgung von Ertragsmotiven.[115] Beteiligungskäufe mit dem vorrangigen Ziel einer Geldanlage werden aus Gründen des vereinfachten Handels aber in erster Linie an den organisierten Märkten der Wertpapierbörsen getätigt und beschränken sich hier weitgehend auf den Handel mit Aktien.

Auch aus diesem Grunde kann die Betrachtung von Personengesellschaften als Konzernspitzeneinheit unterbleiben und der Fokus dieser Arbeit sich auf börsennotierte Kapitalgesellschaften als Konzernobergesellschaften internationaler Konzerne beschränken, die in Deutschland im Rahmen der Erstellung eines Konzernabschlusses nach § 315a HGB zur Anwendung internationaler Rechnungslegungsgrundsätze verpflichtet oder berechtigt sind. Zwar besitzen die Untersuchungsergebnisse und Gestaltungsempfehlungen grundsätzlich Gültigkeit auch für nicht börsennotierte Kapitalgesellschaften, allerdings ist das öffentliche Interesse an der Konzernsteuerquote hier nicht in dem Maße vorhanden, wie dies bei börsennotierten Gesellschaften der Fall ist.

b) Inlandsbezug der Konzernobergesellschaft

Eine Abgrenzung des Begriffs ‚inländische Gesellschaft' ist grundsätzlich nach gesellschaftsrechtlichen und nach steuerrechtlichen Kriterien möglich. In der vorliegenden Arbeit muss die Frage nach der Zugehörigkeit der Konzernobergesellschaft und damit gleichzeitig die Zugehörigkeit des internationalen Konzerns zur inländischen Rechtsordnung nach steuerrechtlichen Kriterien entschieden werden. Denn Gegenstand der Untersuchung ist die Konzernsteuerquote des deutschen internationalen Konzerns, mithin dessen relative effektive Steuerbelastung. Die Ermittlung sowohl der tatsächlichen als auch der latenten Steuerbelastung des Konzerns erfolgt dabei auf der Grundlage des deutschen Steuerrechts. Der Analyse der Konzernsteuerquote mit Hilfe der Überleitungsrechnung liegen ebenfalls, wie noch zu zeigen sein wird, sowohl bei der Frage nach den zur Ermittlung der Ausgangsgröße der Überleitungsrechnung anzuwendenden Steuersätzen, als auch bei der Ermittlung der Überleitungsposten, die Regelungen des deutschen Steuerrechts zugrunde. Auch die Betrachtung der Einflussnahme der Konzernsteuerquote auf die Steuerpolitik und die Struktur des Konzerns, namentlich die aufzuzeigenden Ansätze zur Beeinflussung der Konzernsteuerquote, ist auf Maßnahmen beschränkt, die das deutsche Steuerrecht den Konzernen zur Senkung ihrer Steuerquote

[115] Zur Abgrenzung der Direktinvestition internationaler Unternehmungen von Portfolioinvestitionen vgl. *Borrmann*, Typus, in: *Perridon* (Hrsg.), Managementprobleme, 1970, S. 20 f., Fn. 1; *Koppensteiner*, Internationale Unternehmen, 1971, S. 35.

bietet. Insofern ergibt sich zwingend eine steuerrechtliche Abgrenzung der Untersuchungsobjekte.

Steuerrechtlich gilt eine Kapitalgesellschaft stets als in dem Land ansässig, in dem sie unbeschränkt steuerpflichtig ist.[116] Die Frage nach der Steuerpflicht einer Kapitalgesellschaft[117] wird in Deutschland grundsätzlich unabhängig von ihrer zivilrechtlichen Anerkennung[118] beantwortet. Entscheidend ist vielmehr die tatsächliche Existenz der Gesellschaft im Inland.[119] Die für die inländische Existenz maßgebenden und dabei gleichwertig nebeneinander stehenden Merkmale sind gemäß § 1 Abs. 1 KStG[120] das Vorhandensein eines inländischen statutarischen Sitzes oder eines inländischen Ortes der Geschäftsleitung.[121] Der Ort der Geschäftsleitung ist gemäß § 10 AO[122] der Ort, an dem die geschäftliche Oberleitung ihren Mittelpunkt hat und tatsächlich ausgeübt wird[123] und entspricht im Wesentlichen dem zivilrechtlichen Begriff des effektiven Verwaltungssitzes.[124] Eine Kapitalgesellschaft mit Sitz und Geschäftsleitung im Inland ist dann in Deutschland gemäß § 1 Abs. 2 KStG mit ihrem Welteinkommen[125] unbeschränkt körperschaftsteuerpflichtig. Verlegt diese Gesellschaft Satzungssitz und Ort der

---

116 Vgl. *Ebenroth/Auer*, Verlagerung, RIW 1992, Beilage Nr. 1 zu Heft 3/1992, S. 13, Tz. 27.

117 Kapitalgesellschaften i.S.d. Körperschaftsteuergesetzes sind in § 1 Abs. 1 Nr. 1 KStG abschließend aufgelistet, vgl. *Schaumburg*, Internationales Steuerrecht, 2. Auflage, 1998, S. 300 f., Tz. 6.12; *Graffe*, in: *Dötsch et al.*, KStG, 2002, § 1 KStG, Tz. 9, 27. Im Einzelnen sind dies die Aktiengesellschaft, die Kommanditgesellschaft auf Aktien und die Gesellschaft mit beschränkter Haftung. Ebenfalls unterfallen mit In-Kraft-Treten der sogenannten SE-Verordnung der EU die Europäischen Aktiengesellschaften mit Sitz in Deutschland dem deutschen Körperschaftsteuergesetz, vgl. *Europäische Union*, Verordnung 2157/2001, ABl.EG Nr. L 294 vom 10.11.2001, S. 1 ff.; *Sauter*, in: *Erle/Sauter*, KStG, 2003, § 1 KStG, Tz. 18.

118 Vgl. zur zivilrechtlichen Rechtsfähigkeit einer Kapitalgesellschaft in Deutschland z.B. *Kaligin*, Gesellschaftsrecht, DB 1985, S. 1449 ff.; *Oppermann*, Verlegung, DB 1988, S. 1469; *Ebenroth/Eyles*, Verlegung, DB 1989, S. 363 ff.; *Ebenroth/Auer*, Gesellschaften, RIW 1992, S. 998 ff.; *Ebenroth/Auer*, Verlagerung, RIW 1992, Beilage Nr. 1 zu Heft 3/1992, S. 1 ff.; *Dreissig*, Verlegung, DB 2000, S. 893 ff.; *Schmidt*, Gesellschaftsrecht, 4. Auflage, 2002, S. 27, sowie die dort in Fn. 84 gegebenen Hinweise auf die ständige Rechtsprechung und Literaturmeinungen zur Geltung der Sitztheorie in Deutschland; *Birk*, Zuzug und Wegzug, IStR 2003, S. 469 ff.; kritisch zur Sitztheorie *Meilicke*, Niederlassungsfreiheit, GmbHR 2003, S. 793 ff.; *Jaecks/Schönborn*, Konzernrecht, RIW 2003, S. 254 ff.; vgl. auch *Schaumburg*, Zuzug, DK 2005, S. 349.

119 Vgl. *Meilicke*, Sitztheorie, RIW 1990, S. 452; *Wassermeyer*, ausländische Kapitalgesellschaft, DB 1990, S. 244; *Graffe*, in: *Dötsch et al.*, KStG, 2002, § 1 KStG, Tz. 81 ff.; *Haase*, Steuersubjektfähigkeit, SteuerStud 2003, S. 198 f.

120 KStG vom 15.10.2002, BGBl. I 2002, S. 4144.

121 Vgl. *Ebenroth/Eyles*, Verlegung, DB 1989, S. 368.

122 AO 1977 vom 1.10.2002, BGBl. I 2002, S. 3866.

123 Vgl. hierzu *Kruse*, in: *Tipke/Kruse*, AO, 16. Auflage, 1996, § 10 AO, Tz. 1; *Scheffler*, Besteuerung, 2. Auflage, 2002, S. 49.

124 Vgl. Finanzbehörde Hamburg, Erlass vom 15.1.1985, Az. 53 - S 2071 - 3/82, DB 1985, S. 259; Bundesfinanzhof, Urteil vom 23.1.1991, Az. I R 22/90, BStBl. II 1991, S. 1429; Bundesfinanzhof, Urteil vom 23.6.1992, Az. IX R 182/87, BStBl. II 1992, S. 973; Bundesfinanzhof, Urteil vom 16.12.1998, Az. I R 138/97, BStBl. II 1999, S. 404; *Dötsch*, Verlegung, DB 1989, S. 2296; *Knobbe-Keuk*, Umzug, ZHR 1990, S. 355; *Ebenroth/Auer*, Gesellschaften, RIW 1992, S. 1001; *Ebenroth/Auer*, Verlagerung, RIW 1992, Beilage Nr. 1 zu Heft 3/1992, S. 4 f., Tz. 6, S. 15, Tz. 31; *Graffe*, in: *Dötsch et al.*, KStG, 2002, § 1 KStG, Tz. 22; *Kessler/Müller*, Ort der Geschäftsleitung, IStR 2003, S. 363 ff.; zu den Unterschieden zwischen dem ‚Ort der Geschäftsleitung' und dem ‚effektiven Verwaltungssitz' vgl. *Schaumburg*, Internationales Steuerrecht, 2. Auflage, 1998, S. 304 f., Tz. 6.19.

125 Vgl. statt vieler *Graffe*, in: *Dötsch et al.*, KStG, 2002, § 1 KStG, Tz. 9.

Geschäftsleitung in das Ausland, scheidet sie aus der unbeschränkten inländischen Steuerpflicht gemäß § 1 Abs. 1 KStG aus. Ein Inlandsbezug der Gesellschaft liegt hier nicht weiter vor.

Kontrovers diskutiert wird die Frage, ob Kapitalgesellschaften auch dann weiter der inländischen unbeschränkten Steuerpflicht unterliegen, wenn sie den Ort ihrer Geschäftsleitung in das Ausland verlegen. Da die Gesellschaft in diesen Fällen mit dem Satzungssitz einen der beiden Anknüpfungspunkte der unbeschränkten Steuerpflicht im Inland belässt und damit weiterhin dem Wortlaut des § 1 Abs. 1 KStG genügt, ist wohl davon auszugehen, dass die Gesellschaft im Inland unbeschränkt steuerpflichtig, also inländisch, bleibt.[126] Allerdings könnte es, wenn die Gesellschaft in Deutschland aufgrund eines im Inland verbliebenen Satzungssitzes noch unbeschränkt steuerpflichtig ist und das Ausland wegen des nunmehr dort angesiedelten Ortes der Geschäftsleitung ebenfalls auf unbeschränkte Steuerpflicht entscheidet, zur Doppelbesteuerung dieser Gesellschaft kommen.[127] Das OECD-Musterabkommen sieht in diesen Fällen kollidierender unbeschränkter Steuerpflichten in mehreren Ländern aufgrund unterschiedlicher Anknüpfungspunkte den Vorrang des Kriteriums des Ortes der Geschäftsleitung vor.[128] Bei steuerlicher Betrachtungsweise ist die Gesellschaft dann nicht mehr als inländisch anzusehen.

Deutsche Konzernobergesellschaften im Sinne der Untersuchung sind somit im Inland unbeschränkt steuerpflichtige Kapitalgesellschaften. Ist die deutsche Gesellschaft Muttergesellschaft von mindestens einer außerhalb der Grenzen der Bundesrepublik Deutschland angesiedelten Tochtergesellschaft und bildet mit der anderen Gesellschaft eine Konzernstruktur im oben bezeichneten Sinne, wird das Gebilde als deutscher internationaler Konzern bezeichnet.[129] Insgesamt ist deutlich geworden, dass die Begriffsverbindung ‚deutscher internationaler Konzern' keinen Widerspruch in sich darstellt. Denn während sich der Begriffsbestandteil ‚internationaler Konzern' auf die räumliche Ausdehnung der Unternehmung über mehrere Volkswirtschaften bezieht, weist der Terminus ‚deutsch' lediglich auf die Nationalität der Konzernobergesellschaft hin.[130]

---

126 Vgl. *Kaligin*, Gesellschaftsrecht, DB 1985, S. 1455; *Dötsch*, Verlegung, DB 1989, S. 2297, 2302; *Ebenroth/Eyles*, Verlegung, DB 1989, S. 368; *Knobbe-Keuk*, Wechsel, StuW 1990, S. 378; *Ebenroth/Auer*, Verlagerung, RIW 1992, Beilage Nr. 1 zu Heft 3/1992, S. 6 f., Tz. 9 f., S. 19 f., Tz. 40 f.; *Dreissig*, Verlegung, DB 2000, S. 893 f.; *Birk*, Zuzug und Wegzug, IStR 2003, S. 471; *Laule*, EuGH-Rechtsprechung, in: *Institut „Finanzen und Steuern" e.V.* (Hrsg.), IFSt-Schrift 407, 2003, S. 32 f.; *Lenz*, in: *Erle/Sauter*, KStG, 2003, § 12 KStG, Tz. 18; *Haase*, Steuersubjektfähigkeit, SteuerStud 2003, S. 202; *Schönwald*, Anwendungsbereich, SteuerStud 2004, S. 501; *Dötsch*, in: *Dötsch et al.*, KStG, 2002, § 12 KStG, Tz. 7.

127 Vgl. *Knobbe-Keuk*, Wechsel, StuW 1990, S. 378; ausführlich *Dreissig*, Verlegung, DB 2000, S. 894 ff.

128 Vgl. *Wassermeyer*, in: *Debatin/Wassermeyer*, DBA, 2002, MA Art. 4, Tz. 91 ff.; *Lehner*, in: *Vogel/Lehner*, DBA, 4. Auflage, 2003, Art. 4, Tz. 104 ff.

129 So im Ergebnis auch *Telkamp*, Betriebstätte, 1975, S. 28; *Köhler*, Steuerpolitik, 1994, S. 6; *Fischer/Warneke*, Steuerlehre, 4. Auflage, 1998, S. 231, 356.

130 Vgl. *Telkamp*, Betriebstätte, 1975, S. 28; *Köhler*, Steuerpolitik, 1994, S. 6.

Bei der Betrachtung von Gestaltungen zur Beeinflussung der Konzernsteuerquote durch die Nutzung des internationalen Steuergefälles stellt die Verlagerung von Sitz und Geschäftsleitung der Konzernobergesellschaft in das Ausland das finale Gestaltungsinstrument des zuvor deutschen internationalen Konzerns dar. Hierdurch scheidet das Konzerngebilde aus der inländischen Rechtsordnung aus und verliert seinen Status als deutscher internationaler Konzern. Aus diesem Grunde unterfällt die Gestaltung der Konzernsteuerquote durch Sitzverlegung nicht mehr dem hier abgegrenzten Untersuchungsgegenstand.[131]

II. Einflussnahme der Konzernsteuerquote auf die Konzernsteuerpolitik

Die zunehmende Beachtung der Kennzahl Konzernsteuerquote durch die Kapitalmärkte erfordert zwangsläufig ihre Beeinflussung durch eine Neuausrichtung der Konzernsteuerpolitik. Die Steuerpolitik einer Unternehmung gehört zu dem System der Teilpolitiken und Teilziele, die aus den allgemeinen Unternehmenszielen abgeleitet werden. Die Unternehmensziele selber werden aus den Unternehmensgrundsätzen, aus der Philosophie des Unternehmens entwickelt.[132] Bei der Formulierung der betrieblichen Steuerpolitik einer Unternehmung werden von den Entscheidungsträgern die Grundsätze zur Beeinflussung der Steuerbelastung der Unternehmung ausgearbeitet.[133] Hierzu zählt man neben der Festlegung konkreter steuerlicher Ziele auch die Entwicklung und Einleitung von Maßnahmen zur Erreichung dieser Ziele. Die Steuerpolitik, auch als strategische Planung bezeichnet, geht hier in den Bereich der Steuerplanung, der operativen Teilplanung, über.[134]

Da es sich bei einem Konzern um eine Vielheit rechtlicher Einheiten handelt, ist es Aufgabe der Konzernführung, für ein zielgerichtetes, planvolles und vor allem koordiniertes Vorgehen hinsichtlich des Konzerns mit allen seinen Teileinheiten Sorge zu tragen.[135] „Im Rahmen der Konzernpolitik sind allgemeingültige, übergeordnete Zielsetzungen für die gesamte Konzernunternehmung zu definieren, die sowohl bei der Formulierung des Unternehmenszwecks der Konzernobergesellschaft und der einzelnen Konzernunternehmen als auch in den unternehmenspolitischen Grundsätzen für die Konzernunternehmung ihren Niederschlag finden müssen."[136] Diese Koordinationsaufgabe kommt der Konzernführung auch im Hinblick auf die Steuerpolitik des Konzerns zu.

---

131 Auf die Möglichkeit solcher Gestaltungen wird in Abschnitt D.V des 4. Kapitels lediglich hingewiesen.

132 Vgl. z.B. *Hebig*, Steuerabteilung, 1984, S. 56, Abbildung 11; zugleich *Hebig*, Steuerpolitik, AG 1986, S. 161, Abbildung 1.

133 Vgl. *Hebig*, Steuerabteilung, 1984, S. 57; zugleich *Hebig*, Steuerpolitik, AG 1986, S. 161. Vgl. auch bereits *Schmölders*, Anteil des Staates, StuW 1967, S. 447.

134 Vgl. *Vera*, Steuerabteilungen, 2001, S. 61 m.w.N. Auf eine oftmals weniger scharfe Trennung der Begriffe ‚Steuerpolitik' und ‚Steuerplanung' weist *Schneeloch*, Steuerpolitik, 2. Auflage, 2002, S. 3, hin.

135 Vgl. *Theisen*, Konzern, 1991, S. 221.

136 *Theisen*, Konzern, 1991, S. 221, im Original teilweise hervorgehoben.

Das Konzerngebilde selber ist in Deutschland nicht als eigenes Steuersubjekt anerkannt, sondern die Besteuerung knüpft an die rechtliche Selbständigkeit der Konzernunternehmen an. Subjekte der Besteuerung sind die Konzernobergesellschaft und die einzelnen inländischen und ausländischen Konzernunternehmen. Auf nationalem Gebiet ist zu Zwecken der Aggregation der Einzelergebnisse die Etablierung von Organschaften möglich. Zwar bestehen auch in verschiedenen steuerlichen Regelwerken der von den Konzernunternehmen im Ausland berührten Einzelstaaten Möglichkeiten zur Ergebnisaggregation, vergleichbar den deutschen Organschaftsregelungen.[137] Da letztlich aber die Installation einer grenzüberschreitenden Organschaft in Deutschland noch nicht möglich ist,[138] sind die relevanten Besteuerungssubjekte zumindest die zur Zusammenfassung der in den jeweiligen Ländern erzielten Ergebnisse installierten Obergesellschaften (Zwischen- oder Länderholdings)[139] und nicht der Konzern.

Zwei Zusammenhänge werden hierbei deutlich. Zum einen die Tatsache, dass die Konzernsteuerquote nicht die Steuerbelastung der inländischen Konzernobergesellschaft ausdrückt, sondern die Summe der tatsächlichen und latenten Steuerbelastungen aller weltweit ansässigen Konzernunternehmen und der latenten Steuern aus Konsolidierungsmaßnahmen.[140] Gleichzeitig wird offenbar, dass es sich zur Steuerung der Konzernsteuerquote anbietet, Einkommensbestandteile an den verschiedenen internationalen Standorten des Konzerns anfallen zu lassen. Die Unterschiede in den nationalen Steuersätzen wirken sich so auf die Konzernsteuerquote des deutschen internationalen Konzerns aus, dem es hierdurch möglich ist, Wettbewerbsvorteile gegenüber einem nur national ausgerichteten Konzern zu erzielen.[141]

Im Kontext der vorliegenden Untersuchung wird unter dem Begriff der Konzernsteuerpolitik somit die zielgerichtete, planmäßige Ausnutzung legaler steuerlicher Gestaltungsmöglichkeiten des Konzerns verstanden, die von der Konzernobergesellschaft koordiniert wird. Neben die bislang bekannten steuerlichen Ziele tritt das zusätzliche Ziel, die Konzernsteuerquote, die

---

137 Vgl. einen Überblick bei *Endres*, Group Taxation, Intertax 2003, S. 349 ff.

138 Vgl. nur *Grotherr*, Organschaftsfragen, in: *Klein et al.* (Hrsg.), FS Flick, 1997, S. 757 ff.; *Graf Kerssenbrock*, Organschaft, RIW 2002, S. 899 ff.; *Orth*, Organschaft, IStR 2002, Beihefter zu Heft 9/2002, S. 1 ff.; *Meilicke*, Organschaft, DB 2002, S. 911 ff.; *Kestler/Weger*, Doppelte Verlustnutzung, GmbHR 2003, S. 156 ff.; vgl. aber auch *Rust*, Organschaft, IStR 2003, S. 658 ff. Vgl. zu den Auswirkungen des EuGH-Urteils in der Rechtssache „Marks & Spencer" auf die deutsche Organschaft nur EuGH, Urteil vom 13.12.2005, Rs. C-446/03 - Marks & Spencer, IStR 2006, S. 19 ff.; *Herzig/Wagner*, Marks & Spencer, DStR 2006, S. 9 f.; *Altrichter-Herzberg/Nuernberger*, Verlustnutzung, GmbHR 2006, S. 466 ff.; *Scheunemann*, Verlustberücksichtigung, IStR 2006, S. 146 f. Zur Rechtslage in Dänemark, wo eine grenzüberschreitende Organschaft möglich ist, bereits *Kessler*, Internationale Organschaft, IStR 1993, S. 303 ff.; zur Nutzung der österreichische Gruppenbesteuerung zur Verrechnung von Auslandsverlusten *Gahleitner/Furherr*, Gruppenbesteuerung, DK 2005, S. 129 ff.; *Kessler/Daller*, Gruppenbesteuerung, IStR 2006, S. 294 f.

139 Vgl. hierzu ausführlich *Kessler*, Euro-Holding, 1996, S. 2 f. Vgl. auch das besonders anschauliche Beispiel bei *Volkart*, Steuerpolitik, 1998, S. 86.

140 Vgl. *Herzig*, Gestaltung, WPg 2003, Sonderheft, S. S 82; *Kröner*, Konzernsteuerquote, in: *Herzig* (Hrsg.), Organschaft, 2003, S. 563; zugleich *Kröner/Benzel*, Konzernsteuerquote, in: *Kessler/Kröner/Köhler* (Hrsg.), Konzernsteuerrecht, 2004, § 15, Tz. 4.

141 Vgl. *Nientimp*, Gewinnabgrenzung, 2003, S. 42.

ja nicht zuletzt als Kennzahl einer wertorientierten Steuerpolitik verstanden wird, zu beeinflussen.[142] Es gilt daher, einen geeigneten Katalog an Maßnahmen zu finden und sinnvoll zu systematisieren, die dauerhaft das Verhältnis von Steuerlast und Gewinn der Unternehmung minimieren. Zur Absenkung der Konzernsteuerquote reicht es nicht aus, nur die bislang im Vordergrund stehenden Instrumente klassischer Steuerpolitik anzuwenden. Vielmehr muss eine sachgebietsübergreifende Betrachtung stattfinden, in der Elemente der Steuergestaltung und eines noch zu entwerfenden Steuercontrollings miteinander vereint werden, um die Senkung der Konzernsteuerquote dauerhaft zu gewährleisten.

III. Einflussnahme der Konzernsteuerquote auf die institutionelle Struktur des Konzerns

Weiterer wesentlicher Aspekt der Untersuchung sind die Veränderungen für die institutionelle Struktur des Konzerns, die mit der Einbeziehung der Konzernsteuerquote in die Steuerpolitik einhergehen. Denn zum einen wird die Strukturierung der Konzernobergesellschaft organisatorische Veränderungen erfahren, die auf die Konzernsteuerquote zurückzuführen sind. Zum anderen werden Veränderungen in der Aufbauorganisation des Konzerngebildes aus Mutter-, Tochter- und Enkelgesellschaften zu beobachten sein, die ebenfalls aus der Orientierung an der Konzernsteuerquote resultieren können.

Durch das Hinzutreten der Konzernsteuerquote als durch die Konzernpolitik im Allgemeinen und durch die Konzernsteuerpolitik im Speziellen zu kommunizierende und zu beeinflussende Größe sind notwendigerweise Veränderungen in der organisatorischen Struktur der Konzernobergesellschaft die Folge. Zunächst wird ein Wandel erkennbar sein, der durch die gestiegenen Anforderungen an die Erstellung der Überleitungsrechnung ausgelöst wird. Der Bedeutungszuwachs der Überleitungsrechnungen innerhalb der Jahresabschlüsse zieht notwendigerweise eine Aufwertung der verantwortlichen Stellen nach sich. Die organisatorischen Veränderungen werden sich zunächst in der Quantität der mit der Erstellung der Überleitungsrechnung befassten Personen in der Konzernobergesellschaft und den Konzernunternehmungen sowie in einer engeren Verzahnung der Abteilungen Steuern und Rechnungswesen offenbaren. Insbesondere aber wird eine qualitative Aufwertung dieser Stellen notwendig werden, die zukünftig im Rahmen des *tax reporting* und *tax accounting* der Unternehmung für die zutreffende Aufbereitung der für die Überleitungsrechnung benötigten Daten Sorge tragen müssen.[143] Denn in den Vorbereitungen zur Erstellung der Überleitungsrechnung werden, wie noch zu zeigen sein wird, bereits die Möglichkeiten zu ihrer Gestaltung beeinflusst.[144]

---

142 Vgl. zu Steuern als Werttreiber der Unternehmenspolitik *Volkart*, Steuerpolitik, 1998, S. 11 ff.

143 Vgl. *Kröner*, Tax Accounting, in: *Herzig/Günkel/Niemann* (Hrsg.), StbJb 2004/2005, 2005, S. 275 ff.

144 Zu einer Betrachtung von Gestaltungsmöglichkeiten der Überleitungsrechnung vgl. Abschnitt E des 3. Kapitels, Seiten 259 ff.

Zudem wird zur nachhaltigen Steuerung der Konzernsteuerquote die Entwicklung und die Implementierung eines Steuercontrollingsystems notwendig werden. In welcher Form und an welcher Stelle des Konzerns das Steuercontrolling einzurichten sein wird, kann jedoch nicht mehr Gegenstand der Untersuchung sein. Aufgrund des hohen Koordinierungsbedarfs, der einem Steuercontrollingsystem immanent sein wird, kann jedoch vermutlich von einer Implementierung innerhalb der Konzernobergesellschaft ausgegangen werden. Zunächst wird hier zu prüfen sein, ob auf bestehende Organe der Konzernobergesellschaft zurückgegriffen werden kann oder ob die notwendigen Organisationseinheiten neu gebildet werden müssen. Da sich eine Zuordnung des Steuercontrollings zu einer einzigen Abteilung aufgrund der vielfältigen zu berücksichtigen Gestaltungsparameter voraussichtlich nicht anbieten wird,[145] ist eher mit dem Entwurf einer neuen Organisationseinheit zu rechnen.[146] Aber auch für den Fall, dass auf ein bestehendes Organ zurückgegriffen wird, ändert sich jedenfalls der Arbeitsinhalt dieser Organisationseinheit. In beiden Fällen wird in die institutionelle Struktur der Konzernobergesellschaft eingegriffen.

Neben den strukturellen Änderungen in der Konzernobergesellschaft wird sich die Berücksichtigung der Steuerquote in der Konzernsteuerpolitik ganz erheblich auf die statutarische Struktur des Konzerns auswirken. Veränderungen in der Konzernstrukturierung sind kein Phänomen, das sich ausschließlich im Zusammenhang mit der Konzernsteuerquote beobachten lässt. Der Fähigkeit einer Unternehmung, flexibel auf sich ändernde Rahmenbedingungen reagieren zu können, kommt im Allgemeinen eine immer stärkere Bedeutung zu.[147] Allerdings verlangt insbesondere auch eine an der Konzernsteuerquote ausgerichtete Steuerpolitik die intensive Nutzung bereits bestehender Konzernunternehmen im Ausland. Zu hierüber hinausgehenden Möglichkeiten der Einflussnahme auf die Konzernsteuerquote ist aber auch die Errichtung neuer ausländischer Konzernbetriebsteile und damit u.U. eine vollständige Neuausrichtung der Konzernstruktur notwendig. Mögliche Gestaltungsfelder und deren Eingriffstiefe in die Konzernstrukturen soll Abbildung 2 verdeutlichen:[148]

145 Vgl. zur Eingliederung des Controllers in die Unternehmung ausführlich *Horváth*, Controlling, 9. Auflage, 2003, S. 833 ff.; zu Entwicklungsstufen eines Steuercontrollings *Kröner*, Tax Accounting, in: *Herzig/Günkel/Niemann* (Hrsg.), StbJb 2004/2005, 2005, S. 292 ff.

146 Vgl. ohne Festlegung auf eine organisatorische Eingliederung des Steuercontrollings *Lexa*, Steuercontrolling, in: *Bertl/Mandl* (Hrsg.), FS Egger, 1997, S. 648 f.; ablehnend zur Bildung einer eigenen Organisationseinheit *Schiffers*, Steuerberatung, StuW 1997, S. 50; *Zimmermann*, Steuercontrolling, 1997, S. 274; *Herzig/Zimmermann*, Steuercontrolling, DB 1998, S. 1149.

147 Vgl. *Möller/Bartl*, Konzernstruktur, in: *Oestreicher* (Hrsg.), Verrechnungspreise, 2003, S. 266.

148 Vgl. hierzu ausführlich das 4. Kapitel der Untersuchung ab Seite 275.

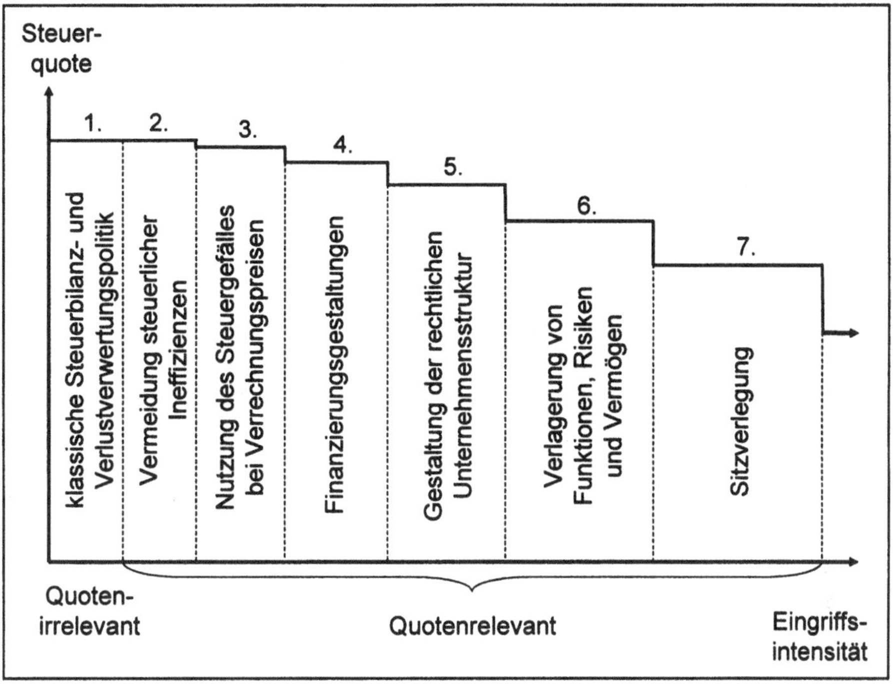

Abbildung 2: Strukturelle Eingriffstiefe steuerpolitischer Maßnahmen
Quelle: *Herzig*, Gestaltung, WPg 2003, Sonderheft, S. S 88.

Während die Vermeidung steuerlicher Ineffizienzen noch ohne Eingriffe in die Konzernstruktur bereits in geringem Umfang dazu beiträgt, die Konzernsteuerquote zu senken, setzen Steuergestaltungen mit Hilfe von Verrechnungspreisen und Finanzierungsgestaltungen, wenngleich geringfügige, Eingriffe in die Struktur des Konzerns voraus. Erst im fünften Feld wird zur Nutzung von Beteiligungsketten und Vertragsbeziehungen ein merklicher Eingriff in den rechtlichen Rahmen der Beziehungen innerhalb des Konzerngeflechts notwendig. Das operative Geschäft des Konzerns ist hiervon aber noch nicht betroffen.[149]

Besonders großes Potential an Gestaltungsmöglichkeiten zur Steuerung der Konzernsteuerquote bietet die steuerorientierte Verlagerung von Funktionen, Risiken und Vermögen innerhalb des internationalen Konzerns.[150] Hier wird mit dem Ziel, die Gewinne in den Hochsteuerländern abzuschmelzen und in Niedrigsteuerländer zu verlagern, intensiv auch in die operativen Strukturen des Konzerns eingegriffen.[151] Den vorläufigen Höhepunkt der Steuergestal-

149 So *Herzig*, Gestaltung, WPg 2003, Sonderheft, S. S 88.

150 Nicht zuletzt vor dem Hintergrund einer steueroptimalen Neuorientierung internationaler Konzerne im europäischen Markt, vgl. *Endres*, Neuordnung, in: *IDW* (Hrsg.), Unternehmenstätigkeit, 1996, S. 91 ff.; *Herzig*, Gestaltung, WPg 2003, Sonderheft, S. S 88.

151 Vgl. *Jacobs*, Unternehmensbesteuerung, 4. Auflage, 1999, S. 948 ff.; *Jacobs*, Unternehmensbesteuerung, 5. Auflage, 2002, S. 968 ff.

tung durch Funktionsverlagerungen stellt die Errichtung eines zentralen Entrepreneurs in einem Niedrigsteuerland dar.[152] Hierdurch wird das häufig historisch gewachsene und nur wenig übersichtliche Lieferungs- und Leistungsgeflecht[153] eines bislang traditionellen Konzerns mit einer Spitzeneinheit und mehreren Untereinheiten entwirrt, wodurch eine grundlegende Optimierung der Konzernpolitik im Allgemeinen und der Konzernsteuerpolitik im Speziellen ermöglicht wird.[154] In diesen Fällen geht eine ganz erhebliche Absenkung der Konzernsteuerquote mit einer vollständigen Neuausrichtung der Konzernstruktur einher.

Den massivsten Eingriff in die Konzernstrukturen des - bis dahin - deutschen internationalen Konzerns stellt die Verlegung des Konzernsitzes in das Ausland dar. Denn wenn mit dem statutarischen Sitz der Konzernobergesellschaft auch deren Ort der Geschäftsleitung in das Ausland verlegt wird, entzieht sich der Konzern zur Gänze den teilweise strengen Regelungen des deutschen Steuerrechts. Hierdurch kann u.U. eine noch aggressivere und auf eine Minimierung der Konzernsteuerquote ausgerichtete Steuerpolitik ermöglicht werden.[155] In diesem Fall erweist sich die Konzernsteuerquote als auslösendes Moment, das letztlich zur Beendigung der Ansässigkeit des Konzerns in Deutschland geführt hat.[156]

---

152 So *Endres/Oestreicher*, Ergebnisabgrenzung, IStR 2003, Beihefter zu Heft 15/2003, S. 11.

153 Teilweise sogar mit dem Ziel der Verschleierung aufgebaut, so *Schruff*, Konzern, in: *Wittmann et al.* (Hrsg.), HWB, 5. Auflage, 1993, S. 2281.

154 Vgl. *Endres*, Neuordnung, in: *IDW* (Hrsg.), Unternehmenstätigkeit, 1996, S. 91; *Möller/Bartl*, Konzernstruktur, in: *Oestreicher* (Hrsg.), Verrechnungspreise, 2003, S. 269.

155 Vgl. *Herzig*, Gestaltung, WPg 2003, Sonderheft, S. S 89.

156 Wenngleich Steuern nicht Hauptaspekt, sondern nur ein, wenn auch zentraler, Bestandteil strategischer Planungen sein dürfen. Im Vordergrund stehen stets operative Gesichtspunkte, vgl. *Endres*, Neuordnung, in: *IDW* (Hrsg.), Unternehmenstätigkeit, 1996, S. 101; *Endres*, Funktionsverlagerung, RIW 2003, S. 729; *Bendlinger*, Standort, NWB 2005, Fach 5, Gruppe 2, S. 638.

2. Kapitel: Ermittlung und Einordnung der Kennzahl Konzernsteuerquote

Mit dem Ziel der Charakterisierung der Konzernsteuerquote werden in den folgenden beiden Abschnitten zunächst die zu ihrer Ermittlung notwendigen Elemente ausführlich betrachtet. Im Einzelnen sind dies das Konzernergebnis vor Steuern als Bezugsgröße und der effektive Steueraufwand als Beobachtungsgröße der Kennzahl Konzernsteuerquote.

A. Bezugsgröße ‚Konzernergebnis vor Steuern'

Bei der Bezugsgröße der Konzernsteuerquote, dem ‚Konzernergebnis vor Steuern', handelt es sich um die im handelsrechtlichen Konzernabschluss ausgewiesene Gewinngröße des Konzerns vor Abzug der Steuern vom Einkommen und vom Ertrag.[157] Der Begriffsbestandteil ‚vor Steuern' ist somit gleichbedeutend mit ‚vor Ertragsteuern'. Sonstige Steuern[158] sind in der Bezugsgröße der Konzernsteuerquote berücksichtigt, sie haben als operative Kosten[159] das Konzernergebnis gemindert.[160]

Im Grundsatz ist die Untersuchung der Abschlüsse sämtlicher Berichtsperioden der Konzerne möglich und nicht nur die Betrachtung ihrer Jahresabschlüsse. Insofern lassen sich Konzernsteuerquoten unzweifelhaft auch aus solchen Daten ermitteln, die in unterjährigen Abschlüssen, beispielsweise in Quartalsabschlüssen, veröffentlicht werden.[161] Jedoch muss die Aussagekraft von Konzernsteuerquoten, die auf der Grundlage von Zwischenberichten ermittelt wurden, in Frage gestellt werden.[162] Denn Aufwendungen und Erträge dürfen im Zwischenbericht nicht vorgezogen oder abgegrenzt werden,[163] sondern sind in der Zwischenberichtsperiode zu erfassen, in der sie entstehen.[164] Insofern findet keine Ergebnisglättung zwischen den Zwischenberichtsperioden desselben Geschäftsjahres statt.[165] Auch sind bewusste Gestaltungen der Konzernsteuerquote in den Zwischenberichten in aller Regel noch nicht abgebildet.

---

157 Da das Konzernergebnis regelmäßig eine Saldogröße nach Abzug der Ertragsteuern ist, sind diese zur Ermittlung der Größe ‚Konzernergebnis vor Steuern' wieder hinzuzurechnen.

158 Insbesondere Verkehrsteuern, Verbrauchsteuern, weitere Steuerarten und Zölle. Zur Abgrenzung der sonstigen Steuern nach HGB vgl. z.B. *Adler/Düring/Schmaltz*, Kommentar, 6. Auflage, 1997, § 275 HGB, Tz. 197; *Coenenberg*, Jahresabschluss, 20. Auflage, 2005, S. 522.

159 Vgl. *Schweitzer/Küpper*, Kostenrechnung, 8. Auflage, 2003, S. 114.

160 Vgl. *Kleekämper et al.*, in: *Baetge et al.*, IAS, 2. Auflage, 2003, IAS 1, Tz. 147. Vgl. auch Allianz AG, Geschäftsbericht 2004, S. 169 f.

161 Vgl. hierzu ausführlich *Loitz*, Quartalsberichterstattung, DStR 2006, S. 388 ff., 439 ff.

162 Vgl. zur Problematik des Ausweises von Überleitungsrechnung und Konzernsteuerquote in unterjährigen Abschlüssen exemplarisch die Ausführungen zur Überleitungsrechnung nach IAS, Abschnitt A.II.1 des 3. Kapitels, hier S. 142 ff.

163 Sofern nicht auch im Jahresabschluss das Vorziehen oder Abgrenzen zulässig wäre, vgl. *IASB*, IAS 34, Abs. 37, 39.

164 Vgl. *Peemöller*, in: *Ballwieser et al.*, WILEY-Kommentar, 2004, Abschnitt 19, Tz. 42.

165 Vgl. *Wagenhofer*, IAS, 3. Auflage, 2001, S. 442.

Dadurch unterliegen die Konzernergebnisse der Zwischenberichtsperioden[166] und der geschätzte, darauf entfallende effektive Steueraufwand z.T. erheblichen Schwankungen.[167] Die auf dieser Grundlage ermittelten Konzernsteuerquoten können hoch volatil sein[168] und sind dann für externe Interessenten der Konzernabschlüsse nur wenig aussagekräftig. In der Untersuchung sollen daher das Konzernjahresergebnis vor Steuern Bezugsgröße und der effektive Steueraufwand derselben Periode Beobachtungsgröße der Kennzahl Konzernsteuerquote sein.

Das Konzernergebnis vor Steuern ist ebenso erläuterungsbedürftig wie der Steueraufwand,[169] denn wenn Sondereinflüsse auf das Ergebnis einwirken, sind Verzerrungen der Konzernsteuerquote die Folge. Hervorzuheben sind an dieser Stelle insbesondere Einflüsse aus der unterschiedlichen Behandlung von Firmenwertabschreibungen in Handels- und Steuerbilanz, die in keinem der betrachteten Rechnungslegungskreise Berücksichtigung bei den latenten Steuern finden, und außerordentliche Ergebnisbestandteile, z.B. steuerbegünstigte Beteiligungsverkäufe.[170] Auch Effekte aus Restrukturierungsprogrammen verzerren die Ergebnisse oftmals deutlich.[171] Der Höhe nach identische Konzernergebnisse können daher je nach Einfluss der gewöhnlichen, außerordentlichen und unregelmäßigen Ergebnisbestandteile im Hinblick auf ihre inhaltliche Qualität hin unterschiedlich zu interpretieren sein.[172] Zur transparenten Darstellung der Ergebnisse bietet sich daher eine Erfolgsspaltung an, die die Zusammensetzung der verschiedenen Ergebniskategorien berücksichtigt und die Analyse des Konzernergebnisses im Hinblick auf Sondereffekte ermöglicht.[173] Neben den ohnehin zwischen dem GoB-System, den IAS und den US-GAAP bestehenden Unterschieden in der Ergebnisermittlung und den daraus resultierenden, in ihrer Höhe z.T. stark divergierenden, Konzernergebnissen differieren die betrachteten Rechnungslegungskonventionen jedoch insbesondere bei der Frage nach dem im Konzernergebnis vor Steuern als Bezugsgröße der Konzernsteuerquote zu berücksichtigenden Ergebniskategorien.

---

166 Zur Erfolgsabgrenzung in Zwischenberichten ausführlich *Alvarez/Wotschofsky*, Zwischenberichtspublizität, FB 2000, Beilage 1, S. 35 ff.

167 Vgl. *Leibfried*, in: *Lüdenbach/Hoffmann*, IFRS-Kommentar, 3. Auflage, 2005, § 37, Tz. 26, 31.

168 Vgl. auch die Abbildungen bei *Loitz*, Quartalsberichterstattung, DStR 2006, S. 388, 439.

169 A.A. noch *Herzig/Dempfle*, Konzernsteuerquote, DB 2002, S. 1.

170 Vgl. *Herzig*, Gestaltung, WPg 2003, Sonderheft, S. S 82 f. Als Beispiel sei hier die Vodafone Group Plc genannt, die für das am 31.3.2000 endende Geschäftsjahr ihre Konzernsteuerquote auf ein Ergebnis „*before goodwill and exeptional non-operating items*“, also auf der Grundlage eines um *goodwill*-Abschreibungen und außergewöhnliche, nicht-operative Posten bereinigten Konzernergebnisses ermittelt, vgl. Vodafone Group Plc, Annual Report 2001, S. 36.

171 Vgl. *Haarmann*, Gestaltbarkeit, in: *Herzig/Günkel/Niemann* (Hrsg.), StbJb 2001/2002, 2002, S. 378; Commerzbank AG, Geschäftsbericht 2001, S. 92; Henkel KGaA, Geschäftsbericht 2001, S. 55.

172 Vgl. *Müller/Wulf*, Analyse, DSWR 2002, S. 369.

173 Vgl. zur Erfolgsspaltung z.B. *Ballwieser*, Analyse, WPg 1987, S. 61 ff.; *Lachnit*, Erfolgsspaltung, WPg 1991, S. 773 ff.; vgl. auch *Wagenhofer*, IAS, 3. Auflage, 2001, S. 385 ff.; *Baetge/Kirsch/Thiele*, Bilanzen, 8. Auflage, 2005, S. 675 f.

I. Einfluss der Rechnungslegungskonvention auf die Bezugsgröße

1. Geringe Transparenz der Bezugsgröße im GoB-System

Bei der Gewinnermittlung im GoB-System[174] sind im Jahresüberschuss gewöhnliche und außerordentliche Bestandteile zusammengefasst.[175] Zwar ließe sich bei der Ermittlung der Konzernsteuerquote das ‚Ergebnis der gewöhnlichen Geschäftstätigkeit' isolieren, da die Ergebniskategorien ‚Ergebnis der gewöhnlichen Geschäftstätigkeit' und ‚außerordentliches Ergebnis' in der Gewinn- und Verlustrechnung voneinander getrennt auszuweisen sind.[176] Allerdings werden die beiden Ergebniskategorien vor Abzug der Ertragsteuern ausgewiesen, und in der Position ‚Steuern vom Einkommen und vom Ertrag'[177] wird nicht danach differenziert, ob die Steuerbelastung auf das Ergebnis der gewöhnlichen Geschäftstätigkeit oder auf das außerordentliche Ergebnis entfällt.[178] Ohne zusätzliche Informationen ist die Ermittlung der nur das Ergebnis der gewöhnlichen Geschäftstätigkeit betreffenden Steuerbelastung daher nicht möglich, so dass auch die externe Ermittlung einer nur auf diese Ergebniskategorie bezogenen Konzernsteuerquote scheitern muss. Zur Gewährleistung des sachlichen Zusammenhangs zwischen der Beobachtungsgröße ‚Steuern vom Einkommen und vom Ertrag' und der Bezugsgröße ‚Konzernergebnis vor Steuern' ist es somit folgerichtig, dass bei der Ermittlung der Quote auch in der Bezugsgröße gewöhnliche und außerordentliche Ergebnisbestandteile zusammengefasst bleiben. Eine Erfolgsspaltung, die Transparenz und Aussagekraft der Konzernsteuerquote erhöhen würde, findet nicht statt.

Um die Vergleichbarkeit von Steuerquoten verschiedener Zeiträume und verschiedener Unternehmen zumindest näherungsweise herzustellen, sollten daher bei der Ermittlung der Konzernsteuerquote besonders ungewöhnliche und das Ergebnis in besonderem Umfang verzerrende Einflüsse, deren Auswirkungen beispielsweise aufgrund zusätzlicher Angaben im Anhang bekannt sind, eliminiert werden. Dies insbesondere, wenn die Sondereinflüsse zwar das Konzernergebnis, nicht aber die Höhe der Ertragsteuern beeinflusst haben. Die Tatsache der Bereinigung der Bezugsgröße, deren Umfang und die bereinigten Positionen sollten im Rahmen der Kommunikation der Konzernsteuerquote im Anhang erläutert werden. Sofern die Bereinigung unterbleibt, sollte auf die Einflüsse zumindest hingewiesen werden.[179] Hinsicht-

---

174 Vgl. zu Begriff und Inhalt der Grundsätze ordnungsmäßiger Buchführung z.B. *Wöhe*, Steuerbilanz, 5. Auflage, 2005, S. 80 ff.

175 Der Jahresüberschuss ist die Saldogröße aller unter den Posten Nr. 1 bis 13, 15, 16, 18 und 19 des § 275 Abs. 2 HGB bzw. unter den Posten Nr. 1 bis 12, 14, 15, 17 und 18 des § 275 Abs. 3 HGB ausgewiesenen Aufwendungen und Erträge. Hierzu zählen sowohl ordentliche als auch außerordentliche Ergebnisbestandteile, vgl. *Adler/Düring/Schmaltz*, Kommentar, 6. Auflage, 1997, § 275 HGB, Tz. 206, 249.

176 § 275 Abs. 2 Nr. 14 und 17 HGB bzw. § 275 Abs. 3 Nr. 13 und 16 HGB.

177 § 275 Abs. 2 Nr. 18 HGB bzw. § 275 Abs. 3 Nr. 17 HGB.

178 Vgl. *Adler/Düring/Schmaltz*, Kommentar, 6. Auflage, 1997, § 275 HGB, Tz. 183.

179 Vgl. *Haarmann*, Gestaltbarkeit, in: *Herzig/Günkel/Niemann* (Hrsg.), StbJb 2001/2002, 2002, S. 378; *Herzig/Dempfle*, Konzernsteuerquote, DB 2002, S. 1; *Herzig*, Gestaltung, WPg 2003, Sonderheft, S. S 82.

lich des Ausweises einer bereinigten Bezugsgröße ist einerseits der Nettoausweis nur der bereinigten Größe denkbar, transparenter wäre jedoch ein zunächst unbereinigter Ausweis, der einem um Sondereffekte bereinigten Konzernergebnis vor Steuern gegenübergestellt würde.[180]

Da das Konzernergebnis vor Steuern neben seiner Funktion als Bezugsgröße der Konzernsteuerquote auch Bemessungsgrundlage des erwarteten Steueraufwands als Ausgangsgröße der Überleitungsrechnung ist, kann bei der Betrachtung der Zusammensetzung des Konzernergebnisses zusätzlich auf die Vorschriften zur Überleitungsrechnung zurückgegriffen werden. Im GoB-System sagt der DRS 10 jedoch nichts über die zur Berechnung des erwarteten Steueraufwandes heranzuziehende Gewinngröße aus,[181] so dass Bezugsgröße der Konzernsteuerquote im GoB-System der nach den Regelungen des HGB ermittelte Konzernjahresüberschuss vor Steuern bleiben muss.

2. Möglichkeit der Erfolgsspaltung nach IAS

Im Gegensatz zur Rechnungslegung im GoB-System war nach den Regelungen der IAS bis zu deren Überarbeitung im Jahr 2003 die Ermittlung von auf das Ergebnis der gewöhnlichen Tätigkeit bezogenen Konzernsteuerquoten möglich. Nach dem Wortlaut des IAS 12 ist der effektive Steuersatz „der Steueraufwand (Steuerertrag), geteilt durch das handelsrechtliche Periodenergebnis (vor Ertragsteuern)“[182]. Bei der Ermittlung und beim Ausweis des Periodenergebnisses - *profit or loss for the period* - verfolgten die IAS-Regelungen das Konzept der Erfolgsspaltung,[183] da gemäß IAS 8 die Aufspaltung des Periodenergebnisses in das Ergebnis der gewöhnlichen Tätigkeit[184] und in außergewöhnliche Posten obligatorisch war.[185] Die Bestandteile des Ergebnisses der gewöhnlichen Tätigkeit, *profit or loss from operating activities*, waren in der Gewinn- und Verlustrechnung brutto zu zeigen und die hierauf entfallenden Ertragsteuern gesondert auszuweisen.[186]

---

180 So gehen beispielsweise Allianz und Henkel vor, die für das Geschäftsjahr 2001 zunächst eine Steuerquote auf ein unbereinigtes Ergebnis veröffentlichen und zusätzlich die Konzernsteuerquote für ein Ergebnis der normalen Geschäftstätigkeit ohne Abschreibungen auf den Geschäfts- und Firmenwert angeben, vgl. Allianz AG, Geschäftsbericht 2001, S. 62; Henkel KGaA, Geschäftsbericht 2001, S. 55.

181 Vgl. hierzu die Kommentierungen zu DRS 10, aufgeführt unter *DRSC*, Bibliographie, online im Internet.

182 *IASB*, IAS 12 (Deutsche Ausgabe), Abs. 86.

183 Schon aufgrund der Aufteilung in Erlöse und Erträge im Rahmenkonzept, vgl. *IASB*, Framework, Abs. 74. Zur Bedeutung des *framework* vgl. *Schöllhorn/Müller*, Bedeutung, DStR 2004, S. 1624. Vgl. auch *Baetge/Kirsch/Thiele*, Bilanzen, 8. Auflage, 2005, S. 675, Fn. 240.

184 Offizielle Übersetzung des *profit or loss from ordinary activities*, vgl. *IASB*, IAS 8 (rev. 1993), Abs. 1, 16 ff. Die Größe entspricht inhaltlich dem Ergebnis der gewöhnlichen Geschäftstätigkeit.

185 Vgl. *IASB*, IAS 8 (rev. 1993), Abs. 10.

186 Vgl. *IASB*, IAS 1 (rev. 1997), Abs. 75 (e); *IASB*, IAS 12, Abs. 77. Zum korrespondierenden Ausweis der außerordentlichen Posten, *extraordinary items*, *IASB*, IAS 12, Abs. 81 (b); *IASB*, IAS 8 (rev. 1993), Beispiel zum Ausweis der außerordentlichen Posten im Anhang; hierzu *Kleekämper et al.*, in: *Baetge et al.*, IAS, 2. Auflage, 2003, IAS 1, Tz. 148; *Wagenhofer*, IAS, 3. Auflage, 2001, S. 389; *Baetge/Kirsch/Thiele*,

Hierdurch war es möglich, nur das Ergebnis der gewöhnlichen Tätigkeit als Bezugsgröße für die Konzernsteuerquote und als Ausgangsgröße für die Überleitungsrechnung nach IAS heranzuziehen und die außerordentlichen Posten aufgrund ihrer betragsmäßigen Höhe, Art oder Seltenheit auszuschließen. Die Bezugsgröße nach IAS wurde dadurch im Vergleich zum GoB-System insbesondere für externe Interessenten besser nachvollziehbar, und die Konzernsteuerquote konnte auf das um Sondereffekte bereinigte Ergebnis bezogen werden. In diesen Fällen durfte, folgerichtig und zur Gewährleistung des sachlichen Zusammenhangs, auch nur diejenige Steuerbelastung zur Ermittlung der Konzernsteuerquote herangezogen werden, die dem Ergebnis der gewöhnlichen Tätigkeit zuzuordnen war. Die Möglichkeit hierzu bestand aufgrund des gesonderten Ausweises der auf die gewöhnliche Tätigkeit entfallenden Ertragsteuern. Zur Beeinflussung der Konzernsteuerquote bot es sich somit an, Geschäftsvorfälle, die eine besonders hohe Steuerbelastung auslösen, möglichst in den Bereich der außerordentlichen Posten zu verlagern.

Allerdings ließ schon die enge Definition in IAS 8 außerordentliche Posten nur in seltenen Ausnahmefällen zu,[187] so dass in praxi der Ausweis außerordentlicher Posten in den IAS-Abschlüssen und damit die Aufspaltung des Erfolges zumeist ganz unterblieb.[188] Konzernsteuerquote und Überleitungsrechnung nach IAS wurden demzufolge wie im GoB-System regelmäßig auf das unbereinigte und die außerordentlichen Posten umfassende Periodenergebnis bezogen. Im Zuge des *improvements project*[189] wurden die Ausweiserfordernisse des IAS-Abschlusses aus dem IAS 8 in den IAS 1 transferiert.[190] Wohl aufgrund der ohnehin restriktiven Auslegung bei der Definition außergewöhnlicher Posten[191] wurde im überarbeiteten IAS 1 von der Unterscheidung zwischen gewöhnlicher Geschäftstätigkeit und außerordentlichen Posten Abstand genommen und der Ausweis außerordentlicher Ergebniskomponenten ausdrücklich untersagt.[192] Die zuvor durch die Aufspaltung des Erfolges in *operating activi-*

Bilanzen, 7. Auflage, 2003, S. 619; *Förschle/Kroner*, in: *Berger et al.*, Beck'scher Bilanz-Kommentar, 5. Auflage, 2003, § 275 HGB, Tz. 343.

187 Vgl. *IASB*, IAS 8 (rev. 1993), Abs. 6, 12, 14; *Wagenhofer*, IAS, 3. Auflage, 2001, S. 388; *Baetge/Kirsch/Thiele*, Bilanzen, 7. Auflage, 2003, S. 620 f.; *Coenenberg*, Jahresabschluss, 19. Auflage, 2003, S. 448; *Baetge/Kirsch/Thiele*, Bilanzen, 8. Auflage, 2005, S. 675; *Coenenberg*, Jahresabschluss, 20. Auflage, 2005, S. 491. Beispielsweise wurden außerplanmäßige Abschreibungen und Wertaufholungen, Restrukturierungen, Erfolge aus der Veräußerung von Sach- und Finanzanlagen und auch Verkäufe oder Stillegungen von Betrieben unter dem Begriff der gewöhnlichen Tätigkeit subsumiert. Zwar waren diese ‚ungewöhnlichen' oder ‚aperiodischen' Posten gesondert auszuweisen, zählten aber zum Ergebnis der gewöhnlichen Tätigkeit, vgl. *IASB*, IAS 8 (rev. 1993), Abs. 16 ff.; *Wagenhofer*, IAS, 3. Auflage, 2001, S. 389.

188 Im Ergebnis weist von den nach IAS bilanzierenden DAX-30-Unternehmen im Jahr 2003 keines und im Jahr 2002 nur die Deutsche Post AG ein außerordentliches Ergebnis aus, vgl. Deutsche Post AG, Geschäftsbericht 2002, S. 5.

189 Vgl. zum *improvements project* ausführlich *Zülch*, Improvement Project, KoR 2004, S. 153 ff.

190 Vgl. *IASB*, IAS 8, IN 15.

191 So *Zülch*, Improvement Project, KoR 2004, S. 154; *Baetge/Kirsch/Thiele*, Bilanzen, 8. Auflage, 2005, S. 676.

192 Vgl. *IASB*, IAS 1, BC 15. Vgl. *Zülch*, Improvement Project, KoR 2004, S. 154; *Baetge/Kirsch/Thiele*, Bilanzen, 8. Auflage, 2005, S. 675; *Coenenberg*, Jahresabschluss, 20. Auflage, 2005, S. 491; *Wagenhofer*, Internationale Rechnungslegungsstandards, 5. Auflage, 2005, S. 441.

ties und *extraordinary items* und der hierauf jeweils entfallenden Ertragsteuern[193] im Grundsatz mögliche Transparenz der Konzernsteuerquote wird dadurch zunichte gemacht, was deren Aussagekraft deutlich schmälert und ihre Analyse erschwert. Auch eine Beeinflussung der Quote durch Zuweisung von Geschäftsvorfällen zu bestimmten Ergebniskategorien wird dadurch verhindert.

Aber auch vor dem *improvements project* war die Heranziehung der gewöhnlichen Tätigkeit als Bezugsgröße der Konzernsteuerquote nach dem Wortlaut des IAS 12 nicht zwingend, so dass diese in praxi ebenfalls regelmäßig nicht stattfand. Zwar ließ der Interpretationen zulassende englische Wortlaut des IAS 12, der auf den „*accounting profit*"[194] abstellt, die Verwendung des Ergebnisses der gewöhnlichen Tätigkeit als Bezugsgröße durchaus zu und ermöglichte so zumindest theoretisch eine die Transparenz der Konzernsteuerquote stärkende Erfolgsspaltung. Jedoch verwendet der IAS 12 zur Beschreibung der Beobachtungsgröße ‚Steuerbelastung' die undifferenzierten Begriffe „Steueraufwand (Steuerertrag)"[195] bzw. „*tax expense (income)*"[196], wonach im Grundsatz sowohl die Steuern auf die gewöhnliche Tätigkeit als auch auf außerordentliche Posten zu erfassen sind. Wenn jedoch der gesamte Steueraufwand die Beobachtungsgröße bildet, muss, um den sachgerechten Zusammenhang mit der Bezugsgröße zu gewährleisten, auch das gesamte Periodenergebnis als Bezugsgröße herangezogen werden. Gleichung 2 zeigt die formale Darstellung der nach den Vorschriften der IAS ermittelten Konzernsteuerquote:[197]

$$\text{Konzernsteuerquote} = \frac{\underline{\textit{tax expense (income) on accounting profit}}}{\textit{pretax accounting profit}} \cdot 100$$

Gleichung 2: Konzernsteuerquote nach IAS

Damit ist festzuhalten, dass nach den Regelungen der IAS zur Ermittlung und zum Ausweis des Periodenergebnisses eine Erfolgsspaltung vorgenommen wurde, die eine zu Vergleichszwecken begrüßenswerte Ermittlung der Konzernsteuerquote auf das um Sondereffekte bereinigte Ergebnis der gewöhnlichen Tätigkeit zugelassen hat. Die Verwendung dieser Größen zur Ermittlung der Konzernsteuerquote war jedoch nicht verpflichtend und in praxi wurde bei der Ermittlung der Konzernsteuerquote regelmäßig auf das unbereinigte Periodenergebnis und die gesamte Belastung des Konzerns mit Ertragsteuern abgestellt. Seit der Überarbeitung der IAS 1 und 8 ist die zuvor jedenfalls mögliche Abgrenzung zwischen gewöhnlichen und

193 Die in IAS 12 noch geforderte gesonderte Angabe des Steueraufwands auf das Ergebnis der gewöhnlichen Tätigkeit ist damit obsolet, vgl. *Wagenhofer*, Internationale Rechnungslegungsstandards, 5. Auflage, 2005, S. 441, Fn. 13.

194 *IASB*, IAS 12, Abs. 86.

195 *IASB*, IAS 12 (Deutsche Ausgabe), Abs. 81.

196 *IASB*, IAS 12, Abs. 81.

197 Abgeleitet aus *IASB*, IAS 12, Abs. 81 (c).

außerordentlichen Ergebnisbestandteilen untersagt und eine Ermittlung der Konzernsteuerquote auf dieser Grundlage nicht mehr möglich.

3. Differenzierte Erfolgsspaltung nach US-GAAP

Differenzierter noch als die mittlerweile abgeschafften IAS-Regelungen spalten die US-GAAP das Einkommen auf. Gemäß SFAS No. 109 wird zwischen den fünf in Abbildung 3 dargestellten Einkommenskategorien unterschieden:[198]

Einkommenskategorien nach SFAS No. 109	Steueraufwand in GuV	Quoten-relevanz
1. *Income from continuing operations /* Ergebnis der gewöhnlichen Geschäftstätigkeit	ja	ja
2. *Income from discontinued operations /* Ergebnis der nicht fortgeführten Aktivitäten	Nettoausweis	nein
3. *Extraordinary items /* Außerordentliche Posten	Nettoausweis	nein
4. *Cumulative effects of changes in accounting principles /* Ergebniseffekte aus veränderten Bilanzierungsmethoden	Nettoausweis	nein
5. *Other comprehensive income (OCI) /* Sonstiges erfolgsneutrales Ergebnis	außerhalb GuV	nein

Abbildung 3: Einkommenskategorien nach SFAS No. 109
Quelle: In Anlehnung an *Herzig*, Gestaltung, WPg 2003, Sonderheft, S. S 83.

Nach SFAS No. 109 finden nur die Bestandteile des Ergebnisses der gewöhnlichen Geschäftstätigkeit, des *income or loss from continuing operations*, als Vorsteuergröße Eingang in die Gewinn- und Verlustrechnung und auch nur der hierauf entfallende Steueraufwand wird in der Gewinn- und Verlustrechnung ausgewiesen.[199] Außerordentliche Einkommensbestandteile gehen als Netto-Größen in den Abschluss ein. Steuern, die auf diese Ergebnisbestandteile entfallen, werden bereits vor deren Erfassung in der Gewinn- und Verlustrechnung abgezogen und beeinflussen die Konzernsteuerquote nicht.[200] Das *other comprehensive income (OCI)* wird nicht in der Gewinn- und Verlustrechnung, sondern unmittelbar in der Bilanz gezeigt. Steuern auf das OCI haben ebenfalls keinen Einfluss auf die Konzernsteuerquote.[201] Aus diesem Zusammenhang offenbaren sich im System der US-GAAP Möglichkeiten zur Beeinflus-

198 Vgl. *FASB*, SFAS No. 109, Abs. 35.

199 Vgl. *FASB*, SFAS No. 109, Abs. 35, S. 2.

200 Vgl. zum Ausweis der Ertragsteuern im Jahresabschluss nach US-GAAP ausführlich *Schäffeler*, Latente Steuern, 2000, S. 84 ff. Weder in die Gewinn- und Verlustrechnung noch in das *other comprehensive income* werden Korrekturen von Fehlern in früheren Jahresabschlüssen, sogenannte *prior period adjustments*, einbezogen, vgl. *Schildbach*, US-GAAP, 2. Auflage, 2002, S. 138. Vgl. auch *Montag*, Präsentation „Konzernsteuerquote", 2002, Folie 15 ff.

201 Vgl. *Montag*, Präsentation „Konzernsteuerquote", 2002, Folie 20; *Herzig*, Gestaltung, WPg 2003, Sonderheft, S. S 83.

sung der Quote durch die bewusste Zuweisung von Ergebnisbestandteilen zu den Einkommenskategorien.[202]

Auf der Erfolgsspaltung aufbauend berücksichtigen die US-GAAP die Forderung nach Bereinigung der Bezugsgröße der Konzernsteuerquote und der Ausgangsgröße der Überleitungsrechnung in großem Umfang. Das zur Ermittlung der Konzernsteuerquote heranzuziehende Konzernergebnis vor Steuern ist in SFAS No. 109 als das Ergebnis der gewöhnlichen Geschäftstätigkeit definiert, als *pretax income from continuing operations*. Gleichzeitig ist, im Gegensatz zu nach GoB und IAS ermittelten Konzernsteuerquoten, auch nur die auf das Ergebnis der gewöhnlichen Geschäftstätigkeit entfallende Steuerbelastung relevant für die Konzernsteuerquote nach US-GAAP.[203] In Gleichung 3 ist die formale Darstellung der nach US-GAAP ermittelten Konzernsteuerquote abgebildet:[204]

$$\text{Konzernsteuerquote} = \frac{\textit{tax on income from continuing operations}}{\textit{pretax income from continuing operations}} \cdot 100$$

Gleichung 3: Konzernsteuerquote nach US-GAAP[205]

Damit weisen nach US-GAAP ermittelte Konzernsteuerquoten, verglichen mit den Konzernsteuerquoten nach GoB und nach IAS, den größten inhaltlichen Bezug zum Ergebnis der gewöhnlichen Geschäftstätigkeit auf.[206] Die Vergleichbarkeit von nach verschiedenen Rechnungslegungskonventionen ermittelten Konzernsteuerquoten leidet unter den dargestellten Unterschieden in den Bezugsgrößen jedoch erheblich. Gleichzeitig wird deutlich, dass schon ein Wechsel der angewendeten Rechnungslegungsgrundsätze deutliche Veränderungen der Konzernsteuerquote nach sich ziehen kann. Im Zuge des Konvergenzprojektes, bei dem Regelungen der IAS und der US-GAAP aneinander angenähert werden sollen,[207] könnte sich dieses Dilemma im Hinblick auf die Vergleichbarkeit von nach IAS und US-GAAP ermittelten Konzernsteuerquoten auflösen.

---

202 So auch *Kröner/Benzel*, Konzernsteuerquote, in: *Kessler/Kröner/Köhler* (Hrsg.), Konzernsteuerrecht, 2004, § 15, Tz. 8 (3).

203 Vgl. *FASB*, SFAS No. 109, Abs. 47, S. 1; *Herzig*, Gestaltung, WPg 2003, Sonderheft, S. S 83.

204 Abgeleitet aus *FASB*, SFAS No. 109, Abs. 47.

205 Zur Abgrenzung der Begriffe ‚*tax*' und ‚*income*' sei auf die Abgrenzung der Begriffe ‚Steueraufwand' und ‚Konzernergebnis vor Steuern' in Fn. 32 auf Seite 5 verwiesen.

206 Wenngleich beispielsweise das Dow Jones-30-Unternehmen Boeing in seiner Gewinn- und Verlustrechnung für das Geschäftsjahr 2004 zunächst *earnings from continuing operations* ausweist, diesem das *other income, net*, hinzurechnet, *interest and debt expense* abzieht und erst diese Größe *earnings before income taxes* als Bezugsgröße der Konzernsteuerquote heranzieht, vgl. The Boeing Company, Annual Report 2004, S. 21, 65. Faktisch dürften die beiden Posten, die Boeing noch mit den *earnings from continuing operations* verrechnet, allerdings zum *income from continuing operations* zählen.

207 Vgl. zum Konvergenzprojekt *Feld*, Unterschiede, WPg 2001, S. 1025 ff.; ausführlich *Kahle*, Rechnungslegung, 2002, S. 237 f. m.w.N.; *Ballwieser*, Rechnungslegung, FAZ Nr. 57 vom 8.3.2004, S. 22; *Wagenhofer*, Internationale Rechnungslegungsstandards, 5. Auflage, 2005, S. 46, 105.

II. Einfluss der absoluten Höhe der Bezugsgröße auf die Konzernsteuerquote

An manchen Stellen in der Literatur wird die Meinung vertreten, die Höhe der Steuerquote eines Konzerns korreliere zwangsläufig negativ mit dem ‚Konzernergebnis vor Steuern' dieses Konzerns.[208] Dabei wird auf den Effekt abgestellt, dass sich bei im Zeitablauf zunehmendem Konzernergebnis der Einfluss nichtabziehbarer Betriebsausgaben, deren Höhe als „fest vorgegebener Betrag"[209] angenommen wird, auf die Konzernsteuerquote verringert, während er sich bei abnehmendem Konzernergebnis entsprechend vergrößert.[210] Die Steuerquote dieses Konzerns nimmt dann in Abhängigkeit von dessen Ergebnis den in Abbildung 4 auf S. 42 dargestellten Kurvenverlauf an.

Bei steigenden Ergebnissen soll sich der Kurvenverlauf asymptotisch einer Basisrate[211], auch als strukturelle Steuerbelastung bezeichnet,[212] annähern. Gleichzeitig werde der Kurvenverlauf aufgrund des relativ abnehmenden Einflusses konstanter nichtabziehbarer Betriebsausgaben zunehmend stabiler im Sinne einer abnehmenden Reagibilität im Hinblick auf geringfügige Schwankungen des Ergebnisses.[213] Bei sinkenden, aber noch positiven Vorsteuerergebnissen steige die Konzernsteuerquote an, bei ganz geringen Ergebnissen tendiere der dargestellte Kurvenverlauf der Konzernsteuerquote gegen unendlich. Im Bereich negativer Ergebnisse werde die Konzernsteuerquote bei zunehmenden Verlusten kleiner und soll bei sehr hohen Verlusten aufgrund der unter Umständen möglichen Bildung einer aktiven Steuerlatenz auf den Verlustvortrag und des daraus resultierenden Steuerertrages in den positiven Bereich wechseln.[214]

---

208 Vgl. *Kröner*, Konzernsteuerquote, in: *Herzig* (Hrsg.), Organschaft, 2003, S. 563 f.; zugleich *Kröner/Benzel*, Konzernsteuerquote, in: *Kessler/Kröner/Köhler* (Hrsg.), Konzernsteuerrecht, 2004, § 15, Tz. 2, 7; diesen folgend *Kuhn/Röthlisberger/Niggli*, Konzernsteuerbelastung, ST 2003, S. 639 f.; *Kröner*, Tax Accounting, in: *Herzig/Günkel/Niemann* (Hrsg.), StbJb 2004/2005, 2005, S. 287 ff.

209 *Kröner*, Konzernsteuerquote, in: *Herzig* (Hrsg.), Organschaft, 2003, S. 564; zugl. *Kröner/Benzel*, Konzernsteuerquote, in: *Kessler/Kröner/Köhler* (Hrsg.), Konzernsteuerrecht, 2004, § 15, Tz. 7, Flexion geändert.

210 Denselben Zusammenhang negativer Korrelation von Steuerquote und Ergebnis des Konzerns erkannte bereits *Riedweg*, der als Ursache hierfür allerdings die mangelnde grenzüberschreitende Verlustverrechnung sieht, vgl. *Riedweg*, Steuerplanung, ST 1995, S. 188 f.

211 Gewichteter durchschnittlicher Ertragsteuersatz entsprechend der geographischen Verteilung der Ergebnisse auf die Sitzstaaten der Konzerngesellschaften, vgl. *Kröner*, Konzernsteuerquote, in: *Herzig* (Hrsg.), Organschaft, 2003, S. 565; zugleich *Kröner/Benzel*, Konzernsteuerquote, in: *Kessler/Kröner/Köhler* (Hrsg.), Konzernsteuerrecht, 2004, § 15, Tz. 7; *Kröner*, Tax Accounting, in: *Herzig/Günkel/Niemann* (Hrsg.), StbJb 2004/2005, 2005, S. 287.

212 Vgl. *Hannemann/Peffermann*, IAS-Konzernsteuerquote, BB 2003, S. 728; *Herzig*, Gestaltung, WPg 2003, Sonderheft, S. S 85.

213 Auf die zunehmende Volatilität von Konzernsteuerquoten bei niedrigen Ergebnissen aufgrund der relativen Zunahme einzelner Einflussfaktoren weist auch *Adrian*, Tax Reconciliation, 2005, S. 110, hin.

214 Vgl. *Kröner*, Konzernsteuerquote, in: *Herzig* (Hrsg.), Organschaft, 2003, S. 564; zugleich *Kröner/Benzel*, Konzernsteuerquote, in: *Kessler/Kröner/Köhler* (Hrsg.), Konzernsteuerrecht, 2004, § 15, Tz. 7; diesen folgend *Kuhn/Röthlisberger/Niggli*, Konzernsteuerbelastung, ST 2003, S. 639 f.

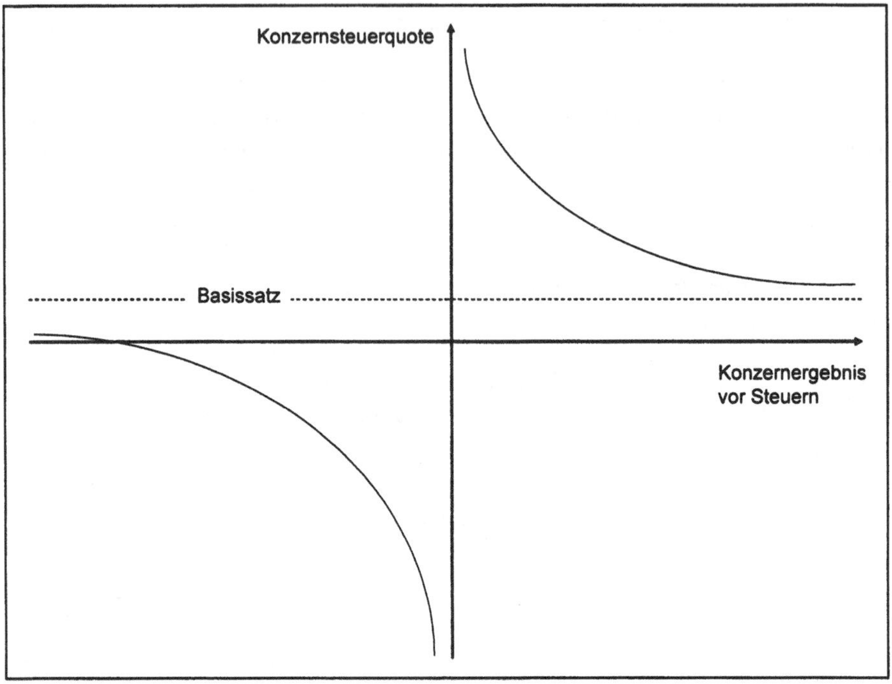

Abbildung 4: Kurvenverlauf der Konzernsteuerquote bei konstanten nichtabziehbaren Betriebsausgaben

Quelle: *Kröner*, Konzernsteuerquote, in: *Herzig* (Hrsg.), Organschaft, 2003, S. 564; *Kuhn/Röthlisberger/Niggli*, Konzernsteuerbelastung, ST 2003, S. 639; *Kröner/Benzel*, Konzernsteuerquote, in: *Kessler/Kröner/ Köhler* (Hrsg.), Konzernsteuerrecht, 2004, § 15, Tz. 7.

Die dargestellten Effekte sind bei Annahme von im Zeitablauf konstanten nichtabziehbaren Betriebsausgaben, wie sie sich beispielsweise bei steuerlich nichtabziehbaren *goodwill*-Abschreibungen einstellen, nicht von der Hand zu weisen.[215] Allerdings ist eben diese Voraussetzung von über längere Zeit insgesamt fixen nichtabziehbaren Aufwendungen nicht in jedem Fall zwingend.[216] Zwar werden bei kurzfristigen und möglicherweise überraschenden Ergebnisschwankungen eines Konzerns erhebliche Teile seiner nichtabziehbaren Betriebsausgaben im Wesentlichen unverändert bleiben, im sehr kurzfristigen Bereich u.U. sogar überhaupt keinen Veränderungen unterliegen. Der Einfluss nichtabziehbarer Betriebsausgaben auf die Konzernsteuerquote nimmt in diesem Moment in demselben Maße zu, wie die Bedeutung sämtlicher kurzfristig nicht beeinflussbarer Einflussfaktoren bei kurzfristig fallenden Konzernergebnissen zunimmt. Bei der Betrachtung eines Konzerns ist dann der oben dargestellte Kurvenverlauf der Konzernsteuerquote durchaus denkbar, so dass im kurzfristigen Bereich

---

215 Vgl. *Hannemann/Peffermann*, IAS-Konzernsteuerquote, BB 2003, S. 731.

216 Auch empirisch lässt sich diese Annahme - jedenfalls für die DAX-30-Unternehmen - nicht belegen.

möglicherweise sogar eine Prognose der Konzernsteuerquote dieses Konzerns in Abhängigkeit von dessen Konzernergebnis denkbar erscheint.

Mit Blick auf langfristige, strukturelle Änderungen der Ergebnisse des jeweils betrachteten Konzerns dürften sich jedoch sämtliche Einflussfaktoren der Konzernsteuerquote verändern. In Abhängigkeit von der Änderungsrichtung des Konzernergebnisses werden vermutlich alle Einflussfaktoren in dieselbe Richtung wie das Ergebnis tendieren. Die absolute Höhe nichtabziehbarer Betriebsausgaben dürfte daher mit strukturell fallenden Konzernergebnissen abnehmen und mit strukturell steigenden Konzernergebnissen zunehmen. Nichtabziehbare Betriebsausgaben sind kein fixer Kostenblock, dessen Beeinflussung unmöglich ist. Vielmehr sollten insbesondere die nichtabziehbaren Betriebsausgaben im Rahmen einer an der Konzernsteuerquote ausgerichteten Steuerpolitik durch die Konzernsteuerabteilungen ganz gezielt beeinflusst werden.[217]

Auch kann von einem absolut als hoch empfundenen Konzernergebnis eines beliebigen Konzerns nicht auf eine zwangsläufig niedrige Konzernsteuerquote geschlossen werden et vice versa. Betrachtet man beispielsweise die Konzernsteuerquoten der DAX-30-Unternehmen für die Jahre 2000 bis 2004[218], so befindet sich die größte Anzahl der Steuerquoten des betrachteten Zeitraumes, unabhängig von der Höhe des Konzernergebnisses, im Intervall von 20 bis 45%. Insgesamt liegen 93 der betrachteten 150 Konzernsteuerquoten (62%) innerhalb dieser Bandbreite. Abbildung 5, in der die Konzernsteuerquoten der DAX-30-Unternehmen für die Jahre 2000 bis 2004 in Abhängigkeit von deren Ergebnissen verzeichnet sind,[219] stellt dies graphisch dar:

217 Die möglichst weitgehende Reduktion nichtabziehbarer Aufwendungen ist der vorrangige Ansatz zur Vermeidung steuerlicher Ineffizienzen, vgl. Abschnitt B des 4. Kapitels, Seiten 279 ff. m.w.N.

218 Für das Jahr 2000 wurden die Konzernsteuerquoten von BMW, Siemens und Volkswagen durch Heranziehung der Vorjahresvergleichswerte aus den Geschäftsberichten 2001 ermittelt, da diese Unternehmen ihren originären Geschäftsbericht für das Jahr 2000 nach HGB aufgestellt haben, vgl. Bayerische Motoren Werke AG, Geschäftsbericht 2000, S. 81; Siemens AG, Geschäftsbericht 1999/2000, S. 73; Volkswagen AG, Geschäftsbericht 2000, S. 81. Entsprechendes gilt für die Konzernsteuerquote von Linde für das Jahr 2001, vgl. Linde AG, Geschäftsbericht 2001, S. 65. Für das Jahr 2000 wurde die Konzernsteuerquote von Linde unter Verwendung der HGB-Werte berechnet.

219 Extrema wurden aus Gründen der Übersichtlichkeit in der Abbildung nicht berücksichtigt.

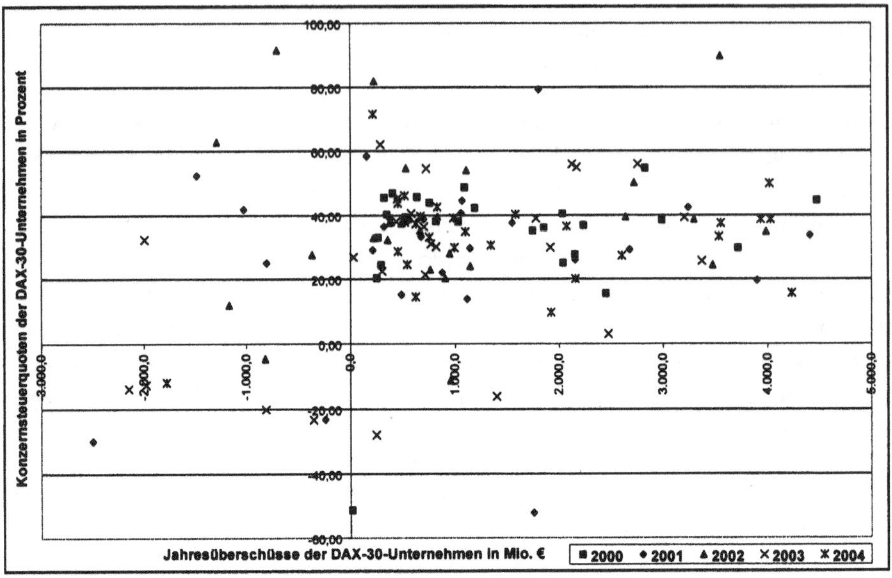

Abbildung 5: Zusammenhang zwischen der absoluten Höhe des Konzernergebnisses und der Konzernsteuerquote in den Jahren 2000-2004

Eine negative Korrelation von Konzernergebnis und Konzernsteuerquote kann somit für die Gesamtheit der Konzernsteuerquoten der DAX-30-Unternehmen in den Jahren 2000-2004 nicht nachgewiesen werden. Vielmehr muss, wie in diesem Abschnitt insgesamt herausgearbeitet werden konnte, für jeden einzelnen Konzern die Qualität seines Ergebnisses im Hinblick auf Höhe und Zusammensetzung untersucht werden, um die Höhe der Konzernsteuerquote und ihre Veränderung im Zeitablauf interpretieren zu können. Zu dieser Analyse ist die Zuhilfenahme der Überleitungsrechnung des betrachteten Konzerns unverzichtbar. Ergebnis solcher Betrachtungen kann durchaus sein, dass die Konzernsteuerquote des jeweiligen Konzerns über einen kurzen Zeitraum den in Abbildung 4 dargestellten Kurvenverlauf in Abhängigkeit vom Konzernergebnis annimmt. Allerdings wäre dies, wie dargestellt, alleine auf den Zeitraum der Veränderungen zurückzuführen und nicht auf eine Gesetzmäßigkeit.

Zudem sind in Abbildung 4 verschiedene Fallgruppen von Konzernsteuerquoten miteinander vermischt, deren Interpretation nicht mechanisch erfolgen darf. So geht ein positives Konzernergebnis nicht zwangsläufig immer mit einer positiven Konzernsteuerquote einher, auch ein Verlust hat nicht regelmäßig negative Konzernsteuerquoten zur Folge, die nur bei sehr hohen Verlusten in den positiven Bereich wechseln.[220] Da die Ermittlung der Konzernsteuerquote durch einen Bruch den Regeln der Mathematik folgt, hängt die jeweilige Ausprägung

---

220 Vgl. zu den Fallgruppen der Konzernsteuerquote *Herzig*, Gestaltung, WPg 2003, Sonderheft, S. S 83.

der Quote neben der Nenner- auch von der Zählergröße ab. Daher sei an dieser Stelle auf die ausführliche Fallunterscheidung positiver und negativer Konzernsteuerquoten hingewiesen, die in Abschnitt C nach der Betrachtung der Beobachtungsgröße ‚effektiver Steueraufwand' erfolgen wird.

B. Beobachtungsgröße ‚Effektiver Steueraufwand'

I. Begriffsabgrenzung ‚effektiver Steueraufwand'

Der Begriff ‚Steueraufwand' wird zunächst allgemein als Differenz von Steueraufwand und Steuerertrag verstanden, so dass der Inhalt des Begriffsbestandteils ‚effektiv' für Zwecke der Untersuchung zu bestimmen bleibt. Häufig wird die Steuerbelastung einer Unternehmung dann als effektiv bezeichnet, wenn sie als „Summe aller unternehmensrelevanten Steuerarten unter Berücksichtigung der jeweiligen Steuerbemessungsgrundlagen und Steuersätze ermittelt wird"[221]. Hierdurch soll der Unterschied zu einer rechtlichen bzw. nominalen Steuerbelastung, die allein anhand der Steuersätze bemessen wird, verdeutlicht werden.[222] Diese Differenzierung ist für die Untersuchung allerdings nicht ausreichend.[223]

In dieser Arbeit wird unter dem Begriff der effektiven Steuerbelastung der Konzerne vielmehr deren wirkliche, faktische Belastung mit Ertragsteuern verstanden. Die zuvor dargestellte Begriffsbestimmung berücksichtigt nicht, dass die effektive Belastung der Konzerne mit Ertragsteuern nicht auf die Belastung mit unmittelbar zahlungswirksamen und zurückgestellten Steuern beschränkt ist. Eine effektive Belastung mit Ertragsteuern, wie sie in der Untersuchung verstanden wird, muss vielmehr auch die Belastung der Ergebnisse mit erst in zukünf-

221 *Jacobs/Spengel*, Besteuerung, DBW 1995, S. 433. Daneben werden z.B. die Finanzierungsweise, die Investitionsart, das Reinvestitionsverhalten und die Erfolgslage der Unternehmung sowie Zinssätze und die Höhe der Inflation berücksichtigt.

222 Vgl. zu diesem Konzept der effektiven Steuerbelastung insbesondere *Schneider*, Steuerbelastungsvergleiche, WPg 1988, S. 281, 291; sowie diesem folgend *Fischer*, Steuerbelastung, in: *John* (Hrsg.), FS Wöhe, 1989, S. 135; *Schneider*, Messung, BB 1990, S. 535; *Schneider*, Investition, 7. Auflage, 1992, S. 181; *Fischer*, Gestaltungsüberlegungen, in: *Cagianut/Vallender* (Hrsg.), FS Höhn, 1995, S. 30 f.; *Schneider*, Steuerlast, 2002, S. 11; *Niemann/Bachmann/Knirsch*, Effektivsteuersätze, DBW 2003, S. 124. Auch in der Praxis wird die effektive Steuerbelastung als diejenige Größe bezeichnet, „die sich aus dem Zusammenwirken von Steuersatz und Bemessungsgrundlage ergibt", *Bundesverband der Deutschen Industrie e.V./Verband der Chemischen Industrie e.V.*, Unternehmen, 2004, S. 14.

223 Der Begriff der ‚effektiven Steuerbelastung' wird auch in anderen Zusammenhängen verwendet. So verstehen *von Wysocki* und *Bone-Winkel* unter der effektiven Steuerbelastung von Unternehmen deren Nettobelastung, die sich aus der Saldierung von an den Staat geleisteten Steuern einerseits und Gegenleistungen des Staates andererseits, beispielsweise in Form von Rechtsschutz und Infrastrukturmaßnahmen, ergibt. Gleichzeitig räumen sie aber die faktische Unmöglichkeit der Bemessung der Gegenleistungen mit monetär bezifferbaren Größen ein, so dass letztlich bei der Ermittlung der effektiven Steuerbelastung der Unternehmen nach diesem Ansatz doch wieder deren Bruttobelastung zum Tragen kommt. Vgl. *Wysocki*, Steuerbelastungsvergleich, ZfB 1962, S. 133; *Bone-Winkel*, Steuerbelastungsvergleiche, 1994, S. 37, 39, 41. Dieses Verständnis effektiver Steuerbelastung ist für die vorliegende Untersuchung nicht relevant.

tigen Perioden zahlungswirksamen, aber in der Berichtsperiode abzugrenzenden und dadurch ebenfalls das Ergebnis beeinflussenden, latenten Steuern berücksichtigen.

Denn die abzugrenzenden Steuerlatenzen[224] wirken als latenter Steueraufwand und als latenter Steuerertrag in der gleichen Weise wie der gezahlte und zurückgestellte Steueraufwand und -ertrag auf das handelsrechtliche Jahresergebnis der Unternehmen ein. Daher kann erst die Summe aus gezahlten und zurückgestellten Ertragsteuern und Steuerlatenzen die effektiv das Jahresergebnis des Konzerns belastende Größe, namentlich die ,effektive Steuerbelastung des Konzerns', sein.[225] Die so definierte effektive Steuerbelastung des Konzerns ist eine absolute Größe. Sie wird zur Ermittlung der Konzernsteuerquote dem nach handelsrechtlichen Regeln ermittelten Vorsteuerergebnis des Konzerns gegenübergestellt. Die Konzernsteuerquote drückt demzufolge die relative effektive Steuerbelastung des Konzerns im Verhältnis zu dessen handelsrechtlichem Ergebnis aus.[226]

In manchen Geschäftsberichten deutscher internationaler Konzerne wird die ausgewiesene, aus gezahlten, zurückgestellten und abgegrenzten Steuern aggregierte Steuerbelastung nicht als effektive, sondern als tatsächliche Steuerbelastung bezeichnet, während unter der effektiven Steuerbelastung die an das Finanzamt abzuführende oder zurückzustellende Steuerlast verstanden wird. Wenngleich die Begriffe ,tatsächlich' und ,effektiv' semantisch inhaltsgleich sind, ist die in der vorliegenden Arbeit verwendete Terminologie für die Betrachtung der Konzernsteuerquote zweckmäßiger. Denn versteht man unter der ,effektiven Steuerbelastung' die Summe aus tatsächlichen und latenten Steuern, wird, da die effektive Steuerbelastung Beobachtungsgröße der Konzernsteuerquote ist, die inhaltliche Übereinstimmung des deutschen Begriffs ,Konzernsteuerquote' mit der englischen Bezeichnung ,*effective tax rate*' deutlich. Die Summe aus gezahlten und zurückgestellten Ertragsteuern wird dann als ,tatsächliche Steuerbelastung' bezeichnet.

II. Einbezogene Steuerarten

Der ,effektive Steueraufwand' als Beobachtungsgröße der Konzernsteuerquote, der zur Bezugsgröße ,Konzernergebnis vor Steuern' ins Verhältnis gesetzt wird, umfasst definitionsgemäß nur den effektiven Aufwand für Steuern vom Einkommen und vom Ertrag.[227] Dies ist sachgerecht, da nur die Steuern vom Einkommen und vom Ertrag mit der Größe ,Konzernergebnis vor Steuern' in einem sachlichen Zusammenhang im Sinne einer proportionalen Ab-

---

224 Vgl. zu Umfang und einer ausführlichen Darstellung der latenten Steuern als wesentliches Element des effektiven Steueraufwands die Abschnitte B.III und B.IV ab Seite 51.

225 Diese Terminologie verwenden auch *Haag/Rotz*, IAS 12, ST 1998, S. 797; *Kuhn/Röthlisberger/Niggli*, Konzernsteuerbelastung, ST 2003, S. 636 ff.; *Ballwieser*, in: *Ballwieser et al.*, WILEY-Kommentar, 2004, Abschnitt 15, Tz. 13; *Spengel*, Konzernsteuerquoten, in: *Oestreicher* (Hrsg.), Steuerplanung, 2004, S. 94 f.; sowie bereits *Cotting*, Analyse, ST 1995, S. 792.

226 Vgl. *Herzig/Dempfle*, Konzernsteuerquote, DB 2002, S. 1.

227 Vgl. nur *Spengel*, Konzernsteuerquoten, in: *Oestreicher* (Hrsg.), Steuerplanung, 2004, S. 92.

hängigkeit voneinander stehen können. Dieser sachliche Zusammenhang ist durch die Abschaffung des körperschaftsteuerlichen Anrechnungsverfahrens wesentlich verstärkt worden, da die Höhe der Ertragsteuern seitdem nahezu ausschließlich von der Höhe des zu versteuernden Einkommens abhängt, während das Ausschüttungsverhalten und die Zusammensetzung des verwendbaren Eigenkapitals für die Belastung mit Steuern vom Einkommen und vom Ertrag nunmehr irrelevant sind.[228]

Sonstige Steuern, insbesondere Verkehrsteuern, Verbrauchsteuern, weitere Steuerarten und Zölle,[229] finden keinen Eingang in den zur Ermittlung der Konzernsteuerquote relevanten Steueraufwand.[230] Diese Abgrenzung ist notwendig, da die sonstigen Steuern als operativer Aufwand das Ergebnis vor Ertragsteuern als Bezugsgröße der Konzernsteuerquote bereits gemindert haben[231] und ihre Einbeziehung in die Beobachtungsgröße der Kennzahl somit nicht sachgerecht wäre. Eine im Grundsatz sinnvolle Erweiterung der Beobachtungs- und der Bezugsgröße um die sonstigen Steuern mit dem Ziel der Abbildung einer möglichst umfassenden Steuerlast in der Quantifikationsgröße Konzernsteuerquote scheitert an der für externe Abschlussinteressenten nicht immer erkennbaren Höhe der sonstigen Steuern. Die Vernachlässigung von Substanzsteuern in der Beobachtungsgröße ist geboten, da nach dem Vermögensteuerbeschluss des BVerfG[232] die Vermögensteuer in Deutschland seit dem 1.1.1997 nicht mehr erhoben wird[233] und auch die Gewerbekapitalsteuer zum 1.1.1998 als weitere ertragsunabhängige Steuer abgeschafft wurde[234].

Der effektive Steueraufwand des Konzerns setzt sich somit zusammen aus dem tatsächlichen und dem latenten Aufwand für die Ertragsteuern. In den tatsächlichen Ertragsteueraufwand des deutschen internationalen Konzerns, der neben den Steuerzahlungen auch die Zuführung zu den Steuerrückstellungen beinhaltet, gehen zunächst die auf der Basis steuerrechtlicher Bemessungsgrundlagen ermittelten inländischen Steuern vom Einkommen und vom Ertrag

---

228 Vgl. *Herzig/Dempfle*, Konzernsteuerquote, DB 2002, S. 1; *Herzig*, Bedeutung, in: *Wollmert et al.* (Hrsg.), FS Lück, 2003, S. 435; *Adrian*, Tax Reconciliation, 2005, S. 113.

229 Vgl. im Einzelnen z.B. *Adler/Düring/Schmaltz*, Kommentar, 6. Auflage, 1997, § 275 HGB, Tz. 197; *Coenenberg*, Jahresabschluss, 20. Auflage, 2005, S. 522.

230 Vgl. *Kröner/Benzel*, Konzernsteuerquote, in: *Kessler/Kröner/Köhler* (Hrsg.), Konzernsteuerrecht, 2004, § 15, Tz. 3; *KPMG*, Insights into IFRS, 2005/6 Edition, 2005, S. 629.

231 Vgl. Abschnitt A, Seite 33.

232 Bundesverfassungsgericht, Beschluss vom 22.6.1995, Az. 2 BvL 37/91, BStBl. II 1995, S. 655 ff.

233 Vgl. zur Diskussion der unmittelbaren Konsequenzen des Vermögensteuer-Beschlusses z.B. *Rose*, Übermaß-Steuern, DB 1995, S. 2387 ff.; *Jachmann*, Konsequenzen, DStR 1996, S. 574 f.; *Niemann*, Vermögensteuerbeschluß, StB 1996, S. 61 ff. Formalrechtlich hat das Vermögensteuergesetz weiter Bestand, jedoch ist der Vermögensteuerbeschluss des BVerfG als Unvereinbarkeitserklärung mit befristeter pro-futuro-Reformpflicht formuliert, so dass das Gesetz nach Verstreichen der Reformfrist zum 1.1.1997 per Richterentscheid außer Vollzug getreten ist, vgl. *Seer*, in: *Tipke/Lang*, Steuerrecht, 17. Auflage, 2002, § 13, Tz. 71; *Seer*, in: *Tipke/Lang*, Steuerrecht, 18. Auflage, 2005, § 13, Tz. 3.

234 Durch das Gesetz zur Fortsetzung der Unternehmenssteuerreform vom 29.10.1997, BGBl. I 1997, S. 2590 ff. Vgl. hierzu z.B. *Karthaus*, Abschaffung, DB 1997, S. 1887 f.

der Konzernobergesellschaft und der inländischen Konzernunternehmungen ein.[235] Die relevante tatsächliche Ertragsteuerbelastung der Periode umfasst zudem auch Steuererstattungen und Steueraufwendungen für Vorjahre sowie Erträge aus der Auflösung von Steuerrückstellungen.[236]

Zu den inländischen Ertragsteuern zählen die Körperschaftsteuer, der als Annexsteuer[237] auf die Körperschaftsteuer[238] erhobene Solidaritätszuschlag[239] und die Gewerbesteuer[240]. Bei der Gewerbesteuer wirken regionale Belastungsunterschiede, resultierend aus unterschiedlichen Gewerbesteuerhebesätzen,[241] auf die Konzernsteuerbelastung und damit auf die Konzernsteuerquote ein.[242] Während die Belastung mit Körperschaftsteuer und dem darauf erhobenen Solidaritätszuschlag einen konstanten Belastungsfaktor darstellt, ist die Bestimmung der gesamten steuerlichen Belastung deutscher Kapitalgesellschaften somit stets vom gewerbesteuerlichen Hebesatz abhängig. Berücksichtigt man die Abzugsfähigkeit der Gewerbesteuer von der körperschaftsteuerlichen Bemessungsgrundlage,[243] lässt sich die gesamte steuerliche Belastung einer deutschen Kapitalgesellschaft mit Körperschaftsteuer, Solidaritätszuschlag und Gewerbesteuer in Abhängigkeit vom gewerbesteuerlichen Hebesatz formal wie folgt darstellen:

235 Vgl. zum Umfang des latenten Steueraufwands die Ausführungen in Abschnitt B.IV ab Seite 59.

236 Die Größe ‚Steuern vom Einkommen und vom Ertrag' ist demnach eine Saldogröße, vgl. *Adler/Düring/Schmaltz*, Kommentar, 6. Auflage, 1997, § 275 HGB, Tz. 188; *Coenenberg*, Jahresabschluss, 20. Auflage, 2005, S. 405 f., 521 f.; *Förschle*, in: *Ellroth et al.*, Beck'scher Bilanz-Kommentar, 6. Auflage, 2006, § 275 HGB, Tz. 253 f.; *Förschle/Kroner*, in: *Ellroth et al.*, Beck'scher Bilanz-Kommentar, 6. Auflage, 2006, § 275 HGB, Tz. 347.

237 Vgl. *Lang*, in: *Tipke/Lang*, Steuerrecht, 18. Auflage, 2005, § 8, Tz. 36; *Reden*, in: *Littmann/Bitz/Pust*, EStG, 15. Auflage, 1988, §§ 1-5 SolZG, Tz. 4.

238 Vgl. *Hey*, in: *Tipke/Lang*, Steuerrecht, 18. Auflage, 2005, § 11, Tz. 112.

239 SolZG 1995 vom 15.10.2002, BGBl. I 2002, S. 4130.

240 Vgl. zur Einbeziehung der Gewerbesteuer nur DaimlerChrysler AG, Geschäftsbericht 2001, S. 90; Deutsche Bank AG, Geschäftsbericht 2001, S. 146.

241 Die tatsächlichen Gewerbesteuerhebesätze liegen im Jahr 2005 in den deutschen Gemeinden mit 50.000 und mehr Einwohnern zwischen 340% in der Stadt Rüsselsheim und 490% in den Städten Bottrop, Frankfurt am Main und München vgl. *Beland*, Realsteuerhebesätze 2005, in: *Institut „Finanzen und Steuern" e.V.* (Hrsg.), IFSt-Schrift 434, 2005, S. 50 ff.

242 Vgl. zum Einfluss von Hebesatzdifferenzen bei der Gewerbesteuer auf die Steuerbelastung der Unternehmen *Behrendt*, Standortentscheidung, StB 1996, S. 296 ff.

243 Die Gewerbesteuer mindert durch ihren Charakter als Betriebsausgabe im Sinne des § 8 Abs. 1 KStG i.V.m. § 4 Abs. 4 EStG die Bemessungsgrundlage der Körperschaftsteuer, des Solidaritätszuschlags und führt damit zu einer Verminderung der Gewerbesteuer selbst, vgl. *Sarrazin*, in: *Lenski/Steinberg*, Gewerbesteuergesetz, 9. Auflage, 1995, § 1 GewStG, Tz. 6; *Güroff*, in: *Glanegger/Güroff*, GewStG, 6. Auflage, 2006, § 1 GewStG, Tz. 15.

$$s_H^{ges} = s^{KSt} \cdot \left(1 - s_H^{GewSt\,nom}\right) + s^{SolZ} \cdot s^{KSt} \cdot \left(1 - s_H^{GewSt\,nom}\right) + s_H^{GewSt\,nom}$$

$$= s^{KSt} \cdot \left(1 + s^{SolZ}\right) \cdot \left(1 - s_H^{GewSt\,nom}\right) + s_H^{GewSt\,nom}$$

mit:

s_H^{ges} = Gesamtbelastungssatz deutscher Kapitalgesellschaften mit Körperschaftsteuer, Solidaritätszuschlag und Gewerbesteuer in Abhängigkeit vom gewerbesteuerlichen Hebesatz

s^{KSt} = Körperschaftsteuersatz

$s_H^{GewSt\,nom}$ = Nomineller Belastungssatz[244] deutscher Kapitalgesellschaften mit Gewerbesteuer in Abhängigkeit vom gewerbesteuerlichen Hebesatz

s^{SolZ} = Solidaritätszuschlagssatz

Gleichung 4: Steuerliche Gesamtbelastung deutscher Kapitalgesellschaften mit Körperschaftsteuer, Solidaritätszuschlag und Gewerbesteuer

Weiterhin gilt:

$$s_H^{GewSt\,nom} = \frac{m \cdot H}{1 + m \cdot H}$$

mit:

m = Gewerbesteuermesszahl

H = Gewerbesteuerlicher Hebesatz

Gleichung 5: Nomineller Gewerbesteuerfaktor[245]

Setzt man Gleichung 5 in Gleichung 4 ein, ergibt sich folgende formale Darstellung:

$$s_H^{ges} = s^{KSt} \cdot \left(1 + s^{SolZ}\right) \cdot \left(1 - \frac{m \cdot H}{1 + m \cdot H}\right) + \frac{m \cdot H}{1 + m \cdot H}$$

Wendet man die zur Zeit geltenden Sätze von 25% für die Körperschaftsteuer[246], 5,5% für den Solidaritätszuschlag[247] und 5% für die Gewerbesteuermesszahl[248] an, resultiert:

---

244 Der nominelle Belastungssatz der Gewerbesteuer berücksichtigt die Abzugsfähigkeit der Gewerbesteuer von ihrer eigenen Bemessungsgrundlage.

245 Vgl. zur Herleitung des nominellen Gewerbesteuerfaktors, der die Abzugsfähigkeit der Gewerbesteuer von ihrer eigenen Bemessungsgrundlage berücksichtigt, *Rose*, Steuerlehre, 3. Auflage, 1992, S. 48; *Rose*, Ertragsteuern, 18. Auflage, 2004, S. 236 f.

246 Gemäß § 23 Abs. 1 KStG. Für den Veranlagungszeitraum 2003 war ein Steuersatz von 26,5% anzuwenden, vgl. Flutopfersolidaritätsgesetz vom 19.9.2002, BGBl. I 2002, S. 3651.

247 Gemäß § 4 S. 1 SolZG.

248 Gemäß § 11 Abs. 2 Nr. 2 GewStG.

$$s_H^{ges} = 0{,}26735 \cdot \left(1 - \frac{0{,}05 \cdot H}{1 + 0{,}05 \cdot H}\right) + \frac{0{,}05 \cdot H}{1 + 0{,}05 \cdot H}$$

$$= 0{,}26735 - 0{,}26735 \cdot \frac{0{,}05 \cdot H}{1 + 0{,}05 \cdot H} + \frac{0{,}05 \cdot H}{1 + 0{,}05 \cdot H}$$

$$= 0{,}26375 + 0{,}73625 \cdot \frac{0{,}05 \cdot H}{1 + 0{,}05 \cdot H}$$

Gleichung 6: Steuerliche Gesamtbelastung deutscher Kapitalgesellschaften in Abhängigkeit vom gewerbesteuerlichen Hebesatz

In aller Regel wird das Ergebnis der Unternehmung in mehreren, in verschiedenen Gemeinden ansässigen, Konzernbetriebsteilen erwirtschaftet, die verschiedenen gewerbesteuerlichen Hebesätzen unterliegen können. Bei einem für Vergleichszwecke häufig verwendeten durchschnittlichen Hebesatz von 400% beträgt die gesamte steuerliche Belastung einer deutschen Kapitalgesellschaft somit 38,65%:[249]

$$s_{400}^{ges} = 0{,}26375 + 0{,}73625 \cdot \frac{0{,}05 \cdot 4}{1 + 0{,}05 \cdot 4} = 38{,}65\%$$

Neben der inländischen Ertragsteuerbelastung gehen auch die Ertragsteuern der ausländischen Konzernunternehmungen in die Bemessung der tatsächlichen Steuerbelastung des deutschen internationalen Konzerns ein.[250] Die Ermittlung der insgesamt im Konzern angefallenen Ertragsteuerbelastung erfolgt durch Addition der in den jeweiligen Sitzstaaten aller Konzernunternehmen entstandenen und in den Einzelabschlüssen der Konzernobergesellschaft und der Konzernunternehmungen ausgewiesenen Steuerbelastungen.[251] Aus der Bestimmung der Konzernsteuerbelastung durch Aggregation wird deutlich, dass sich neben den regionalen Unterschieden in den Gewerbesteuerbelastungen auch die nationalen Besteuerungsunterschiede, die aus den verschiedenen gesetzlichen Steuersätzen und Einkommensermittlungsvorschriften der Sitzstaaten der Konzernunternehmungen resultieren, auf die Steuerbelastung des Konzerns auswirken.[252] Zur Beeinflussung der Konzernsteuerquote drängt sich die aktive Nutzung dieser regionalen und internationalen Steuerbelastungsunterschiede quasi auf.[253]

249 Im Veranlagungszeitraum 2003 betrug die steuerliche Gesamtbelastung aufgrund des erhöhten Körperschaftsteuersatzes von 26,5% insgesamt 39,96%.

250 Vgl. nur *Adler/Düring/Schmaltz*, Kommentar, 6. Auflage, 1997, § 275 HGB, Tz. 185; *Müller*, Konzernsteuerquote, DStR 2002, S. 1684; *Herzig*, Gestaltung, WPg 2003, Sonderheft, S. S 82; *Adrian*, Tax Reconciliation, 2005, S. 66.

251 Vgl. *Spengel/Lammersen*, Messung, StuW 2001, S. 224; *Walter*, Ertragsteuern, in: *Löw* (Hrsg.), Rechnungslegung, 2003, S. 522; *Baetge/Kirsch/Thiele*, Konzernbilanzen, 7. Auflage, 2004, S. 342 f.; *Coenenberg*, Jahresabschluss, 20. Auflage, 2005, S. 709.

252 Da aus deutscher Sicht im Verhältnis zu den meisten Industriestaaten ein internationales Steuergefälle besteht, profitieren deutsche internationale Konzerne hiervon und weisen tendenziell bereits ohne eine aktive Beeinflussung eine niedrigere Konzernsteuerquote aus als eher standortgebundene mittelständische Konzerne, die überwiegend in Deutschland tätig sind, vgl. *BPV Baetge & Partner GmbH & Co. Verfahrens-*

Der Verzicht auf die Einbeziehung der Kostensteuern[254] in die Konzernsteuerquote kann, vergleichbar mit der Nichtberücksichtigung der Steuern auf außerordentliche Ergebnisbestandteile in die Konzernsteuerquote nach US-GAAP, für die Konzernsteuerpolitik eine negative Anreizwirkung entfalten. Denn unbestritten besteht aus Gesichtspunkten der Kostenminimierung die Notwendigkeit, Lieferungs- und Leistungsbeziehungen auch umsatzsteuerlich und zollrechtlich zu optimieren.[255] Da die Beeinflussung der Kostensteuern aber keine Auswirkungen auf die Konzernsteuerquote hat, besteht bei einer eindimensionalen Ausrichtung der Konzernsteuerpolitik an der Quote die Gefahr, die Kostensteuern zu vernachlässigen, obwohl sie für den Konzern typischerweise eine erhebliche Belastung darstellen.[256] Ebenfalls nicht berücksichtigt werden die noch erhobenen Steuern vom Vermögen, z.B. Grund-, Erbschaft- und Schenkungsteuer, sowie Steuern, die als Anschaffungsnebenkosten aktiviert werden, z.B. die Grunderwerbsteuer.[257]

III. Tatsächliche und latente Steuern

Wie im Rahmen der begrifflichen Abgrenzung des Terminus 'effektiver Steueraufwand' bereits dargestellt, ist zur Ermittlung einer aussagekräftigen Kennzahl Konzernsteuerquote die Einbeziehung alleine der tatsächlichen Steuern des deutschen internationalen Konzerns nicht ausreichend, da diese nicht die effektive Steuerbelastung im Sinne einer wirklichen Belastung des Jahresergebnisses mit Steuern widerspiegeln. Dies liegt darin begründet, dass der tatsächliche Steueraufwand der Berichtsperiode zwar im handelsrechtlichen Jahresabschluss ausgewiesen wird, dessen Ermittlung aber auf der Grundlage einer steuerrechtlichen Bemessungsgrundlage erfolgt, die aus der Steuerbilanz der Unternehmung durch weitere steuerrechtliche Korrekturen entwickelt wird.

Jedoch sind schon Handels- und Steuerbilanz nicht identisch,[258] so dass der tatsächliche Steueraufwand keinen zwingenden Bezug zum handelsrechtlichen Ergebnis vor Steuern hat. So geht insbesondere durch steuergestalterische Maßnahmen mit dem Ziel der Steuerbarwertminimierung und durch bilanzpolitische Maßnahmen der Zusammenhang zwischen dem in der

---

entwicklung KG, Steuerlast, Studie 1997, S. 1 f., 55 f.; *Jacobs/Spengel*, Steuerbelastung, online im Internet, S. 2; *Bundesamt für Finanzen*, Steuern im internationalen Vergleich, 2004, S. 8 f.

253 Vgl. *Herzig*, Gestaltung, WPg 2003, Sonderheft, S. S 82.

254 Vgl. zum Kostencharakter der sonstigen Steuern *Schweitzer/Küpper*, Kostenrechnung, 8. Auflage, 2003, S. 114. Zu einer Differenzierung der üblicherweise bei betrieblicher Betätigung anfallenden Steuern in Aufwand-, Privat- und durchlaufende Steuern *Eisele*, Technik, 7. Auflage, 2002, S. 272 ff.

255 Vgl. *Möller/Bartl*, Konzernstruktur, in: *Oestreicher* (Hrsg.), Verrechnungspreise, 2003, S. 279.

256 Vgl. *Herzig*, Gestaltung, WPg 2003, Sonderheft, S. S 82 ff., S 92; *Endres*, Konzernsteuerquote, in: *Oestreicher* (Hrsg.), Steuerplanung, 2004, S. 185; *Kröner/Benzel*, Konzernsteuerquote, in: *Kessler/Kröner/Köhler* (Hrsg.), Konzernsteuerrecht, 2004, § 15, Tz. 3. Vgl. zur Vernachlässigung der Position „sonstige Steuern" schon *Herzig/Dempfle*, Konzernsteuerquote, DB 2002, S. 1.

257 Vgl. *Coenenberg*, Jahresabschluss, 20. Auflage, 2005, S. 522.

258 Vielmehr existieren bedeutende Abweichungen der Handels- von der Steuerbilanz, vgl. *Coenenberg/Hille*, Latente Steuern, DBW 1979, S. 602; *Harms/Küting*, Bilanzierungsprobleme, ZfB 1979, S. 895 f.

Handelsbilanz einer Unternehmung ausgewiesenen Ergebnis vor Steuern und dem gezahlten und zurückgestellten Steueraufwand verloren.[259] Im Extremfall ist es möglich, dass in der Gewinn- und Verlustrechnung der Unternehmung ein positives Ergebnis ausgewiesen ist, laut Jahresabschluss aber kein ertragsabhängiger Steueraufwand angefallen ist oder sogar eine Steuererstattung stattgefunden hat.[260]

Das Auseinanderklaffen der beiden Rechenwerke ‚Handelsbilanz' und ‚Steuerbilanz' wird dadurch verstärkt, dass der Grundsatz der Maßgeblichkeit in der deutschen Rechnungslegung zunehmend an Bedeutung verliert und die beiden Bilanzen immer mehr voneinander abweichen.[261] Diese Tendenz wird sich mit der in Deutschland seit der Übernahme der Wahlrechte der IAS-Verordnung durch das Bilanzrechtsreformgesetz[262] möglichen Anwendung der IAS/IFRS auch im Einzelabschluss[263] und der langfristig vermutlich ganz entfallenden Maßgeblichkeit[264] noch weiter verstärken.[265] Der tatsächliche Steueraufwand verliert daher immer mehr den Zusammenhang zum Ergebnis der Handelsbilanz.[266]

---

259 Vgl. *Schneeloch*, Latente Steuern, in: *Wittmann et al.* (Hrsg.), HWR, 3. Auflage, 1993, S. 1341 f. Vgl. zur Bilanzpolitik auf der Basis von IAS *Meyer/Meisenbacher*, Bilanzpolitik, DStR 2004, S. 567 ff.

260 Et vice versa, vgl. *Küting/Weber*, Konzernabschluss, 9. Auflage, 2005, S. 165. So steht beispielsweise bei der Bayerischen HVB im Jahr 2004 einem Verlust von 1.781 Mio. € ein tatsächlicher Ertragsteueraufwand von 210 Mio. € gegenüber, vgl. Bayerische Hypo- und Vereinsbank AG, Geschäftsbericht 2004, S. 138.

261 Die Trennung von handels- und steuerrechtlicher Rechnungslegung wird vom Gesetzgeber seit dem Steuerentlastungsgesetz 1999/2000/2002 bewusst vorgenommen, vgl. StEntlG vom 24.3.1999, BGBl. I 1999, S. 402; *Arbeitskreis Externe Unternehmensrechnung der Schmalenbach-Gesellschaft für Betriebswirtschaft e.V.*, Einfluss, DB 2000, S. 681.

262 BilReG vom 4.12.2004, BGBl. I 2004, S. 3166.

263 Die in der IAS-Verordnung enthaltenen Mitgliedstaatenwahlrechte im Hinblick auf den Einzelabschluss und auf nicht kapitalmarktorientierte Unternehmen sind in Deutschland im Sinne einer fakultativen Übernahme der IAS auch in den Einzelabschluss genutzt worden, jedoch ausschließlich auf Informationszwecke begrenzt, vgl. *Bundesministerium der Justiz*, Anlegerschutz und Unternehmensintegrität, online im Internet; BilReG vom 4.12.2004, BGBl. I 2004, S. 3172, Artikel 1, Abs. 29. Vgl. zu den Plänen der Übernahme und den Argumenten dafür und dagegen *Ernst*, Zeitwertbilanzierung, WPg 2001, S. 245; *Niehus*, Einzelabschlüsse, WPg 2001, S. 740 f.; *Böcking*, IAS, WPg 2001, S. 1435 ff.; *Ernst*, Bilanzrecht, WPg 2001, S. 1443 f.; *Arbeitskreis Externe Unternehmensrechnung der Schmalenbach-Gesellschaft für Betriebswirtschaft e.V.*, Rechnungslegung, DB 2001, S. 160 f.; *Peemöller/Spanier/Weller*, Internationalisierung, BB 2002, S. 1799 ff.; *Hüttche*, Mittelstand, BB 2002, S. 1804 ff.; *Zabel*, Einzelabschluss, WPg 2002, S. 919 ff.; *Böcking*, Einzelabschluss, WPg 2002, S. 925 ff.; *Kahle*, Maßgeblichkeitsgrundsatz, WPg 2002, S. 178 ff.; *Ernst*, Internationalisierung der Rechnungslegung, in: *Herzig/Günkel/Niemann* (Hrsg.), StbJb 2002/2003, 2003, S. 229 ff.; *Kahle*, Zukunft, WPg 2003, S. 262 ff.; *Kirsch*, Umsetzung, WPg 2003, S. 275 ff.; *Jebens*, Mittelstand, DB 2003, S. 2345; *Prinz*, Umsetzung, DStR 2003, S. 1359 ff.; *Herzig/Gellrich/Jensen-Nissen*, Gewinnermittlung, BFuP 2004, S. 550 f., dort insbesondere Fn. 3; *Wehrheim/Lenz*, Einfluss, StuB 2005, S. 455.

264 Vgl. *Herzig*, Maßgeblichkeitsprinzip, in: *Küting/Weber* (Hrsg.), Konzernführung, 2000, S. 85; *Buchholz/Weis*, Maßgeblichkeitsprinzip, DStR 2002, S. 512 ff. und 559 ff.; *Rabeneck/Reichert*, Latente Steuern, DStR 2002, S. 1416; *Herzig*, Bedeutung, in: *Wollmert et al.* (Hrsg.), FS Lück, 2003, S. 435 f.; *Herzig/Bär*, Gewinnermittlung, DB 2003, S. 1 ff.; *Herzig*, Gewinnermittlung, 2004, S. 28 ff.; diesen zusammenfassend *Bohl*, Gewinnermittlung, DB 2004, S. 2381; *Herzig/Gellrich/Jensen-Nissen*, Gewinnermittlung, BFuP 2004, S. 555 f., 570; *Wehrheim/Lenz*, Einfluss, StuB 2005, S. 459; *Herzig et al.*, Fluchtweg, FAZ Nr. 181 vom 6.8.2005, S. 13; *Jensen-Nissen/Lochmann*, Maßgeblichkeit, StuB 2006, S. 313.

265 Vgl. *Rabeneck/Reichert*, Latente Steuern, DStR 2002, S. 1416; *Herzig*, Bedeutung, in: *Wollmert et al.* (Hrsg.), FS Lück, 2003, S. 435 f.; *Wehrheim/Adrian*, Steuerabgrenzung, WPg 2003, S. 1058.

266 Vgl. *Pellens*, Internationale Rechnungslegung, 4. Auflage, 2001, S. 254; *Coenenberg*, Jahresabschluss, 20. Auflage, 2005, S. 431.

Um diesem Umstand Rechnung zu tragen und in der Handelsbilanz eine funktionale Relation zwischen dem Ergebnis und der Steuerbelastung[267] herzustellen, müssen seit der Transformation der 4. und der 7. EG-Richtlinie[268] durch das Bilanzrichtlinien-Gesetz[269] auch im deutschen handelsrechtlichen Jahresabschluss latente Steuern gebildet werden.[270] Insbesondere in den USA ist die Berücksichtigung latenter Steuern bereits seit Mitte der 1960er Jahre üblich[271] und nicht zuletzt aufgrund dieser längeren Übung und Erfahrung auch wesentlich sachgerechter als nach den Vorschriften der GoB.[272]

Die Abbildung der die Unternehmung in der Berichtsperiode effektiv belastenden Steuern wird in Deutschland somit als die Hauptaufgabe der Bilanzierung latenter Steuern angesehen.[273] Hierzu ist eine fiktive Steuerbelastung zu ermitteln, die bei der Besteuerung eines nach Handelsrecht beurteilten Sachverhaltes angefallen wäre. Weicht die so ermittelte fiktive Steuer von den auf Grundlage steuerrechtlicher Vorschriften angefallenen tatsächlichen Steuerzahlungen und Steuerrückstellungen ab, ist diese Differenz mit Hilfe des Instrumentes

---

267 Ziel der *interperiod tax allocation*, vgl. hierzu ausführlich *Karrenbrock*, Latente Steuern, 1991, S. 83 ff.; *Coenenberg*, Jahresabschluss, 20. Auflage, 2005, S. 442.

268 Vgl. zur Diskussion der Einführung latenter Steuern durch die beiden Richtlinien *Coenenberg/Hille*, Latente Steuern, DBW 1979, S. 601 ff.; *Harms/Küting*, Bilanzierungsprobleme, ZfB 1979, S. 891 ff.

269 BiRiLiG vom 19.12.1985, BGBl. I 1985, S. 2355.

270 Bis zu diesem Zeitpunkt existierte keine spezielle Vorschrift zur Bilanzierung latenter Steuern, vgl. *Coenenberg/Hille*, Einzelabschluß, in: *Coenenberg/Wysocki* (Hrsg.), HWRev, 2. Auflage, 1992, S. 1211 f.; *Baumann*, in: *Küting/Weber*, HB der Rechnungslegung, 4. Auflage, 1995, § 274 HGB, Tz. 1.

271 Vgl. insbesondere *Black*, Interperiod Allocation, 1966. Eine erste Regelung, die die Notwendigkeit der Steuerabgrenzung aufgriff, wurde in den USA bereits im Jahr 1942 eingeführt, führte aber aufgrund eines noch stark eingeschränkten Anwendungsbereiches zu Inkonsistenzen in der Behandlung vergleichbarer Sachverhalte. Vgl. zur geschichtlichen Entwicklung der Vorschriften zur Bilanzierung von Ertragsteuern in den USA ausführlich *Schäffeler*, Latente Steuern, 2000, S. 37 ff.

272 Vgl. *Coenenberg/Hille*, Latente Steuern, DBW 1979, S. 602; *Weyand*, Bilanzierung, DB 1986, S. 1185; *Baumann*, in: *Küting/Weber*, HB der Rechnungslegung, 4. Auflage, 1995, § 274 HGB, Tz. 1.

273 Diese periodengerechte Erfolgsermittlung hat ihre Ursache in einer dynamischen Betrachtungsweise, die der dynamischen Bilanz *Schmalenbachs* zugrundeliegt. Eine weitere Aufgabe der latenten Steuerabgrenzung besteht im Rahmen einer statischen Betrachtungsweise im vollständigen Ausweis der Vermögenslage des Unternehmens. Aus § 274 HGB geht nicht eindeutig hervor, welcher der beiden Aufgaben Priorität beizumessen ist. Allerdings tendiert das Schrifttum dazu, die Hauptaufgabe der latenten Steuerabgrenzung in Deutschland in der sachlich richtigen, d.h. periodengerechten, Erfolgsermittlung zu sehen mit dem Ziel, eine Kongruenz zwischen dem in der Handelsbilanz veröffentlichten Erfolg und den ebenfalls dort ausgewiesenen, aber in der Steuerbilanz ermittelten, erfolgsabhängigen Steuern herzustellen. Vgl. *Schmalenbach*, Dynamische Bilanz, 13. Auflage, 1962, S. 57 ff.; *Coenenberg/Hille*, Latente Steuern, DBW 1979, S. 601, 602; *Harms/Küting*, Bilanzierungsprobleme, ZfB 1979, S. 892; *Siegel*, Entwurf, BB 1984, S. 1909 ff.; *Weyand*, Bilanzierung, DB 1986, S. 1187 ff.; *Langermeier*, Verlustsituationen, DStR 1992, S. 764; *Adler/Düring/Schmaltz*, Kommentar, 6. Auflage, 1997, § 274 HGB, Tz. 11 f.; *Ballwieser*, Bilanztheorie, in: *Bertl et al.* (Hrsg.), Erfolgsabgrenzungen, 2001, S. 18 f.; *Pellens*, Internationale Rechnungslegung, 4. Auflage, 2001, S. 254; *Schmidbauer*, Bilanzierung, DB 2001, S. 1569-1576; *Eberhartinger*, in: *Baetge/Kirsch/Thiele*, Bilanzrecht, 2002, § 274 HGB, Tz. 2; *Euler*, Latente Steuern, in: *Ballwieser/Coenenberg/Wysocki* (Hrsg.), HWRP, 3. Auflage, 2002, S. 1464; *Karrenbrock*, in: *Wysocki et al.*, HdJ, 1984, Abt. I/13 (3. Neubearb. 2002), Tz. 25; *Küting/Weber*, Bilanzanalyse, 7. Auflage, 2004, S. 65 f.; *Baetge/Kirsch/Thiele*, Konzernbilanzen, 7. Auflage, 2004, S. 474 ff.; *Baetge/Kirsch/Thiele*, Bilanzen, 8. Auflage, 2005, S. 551 f.; *Coenenberg*, Jahresabschluss, 20. Auflage, 2005, S. 430 ff., insb. S. 447; *Küting/Weber*, Konzernabschluss, 9. Auflage, 2005, S. 163 ff.

'latente Steuern' in der Handelsbilanz auszuweisen.[274] Hierdurch wird der sachgerechte Zusammenhang zwischen dem Steueraufwand und dem handelsbilanziellen Ergebnis der Unternehmung hergestellt.[275] In der Handelsbilanz soll jedenfalls näherungsweise der Steueraufwand ausgewiesen werden, der sich bei einer Besteuerung des handelsrechtlichen Ergebnisses ergäbe.[276]

1. Latente Steuern im Konzernabschluss und in der Konzernsteuerquote

Konzernspezifische Steuerlatenzen haben ihre Ursache in erster Linie darin, dass sich die tatsächliche Steuerbelastung des Konzerns aufgrund eines fehlenden Konzernsteuerrechts[277] durch bloße Addition der nur wenig modifizierten tatsächlichen Steueraufwendungen der Konzernunternehmungen ergibt,[278] während das Konzernergebnis nicht die Summe der Einzelerfolge ist, sondern im Rahmen der Konsolidierung einer ganzen Reihe von Modifikationen unterliegt.[279] Noch bevor diese ausschließlich bei konzerngebundenen Unternehmungen anfallenden Steuerlatenzen gemäß den jeweils anzuwendenden Rechnungslegungsnormen gebildet werden müssen, dienen latente Steuern, wie soeben dargestellt, bereits in den Einzelabschlüssen dazu, zeitliche Verwerfungen des Steuerausweises im Jahresabschluss, die lediglich aus Rechnungslegungskonventionen oder den Steuerbarwert betreffenden Steuergestaltungseffekten resultieren, zu vermeiden und den funktionalen Zusammenhang von Steueraufwand und Vorsteuerergebnis herzustellen. Gleichzeitig wird damit die Volatilität der ausgewiesenen effektiven Steuerbelastung begrenzt.[280] Insgesamt wird den latenten Steuern ein zu-

274 Soweit keine permanenten Differenzen zwischen den handelsrechtlichen und den steuerrechtlichen Wertansätzen vorliegen, vgl. *Coenenberg/Hille*, Latente Steuern, DBW 1979, S. 602 f., 610; *Harms/Küting*, Bilanzierungsprobleme, ZfB 1979, S. 891 f.; *Coenenberg/Hille*, Einzelabschluß, in: *Coenenberg/Wysocki* (Hrsg.), HWRev, 2. Auflage, 1992, S. 1209 f.; *Baumann*, in: *Küting/Weber*, HB der Rechnungslegung, 4. Auflage, 1995, § 274 HGB, Tz. 4; *Baetge/Kirsch/Thiele*, Konzernbilanzen, 7. Auflage, 2004, S. 475; *Küting/Weber*, Konzernabschluss, 9. Auflage, 2005, S. 167; *Baetge/Kirsch/Thiele*, Bilanzen, 8. Auflage, 2005, S. 543 ff.; *Coenenberg*, Jahresabschluss, 20. Auflage, 2005, S. 432, 438, 723.

275 Vgl. zu einem ausführlichen Beispiel Abschnitt B.III.2, Seiten 56 ff.

276 „Synchronisation des Ertragsteueraufwands mit dem Konzernjahresüberschuss", *Schmidbauer*, Bilanzierung, DB 2001, S. 1569. Vgl. schon *Harms/Küting*, Bilanzierungsprobleme, ZfB 1979, S. 892; sowie *Schruff*, Bilanzierung, in: *Baetge* (Hrsg.), Rechnungslegung, 2000, S. 102; *Pellens*, Internationale Rechnungslegung, 4. Auflage, 2001, S. 254; *Eberhartinger*, in: *Baetge/Kirsch/Thiele*, Bilanzrecht, 2002, § 274 HGB, Tz. 2; *Euler*, Latente Steuern, in: *Ballwieser/Coenenberg/Wysocki* (Hrsg.), HWRP, 3. Auflage, 2002, S. 1462; *Küting/Weber*, Konzernabschluss, 8. Auflage, 2003, S. 368; *Baetge/Kirsch/Thiele*, Bilanzen, 8. Auflage, 2005, S. 543.

277 Zu einem internationalen Vergleich der Besteuerung von Konzernen vgl. *Endres*, Group Taxation, Intertax 2003, S. 349 ff.

278 Dennoch ist es zutreffend, diese Steuerbelastung als das tatsächliche Element der Zählergröße der Konzernsteuerquote heranzuziehen, denn hierdurch wurde die wirtschaftliche Einheit 'Konzern' tatsächlich belastet, vgl. *Herzig*, Bedeutung, in: *Wollmert et al.* (Hrsg.), FS Lück, 2003, S. 440.

279 Vgl. *Schildbach*, Konzernabschluß, 6. Auflage, 2001, S. 363; *Müller*, Konzernsteuerquote, DStR 2002, S. 1686; sowie ausführlich *Küting/Weber*, Konzernabschluss, 8. Auflage, 2003, S. 368 ff.; *Coenenberg*, Jahresabschluss, 20. Auflage, 2005, S. 722.

280 Vgl. *Kröner*, Konzernsteuerquote, in: *Herzig* (Hrsg.), Organschaft, 2003, S. 564, 567; zugleich *Kröner/Benzel*, Konzernsteuerquote, in: *Kessler/Kröner/Köhler* (Hrsg.), Konzernsteuerrecht, 2004, § 15, Tz. 6, 12; *Adrian*, Tax Reconciliation, 2005, S. 107.

nehmend bedeutender Stellenwert innerhalb der Jahresabschlüsse deutscher internationaler Konzerne und bei deren Analyse zugemessen.[281]

An diese Konzeption knüpft die Konzernsteuerquote an. Als zuverlässige Maßgröße soll sie ebenfalls nicht durch sich im Zeitablauf umkehrende Effekte, ausgelöst durch steuergestalterische Maßnahmen oder Rechnungslegungsvorschriften, beeinflusst werden. Somit ist es unverzichtbar, die latenten Steuern auch bei der Ermittlung der Konzernsteuerquote zu berücksichtigen. Denn letztlich sind nicht nur die in der betreffenden Periode gezahlten und zurückgestellten Steuern für die Adressaten der Konzernsteuerquote von Interesse, sondern alle in der Periode verwirklichten Sachverhalte, die in der Berichtsperiode oder zu einem späteren Zeitpunkt zu Steuerfolgen führen werden, sollen in der Konzernsteuerquote abgebildet werden. Die Konzernsteuerquote soll diejenige Steuerbelastung widerspiegeln, die das handelsrechtliche Konzernjahresergebnis effektiv belastet.

Erst aus der umfassenden Berücksichtigung der latenten Steuern in der Konzernsteuerquote resultiert die große Aussagekraft der Kennzahl.[282] Dieser Zusammenhang wird besonders deutlich, wenn man sich vor Augen führt, dass der Anteil der absoluten Werte und damit der Einfluss der latenten Steueraufwendungen in der Konzernsteuerquote den der tatsächlichen Steueraufwendungen übersteigen kann.[283] Im Jahr 2002 übersteigt bei den DAX-30-Unternehmen beispielsweise die Summe der absoluten Werte ihrer latenten Steueraufwendungen die Summe der absoluten Wert ihrer tatsächlichen Steueraufwendungen um 240,5 Mio. €.[284] Ein besonders anschauliches Beispiel liefert die Infineon Technologies AG, die für das Jahr 1998 einen tatsächlichen Steueraufwand in Höhe von 20,89 Mio. € und einen latenten Steuerertrag von 928,04 Mio. € ausweist; ein Verhältnis von ca. 1:44.[285] Bei Vernachlässigung der latenten Steuern im Rahmen einer Analyse der steuerlichen Belastung der Konzerne wäre also nur eine stark eingeschränkte Sicht auf deren effektive Ertragsteuerbelastung möglich.

---

281 Vgl. *Herzig*, Bedeutung, in: *Wollmert et al.* (Hrsg.), FS Lück, 2003, S. 436; *Eisele/Mühlberger*, Kapitalkonsolidierung, in: *Döring/Kußmaul* (Hrsg.), FS Wöhe, 2004, S. 403 f.

282 So auch *Müller*, Konzernsteuerquote, DStR 2002, S. 1686.

283 Vgl. *Kröner*, Konzernsteuerquote, in: *Herzig* (Hrsg.), Organschaft, 2003, S. 565 f.; zugleich *Kröner/Benzel*, Konzernsteuerquote, in: *Kessler/Kröner/Köhler* (Hrsg.), Konzernsteuerrecht, 2004, § 15, Tz. 8 (6), 10. Insgesamt ist der Einfluss latenter Steuern auf die Gewinn- und Verlustrechnung der Unternehmen erheblich, vgl. *Küting/Zwirner*, Unternehmenspraxis, WPg 2003, S. 301 ff.; *Küting/Zwirner*, Bedeutung, BB 2005, S. 1553 ff. So machte bei den zum 31.10.2002 im DAX-30 notierten Unternehmen der Anteil des latenten Steuerertrages im Durchschnitt 56% des ausgewiesenen Jahresergebnisses aus. Zum Teil beträgt der Anteil des latenten Steuerertrages am Ergebnis aber auch weit mehr als 100%, im Geschäftsjahr 2001 z.B. 489% bei der Commerzbank AG und 533% bei der Münchener Rückversicherungs-Gesellschaft AG, vgl. *Küting/ Zwirner*, Unternehmenspraxis, WPg 2003, S. 308 f. Zur Kritik an dieser Praxis vgl. *Langer/Blaum*, Ertragsteuern, DStR 1995, S. 902; *Rogler*, Jahresabschluß, BFuP 2001, S. 419.

284 Die Summe der absoluten Werte der tatsächlichen Steuern beträgt 13.458,85 Mio. €, die der latenten Steuern 13.699,35 Mio. €.

285 Vgl. Infineon Technologies AG, Konzern-JA 1999/2000, S. 40. Weitere Beispiele: Deutsche Lufthansa AG, Geschäftsbericht 2004, S. 150, Verhältnis tatsächlicher zu latenten Steuern 1:18; Deutsche Post AG, Geschäftsbericht 2000, S. 98, Verhältnis ca. 1:12; Deutsche Lufthansa AG, Geschäftsbericht 2001, S. 94, Verhältnis ca. 1:12; Deutsche Telekom AG, Geschäftsbericht 2002, S. 148, Verhältnis ca. 1:10.

2. Kompensatorischer Effekt latenter Steuern

Die Nivellierung von sich im Zeitablauf umkehrenden Effekten durch latente Steuern wird als ‚kompensatorischer Effekt latenter Steuern' bezeichnet.[286] Da dieser kompensatorische Effekt nicht nur für die Aussagekraft, sondern insbesondere auch für die Gestaltung der Konzernsteuerquote von besonderer Bedeutung ist, soll dieser anhand eines Beispiels verdeutlicht werden.[287]

• handels- und steuerrechtliche Anschaffungskosten eines Vermögensgegenstandes bzw. Wirtschaftguts	5.600 GE
• handelsrechtliche Nutzungsdauer	7 Jahre
d.h. Abschreibungsbeträge in Höhe von	800 GE
• steuerrechtliche Nutzungsdauer	4 Jahre
d.h. Beträge der Absetzung für Abnutzung (AfA) in Höhe von	1.400 GE
• Jahresüberschuss vor Abschreibungen und Steuer	4.000 GE
• gesetzlicher Steuersatz	25%

Klassische Steuerbilanzpolitik[288] mit dem Ziel der Steuerbarwertminimierung konzentriert sich in erster Linie auf das Ausnutzen steuerlicher Bilanzierungs- und Bewertungswahlrechte, beispielsweise durch die Wahl einer möglichst kurzen steuerlichen Nutzungsdauer oder des höchstzulässigen Satzes der steuerlichen Absetzung für Abnutzung. Dieses Vorgehen führt zu Stundungseffekten bei den tatsächlichen Steuern und zu den genannten Abweichungen der Steuerbilanz von der Handelsbilanz, wenn dort nach anderen Maßstäben abgeschrieben wird. Würde allein die tatsächliche Besteuerung als Beobachtungsgröße der Konzernsteuerquote herangezogen, würde dies zu einer zentralen Beeinträchtigung der Aussagekraft der Konzernsteuerquote und zu hoch volatilen Quoten im Zeitablauf führen. Abbildung 6 veranschaulicht für die angegebenen Daten[289] die Ermittlung des tatsächlichen Steueraufwands und des tatsächlichen Steuersatzes:

---

286 So als erste *Herzig/Dempfle*, Konzernsteuerquote, DB 2002, S. 3.

287 Vgl. zu diesem Beispiel *Herzig/Dempfle*, Konzernsteuerquote, DB 2002, S. 3 f.

288 Vgl. zur Steuerbilanzpolitik als Spezialfall betrieblicher Steuerpolitik *Wagenhofer*, Bilanzanalyse, 6. Auflage, 2000, S. 1. Vgl. auch die Nachweise in Fn. 56 auf Seite 11.

289 Zu ähnlichen Beispielen z.B. *Kirsch*, Konzernabschluss, 2. Auflage, 1997, S. 79 ff., 180 f.; *Wagenhofer*, Bilanzanalyse, 6. Auflage, 2000, S. 140 f.; *Adrian*, Tax Reconciliation, 2005, S. 107 f.; *Coenenberg*, Jahresabschluss, 20. Auflage, 2005, S. 438 ff.

	1	2	3	4	5	6	7
JÜ vor Abschreibung und Steuer	4.000	4.000	4.000	4.000	4.000	4.000	4.000
JÜ nach Abschreibung	3.200	3.200	3.200	3.200	3.200	3.200	3.200
z.v.E. nach AfA	2.600	2.600	2.600	2.600	4.000	4.000	4.000
Tatsächlicher Steueraufwand	**650**	**650**	**650**	**650**	**1.000**	**1.000**	**1.000**
Tatsächlicher Steuersatz in %	**20,31**	**20,31**	**20,31**	**20,31**	**31,25**	**31,25**	**31,25**

Abbildung 6: Kompensation tatsächlicher Steuereffekte durch latente Steuern (I)

Im Beispiel ist die steuerliche Nutzungsdauer des Wirtschaftsgutes kürzer als die handelsrechtliche Nutzungsdauer. Aufgrund der dadurch höheren steuerlichen Absetzungsbeträge kann der tatsächliche Steueraufwand während der steuerlichen Nutzungsdauer unter den Wert gesenkt werden, der sich bei einer Besteuerung des handelsrechtlichen Ergebnisses ergäbe. Dadurch ist der tatsächliche Steuersatz der Unternehmung, bezogen auf das Ergebnis nach handelsrechtlicher Abschreibung, während der steuerlichen Nutzungsdauer niedriger als der gesetzliche Steuersatz von 25%. Nach dem Ende der steuerlichen Nutzungsdauer entfällt die steuerliche Absetzung für Abnutzung, das Ergebnis unterliegt dann ungemindert der Besteuerung. Der tatsächliche Steuersatz der Unternehmung nimmt einen höheren als den gesetzlichen Wert an.

Gleichzeitig nimmt aufgrund der im Vergleich zur handelsrechtlichen Abschreibung höheren steuerlichen Absetzung für Abnutzung der Steuerbilanzwert des Wirtschaftsgutes schneller ab als dessen Buchwert in der Konzernbilanz. Diese temporäre Differenz der Buchwerte gleicht sich bis zum Ende der handelsrechtlichen Nutzungsdauer wieder aus. Aus diesem Grund ist in den Perioden bis zum Ende der steuerlichen Nutzungsdauer in Höhe der Steuer auf die Differenz zwischen den Ansätzen in Handels- und Steuerbilanz aufwandswirksam eine passive Steuerlatenz zu kumulieren.

Der kompensatorische Effekt des latenten Steueraufwands konterkariert in diesen Perioden die Minderung des tatsächlichen Steueraufwands in der Höhe, die auf die Differenz zwischen der steuerrechtlichen Absetzung für Abnutzung und der handelsrechtlichen Abschreibung entfällt. Dadurch wird der Stundungseffekt bei den tatsächlichen Steuern durch den gegenläufigen Ansatz latenter Steuern in der Handelsbilanz vollständig nivelliert[290] und der sachliche Zusammenhang zwischen dem Ergebnis vor Steuern und dem effektiven Steueraufwand hergestellt. Der in der Handelsbilanz ausgewiesene und zur Ermittlung der Konzernsteuerquote herangezogene effektive Steueraufwand bleibt somit konstant.

In den Perioden nach dem Wegfall der steuerlichen Absetzung für Abnutzung ist die passive Steuerlatenz erfolgswirksam aufzulösen. Der durch den Wegfall der steuerlichen Absetzung gestiegene tatsächliche Steueraufwand wird durch den aus der Auflösung der Steuerlatenz

[290] Jedenfalls solange der Ansatz latenter Steuern undiskontiert erfolgt, vgl. *Endres*, Konzernsteuerquote, in: *Oestreicher* (Hrsg.), Steuerplanung, 2004, S. 181 f., 185. Vgl. hierzu ausführlich die Abschnitte B.IV.2 ab Seite 62, B.IV.3 ab Seite 77 sowie B.IV.4 ab Seite 85.

resultierenden latenten Steuerertrag wieder vollständig kompensiert. Die effektive Steuerbelastung als Summe aus tatsächlicher und latenter Steuerbelastung bleibt über den gesamten Zeitraum konstant. Klassische Steuerbilanzpolitik ist für den effektiven Steueraufwand mithin bedeutungslos und damit für die Gestaltung der Konzernsteuerquote irrelevant. Die Konzernsteuerquote bleibt über den gesamten Zeitraum konstant. Abbildung 7 bildet die geschilderten Zusammenhänge ab:

	1	2	3	4	5	6	7
Konzernbuchwert	4.800	4.000	3.200	2.400	1.600	800	0
Steuerbilanzwert	4.200	2.800	1.400	0			
temporäre Differenz	600	1.200	1.800	2.400	1.600	800	0
JÜ vor Abschreibung und Steuern	4.000	4.000	4.000	4.000	4.000	4.000	4.000
JÜ nach Abschreibung	3.200	3.200	3.200	3.200	3.200	3.200	3.200
z.v.E. nach AfA	2.600	2.600	2.600	2.600	4.000	4.000	4.000
Passive Steuerlatenz	150	300	450	600	400	200	0
Latenter Steueraufwand	150	150	150	150			
Latenter Steuerertrag					200	200	200
Tatsächlicher Steueraufwand	650	650	650	650	1.000	1.000	1.000
Tatsächlicher Steuersatz in %	20,31	20,31	20,31	20,31	31,25	31,25	31,25
Effektiver Steueraufwand	**800**	**800**	**800**	**800**	**800**	**800**	**800**
Effektiver Steuersatz in %	**25**	**25**	**25**	**25**	**25**	**25**	**25**

Abbildung 7: Kompensation tatsächlicher Steuereffekte durch latente Steuern (II)
Quelle: In Anlehnung an *Herzig/Dempfle*, Konzernsteuerquote, DB 2002, S. 4.

Der effektive Steueraufwand als Summe aus tatsächlichem und latentem Steueraufwand stimmt, wenn sämtliche temporären Steuereffekte durch latente Steuern erfasst werden und keine weiteren Abweichungen vorliegen,[291] mit dem Aufwand überein, der sich aus der Multiplikation des handelsrechtlichen Ergebnisses mit dem anzuwendenden Steuersatz ergibt.[292] Er entspricht mithin einer fiktiven Besteuerung des handelsrechtlichen Ergebnisses und bleibt im Zeitablauf konstant.[293] Abbildung 8 setzt den kompensatorischen Effekt aus dem obigen Beispiel graphisch um:

291 Z.B. aus permanenten Differenzen zwischen der Handels- und der Steuerbilanz.

292 Da dies in praxi regelmäßig nicht der Fall ist, werden zusätzliche Erläuterungen in der Überleitungsrechnung notwendig, vgl. ausführlich Abschnitt A.I des 3. Kapitels, Seiten 134 ff.

293 Vgl. *Herzig/Dempfle*, Konzernsteuerquote, DB 2002, S. 4.

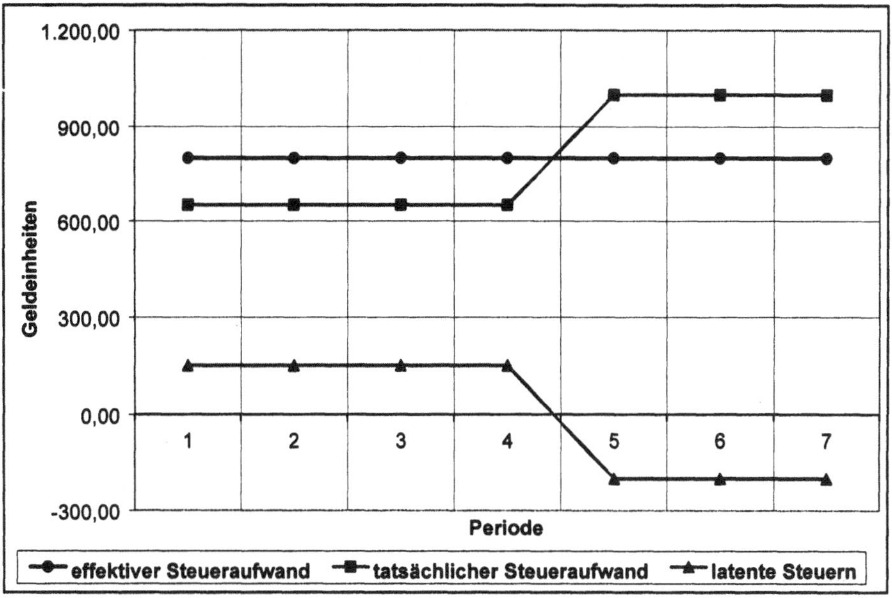

Abbildung 8: Kompensatorischer Effekt latenter Steuern

IV. Umfang der Steuerabgrenzung in den betrachteten Rechnungslegungssystemen

Wie gezeigt werden konnte, hängt aufgrund der Kompensation temporärer Steuereffekte durch die Abgrenzung latenter Steuern die Aussagekraft der Konzernsteuerquote ganz entscheidend vom Umfang der Steuerlatenzen in der Größe ‚effektiver Steueraufwand' ab.[294] Da gleichzeitig die Notwendigkeit zur Bildung latenter Steuern und deren Umfang in den unterschiedlichen Rechnungslegungskonzeptionen stark variiert, ist die Aussagekraft der Konzernsteuerquote letztendlich also davon abhängig, ob der Konzernabschluss nach HGB, DRS, IAS oder US-GAAP aufgestellt wird.

1. Einzelabschluss nach HGB

Im deutschen Einzelabschluss verbindet § 274 HGB verschiedene Elemente dynamischer und statischer Betrachtungsweisen zur Ermittlung latenter Steuern,[295] denn deren Abgrenzung und

---

[294] Vgl. *Herzig/Dempfle*, Konzernsteuerquote, DB 2002, S. 2; *Fischer*, IAS 12, BBK 2002, Fach 20, S. 683; *Adrian*, Tax Reconciliation, 2005, S. 108 f.

[295] Vgl. die Ausführungen in Fn. 273 auf S. 53 sowie *Klein*, Bilanzierung, DStR 2001, S. 1453; *Karrenbrock*, in: *Wysocki et al.*, HdJ, 1984, Abt. I/13 (3. Neubearb. 2002), Tz. 25.

Bewertung erfolgt nach dem GuV-orientierten *timing*-Konzept[296] in Verbindung mit der bilanzorientierten *liability*-Methode (Verbindlichkeitsmethode).[297] Dem dynamischen Verständnis latenter Steuern folgend, steht die zutreffende Darstellung der Ertragslage im Vordergrund, was durch die Anwendung des *timing*-Konzepts zur Bestimmung der Abgrenzungspositionen zum Ausdruck kommt.[298] Dabei werden nur diejenigen zeitlich begrenzten Bilanzierungs- und Bewertungsunterschiede zwischen Handels- und Steuerbilanz in die Steuerabgrenzung der Kapitalgesellschaft[299] einbezogen, die sich sowohl bei ihrer Entstehung als auch bei ihrer Umkehrung in der Gewinn- und Verlustrechnung niederschlagen, die mithin erfolgswirksam entstanden sind und sich im Zeitablauf wieder umkehren. Diese sogenannten *timing differences* entstehen im Grundsatz immer dann, wenn die Erfassung von Aufwendungen oder Erträgen betragsgleich sowohl im handelsrechtlichen als auch im steuerrechtlichen Jahresabschluss erfolgt, die Zeitpunkte der Erfassung aber divergieren.[300] Tatsächlich haben nach der Formulierung des § 274 HGB aktive latente Steuern im deutschen Einzelabschluss ihre Ursache darin, dass Aufwendungen in der Handelsbilanz früher oder Erträge später[301] als in der Steuerbilanz ausgewiesen werden, während passive latente Steuern grundsätzlich[302] nur dadurch entstehen, dass Aufwendungen in der Handelsbilanz später als in der Steuerbilanz gezeigt werden.[303]

Im Gegensatz zu den *timing differences* stehen zeitlich unbegrenzte, permanente Bilanzierungs- und Bewertungsdifferenzen, die sich nicht wieder umkehren und die aus der isolierten Erfassung von Erfolgskomponenten nur in der Handels- oder der Steuerbilanz resultieren. Durch den fehlenden Ausgleich im Zeitablauf lösen diese *permanent differences* in anderen Perioden keinen Steuereffekt aus und führen demzufolge auch nicht zur Notwendigkeit der Abgrenzung latenter Steuern nach § 274 HGB.[304] Zwischen zeitlich begrenzten und perma-

---

296 Vgl. *Coenenberg/Hille*, Richtlinie IAS 12, DB 1997, S. 537; *Walter*, Ertragsteuern, in: *Löw* (Hrsg.), Rechnungslegung, 2003, S. 524.

297 Vgl. *Coenenberg*, Jahresabschluss, 20. Auflage, 2005, S. 443 f., 447; *Hoyos/Fischer*, in: *Ellroth et al.*, Beck'scher Bilanz-Kommentar, 6. Auflage, 2006, § 274 HGB, Tz. 5, 61.

298 Vgl. *Karrenbrock*, in: *Wysocki et al.*, HdJ, 1984, Abt. I/13 (3. Neubearb. 2002), Tz. 3; *Baetge/Kirsch/Thiele*, Bilanzen, 8. Auflage, 2005, S. 545 f.

299 Vgl. die Ausführungen in Fn. 103 auf Seite 22.

300 Vgl. *Coenenberg/Hille*, Latente Steuern, DBW 1979, S. 602; *Harms/Küting*, Bilanzierungsprobleme, ZfB 1979, S. 892; *Karrenbrock*, in: *Wysocki et al.*, HdJ, 1984, Abt. I/13 (3. Neubearb. 2002), Tz. 4, 6; *Baetge/Kirsch/Thiele*, Bilanzen, 8. Auflage, 2005, S. 547; *Coenenberg*, Jahresabschluss, 20. Auflage, 2005, S. 431 ff.; *Hoyos/Fischer*, in: *Ellroth et al.*, Beck'scher Bilanz-Kommentar, 6. Auflage, 2006, § 274 HGB, Tz. 6. Vgl. zu einem ausführlichen Beispiel erfolgswirksam entstandener Bewertungsunterschiede zwischen Handels- und Steuerbilanz *Küting/Gattung*, Abgrenzung, StuB 2005, S. 243 ff.

301 *Coenenberg* schließt diesen Fall der handelsrechtlich nachgelagerten Ertragsvereinnahmung aus, vgl. *Coenenberg*, Jahresabschluss, 20. Auflage, 2005, S. 449.

302 Vgl. zu den Ausnahmen *Siegel*, Entwurf, BB 1984, S. 1910; *Rabeneck/Reichert*, Latente Steuern, DStR 2002, S. 1370.

303 Vgl. mit anschaulichen Beispielen z.B. *Baetge/Kirsch/Thiele*, Bilanzen, 8. Auflage, 2005, S. 554 ff.; *Coenenberg*, Jahresabschluss, 20. Auflage, 2005, S. 449.

304 Vgl. *Coenenberg/Hille*, Latente Steuern, DBW 1979, S. 602; *Harms/Küting*, Bilanzierungsprobleme, ZfB 1979, S. 893 f.; *Coenenberg/Hille*, Einzelabschluß, in: *Coenenberg/Wysocki* (Hrsg.), HWRev, 2. Auflage,

nenten Differenzen ist die Gruppe der quasi zeitlich unbegrenzten, der quasi-permanenten Differenzen einzuordnen. Hierunter werden Bilanzierungs- und Bewertungsunterschiede verstanden, die sich zwar formal im Zeitablauf wieder ausgleichen, deren Umkehrung jedoch entweder von einer unternehmerischen Disposition abhängig ist oder in so ferner Zukunft stattfindet, dass der Umkehrungszeitpunkt noch nicht absehbar ist.[305]

Da im Extremfall eine Umkehrung erst bei der Liquidation der Unternehmung erfolgt, könnte man eine Steuerabgrenzung nach § 274 HGB in diesem Fall schon aufgrund des *going-concern*-Prinzips ablehnen.[306] Vor allem aber würde die Einbeziehung quasi-permanenter Differenzen dem Bilanzersteller ungerechtfertigte Ermessensspielräume eröffnen.[307] Aus diesen Gründen sind die Ergebnisunterschiede wie permanente Differenzen zu behandeln, so dass nach h.M. eine Steuerabgrenzung gemäß § 274 HGB hierauf nicht erfolgt.[308] Nur wenn aufgrund einer hinreichend sicheren unternehmerischen Disposition oder aufgrund geänderter gesetzlicher Regelungen mit einem Ausgleich der Steuerbelastung innerhalb eines überschaubaren Zeitraumes zu rechnen ist, ist nach § 274 HGB eine Abgrenzung latenter Steuern auch auf quasi-permanente Differenzen vorzunehmen.[309]

Als Methode zur Bewertung der latenten Steuerpositionen wird nach der noch herrschenden Literaturmeinung zu § 274 HGB die im Allgemeinen mit dem statischen Verständnis der Steuerabgrenzung einhergehende, bilanzorientierte *liability*-Methode herangezogen.[310] Hiernach steht der zutreffende Ausweis der Vermögens- und Schuldenpositionen im Vordergrund

---

1992, S. 1208; *Schneeloch*, Latente Steuern, in: *Wittmann et al.* (Hrsg.), HWR, 3. Auflage, 1993, S. 1340; *Euler*, Latente Steuern, in: *Ballwieser/Coenenberg/Wysocki* (Hrsg.), HWRP, 3. Auflage, 2002, S. 1463; *Baetge/Kirsch/Thiele*, Bilanzen, 8. Auflage, 2005, S. 546; *Coenenberg*, Jahresabschluss, 20. Auflage, 2005, S. 432, 447.

305 Vgl. *Coenenberg/Hille*, Latente Steuern, DBW 1979, S. 603; *Karrenbrock*, in: *Wysocki et al.*, HdJ, 1984, Abt. I/13 (3. Neubearb. 2002), Tz. 7; *Coenenberg*, Jahresabschluss, 20. Auflage, 2005, S. 433.

306 Vgl. *Coenenberg/Hille*, Latente Steuern, DBW 1979, S. 603; *Coenenberg/Hille*, Einzelabschluß, in: *Coenenberg/Wysocki* (Hrsg.), HWRev, 2. Auflage, 1992, S. 1213; *Adler/Düring/Schmaltz*, Kommentar, 6. Auflage, 1997, § 274 HGB, Tz. 16; *Baetge/Kirsch/Thiele*, Bilanzen, 8. Auflage, 2005, S. 547; *Coenenberg*, Jahresabschluss, 20. Auflage, 2005, S. 433, 447. Gegen die Heranziehung des *going-concern*-Prinzips wenden sich z.B. *Karrenbrock*, Latente Steuern, 1991, S. 91 ff., 224 f.; *Euler*, Latente Steuern, in: *Ballwieser/Coenenberg/Wysocki* (Hrsg.), HWRP, 3. Auflage, 2002, S. 1467; *Karrenbrock*, in: *Wysocki et al.*, HdJ, 1984, Abt. I/13 (3. Neubearb. 2002), Tz. 7, 27.

307 Vgl. *Schildbach*, permanente Differenzen, WPg 1998, S. 944; *Rabeneck/Reichert*, Latente Steuern, DStR 2002, S. 1367.

308 Vgl. *Schneeloch*, Latente Steuern, in: *Wittmann et al.* (Hrsg.), HWR, 3. Auflage, 1993, S. 1340 ff.; *Rabeneck/Reichert*, Latente Steuern, DStR 2002, S. 1367; *Coenenberg*, Jahresabschluss, 20. Auflage, 2005, S. 433. Diese Sichtweise ist zwar herrschende Meinung, aber nicht unbedingt zwingend, da § 274 HGB weder eine kurzfristige Umkehrung der Steuereffekte noch die Kenntnis über den Zeitraum der Umkehrung fordert, vgl. *Herzig*, Steuerlatenz, in: *Bertl et al.* (Hrsg.), Erfolgsabgrenzungen, 2001, S. 113.

309 Vgl. *Adler/Düring/Schmaltz*, Kommentar, 6. Auflage, 1997, § 274 HGB, Tz. 16; *Coenenberg*, Jahresabschluss, 20. Auflage, 2005, S. 447.

310 Vgl. *Baumann*, in: *Küting/Weber*, HB der Rechnungslegung, 4. Auflage, 1995, § 274 HGB, Tz. 29; *Heurung*, Steuerabgrenzung, AG 2000, S. 551; *Karrenbrock*, in: *Wysocki et al.*, HdJ, 1984, Abt. I/13 (3. Neubearb. 2002), Tz. 40; *Rabeneck/Reichert*, Latente Steuern, DStR 2002, S. 1371; *Baetge/Kirsch/Thiele*, Bilanzen, 8. Auflage, 2005, S. 561; *Coenenberg*, Jahresabschluss, 20. Auflage, 2005, S. 453.

und latente Steuern werden entweder als ungewisse Forderungen gegenüber dem Fiskus aufgrund von Steuervorauszahlungen oder als Verbindlichkeiten für zukünftig zu zahlende Steuern verstanden, deren Höhe sich nach dem im Zeitpunkt der Umkehrung gültigen, also dem zukünftigen Steuersatz bemisst.[311] Aus Praktikabilitäts- bzw. Objektivierungsgründen ist es dabei nicht zu beanstanden, wenn bei der Bewertung neuer Steuerlatenzen zunächst vom aktuellen Steuersatz ausgegangen wird.[312] Da nur ergebnisabhängige Steuern abzugrenzen sind, setzt sich der zur Steuerabgrenzung von Kapitalgesellschaften heranzuziehende Steuersatz aus der Körperschaftsteuer, dem darauf zusätzlich entfallenden Solidaritätszuschlag[313] und der Gewerbesteuer[314] zusammen.[315]

Eine Diskontierung des aktiven oder passiven Steuerabgrenzungspostens ist in § 274 HGB nicht vorgesehen und wird auch von der Literatur abgelehnt, da schon nach dem Wortlaut der Regelung der Ausweis der Steuerwirkungen im Zeitpunkt der Umkehrung im Vordergrund stehe und nicht deren Wert in der abgelaufenen Berichtsperiode.[316] Zudem soll der Einfluss subjektiver Faktoren verhindert werden, da die Determinanten zur Bemessung eines Steuerabgrenzungspostens nicht mit hinreichender Sicherheit im Voraus bestimmbar sind.[317] Für

---

311 Vgl. *Black*, Interperiod Allocation, 1966, S. 13; *Coenenberg/Hille*, Latente Steuern, DBW 1979, S. 614; *Baumann*, in: *Küting/Weber*, HB der Rechnungslegung, 4. Auflage, 1995, § 274 HGB, Tz. 26; *Karrenbrock*, in: *Wysocki et al.*, HdJ, 1984, Abt. I/13 (3. Neubearb. 2002), Tz. 16 f., 40; *Coenenberg*, Jahresabschluss, 20. Auflage, 2005, S. 439; *Hoyos/Fischer*, in: *Ellroth et al.*, Beck'scher Bilanz-Kommentar, 6. Auflage, 2006, § 274 HGB, Tz. 61.

312 Vgl. *Coenenberg/Hille*, Einzelabschluß, in: *Coenenberg/Wysocki* (Hrsg.), HWRev, 2. Auflage, 1992, S. 1216 f.; *Adler/Düring/Schmaltz*, Kommentar, 6. Auflage, 1997, § 274 HGB, Tz. 14 f.; *Heurung*, Steuerabgrenzung, AG 2000, S. 551; *Baumann/Spanheimer*, in: *Küting/Weber*, HB der Rechnungslegung - Einzelabschluss, 5. Auflage, 2002, § 274 HGB, Tz. 39; *Baetge/Kirsch/Thiele*, Bilanzen, 8. Auflage, 2005, S. 561; *Coenenberg*, Jahresabschluss, 20. Auflage, 2005, S. 454. Vgl. zu einer obligatorischen Verwendung zukünftiger oder aktueller Steuersätze z.B. *Eberhartinger*, in: *Baetge/Kirsch/Thiele*, Bilanzrecht, 2002, § 274 HGB, Tz. 79; *Loitz/Rössel*, Diskontierung, DB 2002, S. 647. Vgl. zum Einfluss der Änderungen des Steuerrechts auf latente Steuern Abschnitt B.V, Seiten 86 ff.

313 *Coenenberg*, Jahresabschluss, 20. Auflage, 2005, S. 454, lässt den Solidaritätszuschlag außen vor.

314 Vgl. zur Herleitung einer integrierten Ertragsteuerbelastung Gleichung 6 auf Seite 50 sowie *Federmann*, Bilanzierung, 11. Auflage, 2000, S. 418; *Fischer*, IAS 12, BBK 2002, Fach 20, S. 678 f.; *Karrenbrock*, in: *Wysocki et al.*, HdJ, 1984, Abt. I/13 (3. Neubearb. 2002), Tz. 43.

315 Vgl. *Coenenberg/Hille*, Latente Steuern, DBW 1979, S. 616; *Harms/Küting*, Bilanzierungsprobleme, ZfB 1979, S. 893; *Coenenberg/Hille*, Einzelabschluß, in: *Coenenberg/Wysocki* (Hrsg.), HWRev, 2. Auflage, 1992, S. 1217; *Baumann*, in: *Küting/Weber*, HB der Rechnungslegung, 4. Auflage, 1995, § 274 HGB, Tz. 5; *Federmann*, Bilanzierung, 11. Auflage, 2000, S. 418; *Eberhartinger*, in: *Baetge/Kirsch/Thiele*, Bilanzrecht, 2002, § 274 HGB, Tz. 4; *Fischer*, IAS 12, BBK 2002, Fach 20, S. 677 ff.; *Karrenbrock*, in: *Wysocki et al.*, HdJ, 1984, Abt. I/13 (3. Neubearb. 2002), Tz. 40 ff.; *Rabeneck/Reichert*, Latente Steuern, DStR 2002, S. 1369, 1372; *Baetge/Kirsch/Thiele*, Bilanzen, 8. Auflage, 2005, S. 561 f.; *Hoyos/Fischer*, in: *Ellroth et al.*, Beck'scher Bilanz-Kommentar, 6. Auflage, 2006, § 274 HGB, Tz. 61.

316 Vgl. *Baumann*, in: *Küting/Weber*, HB der Rechnungslegung, 4. Auflage, 1995, § 274 HGB, Tz. 24; *Adler/Düring/Schmaltz*, Kommentar, 6. Auflage, 1997, § 274 HGB, Tz. 33 ff.; *Achatz/Kofler*, Abzinsung, in: *Bertl et al.* (Hrsg.), Erfolgsabgrenzungen, 2001, S. 202 ff.; *Klein*, Bilanzierung, DStR 2001, S. 1453; *Eberhartinger*, in: *Baetge/Kirsch/Thiele*, Bilanzrecht, 2002, § 274 HGB, Tz. 81; *Loitz/Rössel*, Diskontierung, DB 2002, S. 646; *Coenenberg*, Jahresabschluss, 20. Auflage, 2005, S. 455; *Hoyos/Fischer*, in: *Ellroth et al.*, Beck'scher Bilanz-Kommentar, 6. Auflage, 2006, § 274 HGB, Tz. 17.

317 Vgl. *Heurung*, Steuerabgrenzung, AG 2000, S. 551; *Küting/Weber*, Konzernabschluss, 9. Auflage, 2005, S. 174.

aktive Steuerlatenzen wird auch die eine Abzinsung ermöglichende analoge Anwendung allgemeiner Bewertungsvorschriften abgelehnt, da auf aktive latente Steuern in ihrer Eigenschaft als Bilanzierungshilfen keine Bewertungsvorschriften anzuwenden seien. Zudem wird der Abgrenzungscharakter aktiver Steuerlatenzen als Begründung für ein Versagen ihrer Diskontierung herangezogen.[318] Bei passiven Steuerlatenzen kommt eine Diskontierung nach herrschender Meinung ebenfalls nicht in Betracht:[319] Obwohl noch im ersten Vorschlag für ein Gesetz über die Entsorgung von Altfahrzeugen vom 7.8.2001 die Möglichkeit der Abzinsung von Rückstellungen vorgesehen war und z.B. das *IDW* diesen Vorschlag begrüßt hat,[320] besteht für Rückstellungen, wozu auch passive Steuerlatenzen zählen, weiterhin ein generelles Abzinsungsverbot.[321] Die Kommentierung zu § 274 HGB zieht auch die im Rahmen der IAS-Bilanzierung bestehende Usance, die ebenfalls eine Diskontierung latenter Steuern ablehnt, als Begründung des Abzinsungsverbotes in Deutschland heran.[322] Die bislang bestehende Vernachlässigung einer Marktbewertung der Steuerlatenzen ist jedenfalls im Hinblick auf die Informationsfunktion des Jahresabschlusses zu bemängeln, da die Steuerlatenzen insbesondere bei langen Umkehrungszeiträumen auf diese Weise deutlich überbewertet werden.[323]

a) Saldierung aktiver und passiver Steuerlatenzen

Zur Ermittlung der nach § 274 HGB abzugrenzenden Steuerlatenz ist nach h.M. grundsätzlich[324] von einer Gesamtdifferenzenbetrachtung auszugehen.[325] Hierbei ist das um permanente

---

318 Vgl. mit explizitem Verweis auf das Vorsichts- und das Niederstwertprinzip auch *Baumann*, in: *Küting/Weber*, HB der Rechnungslegung, 4. Auflage, 1995, § 274 HGB, Tz. 24; *Adler/Düring/Schmaltz*, Kommentar, 6. Auflage, 1997, § 274 HGB, Tz. 33; *Sauter/Heurung/Fischer*, E-DRS 12, BB 2001, S. 1787 f.; *Karrenbrock*, in: *Wysocki et al.*, HdJ, 1984, Abt. I/13 (3. Neubearb. 2002), Tz. 48; *Loitz/Rössel*, Diskontierung, DB 2002, S. 646; *Eisele/Mühlberger*, Kapitalkonsolidierung, in: *Döring/Kußmaul* (Hrsg.), FS Wöhe, 2004, S. 412; *Baetge/Kirsch/Thiele*, Bilanzen, 8. Auflage, 2005, S. 562; *Hoyos/Fischer*, in: *Ellroth et al.*, Beck'scher Bilanz-Kommentar, 6. Auflage, 2006, § 274 HGB, Tz. 17.

319 Vgl. *Adler/Düring/Schmaltz*, Kommentar, 6. Auflage, 1997, § 274 HGB, Tz. 34; *Karrenbrock*, in: *Wysocki et al.*, HdJ, 1984, Abt. I/13 (3. Neubearb. 2002), Tz. 47; *Eisele/Mühlberger*, Kapitalkonsolidierung, in: *Döring/Kußmaul* (Hrsg.), FS Wöhe, 2004, S. 412; *Baetge/Kirsch/Thiele*, Bilanzen, 8. Auflage, 2005, S. 562.

320 Vgl. *IDW*, Stellungnahme AltfahrzeugG, WPg 2001, S. 1188.

321 Vgl. *Loitz/Rössel*, Diskontierung, DB 2002, S. 646.

322 Vgl. *Adler/Düring/Schmaltz*, Kommentar, 6. Auflage, 1997, § 274 HGB, Tz. 35; mit Verweis auf *IASB*, IAS 12, Abs. 53 ff.

323 Vgl. *IDW*, Stellungnahme E-DRS 12, WPg 2001, S. 1091; *Klein*, Bilanzierung, DStR 2001, S. 1453.

324 U.U. ist die Einzeldifferenzenbetrachtung vorzuziehen, wenn die Gesamtdifferenzenbetrachtung verzerrte Ergebnisse liefern würde, vgl. *Karrenbrock*, in: *Wysocki et al.*, HdJ, 1984, Abt. I/13 (3. Neubearb. 2002), Tz. 39; *Rabeneck/Reichert*, Latente Steuern, DStR 2002, S. 1372; *Baetge/Kirsch/Thiele*, Bilanzen, 8. Auflage, 2005, S. 564. Ein generelles Wahlrecht zur Anwendung der beiden Methoden sehen *Küting/Zwirner*, Unternehmenspraxis, WPg 2003, S. 303.

325 Vgl. die Gesetzesbegründung in BT-Drs. 10/4268 vom 18.11.1985, S. 107; sowie *Karrenbrock*, Latente Steuern, 1991, S. 274; *Coenenberg/Hille*, Einzelabschluß, in: *Coenenberg/Wysocki* (Hrsg.), HWRev, 2. Auflage, 1992, S. 1215; *Hilke*, Bilanzpolitik, 5. Auflage, 2000, S. 118; *Herzig*, Steuerlatenz, in: *Bertl et al.* (Hrsg.), Erfolgsabgrenzungen, 2001, S. 114 f.; *Eberhartinger*, in: *Baetge/Kirsch/Thiele*, Bilanzrecht, 2002, § 274 HGB, Tz. 71; *Rabeneck/Reichert*, Latente Steuern, DStR 2002, S. 1368, 1372; *Baetge/Kirsch/Thiele*, Bilanzen, 8. Auflage, 2005, S. 559; *Coenenberg*, Jahresabschluss, 20. Auflage, 2005, S. 449 f.

und quasi-permanente Effekte bereinigte handelsrechtliche Ergebnis dem nach steuerrechtlichen Vorschriften ermittelten zu versteuernden Gewinn[326] der Periode gegenüberzustellen. Unmittelbar aus der Differenz dieser beiden Größen ist die abzugrenzende aktive oder passive Steuerposition abzuleiten, die notwendigerweise immer den Saldo aus aktiven und passiven latenten Steuern ausdrückt.[327] Diese Methode steht im Gegensatz zur Einzeldifferenzenbetrachtung, bei der für jeden einzelnen Geschäftsvorfall eine fiktive Steuerwirkung der tatsächlich dem Sachverhalt zuzurechnenden Steuerwirkung gegenüberzustellen ist. Die jeweils auszuweisenden aktiven und passiven Steuerpositionen werden hierbei durch Addition aller aktiven und passiven Steuerlatenzen ermittelt.[328]

Im Zusammenhang mit der international unüblichen Gesamtdifferenzenbetrachtung zur Ermittlung des Steuerabgrenzungspostens wird eine Besonderheit latenter Steuern nach deutschem Recht im Vergleich zu den international üblichen Regelungen offenbar. Aus § 274 HGB wird nicht nur die Ermittlungsmethode latenter Steuern geschlossen, sondern vielmehr, dass aktive und passive latente Steuern auch im Hinblick auf deren Ausweis in der Bilanz zwingend zu saldieren sind.[329] Denn der Wortlaut der Regelung und der Gesetzesbegründung[330] lässt ausdrücklich nur den Ausweis entweder eines aktivischen Abgrenzungspostens oder einer Rückstellung zu, so dass eine Saldierung der aktiven und der passiven latenten Steuern unumgänglich ist. Ein Bruttoausweis aktiver und passiver latenter Steuern in der Bilanz ist somit nach § 274 HGB unzulässig.[331]

Diese Saldierung ist international unüblich und führt dazu, dass aufgrund des Ausweises nur der Abrechnungsspitze[332] der absolute Umfang der Steuerlatenzen in Jahresabschlüssen nach

---

[326] Der untechnische Begriff ‚zu versteuernder Gewinn' wurde übernommen, weil er der Formulierung des Handelsgesetzbuches entspricht.

[327] Es ist zu berücksichtigen, dass die saldierte Ermittlung einer aktiven oder passiven Steuerlatenz dann dem Vorsichtsprinzip widerspricht, wenn die künftigen Steuerentlastungen zeitlich nach den zukünftigen Steuerbelastungen erwartet werden, vgl. *Weyand*, Bilanzierung, DB 1986, S. 1189; *Karrenbrock*, Latente Steuern, 1991, S. 150 ff.; sowie *Adler/Düring/Schmaltz*, Kommentar, 6. Auflage, 1997, § 274 HGB, Tz. 22; *Karrenbrock*, in: *Wysocki et al.*, HdJ, 1984, Abt. I/13 (3. Neubearb. 2002), Tz. 38; *Baetge/Kirsch/Thiele*, Bilanzen, 8. Auflage, 2005, S. 563; *Coenenberg*, Jahresabschluss, 20. Auflage, 2005, S. 450 f.

[328] Vgl. *Rabeneck/Reichert*, Latente Steuern, DStR 2002, S. 1367 f.; *Coenenberg*, Jahresabschluss, 20. Auflage, 2005, S. 450.

[329] Vgl. schon *Karrenbrock*, Latente Steuern, 1991, S. 267 ff. m.w.N., insbesondere Fn. 143 auf S. 268; *Baumann*, in: *Küting/Weber*, HB der Rechnungslegung, 4. Auflage, 1995, § 274 HGB, Tz. 53; *Wagenhofer*, IAS, 3. Auflage, 2001, S. 285; *Karrenbrock*, in: *Wysocki et al.*, HdJ, 1984, Abt. I/13 (3. Neubearb. 2002), Tz. 36; *App*, Latente Steuern, KoR 2003, S. 210; *Hoyos/Fischer*, in: *Ellroth et al.*, Beck'scher Bilanz-Kommentar, 6. Auflage, 2006, § 274 HGB, Tz. 10. Andere Autoren sehen das Saldierungsgebot weniger streng und gehen eher von einem Wahlrecht aus, vgl. z.B. *Coenenberg/Hille*, Einzelabschluß, in: *Coenenberg/Wysocki* (Hrsg.), HWRev, 2. Auflage, 1992, S. 1214; *Adler/Düring/Schmaltz*, Kommentar, 6. Auflage, 1997, § 274 HGB, Tz. 22; *Rabeneck/Reichert*, Latente Steuern, DStR 2002, S. 1372; *Baetge/Kirsch/Thiele*, Bilanzen, 8. Auflage, 2005, S. 562 ff.; *Coenenberg*, Jahresabschluss, 20. Auflage, 2005, S. 449.

[330] BT-Drs. 10/4268 vom 18.11.1985, S. 107.

[331] Vgl. *Karrenbrock*, Latente Steuern, 1991, S. 272, 274.

[332] Vgl. *Adler/Düring/Schmaltz*, Kommentar, 6. Auflage, 1997, § 274 HGB, Tz. 21; *Rabeneck/Reichert*, Latente Steuern, DStR 2002, S. 1372; *Hoyos/Fischer*, in: *Ellroth et al.*, Beck'scher Bilanz-Kommentar, 6. Auflage, 2006, § 274 HGB, Tz. 10.

HGB deutlich eingeschränkt und der angestrebte Informationsgehalt der Position ‚latente Steuern' hinsichtlich der effektiven Steuerbelastung der Unternehmung faktisch nicht vorhanden ist. Dieser Mangel an Aussagekraft schlägt sich notwendigerweise auch in der Steuerquote nieder, deren Zählergröße hiervon berührt wird. Vorgänge oder Gestaltungen, die einen Ausweis latenter Steuern hervorgerufen haben, sind so oftmals nicht mehr erkennbar, und Auswirkungen auf zukünftige Steuerbe- oder -entlastungen, die im Grundsatz durch die Steuerabgrenzung ausgewiesen werden sollten, werden so verschleiert.[333]

b) Wahlrecht zur Aktivierung latenter Steuern

Eine weitere international unübliche Regelung ist das in § 274 Abs. 2 HGB enthaltene Wahlrecht zum Ausweis aktiver Steuerlatenzen als Bilanzierungshilfe mit Ausschüttungssperre.[334] Zur Zeit existieren im deutschen Handelsrecht mehr Bilanzierungs- und Bewertungswahlrechte und im Grundsatz niedrigere Wertansätze als im Steuerrecht, so dass häufig ein aktivischer Saldo latenter Steuern vorliegt, dessen Ausweis den Unternehmen freigestellt ist.[335] Ein bilanzpolitischer Grund, dieses Wahlrecht zum Ausweis der Bilanzierungshilfe auszuüben, liegt bei gesunden Unternehmungen in der Regel allerdings nicht vor.[336] Vielmehr weist eine Position ‚aktive latente Steuern' auf ein eher konservativ bilanzierendes Unternehmen hin, da aktive Steuerlatenzen ein Indiz für die umfangreiche Ausnutzung handelsbilanzieller Möglichkeiten zur Legung stiller Reserven sein können.[337] Schon aufgrund dessen wird der Ausweis aktiver latenter Steuern in den Einzelabschlüssen deutscher Unternehmen überwiegend unterlassen.[338]

Zusätzlich geht nach traditionellem HGB-Verständnis von einer Aktivierung latenter Steuern eine Signalwirkung aus,[339] die auf ein Krisenunternehmen hindeuten kann, denn oftmals nut-

---

333 Vgl. *Herzig*, Bedeutung, in: *Wollmert et al.* (Hrsg.), FS Lück, 2003, S. 437.

334 § 274 Abs. 2 S. 1 HGB stellt einen Kompromiss zwischen dem Vorsichtsprinzip und dem Grundsatz der periodengerechten Erfolgsermittlung dar, vgl. *Baumann*, in: *Küting/Weber*, HB der Rechnungslegung, 4. Auflage, 1995, § 274 HGB, Tz. 7; *Klein*, Bilanzierung, DStR 2001, S. 1454. Die Möglichkeit zur Bilanzierung aktiver latenter Steuern muss nur bei einem statischen Verständnis latenter Steuern eingeräumt werden, da ihnen grundsätzlich die Eigenschaft als Vermögensgegenstand fehlt. Insofern wird hier die Verbindung von dynamischen und statischen Elementen deutlich, vgl. *Coenenberg*, Jahresabschluss, 20. Auflage, 2005, S. 447.

335 Vgl. *Baumann*, in: *Küting/Weber*, HB der Rechnungslegung, 4. Auflage, 1995, § 274 HGB, Tz. 14, 55; *Herzig*, Steuerlatenz, in: *Bertl et al.* (Hrsg.), Erfolgsabgrenzungen, 2001, S. 111; *Schmidbauer*, Bilanzierung, DB 2001, S. 1570; *Küting/Weber*, Konzernabschluss, 9. Auflage, 2005, S. 164. Aufgrund der mit dem zunehmenden Einfluss der internationalen Rechnungslegungsgrundsätze einhergehenden höheren handelsrechtlichen Bewertung bestimmter Aktiva dürften zukünftig passive Steuerlatenzen überwiegen, vgl. *Rabeneck/Reichert*, Latente Steuern, DStR 2002, S. 1416.

336 Vgl. *Schneeloch*, Latente Steuern, in: *Wittmann et al.* (Hrsg.), HWR, 3. Auflage, 1993, S. 1342.

337 Vgl. *Krawitz*, Latente Steuern, in: *Lachnit/Freidank* (Hrsg.), Unternehmenspublizität, 2000, S. 726; *Küting/Weber*, Bilanzanalyse, 7. Auflage, 2004, S. 211.

338 Vgl. *Hilke*, Bilanzpolitik, 5. Auflage, 2000, S. 119; *Krawitz*, Latente Steuern, in: *Lachnit/Freidank* (Hrsg.), Unternehmenspublizität, 2000, S. 726 m.w.N.

339 Vgl. zu dieser Indikatorfunktion *Küting/Zwirner*, Unternehmenspraxis, WPg 2003, S. 314 f.

zen diese Unternehmen den Bilanzansatz aktiver latenter Steuern, um überhaupt noch Vermögen zeigen zu können.[340] Um nicht in die Nähe solcher Unternehmen gerückt zu werden, wird ein Ausweis aktiver Steuerlatenzen daher regelmäßig unterlassen mit dem Ergebnis, dass überhaupt keine latenten Steuern gezeigt werden.[341] Es ist offensichtlich, dass der Verzicht auf die Bildung einer aktiven Steuerlatenz sich, ebenso wie die Saldierung aktiver und passiver Steuerlatenzen, auf die effektive Steuerbelastung und damit auf die Steuerquote des Konzerns und ihre Aussagekraft im Hinblick auf die verfolgte Steuerpolitik auswirkt. Eine HGB-Steuerquote ist im Fall der unterlassenen Aktivierung latenter Steuern stets zu hoch, vergleicht man sie mit der Steuerquote, die sich auf der Basis eines Abschlusses nach internationalen Rechnungslegungsgrundsätzen ergeben hätte.

c) Keine Aktivierung latenter Steuern auf Verlustvorträge

Steuereffekte, die aus dem Entstehen eines steuerlichen Verlustvortrages resultieren, sind als besondere Art von *timing differences* anzusehen.[342] Denn ein Verlustvortrag kann als Steuerminderungspotential für die Zukunft interpretiert werden, wenn in den folgenden Geschäftsjahren mit hinreichender Wahrscheinlichkeit Gewinne erwirtschaftet werden. Dies kann z.B. der Fall sein, wenn der Verlustvortrag aus einem außerordentlichen Verlust resultiert, der nicht auf strukturelle Ursachen zurückzuführen ist.[343] Durch die in Deutschland zur Zeit bestehende Möglichkeit, Verluste zeitlich unbefristet vorzutragen,[344] ist die Wahrscheinlichkeit zukünftiger Gewinne hoch, sofern dem nicht tatsächliche existenzbedrohende Umstände entgegenstehen.[345] Daher ist die im Hinblick auf die Steuerquote erheblichste Besonderheit der Bilanzierung latenter Steuern im Abschluss nach dem deutschen HGB darin zu sehen, dass nach der gegenwärtig noch herrschenden Meinung für die bilanzierenden Unternehmen keine Möglichkeit besteht, auf häufig in beträchtlichem Umfang bestehende steuerliche Verlustvorträge[346] aktive Steuerlatenzen zu bilden.[347]

---

340 Vgl. *Herzig*, Steuerlatenz, in: *Bertl et al.* (Hrsg.), Erfolgsabgrenzungen, 2001, S. 111; *Herzig*, Bedeutung, in: *Wollmert et al.* (Hrsg.), FS Lück, 2003, S. 438. Vgl. auch die Stellungnahme der *K+S AG* zum E-DRS 12, in der die Ansicht zum Ausdruck kommt, dass die „Aktivierung latenter Steuern als Instrument einer „kreativen", eine ungünstige Lage verschleiernden Bilanzpolitik missbraucht werden" könnte, *K+S AG*, Stellungnahme, online im Internet, Frage 5.

341 Vgl. *Herzig/Dempfle*, Konzernsteuerquote, DB 2002, S. 1 f.; *Herzig*, Bedeutung, in: *Wollmert et al.* (Hrsg.), FS Lück, 2003, S. 438.

342 *„A special kind of tax timing difference"*, *Black*, Interperiod Allocation, 1966, S. 91.

343 Vgl. *Feldhoff/Langermeier*, Verlustvortrag, DStR 1991, S. 197.

344 Gemäß § 8 Abs. 1 KStG i.V.m. § 10d EStG.

345 So *Feldhoff/Langermeier*, Verlustvortrag, DStR 1991, S. 197.

346 Zur Wesentlichkeit von Verlustvorträgen in deutschen Konzernabschlüssen vgl. *Zwirner/Busch/Reuter*, Bedeutung von Verlusten, DStR 2003, S. 1042 ff.

347 Vgl. die in Fn. 354 auf Seite 67 angegebene Literatur.

Zwar vertreten einige Autoren die Auffassung, eine Aktivierung latenter Steuern auf den Verlustvortrag sei durch den Wortlaut des § 274 Abs. 2 HGB jedenfalls zulässig,[348] denn dieser stelle ausdrücklich auf die Differenz zwischen dem handelsbilanziellen Ergebnis und dem „nach den steuerrechtlichen Vorschriften zu versteuernden Gewinn"[349] ab. Da unter dem unpräzisen Terminus ‚zu versteuernder Gewinn' wohl das zu versteuernde Einkommen verstanden werden muss, welches für Zwecke der Besteuerung im Verlustentstehungsjahr als Nullergebnis angesehen wird und damit notwendigerweise immer höher ist als jeder handelsrechtliche Verlust, liege eine Differenz im Sinne des § 274 Abs. 2 HGB vor. Bei einer hinreichenden Wahrscheinlichkeit zukünftiger Gewinne begründe deren quasi sichere Umkehrung in den Folgejahren daher die Notwendigkeit der Abgrenzung einer aktiven latenten Steuer.[350]

Auch das dem Vorsichtsprinzip entspringende Argument gegen eine Aktivierung latenter Steuern auf einen Verlustvortrag, aufgrund der nicht mit letzter Sicherheit prognostizierbaren positiven Ergebnisse in der Zukunft bestehe im Verlustjahr kein eindeutig feststellbarer Erstattungsanspruch gegen das Finanzamt,[351] wird wie folgt widerlegt: Zukünftige Gewinne können nie mit absoluter Sicherheit vorhergesagt werden, so dass sich dieses Argument generell gegen die Aktivierung latenter Steuern richte. Solange die Bildung aktiver latenter Steuern im Allgemeinen zulässig ist, spräche dieser Einwand nicht gegen die Aktivierung einer Steuerlatenz aus einem Verlustvortrag im Speziellen.[352] Gleichzeitig dient das Vorsichtsprinzip hier nicht einmal dazu, die Unternehmensgläubiger zu schützen, da der Ansatz einer aktiven Steuerlatenz ohnehin mit einer Ausschüttungssperre belegt wäre.[353]

Trotz allem wird nach der gegenwärtig noch herrschenden Meinung zu dem in § 274 HGB umgesetzten *timing*-Konzept die Bildung einer aktivischen Steuerlatenz auf einen steuerlichen Verlustvortrag als nicht zulässig erachtet. Der Verlustvortrag sei nicht auf Periodenverschiebungen zwischen den Ergebnissen der Handels- und der Steuerbilanz zurückzuführen - die im Verlustentstehungsjahr durchaus identisch sein können - und stelle zudem keinen aktivierbaren Vermögensgegenstand dar.[354] Ergibt sich bei der Ermittlung der Steuerlatenz im Verlust-

---

348 Soweit auch *Baetge/Kirsch/Thiele*, Bilanzen, 8. Auflage, 2005, S. 558.

349 § 274 Abs. 2 S. 1 HGB.

350 Vgl. zu dieser Argumentation z.B. *Siegel*, Konzeptionsprobleme, ZfB 1987, Ergänzungsheft 1/87, S. 157; *Feldhoff/Langermeier*, Verlustvortrag, DStR 1991, S. 197; *Ordelheide*, latente Steuern, in: *Lanfermann* (Hrsg.), FS Havermann, 1995, S. 608; *Baetge/Beermann*, Vergleichende Bilanzanalyse, BB 2000, S. 2092; *Herzig*, Steuerlatenz, in: *Bertl et al.* (Hrsg.), Erfolgsabgrenzungen, 2001, S. 116 f.; *Eberhartinger*, in: *Baetge/Kirsch/Thiele*, Bilanzrecht, 2002, § 274 HGB, Tz. 61, 98; *Marten/Weiser/Köhler*, Verlustvorträge, BB 2003, S. 2341 m.w.N. in Fußnote 22.

351 So z.B. *Baumann*, in: *Küting/Weber*, HB der Rechnungslegung, 4. Auflage, 1995, § 274 HGB, Tz. 42; *Baetge/Kirsch/Thiele*, Bilanzen, 8. Auflage, 2005, S. 558.

352 So *Feldhoff/Langermeier*, Verlustvortrag, DStR 1991, S. 197; *Ordelheide*, latente Steuern, in: *Lanfermann* (Hrsg.), FS Havermann, 1995, S. 609 f.

353 Vgl. *Ordelheide*, latente Steuern, in: *Lanfermann* (Hrsg.), FS Havermann, 1995, S. 619 f.; *Klein*, Bilanzierung, DStR 2001, S. 1455.

354 Vgl. z.B. *Karrenbrock*, Latente Steuern, 1991, S. 165 ff.; *Baumann*, in: *Küting/Weber*, HB der Rechnungslegung, 4. Auflage, 1995, § 274 HGB, Tz. 42; *Adler/Düring/Schmaltz*, Kommentar, 6. Auflage, 1997, § 274

entstehungsjahr eine aktivische Abgrenzungsspitze, sei diese daraufhin zu überprüfen, ob darin enthaltene zukünftige Steuerentlastungen auf Verlustvorträge zurückzuführen sind; diese sind zu eliminieren. Auch die Erhöhung einer bereits bestehenden Position ‚Aktive latente Steuern' aufgrund eines steuerlichen Verlustvortrages wird von der herrschenden Meinung in der Literatur ausgeschlossen.[355] Vielmehr sei eine aktive Steuerlatenz aufzulösen, wenn wegen voraussichtlich ausbleibender zukünftiger Gewinne aufgrund der negativen wirtschaftlichen Entwicklung der Unternehmung mit einer voraussichtlichen Steuerentlastung nicht mehr zu rechnen ist.[356]

Die bislang herrschende Meinung scheint sich langsam zugunsten einer Akzeptanz der Aktivierbarkeit latenter Steuern auf Verlustvorträge zu wandeln.[357] Zur Zeit jedoch verzerrt die Nicht-Aktivierung latenter Steuern auf Verlustvorträge noch das Ergebnis sowohl in der Periode der Verlustentstehung - dies insbesondere, wenn eine quasi sichere Möglichkeit zur Verlustnutzung prognostiziert wird - als auch in der Periode der Verlustnutzung.[358] Denn zum einen wird im Verlustentstehungsjahr die zu erwartende Nutzung des steuerlichen Verlustvortrages aus der Bilanzierung ausgeblendet, was der Prämisse der Unternehmensfortführung widerspricht.[359] Zum anderen wird in der Zukunft, wenn das Unternehmen Gewinne erzielt und den Verlustvortrag nutzt, in den handelsrechtlichen Abschlüssen ein aufgrund des steuerlichen Verlustvortrages geminderter Steueraufwand ausgewiesen, der dem vollen handelsrechtlichen Jahresüberschuss gegenübersteht. Diese erfolgswirksame Verrechnung im Verlustvortragszeitraum kann zu irreführenden Schlussfolgerungen führen.[360]

HGB, Tz. 28; *Schildbach*, permanente Differenzen, WPg 1998, S. 945; *IDW*, Stellungnahme E-DRS 12, WPg 2001, S. 1087 f.; *Pellens*, Internationale Rechnungslegung, 4. Auflage, 2001, S. 268; *Sauter/Heurung/Fischer*, E-DRS 12, BB 2001, S. 1785; *Wendlandt/Vogler*, Latente Steuern, KoR 2001, S. 248; *Euler*, Latente Steuern, in: *Ballwieser/Coenenberg/Wysocki* (Hrsg.), HWRP, 3. Auflage, 2002, S. 1472; *Rabeneck/Reichert*, Latente Steuern, DStR 2002, S. 1409; *Wotschofsky/Heller*, Konzernabschluss, IStR 2002, S. 821 f.; *Karrenbrock*, in: *Wysocki et al.*, HdJ, 1984, Abt. I/13 (3. Neubearb. 2002), Tz. 51; *Walter*, Ertragsteuern, in: *Löw* (Hrsg.), Rechnungslegung, 2003, S. 530; *Baetge/Kirsch/Thiele*, Bilanzen, 8. Auflage, 2005, S. 557 f.; *Coenenberg*, Jahresabschluss, 20. Auflage, 2005, S. 458; *Hoyos/Fischer*, in: *Ellroth et al.*, Beck'scher Bilanz-Kommentar, 6. Auflage, 2006, § 274 HGB, Tz. 18. Vgl. zu einer anschaulichen Gegenüberstellung der Argumente für und gegen eine Aktivierung *Marten/Weiser/Köhler*, Verlustvorträge, BB 2003, S. 2337 ff.

355 Vgl. nur *Adler/Düring/Schmaltz*, Kommentar, 6. Auflage, 1997, § 274 HGB, Tz. 28.

356 Vgl. mit Hinweis auf die US-amerikanischen Bilanzierungsrichtlinien schon *Coenenberg/Hille*, Latente Steuern, DBW 1979, S. 608; vgl. auch *Coenenberg/Hille*, Einzelabschluß, in: *Coenenberg/Wysocki* (Hrsg.), HWRev, 2. Auflage, 1992, S. 1217 f.; *Baumann*, in: *Küting/Weber*, HB der Rechnungslegung, 4. Auflage, 1995, § 274 HGB, Tz. 44 f.; *Adler/Düring/Schmaltz*, Kommentar, 6. Auflage, 1997, § 274 HGB, Tz. 27 ff.; *Karrenbrock*, in: *Wysocki et al.*, HdJ, 1984, Abt. I/13 (3. Neubearb. 2002), Tz. 55, 59; *Rabeneck/Reichert*, Latente Steuern, DStR 2002, S. 1409 f.; *Baetge/Kirsch/Thiele*, Bilanzen, 8. Auflage, 2005, S. 558; *Hoyos/Fischer*, in: *Ellroth et al.*, Beck'scher Bilanz-Kommentar, 6. Auflage, 2006, § 274 HGB, Tz. 68.

357 Vgl. *Marten/Weiser/Köhler*, Verlustvorträge, BB 2003, S. 2341.

358 Vgl. *Herzig*, Steuerlatenz, in: *Bertl et al.* (Hrsg.), Erfolgsabgrenzungen, 2001, S. 116.

359 Vgl. *Loitz/Rössel*, Diskontierung, DB 2002, S. 650.

360 Vgl. *Feldhoff/Langermeier*, Verlustvortrag, DStR 1991, S. 196 m.w.N.

Nach internationalen Rechnungslegungsgrundsätzen und gemäß DRS 10 ist unter bestimmten Voraussetzungen die Bildung aktiver latenter Steuern auf steuerliche Verlustvorträge verpflichtend,[361] so dass hier bei Nutzung der Verlustvorträge stets ein Steueraufwand aus der Auflösung der aktivischen Steuerlatenz resultiert, der die Minderung der tatsächlichen Steuerbelastung kompensiert.[362] Neben den beiden zuvor genannten Besonderheiten in der Steuerabgrenzung nach HGB wird die Aussagekraft des HGB-Abschlusses, in dem die Aktivierung latenter Steuern auf Verlustvorträge unterbleibt, durch den Nicht-Ansatz aktiver latenter Steuern auf Verlustvorträge zusätzlich deutlich beschränkt. Der Zusammenhang zwischen dem handelsrechtlichen Ergebnis und der Steuerbelastung wird somit durch die gegenwärtige Auslegung des § 274 HGB verschleiert. Dies ist bedauerlich, sollte doch ursprünglich die Steuerabgrenzung gerade dieser Verzerrung entgegenwirken.[363] Die auf der Grundlage eines solchen Abschlusses ermittelte Steuerquote ist bei Verzicht der Aktivierung latenter Steuern auf den Verlustvortrag, verglichen mit Steuerquoten nach internationalen Grundsätzen, im Zeitraum der Verlustnutzung zu niedrig. Eine Aussagekraft im Hinblick auf mögliche Einblicke in die Steuerpolitik des Unternehmens ist demzufolge nicht vorhanden.

2. Konzernabschluss nach HGB

Zieht man zur Ermittlung der Konzernsteuerquote den HGB-Konzernabschluss als Grundlage heran, ist die Aussagekraft der hier ausgewiesenen effektiven Steuerbelastung ähnlich gering, denn die Bilanzierungsbesonderheiten latenter Steuern im Einzelabschluss gelten im Grundsatz auch im HGB-Konzernabschluss.[364] Dies liegt darin begründet, dass auf der ersten Ebene der Steuerabgrenzung im Konzernabschluss zunächst die latenten Steuern aus den Einzelabschlüssen in die Konzernbilanz übernommen werden.[365] Hinzu treten ursächlich bei der Konzernabschlusserstellung entstehende latente Steuern.[366] Hierzu zählen auf der zweiten Ebene der Steuerabgrenzung im Konzern latente Steuern aus der Vereinheitlichung der Einzelabschlüsse zu den Handelsbilanzen II, die wie die zuvor genannten zu den primären Steuerlaten-

361 Vgl. ausführlich die Abschnitte B.IV.3, Seiten 78 ff. und B.IV.4, Seiten 84 f.

362 Vgl. *Herzig*, Bedeutung, in: *Wollmert et al.* (Hrsg.), FS Lück, 2003, S. 438.

363 Vgl. *Herzig*, Steuerlatenz, in: *Bertl et al.* (Hrsg.), Erfolgsabgrenzungen, 2001, S. 116.

364 Vgl. zu einem Denkmodell zur Neukonzeption der Steuerabgrenzung im Konzernabschluss *Ballwießer*, Konzernrechnungslegung, 1997, S. 279 f.

365 Eine Besonderheit ist bei der Einbeziehung von organschaftlich verbundenen Unternehmungen in den Konzernabschluss zu beachten. Da der handelsrechtliche Gewinn der abhängigen Gesellschaft an die Obergesellschaft abgeführt wird und das steuerliche Einkommen der Organgesellschaft dem Organträger zugerechnet wird, kommt auf der Ebene der abhängigen Organgesellschaft eine Steuerabgrenzung nicht in Betracht. Die Notwendigkeit zur Steuerabgrenzung entfällt jedoch nicht, sondern wird ebenfalls auf den Organträger übertragen. Vgl. zu den Ebenen der Steuerabgrenzung bei organschaftlich verbundenen Unternehmen ausführlich *Wehrheim/Adrian*, Steuerabgrenzung, WPg 2003, S. 1059.

366 Mit einer ausführlichen Kategorisierung latenter Steuerabgrenzungen im Konzernabschluss *Heurung*, Steuerabgrenzung, AG 2000, S. 540 ff.; *Weißenberger/Behrendt*, Latente Steuern, BB 2006, S. 931 ff.

zen zählen.[367] Darüber hinaus sind auf einer dritten Ebene[368] solche Steuerlatenzen zu erfassen, die aus Konsolidierungsmaßnahmen zum Konzernabschluss gemäß § 306 HGB resultieren, sogenannte sekundäre Steuerlatenzen.[369]

Nach den Rechtsvorschriften ihrer Ermittlung lassen sich die im deutschen Konzernabschluss auszuweisenden Steuerlatenzen in zwei Gruppen unterteilen, deren Ausweis jedoch gemäß § 306 S. 3 HGB zusammengefasst in einem Posten erfolgen darf.[370] Die erste Gruppe bilden die primären latenten Steuern aus zeitlich begrenzten Differenzen, die aus den Jahresabschlüssen der in die Konsolidierung einbezogenen Unternehmen in den Konzernabschluss übernommen werden sowie die neu zu bildenden primären Steuerabgrenzungen aufgrund von Unterschieden zwischen den Handelsbilanzen I und II.[371] Die konzernspezifischen Vorschriften des § 306 HGB zur Steuerabgrenzung sind für diese Steuerlatenzen nicht anzuwenden, da sie ihre Ursache nicht in den Konsolidierungsvorgängen haben.[372] Im Hinblick auf die aktiven latenten Steuern aus den Einzelbilanzen und aus der Umstellung der Handelsbilanz I auf die nach konzerneinheitlichen Grundsätzen aufzustellende Handelsbilanz II verbleibt es daher beim Aktivierungswahlrecht des § 274 Abs. 2 HGB. Das Wahlrecht darf für den Konzernabschluss gemäß §§ 298 Abs. 1, 300 Abs. 2 S. 2 HGB neu ausgeübt oder auch nur teilweise in Anspruch genommen werden, beispielsweise um eine passive Steuerlatenz auszugleichen.[373] Dadurch wird der auf die Informationsvermittlung gerichtete Zweck der Steuerabgrenzung im Konzernabschluss konterkariert.[374] Neben dem Aktivierungswahlrecht findet auch die in den Einzelabschlüssen übliche Saldierung aktiver und passiver latenter Steuern Einzug in die

367 Einschließlich der in Abhängigkeit vom angewendeten Abgrenzungskonzept entstehenden latenten Steuern aus der Währungsumrechnung, vgl. *Schmidbauer*, Bilanzierung, DB 2001, S. 1572; *Wendlandt/Vogler*, Latente Steuern, KoR 2001, S. 247 f.

368 Vgl. zu dieser Dreiteilung der im Konzernabschluss zu erfassenden Steuerlatenzen *Wysocki/Wohlgemuth*, Konzernrechnungslegung, 4. Auflage, 1996, S. 253 f.; *Eisele/Mühlberger*, Kapitalkonsolidierung, in: *Döring/Kußmaul* (Hrsg.), FS Wöhe, 2004, S. 405; *Küting/Weber*, Konzernabschluss, 9. Auflage, 2005, S. 171 f.

369 Vgl. *Kirsch*, Konzernabschluss, 2. Auflage, 1997, S. 78 f.; *Schildbach*, Konzernabschluß, 6. Auflage, 2001, S. 363; *Küting/Zwirner*, Unternehmenspraxis, WPg 2003, S. 302; *Küting/Weber*, Konzernabschluss, 9. Auflage, 2005, S. 172. Zur detaillierten Darstellung sekundärer Steuerlatenzen vgl. *Coenenberg/Hille*, Latente Steuern, DBW 1979, S. 613 ff.; *Eisele/Mühlberger*, Kapitalkonsolidierung, in: *Döring/Kußmaul* (Hrsg.), FS Wöhe, 2004, S. 413 ff.; *Coenenberg*, Jahresabschluss, 20. Auflage, 2005, S. 725 f.

370 Vgl. *Adler/Düring/Schmaltz*, Kommentar, 6. Auflage, 1997, § 306 HGB, Tz. 50; *Karrenbrock*, in: *Wysocki et al.*, HdJ, 1984, Abt. I/13 (3. Neubearb. 2002), Tz. 113; *Coenenberg*, Jahresabschluss, 20. Auflage, 2005, S. 728.

371 Vgl. *Coenenberg/Hille*, Latente Steuern, DBW 1979, S. 610; *Busse von Colbe/Ordelheide*, Konzernabschlüsse, 6. Auflage, 1993, S. 35, 115 f.; *Coenenberg*, Jahresabschluss, 20. Auflage, 2005, S. 722 f.

372 Vgl. *Karrenbrock*, in: *Wysocki et al.*, HdJ, 1984, Abt. I/13 (3. Neubearb. 2002), Tz. 72 ff.; *Coenenberg*, Jahresabschluss, 20. Auflage, 2005, S. 725.

373 Vgl. *Siegel*, Konzernabschluß, in: *Coenenberg/Wysocki* (Hrsg.), HWRev, 2. Auflage, 1992, S. 1229, 1231; *Busse von Colbe/Ordelheide*, Konzernabschlüsse, 6. Auflage, 1993, S. 35, 114 f.; *Schmidbauer*, Bilanzierung, DB 2001, S. 1570; *Karrenbrock*, in: *Wysocki et al.*, HdJ, 1984, Abt. I/13 (3. Neubearb. 2002), Tz. 74; *Küting/Weber*, Konzernabschluss, 8. Auflage, 2003, S. 370; *Coenenberg*, Jahresabschluss, 20. Auflage, 2005, S. 723, 725.

374 Vgl. *Siegel*, Konzernabschluß, in: *Coenenberg/Wysocki* (Hrsg.), HWRev, 2. Auflage, 1992, S. 1229.

Konzernbilanz; dies aufgrund der Anwendung der Gesamtdifferenzenmethode zur Ermittlung der Abgrenzungsspitze. Die in den Einzelabschlüssen gemäß § 274 Abs. 1 HGB passivierten Rückstellungen für latente Steuern sind allerdings zwingend auch in den Konzernabschluss zu übernehmen, ebenso wie bei der Aufstellung der Handelsbilanz II neu zu bildende passive Steuerlatenzen.[375]

Die zweite Gruppe im Konzernabschluss auszuweisender Steuerlatenzen bilden zeitlich begrenzte Differenzen, die im Zuge von Konsolidierungsvorgängen entstehen, sogenannte sekundäre Steuerlatenzen.[376] Durch die Konsolidierung ändert sich zwar der Konzernerfolg, nicht aber der dazugehörige und in der Konzernbilanz ebenfalls ausgewiesene Steueraufwand. Daher ist es auch nicht möglich, zur Ermittlung der Konzernsteuerquote die Steuerquoten der Einzelabschlüsse zu addieren, denn in diesen Steuerquoten sind die konzernintern erzielten Umsätze noch enthalten. Hier zeigt sich deutlich, dass die beiden Größen zur Ermittlung der Konzernsteuerquote, das Konzernergebnis und die Konzernsteuerbelastung, nach unabgestimmten Regelungen ermittelt werden.[377] Um den Zusammenhang von Konzernergebnis und Konzernsteueraufwand wieder herzustellen und gleichzeitig der Fiktion einer Konzernbesteuerung gerecht zu werden,[378] besteht nach § 306 HGB die Notwendigkeit zusätzlicher Steuerabgrenzung.[379]

Diese latenten Steuern aus Konsolidierungsvorgängen werden auch in diesem Fall durch eine Gesamtdifferenzenbetrachtung ermittelt, so dass auch hier immer nur entweder eine aktive oder eine passive Abgrenzungsspitze vorliegt.[380] Zusätzlich wird analog zu § 274 HGB auch aus dem Wortlaut des § 306 S. 2 HGB ein Gebot zur Saldierung aktiver und passiver Steuerlatenzen geschlossen mit der Folge, dass auch für die aufgrund von Konsolidierungsvorgängen zu bildenden Steuerlatenzen nur ein einziger Posten ausgewiesen werden darf.[381] Im Unterschied zum Einzelabschluss sieht § 306 HGB jedoch eine Ausweispflicht sowohl für einen aktiven als auch für einen passiven Abgrenzungsposten vor. Diese Ausweispflicht bezieht sich aber ausdrücklich nur auf die Gruppe der latenten Steuern aus Konsolidierungsmaßnah-

---

375 Vgl. *Küting/Weber*, Konzernabschluss, 8. Auflage, 2003, S. 370.

376 Vgl. ausführlich *Coenenberg/Hille*, Latente Steuern, DBW 1979, S. 610 ff.; *Busse von Colbe/Ordelheide*, Konzernabschlüsse, 6. Auflage, 1993, S. 35 ff.; *Karrenbrock*, in: *Wysocki et al.*, HdJ, 1984, Abt. I/13 (3. Neubearb. 2002), Tz. 86 ff.; *Eisele/Mühlberger*, Kapitalkonsolidierung, in: *Döring/Kußmaul* (Hrsg.), FS Wöhe, 2004, S. 413 ff.; *Coenenberg*, Jahresabschluss, 20. Auflage, 2005, S. 721 ff.

377 Vgl. Abschnitt B.III.1, Seiten 54 ff. Vgl. auch *Müller*, Konzernsteuerquote, DStR 2002, S. 1686; *Herzig*, Bedeutung, in: *Wollmert et al.* (Hrsg.), FS Lück, 2003, S. 439.

378 Vgl. *Busse von Colbe/Ordelheide*, Konzernabschlüsse, 6. Auflage, 1993, S. 34 ff.; *Adler/Düring/Schmaltz*, Kommentar, 6. Auflage, 1997, § 306 HGB, Tz. 10 ff.

379 Vgl. *Karrenbrock*, in: *Wysocki et al.*, HdJ, 1984, Abt. I/13 (3. Neubearb. 2002), Tz. 68; *Coenenberg*, Jahresabschluss, 20. Auflage, 2005, S. 722.

380 Vgl. *Adler/Düring/Schmaltz*, Kommentar, 6. Auflage, 1997, § 306 HGB, Tz. 36, 44.

381 Vgl. *Heurung*, Steuerabgrenzung, AG 2000, S. 551; *Euler*, Latente Steuern, in: *Ballwieser/Coenenberg/Wysocki* (Hrsg.), HWRP, 3. Auflage, 2002, S. 1476.

men und nicht auf die der ersten Gruppe unterfallenden Steuerlatenzen.[382] Damit ist es letztlich aufgrund der Möglichkeit der Zusammenfassung der beiden Gruppen latenter Steuern gemäß § 306 S. 3 HGB auch im Konzernabschluss möglich und gegebenenfalls geboten, den Ausweis nur eines einzigen Postens latenter Steuern zu erreichen und einen Ausweis aktiver latenter Steuern zu vermeiden.[383]

Die Bildung einer aktiven latenten Steuer, die bei Verlusten einer Konzerngesellschaft den insoweit zu hohen Steueraufwand der anderen in den Konzernabschluss einbezogenen, Gewinn erwirtschaftenden Konzerngesellschaften kompensieren würde, ist nicht zulässig. Obwohl der Fiktion der Konzernbesteuerung so Rechnung getragen würde, ist die Bildung einer latenten Steuer auf Verlustvorträge auch im Konzernabschluss untersagt.[384] Die Konsequenzen der Nicht-Aktivierung einer aktiven Steuerlatenz auf den Verlustvortrag im Hinblick auf die Informationsfunktion wurden oben bereits für den Einzelabschluss dargestellt und sind beim Konzernabschluss besonders gravierend, beschränkt sich dessen Aufgabe doch im Gegensatz zum Einzelabschluss auf die Erfüllung der Informationsfunktion.

Um eine möglichst verursachungsgerechte und wirtschaftlich zutreffende Abgrenzung zu gewährleisten, ist zur Bewertung latenter Steuern im Jahresabschluss internationaler Konzerne idealiter diejenige gesellschaftsspezifische Gewinnsteuerbelastung anzuwenden, die im Zeitpunkt der Umkehrung der zeitlich begrenzten Differenz für das Konzernunternehmen maßgebend ist, das die Steuerlatenz ausgelöst hat. Dies gilt auch, wenn es sich hierbei um eine ausländische Konzerngesellschaft handelt.[385] Im Hinblick auf die zu übernehmenden latenten Steuern aus den Einzelbilanzen und aus der Umstellung der Handelsbilanzen I auf die Handelsbilanzen II bereitet die Anwendung dieser Steuersätze verglichen mit der Bilanzierung der Steuerlatenzen in den Einzelabschlüssen keine zusätzlichen Probleme.[386]

---

382 Vgl. *Adler/Düring/Schmaltz*, Kommentar, 6. Auflage, 1997, § 306 HGB, Tz. 44; *Schildbach*, Konzernabschluß, 6. Auflage, 2001, S. 367; *Herzig*, Bedeutung, in: *Wollmert et al.* (Hrsg.), FS Lück, 2003, S. 440; *Küting/Weber*, Konzernabschluss, 8. Auflage, 2003, S. 371; *Fischer/Klöpfer/Sterzenbach*, Beurteilung, WPg 2004, S. 698; *Coenenberg*, Jahresabschluss, 20. Auflage, 2005, S. 724.

383 Vgl. *Heurung*, Steuerabgrenzung, AG 2000, S. 551; *Coenenberg*, Jahresabschluss, 20. Auflage, 2005, S. 728.

384 Vgl. *Adler/Düring/Schmaltz*, Kommentar, 6. Auflage, 1997, § 306 HGB, Tz. 43.

385 Vgl. *Siegel*, Konzernabschluß, in: *Coenenberg/Wysocki* (Hrsg.), HWRev, 2. Auflage, 1992, S. 1232; *Busse von Colbe/Ordelheide*, Konzernabschlüsse, 6. Auflage, 1993, S. 121; *Herzig*, Steuerlatenz, in: *Bertl et al.* (Hrsg.), Erfolgsabgrenzungen, 2001, S. 120; *Schildbach*, Konzernabschluß, 6. Auflage, 2001, S. 375. Diese Sichtweise galt bereits vor der Transformation der beiden EG-Richtlinien durch das BiRiLiG, vgl. *Arbeitskreis Weltabschlüsse der Schmalenbach-Gesellschaft für Betriebswirtschaft e. V.*, Konzernabschlüsse, ZfbF 1979, Sonderheft 9/79, S. 91, Tz. 341 f.; *Coenenberg/Hille*, Latente Steuern, DBW 1979, S. 619.

386 Auch hier sei auf den Fall organschaftlich verbundener Unternehmen hingewiesen. Da auf der Ebene der Organgesellschaft im Grundsatz kein Raum für die Steuerabgrenzung verbleibt, sondern diese auf der Ebene des Organträgers stattfindet, sind dementsprechend auch die steuerlichen Verhältnisse des Organträgers maßgeblich, vgl. *Wehrheim/Adrian*, Steuerabgrenzung, WPg 2003, S. 1059, 1061.

Aber auch bei den durch die Zwischengewinneliminierung entstehenden Steuerlatenzen als Hauptfall der Steuerabgrenzung nach § 306 HGB[387] ist demnach grundsätzlich der gesellschaftsspezifische Gewinnsteuersatz der die erfolgswirksame Konsolidierung verursachenden, also der liefernden oder leistenden Gesellschaft anzuwenden.[388] Bei zentraler Berechnung der latenten Steuern wird jedoch in der Mehrzahl der Fälle die Identifizierung dieser Gesellschaften schwierig oder unmöglich sein. Aus Kosten-Nutzen-Erwägungen heraus kann hier, ebenso wie bei den latenten Steuern aus weiteren erfolgswirksamen Maßnahmen der Vollkonsolidierung, ein konzerneinheitlicher Durchschnittssteuersatz herangezogen werden, der durch gewichtete Schätzung möglichst exakt zu ermitteln ist.[389] Darüber hinaus ist es zur Vermeidung der Prognoseunsicherheit auch nicht zu beanstanden und daher gängige Praxis, wenn die Abgrenzung anstatt mit zukünftigen Steuersätzen zunächst mit aktuellen Steuersätzen vorgenommen wird.[390] Eine Abzinsung der Position latenter Steuern ist auch nach § 306 HGB nicht zulässig.[391]

3. Konzernabschlüsse nach IAS und US-GAAP

Nach IAS und US-GAAP besteht hinsichtlich der Bildung latenter Steuern eine so weitreichende Übereinstimmung,[392] dass die relevanten Vorschriften des IAS 12 und des SFAS No. 109 hier gemeinsam betrachtet werden können. Eine Differenzierung nach Einzel- und Konzernabschluss oder nach primären und sekundären Steuerlatenzen ist ebenfalls nicht erforderlich, da die Abgrenzung latenter Steuern in beiden Rechenwerken nach denselben

---

387 Vgl. *Adler/Düring/Schmaltz*, Kommentar, 6. Auflage, 1997, § 306 HGB, Tz. 32. Werden Zwischengewinne im nicht abnutzbaren Anlagevermögen eliminiert, kommt eine Steuerabgrenzung nicht in Betracht, da sich diese Differenzen erst bei Veräußerung auflösen (quasi-permanente Differenzen), vgl. *Schmidbauer*, Bilanzierung, DB 2001, S. 1574.

388 Vgl. *Schruff*, Bilanzierung, in: *Baetge* (Hrsg.), Rechnungslegung, 2000, S. 110; *Herzig*, Steuerlatenz, in: *Bertl et al.* (Hrsg.), Erfolgsabgrenzungen, 2001, S. 120.

389 Vgl. *Siegel*, Konzernabschluß, in: *Coenenberg/Wysocki* (Hrsg.), HWRev, 2. Auflage, 1992, S. 1232; *Busse von Colbe/Ordelheide*, Konzernabschlüsse, 6. Auflage, 1993, S. 121; *Adler/Düring/Schmaltz*, Kommentar, 6. Auflage, 1997, § 306 HGB, Tz. 40; *Klein*, Bilanzierung, DStR 2001, S. 1453; *Schildbach*, Konzernabschluß, 6. Auflage, 2001, S. 375; *Euler*, Latente Steuern, in: *Ballwieser/Coenenberg/Wysocki* (Hrsg.), HWRP, 3. Auflage, 2002, S. 1470 f.; *Debus*, in: *Böcking et al.*, Beck'sches HB der Rechnungslegung, 1986, C 440, Tz. 55 ff.; *Karrenbrock*, in: *Wysocki et al.*, HdJ, 1984, Abt. I/13 (3. Neubearb. 2002), Tz. 111; *Küting/Zwirner*, Unternehmenspraxis, WPg 2003, S. 303; *Coenenberg*, Jahresabschluss, 20. Auflage, 2005, S. 727.

390 Vgl. *Küting/Zwirner*, Unternehmenspraxis, WPg 2003, S. 303; *Coenenberg*, Jahresabschluss, 20. Auflage, 2005, S. 727.

391 Vgl. *Achatz/Kofler*, Abzinsung, in: *Bertl et al.* (Hrsg.), Erfolgsabgrenzungen, 2001, S. 202 ff.; *Klein*, Bilanzierung, DStR 2001, S. 1453; *Küting/Weber*, Konzernabschluss, 9. Auflage, 2005, S. 174; *Coenenberg*, Jahresabschluss, 20. Auflage, 2005, S. 455.

392 Vgl. *Klein*, Bilanzierung, DStR 2001, S. 1454, 1456; *Schmidbauer*, Bilanzierung, DB 2001, S. 1569; *Coenenberg*, Jahresabschluss, 20. Auflage, 2005, S. 466, 738. Vgl. zu den verbleibenden Unterschieden bei der Abgrenzung latenter Steuern *Loitz*, Überleitungsrechnung, WPg 2004, S. 1177 ff. Zu den Unterschieden zwischen IAS und US-GAAP im Allgemeinen *Feld*, Unterschiede, WPg 2001, S. 1025 ff.

Grundsätzen vorgenommen wird.[393] Konzeptionell liegt der Steuerabgrenzung in den IAS- und US-GAAP-Abschlüssen mit dem bilanzorientierten *temporary*-Konzept ein weitaus umfassenderes Verständnis latenter Steuern zugrunde als den HGB-Abschlüssen.[394] Im Vordergrund steht hierbei nicht die sachlich richtige Darstellung der Ertragslage, sondern die zutreffende Vermögensdarstellung.[395]

Nach dem *temporary*-Konzept sind auf alle Bilanzierungs- und Bewertungsdifferenzen zwischen den Wertansätzen der *assets* und *liabilities* in den IAS- oder US-GAAP-Bilanzen und deren steuerlichen Wertansätzen, den sogenannten Steuerwerten[396], *tax bases*[397], latente Steuern zu bilden, wenn die Differenzen bei ihrer Auflösung zu Erfolgsunterschieden zwischen den handels- und steuerrechtlichen Abschlüssen führen.[398] Dabei ist es im Gegensatz zum *timing*-Konzept nicht relevant, ob sich die *temporary differences* bereits bei ihrer Entstehung in der Gewinn- und Verlustrechnung niedergeschlagen haben oder ob sie erfolgsneutral entstanden[399] sind.[400] Demnach umfassen *temporary differences* sowohl sämtliche *timing differences* als auch weitere *temporary differences.*[401]

Werden *assets* im IAS- oder US-GAAP-Abschluss im Vergleich zu ihren Steuerwerten niedriger bewertet, führt dies zu einer abzugsfähigen temporären Differenz, einer *deductible temporary difference* und nach internationalen Rechnungslegungsgrundsätzen zur Notwendigkeit des Ansatzes einer aktiven Steuerlatenz, eines *deferred tax assets*, ohne dass sich die Entstehung dieses Unterschiedes in der Gewinn- und Verlustrechnung niedergeschlagen hat. Denn bei der Auflösung der Differenz (z.B. über die niedrigeren handelsrechtlichen Abschreibungen der Vermögensgegenstände in den Folgeperioden) wird in den handelsrechtlichen Jahresabschlüssen ein im Vergleich zur Steuerbilanz höheres Ergebnis ausgewiesen. Aufgrund der

---

393 Vgl. *App*, Latente Steuern, KoR 2003, S. 211; *Küting/Zwirner*, Unternehmenspraxis, WPg 2003, S. 302; *Fischer/Klöpfer/Sterzenbach*, Beurteilung, WPg 2004, S. 698. Vgl. zu einer differenzierten Darstellung der Bilanzierung latenter Steuern im Konzernabschluss *Fischer*, IAS 12, BBK 2002, Fach 20, S. 673.

394 Vgl. nur *Coenenberg/Hille*, Richtlinie IAS 12, DB 1997, S. 537; *Baumann/Spanheimer*, in: *Küting/Weber*, HB der Rechnungslegung - Einzelabschluss, 5. Auflage, 2002, § 274 HGB, Tz. 17; *Walter*, Ertragsteuern, in: *Löw* (Hrsg.), Rechnungslegung, 2003, S. 524.

395 Vgl. *Pellens*, Internationale Rechnungslegung, 4. Auflage, 2001, S. 262; *Fischer*, IAS 12, BBK 2002, Fach 20, S. 670 f.

396 Vgl. zum Begriff des Steuerwerts mit anschaulichen Beispielen *Walter*, Ertragsteuern, in: *Löw* (Hrsg.), Rechnungslegung, 2003, S. 532 f.

397 Vgl. *IASB*, IAS 12, Abs. 7 ff.

398 Vgl. *Schildbach*, permanente Differenzen, WPg 1998, S. 940; *Schäffeler*, Latente Steuern, 2000, S. 46; *KPMG*, Rechnungslegung, 3. Auflage, 2003, S. 278; *Coenenberg*, Jahresabschluss, 20. Auflage, 2005, S. 459.

399 Beispielsweise durch die nach IAS 16 zulässige GuV-neutrale Neubewertung von *assets*, die steuerlich nicht mitvollzogen wird, vgl. *Coenenberg*, Jahresabschluss, 20. Auflage, 2005, S. 460. Zu erfolgswirksam und erfolgsneutral entstandenen Differenzen ausführlich *Schäffeler*, Latente Steuern, 2000, S. 48 ff. Vgl. zu einem weiteren Beispiel erfolgsneutral entstandener Bewertungsunterschiede zwischen Handels- und Steuerbilanz *Küting/Gattung*, Abgrenzung, StuB 2005, S. 245 f.

400 Vgl. *Coenenberg/Hille*, Richtlinie IAS 12, DB 1997, S. 537; *Wehrheim/Adrian*, Steuerabgrenzung, WPg 2003, S. 1059; *Küting/Gattung*, Abgrenzung, StuB 2005, S. 243.

401 Vgl. *Pellens*, Internationale Rechnungslegung, 4. Auflage, 2001, S. 261.

niedrigeren steuerlichen Bemessungsgrundlage ergibt sich dann für die Unternehmung ein im Vergleich zum handelsrechtlichen Ergebnis zu geringer tatsächlicher Steueraufwand. Dieser dem *asset* zuzurechnende Steuereffekt begründet im *temporary*-Konzept die Abgrenzung einer aktiven Steuerlatenz, die bei ihrer Auflösung in den Folgeperioden durch den dabei entstehenden latenten Steueraufwand den zu geringen tatsächlichen Steueraufwand kompensiert. Gleiches gilt für *liabilities*, die im Jahresabschluss nach IAS oder US-GAAP höher bewertet werden als in der Steuerbilanz.

Passive Steuerlatenzen, *deferred tax liabilities*, sind abzugrenzen, wenn *assets* im handelsrechtlichen Abschluss im Vergleich zu ihrem Steuerwert mit einem höheren Wert angesetzt werden oder wenn *liabilities* handelsbilanziell niedriger bewertet werden. Die hierdurch entstehende *taxable temporary difference* führt bei ihrer Auflösung handelsrechtlich zu einem niedrigeren Gewinn als steuerrechtlich und demzufolge zu einer im Vergleich zum handelsrechtlichen Gewinn zu hohen tatsächlichen Steuerbelastung.[402] Durch die Auflösung der passiven Steuerlatenz wird diese zu hohe tatsächliche Steuerbelastung nivelliert. Erfolgswirksam entstandene *timing differences* bilden eine Teilmenge der *temporary differences* und lösen stets die Notwendigkeit der Steuerabgrenzung auch nach internationalen Rechnungslegungsgrundsätzen aus.[403]

Da zudem weder eine zeitliche Restriktion noch der Vorbehalt der Dispositionsunabhängigkeit der Umkehrung besteht, werden nach internationalen Rechnungslegungsgrundsätzen auch quasi-permanente Differenzen in die Steuerabgrenzung einbezogen.[404] Im Ergebnis sind damit nach internationalen Rechnungslegungsstandards grundsätzlich auf sämtliche vorübergehenden Bilanzierungs- und Bewertungsunterschiede zwischen den handels- und steuerrechtlichen Rechenwerken Steuerabgrenzungen vorzunehmen, dies unabhängig davon, ob sich die Entstehung der Differenzen in der Gewinn- und Verlustrechnung niedergeschlagen hat oder nicht.[405]

Eine Ausnahme von diesem Grundsatz stellen der *goodwill* und der negative Unterschiedsbetrag dar, auf die keine latenten Steuern gebildet werden dürfen, sofern deren Abschreibung nicht auch nach steuerrechtlichen Regelungen anerkannt wird.[406] Ebenfalls sind auf Differen-

---

402 Zu den Beispielen vgl. *Schmidbauer*, Bilanzierung, DB 2001, S. 1569 f.; *Fischer*, IAS 12, BBK 2002, Fach 20, S. 672 f.; *Coenenberg*, Jahresabschluss, 20. Auflage, 2005, S. 459.

403 Vgl. *Walter*, Ertragsteuern, in: *Löw* (Hrsg.), Rechnungslegung, 2003, S. 524; *Küting/Gattung*, Abgrenzung, StuB 2005, S. 242. Unter Umständen zählen auch Teile der *permanent differences* zu den *temporary differences*, vgl. *Coenenberg*, Jahresabschluss, 20. Auflage, 2005, S. 459.

404 Vgl. *Pellens*, Internationale Rechnungslegung, 4. Auflage, 2001, S. 258; *Coenenberg*, Jahresabschluss, 20. Auflage, 2005, S. 459.

405 Vgl. z.B. *Schäffeler*, Latente Steuern, 2000, S. 51 ff.; *Ernsting*, Auswirkungen, WPg 2001, S. 11 ff.; *Pellens*, Internationale Rechnungslegung, 4. Auflage, 2001, S. 260 ff. (US-GAAP), S. 487 ff. (IAS); *Wagenhofer*, IAS, 3. Auflage, 2001, S. 272 ff.; *Coenenberg*, Jahresabschluss, 20. Auflage, 2005, S. 437 f., 459 f., 731 f.

406 Vgl. *IASB*, IAS 12, Abs. 15 (a), 21; *FASB*, SFAS No. 109, Abs. 9 (d), 30, 131 ff., 259 ff.; *Schäffeler*, Latente Steuern, 2000, S. 53, 62 f.; *Pellens*, Internationale Rechnungslegung, 4. Auflage, 2001, S. 261 f.;

zen aus außerbilanziellen Hinzurechnungen und Kürzungen im Rahmen der Ermittlung des zu versteuernden Einkommens und aus unmittelbaren Kürzungen der Steuerschuld keine Steuerabgrenzungen vorzunehmen.[407] Die Ermittlung der Steuerlatenzen erfolgt nach IAS und US-GAAP durch den Vergleich der Differenzen einzelner Geschäftsvorfälle und Bilanzpositionen bei deren Abbildung in der Steuer- und der Handelsbilanz, mithin unsaldiert durch Einzeldifferenzenbetrachtung. Auch für den Ausweis ist im Grundsatz eine getrennte Abbildung aktiver und passiver Steuerlatenzen in der Bilanz vorgesehen. Nur unter engen Voraussetzungen ist nach IAS und US-GAAP eine Saldierung der Positionen zulässig.[408]

Zur Ermittlung der Höhe der abzugrenzenden Steuerpositionen wird wie im GoB-System auf die bilanzorientierte *liability*-Methode abgestellt,[409] die aufgrund des ihr innewohnenden statischen Verständnisses einen inneren Zusammenhang mit dem *temporary*-Konzept aufweist.[410] Gemäß der *liability*-Methode sind grundsätzlich die im Zeitpunkt der Umkehrung gültigen Steuersätze, mithin die zukünftigen Steuersätze, heranzuziehen.[411] Um allerdings subjektive Wertungen und Schätzspielräume zu vermeiden, sind der Bewertung zunächst die am Bilanzstichtag gültigen Steuersätze und -vorschriften zugrunde zu legen.[412]

Abzugrenzen sind auch nach den internationalen Rechnungslegungsgrundsätzen nur die ergebnisabhängigen Steuern, im deutschen Steuersystem also die Gewerbe- und die Körperschaftsteuer einschließlich des hierauf erhobenen Solidaritätszuschlages.[413] Maßgebend für die anzuwendenden Steuersätze sind die lokalen steuerlichen Verhältnisse, die für die jeweils betreffende Konzerngesellschaft gelten. Bei latenten Steuern aus konzerninternen Lieferungen

Klein, Bilanzierung, DStR 2001, S. 1455 f.; *Fischer*, IAS 12, BBK 2002, Fach 20, S. 673 f. Vgl. zu dieser und weiteren Ausnahmen auch *Coenenberg/Hille*, Richtlinie IAS 12, DB 1997, S. 539 f.; *Schäffeler*, Latente Steuern, 2000, S. 52 ff.; *Schmidbauer*, Bilanzierung, DB 2001, S. 1573; *Wagenhofer*, Steuerlatenz, in: *Bertl et al.* (Hrsg.), Erfolgsabgrenzungen, 2001, S. 43; *Küting/Wirth*, Latente Steuern, BB 2003, S. 627; *Coenenberg*, Jahresabschluss, 20. Auflage, 2005, S. 461, 733. Nach HGB kommt eine Steuerabgrenzung auf den Geschäfts- oder Firmenwert ohnehin nicht in Betracht, da es sich bei dem nicht auch steuerlich abschreibbaren Teil um eine quasi-permanente Differenz handelt.

407 Vgl. *Coenenberg*, Jahresabschluss, 20. Auflage, 2005, S. 460.

408 Vgl. *IASB*, IAS 12, Abs. 69 ff.; *FASB*, SFAS No. 109, Abs. 41 f. Vgl., auch hinsichtlich der verbleibenden Saldierungsmöglichkeiten nach IAS, *Klein*, Bilanzierung, DStR 2001, S. 1455; *Pellens*, Internationale Rechnungslegung, 4. Auflage, 2001, S. 262, 488 m.w.N.; *Coenenberg*, Jahresabschluss, 20. Auflage, 2005, S. 465.

409 Vgl. *IASB*, IAS 12, Abs. 47; *FASB*, SFAS No. 109, Abs. 63; *Schäffeler*, Latente Steuern, 2000, S. 55; *Schildbach*, Konzernabschluß, 6. Auflage, 2001, S. 388; *Walter*, Ertragsteuern, in: *Löw* (Hrsg.), Rechnungslegung, 2003, S. 534; *Coenenberg*, Jahresabschluss, 20. Auflage, 2005, S. 466 f.

410 Vgl. *Heurung*, Steuerabgrenzung, AG 2000, S. 539; *Klein*, Bilanzierung, DStR 2001, S. 1452.

411 Vgl. *IASB*, IAS 12, Abs. 47, S. 1; *FASB*, SFAS No. 109, Abs. 18, 233.

412 Vgl. *IASB*, IAS 12, Abs. 47, S. 2; *FASB*, SFAS No. 109, Abs. 8 (c), 112, 233; *Gröner/Marten/Schmid*, Vergleich, WPg 1997, S. 484; *Schildbach*, Konzernabschluß, 6. Auflage, 2001, S. 388; *Fischer*, IAS 12, BBK 2002, Fach 20, S. 677; *Schildbach*, US-GAAP, 2. Auflage, 2002, S. 173; *Gens/Wahle*, Verlustvorträge, KoR 2003, S. 289; *Coenenberg*, Jahresabschluss, 20. Auflage, 2005, S. 466 f. Zur Steuerabgrenzung bei Änderungen des Steuerrechts Abschnitt B.V, Seiten 86 ff.

413 Vgl. *IASB*, IAS 12, Abs. 2; *FASB*, SFAS No. 109, Abs. 4 (a), 289; *Schäffeler*, Latente Steuern, 2000, S. 138 ff.; a.A. *Coenenberg*, Jahresabschluss, 20. Auflage, 2005, S. 466 f., der den Solidaritätszuschlag außen vor lässt.

und Leistungen, also bei Steuerlatenzen aus der Zwischengewinneliminierung[414], kommt bei der Steuerabgrenzung nach US-GAAP - entsprechend der Vorgehensweise nach HGB - der Steuersatz der liefernden oder leistenden Konzernunternehmung zur Anwendung, während die IAS im Gegensatz dazu auf den Steuersatz der empfangenden Gesellschaft abstellen.[415]

Die abzugrenzenden latenten Steuerpositionen werden, wie auch nach den Vorschriften des HGB, mit dem Nominalwert angesetzt und nicht mit ihrem Barwert.[416] Es bleibt abzuwarten, ob hier auf der Grundlage der Vorhaben der IASB-Projektgruppe ‚*Present Value*'[417] sowie der nach der Verabschiedung von SFAC 7 in Gang gesetzten Diskussion zur Abzinsung latenter Steuern eine Annäherung an die Marktbewertung vorgenommen werden kann, die eine Diskontierung der Steuerpositionen ermöglichen und damit die Überbewertung der Steuerlatenzen verhindern würde.[418] Die Steuerlatenzen haben in den IAS- und US-GAAP-Abschlüssen sämtlich den Charakter von Forderungen oder Verbindlichkeiten und sind getrennt von anderen Vermögensgegenständen und Schulden auszuweisen.[419] Bilanzierungspflicht besteht im Gegensatz zum deutschen HGB nicht nur für passive, sondern, unter der Voraussetzung einer hinreichenden Wahrscheinlichkeit der Realisation der Ansprüche,[420] auch für aktive latente Steuern.[421]

---

414 Vgl. zu latenten Steuern aus der Kapitalkonsolidierung nach IAS/IFRS ausführlich *Küting/Wirth*, Latente Steuern, BB 2003, S. 623 ff.

415 Vgl. *Schruff*, Bilanzierung, in: *Baetge* (Hrsg.), Rechnungslegung, 2000, S. 103; *Herzig*, Steuerlatenz, in: *Bertl et al.* (Hrsg.), Erfolgsabgrenzungen, 2001, S. 120; *Schildbach*, Konzernabschluß, 6. Auflage, 2001, S. 389; *Wagenhofer*, Steuerlatenz, in: *Bertl et al.* (Hrsg.), Erfolgsabgrenzungen, 2001, S. 44; *Fischer*, IAS 12, BBK 2002, Fach 20, S. 679 f.; *Coenenberg*, Jahresabschluss, 20. Auflage, 2005, S. 737 ff. m.w.N. *Heuser/Theile* haben ihre Auffassung im Hinblick auf den nach IAS heranzuziehenden Steuersatz geändert. Während sie in der ersten Auflage des IAS/IFRS-Handbuches von der Maßgeblichkeit des Steuersatzes der empfangenden Gesellschaft ausgehen, stellen sie in der zweiten Auflage auf den Steuersatz der liefernden Konzerngesellschaft ab, vgl. *Heuser/Theile*, IAS Handbuch, 1. Auflage, 2003, Tz. 755; *Heuser/Theile*, IAS Handbuch, 2. Auflage, 2005, Tz. 1345.

416 Vgl. *IASB*, IAS 12, Abs. 53; *FASB*, SFAS No. 109, Abs. 199; *Coenenberg/Hille*, Richtlinie IAS 12, DB 1997, S. 543 f.; *Schäffeler*, Latente Steuern, 2000, S. 77 f.; *Schruff*, Bilanzierung, in: *Baetge* (Hrsg.), Rechnungslegung, 2000, S. 103; *Wagenhofer*, Steuerlatenz, in: *Bertl et al.* (Hrsg.), Erfolgsabgrenzungen, 2001, S. 45; *Loitz/Rössel*, Diskontierung, DB 2002, S. 645; *KPMG*, Rechnungslegung, 3. Auflage, 2003, S. 281; *Walter*, Ertragsteuern, in: *Löw* (Hrsg.), Rechnungslegung, 2003, S. 536; *Eisele/Mühlberger*, Kapitalkonsolidierung, in: *Döring/Kußmaul* (Hrsg.), FS Wöhe, 2004, S. 412; *Küting/Weber*, Konzernabschluss, 9. Auflage, 2005, S. 174; *Coenenberg*, Jahresabschluss, 20. Auflage, 2005, S. 466; *Heuser/Theile*, IAS Handbuch, 2. Auflage, 2005, Tz. 1346.

417 Zwar hat die Projektgruppe ihre Arbeit unterbrochen, die zu bearbeitenden Sachfragen werden jedoch in anderen Gremien weiter verfolgt, vgl. hierzu die Hinweise unter http://www.iasb.co.uk.

418 Vgl. *Klein*, Bilanzierung, DStR 2001, S. 1453; *Wagenhofer*, Steuerlatenz, in: *Bertl et al.* (Hrsg.), Erfolgsabgrenzungen, 2001, S. 45; *Loitz/Rössel*, Diskontierung, DB 2002, S. 646 f.

419 Vgl. *Schäffeler*, Latente Steuern, 2000, S. 56 f., 58 f.; *Schildbach*, Konzernabschluß, 6. Auflage, 2001, S. 390; *Heuser/Theile*, IAS Handbuch, 2. Auflage, 2005, Tz. 1305.

420 Vgl. *IASB*, IAS 12, Abs. 24, 27; *FASB*, SFAS No. 109, Abs. 17. Die Unterschiede in den Kriterien der hinreichend sicheren Wahrscheinlichkeit werden nachfolgend am Beispiel der Verlustvorträge dargestellt.

421 Vgl. *Wagenhofer*, Steuerlatenz, in: *Bertl et al.* (Hrsg.), Erfolgsabgrenzungen, 2001, S. 41 f.; *Coenenberg*, Jahresabschluss, 20. Auflage, 2005, S. 465.

Insbesondere sind zwingend aktive Steuerlatenzen auf Verlustvorträge zu bilden, sofern künftige steuerpflichtige Ergebnisse wahrscheinlich sind, die eine Nutzung der Verlustvorträge ermöglichen.[422] Denn für den Fall wahrscheinlicher künftiger steuerlicher Ergebnisse besteht ein ökonomischer Vorteil, der durch Verluste aus vergangenen Perioden entstanden und realisierbar ist. Damit ist sowohl nach den Vorschriften der IAS als auch nach US-GAAP ein aktivierbares *asset* gegeben, welches die Steuerbelastung künftiger Perioden mindert und so eine Steuerabgrenzung notwendig macht.[423] Hinsichtlich der Wahrscheinlichkeit der Nutzung des ökonomischen Vorteils aus der aktiven Steuerlatenz bestehen allerdings Unterschiede zwischen IAS und US-GAAP.[424]

US-GAAP quantifizieren die notwendige Eintrittswahrscheinlichkeit einer Steuerentlastung aus dem Verlustvortrag, und damit das Erfordernis der Abgrenzung einer aktiven Steuerlatenz, bei entsprechenden steuerpflichtigen Beträgen auf „*more likely than not*"[425]. Ganz ausdrücklich wird dabei abgestellt auf „*a level of likelihood that is more than 50 percent*"[426], also auf eine Wahrscheinlichkeit von lediglich mehr als 50%. Bei der Beurteilung der Realisierbarkeit aktiver Steuerlatenzen sind zudem die Bestimmungen des maßgebenden Steuerrechts zu beachten. Von besonderer Relevanz sind hier einerseits einschränkende Vorschriften zu den Verlustrücktrags- und -vortragsmöglichkeiten, andererseits aber auch Möglichkeiten zur Generierung zu versteuernden Ergebnisses durch Steuergestaltungen, sogenannte *tax planning strategies*.[427]

Die Formulierung der IAS ist demgegenüber vage und verlangt, dass die künftige Steuerentlastung „*probable*"[428] im Sinne von ‚sehr wahrscheinlich' sein muss. Im Allgemeinen wird hierunter eine Wahrscheinlichkeit von deutlich mehr als 50% verstanden.[429] Daneben enthal-

---

422 Vgl. *IASB*, IAS 12, Abs. 34; *FASB*, SFAS No. 109, Abs. 17, 21; noch zum Entwurf IAS ED 49 *Ordelheide*, latente Steuern, in: *Lanfermann* (Hrsg.), FS Havermann, 1995, S. 617 ff.; sowie *Pellens*, Internationale Rechnungslegung, 4. Auflage, 2001, S. 263 f., 489; *Eitzen/Helms*, Verlustvorträge, BB 2002, S. 827 f.; *Gens/Wahle*, Verlustvorträge, KoR 2003, S. 288 f.; *Walter*, Ertragsteuern, in: *Löw* (Hrsg.), Rechnungslegung, 2003, S. 529; *Kirsch*, Änderungen, DStR 2003, S. 130; *Küting/Zwirner*, Bedeutung, BB 2005, S. 1555.

423 Vgl. *Schäffeler*, Latente Steuern, 2000, S. 68; *Coenenberg*, Jahresabschluss, 20. Auflage, 2005, S. 462, 466 f.

424 Vgl. *Herzig/Dempfle*, Konzernsteuerquote, DB 2002, S. 2.

425 *FASB*, SFAS No. 109, Abs. 97.

426 *FASB*, SFAS No. 109, Abs. 97.

427 Vgl. *FASB*, SFAS No. 109, Abs. 21, hier insbesondere lit. d, Abs. 22; *Schäffeler*, Latente Steuern, 2000, S. 70 ff.; *KPMG*, Rechnungslegung, 3. Auflage, 2003, S. 282.

428 *IASB*, IAS 12, Abs. 34.

429 Vgl. *Klein*, Bilanzierung, DStR 2001, S. 1454; *Wagenhofer*, IAS, 3. Auflage, 2001, S. 274 ff., 285; *Wagenhofer*, Steuerlatenz, in: *Bertl et al.* (Hrsg.), Erfolgsabgrenzungen, 2001, S. 42 f. So sehen manche Autoren eine Mindestwahrscheinlichkeit von 75-80% als Aktivierungsvoraussetzung, vgl. *Loitz/Rössel*, Diskontierung, DB 2002, S. 648; *PriceWaterhouseCoopers*, IAS für Banken, 2. Auflage, 2002, S. 403; *Küting/Zwirner*, Unternehmenspraxis, WPg 2003, S. 304; *Walter*, Ertragsteuern, in: *Löw* (Hrsg.), Rechnungslegung, 2003, S. 526; *Loitz*, Überleitungsrechnung, WPg 2004, S. 1179. Andere Autoren gehen sowohl für IAS als auch für US-GAAP von einer nur mindestens 50%igen Wahrscheinlichkeit aus, vgl. *Ordelheide*, latente Steuern, in: *Lanfermann* (Hrsg.), FS Havermann, 1995, S. 618 ff., der sich allerdings

ten die IAS weitere Objektivierungskriterien, deren Vorliegen die Realisierbarkeit eines durch eine aktive latente Steuer gebildeten Steueranspruchs signalisiert.[430] Beispielsweise gestatten die IAS ebenfalls den Ansatz aktiver latenter Steuern, wenn es dem Unternehmen möglich ist, durch Steuergestaltungen in geeigneten Perioden ein zu versteuerndes Ergebnis zu generieren.[431] Wie nach US-GAAP sind zur Beurteilung der Realisierungswahrscheinlichkeit auch die Regelungen des maßgeblichen Steuerrechts z.B. im Hinblick auf Verlustabzugs- und Verlustverrechnungsbeschränkungen zu beachten.[432]

Die Realisation zukünftiger Steuerminderungen aus *deductible temporary differences* und steuerlichen Verlustvorträgen ist sowohl zum Zeitpunkt des erstmaligen Ansatzes als auch zukünftig regelmäßig zum Bilanzstichtag auf ihre genügend große Wahrscheinlichkeit hin zu überprüfen.[433] Die nach US-GAAP notwendige Voraussetzung der Realisierbarkeit von Steueransprüchen ist das ‚Vorhandensein von entsprechenden steuerpflichtigen Beträgen'[434]. ‚Entsprechend' sind die steuerpflichtigen Beträge dann, wenn sie in ausreichender Höhe vorliegen und nach den steuerrechtlichen Bestimmungen zur Verrechnung in den maßgeblichen Zeiträumen herangezogen werden können.[435] Beträgt die Wahrscheinlichkeit, dass wegen mangelnder steuerpflichtiger Beträge der Steuervorteil aus den *deductible temporary differences* oder den steuerlichen Verlustvorträgen nicht oder nur teilweise verwirklicht werden kann, mehr als 50%, ist als Sicherheitsabschlag auf die aktive Steuerlatenz zwingend eine als *valuation allowance* bezeichnete außerplanmäßige Wertberichtigung vorzunehmen.[436] Die Wert-

---

noch auf den Entwurf IAS ED 49 vom Oktober 1994 bezieht; *Pellens*, Internationale Rechnungslegung, 4. Auflage, 2001, S. 263 f., 489; *Dahlke/Eitzen*, Überleitungsrechnung, DB 2003, S. 2243; *KPMG*, Insights into IFRS, 2005/6 Edition, 2005, S. 443.

430 Vgl. *IASB*, IAS 12, Abs. 28 ff.; *Coenenberg/Hille*, Richtlinie IAS 12, DB 1997, S. 541 f.; *Walter*, Ertragsteuern, in: *Löw* (Hrsg.), Rechnungslegung, 2003, S. 527; *Coenenberg*, Jahresabschluss, 20. Auflage, 2005, S. 462 f. Sind die dort genannten Voraussetzungen erfüllt, ist die Bilanzierung aktiver Steuerlatenzen im Allgemeinen und damit auch auf Verlustvorträge obligatorisch. Sind einzelne Ansatzkriterien für Steuerlatenzen nicht erfüllt und konnten latente Steueransprüche dadurch nicht oder nicht vollständig bilanziert werden, ist in den Folgejahren jeweils zum Abschlussstichtag zu überprüfen, ob die Kriterien inzwischen erfüllt sind und eine Nachholung der Aktivierung erforderlich ist, vgl. *IASB*, IAS 12, Abs. 37; *Dahlke/Eitzen*, Überleitungsrechnung, DB 2003, S. 2243.

431 Vgl. *IASB*, IAS 12, Abs. 29 (b). Demgegenüber darf kein latenter Steuerposten aktiviert werden, wenn das Mutterunternehmen die Umkehrung temporärer Differenzen beeinflussen kann und es wahrscheinlich ist, dass die Umkehrung in absehbarer Zeit nicht erfolgen wird, vgl. *IASB*, IAS 12, Abs. 39; *Klein*, Bilanzierung, DStR 2001, S. 1454.

432 Vgl. *IASB*, IAS 12, Abs. 36 (b); *Adrian*, Tax Reconciliation, 2005, S. 178 ff. Im Anschluss an eine mehrjährige Verlustsituation des Unternehmens gelten zukünftige Gewinne als unwahrscheinlich, was insoweit der Bilanzierung einer aktiven Steuerlatenz auf einen zusätzlich entstandenen Verlust entgegensteht, vgl. *IASB*, IAS 12, Abs. 31, 35; *Coenenberg/Hille*, Richtlinie IAS 12, DB 1997, S. 541; *Klein*, Bilanzierung, DStR 2001, S. 1454; *Adrian*, Tax Reconciliation, 2005, S. 176.

433 Vgl. nur *Eitzen/Helms*, Verlustvorträge, BB 2002, S. 825.

434 „*existence of sufficient taxable income of the appropriate character*", *FASB*, SFAS No. 109, Abs. 21.

435 Vgl. *FASB*, SFAS No. 109, Abs. 21; *Schäffeler*, Latente Steuern, 2000, S. 69. Das zukünftige Einkommen muss tatsächlich mit den steuerlichen Verlusten zu verrechnen sein, daher sind z.B. steuerfreie Einkünfte nicht zu berücksichtigen, vgl. *Eitzen/Helms*, Verlustvorträge, BB 2002, S. 825.

436 Vgl. *FASB*, SFAS No. 109, Abs. 17 (e); ausführlich *Schäffeler*, Latente Steuern, 2000, S. 69 ff.; vgl. auch *Schildbach*, Konzernabschluß, 6. Auflage, 2001, S. 389; *Eitzen/Helms*, Verlustvorträge, BB 2002, S. 825; *Küting/Zwirner*, Unternehmenspraxis, WPg 2003, S. 305.

berichtigung ist gesondert auszuweisen oder mit den aktiven latenten Steuern zu verrechnen und im Anhang zu erläutern.[437]

Die Höhe der Wertberichtigung bestimmt sich in Abhängigkeit von der Höhe des voraussichtlich nicht oder nicht mehr realisierbaren Teils des *deferred tax assets*. Diese wird anteilig vorgenommen und kann jeden Wert zwischen 0 und 100% der Höhe des *deferred tax assets* annehmen.[438] Im Extremfall kann die *valuation allowance* somit maximal den gesamten Betrag der neu zu bildenden oder bestehenden aktiven Steuerlatenz auf die *deductible temporary difference* oder den steuerlichen Verlustvortrag ausmachen. In den Folgeperioden sind die Realisierungswahrscheinlichkeiten aktiver Steuerlatenzen jährlich erneut zu überprüfen und der Betrag der *valuation allowance* anzupassen und fortzuschreiben, also entsprechend der dann festgestellten Realisierungswahrscheinlichkeit zu erhöhen oder zu vermindern.[439]

Die IAS enthalten eine den US-GAAP vergleichbare Regelung, nach der die Realisierbarkeit latenter Steueransprüche ebenfalls bei der erstmaligen Abgrenzung ebenso wie zu jedem folgenden Bilanzstichtag zu überprüfen ist.[440] Die latenten Steueransprüche sind in dem Umfang zu vermindern, in dem ausreichendes zu versteuerndes Ergebnis zur vollständigen oder teilweisen Nutzung des latenten Steueranspruchs nicht mehr wahrscheinlich ist.[441] Die Minderungen sind in den Folgeperioden in dem Umfang rückgängig zu machen, in dem die Nutzung der latenten Steueransprüche aufgrund ausreichendem zu versteuernden Ergebnis wieder wahrscheinlich geworden ist.[442]

Wie gezeigt werden konnte, beinhalten Jahresabschlüsse, die nach IAS oder US-GAAP aufgestellt werden, latente Steuern in einem deutlich größeren und sachgerechteren Umfang als Abschlüsse nach dem deutschen HGB. Im Ergebnis sollen nach den internationalen Rechnungslegungsgrundsätzen alle zukünftigen steuerlichen Auswirkungen periodengerecht abgebildet werden, die bereits zum Bilanzierungszeitpunkt in den Bilanzen enthalten sind, insbesondere auch erfolgsneutral entstandene Bilanzierungsdifferenzen zwischen den handelsrechtlichen und steuerrechtlichen Rechenwerken.[443] Aus diesem Grund erlangen latente Steuern in IAS- oder US-GAAP-Abschlüssen eine weitaus größere Bedeutung als in den HGB-

---

[437] Vgl. *FASB*, SFAS No. 109, Abs. 17, 43; *Schäffeler*, Latente Steuern, 2000, S. 74.

[438] Vgl. *FASB*, SFAS No. 109, Abs. 98; *Gröner/Marten/Schmid*, Vergleich, WPg 1997, S. 484; *Schäffeler*, Latente Steuern, 2000, S. 70; *Eitzen/Helms*, Verlustvorträge, BB 2002, S. 825.

[439] Vgl. *Schäffeler*, Latente Steuern, 2000, S. 74 f.; *Eitzen/Helms*, Verlustvorträge, BB 2002, S. 825.

[440] Vgl. *IASB*, IAS 12, Abs. 29 (a), Abs. 56, S. 1; *Coenenberg/Hille*, Richtlinie IAS 12, DB 1997, S. 544; *Haag/Rotz*, IAS 12, ST 1998, S. 797 ff.; *Fischer*, IAS 12, BBK 2002, Fach 20, S. 680; *Hannemann/Peffermann*, IAS-Konzernsteuerquote, BB 2003, S. 730 f.; *Heuser/Theile*, IAS Handbuch, 2. Auflage, 2005, Tz. 1347 f.

[441] Vgl. *IASB*, IAS 12, Abs. 56, S. 2.

[442] Vgl. *IASB*, IAS 12, Abs. 56, S. 3.

[443] Vgl. *Ernsting*, Auswirkungen, WPg 2001, S. 12.

Abschlüssen,[444] in denen Ausweiswahlrechte und Saldierungsmöglichkeiten und -pflichten den Ausweis latenter Steuern bislang weitestgehend verzichtbar, zumindest jedoch undurchsichtig machen. Die Vernachlässigung des Ansatzes latenter Steuern in den HGB-Abschlüssen dürfte gleichzeitig ein Grund dafür sein, dass die latenten Steuern bislang auch keine Rolle im Rahmen einer Untersuchung der Steuerbelastung des Konzerns mittels traditioneller Steuerquoten spielten.

Bei Anwendung internationaler Rechnungslegungsgrundsätze, die aufgrund der IAS-Verordnung der EU für deutsche Konzerne immer mehr an Bedeutung gewinnen, bestehen im Gegensatz dazu wesentlich weiter reichende Ansatzvorschriften. Die Bilanzpositionen ‚Aktive latente Steuern' und ‚Passive latente Steuern' werden als eigenständige Posten, die jeweils separat unter den Vermögensgegenständen bzw. Schulden auszuweisen sind,[445] deutlich aussagekräftiger. Operative Vorgänge oder bewusst vorgenommene Sachverhaltsgestaltungen der betrachteten Periode, die sich auf die tatsächlichen Steuern auswirken, werden durch die Bildung latenter Steuern nivelliert.

Diese Tatsache wirkt sich unmittelbar auch auf die Konzernsteuerquote aus. Daher ist auch die Analyse der Steuerbelastung des deutschen internationalen Konzerns mit Hilfe einer Konzernsteuerquote, in der die latenten Steuern in einem sachgerechten Umfang im Sinne der internationalen Rechnungslegungsstandards einbezogen werden, für interne und externe Adressaten wesentlich aufschlussreicher als eine Betrachtung nur der tatsächlichen Steuerbelastung. Erst die Verwendung der IAS bzw. der US-GAAP als Jahresabschlussnorm verleiht der Konzernsteuerquote ihre volle Aussagekraft. Insgesamt kann es daher auch nicht verwundern, dass die zunehmende Bedeutung der Konzernsteuerquote mit der sich ständig ausweitenden Anwendung internationaler Rechnungslegungsgrundsätze und der hierin normierten Abgrenzung latenter Steuern einhergeht.[446]

4. Konzernabschluss bei Anwendung des DRS 10

Eine Zwischenlösung auf dem Weg zu einer so weitreichenden Steuerabgrenzung, wie sie nach internationalen Rechnungslegungsgrundsätzen stattfindet, stellt die Anwendung des DRS 10 dar.[447] Zwar ist die Anwendung der IAS ab 2005 für kapitalmarktorientierte deutsche internationale Konzerne, deren Wertpapiere in einem beliebigen Mitgliedstaat zum Börsen-

---

[444] So *App*, Latente Steuern, KoR 2003, S. 210. Verschiedentlich wird in der Bilanzierung latenter Steuern nach IAS/US-GAAP sogar der bedeutendste Unterschied zum HGB gesehen, vgl. *Fischer/Klöpfer/Sterzenbach*, Beurteilung, WPg 2004, S. 699.

[445] Vgl. *Pellens*, Internationale Rechnungslegung, 4. Auflage, 2001, S. 489; *Heuser/Theile*, IAS Handbuch, 2. Auflage, 2005, Tz. 1305; *KPMG*, Insights into IFRS, 2005/6 Edition, 2005, S. 630.

[446] Vgl. *Fischer*, IAS 12, BBK 2002, Fach 20, S. 683; *Herzig/Dempfle*, Konzernsteuerquote, DB 2002, S. 3; *Herzig*, Bedeutung, in: *Wollmert et al.* (Hrsg.), FS Lück, 2003, S. 443.

[447] Der Standard ist erstmals anzuwenden für Geschäftsjahre, die nach dem 31.12.2002 beginnen, vgl. *DRSC*, DRS 10, Tz. 45.

handel zumindest in einem geregelten Markt zugelassen sind, grundsätzlich obligatorisch; alle anderen deutschen Konzerne unterfallen aber, sofern sie nicht freiwillig nach IAS Rechnung legen,[448] der Regelung des DRS 10.

Der Umfang der Steuerabgrenzung nach DRS 10 geht bereits deutlich über den nach § 306 HGB erforderlichen Umfang hinaus, denn Inhalte des *timing*-Konzeptes werden mit einigen Elementen des *temporary*-Konzeptes vermischt.[449] Neben ergebniswirksam entstandenen zeitlichen Differenzen (*timing*-Konzept) sind auch quasi-permanente Differenzen bei der Steuerabgrenzung zu berücksichtigen.[450] Der Ansatz latenter Steuern auf quasi-permanente Differenzen nach dem DRS 10 setzt allerdings - im Gegensatz zum reinen *temporary*-Konzept nach IAS und US-GAAP - deren erfolgswirksame Entstehung voraus; eine Ausnahme hiervon stellt die zwingende Berücksichtigung erfolgsneutraler Differenzen aus der Kapitalkonsolidierung dar.[451] Latente Steuern auf einen *goodwill* oder einen negativen Unterschiedsbetrag dürfen nicht gebildet werden.[452]

Die Bewertung der abgegrenzten Steuerlatenzen erfolgt auch nach den Regelungen des DRS 10 gemäß der *liability*-Methode, wobei die im Zeitpunkt der Umkehrung der Differenzen geltenden, unternehmensindividuellen Steuersätze heranzuziehen sind.[453] Bei Eliminierung von Zwischengewinnen ist entsprechend den HGB- und US-GAAP-Regelungen der Steuersatz der liefernden oder leistenden Konzernunternehmung anzuwenden.[454] Abbildung 9 stellt die verschiedenen Umfänge der Steuerabgrenzung nach den betrachteten Rechnungslegungsstandards graphisch dar:

---

448 Möglich durch Übernahme der Mitgliedstaatenwahlrechte aus der IAS-Verordnung in § 315a Abs. 3 HGB durch das Bilanzrechtsreformgesetz, vgl. Artikel 1, Abs. 20 BilReG vom 4.12.2004, BGBl. I 2004, S. 3169. Vgl. zur Rechnungslegung nicht kapitalmarktorientierter Unternehmen nach IAS die in Fn. 23 auf Seite 4 angegebene Literatur.

449 Vgl. *Schmidbauer*, Bilanzierung, DB 2001, S. 1570; *Wendlandt/Vogler*, Latente Steuern, KoR 2001, S. 245, 247, 253; *Wotschofsky/Heller*, Konzernabschluss, IStR 2002, S. 821; *Coenenberg*, Jahresabschluss, 20. Auflage, 2005, S. 729; *Hoyos/Fischer*, in: *Ellroth et al.*, Beck'scher Bilanz-Kommentar, 6. Auflage, 2006, § 274 HGB, Tz. 6.

450 Vgl. *DRSC*, DRS 10, Abs. 4 f.; *DRSC*, E-DRS 12, online im Internet, Anhang B, Abs. B2 und B5; *Sauter/Heurung/Fischer*, E-DRS 12, BB 2001, S. 1784; *Küting/Zwirner*, Unternehmenspraxis, WPg 2003, S. 305.

451 Vgl. *Wendlandt/Vogler*, Latente Steuern, KoR 2001, S. 245; *Wotschofsky/Heller*, Konzernabschluss, IStR 2002, S. 820; *Coenenberg*, Jahresabschluss, 20. Auflage, 2005, S. 729.

452 Vgl. *DRSC*, DRS 10, Abs. 18; *Sauter/Heurung/Fischer*, E-DRS 12, BB 2001, S. 1786; *Küting/Zwirner*, Unternehmenspraxis, WPg 2003, S. 305; *Hoyos/Fischer*, in: *Ellroth et al.*, Beck'scher Bilanz-Kommentar, 6. Auflage, 2006, § 306 HGB, Tz. 12.

453 Vgl. *DRSC*, DRS 10, Abs. 20 ff.; *Hoyos/Fischer*, in: *Ellroth et al.*, Beck'scher Bilanz-Kommentar, 6. Auflage, 2006, § 306 HGB, Tz. 33.

454 Vgl. *DRSC*, DRS 10, Abs. 23. Im Entwurf des E-DRS 12 war an dieser Stelle die Anwendung des Steuersatzes der empfangenden Gesellschaft vorgesehen, was jedoch auf Kritik gestoßen ist, vgl. *DRSC*, E-DRS 12, online im Internet, Anhang D, Abs. D3; *Wendlandt/Vogler*, Latente Steuern, KoR 2001, S. 250; *Gräbsch*, DRS 10, StuB 2002, S. 747 f.

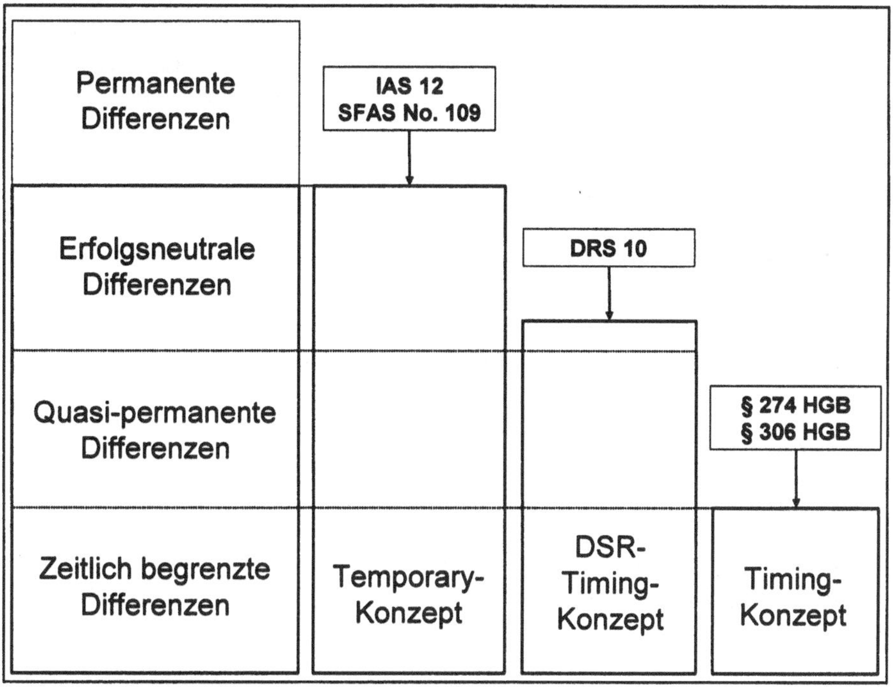

Abbildung 9: Umfang latenter Steuern in den betrachteten Rechnungslegungsstandards

Quelle: In Anlehnung an *Wotschofsky/Heller*, Konzernabschluss, IStR 2002, S. 821.

Die Ermittlung der abzugrenzenden Steuerlatenzen erfolgt nicht durch die im HGB vorgesehene Gesamtdifferenzenbetrachtung, sondern durch eine Einzelerfassung und -fortschreibung der zeitlichen Differenzen.[455] Im Zusammenhang mit dieser Ermittlungsmethode ist gleichzeitig ein grundsätzlich unsaldierter Ausweis aktiver und passiver Steuerlatenzen vorgesehen.[456] Das Wahlrecht zur Bilanzierung aktiver latenter Steuern im Konzernabschluss wurde durch den DRS 10 in eine Ansatzpflicht überführt: „Aktive latente Steuern sind [...] anzusetzen, sofern ihre Realisierung hinreichend wahrscheinlich ist."[457] Das Kriterium der hinreichenden Wahrscheinlichkeit ist der Formulierung der US-GAAP nachgebildet, so dass eine Wahrscheinlichkeit zukünftiger Gewinne von über 50% auch für eine Ansatzpflicht nach DRS 10 ausreichend ist. Das deutlich strengere Kriterium der IAS wurde explizit nicht in den DRS 10

---

455 Vgl. *Küting/Zwirner*, Unternehmenspraxis, WPg 2003, S. 305; *Hoyos/Fischer*, in: *Ellroth et al.*, Beck'scher Bilanz-Kommentar, 6. Auflage, 2006, § 306 HGB, Tz. 30.

456 Eine Saldierung ist nur unter engen Voraussetzungen zulässig, vgl. *DRSC*, DRS 10, Abs. 36; *Hoyos/ Fischer*, in: *Ellroth et al.*, Beck'scher Bilanz-Kommentar, 6. Auflage, 2006, § 306 HGB, Tz. 30.

457 *DRSC*, DRS 10, Abs. 8.

übernommen.[458] Der in den Einzelabschlüssen nach § 274 Abs. 2 HGB noch freigestellte Ansatz aktiver Steuerlatenzen ist nach DRS 10 bereits bei der Aufstellung der Handelsbilanzen I und II zur Vorbereitung des Konzernabschlusses obligatorisch, dies unabhängig von der tatsächlichen Aktivierung der Steuerlatenzen in den jeweiligen Einzelabschlüssen.[459]

Auf Verlustvorträge sind nach DRS 10 entgegen der noch herrschenden Meinung zur Steuerabgrenzung nach HGB[460] zwingend aktive latente Steuern zu bilden, sofern die Realisation des Steuervorteils aus dem Verlustvortrag hinreichend wahrscheinlich ist.[461] Zur Konkretisierung der hinreichenden Wahrscheinlichkeit enthält DRS 10 wie auch der IAS 12 verschiedene Objektivierungskriterien. Im Einzelnen wird darauf abgestellt, dass gegenüber demselben Steuerschuldner oder Steuergläubiger entweder zu versteuernde zeitliche Differenzen derselben Steuerart in ausreichender Höhe bestehen, die sich in den entsprechenden Geschäftsjahren des Verlustvortragszeitraumes voraussichtlich auflösen werden, oder dass es wahrscheinlich ist, dass im Vortragszeitraum zu versteuernde Gewinne, z.B. durch steuerliche Sachverhaltsgestaltung, in ausreichender Höhe anfallen werden.[462]

Vergleichbar den Regelungen der internationalen Rechnungslegungsstandards zur *valuation allowance* ist die aktive Steuerabgrenzung nach dem DRS 10 ebenfalls regelmäßig einem Werthaltigkeitstest zu unterziehen,[463] wobei im Hinblick auf latente Steuern aus Verlustvorträgen steuerliche Verlustabzugs- und Verlustverrechnungsbeschränkungen zu berücksichtigen sind.[464] Demnach muss, sofern eine vollständige Realisation der Steuerminderungsansprüche nicht mehr wahrscheinlich ist, eine außerplanmäßige Abschreibung auf den Betrag vorgenommen werden, mit dessen Realisation noch mit hinreichender Wahrscheinlichkeit gerechnet wird. Die Wertberichtigung ist rückgängig zu machen, wenn die ursprünglichen Gründe hierfür weggefallen sind.[465]

---

458 Vgl. *FASB*, SFAS No. 109, Abs. 17, 92-98; *DRSC*, E-DRS 12, online im Internet, Anhang D, Abs. D2.

459 Vgl. *DRSC*, DRS 10, Abs. 10; *Schmidbauer*, Bilanzierung, DB 2001, S. 1570; *Coenenberg*, Jahresabschluss, 20. Auflage, 2005, S. 730; *Hoyos/Fischer*, in: *Ellroth et al.*, Beck'scher Bilanz-Kommentar, 6. Auflage, 2006, § 306 HGB, Tz. 8. Diese Vorschrift ist nicht unproblematisch, greift sie doch in den Regelungsbereich des Einzelabschlusses ein, vgl. *Wendlandt/Vogler*, Latente Steuern, KoR 2001, S. 247; *Wotschofsky/Heller*, Konzernabschluss, IStR 2002, S. 822.

460 Vgl. die Literaturhinweise in Fn. 354 auf Seite 67.

461 Vgl. *DRSC*, DRS 10, Abs. 11 ff.; zur Begründung *DRSC*, E-DRS 12, online im Internet, Anhang B, Abs. B4, Alt. 2). Vgl. auch *Sauter/Heurung/Fischer*, E-DRS 12, BB 2001, S. 1785; *Gräbsch*, DRS 10, StuB 2002, S. 745 f.; *Wotschofsky/Heller*, Konzernabschluss, IStR 2002, S. 821; *Küting/Zwirner*, Unternehmenspraxis, WPg 2003, S. 305; *Fischer/Klöpfer/Sterzenbach*, Beurteilung, WPg 2004, S. 694.

462 Vgl. *DRSC*, DRS 10, Abs. 12 f.; *Wendlandt/Vogler*, Latente Steuern, KoR 2001, S. 249; *Coenenberg*, Jahresabschluss, 20. Auflage, 2005, S. 730.

463 Vgl. *DRSC*, DRS 10, Abs. 28.

464 Vgl. *Adrian*, Tax Reconciliation, 2005, S. 178.

465 Vgl. *IDW*, Stellungnahme E-DRS 12, WPg 2001, S. 1089; *Wotschofsky/Heller*, Konzernabschluss, IStR 2002, S. 822; *Gräbsch*, DRS 10, StuB 2002, S. 748.

Insgesamt vermag es die Regelung des DRS 10 somit annähernd, einen sachgerechten Zusammenhang zwischen dem handelsrechtlichen Ergebnis und dem ausgewiesenen effektiven Steueraufwand herzustellen.[466] Eine auf Grundlage dieser Normen entwickelte Konzernsteuerquote ist bereits wesentlich aussagekräftiger als eine Quote auf der Grundlage eines HGB-Abschlusses und kann als sinnvolle Maßgröße herangezogen werden,[467] wenngleich sie noch nicht die volle Aussagekraft entfaltet, die eine IAS- oder US-GAAP-Konzernsteuerquote transportiert.

Allerdings besteht auch nach dem DRS 10 ein Abzinsungsverbot für latente Steuern.[468] Insbesondere aber an der fehlenden Diskontierung der Steuerlatenzen auf Verlustvorträge kann die größte Schwäche der Kennzahl Konzernsteuerquote und die Gefahr einer isolierten Orientierung an der Konzernsteuerquote deutlich gemacht werden. Denn aufgrund der fehlenden Diskontierung entfällt bei ausschließlicher Ausrichtung der Steuerpolitik an der Kennzahl Konzernsteuerquote der Anreiz, Verlustvorträge zeitnah zu nutzen, da der positive Effekt aus der Verlustnutzung für die Konzernsteuerquote bereits mit Einbuchung der aktiven latenten Steuer geltend gemacht wurde. Während Zinseffekte und der in manchen Steuerhoheiten drohende Untergang des Verlustvortrages nach einer bestimmten Frist[469] eine frühzeitige Nutzung des Verlustvortrages aus Sicht einer an Zahlungen und Barwerten orientierten Steuerpolitik dringend notwendig machen, ist die Nutzung des Verlustvortrages für die Konzernsteuerquote nach der Bildung der aktiven Steuerlatenz irrelevant. Der hieraus resultierende Fehlanreiz und die Gefahr sich daran anschließender Managementfehler machen ein Steuercontrolling dringend erforderlich.

Zwar nivelliert die momentan geltende Gleichbehandlung der Diskontierungsproblematik nach GoB und IAS/US-GAAP diesen Fehler, und die Vergleichbarkeit der Konzernsteuerquoten bleibt somit gewahrt,[470] der Mangel selber wird dadurch aber nicht behoben. Geht man jedoch von einer denkbaren zukünftigen Diskontierung latenter Steuern aus, so wird deutlich,

---

466 Vgl. *Herzig*, Bedeutung, in: *Wollmert et al.* (Hrsg.), FS Lück, 2003, S. 441.

467 *Müller*, Konzernsteuerquote, DStR 2002, S. 1686, spricht in diesem Zusammenhang von einer katalysatorischen Wirkung des DRS 10.

468 Vgl. *DRSC*, DRS 10, Abs. 27; zur Begründung *DRSC*, E-DRS 12, online im Internet, Anhang B, Abs. B11; sowie *Sauter/Heurung/Fischer*, E-DRS 12, BB 2001, S. 1787 f.; *Küting/Zwirner*, Unternehmenspraxis, WPg 2003, S. 305; *Walter*, Ertragsteuern, in: *Löw* (Hrsg.), Rechnungslegung, 2003, S. 536; *Eisele/ Mühlberger*, Kapitalkonsolidierung, in: *Döring/Kußmaul* (Hrsg.), FS Wöhe, 2004, S. 412.

469 Viele Staaten erlauben die Nutzung eines Verlustvortrages nur innerhalb eines bestimmten Zeitraums, vgl. *Bundesverband der Deutschen Industrie e.V./PriceWaterhouseCoopers*, Verlustberücksichtigung, 2006, S. 14 f., 95 f.; in diesem Sinne auch *Walter*, Ertragsteuern, in: *Löw* (Hrsg.), Rechnungslegung, 2003, S. 529 f. Auch das deutsche EStG 1976 sah die Beschränkung der Verlustvortragsmöglichkeit auf fünf Jahre vor, vgl. Gesetz zur Änderung des Einkommensteuergesetzes vom 20.4.1976, BGBl. I 1976, S. 1054. Zur Verfassungsmäßigkeit dieser Regelung Bundesverfassungsgericht, Beschluss vom 22.7.1991, Az. 1 BvR 313/88, HFR 1992, S. 423 f. Zu den gesetzlichen Einschränkungen in Deutschland ab dem Veranlagungszeitraum 2004 - zeitliche Streckung des Verlustabzugs und Mindestbesteuerung - vgl. z.B. *Brandenberg*, Verlustverrechnung, NWB 2004, Fach 3, S. 12758 ff.; *Herzig/Wagner*, Mindestbesteuerung, WPg 2004, S. 53 ff.; *Karrenbrock*, Mindestbesteuerung, DB 2004, S. 559 ff.

470 So auch *Gräbsch*, DRS 10, StuB 2002, S. 748.

dass „sich letztendlich der Aufgabenbereich der Steuerplanung [...] ändern wird. Standen bisher Transaktionen in der kurzfristigen Planung im Vordergrund, wird zukünftig durch die Planung der [..] Umkehreffekte ein höheres Gewicht auf die strategische Steuerplanung entfallen. Neben die genaue Planung der Steuerzahlung tritt damit die Planung des Steueraufwands. [...] Daraus folgt auch zunehmend, dass die Steuerabteilungen stärker in den Planungsprozess des Unternehmens eingebunden werden."[471] Insofern besteht auch bei Abzinsung der Steuerlatenzen die Notwendigkeit eines Steuercontrollings.

V. Reagibilität latenter Steuern auf Änderungen des Steuerrechts

Während die Einbeziehung latenter Steuern in die Konzernsteuerquote einerseits dem Ziel dient, aus steuerrechtlichen Gewinnermittlungsvorschriften resultierende Volatilitätsschwankungen der tatsächlichen Steuern bei der Betrachtung der effektiven Steuerlast des Unternehmens auszugleichen, wirkt die Reagibilität latenter Steuern auf Änderungen des Steuerrechts und der Steuersätze in die entgegengesetzte Richtung. Zum einen sind abzugrenzende Steuerlatenzen bereits in der laufenden Periode mit einem zukünftig geltenden Steuersatz zu bewerten, wenn sich dessen Anwendung mit Gewissheit abzeichnet, zum anderen sind bestehende Positionen latenter Steuern zu diesem Zeitpunkt mit dem zukünftig geltenden Steuersatz und gemäß den geänderten steuerrechtlichen Rahmenbedingungen neu zu bewerten. Dadurch wird auch die Konzernsteuerquote hoch reagibel im Hinblick auf Änderungen der Steuersätze und des Steuerrechts und unterliegt im Zeitraum der Anpassung einer erheblichen Verzerrung.[472] Die Aussagekraft von Steuerquotenvergleichen verschiedener Zeiträume leidet unter dieser Reagibilität der latenten Steuern in einer ähnlichen Weise, wie auch der Einfluss außergewöhnlicher Ergebnisbestandteile die Aussagekraft des Kennzahlvergleichs schmälert.

Als Steuersatz zur Bemessung in der aktuellen Periode abzugrenzender Steuerlatenzen sind in allen betrachteten Rechnungslegungssystemen grundsätzlich die im Zeitpunkt der Umkehrung gültigen Steuersätze heranzuziehen. Aus Praktikabilitätsgesichtspunkten und zur Vermeidung subjektiver Wertungen werden die Differenzen jedoch in aller Regel zunächst mit dem aktuell gültigen Steuersatz bewertet.[473] Wenn allerdings deutliche Anzeichen für eine Änderung des Steuersatzes vorliegen, sind die zukünftig geltenden Sätze zur Bewertung heranzuziehen.[474]

---

471 *Loitz/Rössel*, Diskontierung, DB 2002, S. 651, Flexion teilweise geändert. Vgl. auch *Erle*, Steuermanagement, BB 2005, Heft 38, S. I, der das Steuermanagement als Aufgabe des Vorstandes einer Unternehmung ansieht.

472 Vgl. *Ernsting*, Auswirkungen, WPg 2001, S. 11 ff.; *Kröner*, Konzernsteuerquote, in: *Herzig* (Hrsg.), Organschaft, 2003, S. 567; zugleich *Kröner/Benzel*, Konzernsteuerquote, in: *Kessler/Kröner/Köhler* (Hrsg.), Konzernsteuerrecht, 2004, § 15, Tz. 12.

473 Vgl. *IASB*, IAS 12, Abs. 47, S. 1; *FASB*, SFAS No. 109, Abs. 18, 112, 233; *DRSC*, DRS 10, Abs. 20; *Schäffeler*, Latente Steuern, 2000, S. 75 f.; *Ernsting*, Auswirkungen, WPg 2001, S. 13 f.; *Schildbach*, Konzernabschluß, 6. Auflage, 2001, S. 388; *Fischer*, IAS 12, BBK 2002, Fach 20, S. 677; *Coenenberg*, Jahresabschluss, 20. Auflage, 2005, S. 453 f., 466 f.

474 Vgl. *IASB*, IAS 12, Abs. 47, S. 2, Abs. 48; *FASB*, SFAS No. 109, Abs. 233, S. 4; *Coenenberg/Hille*, Einzelabschluß, in: *Coenenberg/Wysocki* (Hrsg.), HWRev, 2. Auflage, 1992, S. 1216 f.; *Adler/Düring/Schmaltz*,

Nach Regelung der IAS liegen deutliche Anzeichen für eine Änderung der Steuersätze bereits dann vor, wenn die Informationen über die geplante Änderung hinreichend sicher konkretisiert sind.[475] Die Änderung muss *substantially enacted* sein,[476] was für deutsche Steuergesetze ab dem Zeitpunkt der Zustimmung des Bundesrates zu der Gesetzesänderung der Fall ist.[477] Unter dem Regime der US-GAAP werden Steuersatzänderungen erst dann berücksichtigt, wenn das Gesetz am Bilanzstichtag tatsächlich verabschiedet, die Gesetzesnovelle beschlossen und bekannt, *enacted* und *approved,* ist.[478] Übertragen auf das deutsche Steuerrecht ist hierunter der Zeitpunkt zu verstehen, in dem das Gesetz gemäß Art. 82 Abs. 1 GG[479] ausgefertigt und verkündet ist.[480] Eine Antizipation geplanter Steuersatzänderungen ist nach US-GAAP nicht zulässig.[481] Möglicherweise führt auch hier das Konvergenzprojekt[482] zu einer Angleichung der Regelungen von IAS und US-GAAP.[483] Für das GoB-System sind Gesetzesänderungen mit deren Verabschiedung durch die maßgebliche gesetzgebende Körperschaft zu berücksichtigen.[484] Entsprechend der IAS-Regelung ist hierbei der Zeitpunkt maßgeblich, zu dem die Gesetzesänderung so gut wie sicher ist, eine absolute Sicherheit der Gesetzesänderung, wie sie die US-GAAP vorsehen, ist nicht notwendig.[485]

Kommentar, 6. Auflage, 1997, § 274 HGB, Tz. 14 f.; *Heurung*, Steuerabgrenzung, AG 2000, S. 551; *Schäffeler*, Latente Steuern, 2000, S. 76; *Baetge/Kirsch/Thiele*, Bilanzen, 8. Auflage, 2005, S. 561; *Coenenberg*, Jahresabschluss, 20. Auflage, 2005, S. 439, 454, 466 f.

475 Vgl. *Ernsting*, Auswirkungen, WPg 2001, S. 14; *App*, Latente Steuern, KoR 2003, S. 212; *Kirsch*, Änderungen, DStR 2003, S. 132; *Coenenberg*, Jahresabschluss, 20. Auflage, 2005, S. 466.

476 Vgl. *IASB*, IAS 12, Abs. 47. Der Text der englischen Originalfassung von IAS 12 lautet an dieser Stelle *„substantively enacted"*, jedoch wird in der Literatur häufig der Begriff *substantially* im Sinne von 'im Wesentlichen' verwendet.

477 Vgl. *Fuchs*, Anwendungshinweise, DB 2000, S. 1927; *Klein*, Bilanzierung, DStR 2001, S. 1453; *Loitz*, Überleitungsrechnung, WPg 2004, S. 1188; *Hoffmann*, in: *Lüdenbach/Hoffmann*, IFRS-Kommentar, 3. Auflage, 2005, § 26, Tz. 81; *Walter*, Ertragsteuern, in: *Löw* (Hrsg.), Rechnungslegung, 2003, S. 534; differenziert *KPMG*, Insights into IFRS, 2005/6 Edition, 2005, S. 451.

478 Vgl. *FASB*, SFAS No. 109, Abs. 112; *Coenenberg*, Jahresabschluss, 20. Auflage, 2005, S. 467.

479 GG vom 23.5.1949, BGBl. I 1949, S. 1.

480 Vgl. *Klein*, Bilanzierung, DStR 2001, S. 1453. Erst durch die Verkündung wird das Gesetz rechtlich existent, so dass das Datum des Bundesgesetzblattes entscheidendes Datum für den Zeitpunkt der Verkündung ist, vgl. ausführlich *Ernsting*, Auswirkungen, WPg 2001, S. 13 m.w.N.

481 Vgl. *FASB*, SFAS No. 109, Abs. 8 (c), 112; *Gröner/Marten/Schmid*, Vergleich, WPg 1997, S. 484; *Schäffeler*, Latente Steuern, 2000, S. 76; *Ernsting*, Auswirkungen, WPg 2001, S. 13.

482 Vgl. die Hinweise in Fn. 207 auf Seite 40.

483 Vgl. *KPMG*, Insights into IFRS, 2005/6 Edition, 2005, S. 470. Die frühere Anwendung geänderter Steuersätze in IAS-Abschlüssen ist insbesondere für die Abbildung latenter Steuern in Zwischenabschlüssen von Relevanz, vgl. *IASB*, IAS 34, Abs. 28; *Fuchs*, Anwendungshinweise, DB 2000, S. 1927; *Ernsting*, Auswirkungen, WPg 2001, S. 14; *Baetge/Bruns/Rolvering*, in: *Baetge et al.*, IAS, 2. Auflage, 2003, IAS 34, Tz. 192; *Ballwieser*, in: *Ballwieser et al.*, WILEY-Kommentar, 2004, Abschnitt 15, Tz. 50.

484 Vgl. *DRSC*, DRS 10, Abs. 25.

485 Vgl. *DRSC*, E-DRS 12, online im Internet, Anhang D, Abs. D4; *Wotschofsky/Heller*, Konzernabschluss, IStR 2002, S. 822. Vgl. demgegenüber *Coenenberg*, der auf eine tatsächliche Änderung der Steuersätze abstellt, vgl. *Coenenberg*, Jahresabschluss, 20. Auflage, 2005, S. 453 f., 730 f. Vor Einführung des DRS 10 existierte eine solch exakte Abgrenzung der Zeitpunkte zur erstmaligen Anwendung neuer Steuersätze nicht, vgl. *Wotschofsky/Heller*, Konzernabschluss, IStR 2002, S. 822. *Adler/Düring/Schmaltz* erachteten gleichwohl bereits vor Einführung des DRS 10 eine hinreichende Konkretisierung der Steuersatzänderung als ausreichend für einen Wechsel des Steuersatzes, vgl. *Adler/Düring/Schmaltz*, Kommentar, 6. Auflage, 1997, § 274 HGB, Tz. 23.

Ab den genannten Zeitpunkten ist die Anwendung der zukünftig geltenden Steuersätze für die Abgrenzung neu zu bildender Steuerlatenzen verpflichtend. Insbesondere aber sind zu den herausgearbeiteten Zeitpunkten die bestehenden Positionen aktiver und passiver latenter Steuern anzupassen, also auf Grundlage der geänderten Steuerrechtsvorschriften neu zu bewerten. Denn aufgrund der Steuerrechtsänderungen verursachen die den Steuerlatenzen zugrundeliegenden Differenzen bei ihrer Auflösung in der Zukunft andere als die zuvor ermittelten Steuerwirkungen. Der Bestand an latenten Steuern ist, um der *liability*-Methode Rechnung zu tragen, entsprechend den Änderungen des Steuerrechts zu vermindern oder zu erhöhen.[486] Durch diese Anpassungen wird sichergestellt, dass mit den ausgewiesenen Steuerlatenzen tatsächlich die zukünftigen Steuermehr- und -minderbelastungen des Unternehmens dargestellt werden.[487] Die Änderungen der Steuersätze und anderer steuerrechtlicher Vorschriften sind dabei in allen Rechnungslegungssystemen grundsätzlich erfolgswirksam zu berücksichtigen, sofern auch die Steuerlatenzen ergebniswirksam gebildet worden sind.[488] Damit wird die gesamte Auswirkung der Steuerrechtsänderung kumuliert in der Periode der erstmaligen Anwendung der geänderten Vorschriften gezeigt und wirkt sich unmittelbar auf die Höhe der effektiven Steuerbelastung aus.[489]

Führt man sich die relative Höhe der latenten Steuerpositionen in den Konzernbilanzen vor Augen, wird deutlich, wie groß die bilanzielle Bedeutung der Ergebniswirkung einer Neubewertung für die Konzerne ist. So betrug beispielsweise im Jahr 2001 die durchschnittliche Relation der aktiven Steuerlatenzen zum ausgewiesenen Eigenkapital bei den DAX-30-Unternehmen 25%.[490] Bei RWE macht dieses Verhältnis im Konzernabschluss zum 30.6.2001 110% aus, bei der IFCO Systems N.V. zum 31.12.2001 sogar 2.892%.[491] In der Periode der erstmaligen Anwendung geänderter Steuergesetze ist somit in Höhe des Korrekturbedarfs ein einmaliger, oftmals erheblicher latenter Steueraufwand oder -ertrag ergebniswirksam zu er-

---

486 Vgl. *IASB*, IAS 12, Abs. 60 (a); *FASB*, SFAS No. 109, Abs. 27; *DRSC*, DRS 10, Abs. 25; *Schäffeler*, Latente Steuern, 2000, S. 76; *Wagenhofer*, IAS, 3. Auflage, 2001, S. 280; *Walter*, Ertragsteuern, in: *Löw* (Hrsg.), Rechnungslegung, 2003, S. 535; *Coenenberg*, Jahresabschluss, 20. Auflage, 2005, S. 730 f.

487 Vgl. *Schäffeler*, Latente Steuern, 2000, S. 77.

488 Vgl. *IASB*, IAS 12, Abs. 60 f.; *FASB*, SFAS No. 109, Abs. 27, 113; *Coenenberg/Hille*, Latente Steuern, DBW 1979, S. 616; *Coenenberg/Hille*, Einzelabschluß, in: *Coenenberg/Wysocki* (Hrsg.), HWRev, 2. Auflage, 1992, S. 1217; *Coenenberg/Hille*, Richtlinie IAS 12, DB 1997, S. 537, 542 f.; *Schäffeler*, Latente Steuern, 2000, S. 77; *Ernsting*, Auswirkungen, WPg 2001, S. 14; *Karrenbrock*, in: *Wysocki et al.*, HdJ, 1984, Abt. I/13 (3. Neubearb. 2002), Tz. 40; *Rabeneck/Reichert*, Latente Steuern, DStR 2002, S. 1368, 1413; *Debus*, in: *Böcking et al.*, Beck'sches HB der Rechnungslegung, 1986, C 440, Tz. 77, 228, 231; *Baetge/Kirsch/Thiele*, Bilanzen, 8. Auflage, 2005, S. 561; *Coenenberg*, Jahresabschluss, 20. Auflage, 2005, S. 439, 454, 465 ff.; *Hoyos/Fischer*, in: *Ellroth et al.*, Beck'scher Bilanz-Kommentar, 6. Auflage, 2006, § 274 HGB, Tz. 63.

489 Vgl. *Kröner*, Konzernsteuerquote, in: *Herzig* (Hrsg.), Organschaft, 2003, S. 567; zugleich *Kröner/Benzel*, Konzernsteuerquote, in: *Kessler/Kröner/Köhler* (Hrsg.), Konzernsteuerrecht, 2004. Vgl. zu einem numerischen Beispiel der Darstellung einer Steuersatzänderung in der Überleitungsrechnung *Ballwieser*, in: *Ballwieser et al.*, WILEY-Kommentar, 2004, Abschnitt 15, Tz. 95.

490 Vgl. *Küting/Zwirner*, Unternehmenspraxis, WPg 2003, S. 308.

491 Die IFCO Systems N.V. war zu diesem Zeitpunkt im Börsensegment SMAX notiert, vgl. die Übersicht bei *Küting/Zwirner*, Unternehmenspraxis, WPg 2003, S. 308.

fassen.[492] Beispielsweise führte im Jahr 2000 die Möglichkeit, Beteiligungen künftig steuerfrei veräußern zu können, bei DaimlerChrysler zu einem Anpassungsbedarf der passiven Steuerlatenz und damit zu einem latenten Steuerertrag von 110 Mio. €. Gleichzeitig löste die Minderung des deutschen Körperschaftsteuersatzes auf 25% aufgrund der dadurch notwendigen Anpassung der aktiven Steuerlatenz einen zusätzlichen latenten Steueraufwand von 373 Mio. € aus. Insgesamt stieg der für die Konzernsteuerquote maßgebliche effektive Steueraufwand bei DaimlerChrysler somit alleine aufgrund der Steuerreform um 263 Mio. €, was einen Anstieg der Konzernsteuerquote von DaimlerChrysler um 5,88 Prozentpunkte auf dann 44,66% ausgelöst hat.[493]

Der durch die Unternehmenssteuerreform in Deutschland ausgelöste Effekt ist insbesondere deshalb so bedeutsam, da im Allgemeinen die aktiven die passiven Steuerlatenzen übersteigen[494] und die Senkung der Steuersätze damit insgesamt einen zusätzlichen Steueraufwand ausgelöst hat. Dieser zusätzliche Steueraufwand ist zwar nicht zahlungswirksam, entfaltet aber aufgrund des Einflusses der latenten Steuern auf die Beobachtungsgröße ‚effektiver Steueraufwand' erheblichen Einfluss auf die Höhe der Konzernsteuerquote. Besonders deutlich wird die Reagibilität bestehender Steuerlatenzen auf Steuerrechtsänderungen durch das Beispiel der Deutschen Bank. Diese weist in ihrem Konzern-Geschäftsbericht 2001 zum 31.12.2000 eine Ertragsteuerminderung in Höhe von ca. 9,3 Mrd. € aus, die auf die Änderungen der Steuergesetze durch die Unternehmenssteuerreform zurückzuführen ist. Davon stammen alleine rund 6,2 Mrd. € aus der Auflösung von latenten Steuerverbindlichkeiten, die auf unrealisierte Gewinne aus Wertpapieren *‚available-for-sale'* gebildet worden waren.[495] Der im Geschäftsbericht 2001 ausgewiesene Jahresüberschuss nach Steuern für das Jahr 2000[496] beträgt ca. 13,5 Mrd. €, so dass alleine der Steuerertrag aus der Anpassung der passiven Steuerlatenz auf die Wertpapiere *‚available-for-sale'* 45,88% des Nachsteuerergebnisses ausmacht.[497]

Diese durch Steuerrechtsänderungen ausgelösten Schwankungen der Konzernsteuerquote fallen nicht in den Verantwortungsbereich der Konzernsteuerabteilungen. Zum Zwecke der Vergleichbarkeit der Quoten im Zeitablauf und der Quoten verschiedener Unternehmen untereinander sollte daher, analog zur vorgeschlagenen Bereinigung der Bezugsgröße ‚Konzernergebnis vor Steuern', auch die Beobachtungsgröße ‚effektive Steuerbelastung' um diese Sondereinflüsse bereinigt werden. Verglichen mit der Bereinigung des Konzernergebnisses, die bei

---

492 Vgl. *Schäffeler*, Latente Steuern, 2000, S. 77.

493 Im Vergleich zur Konzernsteuerquote ohne Steuerreformeffekte, vgl. DaimlerChrysler AG, Geschäftsbericht 2000, S. 85. Vgl. auch *Ernsting*, Auswirkungen, WPg 2001, S. 12.

494 Vgl. *Krawitz*, Latente Steuern, in: *Lachnit/Freidank* (Hrsg.), Unternehmenspublizität, 2000, S. 726; mit einem empirischen Beleg auch *Küting/Zwirner*, Unternehmenspraxis, WPg 2003, S. 315.

495 Vgl. Deutsche Bank AG, Geschäftsbericht 2001, S. 146.

496 Im Geschäftsjahr 2001 hat die Deutsche Bank ihre Rechnungslegung von IAS auf US-GAAP umgestellt, so dass ohnehin Anpassungen der Vorjahresvergleichszahlen notwendig wurden.

497 Vgl. Deutsche Bank AG, Geschäftsbericht 2001, S. 98, 146.

fehlender Erfolgsspaltung problematisch ist, fällt die Bereinigung der Konzernsteuerquote um die Effekte aus Gesetzesänderungen leichter. Diese Effekte lassen sich in der Überleitungsrechnung relativ einfach isolieren, kommunizieren und erläutern.[498]

C. Ausprägungen der Konzernsteuerquote

Aus dem mathematischen Zusammenhang der Konzernsteuerquote als Bruch und den möglichen Ausprägungen der Zähler- und Nennergrößen lässt sich der Schluss ziehen, dass, je nach Vorzeichen der einzelnen Elemente der Konzernsteuerquote, auch die Quote selber ein positives oder negatives Vorzeichen annehmen kann. In Abhängigkeit von den Vorzeichen der einzelnen Bestandteile[499] lassen sich die vier in Abbildung 10 dargestellten Fallgruppen identifizieren:[500]

	Fallgruppen			
	1	2	3	4
Konzernergebnis vor Steuern	+	–	–	+
effektiver Steueraufwand	+	–	+	–
Konzernsteuerquote	+	+	–	–

Abbildung 10: Fallgruppen positiver und negativer Konzernsteuerquoten
Quelle: In Anlehnung an *Herzig*, Gestaltung, WPg 2003, Sonderheft, S. S 83.

Die erste Fallgruppe stellt den Normalfall einer positiven Konzernsteuerquote dar, die aus einem positiven Jahresüberschuss vor Steuern und einem positiven effektiven Steueraufwand resultiert. Insofern kann auch von einer ‚logischen Konzernsteuerquote' gesprochen werden. Für diesen Fall wird eine dauerhafte Senkung der Quote angestrebt.

Die zweite Fallgruppe spiegelt die Konstellation wider, in der ein negativer Jahresüberschuss vor Steuern - ein Jahresfehlbetrag - mit einem negativen Steueraufwand - einem Steuerertrag - korrespondiert. Zu Interpretationszwecken muss dieser Zusammenhang erläutert werden, denn auch hier ergibt sich mathematisch eine positive Konzernsteuerquote. Die Bezeichnung als ‚logische Konzernsteuerquote' bietet sich für diese Fallgruppe nicht weiter an, da aufgrund der hohen Anforderungen an die Aktivierung von Steuerlatenzen aus Verlustvorträgen aus einem Verlust nicht zwingend ein effektiver Steuerertrag resultiert. Eine Optimierung der Kennzahl bedeutet in dieser Fallgruppe, durch eine möglichst hohe Steuererstattung eine möglichst hohe Quote anzustreben.[501] Als anschauliches Beispiel kann die Konzernsteuer-

---

498 Vgl. *Kröner*, Konzernsteuerquote, in: *Herzig* (Hrsg.), Organschaft, 2003, S. 567 f.; *Kröner/Benzel*, Konzernsteuerquote, in: *Kessler/Kröner/Köhler* (Hrsg.), Konzernsteuerrecht, 2004.

499 Differenziert wird nach positiven (+) und negativen (–) Ausprägungen der einzelnen Elemente. Entsprechend der bereits in Fn. 32 auf Seite 5 vorgenommenen Definition nimmt der Steueraufwand bei einer Steuerbelastung ein positives Vorzeichen an, während eine Steuerentlastung - ein Steuerertrag - durch ein negatives Vorzeichen gekennzeichnet ist.

500 Vgl. zu den einzelnen Fallgruppen *Herzig*, Gestaltung, WPg 2003, Sonderheft, S. S 83.

501 So auch *Hannemann/Peffermann*, IAS-Konzernsteuerquote, BB 2003, S. 729.

quote der Münchener Rückversicherungs-Gesellschaft im Geschäftsjahr 2001 dienen, die 158,52% beträgt und, da sie auf einen Verlust in Höhe von 675 Mio. € und einen Steuerertrag von 1.070 Mio. € zurückzuführen ist, als durchaus positives Ergebnis der Steuerquotenoptimierung angesehen werden kann.[502]

Weisen Zähler und Nenner der Konzernsteuerquote unterschiedliche Vorzeichen auf, sind negative Quoten wie in den Fallgruppen 3 und 4 die Folge. Zur Interpretation der Konzernsteuerquote ist es bei diesen Konstellationen zwingend notwendig, den sachlichen Zusammenhang zwischen der Beobachtungs- und der Bezugsgröße mit Hilfe zusätzlicher Angaben zu erläutern. Für eine erste quantitative und qualitative Erläuterung dieses Zusammenhangs bietet sich die ohnehin verpflichtende Überleitungsrechnung an. Häufig ist in diesen Fällen allerdings eine zusätzliche und inhaltlich darüber hinausgehende verbale Erläuterung des ausgewiesenen Steueraufwands oder -ertrags und des Periodenergebnisses notwendig, um Quoten der Fallgruppen 3 und 4 überhaupt Aussagekraft zu verleihen.

Ein positives Beispiel für solcherart verbale Erläuterungen ist die Berichterstattung von DuPont für das Jahr 2003. Das Dow Jones-30-Unternehmen weist eine Konzernsteuerquote in Höhe von –650,35% aus, deren Zustandekommen in Ergänzung zur Überleitungsrechnung ausführlich erläutert wird: „*The change in EITR* [*effective income tax rate*, Anmerkung des Verfassers.] *for 2003 is primarily impacted by the recording of deferred tax assets in two European subsidiaries for their tax basis investment losses recognized on local tax returns. In addition, the impact of jurisdictional mix and other tax benefits was magnified by the low level of pretax earnings for the year. Income before income taxes and minority interests* [...] *is based on the location of the corporate unit to which such earnings are attributable. However, since such earnings are often subject to taxation in more than one country, the income tax provision shown* [..] *as United States or international does not correspond to the earnings*"[503]. Die Höhe der Konzernsteuerquote ist demnach in erster Linie auf die Bildung aktiver latenter Steuern auf Verluste in zwei europäischen Niederlassungen und den damit einhergehenden latenten Steuerertrag zurückzuführen. Deren Effekt auf die Konzernsteuerquote ist deswegen so besonders hoch, da das Vorsteuerergebnis für den Konzern einen verhältnismäßig kleinen positiven Wert annimmt[504] und in den USA ein Verlust entstanden ist, mithin dort nur wenig laufende Steuern gezahlt wurden, die den Effekt des latenten Steuerertrages kompensieren würden. Ohne diese ergänzenden qualitativen Erläuterungen würde sich eine Konzernsteuerquote von –650,35% nicht nachvollziehen lassen.

---

502 Vgl. Münchener Rückversicherungs-Gesellschaft AG, Geschäftsbericht 2001, S. 147. Die E.ON AG weist im Geschäftsjahr 2002 eine Konzernsteuerquote in Höhe von 91,62% aus, die in einem Verlust in Höhe von 704 Mio. € und einem Steuerertrag von 645 Mio. € begründet ist, vgl. E.ON AG, Geschäftsbericht 2002, S. 115 ff.

503 E.I.du Pont de Nemours and Company, Form 10-K 2003, S. F-15.

504 Das Verhältnis des Gewinns der Berichtsperiode zum Vorjahresgewinn beträgt 1:14,9 und zum Gewinn des Jahres 2001 1:47,9, vgl. E.I.du Pont de Nemours and Company, Form 10-K 2003, S. F-15.

Insbesondere mehrere aufeinanderfolgende Vorzeichen- oder Fallgruppenwechsel im Zeitablauf erschweren die Interpretation der Steuerquote von Konzernen. So betrug, wie oben bereits genannt, die Konzernsteuerquote der Münchener Rückversicherungs-Gesellschaft im Jahr 2001 158,52% und war auf einen Verlust und einen Steuerertrag - Fallgruppe 2 - zurückzuführen.[505] Im Jahr 2002 ist die Quote auf –138,13% gesunken, wobei ein Gewinn mit einem Steuerertrag einherging. Eine Einordnung in Fallgruppe 4 ist die Folge und eine inhaltliche Darstellung der Quote notwendig.[506] Für das Jahr 2003 verwirklicht die Münchener Rückversicherungs-Gesellschaft eine logische Konzernsteuerquote der Fallgruppe 1, die aufgrund ihrer Höhe von 136,45% jedoch ebenfalls erläuterungsbedürftig ist.[507]

Ein „mechanischer Umgang mit der Kennziffer Konzernsteuerquote“[508] verbietet sich in diesen Fällen. Die Untersuchung auch solch deutlich schwankender Quoten einer Unternehmung kann aber durchaus zu sinnvollen Ergebnissen und Erkenntnisgewinnen für externe Bilanzinteressenten führen, wenn der Zusammenhang zwischen den Zähler- und Nennergrößen durch quantitative und qualitative Erläuterungen hergestellt werden kann. Ebenfalls wäre es für die Bilanzersteller möglich, die verzerrenden Einflüsse auf die Konzernsteuerquoten, die beispielsweise in Steuerrechtsänderungen oder in Sondereinflüssen auf das Ergebnis bestehen können, bereits in den Ausgangsgrößen zu eliminieren und die Konzernsteuerquote so zu Publikationszwecken zu bereinigen.

Neben diesen mathematisch induzierten Unterschieden in den Ausprägungen der Konzernsteuerquote können zweckorientierte Sonderformen der Konzernsteuerquote mit dem Ziel ermittelt werden, die Aussagekraft von Konzernsteuerquoten zu überprüfen. In einer Sensitivitätsanalyse können beispielsweise die Einflüsse unterschiedlicher nationaler Bilanzierungs- und Besteuerungsunterschiede auf die Komponenten der Konzernsteuerquote minimiert werden. Hierzu kann einerseits anstelle des nach handelsrechtlichen Grundsätzen ermittelten Konzernergebnisses vor Steuern der operative *cash-flow* vor nicht zahlungswirksamem Aufwand als Bezugsgröße herangezogen werden, während die Beobachtungsgröße ‚effektiver Steueraufwand' erhalten bleibt. Andererseits können die Ertragsteuern als Beobachtungsgröße um die Veränderungen der latenten Steuern bereinigt und in Relation zum ‚Konzernergebnis vor Steuern' als Bezugsgröße gesetzt werden.[509]

---

505 Vgl. Münchener Rückversicherungs-Gesellschaft AG, Geschäftsbericht 2001, S. 147.

506 Der Steuerertrag ist auf latente Steuererträge aus der Bildung aktiver Steuerlatenzen auf Verlustvorträge zurückzuführen, die die tatsächlichen Steuern für das Berichtsjahr deutlich überstiegen. Diese Daten können dem Konzernabschluss entnommen werden, eine explizite, auf das Geschäftsjahr bezogene Erläuterung findet jedoch nicht statt, vgl. Münchener Rückversicherungs-Gesellschaft AG, Geschäftsbericht 2002, S. 225.

507 Eine inhaltliche Erläuterung findet hier jedenfalls im Hinblick auf die Position ‚Änderungen der Steuersätze und Steuergesetzgebung' statt, die erheblichen Einfluss auf die Höhe der effektiven Steuerbelastung hat, vgl. Münchener Rückversicherungs-Gesellschaft AG, Geschäftsbericht 2003, S. 198 f.

508 *Herzig*, Gestaltung, WPg 2003, Sonderheft, S. S 83.

509 Vgl. *Buijink/Janssen/Schols*, effect of domicile, JoIAAT 2002, S. 121.

Der zuletzt genannten *cash*-Steuerquote, die den Anteil des unmittelbar zahlungswirksamen Steueraufwands am Konzernergebnis vor Steuern ausdrückt, kann außerdem eine rein latente Steuerquote gegenübergestellt werden, die den Anteil des latenten, zukünftig zahlungswirksamen Steueraufwands am Konzernergebnis vor Steuern misst. Ziel dieser Quoten ist es, bei der Analyse der Konzernsteuerquote deren bilanzstrukturelle Ausrichtung um liquiditätsbezogene Aspekte zu ergänzen.[510] Selten werden auch Steuerquoten ermittelt, bei denen nur der im Inland gezahlte tatsächliche Steueraufwand in Beziehung zum weltweit erzielten Konzernergebnis gesetzt wird.[511] Die Aussagekraft solcher Konzernsteuerquoten ist bei einer Ermittlung durch Unternehmensexterne allerdings sehr fraglich, da aufgrund fehlender Informationen zur inländischen Bemessungsgrundlage subjektive Annahmen in die Berechnungen einfließen müssen, so dass bei unterschiedlichen Annahmen völlig andere Ergebnisse erzielt werden.[512]

D. Quantifikationsmaß der Steuerbelastung des Konzerns

Mit dem Ziel einer umfassenden funktionalen Charakterisierung der Konzernsteuerquote wird im Anschluss an die Betrachtung ihrer Elemente in den folgenden drei Abschnitten eine betriebswirtschaftliche Einordnung der Kennzahl Konzernsteuerquote vorgenommen. Hierzu wird zunächst ihre Funktion als Maßgröße der Steuerbelastung von Konzernen aufgezeigt. Sodann wird durch den Nachweis ihrer Eigenschaft als Kennzahl die Eignung der Konzernsteuerquote als Instrument der Konzernabschlussanalyse bestätigt. Anschließend werden die weiteren Funktionen der Konzernsteuerquote, insbesondere die ihr jedenfalls bedingt innewohnende Vergütungsfunktion für die Mitarbeiter des Steuermanagements, vorgestellt.

Wie eingangs der Untersuchung dargestellt, zählt die Quantifizierung der die Unternehmen belastenden Steuerwirkungen zu den Hauptaufgaben der betriebswirtschaftlichen Steuerlehre.[513] Betriebswirtschaftliche Steuerbelastungsvergleiche befassen sich zuvorderst[514] mit Entscheidungswirkungen der Besteuerung im Hinblick auf die Vorteilhaftigkeit und die Rangfolge verschiedener Standorte, Investitionen oder Finanzierungen.[515] Daneben können betriebswirtschaftliche Steuerbelastungsvergleiche aber auch weitere Zielsetzungen verfolgen, wie dies die noch aufzuzeigenden, umfangreichen Funktionen der Konzernsteuerquote als Maßgröße eines Steuerbelastungsvergleichs deutlich machen. Um diese weiteren Funktionen der Konzernsteuerquote herauszuarbeiten, ist es jedoch zuvor notwendig, ihre Eigenschaft als

510 Vgl. *Hannemann/Peffermann*, IAS-Konzernsteuerquote, BB 2003, S. 732.

511 So *Jarass/Obermair*, Geheimnisse, 2004, S. 59.

512 Vgl. *Broer/Schneider*, Unternehmensteuerbelastung, BB 2005, S. 1422; *Jonas*, Erwartungen, FAZ Nr. 64 vom 17.3.2005, S. 12.

513 Vgl. die Nachweise in Fn. 1, Seite 1.

514 Vgl. zu Zwecksetzungen von Steuerbelastungsrechnungen im Allgemeinen *Schneider*, Messung, BB 1990, S. 534.

515 Vgl. z.B. *Spengel/Lammersen*, Messung, StuW 2001, S. 223; *Elschner/Overesch*, Standortattraktivität, DB 2006, S. 1017. Die Verteilungswirkungen der Besteuerung bleiben in betriebswirtschaftlichen Steuerbelastungsvergleichen regelmäßig außen vor, vgl. *Herzig/Watrin*, Anforderungen, StuW 2000, S. 380.

für betriebswirtschaftliche Zwecke geeignetes Quantifikationsmaß der steuerlichen Belastung von Konzernen nachzuweisen.

Für Belastungsvergleiche verwendete Maßgrößen lassen sich hinsichtlich der Exaktheit ihrer Ermittlungsmethoden, ihrer zeitlichen Orientierung und nach der Herkunft ihrer Datengrundlage unterscheiden sowie danach, ob sie eine durchschnittliche oder eine Grenzsteuerbelastung wiedergeben.[516] Nach dieser Differenzierung lässt sich die Konzernsteuerquote offenbar als grobquantifizierendes, vergangenheitsorientiertes Durchschnittsmaß der steuerlichen Belastung von Konzernen charakterisieren,[517] denn sie wird auf der Grundlage von bereits realisierten und in den Jahresabschlüssen veröffentlichen Daten real existierender Unternehmungen ermittelt und drückt als Prozentzahl grob die durchschnittliche effektive Steuerbelastung des Konzerns im Verhältnis zu dessen Vorsteuerergebnis aus.[518] Diese Einordnung soll im Folgenden differenziert belegt werden.

I. Grobquantifizierende vs. differenzierte Ermittlungsmethoden

Differenzierte Ermittlungsmethoden, beispielsweise kasuistische Veranlagungssimulationen[519] oder die Teilsteuerrechnung[520], sind fallbezogene Modellrechnungen, die dann zur Anwendung kommen, wenn für konkrete Investitionsplanungen individuelle Steuerwirkungen ermittelt werden müssen und globale Werte nicht ausreichen.[521] Während die differenzierten Ermittlungsmethoden der Steuerbelastung in erster Linie der exakten Bestimmung der Steuerbelastungen einzelner, genau definierter Investitionen dienen, reicht vielfach eine grobe Quantifizierung der gesamten Steuerbelastung der Unternehmung aus.

Zu den grob die steuerliche Belastung quantifizierenden Rechnungen zählen überschlägige Rechnungen und die Ermittlung von Durchschnittsbelastungswerten. Überschlägige Rechnungen sind dadurch gekennzeichnet, dass einzelne steuerrechtliche Daten vernachlässigt oder vereinfacht werden.[522] Ein Beispiel hierfür ist die Ermittlung der steuerlichen Gesamtbe-

---

516 Reine Tarifvergleiche sind für die Untersuchung nicht von Bedeutung und werden nicht weiter thematisiert. Vgl. *Rose*, Steuerlehre, 3. Auflage, 1992, S. 31 ff.; *Jacobs/Spengel*, Measurement, Intertax 2000, S. 336 ff.; *OECD*, Tax Burdens, 2000, S. 7 ff.; *Spengel/Lammersen*, Messung, StuW 2001, S. 223 ff.; mit weiteren Methode von Steuerbelastungsvergleichen auch *Broer/Schneider*, Unternehmensteuerbelastung, BB 2005, S. 1419 ff.

517 Vgl. *OECD*, Tax Burdens, 2000, S. 40 ff.

518 Vgl. *Herzig/Dempfle*, Konzernsteuerquote, DB 2002, S. 3.

519 Vgl. hierzu z.B. *Scheffler*, Veranlagungssimulation, WiSt 1991, S. 70 ff.; *Rose*, Steuerlehre, 3. Auflage, 1992, S. 32 ff.

520 Vgl. zur Funktionsweise der Teilsteuerrechnung *Rose*, Steuerbelastung, DB 1968, Beilage Nr. 7 zu Heft 10/1968, S. 3 ff.; *Rose*, Unternehmung, 1973, S. 56 ff.; *Eisenach*, Steuerplanung, 1974, S. 136 ff.; sowie als Kommentierung *Jacobs*, Unternehmung, ZfB 1974, S. 197 ff.; *Rose*, Teilsteuerrechnung, BFuP 1979, S. 293 ff.; *Wagner/Dirrigl*, Steuerplanung, 1980, S. 154 ff.; *Siegel*, Steuerpolitik, 1982, S. 37 ff.; *Scheffler*, Veranlagungssimulation, WiSt 1991, S. 74; *Rose*, Steuerlehre, 3. Auflage, 1992, S. 38 ff.

521 Vgl. *Rose*, Steuerlehre, 3. Auflage, 1992, S. 32.

522 Vgl. *Rose*, Steuerlehre, 3. Auflage, 1992, S. 31.

lastung deutscher Kapitalgesellschaften auf Seite 50 der Untersuchung, in der von einem durchschnittlichen Gewerbesteuerhebesatz ausgegangen wird und die durch regional divergierende Hebesätze induzierten Belastungsunterschiede vernachlässigt werden.

Die Konzernsteuerquote gibt demgegenüber einen Durchschnittsbelastungswert wieder.[523] Dabei bezieht sich die Konzernsteuerquote im Gegensatz zu den meisten anderen Steuerquoten nicht auf eine Volkswirtschaft im Ganzen und auch nicht auf eine Gruppe von Unternehmen innerhalb einer Volkswirtschaft,[524] sondern stets auf einen genau definierten, von seiner Umgebung exakt abgegrenzten Konzern.[525] Sie trifft ausschließlich für dieses Konzerngebilde Aussagen über dessen durchschnittliche relative Gesamtbelastung mit Ertragsteuern. Die Steuerquote eines internationalen Konzerns sagt in ihrer statischen Form - ohne Erläuterung durch die Überleitungsrechnung - nichts aus über die steuerliche Belastung der einzelnen betriebswirtschaftlichen Größen des Konzernergebnisses, über die Höhe der nationalen steuerlichen Belastung in den verschiedenen Ansässigkeitsstaaten der Konzernunternehmungen und auch nichts über die steuerliche Belastung im Land der Muttergesellschaft.[526]

II. Vergangenheits- vs. zukunftsorientierte Maßgrößen

Maßgrößen zur Quantifizierung der steuerlichen Belastung dienen stets der Fundierung einzelwirtschaftlicher oder steuerpolitischer Entscheidungen.[527] Zur Unterstützung von einzelwirtschaftlichen Entscheidungen bemessen bestimmte steuerliche Quantifikationsmaße die voraussichtliche steuerliche Belastung geplanter Investitionen, Finanzierungen oder Standorte. Aufgrund ihrer Blickrichtung in die Zukunft werden diese Maßgrößen als zukunftsorientierte Maße (*forward-looking*[528]) bezeichnet. Sie werden in Abhängigkeit vom verwendeten Ansatz aus Modellunternehmen oder aus der mikroökonomischen Investitionstheorie abgeleitet und bemessen je nach Typus des betrachteten Investitionsobjektes die effektive Grenzbelastung oder die effektive Durchschnittsbelastung der geplanten Investition. Zu diesem Zweck wird die steuerbedingte Veränderung der Zielgröße des Entscheiders in Relation zum Vorsteuerergebnis betrachtet.[529] Der hier verwendete Effektivitätsbegriff der Steuerlast ent-

---

523 Vgl. *Spengel*, Konzernsteuerquoten, in: *Oestreicher* (Hrsg.), Steuerplanung, 2004, S. 96.

524 Häufig mit dem Ziel internationaler Steuerbelastungsvergleiche. Vgl. beispielsweise *Albach*, Steuersystem, 1970, S. 130 ff.; *Schleiter*, Steuersystem, 1985, S. 22 ff.

525 Vgl. *Herzig/Dempfle*, Konzernsteuerquote, DB 2002, S. 3.

526 Vgl. *Rose*, Steuerlehre, 3. Auflage, 1992, S. 32; *Spengel/Lammersen*, Messung, StuW 2001, S. 224; *Herzig/ Dempfle*, Konzernsteuerquote, DB 2002, S. 1; *Baumhoff*, Entwicklungen, IStR 2003, S. 4; *Herzig*, Gestaltung, WPg 2003, Sonderheft, S. S 82; *Spengel*, Konzernsteuerquoten, in: *Oestreicher* (Hrsg.), Steuerplanung, 2004, S. 97; *Broer/Schneider*, Unternehmensteuerbelastung, BB 2005, S. 1421 f.

527 Sog. Entscheidungshilfefunktion, vgl. *Fischer*, Steuerbelastung, in: *John* (Hrsg.), FS Wöhe, 1989, S. 135. Steuerpolitische Entscheidungen im volkswirtschaftlichen Sinne sind nicht Thema dieser Arbeit.

528 Vgl. *OECD*, Tax Burdens, 2000, S. 47 ff.; *Nicodème*, effective corporate tax rates, online im Internet, S. 8 ff.

529 Vgl. zu den Grundlagen zukunftsorientierter Modelle zur Messung der effektiven Steuerbelastung ausführlich *OECD*, Tax Burdens, 2000, S. 48; *Spengel/Lammersen*, Messung, StuW 2001, S. 225.

spricht nicht dem in der Arbeit verwendeten, d.h. Auswirkungen auf latente Steuern bleiben außen vor.[530]

Andere steuerliche Quantifikationsmaße dienen dazu, in einer retrospektiven Betrachtung die Belastung bereits realisierter Sachverhalte mit Steuern aufzuzeigen. Diese Größen werden auf der Basis realisierter Unternehmensdaten oder aus gesamtwirtschaftlichen Daten generiert und sind demzufolge vergangenheitsorientiert, *backward-looking*[531]. Allerdings „beziehen sich Entscheidungswirkungen der Besteuerung stets auf die zukünftige, mit einer bestimmten Entscheidung verbundene Steuerlast."[532] Daher wird für betriebswirtschaftliche Steuerbelastungsvergleiche im Allgemeinen den zukunftsorientierten Maßgrößen Vorrang eingeräumt. Dies darf aber nicht zu dem Schluss verleiten, vergangenheitsorientierte Quantifikationsmaße seien generell bedeutungslos für die Bemessung von Steuerbelastungen zu betriebswirtschaftlichen Zwecken. „So sind z.B. Steuerquoten auf Basis von Unternehmensdaten gut für Kontrollzwecke geeignet."[533]

Auch die hier untersuchte Konzernsteuerquote, die aus veröffentlichten Unternehmensdaten ermittelt wird und somit unzweifelhaft den vergangenheitsorientierten Maßgrößen zuzuordnen ist,[534] dient u.a. der Erfüllung von Kontrollzwecken.[535] Dabei informiert die statische Größe Konzernsteuerquote die Jahresabschlussinteressenten zunächst lediglich über die relative steuerliche Effektivbelastung des Konzerns in der zurückliegenden, abgelaufenen Berichtsperiode. Jedoch vermag es eine qualitative Analyse[536] der Konzernsteuerquote mit Hilfe der Überleitungsrechnung, die Werttreiber der Quote und damit Möglichkeiten ihrer Beeinflussung zu identifizieren sowie die Steuerpolitik der Unternehmung in der Vergangenheit offenzulegen.[537]

---

530 Vgl. Abschnitt B.I ab Seite 45.

531 Vgl. *OECD*, Tax Burdens, 2000, S. 40 ff.; *Nicodème*, effective corporate tax rates, online im Internet, S. 6 ff., 10 ff.

532 *Spengel/Lammersen*, Messung, StuW 2001, S. 224, Wortfolge geändert.

533 *Spengel/Lammersen*, Messung, StuW 2001, S. 224.

534 Vgl. *Herzig/Dempfle*, Konzernsteuerquote, DB 2002, S. 3; *Herzig*, Gestaltung, WPg 2003, Sonderheft, S. S 82; *Spengel*, Konzernsteuerquoten, in: *Oestreicher* (Hrsg.), Steuerplanung, 2004, S. 96.

535 Aufgrund ihrer Ermittlung aus dem gleichfalls vergangenheitsbezogenen Konzernabschluss ist eine über Kontrollzwecke hinausgehende Eignung der Konzernsteuerquote als spezielles steuerliches Informationsinstrument analog zur Eignung des Konzernabschlusses als Informationsinstrument im Allgemeinen zu diskutieren. Vgl. hierzu die Ausführungen im Abschnitt E.II ab Seite 105.

536 Vgl. zur qualitativen Analyse von Jahresabschlussinformationen *Küting*, Bilanzanalyse, DStR 1992, S. 691 ff. und 728 ff.; *Küting/Weber*, in: *Küting/Weber*, HB der Konzernrechnungslegung, 2. Auflage, 1998, Kapitel I, Tz. 441 ff.; *Müller/Wulf*, Analyse, DSWR 2002, S. 369; *Küting/Weber*, Bilanzanalyse, 7. Auflage, 2004, S. 395 ff.

537 Vgl. *Werra*, Aspekte, FR 2000, S. 645 f.; *Fischer*, IAS 12, BBK 2002, Fach 20, S. 682 f.; *Herzig/Dempfle*, Konzernsteuerquote, DB 2002, S. 3; *Dahlke/Eitzen*, Überleitungsrechnung, DB 2003, S. 2237; *Hannemann/Peffermann*, IAS-Konzernsteuerquote, BB 2003, S. 728; *Herzig*, Gestaltung, WPg 2003, Sonderheft, S. S 80, S 90; *Spengel*, Konzernsteuerquoten, in: *Oestreicher* (Hrsg.), Steuerplanung, 2004, S. 100; *Wagenhofer*, Internationale Rechnungslegungsstandards, 5. Auflage, 2005, S. 587.

Aus den dadurch gewonnenen Erkenntnissen im Hinblick auf die in der Vergangenheit angewendeten steuerpolitischen Maßnahmen und die hiermit erreichten Ziele kann es in begrenzten Umfang möglich sein, auf die von der Unternehmung für die Zukunft angestrebte Steuerpolitik und deren möglichen Zielerreichungsgrad zu schließen. Die Kennzahl Konzernsteuerquote dient den Jahresabschlussinteressenten somit trotz ihrer vergangenheitsbezogenen Ermittlung durch ihre - wenn auch geringe - Aussagekraft auch im Hinblick auf die zukünftige Entwicklung der steuerlichen Belastung des Konzerns zur Unterstützung von Investitionsentscheidungen.[538] Insofern ist der Konzernsteuerquote auch eine begrenzte Zukunftsorientierung immanent.

III. Real existierende vs. Modellunternehmen

Steuerbelastungsvergleiche können anhand von konkreten Unternehmensdaten oder mit Hilfe von Modellunternehmen vorgenommen werden.[539] Demzufolge lassen sich Quantifikationsmaße nach der Herkunft ihrer Datengrundlage in unternehmensbezogene Maßgrößen, ermittelt aus tatsächlich realisierten Daten, und in Maßgrößen, die sich auf Unternehmensmodelle[540] und damit auf fiktive Daten beziehen, unterscheiden.[541] Die Konzernsteuerquote ist in diesem Kontext den unternehmensbezogenen Quantifikationsmaßen zuzuordnen, da sie sich auf tatsächlich verwirklichte Sachverhalte eines real existierenden Konzerns bezieht, die dieser in einem Abschluss veröffentlicht.[542]

Wesentlich ist dabei die Fokussierung auf den Konzernabschluss, da im Einzelabschluss der Konzernobergesellschaft deren nationale Steuern auf das Welteinkommen und damit auf eine zu breite Bemessungsgrundlage bezogen sind, die bei Geltung der Freistellungsmethode[543] z.B. steuerfreie Ergebnisbestandteile enthält. Eine ‚nationale' Steuerquote muss daher regelmäßig zu niedrig ausfallen.[544] Im Konzernabschluss dagegen veröffentlichen die Konzerne nach Maßgabe der jeweils angewendeten Rechnungslegungskonvention den weltweit ange-

538 Damit erfüllt die Konzernsteuerquote die Anforderungen, die allgemein an Kennzahlen zur Abschlussanalyse von Unternehmen gestellt werden, vgl. Abschnitt E.III.1, Seiten 109 ff.

539 Vgl. *Spengel/Lammersen*, Messung, StuW 2001, S. 224.

540 Vgl. zu einer Untersuchung der Unternehmenssteuerbelastungen in Europa auf Basis eines Unternehmensmodells *Spengel*, Struktur, in: *Jacobs/Spengel* (Hrsg.), Aspekte, 1996, S. 37 ff.; sowie für die EU-Beitrittsstaaten *Spengel*, Beitrittsstaaten, IStR 2004, S. 617 ff.

541 So z.B. auch *Broer/Schneider*, Unternehmensteuerbelastung, BB 2005, S. 1421.

542 Vgl. *Herzig/Dempfle*, Konzernsteuerquote, DB 2002, S. 1, 3; *Herzig*, Gestaltung, WPg 2003, Sonderheft, S. S 82; *Spengel*, Konzernsteuerquoten, in: *Oestreicher* (Hrsg.), Steuerplanung, 2004, S. 96. Zu vergangenheitsorientierten Steuerquoten auf der Basis veröffentlichter Jahresabschlüsse vgl. *Jacobs/Spengel*, Measurement, Intertax 2000, S. 336; *OECD*, Tax Burdens, 2000, S. 40 ff.

543 Aufgrund einer dem Art. 23A OECD-MA entsprechenden Regelung in den Doppelbesteuerungsabkommen. Vgl. die Übersicht von *Vogel*, in: *Vogel/Lehner*, DBA, 4. Auflage, 2003, Art. 23, Tz. 16. Zur Funktionsweise der Freistellungsmethode *Jacobs*, Unternehmensbesteuerung, 5. Auflage, 2002, S. 73 ff.

544 Vgl. *Spengel*, Konzernsteuerquoten, in: *Oestreicher* (Hrsg.), Steuerplanung, 2004, S. 97.

fallenen tatsächlichen und latenten Steueraufwand sowie das ebenfalls weltweit erzielte Konzernergebnis vor Steuern, so dass die beiden Größen sachlogisch korrespondieren.[545]

IV. Grenz- vs. Durchschnittssteuerbelastung

Die in der Literatur gängige Differenzierung der effektiven Steuerbelastung[546] in effektive Grenzsteuerbelastung[547] und effektive Durchschnittssteuerbelastung[548] bezieht sich in erster Linie auf zukunftsorientierte Maßgrößen.[549] Der Effektivitätsbegriff ist auch hier auf die tatsächlichen Steuern beschränkt, latente Steuern bleiben außen vor.[550] Die effektive Grenzsteuerbelastung ist immer dann von Interesse, wenn es gilt, durch Ermittlung der Vor- und Nachsteuerrentabilität einzelner Investitionsobjekte deren Vorteilhaftigkeit im Vergleich zu anderen Projekten zu untersuchen. Für die Wahl des internationalen Standortes einer geplanten Investition verliert die Grenzsteuerbelastung dagegen an Bedeutung:[551] „In jüngster Zeit mehren sich [..] Erkenntnisse, dass neben der effektiven Grenzsteuerbelastung die effektive Durchschnittssteuerbelastung eine - wenn nicht sogar erhöhte - Relevanz für unternehmerische Entscheidungen wie die Wahl des Standortes hat."[552] Zur Bestimmung eines Standortes für eine hochrentable Investition wird daher im Allgemeinen die effektive Durchschnittssteuerbelastung des jeweiligen Standortes ermittelt.[553]

Die Differenzierung in Quantifikationsmaße der Grenz- und Durchschnittssteuerbelastung lässt sich auch auf vergangenheitsorientierte Maßgrößen wie die Konzernsteuerquote übertragen, für die die Einordnung auf der Hand liegt: Bereits aus der Ermittlung auf Basis realisierter und im Konzernabschluss aggregierter Unternehmensdaten wird deutlich, dass die Konzernsteuerquote eine Maßgröße der Durchschnittssteuerbelastung sein muss.[554] Nicht die Höhe der Belastung einer weiteren Einheit Gewinn mit Steuern soll mit ihrer Hilfe aufgezeigt werden, sondern der konzernweit in einem bestimmten Zeitraum angefallene Steueraufwand wird in einer Nachschau dem ebenfalls konzernweit in derselben Periode erwirtschafteten

---

545 Vgl. *Spengel/Lammersen*, Messung, StuW 2001, S. 224; *Spengel*, Konzernsteuerquoten, in: *Oestreicher* (Hrsg.), Steuerplanung, 2004, S. 97; *Herzig*, Gestaltung, WPg 2003, Sonderheft, S. S 80.

546 *Effective tax rate*, ETR.

547 *Effective marginal tax rate*, EMTR.

548 *Effective average tax rate*, EATR.

549 Vgl. *OECD*, Tax Burdens, 2000, S. 47 ff.; *Jacobs/Spengel*, Measurement, Intertax 2000, S. 337 ff.; *Nicodème*, effective corporate tax rates, online im Internet, S. 8; *Spengel/Lammersen*, Messung, StuW 2001, S. 226 ff.; *Elschner/Overesch*, Standortattraktivität, DB 2006, S. 1017 f.

550 Vgl. Abschnitt B.I ab Seite 45.

551 Vgl. *Strunk*, Standortwahl, SteuerStud 1993, S. 53 ff.; *Spengel*, effektive Steuerbelastung, ZfbF 2002, S. 710 ff.

552 *Spengel/Lammersen*, Messung, StuW 2001, S. 222 f.

553 Vgl. *Broer*, Steuerbelastungsvergleiche, DStZ 2002, S. 442.

554 Vgl. *Spengel*, Konzernsteuerquoten, in: *Oestreicher* (Hrsg.), Steuerplanung, 2004, S. 96.

Ergebnis gegenübergestellt, um damit die durchschnittliche Belastung des Gewinns mit Ertragsteuern in einer Prozentzahl auszudrücken.

Gleichzeitig lassen sich Parallelen zur oben dargestellten Einteilung hinsichtlich des Zweckes der verschiedenen Maßgrößen ziehen. Die Konzernsteuerquote dient als Quantifikationsmaß der Durchschnittssteuerbelastung nicht dazu, die Vorteilhaftigkeit einzelner Investitionsprojekte zu bestimmen, sondern sie soll unter anderem dazu dienen, die Attraktivität der für die Konzernunternehmen gewählten Standorte aufzuzeigen. Dabei vermag es die aus dem Konzernabschluss generierte Steuerquote nicht, die Standortattraktivität eines einzelnen Staates abzubilden. Dies schon deshalb nicht, da außer den jeweiligen Ertragsteuerbelastungen sämtliche weiteren steuerlichen Einflussfaktoren wie Steuerarten, Steuersysteme, Bemessungsgrundlagen und Steuersätze außen vor bleiben.[555] Sie kann vielmehr Auskunft über die Attraktivität des Zusammenwirkens der für die Konzernunternehmen gewählten Standorte geben. Denn stellt man beispielsweise im Nachhinein fest, dass die Konzernsteuerquote vergleichsweise hoch ist, lässt dies unter Umständen[556] den Schluss zu, dass Funktionen und Risken zur Zuweisung der Gewinnbestandteile möglicherweise nicht steueroptimal auf die einzelnen Standorte verteilt wurden.

E. Instrument der Konzernabschlussanalyse

Wie soeben aufgezeigt, vermag es die Konzernsteuerquote in Verbindung mit der Überleitungsrechnung, den Interessenten des Konzernabschlusses detaillierte Informationen über die effektive Steuerbelastung des Konzerns und damit über die Aufteilung des Vorsteuerergebnisses zwischen Anteilseignern und Fiskus zu vermitteln. Gleichzeitig ermöglichen Konzernsteuerquote und Überleitungsrechnung Einblicke in die steuerliche Situation des Konzerns und in dessen Steuerpolitik.[557] Es liegt daher auf der Hand, dass die Konzernsteuerquote in erster Linie für gegenwärtige und potentielle Investoren bei deren Analyse des Konzernabschlusses von Interesse ist, also dem Instrumentarium des Kapitalmarktes entstammt, an dem die Konzerne ihre Unternehmenspolitik immer stärker ausrichten.[558]

Welche Gruppen neben den Investoren an der Analyse des Konzernabschlusses zur Befriedigung ihrer Informationsbedürfnisse interessiert sind,[559] wird im Folgenden dargestellt. In welchem Umfang allerdings insbesondere externe Bilanzleser den Konzernabschluss überhaupt zur Informationsgewinnung über die wirtschaftliche Lage des Konzerns nutzen können und

---

555 Vgl. *Spengel*, Konzernsteuerquoten, in: *Oestreicher* (Hrsg.), Steuerplanung, 2004, S. 97.

556 Beispielsweise durch die Interpretation der Treiber der Konzernsteuerquote mit Hilfe der Überleitungsrechnung.

557 Vgl. die Hinweise in Fn. 537 auf Seite 96.

558 Vgl. z.B. *Pellens*, Börseneinführung, ZfbF 1993, S. 852 ff.; *Busse von Colbe*, Rechnungswesen, WPg 1995, S. 713 ff.; *Werra*, Aspekte, FR 2000, S. 645 ff.

559 Vgl. hierzu die Übersicht bei *Küting/Weber*, Bilanzanalyse, 7. Auflage, 2004, S. 11.

wie die Informationsgewinnung durch die Analyse des Konzernjahresabschlusses unter Zuhilfenahme von Kennzahlen im Allgemeinen und der Kennzahl Konzernsteuerquote im Speziellen möglich ist, gilt es ebenfalls zu untersuchen.

I. Interessenten des Konzernabschlusses und deren Informationsbedürfnisse

Die Adressaten des Konzernabschlusses sind nach den Vorschriften des Aktien- und des GmbH-Gesetzes[560] Aufsichtsrat und Gesellschafter der Muttergesellschaft.[561] Der Kreis der Interessenten des Konzernabschlusses, die aufgrund ihrer jeweiligen Beziehungen zu dem Konzern spezifische Bedürfnisse haben, umfassend über dessen wirtschaftliche Lage informiert zu werden, ist dagegen deutlich größer und umfasst im Grundsatz alle Koalitionsteilnehmer[562] des Konzerns.[563] Interessengruppen des Konzernabschlusses, deren verbesserte Information durch die Konzernpublizität nach dem Publizitätsgesetz sogar eindeutig im Vordergrund steht,[564] sind Gläubiger, Lieferanten, Abnehmer und Arbeitnehmer der im Konzernabschluss berücksichtigten Unternehmen sowie die breite Öffentlichkeit, worunter beispielsweise der Staat, aber auch die Medien verstanden werden.[565]

Für alle Adressaten- und Interessentengruppen gilt, dass deren Informationsbedürfnisse durch die Einzelabschlüsse der in den Konzern eingebetteten Unternehmen nicht ausreichend befriedigt werden. Die Schicksale der einbezogenen Unternehmen sind eng mit dem der Konzernobergesellschaft und der übrigen Konzernunternehmungen verbunden, da deren wirtschaftliche Betätigung aufgrund des Abhängigkeitsverhältnisses zuvorderst an den Konzernzielen ausgerichtet ist. Durch die Steuerung der innerkonzernlichen Transaktionen durch die Konzernobergesellschaft wird die Abbildung des wirtschaftlichen Geschehens im Einzelabschluss der einbezogenen Unternehmungen beeinflusst, ohne dabei Bilanzierungsvorschriften zu verletzen.[566] Darüber hinaus können aufgrund der wirtschaftlichen Abhängigkeit der recht-

---

560 GmbHG vom 20.5.1898, RGBl 1898, S. 846.

561 §§ 337 AktG, 42a Abs. 4 GmbHG. Vgl. z.B. *Busse von Colbe/Ordelheide*, Konzernabschlüsse, 6. Auflage, 1993, S. 13.

562 Vgl. zur Verwendung der sogenannten Koalitionstheorie zur Bestimmung der Interessenten des Konzernabschlusses *Küting/Weber*, Bilanzanalyse, 7. Auflage, 2004, S. 9 f.

563 Zur ausführlichen Darstellung dieser Interessenten und ihrer Informationsbedürfnisse *IASB*, Framework, Abs. 9; sowie *Busse von Colbe/Ordelheide*, Konzernabschlüsse, 6. Auflage, 1993, S. 19 f.; *Scherrer*, Konzernrechnungslegung, 1994, S. 8 ff.; *Rheinboldt*, Analyse, 1998, S. 7; *Baetge/Kirsch/Thiele*, Konzernbilanzen, 7. Auflage, 2004, S. 47.

564 Vor Verabschiedung des Publizitätsgesetzes war die Information der Interessenten durch den Konzernabschluss alleine durch die Rechtsform der Konzernobergesellschaft determiniert. Die Schutzbedürftigkeit insbesondere der Gläubiger begründet sich jedoch nicht durch die Rechtsform der Unternehmung, sondern durch deren Größe, vgl. BT-Drs. V/3197 vom 5.8.1968, S. 13.

565 Vgl. BT-Drs. V/3197 vom 5.8.1968, S. 13 f.; *Busse von Colbe/Ordelheide*, Konzernabschlüsse, 6. Auflage, 1993, S. 14; *Adler/Düring/Schmaltz*, Kommentar, 6. Auflage, 1997, Vorbemerkungen zu §§ 1-10 PublG, Tz. 2.

566 Vgl. *Busse von Colbe/Ordelheide*, Konzernabschlüsse, 6. Auflage, 1993, S. 16 f.; *Scherrer*, Konzernrechnungslegung, 1994, S. 8; *Rheinboldt*, Analyse, 1998, S. 7 f.; *Coenenberg*, Jahresabschluss, 20. Auflage, 2005, S. 552 f.

lich selbständigen Konzernunternehmungen Regelungen zur Bilanzierung aktiv umgangen werden, um deren Einzelabschlüsse zu übergeordneten Konzernzwecken bilanzpolitisch zu gestalten.[567]

Aus diesen Gründen sind die in den Einzelabschlüssen abgebildeten geschäftlichen Beziehungen zwischen Konzernunternehmungen wirtschaftlich anders zu beurteilen als Geschäftsbeziehungen von nicht nur rechtlich, sondern auch wirtschaftlich voneinander unabhängigen Unternehmen. Auch die Beurteilung der wirtschaftlichen Lage der Konzernobergesellschaft und deren Entwicklung kann anhand der Konzernabschlussdaten unter Umständen zu anderen Ergebnissen führen als bei ausschließlicher Verwendung der Daten aus dem Einzelabschluss.[568] Um die Informationsdefizite der Einzelabschlüsse auszugleichen, ist zur Beurteilung der wirtschaftlichen Lage des Konzerns, aber auch einzelner Konzernunternehmungen, die ergänzende Betrachtung des Konzernabschlusses notwendig. Hierin sind sämtliche Beteiligungsansätze der Konzernobergesellschaft an den Konzerunternehmungen durch deren Vermögensgegenstände und Schulden ersetzt, wodurch erst ein aussagekräftiges Bild über die tatsächlichen Verpflichtungen des Konzerns ermöglicht wird.[569]

1. Interne Interessenten

Zu den unternehmensinternen Interessenten des Konzernabschlusses zählen in erster Linie der Aufsichtsrat der Konzernobergesellschaft als normierter Konzernabschlussadressat[570], die Aufsichtsräte aller Tochter-, Gemeinschafts- und assoziierten Unternehmen sowie die operativen Leitungsorgane aller Konzerngesellschaften, hier insbesondere die Organe der Konzernobergesellschaft.[571] Zwar nutzen die Leitungsorgane zur Steuerung der Einzelunternehmen und des Konzerns hauptsächlich die Daten des internen Rechnungs- und Berichtswesens, auf die sie exklusiven Zugriff haben.[572] Nichtsdestotrotz besteht das Bedürfnis der operativen Leitungsorgane, ergänzende Informationen aus dem Konzernabschluss, vor allem aber aus dem Prozess der Konzernabschlusserstellung durch Vereinheitlichung der Bilanzierungs- und Be-

567 Vgl. *Scheren*, Konzernabschlußpolitik, 1993, S. 44 f.; *Coenenberg*, Jahresabschluss, 20. Auflage, 2005, S. 552.

568 Vgl. *Busse von Colbe/Ordelheide*, Konzernabschlüsse, 6. Auflage, 1993, S. 563; *Scherrer*, Konzernrechnungslegung, 1994, S. 8.

569 Der Konzernabschluss kann die Einzelabschlüsse der Konzernunternehmen nicht ersetzen, sondern tritt mit zunehmendem Gewicht ergänzend neben diese, vgl. *Busse von Colbe/Ordelheide*, Konzernabschlüsse, 6. Auflage, 1993, S. 21 f.; *Scherrer*, Konzernrechnungslegung, 1994, S. 9, 11; *Lachnit/Ammann/Müller*, Konzernabschlußanalyse, DStR 1997, S. 384; *Rheinboldt*, Analyse, 1998, S. 7; *Coenenberg*, Jahresabschluss, 20. Auflage, 2005, S. 553.

570 Vgl. zu einer nach der zugrundeliegenden Konzernart differenzierten Darstellung der Informationsinteressen des Aufsichtsrates der Muttergesellschaft *Ballwießer*, Konzernrechnungslegung, 1997, S. 51 ff.

571 Vgl. *Busse von Colbe/Ordelheide*, Konzernabschlüsse, 6. Auflage, 1993, S. 13 f., 19 f., 24 f.; *Born*, Bilanzanalyse, 1994, S. 40.

572 Vgl. *Jacobs/Greif/Weber*, Bilanzanalyse, WiSt 1972, S. 426; *Busse von Colbe*, Informationsinstrument, ZfbF 1993, Sonderheft 32, S. 18.

wertungsvorschriften in den Handelsbilanzen II zu gewinnen. Die letztgenannten Informationen ermöglichen die Vergleichbarkeit der Abschlüsse der Konzerngesellschaften untereinander und unterstützen damit die Koordination der Aktivitäten des Konzerns durch die Konzernführung.[573]

Zudem gewährleisten die Daten des externen Rechnungswesens eine effektive Kontrolle der in vergangenen Perioden durchgeführten Konzernaktivitäten und dienen der Konzernleitung somit als Entscheidungsgrundlage für die Planung der zukünftigen Unternehmenspolitik des Konzerns.[574] Dies führt in Erweiterung der normierten Konzernabschlusspflicht dazu, dass manche Konzerne für rein interne Zwecke auch ohne rechtliche Verpflichtung und losgelöst von Rechnungslegungskonventionen in kurzen Zeitabständen Abschlüsse aufstellen, beispielsweise Quartals- oder Monatsabschlüsse, in denen sie auf bilanzpolitische Maßnahmen verzichten. Solche Abschlüsse können interne Daten in differenzierter Form transportieren und ebenfalls zur Konzernsteuerung dienen.[575] Insbesondere die aus diesen Abschlüssen gewonnenen betriebswirtschaftlichen Kennzahlen, wozu auch die Konzernsteuerquote gehört, können die Unternehmensleitung[576] bei der übergreifenden Steuerung des Konzerns unterstützen.[577]

Großkapitalgeber und Großgesellschafter gelten ebenfalls als interne Interessenten des Konzernabschlusses, da sie aufgrund ihrer Mitgliedschaft in den Aufsichtsgremien der Konzerngesellschaften üblicherweise Zugang zu internen Daten haben.[578] Ihr Anspruch an den Informationsgehalt des Konzernabschlusses entspricht im Grundsatz dem der kleineren Gläubiger und Anteilseigner, wenngleich sie nicht auf den Konzernabschluss als ergänzendes Informationsinstrument neben den Einzelabschlüssen beschränkt sind, sondern zusätzlich die ihnen zur Verfügung stehenden internen Informationen nutzen können.[579] Zu der Gruppe der Großkapi-

---

573 Vgl. *Deleker*, Steuerungsgrößen, DStR 1997, S. 635 f.; *Rheinboldt*, Analyse, 1998, S. 9; *Baetge/Kirsch/ Thiele*, Konzernbilanzen, 7. Auflage, 2004, S. 51 f.; *Coenenberg*, Jahresabschluss, 20. Auflage, 2005, S. 953 f.

574 Vgl. *Funk*, Weltbilanz, ZfbF-Kontaktstudium 1978, S. 140; *Rheinboldt*, Analyse, 1998, S. 9 f.; *Baetge/ Kirsch/Thiele*, Konzernbilanzen, 7. Auflage, 2004, S. 52; kritisch *Scherrer*, Konzernrechnungslegung, 1994, S. 13.

575 Vgl. *Busse von Colbe/Ordelheide*, Konzernabschlüsse, 6. Auflage, 1993, S. 24 f.; *Scherrer*, Konzernrechnungslegung, 1994, S. 14.

576 Da externen Interessenten des Konzernabschlusses Informationen über vorgenommene oder unterlassene bilanzpolitische Maßnahmen nicht zur Verfügung stehen, sind die häufig hoch volatilen Kennzahlen für diese Interessenten nicht aussagekräftig, vgl. Abschnitt A ab Seite 33.

577 Vgl. *Deleker*, Steuerungsgrößen, DStR 1997, S. 635 f.; *Funk*, Trend, ZfbF 1998, S. 189 ff.; *Bruns*, Rechnungslegung, in: *Auer* (Hrsg.), Umstellung, 1998, S. 79 ff.; *Kahle*, Unternehmenssteuerung, ZfbF 2003, S. 774 ff.; *Küting/Weber*, Bilanzanalyse, 7. Auflage, 2004, S. 13 ff.

578 Den anderen Gläubigern stehen diese Möglichkeiten nicht zur Verfügung, diese zählen zu den externen Interessenten, vgl. *Jacobs/Greif/Weber*, Bilanzanalyse, WiSt 1972, S. 425; *Groll*, Kennzahlensystem, 2000, S. 7.

579 Vgl. *Rheinboldt*, Analyse, 1998, S. 9.

talgeber und -gesellschafter zählen insbesondere Banken, die durch ihre Analysten vertreten werden.[580]

2. Externe Interessenten

Während die Anteilseigner des Mutterunternehmens[581] zum Kreis der normierten Konzernabschlussadressaten zählen, gehören die gegenwärtigen und potentiellen[582] Anteilseigner der in den Konzernabschluss einbezogenen Unternehmungen sowie deren Anlageberater und Analysten[583] ebenfalls zum Interessentenkreis des Konzernabschlusses.[584] Die unmittelbaren Zahlungsansprüche aller Anteilseigner richten sich formell ausschließlich nach den Einzelabschlüssen der Unternehmen, an denen sie beteiligt sind. Neben den Informationen über die Höhe des zur Ausschüttung vorgesehenen Gewinns besteht vor allem für die Minderheitsgesellschafter der einbezogenen Unternehmen das Bedürfnis, ergänzende Informationen zur Ertragskraft[585] der Unternehmen zu erhalten. Hierbei ist zuvorderst das durch innerkonzernliche Verflechtungen im Einzelabschluss nur unzureichend abgebildete zukünftige Ausschüttungs- und Kursentwicklungspotential der Unternehmen von Interesse, deren effektive Zahlungsfähigkeit ohne Liquiditätshilfe anderer Konzernunternehmungen, die Konkurrenzsituation der Unternehmen sowie mögliche Risiken der Gesellschaften im Allgemeinen.[586]

Neben den Anteilseignern stellen die gegenwärtigen und potentiellen Geldgeber und Lieferanten der Konzernunternehmen die größte externe[587] Interessentengruppe des Konzernabschlusses dar.[588] Deren Informationsbedürfnisse bestehen in erster Linie im Hinblick auf das Zahlungsverhalten der Konzernunternehmen in der Vergangenheit und die Stabilität ihrer

---

580 Vgl. *Born*, Bilanzanalyse, 1994, S. 39.

581 Zu einer nach der zugrundeliegenden Konzernart differenzierten Darstellung der Informationsinteressen der Gesellschafter der Muttergesellschaft vgl. *Ballwießer*, Konzernrechnungslegung, 1997, S. 51 ff.

582 Mit ausdrücklichem Hinweis auf potentielle Investoren als Abschlussinteressenten *Terrell/Terrell*, Accounting, 2005, S. 458.

583 Daneben gewinnen auch Ratingagenturen immer stärkeren Einfluss auf Investitions- und Desinvestitionsentscheidungen gegenwärtiger und potentieller Anteilseigner und Gläubiger.

584 Vgl. *Busse von Colbe/Ordelheide*, Konzernabschlüsse, 6. Auflage, 1993, S. 13; *Born*, Bilanzanalyse, 1994, S. 40 f.

585 Vgl. zur Ertragskraft als Erkenntnisziel der Bilanzanalyse auch *Born*, Bilanzanalyse, 1994, S. 40 f.; *Baetge*, Bilanzanalyse, 1998, S. 2; *Eberle*, Analyse, SteuerStud 2004, S. 166; *Küting/Weber*, Bilanzanalyse, 7. Auflage, 2004, S. 12; *Coenenberg*, Jahresabschluss, 20. Auflage, 2005, S. 953.

586 Vgl. *Busse von Colbe/Ordelheide*, Konzernabschlüsse, 6. Auflage, 1993, S. 21 f.; *Lachnit/Ammann/Müller*, Konzernabschlußanalyse, DStR 1997, S. 384; *Rheinboldt*, Analyse, 1998, S. 7.

587 Großgesellschafter und -kapitalgeber zählen aufgrund der ihnen zur Verfügung stehenden internen Informationen zu den internen Interessenten, vgl. *Jacobs/Greif/Weber*, Bilanzanalyse, WiSt 1972, S. 425; *Rheinboldt*, Analyse, 1998, S. 9.

588 Vgl. BT-Drs. V/3197 vom 5.8.1968, S. 14; *Busse von Colbe/Ordelheide*, Konzernabschlüsse, 6. Auflage, 1993, S. 13; *Terrell/Terrell*, Accounting, 2005, S. 463.

aktuellen finanziellen Situation:[589] Die Geldgeber und Lieferanten des Konzerns erhoffen sich von den Informationen aus dem Konzernabschluss Aufschluss über die Sicherheit des von ihnen eingesetzten Kapitals und über die Wahrscheinlichkeit, ihre Ansprüche gegenüber den Konzernunternehmungen auch zukünftig verwirklichen zu können. Geldgeber und Lieferanten der Mutterunternehmung benötigen ergänzende Informationen zu deren Einzelabschluss, da dort lediglich die Beteiligungsansätze der Konzernunternehmungen verzeichnet sind, nicht jedoch die tatsächlichen Verpflichtungen der einbezogenen Unternehmungen oder des Konzerns.[590] Geldgeber und Lieferanten der einbezogenen Unternehmungen sind demgegenüber am Konzernabschluss interessiert, weil die Einzelabschlüsse der einbezogenen Konzernunternehmen bilanzpolitischen Gestaltungen unterliegen können, die oftmals alleine dem Konzernziel, nicht jedoch unbedingt dem Ziel der Einzelunternehmung dienen.[591]

Das Interesse der gegenwärtigen und potentiellen Kunden bzw. Abnehmer der Konzernobergesellschaft und aller einbezogener Gesellschaften[592] gilt insbesondere der Ergebnis- und Kostenstruktur des Konzerns, um hieraus nach Möglichkeit Rückschlüsse für eigene Verhandlungen mit den Konzerngesellschaften zu ziehen.[593] Konkurrenten der Konzernunternehmungen sind an allen Bereichen der zu analysierenden Unternehmung interessiert, um mit Hilfe von Vergleichsdaten die eigene Leistungsfähigkeit einschätzen zu können.[594] Gegenwärtige und potentielle Arbeitnehmer der Konzernunternehmen sowie deren Vertreterorganisationen sind am Konzernabschluss interessiert,[595] da sie sich durch Informationen über die Ertragslage und den Erfolg des Konzerns Hinweise auf die Sicherheit ihrer Arbeitsplätze erhoffen.[596]

Weitere externe Interessentengruppe des Konzernabschlusses ist die interessierte breite Öffentlichkeit.[597] Kommunikationsinstrument ist die Wirtschaftspresse, die die von den Konzernen in ihren Abschlüssen zur Verfügung gestellten Informationen sammelt, veröffentlicht und teilweise kommentiert, um der Öffentlichkeit hieraus beispielsweise Erkenntnisse hinsichtlich der Einschätzung des Konzerns als Arbeitgeber oder dessen Position als Teil der Volkswirt-

589 Vgl. zur finanziellen Stabilität als Erkenntnisziel der Bilanzanalyse *Born*, Bilanzanalyse, 1994, S. 39; *Baetge*, Bilanzanalyse, 1998, S. 2; *Eberle*, Analyse, SteuerStud 2004, S. 166; *Küting/Weber*, Bilanzanalyse, 7. Auflage, 2004, S. 11 f.; *Coenenberg*, Jahresabschluss, 20. Auflage, 2005, S. 953.

590 Vgl. *Rheinboldt*, Analyse, 1998, S. 8.

591 Vgl. *Busse von Colbe/Ordelheide*, Konzernabschlüsse, 6. Auflage, 1993, S. 17; *Scheren*, Konzernabschlußpolitik, 1993, S. 44 f.; *Coenenberg*, Jahresabschluss, 20. Auflage, 2005, S. 552.

592 Vgl. BT-Drs. V/3197 vom 5.8.1968, S. 14; *Busse von Colbe/Ordelheide*, Konzernabschlüsse, 6. Auflage, 1993, S. 13.

593 Vgl. *Scheren*, Konzernabschlußpolitik, 1993, S. 46; *Rheinboldt*, Analyse, 1998, S. 8.

594 Vgl. *Küting/Weber*, Bilanzanalyse, 7. Auflage, 2004, S. 12.

595 Vgl. BT-Drs. V/3197 vom 5.8.1968, S. 14; *Busse von Colbe/Ordelheide*, Konzernabschlüsse, 6. Auflage, 1993, S. 13.

596 Vgl. *Küting/Weber*, Bilanzanalyse, 7. Auflage, 2004, S. 13. An der Erfüllung dieser Hoffnung zweifelt *Rheinboldt*, Analyse, 1998, S. 9.

597 Vgl. zur Öffentlichkeit als Interessent der Bilanzanalyse auch *Born*, Bilanzanalyse, 1994, S. 39 f.

schaft zu ermöglichen.[598] Auch der Staat selbst[599] zählt zur interessierten Öffentlichkeit, z.B. in seiner Funktion als regulierendes Element des Kapitalmarktes.[600] Zudem kann beispielsweise das Finanzamt als Kontrollinstanz[601] die Korrekturfunktion des Konzernabschlusses im Hinblick auf die Steuerbilanz der Mutterunternehmung zu Plausibilitätskontrollen nutzen.[602]

II. Eignung des Konzernabschlusses als Informationsinstrument

Dem betrieblichen Rechnungswesen fällt neben der innerbetrieblichen Information vorrangig die Aufgabe zu, den externen am Unternehmen interessierten Personenkreisen Informationen über die wirtschaftliche Lage der Unternehmung zu verschaffen.[603] Diese betriebsexterne Informationsaufgabe wird sowohl nach deutschen als auch nach internationalen Rechnungslegungsgrundsätzen vom handelsrechtlichen Jahresabschluss erfüllt (sog. Informationsfunktion des Jahresabschlusses).[604] Besteht die Unternehmung aus mehreren rechtlich selbständigen Teilbetrieben, bildet sie mithin einen Konzern,[605] ist neben der Erstellung der Jahresabschlüsse aller Konzerngesellschaften die Aufstellung eines Konzernabschlusses vorgeschrieben,[606] in dem zusätzliche entscheidungsrelevante Informationen bereitzustellen sind und der ausschließlich der Erfüllung der Informationsfunktion dient.[607] Neben Konzernbilanz und Konzern-Gewinn- und Verlustrechnung ist der Konzernanhang, in dem als Zielgröße der Überleitungsrechnung auch die Konzernsteuerquote veröffentlicht wird, zentraler Pflichtbe-

---

598 Vgl. BT-Drs. V/3197 vom 5.8.1968, S. 14; *Rheinboldt*, Analyse, 1998, S. 9.

599 Im Gesetzentwurf konkretisiert als „alle Stellen, die wirtschafts- und sozialpolitische Entscheidungen mit Auswirkungen auf das Unternehmen zu treffen haben", vgl. BT-Drs. V/3197 vom 5.8.1968, S. 14; *Rheinboldt*, Analyse, 1998, S. 9.

600 Vgl. *Terrell/Terrell*, Accounting, 2005, S. 463 f.

601 Vgl. *Küting/Weber*, Bilanzanalyse, 7. Auflage, 2004, S. 13.

602 Vgl. *Born*, Bilanzanalyse, 1994, S. 41; *Husmann*, Defizite, DStR 1997, S. 1659.

603 Vgl. *Coenenberg*, Jahresabschluss, 20. Auflage, 2005, S. 9; sowie ausführlich zu den einzelnen Jahresabschlusszwecken *Baetge/Kirsch/Thiele*, Bilanzen, 8. Auflage, 2005, S. 94 ff., 143 ff. Weitere Aufgaben des Jahresabschlusses sind die Rechenschaftslegung über das verwaltete Vermögen und der damit erzielten Erfolge sowie die Dokumentation des Geschäftsverlaufes, vgl. *Freidank*, Jahresabschluss, in: *Ballwieser/Coenenberg/Wysocki* (Hrsg.), HWRP, 3. Auflage, 2002, S. 1250 f.

604 In Analogie zu seinen Aufgaben erfüllt der Jahresabschluss zudem die Rechenschaftsfunktion und die Dokumentationsfunktion. Darüber hinaus erfüllt der Jahresabschluss außerdem die Ausschüttungsbemessungsfunktion sowie, aufgrund des noch geltenden Maßgeblichkeitsprinzips, auch eine steuerrechtliche Ermittlungsfunktion, vgl. *Freidank*, Jahresabschluss, in: *Ballwieser/Coenenberg/Wysocki* (Hrsg.), HWRP, 3. Auflage, 2002, S. 1251.

605 Vgl. zur Abgrenzung eines Konzerns Abschnitt D.I.1 des 1. Kapitels, Seiten 16 ff.

606 § 290 Abs. 1, 2 HGB; *IASB*, IAS 27, Abs. 9. Vgl. hierzu z.B. *Baetge/Kirsch/Thiele*, Konzernbilanzen, 7. Auflage, 2004, S. 87 ff., 103 ff. Nach US-amerikanischem Recht besteht keine gesetzliche Verpflichtung zur Konzernrechnungslegung, jedoch machen faktische Bestimmungen der SEC seine Erstellung notwendig, vgl. *Coenenberg*, Jahresabschluss, 20. Auflage, 2005, S. 559.

607 Zur Informationsfunktion des Konzernabschlusses z.B. *Freidank*, Jahresabschluss, in: *Ballwieser/Coenenberg/Wysocki* (Hrsg.), HWRP, 3. Auflage, 2002, S. 1250 f.; *Baetge/Kirsch/Thiele*, Konzernbilanzen, 7. Auflage, 2004, S. 40 ff.; *Baetge/Kirsch/Thiele*, Bilanzen, 8. Auflage, 2005, S. 143 ff.; *Coenenberg*, Jahresabschluss, 20. Auflage, 2005, S. 9, 553 f.

standteil des Konzernabschlusses sowohl nach deutschen als auch nach internationalen Rechnungslegungsgrundsätzen.[608]

Insbesondere für externe Analysten hat die Analyse der veröffentlichten Jahresabschlüsse eine besondere Bedeutung, da diese in aller Regel deren einzige Informationsquelle sind.[609] Bei der Untersuchung der wirtschaftlichen Lage einer Unternehmung ist der Fokus daher zunächst auf die publizierten Finanzdaten gerichtet. Dies gilt gleichermaßen für einen Konzern, dessen Abschluss gemäß § 297 HGB ein den tatsächlichen Verhältnissen entsprechendes Bild der Vermögens-, Finanz- und Ertragslage[610] der wirtschaftlichen Einheit rechtlich selbständiger Konzernunternehmen so vermitteln soll, als ob diese Unternehmen insgesamt ein einziges Unternehmen wären.[611] Der Konzernabschluss wird als Informationsinstrument[612] über die wirtschaftliche Lage des Konzerns verstanden, welches die Abschlüsse der Konzernunternehmungen zu einem einzigen Abschluss zusammenfasst und dabei die innerkonzernlichen Beziehungen eliminiert.[613] Im Gegensatz zum Einzelabschluss gilt für den Konzernabschluss ausschließlich das „Primat der Informationsfunktion“[614], da er nach geltendem Recht weder Grundlage für die Gewinnermittlung, noch für die Besteuerung, noch für die Ausschüttungsbemessung ist.[615]

Die fehlende Funktion des Konzernabschlusses als Ausschüttungsbemessungsgrundlage ist es aber gleichzeitig, die dessen Eignung als Informationsinstrument für gegenwärtige und potentielle Investoren in Frage stellt.[616] Wirtschaftlich betrachtet ist der an der Konzernobergesellschaft Beteiligte gleichzeitig auch an allen untergeordneten Konzernunternehmungen beteiligt; der Investor betrachtet den Konzern als Einheitsunternehmung. Somit ist für die Investitions- und Desinvestitionsentscheidungen des Investors alleine die Gewinnverwendung der Muttergesellschaft als Führungsunternehmen des Konzerns relevant.[617] Tatsächlich jedoch

608 § 297 Abs. 1 S. 1 HGB; *IASB*, IAS 1, Abs. 8 (e); *FASB*, SFAC 5, Abs. 13. Vgl. ausführlich *Baetge/Kirsch/Thiele*, Konzernbilanzen, 7. Auflage, 2004, S. 549 ff.

609 Vgl. *Kirsch*, Jahresabschlussanalyse, 2004, S. 1.

610 Die Konzernrechnungslegung konkretisiert die wirtschaftliche Lage des Konzerns durch die drei Teillagen Vermögenslage, Finanzlage und Ertragslage, vgl. *Rheinboldt*, Analyse, 1998, S. 11.

611 Sogenannte Einheitstheorie, vgl. z.B. *Busse von Colbe/Ordelheide*, Konzernabschlüsse, 6. Auflage, 1993, S. 19 f.; *Adler/Düring/Schmaltz*, Kommentar, 6. Auflage, 1997, § 297 HGB, Tz. 5.

612 Vgl. *Busse von Colbe/Ordelheide*, Konzernabschlüsse, 6. Auflage, 1993, S. 3. Zur Entwicklung des Jahresabschlusses als Informationsinstrument im Allgemeinen *Busse von Colbe*, Informationsinstrument, ZfbF 1993, Sonderheft 32, S. 11 ff.

613 Vgl. *Rheinboldt*, Analyse, 1998, S. 11.

614 *Busse von Colbe*, Informationsinstrument, ZfbF 1993, Sonderheft 32, S. 19.

615 Vgl. *Adler/Düring/Schmaltz*, Kommentar, 6. Auflage, 1997, Vorbemerkungen zu §§ 290-315 HGB, Tz. 16.

616 Vgl. hierzu *Busse von Colbe*, Bemessungsgrundlage, in: *Havermann* (Hrsg.), FS Goerdeler, 1987, S. 63; *Schildbach*, Konzernrechnungslegung, WPg 1989, S. 207; *Busse von Colbe/Ordelheide*, Konzernabschlüsse, 6. Auflage, 1993, S. 23; *Busse von Colbe*, Informationsinstrument, ZfbF 1993, Sonderheft 32, S. 26; *Scherrer*, Konzernrechnungslegung, 1994, S. 11; *Husmann*, Defizite, DStR 1997, S. 1659.

617 Vgl. *Busse von Colbe*, Bemessungsgrundlage, in: *Havermann* (Hrsg.), FS Goerdeler, 1987, S. 63; *Busse von Colbe/Ordelheide*, Konzernabschlüsse, 6. Auflage, 1993, S. 23; *Husmann*, Defizite, DStR 1997, S. 1659.

bemisst sich die Gewinnverwendung aller in den Konzern einbezogenen Einzelunternehmen, mithin auch die der Konzernobergesellschaft, de lege lata ausschließlich an deren Einzelabschlüssen, in denen Gewinnthesaurierungen, noch nicht übernommene Verluste, im Einzelabschluss abweichend wahrgenommene Ansatz- und Bewertungswahlrechte und die innerhalb des Konzerns erzielten Zwischengewinne noch nicht eliminiert wurden.[618]

Unter diesem Aspekt würde erst eine am Konzernabschluss orientierte Ausschüttungsbemessung der Konzernobergesellschaft - und möglicherweise auch der wirtschaftlich wichtigsten einbezogenen Unternehmen - de lege ferenda die Abbildung der wirtschaftlichen Lage des Konzerns als wirtschaftliche Einheit gewährleisten.[619] Materiell wohnt den Konzernabschlüssen aber auch bisher schon eine Ausschüttungsbemessungsfunktion insbesondere für die Konzernobergesellschaft, aber auch für andere wichtige Konzernunternehmungen inne;[620] man spricht in diesem Zusammenhang vom Konzernabschluss als einem „moralischen"[621] Korrektiv für die Ausschüttungsbemessung des Mutterunternehmens.[622] Diese implizite Richtigstellung und weitere, tatsächlich vorgenommene, Korrekturen der aus den Einzelabschlüssen zu übernehmenden Daten[623] tragen dafür Sorge, dass die Eignung des Konzernabschlusses als Informationsinstrument sichergestellt bleibt.

Darüber hinaus ist der Informationsgehalt des Konzernabschlusses insbesondere im Hinblick auf die zukünftige Entwicklung des Konzerns und die hierauf aufbauende Anlageentscheidung eines potentiellen Investors nicht unumstritten, denn der Konzernabschluss wird aus den traditionellen Jahresabschlüssen abgeleitet, so dass die dort vorherrschende vergangenheitsbezogene Stichtagsbetrachtung übernommen wird.[624] Eine ausschließlich zukunftsorientierte Abbildung im Konzernabschluss wäre aber ebenfalls unzweckmäßig, da diese vor dem Hintergrund des Objektivierungserfordernisses den Jahresabschlusserstellern weitreichende Manipulationsspielräume eröffnen würde. Daher stellt der traditionelle Jahresabschluss einen

---

618 Vgl. *Busse von Colbe*, Bemessungsgrundlage, in: *Havermann* (Hrsg.), FS Goerdeler, 1987, S. 76; *Schildbach*, Ausschüttungsbemessungsgrundlage, WPg 1993, S. 55 ff.

619 Vgl. *Husmann*, Defizite, DStR 1997, S. 1659; *Busse von Colbe*, Informationsinstrument, ZfbF 1993, Sonderheft 32, S. 26 f.; *Busse von Colbe/Ordelheide*, Konzernabschlüsse, 6. Auflage, 1993, S. 23; *Coenenberg*, Jahresabschluss, 20. Auflage, 2005, S. 552 ff. Gleichwohl wären hierzu wesentliche Modifikationen des Konzernjahresergebnisses notwendig, vgl. *Busse von Colbe*, Bemessungsgrundlage, in: *Havermann* (Hrsg.), FS Goerdeler, 1987, S. 72 ff.; *Schildbach*, Ausschüttungsbemessungsgrundlage, WPg 1993, S. 57 ff.

620 Vgl. *Krag/Müller*, Zweckmäßigkeit, BB 1985, S. 308 f.; *Busse von Colbe/Ordelheide*, Konzernabschlüsse, 6. Auflage, 1993, S. 23; *Scherrer*, Konzernrechnungslegung, 1994, S. 11 f.; *Husmann*, Defizite, DStR 1997, S. 1659.

621 *Krag/Müller*, Zweckmäßigkeit, BB 1985, S. 309, Flexion geändert.

622 Vgl. auch *Husmann*, Defizite, DStR 1997, S. 1659.

623 Vgl. zu den Korrekturen bei der Aufstellung des Konzernabschlusses zur Stärkung dessen Informationsfunktion *Schildbach*, Konzernrechnungslegung, WPg 1989, S. 207 f.

624 Vgl. z.B. *Ballwieser*, Analyse, WPg 1987, S. 63; *Schildbach*, Konzernrechnungslegung, WPg 1989, S. 160 f.; *Ballwießer*, Konzernrechnungslegung, 1997, S. 83 ff.; *Deleker*, Steuerungsgrößen, DStR 1997, S. 635; *Coenenberg*, Jahresabschluss, 20. Auflage, 2005, S. 954 f.

Kompromiss dar, der es in einem gewissen Rahmen vermag, Informationen zu vermitteln und Manipulationen entgegenzuwirken.[625]

Ein Instrument, mit dessen Hilfe ein Ausweg aus dem Dilemma ‚zukunftsorientierte Information bei weitgehender Objektivierung' möglich erscheint, kann der zusätzlich zum Konzernabschluss zu veröffentlichende Konzernlagebericht sein.[626] Durch die gesetzlich geforderte Darstellung der voraussichtlichen Entwicklung des Konzerns muss im Prognosebericht als Bestandteil des Konzernlageberichts der Zukunftsaspekt der Informationen stärker berücksichtigt werden, als dies im Konzernabschluss möglich ist.[627]

Daneben existieren verschiedene weitere Projektionsmodelle, die eine jedenfalls subjektive Einschätzung der zukünftigen Entwicklung auch aufgrund von vergangenheitsbezogenen Jahresabschlussangaben ermöglichen.[628] Die Vorbehalte hinsichtlich des Prognosegehaltes von traditionellen Jahresabschlüssen und von Konzernabschlüssen werden zudem durch empirische Untersuchungen widerlegt, die deren Eignung zur Voraussage von Zahlungsschwierigkeiten, Jahresergebnissen, Dividendenzahlungen und Börsenkursen nachweisen.[629] Somit ist der um den Konzernlagebericht ergänzte Konzernabschluss[630] die wesentliche Informationsquelle zur Beurteilung der erfolgs- und finanzwirtschaftlichen Lage eines Konzerns. Insbesondere der Konzernanhang, der auch die Überleitungsrechnung und damit den Ausweis und die Herleitung der Konzernsteuerquote beinhaltet, ist dabei als verbal und nonverbal erläuternder und ergänzender Teil des Konzernabschlusses für die Gewinnung anlagerelevanter Informationen unentbehrlich.[631]

---

625 Vgl. *Schildbach*, Konzernrechnungslegung, WPg 1989, S. 160; *Ballwießer*, Konzernrechnungslegung, 1997, S. 84.

626 Während der von der Konzernobergesellschaft zu erstellende Konzernanhang zusammen mit der Konzernbilanz und der Konzern-Gewinn- und Verlustrechnung eine Einheit, den Konzernabschluss, bildet, die u.U. um eine Kapitalflussrechnung, eine Segmentberichterstattung und einen Eigenkapitalspiegel zu erweitern ist, steht der Konzernlagebericht daneben, §§ 290 Abs. 1, 297 Abs. 1 HGB. Vgl. zum Lagebericht allgemein *Hilke*, Bilanzpolitik, 5. Auflage, 2000, S. 37 ff.; zum Konzernlageberichtbericht *Busse von Colbe/ Ordelheide*, Konzernabschlüsse, 6. Auflage, 1993, S. 535 ff.

627 Vgl. *Theisen*, Konzern, 1991, S. 375 f.; *Busse von Colbe/Ordelheide*, Konzernabschlüsse, 6. Auflage, 1993, S. 539; *Ballwießer*, Konzernrechnungslegung, 1997, S. 85; *Dißars*, Lagebericht, INF 2005, S. 636, 639.

628 Vgl. *Schildbach*, Konzernrechnungslegung, WPg 1989, S. 160.

629 Vgl. *Baetge*, Früherkennung, ZfbF 1989, S. 792 ff.; *Busse von Colbe*, Informationsinstrument, ZfbF 1993, Sonderheft 32, S. 15 m.w.N.

630 Die Berichtspflicht im Konzernabschluss umfasst bei Bilanzierung nach IAS eine Kapitalflussrechnung, eine Segmentberichterstattung und einen Eigenkapitalspiegel, ein Lagebericht wird lediglich empfohlen. US-GAAP fordern darüber hinaus noch eine Gewinnverwendungsrechnung sowie einen Managementdiskussions- und Analyseteil, der über die Anforderungen des deutschen Lageberichts hinausgeht, vgl. *Müller/Wulf*, Analyse, DSWR 2002, S. 368.

631 Vgl. *Küting*, Bilanzanalyse, DStR 1992, S. 691 f.; *Müller/Wulf*, Analyse, DSWR 2002, S. 368; *Küting/ Weber*, Bilanzanalyse, 7. Auflage, 2004, S. 398 ff.

III. Nutzung der Konzernsteuerquote zur Analyse von Konzernabschlüssen

Nachdem die Eignung des Konzernabschlusses als Informationsinstrument für die Interessenten der Konzernsteuerquote herausgearbeitet wurde, gilt es im Folgenden, die Eigenschaft der Konzernsteuerquote als Instrument der Konzernabschlussanalyse nachzuweisen. Hierzu soll zunächst die Konzernabschlussanalyse als Kennzahlenrechnung charakterisiert werden, so dass, bei Identifikation der Konzernsteuerquote als Kennzahl, die Möglichkeit ihrer Verwendung bei der Analyse von Konzernabschlüssen deutlich wird.

1. Konzernabschlussanalyse als Kennzahlenrechnung

Als Jahresabschlussanalyse bezeichnet man das strukturierte und systematische Vorgehen zur Gewinnung und Auswertung von Informationen aus dem Jahresabschluss und dem Lagebericht, um hieraus Erkenntnisse über die wirtschaftliche Lage und die künftige wirtschaftliche Entwicklung der Unternehmung zu erzielen.[632] „Da eine Analyse Entscheidungen mit Blick auf die Zukunft fundieren soll, ist in zeitlicher Hinsicht neben einer retrospektiven Analyse auch eine prospektive Verlängerung der Erkenntnisse erforderlich."[633] Unter Modellen zur Abschlussanalyse werden daher allgemein Verfahren zur quantitativen und qualitativen Informationsgewinnung und -auswertung verstanden, die eine retrospektive und vor allem auch prospektive Erkenntnisgewinnung über die wirtschaftliche Lage der Unternehmung ermöglichen sollen.[634] Jedoch existieren bislang nur wenige funktionsfähige Modelle zur Analyse speziell von Konzernabschlüssen und so stellt deren Untersuchung, verglichen mit der Analyse von Einzelabschlüssen, außerordentlich hohe Anforderungen an die Bilanzleser.[635] Dabei nimmt gleichzeitig die Notwendigkeit der Jahresabschlussanalyse von Konzernen ständig zu, denn der Konzern ist die mittlerweile normale Organisationsform von Unternehmen,[636] und dem Konzernabschluss kommt im Vergleich zum Einzelabschluss der Konzernobergesellschaft eine immer größere Bedeutung zu.[637]

---

[632] Vgl. *Born*, Bilanzanalyse, 1994, S. 4 f.; *Baetge*, Bilanzanalyse, 1998, S. 1 f.; *Rehkugler/Poddig*, Bilanzanalyse, 4. Auflage, 1998, S. 2 f.; *Bitz/Schneeloch/Wittstock*, Jahresabschluß, 4. Auflage, 2003, S. 473; *Küting/ Weber*, Bilanzanalyse, 7. Auflage, 2004, S. 3; *Coenenberg*, Jahresabschluss, 20. Auflage, 2005, S. 949.

[633] *Müller/Wulf*, Analyse, DSWR 2002, S. 369.

[634] Vgl. *Lachnit/Ammann/Müller*, Konzernabschlußanalyse, DStR 1997, S. 383 ff.

[635] Vgl. *Rheinboldt*, Analyse, 1998, S. 3; *Küting/Weber*, Bilanzanalyse, 7. Auflage, 2004, S. 512. Vgl. als mögliche Ansätze z.B. *Krehl*, in: *Küting/Weber*, HB der Konzernrechnungslegung, 1989, Kapitel I, Tz. 182 ff.; *Küting*, Konzernabschlußanalyse, DStR 1992, S. 1334 ff., 1374 ff.; *Busse von Colbe/Ordelheide*, Konzernabschlüsse, 6. Auflage, 1993, S. 563 ff.; *Lachnit/Ammann/Müller*, Konzernabschlußanalyse, DStR 1997, S. 383 ff.; *Küting/Weber*, in: *Küting/Weber*, HB der Konzernrechnungslegung, 2. Auflage, 1998, Kapitel I, Tz. 396 ff.

[636] Vgl. die Hinweise in den Fn. 71, 72 und 73 auf Seite 16 f.

[637] Vgl. *Busse von Colbe/Ordelheide*, Konzernabschlüsse, 6. Auflage, 1993, S. 566 f.; *Küting/Weber*, Bilanzanalyse, 7. Auflage, 2004, S. 509.

Zurückzuführen ist dieses Dilemma in erster Linie auf die Tatsache, dass schon die gesetzlichen Ansprüche an handelsrechtliche Konzernabschlüsse nach deutschem Recht nicht den Anforderungen genügen, die aus der Sicht der Bilanzanalysten an Jahresabschlüsse gestellt werden.[638] Zudem müssen zahlreiche inhaltliche und methodische Besonderheiten, wie die Vorschriften der Konzernrechnungslegung und der Konsolidierung sowie insbesondere die Konzernbilanzpolitik unter Ausnutzung der wirtschaftlichen Abhängigkeiten der einbezogenen Unternehmungen durch die Konzernobergesellschaft,[639] bei der Analyse von Konzernabschlüssen berücksichtigt werden und erhöhen somit deren Komplexität zusätzlich.[640] Um bei der Konzernabschlussanalyse letztlich zu aussagekräftigen Erkenntnissen zu gelangen, die sich nicht nur mit den Daten des Konzerns im Zeitablauf und mit den Daten anderer Konzerne, sondern auch mit denen wirtschaftlich unabhängiger Unternehmen ähnlicher Größe vergleichen lassen, ist hier zunächst, wie auch bei der Einzelabschlussanalyse, eine sorgfältige Aufbereitung, Verdichtung und zumindest partielle Standardisierung der Daten notwendig.[641]

Als Methode zur Gewinnung und Auswertung der quantitativen Jahresabschlussinformationen bedient sich die Jahresabschlussanalyse ganz überwiegend der Kennzahlenbildung und des Kennzahlenvergleichs; die Jahresabschlussanalyse wird daher häufig als Kennzahlenrechnung betrachtet.[642] Zu diesem Zweck werden aus den zuvor aufbereiteten Daten des Konzernabschlusses betriebswirtschaftliche Kennzahlen[643] entwickelt, die Aufschluss über die wirtschaftliche Situation des Konzerns geben sollen. Kennzahlen[644] sind Zahlen mit kennzeichnender Aussage, also mit besonderem Erkenntniswert, die in präziser und konzentrierter Form Informationen über quantitativ messbare betriebswirtschaftliche Tatbestände und Entwicklungen von Einzelunternehmen oder Konzernen numerisch abbilden.[645]

---

638 Vgl. *Husmann*, Defizite, DStR 1997, S. 1659.

639 Vgl. zu den Besonderheiten der Konzernabschlussanalyse ausführlich *Küting*, Konzernabschlußanalyse, DStR 1992, S. 1334 ff. und 1374 ff.; *Lachnit/Ammann/Müller*, Konzernabschlußanalyse, DStR 1997, S. 384 ff.; *Rheinboldt*, Analyse, 1998, S. 16 ff.; *Küting/Weber*, Bilanzanalyse, 7. Auflage, 2004, S. 513 ff.

640 Vgl. *Busse von Colbe/Ordelheide*, Konzernabschlüsse, 6. Auflage, 1993, S. 567; *Küting/Weber*, in: *Küting/Weber*, HB der Konzernrechnungslegung, 2. Auflage, 1998, Kapitel I, Tz. 396; *Rheinboldt*, Analyse, 1998, S. 3.

641 Vgl. *Buchner*, Kennzahlenrechnung, 1985, S. 2 ff.; *Busse von Colbe/Ordelheide*, Konzernabschlüsse, 6. Auflage, 1993, S. 568 ff.; *Müller/Wulf*, Analyse, DSWR 2002, S. 368 f.; sowie ausführlich *Born*, Bilanzanalyse, 1994, S. 315 ff.; *Rehkugler/Poddig*, Bilanzanalyse, 4. Auflage, 1998, S. 19 ff.; *Küting/Weber*, Bilanzanalyse, 7. Auflage, 2004, S. 3; *Coenenberg*, Jahresabschluss, 20. Auflage, 2005, S. 956 f.

642 Vgl. *Rehkugler/Poddig*, Bilanzanalyse, 4. Auflage, 1998, S. 161; *Groll*, Kennzahlensystem, 2000, S. 4; *Küting/Weber*, Bilanzanalyse, 7. Auflage, 2004, S. 16.

643 Die Begriffe ‚Kennzahl' und ‚betriebswirtschaftliche Kennzahl' werden synonym verwendet.

644 Zur Abgrenzung der Begriffe ‚Kennzahl' und ‚Kennziffer' vgl. *Wissenbach*, Kennzahlen, 1967, S. 34 ff.

645 Vgl. *Lachnit*, Jahresabschlußanalyse, 1979, S. 15; *Buchner*, Kennzahlenrechnung, 1985, S. 2; *Meyer*, Kennzahlen, 2. Auflage, 1994; *Groll*, Kennzahlensystem, 2000, S. 9; *Meyer*, Kunden-Bilanzanalyse, 2000, S. 19; *Küting/Weber*, Bilanzanalyse, 7. Auflage, 2004, S. 23. Vgl. zu einer umfassenden Diskussion des Kennzahlenbegriffs insbesondere *Wissenbach*, Kennzahlen, 1967, S. 23 ff.

Kennzahlen können absolute Zahlen[646] oder Verhältniszahlen[647] sein.[648] Der wirtschaftliche Gehalt einer absoluten Zahl wird jedoch oftmals erst dann erkennbar, wenn sie in Relation zu anderen betriebswirtschaftlichen Sachverhalten gezeigt wird.[649] Aus diesem Grund werden aus den absoluten Zahlen in aller Regel Verhältniszahlen gebildet, wobei die absoluten Zahlen in einer Division zueinander in Beziehung gestellt werden[650] und so eine betriebswirtschaftliche Größe an einer anderen betriebswirtschaftlichen Größe gemessen wird.[651] Die zu messende Größe, die Beobachtungszahl, ist die für die jeweilige Fragestellung wichtigste Größe und steht dabei im Zähler (Dividend), die als Maß dienende Größe, die Bezugszahl, im Nenner (Divisor) des Bruches. Hieraus ergibt sich als Konsequenz, dass die Zählergröße die auf diese Weise generierte neue Kennzahl eindeutig beherrscht.[652]

Einzelkennzahlen drücken monokausale Ursache-Wirkungs-Zusammenhänge für einen bestimmten betriebswirtschaftlichen Sachverhalt aus,[653] nicht jedoch die Interdependenzen, die hinter dem mit der Kennzahl kommunizierten Sachverhalt stehen, ihn beeinflussen oder von ihm beeinflusst werden.[654] Um die Eindimensionalität der Kennzahlenanalyse zu überwinden, werden durch Verbindung von mindestens zwei bislang beziehungslos nebeneinander stehenden Einzelkennzahlen Kennzahlensysteme gebildet.[655] Als Kennzahlensystem[656] wird eine Gesamtheit logisch-deduktiv geordneter, voneinander abhängiger bzw. einander ergänzender Kennzahlen bezeichnet, die entweder in rechentechnischer Verknüpfung oder in einem Systematisierungszusammenhang zueinander stehen und die über den zu betrachtenden Sachver-

---

646 Einzelzahlen, Summen, Differenzen oder Mittelwerte.

647 Beziehungs-, Gliederungs- oder Indexzahlen; oft auch als relative Zahlen bezeichnet.

648 Vgl. *Lachnit*, Jahresabschlußanalyse, 1979, S. 16 ff.; *Buchner*, Kennzahlenrechnung, 1985, S. 2; *Meyer*, Kennzahlen, 2. Auflage, 1994, S. 4, 6; *Baetge*, Bilanzanalyse, 1998, S. 26 ff.; *Groll*, Kennzahlensystem, 2000, S. 9 f.; *Küting/Weber*, Bilanzanalyse, 7. Auflage, 2004, S. 24 ff. In der betriebswirtschaftlichen Literatur wurde lange Zeit diskutiert, ob absolute Zahlen Kennzahlen sein können, vgl. hierzu nur *Lachnit*, Jahresabschlußanalyse, 1979, S. 15 f., m.w.N. in Fn. 1 auf S. 16; *Meyer*, Kennzahlen, 2. Auflage, 1994, S. 4. Die herrschende Meinung bejaht dies mittlerweile. Diese Diskussion ist für die Untersuchung nicht weiter relevant, da die Konzernsteuerquote eine Verhältniszahl ist.

649 Vgl. *Küting/Weber*, Bilanzanalyse, 7. Auflage, 2004, S. 25.

650 Dies in einem sinnvollen inneren Zusammenhang: Um betriebswirtschaftlichen Anforderungen zu entsprechen, müssen sich die absoluten Zahlen in zeitlicher, sachlicher und wertmäßiger Hinsicht entsprechen. Diese Voraussetzung wird als Entsprechungsprinzip bezeichnet, vgl. *Baetge*, Bilanzanalyse, 1998, S. 28 ff.; *Küting/Weber*, Bilanzanalyse, 7. Auflage, 2004, S. 25; *Coenenberg*, Jahresabschluss, 20. Auflage, 2005, S. 971. Vgl. auch *Kern*, Kennzahlensysteme, ZfbF 1971, S. 702. Für die Konzernsteuerquote ist das Entsprechungsprinzip erfüllt.

651 Mit Hilfe der Verhältniszahlen lassen sich bei einem Unternehmensvergleich Daten unterschiedlich großer Unternehmen miteinander vergleichen, vgl. *Baetge*, Bilanzanalyse, 1998, S. 140; *Groll*, Kennzahlensystem, 2000, S. 9; *Küting/Weber*, Bilanzanalyse, 7. Auflage, 2004, S. 25; *Coenenberg*, Jahresabschluss, 20. Auflage, 2005, S. 971.

652 Vgl. *Wissenbach*, Kennzahlen, 1967, S. 22, 75 f.; *Lachnit*, Jahresabschlußanalyse, 1979, S. 22; *Groll*, Kennzahlensystem, 2000, S. 10.

653 Vgl. *Buchner*, Kennzahlenrechnung, 1985, S. 36.

654 Vgl. *Lachnit*, Unternehmensanalyse, WPg 1974, S. 40; *Lachnit*, Kennzahlensysteme, ZfbF 1976, S. 216.

655 Vgl. *Baetge*, Bilanzanalyse, 1998, S. 37; *Küting/Weber*, Bilanzanalyse, 7. Auflage, 2004, S. 27.

656 Auch: Kennzahlenkollektion, Kennzahlenkombination, vgl. *Kern*, Kennzahlensysteme, ZfbF 1971, S. 701; *Buchner*, Kennzahlenrechnung, 1985, S. 36.

halt möglichst ausgewogen und vollständig informieren.[657] Mit Hilfe von Kennzahlensystemen wird es möglich, auch multikausale Ursache-Wirkungs-Zusammenhänge für betriebswirtschaftliche Sachverhalte aufzuzeigen.[658]

Aber auch Kennzahlen und Kennzahlensysteme haben für sich genommen noch keine große Aussagekraft, solange die Daten des zu analysierenden Abschlusses nicht mit Referenzdaten verglichen werden.[659] Zur Auswertung und Beurteilung des Konzernabschlusses sind daher, sowohl bei Verwendung absoluter Kennzahlen als auch bei Verwendung von Verhältniszahlen und analog zur Analyse von Einzelabschlüssen, Zeit-, Unternehmens- oder Soll-Ist-Vergleiche anzustellen.[660] Neben der Festlegung der Art des Vergleichs ist hierzu die Festlegung von Vergleichsgrößen notwendig. Dies sind je nach Vergleichsmethode die Daten vergangener Perioden, anderer Unternehmen oder Zielvorgaben, mit denen die vorliegenden Daten der aktuellen Berichtsperiode verglichen werden können.[661]

Der Vergleich absoluter Zahlen verschiedener Zeiträume oder unterschiedlich großer Unternehmen ist jedoch aus analytischer Sicht i.d.R. nur wenig gehaltvoll. Ein Vergleich von Verhältniszahlen ist hingegen auch dann möglich, wenn die absoluten Zahlen nicht bekannt sind oder nicht veröffentlicht werden dürfen, da Verhältniszahlen für sich betrachtet keine Rückschlüsse auf die zugrundeliegende absoluten Zahlen zulassen. Gleichwohl ist zur zutreffenden Beurteilung der Ergebnisse die Angabe auch der zugrundeliegenden absoluten Zahlen anzustreben.[662]

Bei der Auswertung der Informationen wird deutlich, dass eine rein quantitative Analyse von Konzernabschlüssen, bei der die Informationen ausschließlich aus den numerischen Daten des Jahresabschlusses gewonnen werden,[663] in ihrem Aussagegehalt immer noch begrenzt ist. Dies zum einen aufgrund der hohen Verdichtung komplexer betriebswirtschaftlicher Sachverhalte in den Kennzahlen und zum anderen durch die insbesondere im Konzern bestehenden

---

657 Vgl. *Lachnit*, Unternehmensanalyse, WPg 1974, S. 40; *Lachnit*, Kennzahlensysteme, ZfbF 1976, S. 216; *Lachnit*, Jahresabschlußanalyse, 1979, S. 23; *Buchner*, Kennzahlenrechnung, 1985, S. 36; *Meyer*, Kennzahlen, 2. Auflage, 1994, S. 9; *Groll*, Kennzahlensystem, 2000, S. 14; *Küting/Weber*, Bilanzanalyse, 7. Auflage, 2004, S. 27.

658 Vgl. *Buchner*, Kennzahlenrechnung, 1985, S. 36.

659 Vgl. *Born*, Bilanzanalyse, 1994, S. 10; *Küting/Weber*, Bilanzanalyse, 7. Auflage, 2004, S. 17, 42 f.

660 Vgl. nur *Lachnit*, Jahresabschlußanalyse, 1979, S. 1. Vgl. zu den verschiedenen Auswertungsmethoden z.B. *Busse von Colbe/Ordelheide*, Konzernabschlüsse, 6. Auflage, 1993, S. 568; *Groll*, Kennzahlensystem, 2000, S. 20 ff.; *Bitz/Schneeloch/Wittstock*, Jahresabschluß, 4. Auflage, 2003, S. 478 f.; *Eberle*, Analyse, SteuerStud 2004, S. 166; *Küting/Weber*, Bilanzanalyse, 7. Auflage, 2004, S. 43 ff.; *Coenenberg*, Jahresabschluss, 20. Auflage, 2005, S. 970 f.

661 Vgl. *Busse von Colbe/Ordelheide*, Konzernabschlüsse, 6. Auflage, 1993, S. 572 ff.; *Coenenberg*, Jahresabschluss, 20. Auflage, 2005, S. 971 ff.

662 Vgl. *Baetge*, Bilanzanalyse, 1998, S. 26, 140; *Groll*, Kennzahlensystem, 2000, S. 12; *Küting/Weber*, Bilanzanalyse, 7. Auflage, 2004, S. 25.

663 Vgl. *Küting/Weber*, in: *Küting/Weber*, HB der Konzernrechnungslegung, 2. Auflage, 1998, I. Kapitel, Tz. 399 ff.

Möglichkeiten zur zielorientierten Gestaltung des Jahresabschlusses.[664] Aus diesem Grund ist zur umfassenden und aussagekräftigen Analyse des Konzernabschlusses zusätzlich eine qualitative Analyse der Informationen aus Konzernanhang und Konzernlagebericht notwendig. Hierbei wird die verbale Berichterstattung des Anhangs und des Lageberichtes zur Interpretation der quantitativen Daten hinzugezogen und dabei die Semiotik der Aussagen[665] und insbesondere das bilanzpolitische Instrumentarium der Unternehmung analysiert.[666] Durch Interpretation und Interpolation aller Informationen ist es den Bilanzanalysten schließlich möglich, Schlüsse von den vergangenheitsorientierten Jahresabschlussangaben auch auf künftige Entwicklungen zu ziehen.[667]

Dass die Konzernsteuerquote dabei als Kennzahl des Konzernabschlusses charakterisiert werden kann, deren qualitative Interpretation mit Hilfe der Überleitungsrechnung und der hierzu vorliegenden Erläuterungen es ermöglicht, Einblicke in die steuerliche Situation des Konzerns zu gewinnen und diese für interperiodische, zwischenbetriebliche und Soll-Ist-Vergleiche sowie für Investitions- und Desinvestitionsentscheidungen zu nutzen,[668] soll im Folgenden nachgewiesen werden. Die Synthese aus den in diesem Abschnitt gewonnenen Erkenntnissen wird dann letztlich sein, dass die Konzernsteuerquote als Kennzahl dazu dient, die Abschlüsse der betrachteten Konzerne im Hinblick auf deren Besteuerung zu analysieren und die diesbezüglichen Informationsbedürfnisse der Konzernabschlussinteressenten zu befriedigen.

2. Identifizierung der Konzernsteuerquote als Kennzahl

Kennzahlenarten lassen sich, wie in Abbildung 11 verdeutlicht, anhand zahlreicher Merkmale systematisieren.[669] Mit Hilfe dieser Systematisierungsmerkmale lässt sich die Konzernsteuerquote als betriebswirtschaftliche Kennzahl identifizieren.[670]

---

664 Vgl. *Baetge*, Bilanzanalyse, 1998, S. 54 ff., insbesondere S. 69 ff.; *Küting/Weber*, in: *Küting/Weber*, HB der Konzernrechnungslegung, 2. Auflage, 1998, I. Kapitel, Tz. 440; *Rehkugler/Poddig*, Bilanzanalyse, 4. Auflage, 1998, S. 162 ff.; *Küting/Weber*, Bilanzanalyse, 7. Auflage, 2004, S. 395 ff.; sowie auch *Eberle*, Analyse, SteuerStud 2004, S. 172.

665 Untersuchung des Grads der Bestimmtheit der Aussagen (syntaktische Ebene), der Intensität der freiwilligen Berichterstattung (pragmatische Ebene) und der präferierten Wortwahl (semantische Ebene), vgl. *Küting/Weber*, in: *Küting/Weber*, HB der Konzernrechnungslegung, 2. Auflage, 1998, I. Kapitel, Tz. 441; *Küting/Weber*, Bilanzanalyse, 7. Auflage, 2004, S. 423 ff.

666 Vgl. *Küting*, Bilanzanalyse, DStR 1992, S. 691 ff. und 728 ff.; *Küting/Weber*, in: *Küting/Weber*, HB der Konzernrechnungslegung, 2. Auflage, 1998, Kapitel I, Tz. 441 ff.; *Müller/Wulf*, Analyse, DSWR 2002, S. 369; *Küting/Weber*, Bilanzanalyse, 7. Auflage, 2004, S. 395 ff.

667 Vgl. *Schildbach*, Konzernrechnungslegung, WPg 1989, S. 160; *Born*, Bilanzanalyse, 1994, S. 11.

668 Vgl. zur Entscheidungsfunktion der Überleitungsrechnung *Adrian*, Tax Reconciliation, 2005, S. 63.

669 Vgl. zu einer umfassenden Systematisierung von Kennzahlen *Wissenbach*, Kennzahlen, 1967, S. 39 ff.

670 Vgl. zur Bezeichnung der Konzernsteuerquote als „klassische Kennzahl für jede jahresabschlussanalytische Untersuchung" *Fischer*, IAS 12, BBK 2002, Fach 20, S. 683. Einen Nachweis der Kennzahleneigenschaft der Konzernsteuerquote und ihrer Eigenschaft als Instrument der Jahresabschlussanalyse bleibt *Fischer* jedoch schuldig. Ebenfalls ohne Nachweis der Kennzahleneigenschaft bezeichnet *Adrian* den effektiven

Systematisierungsmerkmal	Arten betriebswirtschaftlicher Kennzahlen
betriebliche Funktionen	*Kennzahlen aus dem Bereich* Beschaffung · Lagerwirtschaft · Personal · Produktion · Absatz · Finanzwirtschaft/JA
statistisch-methodische Gesichtspunkte	*Absolute Zahlen*: Einzelzahlen · Summen · Differenzen · Mittelwerte *Verhältniszahlen*: Beziehungszahlen · Gliederungszahlen · Indexzahlen
Quellen im Rechnungswesen	*Kennzahlen aus* Bilanz · Buchhaltung · Aufwands- und Ertrags- und Kostenrechnung · Statistik
Gebiet der Aussage	Gesamtbetriebliche Kennzahlen · Teilbetriebliche Kennzahlen
Planungsgesichtspunkte	Soll-Kennzahlen (zukunftsorientiert) · Ist-Kennzahlen (vergangenheitsorientiert)
Umfang der Ermittlung	Standardisiert · Betriebsindividuell

Abbildung 11: Arten betriebswirtschaftlicher Kennzahlen
Quelle: *Meyer*, Kennzahlen, 2. Auflage, 1994, S. 7; zugleich *Meyer*, Kunden-Bilanzanalyse, 2000, S. 20.

Zur Bildung der Kennzahl ‚Konzernsteuerquote' werden die absoluten Zahlen ‚effektiver Steueraufwand des Konzerns' und ‚Konzernergebnis vor Steuern' zueinander in Beziehung gestellt. Beobachtungszahl, also die zu messende, für die Fragestellung wichtigste und die neu generierte Kennzahl beherrschende Größe[671], ist der ‚effektive Steueraufwand' als Dividend der Relation.[672] In funktionaler Hinsicht ist die Konzernsteuerquote dem Bereich ‚Finanzwirtschaft und Jahresabschluss' zuzuordnen, der für ihre Ermittlung und Kommunikation unmittelbar verantwortlich ist. Auch die Gestaltung der Konzernsteuerquote obliegt, soweit dies möglich ist,[673] in erster Linie[674] der Steuerabteilung, die in der Darstellung ebenfalls dem Bereich ‚Finanzwirtschaft und Jahresabschluss' angehört.[675]

Nach statistisch-methodischen Gesichtspunkten ist die Konzernsteuerquote eine Verhältniszahl und drückt das relative Gewicht der Beobachtungszahl ‚effektiver Steueraufwand' an der Bezugszahl ‚Konzernergebnis vor Steuern' aus.[676] Konkret liegt eine Gliederungszahl als Spezialfall der Verhältniszahl vor, da es sich bei der Zählergröße ‚effektiver Steueraufwand'

Steuersatz als „Kennzahl, auf die [in der Überleitungsrechnung, Anmerkung des Verfassers.] übergeleitet wird", vgl. *Adrian*, Tax Reconciliation, 2005, S. 65.

671 Vgl. *Wissenbach*, Kennzahlen, 1967, S. 76.

672 Vgl. Gleichung 1 auf Seite 6.

673 Zu den Grenzen der Gestaltung der Konzernsteuerquote Abschnitt A des 4. Kapitels, hier ab Seite 277.

674 Soweit der Funktionsbereich ‚Rechnungswesen' für die latenten Steuern verantwortlich zeichnet, hat auch dieser Einfluss auf die Konzernsteuerquote, vgl. z.B. *Herzig/Dempfle*, Konzernsteuerquote, DB 2002, S. 8. Vgl. auch *Müller*, Konzernsteuerquote, DStR 2002, S. 1685.

675 Zwar ist der Einfluss der Steuerabteilung auf die Konzernsteuerquote oftmals begrenzt, dennoch ist für Zwecke dieser betriebswirtschaftlichen Einordnung in funktionaler Hinsicht hauptsächlich die Steuerabteilung für Einflussnahmen auf die Konzernsteuerquote verantwortlich.

676 Vgl. *Lachnit*, Jahresabschlußanalyse, 1979, S. 20; *Meyer*, Kennzahlen, 2. Auflage, 1994, S. 4, 6; *Küting/Weber*, Bilanzanalyse, 7. Auflage, 2004, S. 25; *Coenenberg*, Jahresabschluss, 20. Auflage, 2005, S. 971.

um eine Teilgröße der Nennergröße ‚Konzernergebnis vor Steuern' handelt.[677] Datenquelle der Konzernsteuerquote im Rechnungswesen[678] ist die Aufwands- und Ertragsrechnung, namentlich die externe Konzern-Gewinn- und Verlustrechnung, ergänzt durch qualitative Erläuterungen aus dem Konzernanhang.[679]

Hieraus resultiert neben der Ausklammerung kalkulatorischer Rechengrößen[680] ein gesamtbetrieblicher Aussagebereich[681] sowie unter Planungsgesichtspunkten ein zunächst vergangenheitsorientierter Zeitbezug als Ist-Größe, die beispielsweise für einen mehrperiodischen, betriebsspezifischen oder einen zwischenbetrieblichen Vergleich herangezogen werden kann.[682] Eine Zukunftsorientierung der Kennzahl Konzernsteuerquote als Plan- oder Soll-Größe ist ebenfalls möglich, z.B. durch die Kommunikation von anzustrebenden Zielvorgaben an interne Koalitionsteilnehmer, deren Zielerreichung ex post durch die Unternehmensleitung kontrolliert werden kann.[683]

Während die Ermittlung der zunächst statischen Konzernsteuerquote auf einer standardisierten Formel basiert, erfolgt die dynamische Erläuterung von Soll-Ist-Abweichungen in der Überleitungsrechnung betriebsindividuell.[684] Der Umfang der Erläuterungen innerhalb der Überleitungsrechnungen verschiedener Konzerne variiert deutlich[685] und kann in einer differierenden Informationspolitik der Unternehmen begründet sein, da durch die Positionen der Überleitungsrechnung steuerpolitische Informationen preisgegeben werden.[686]

Die Konzernsteuerquote kann zudem als Spitzenkennzahl eines Kennzahlensystems angesehen werden, welches das gegebene Analyseziel ‚Konzernsteuerbelastung' erläutert. Wie Einzelkennzahlen können auch Kennzahlensysteme anhand von Merkmalen systematisiert wer-

---

677 Gliederungszahlen sind dadurch gekennzeichnet, dass die Beobachtungszahl eine Teilgröße der Bezugszahl ist, vgl. *Wissenbach*, Kennzahlen, 1967, S. 45; *Lachnit*, Jahresabschlußanalyse, 1979, S. 20; *Buchner*, Kennzahlenrechnung, 1985, S. 71; *Groll*, Kennzahlensystem, 2000, S. 10; *Küting/Weber*, Bilanzanalyse, 7. Auflage, 2004, S. 25.

678 Gegen eine Einteilung von Kennzahlen nach dem Ort ihres Ursprungs spricht sich *Wissenbach*, Kennzahlen, 1967, S. 39 ff., aus.

679 Vgl. zu weiteren möglichen Datenquellen *Lachnit*, Jahresabschlußanalyse, 1979, S. 21 f.

680 Zur Abgrenzung kalkulatorischer Größen z.B. *Eisele*, Technik, 7. Auflage, 2002, S. 642 f.; *Schweitzer/Küpper*, Kostenrechnung, 8. Auflage, 2003, S. 19, 187 ff.

681 Vgl. *Wissenbach*, Kennzahlen, 1967, S. 51 f. Vgl. zu einer Klassifikation von Kennzahlen nach ihrem betriebswirtschaftlichen Gehalt *Groll*, Kennzahlensystem, 2000, S. 13 f.

682 Vgl. *Herzig/Dempfle*, Konzernsteuerquote, DB 2002, S. 3.

683 Vgl. *Wissenbach*, Kennzahlen, 1967, S. 50; *Kern*, Kennzahlensysteme, ZfbF 1971, S. 702; *Herzig/Dempfle*, Konzernsteuerquote, DB 2002, S. 3, 8; *Kröner/Benzel*, Konzernsteuerquote, in: *Kessler/Kröner/Köhler* (Hrsg.), Konzernsteuerrecht, 2004, § 15, Tz. 68 f.

684 Vgl. zu einer über die hier vorgenommene Charakterisierung von Kennzahlen hinausgehenden strukturellen Qualifikation die Übersicht bei *Meyer*, Kennzahlen, 2. Auflage, 1994, S. 8.

685 Vgl. ausführlich das 3. Kapitel der Arbeit, Seiten 133 ff., sowie die Untersuchung in *Kröner/Benzel*, Konzernsteuerquote, in: *Kessler/Kröner/Köhler* (Hrsg.), Konzernsteuerrecht, 2004, § 15, Tz. 63 ff.

686 Vgl. *Herzig/Dempfle*, Konzernsteuerquote, DB 2002, S. 3.

den und ergänzen somit, wie in Abbildung 12 dargestellt, die Identifizierung der Konzernsteuerquote als Kennzahl.

Systematisierungsmerkmal	Arten betriebswirtschaftlicher Kennzahlensysteme	
Verknüpfungsstruktur	Rechensystem	Ordnungssystem
Entwicklungsstruktur	Zerlegungssystem (analytisch)	Zusammenfassungssystem (synthetisch)
Verwendung	Analyse	Steuerung

Abbildung 12: Arten betriebswirtschaftlicher Kennzahlensysteme
Quelle: In Anlehnung an *Meyer*, Kennzahlen, 2. Auflage, 1994, S. 11; zugleich *Meyer*, Kunden-Bilanzanalyse, 2000, S. 22.

Eine rechentechnische Verknüpfung von Einzelkennzahlen zu einem Rechensystem liegt vor, wenn sich eine Kennzahl durch mathematische Methoden aus mindestens zwei anderen Kennzahlen entwickeln lässt. Hierzu wird eine Zerlegung der Spitzenkennzahl vorgenommen. Die Beziehungen zwischen den Kennzahlen eines Rechensystems können neben der mathematischen auch sachlogischer Natur sein. Ordnungssysteme haben im Gegensatz zu Rechensystemen keine Spitzenkennzahl und werden durch unquantifizierte, ausschließlich sachlogische Bündelung von Kennzahlen gebildet.[687]

Im vorliegenden Kennzahlensystem wird, wie in Abbildung 13 auf Seite 117 verdeutlicht, die Spitzenkennzahl Konzernsteuerquote durch Aufgliederung in eine Vielzahl von Einzelkennzahlen aufgespaltet,[688] mithin liegt ein Rechensystem vor. Die Einzelkennzahlen werden durch die Zerlegung als Gestaltungsparameter und Werttreiber der Konzernsteuerquote identifiziert. Die Operanden der rechentechnischen Verknüpfung der Gestaltungsparameter werden in der oberen Ebene des Kennzahlensystems im Einzelnen dargestellt. Die Werttreiber der Konzernsteuerquote auf der unteren Ebene sind sämtlich additiv miteinander verknüpft.[689] Insofern ist die Quantifizierbarkeit aller Elementebeziehungen und damit insgesamt ein Rechensystem nachgewiesen. Aus der rechentechnischen Verknüpfung der Elementebeziehungen kann jedoch nicht geschlossen werden, dass die zu dem Kennzahlensystem zusammengefassten Einzelkennzahlen zwingend in funktionalem Zusammenhang zueinander stehen, oder dass monokausale Beziehungen zwischen ihnen bestehen.[690]

---

687 Vgl., auch zur Kombination von mathematischer und sachlogischer Verknüpfung in Rechensystemen, *Lachnit*, Jahresabschlußanalyse, 1979, S. 31 ff.; *Buchner*, Kennzahlenrechnung, 1985, S. 36 ff.; *Meyer*, Kennzahlen, 2. Auflage, 1994, S. 10; *Groll*, Kennzahlensystem, 2000, S. 14 ff., insbesondere S. 19 f.; *Küting/Weber*, Bilanzanalyse, 7. Auflage, 2004, S. 29.

688 Vgl. hierzu *Bieniek*, Konzeption, 2003, S. 37 f.

689 In der Regel nach einer Gewichtung: So sind bei der Bildung von Steuerlatenzen die Differenzen mit den maßgeblichen Steuersätzen zu multiplizieren.

690 Vgl. *Meyer*, Kennzahlen, 2. Auflage, 1994, S. 11; *Meyer*, Kunden-Bilanzanalyse, 2000, S. 19.

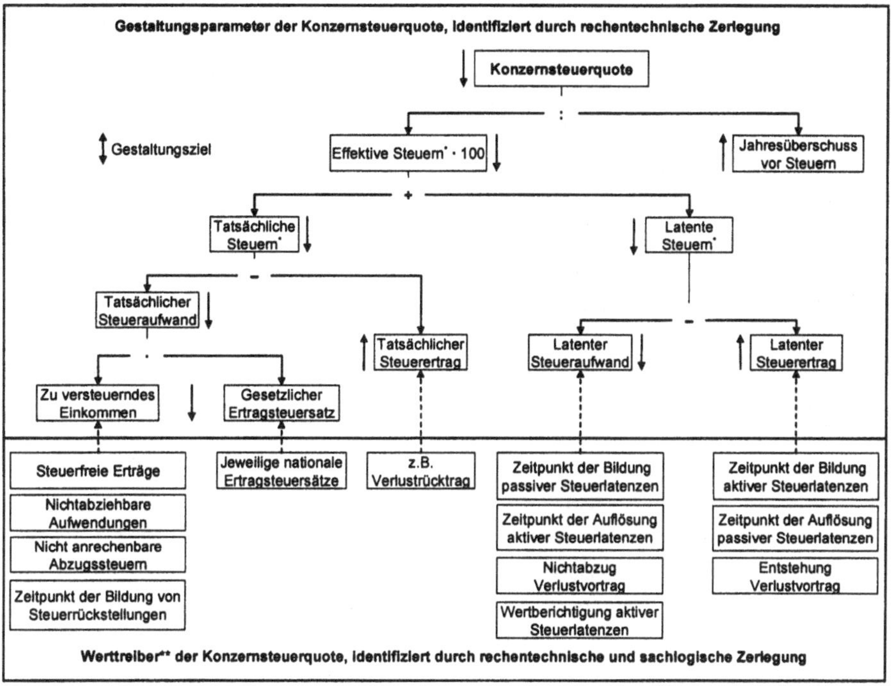

Abbildung 13: Gestaltungsparameter und Werttreiber der Konzernsteuerquote

* Die Position ‚Steuern' hat ein positives Vorzeichen, wenn der Steueraufwand den Steuerertrag übersteigt.

** Vgl. zu dieser Auswahl an Werttreibern *Kröner*, Konzernsteuerquote, in: *Herzig* (Hrsg.), Organschaft, 2003, S. 565 f.; zugleich *Kröner/Benzel*, Konzernsteuerquote, in: *Kessler/Kröner/Köhler* (Hrsg.), Konzernsteuerrecht, 2004, § 15, Tz. 8.

Aus der Form der Verknüpfung der Einzelkennzahlen lässt sich noch keine Aussage über Aufbau bzw. Entwicklungsstruktur des Kennzahlensystems treffen, die in erster Linie von dessen Erkenntniszweck determiniert werden.[691] Bei der Struktur von Kennzahlensystemen kann es sich auf der einen Seite um die analytische Struktur eines Zerlegungssystems handeln, bei der ein komplexer betriebswirtschaftlicher Sachverhalt in seine Komponenten zerlegt wird. Ziel von Zerlegungssystemen ist mithin die Analyse des betreffenden Sachverhaltes.[692] Auf der anderen Seite kann es sich bei einem Kennzahlensystem um ein Zusammenfassungssystem mit synthetischer Struktur handeln. Der Zweck eines Zusammenfassungssystems ist darin zu sehen, durch Verdichtung von Kennzahlen eine übergeordnete Spitzenkennzahl und einen Gesamteindruck vom Betrachtungsgegenstand zu erhalten.[693]

691 Vgl. *Lachnit*, Unternehmensanalyse, WPg 1974, S. 41.

692 Vgl. *Wissenbach*, Kennzahlen, 1967, S. 89; *Lachnit*, Jahresabschlußanalyse, 1979, S. 33; *Buchner*, Kennzahlenrechnung, 1985, S. 36 ff., 46.

693 Vgl. *Lachnit*, Jahresabschlußanalyse, 1979, S. 34; *Buchner*, Kennzahlenrechnung, 1985, S. 48 ff.; *Coenenberg*, Jahresabschluss, 20. Auflage, 2005, S. 973.

Ziel des vorliegenden Kennzahlensystems ist, wie in Abbildung 13 deutlich wird, die globale Größe ‚Konzernsteuerquote' zu untersuchen und deren Gestaltungsparameter und Werttreiber zu identifizieren. Dieses Ziel bestimmt dessen analytische, zerlegende Struktur. Die Identifizierung der Gestaltungsparameter und Werttreiber erfolgt durch Zerlegung, im Einzelnen durch eine Kombination aus zahlenlogisch-analytischer und sachlogisch-analytischer Zerlegung.[694] Da die Gestaltungsparameter der Konzernsteuerquote als Einzelkennzahlen durch Definitionsgleichungen und tautologische Umformung der Konzernsteuerquote unter Anwendung der Grundrechenarten gewonnen werden, liegt zunächst eine zahlenlogisch-analytische Zerlegung vor. Darüber hinaus besteht zwischen den durch die Zerlegung gewonnenen Einzelkennzahlen über einen rein mathematischen Zusammenhang hinaus ein funktionaler, mithin ein sachlogisch-analytischer Zusammenhang, so dass die Kombination aus Zahlenlogik und Sachlogik erkennbar wird, bei der die Zahlenlogik im Vordergrund steht.[695]

Die Identifizierung der Werttreiber auf der unteren Ebene des Kennzahlensystems erfolgt ebenfalls durch die Kombination zahlenlogisch-analytischer und sachlogisch-analytischer Verfahren. Hier wird im Wesentlichen unter Ausnutzung betriebswirtschaftlicher Erfahrungen[696] und empirischer Untersuchungen eine sachlogisch-analytische Zerlegung der Gestaltungsparameter in ihre Determinanten vorgenommen, denn es besteht ein funktionaler Zusammenhang zwischen der Höhe der Gestaltungsparameter - und damit gleichzeitig der Konzernsteuerquote - und den einzelnen Werttreibern als deren Determinanten.[697] Die Werttreiber der einzelnen Gestaltungsparameter sind gleichzeitig mathematisch miteinander verknüpft, so dass die Zerlegung auch unter zahlenlogischen Gesichtspunkten erfolgt, die hier jedoch eher im Hintergrund steht. Zentral ist an dieser Stelle jedoch nicht die weitere Differenzierung nach Sachlogik und Zahlenlogik, sondern einzig die Charakterisierung des Kennzahlensystems zur Konzernsteuerquote als analytisches, zerlegendes System.

Aus dem Erkenntnisziel der Erforschung der Spitzenkennzahl Konzernsteuerquote und der Suche nach Determinanten zu ihrer Beeinflussung ergibt sich unmittelbar die Verwendung des vorliegenden Kennzahlensystems als Analyseinstrument. Eine Verwendung des Kennzahlensystems zur Partial- und Totalanalyse des zu analysierenden Beobachtungsgegenstandes ist unzweifelhaft möglich, da, wie nachgewiesen werden konnte, eine Zerlegung der Spitzenkennzahl in ihre wichtigsten Elemente stattfindet, die somit quantitativ fassbar werden und einen Ansatzpunkt zur Beurteilung bieten.[698] Gleichzeitig wird die Eignung des Kennzahlensystems als Steuerungsinstrument offenbar, denn es ermöglicht durch Identifizierung der verschiedenen Werttreiber die Kommunikation und Kontrolle von exakt konkretisierten Ziel-

---

694 Vgl. zu dieser Differenzierung *Buchner*, Kennzahlenrechnung, 1985, S. 36 f., 46.

695 Vgl. *Buchner*, Kennzahlenrechnung, 1985, S. 36 f., 46.

696 Vgl. *Lachnit*, Jahresabschlußanalyse, 1979, S. 31.

697 Vgl. *Buchner*, Kennzahlenrechnung, 1985, S. 36, 46.

698 Vgl. *Lachnit*, Unternehmensanalyse, WPg 1974, S. 40; *Lachnit*, Kennzahlensysteme, ZfbF 1976, S. 219 f., 224; *Lachnit*, Jahresabschlußanalyse, 1979, S. 81.

vorgaben (Perspektiven) für einzelne Stellen innerhalb der Unternehmung.[699] Diese Vorgaben dienen den Mitarbeitern der Stellen als Leitlinien und sind von ihnen unmittelbar zu beeinflussen und erfüllen somit die an Vorgaben im Allgemeinen zu stellenden Anforderungen.[700] „Kennzahlensysteme können als Führungsinstrument betrachtet werden, weil sie Aufgaben im Führungsprozeß zu übernehmen vermögen."[701]

Nach alledem ist deutlich geworden, dass die betriebswirtschaftliche Kennzahl Konzernsteuerquote, deren Kommunikation und Interpretation durch die Überleitungsrechnung im Anhang des Konzernabschlusses erfolgt, einen möglichen Ansatz zur Erlangung von entscheidungsrelevanten Informationen im Hinblick auf die steuerliche Situation des Konzerns aus dessen Abschlüssen liefern kann, die dann im Rahmen eines *benchmarking*[702] zu Unternehmensvergleichen herangezogen werden kann.[703] Jedoch bleibt zu berücksichtigen, dass die Kennzahl Konzernsteuerquote nur einen kleinen Aspekt der gesamten Besteuerung des Konzerns transportiert, da insbesondere Verkehrsteuern, Verbrauchsteuern und Zölle ebenso nicht einbezogen werden, wie die Ertragsteuern auf bestimmte Ergebnisbestandteile bei der Bilanzierung nach US-GAAP. Insofern darf bei der Analyse der Steuerbelastung des Konzerns keinesfalls auf die Verwendung weiteren Datenmaterials und anderer Anhangangaben, beispielsweise Angaben zur Zusammensetzung des Vorsteuerergebnisses im Hinblick auf *discontinued operations*, verzichtet werden.[704]

F. Weitere Funktionen der Konzernsteuerquote

Im Anschluss sollen die verschiedenen Funktionen, die die Konzernsteuerquote im Rahmen der Analyse der Konzernabschlüsse erfüllt, aufgezeigt werden. Zur Identifikation der Funktionen trägt wesentlich die zuvor vorgenommene Charakterisierung der Konzernsteuerquote als Quantifikationsmaß der steuerlichen Belastung des Konzerns einerseits und als Kennzahl der Jahresabschlussanalyse andererseits bei. Da sich die Funktionen zudem aus den Informationsbedürfnissen der Interessenten des handelsrechtlichen Jahresabschlusses ableiten lassen, bietet sich eine Systematisierung nach den Interessenten des Konzernabschlusses an. Zuvor sei auf die originäre Funktion der Konzernsteuerquote im Rahmen der Konzernrechnungslegung hingewiesen.

---

699 Vgl. *Kern*, Kennzahlensysteme, ZfbF 1971, S. 716; *Lachnit*, Kennzahlensysteme, ZfbF 1976, S. 219, 224 ff.; *Lachnit*, Jahresabschlußanalyse, 1979, S. 81.

700 Vgl. *Kern*, Kennzahlensysteme, ZfbF 1971, S. 703 ff.; *Lachnit*, Kennzahlensysteme, ZfbF 1976, S. 219.

701 *Lachnit*, Jahresabschlußanalyse, 1979, S. 69 f.

702 Zu Begriff und Prozess des *benchmarking* grundlegend für den deutschen Sprachraum *Horváth/Herter*, Benchmarking, Controlling 1992, S. 4 ff.

703 In diesem Sinne auch *Müller*, Konzernsteuerquote, DStR 2002, S. 1684 f.

704 Vgl. zu den Grenzen der Bilanzanalyse im Allgemeinen *Coenenberg*, Jahresabschluss, 20. Auflage, 2005, S. 954 ff.

I. Originäre Informationsfunktion der Konzernsteuerquote

Innerhalb des Konzernanhangs als Pflichtbestandteil des Konzernabschlusses[705] ist für die betrachteten Rechnungslegungsgrundsätze die Angabe der Überleitungsrechnung obligatorisch,[706] in der die wesentlichen Abweichungen zwischen der erwarteten und der effektiven Steuerbelastung aufzuzeigen sind und als deren Zielgröße entweder unmittelbar[707], jedenfalls aber mittelbar[708] die Konzernsteuerquote ausgewiesen wird. Aufgabe des Konzernabschlusses und damit letztlich auch der Überleitungsrechnung und der Konzernsteuerquote ist dabei, wie oben ausgeführt,[709] ausschließlich die Information.[710]

Interessenten des Konzernabschlusses erhalten durch die in der Überleitungsrechnung veröffentlichte Konzernsteuerquote Informationen über die Qualität des Unternehmensergebnisses im Hinblick auf seine Zusammensetzung, über Höhe und Treiber der Konzernsteuerquote und über die Bilanz- und Steuerpolitik des Konzerns.[711] Insofern ist es die originäre Funktion der durch die Überleitungsrechnung kommunizierten Konzernsteuerquote, die Informationsfunktion des handelsrechtlichen Konzernabschlusses zu unterstützen.[712]

II. Funktionen für interne Abschlussinteressenten

Zu den internen Interessenten der Konzernsteuerquote zählt vor allem die Konzernleitung, für die der Jahresabschluss und damit auch die Konzernsteuerquote eine Selbstinformationsfunktion erfüllt. Daneben profitieren auch die Leitungsorgane der Steuerabteilungen im Konzern von den Funktionen der Konzernsteuerquote und der Überleitungsrechnung.

1. Kontroll- und Benchmarkgröße der Konzernleitung

Zur Steuerung eines Unternehmens sind für dessen Geschäftsleitung vorrangig Kosten-, Erlös- und Investitionsrechnungen und weniger die handelsrechtlichen Abschlüsse von Inte-

---

705 Gemäß § 297 Abs. 1 S. 1 HGB; *IASB*, IAS 1, Abs. 8 (e); *FASB*, SFAC 5, Abs. 13.

706 Vgl. *IASB*, IAS 12, Abs. 81 (c); *FASB*, SFAS No. 109, Abs. 47; *SEC*, Reg. S-X, online im Internet, Item 210.4-08, Abs. (h) (2); *DRSC*, DRS 10, Abs. 42.

707 Wenn, wie nach SEC-Regelungen bevorzugt, eine Überleitungsrechnung mit prozentualen Werten aufgestellt wird, vgl. *SEC*, Reg. S-X, online im Internet, Item 210.4-08, Abs. (h) (2), S. 4.

708 Durch Angabe des effektiven Steueraufwands, der zur Ermittlung der Konzernsteuerquote in Beziehung zum Konzernergebnis vor Steuern zu setzen ist.

709 Vgl. Abschnitt E.II ab Seite 105.

710 Zur Informationsfunktion des Konzernabschlusses vgl. Fn. 607 auf Seite 105.

711 Vgl. *Cotting*, Analyse, ST 1995, S. 792; *Fischer*, IAS 12, BBK 2002, Fach 20, S. 682 f.; *Herzig/Dempfle*, Konzernsteuerquote, DB 2002, S. 3; *Dahlke/Eitzen*, Überleitungsrechnung, DB 2003, S. 2237; *Herzig*, Gestaltung, WPg 2003, Sonderheft, S. S 90; *KPMG*, Rechnungslegung, 3. Auflage, 2003, S. 286; *Wagenhofer*, Internationale Rechnungslegungsstandards, 5. Auflage, 2005, S. 587; kritisch *Hannemann/ Peffermann*, IAS-Konzernsteuerquote, BB 2003, S. 733.

712 Vgl., insbesondere mit Blick auf die Überleitungsrechnung, *Adrian*, Tax Reconciliation, 2005, S. 60 ff.

resse,[713] wenngleich die Einbeziehung der Informationen des externen Rechnungswesens und der Periodenerfolgsrechnung in die Steuerung von Geschäftsbereichen und ganzer Unternehmen immer mehr zunimmt.[714] Aber unabhängig von der tatsächlichen Verwendung der Jahresabschlussinformationen durch die Geschäftsleitung des einzelnen Unternehmens, gehen deren handelsrechtliche Jahresabschlüsse, wenn die Unternehmen in einen Konzernverbund eingebunden sind, jedoch stets in ein Konzerncontrolling ein. Die Konzernleitung zählt daher immer zu den Interessenten der Abschlussinformationen.[715]

Durch die Steuerquoten der einzelnen Unternehmungen, die Konzernsteuerquote sowie insbesondere durch deren Kommunikation in den Überleitungsrechnungen der Einzelabschlüsse und des Konzernabschlusses erhält die Unternehmensleitung der Konzernobergesellschaft erstmals einen strukturierten Einblick in die Leistungen der Steuerabteilungen der Konzernobergesellschaft und der einbezogenen Gesellschaften. Mithin kann insbesondere die Konzernsteuerquote der Konzernleitung als Kontrollgröße[716] zur Beurteilung der Arbeit der Konzernsteuerabteilung und der von ihr verfolgten Steuerpolitik dienen.[717]

Daneben wird dem Konzernmanagement auch eine Maßgröße des *benchmarking* an die Hand gegeben, die einen externen Vergleich der Arbeit der Konzernsteuerabteilung und der Steuerabteilungen der Konzerngesellschaften mit denen der Mitbewerber möglich macht.[718] Während bislang die Arbeit der Steuerabteilungen stets periodenbezogen an einer kurzfristigen Optimierung der Steuerzahlungen ausgerichtet war,[719] ermöglicht die durch die Einbeziehung latenter Steuern geglättete Maßgröße ‚Konzernsteuerquote' einen periodenübergreifenden Vergleich der effektiven Steuerbelastung des Konzerns.

Gestaltungen mit dem Ziel der Senkung nur der tatsächlichen Steuerbelastung, die mit einem korrespondierenden Anstieg der latenten Steuern einhergehen, laufen mit Blick auf die Konzernsteuerquote ins Leere.[720] Zur Beeinflussung der Steuerquote müssen Gestaltungen gefunden werden, die permanente Unterschiede zwischen der handelsrechtlichen und der steuerlichen Gewinnermittlung generieren und somit nicht zu einem Ansatz latenter Steuern führen.

---

713 Vgl. die Hinweise in Fn. 572 auf Seite 101.

714 Vgl. *Kahle*, Rechnungslegung, 2002, S. 88 m.w.N.; *Kahle*, Unternehmenssteuerung, ZfbF 2003, S. 773.

715 Vgl. *Busse von Colbe*, Informationsinstrument, ZfbF 1993, Sonderheft 32, S. 18.

716 Vgl. *Spengel/Lammersen*, Messung, StuW 2001, S. 224, Fn. 19.

717 „Eine der für die Qualität der Konzernsteuerpolitik aussagekräftigsten Grössen ist die prozentuelle Belastung des konsolidierten Konzerngewinnes vor Steuern mit dem konzernweit angefallenen Steueraufwand.", *Volkart*, Steuerpolitik, 1998, S. 78. In diesem Sinne auch *Müller*, Konzernsteuerquote, DStR 2002, S. 1685; *Spengel*, Konzernsteuerquoten, in: *Oestreicher* (Hrsg.), Steuerplanung, 2004, S. 97 f.

718 Vgl. *Haarmann*, Gestaltbarkeit, in: *Herzig/Günkel/Niemann* (Hrsg.), StbJb 2001/2002, 2002, S. 368; *Müller*, Konzernsteuerquote, DStR 2002, S. 1684 f.

719 Unter Anwendung von Sachverhaltsgestaltungen und der Ausnutzung steuerlicher Wahlrechte mit dem Ziel der relativen Steuerbarwertminimierung, vgl. *Herzig/Dempfle*, Konzernsteuerquote, DB 2002, S. 4 m.w.N.

720 Durch den ‚kompensatorischen Effekt latenter Steuern', vgl. *Herzig/Dempfle*, Konzernsteuerquote, DB 2002, S. 3 f.

Die Wirksamkeit der von der Konzernsteuerabteilung durchgeführten Gestaltungen lässt sich dabei durch ein *benchmarking* unter Verwendung der Konzernsteuerquote als Vergleichsmaßstab überprüfen.

2. Instrument zur Publikation der Konzernsteuerpolitik

Neben der in allen Rechnungslegungssystemen bestehenden Pflicht, einen Konzernabschluss mit dem Ziel der Information der am Konzern Beteiligten aufzustellen, nutzen die Geschäftsleitungen der Unternehmen den im Form eines Geschäftsberichtes veröffentlichten Konzernabschluss in aller Regel auch zur Publikation der erreichten Ziele. Die Möglichkeit der aktiven Nutzung des Konzernabschlusses als Instrument der Publikation im Sinne einer positiven Selbstdarstellung besteht auch im Hinblick auf die durch die Überleitungsrechnung kommunizierte Konzernsteuerquote.

Wie bereits dargestellt, bietet die Überleitungsrechnung externen Jahresabschlussinteressenten die Möglichkeit, Einblick in die Steuerpolitik des berichterstattenden Konzerns zu nehmen. Damit eignet sich die Überleitungsrechnung gleichzeitig auch dazu, die Kommunikation der Konzernsteuerpolitik, deren Ziele und den Zielerreichungsgrad zu unterstützen. Insbesondere durch eine detaillierte und gleichzeitig übersichtliche Form der Strukturierung und Aufspaltung der Überleitungsrechnung sowie einer darüber hinausgehenden verbalen Erläuterung kann den externen Jahresabschlussinteressenten ein Einblick in die steuerliche Situation des Konzerns gewährt und die durch das Steuermanagement genutzten Chancen zur Senkung der Konzernsteuerquote aufgezeigt werden.

3. Ziel- und Kontrollgröße der Steuerabteilung

Neben der operativen Leitung der Konzernobergesellschaft und der einbezogenen Konzerngesellschaften haben auch die leitenden Mitarbeiter der Steuerabteilungen dieser Unternehmen[721] Interesse am Konzernabschluss und den hierin veröffentlichten Daten zur Steuerbelastung des Konzerns. Denn die Konzernsteuerquote kann den Steuerabteilungen als selbst gewählte oder von der Unternehmensleitung gesetzte Zielgröße dienen, an der sie ihre strategische Steuerpolitik und ihr operatives Handeln im Sinne der Auswahl und Durchführung konkreter Maßnahmen der Steuerplanung ausrichten kann. Gleichzeitig dient sie der Steuerabteilung als Kontrollgröße zur Überprüfung der Ziele.[722]

---

721 Dieser Personenkreis der ‚leitenden Mitarbeiter der Steuerabteilungen der Konzerobergesellschaft und der einbezogenen Konzerngesellschaften' wird im Folgenden vereinfachend auch als das ‚Steuermanagement' des Konzerns bezeichnet.

722 Zu den Zielen der betrieblichen Steuerpolitik und der Differenzierung zwischen strategischer und operativer Steuerplanung vgl. ausführlich *Vera*, Steuerabteilungen, 2001, S. 34 ff.; sowie schon *Eisenach*, Steuerplanung, 1974, S. 187 ff.; *Hebig*, Steuerabteilung, 1984, S. 57 ff.

Der Grad der Zielerreichung lässt sich erstmalig nicht nur für die Unternehmensleitung, sondern auch für die Leitung der Steuerabteilungen anhand der Höhe und der Zusammensetzung der Konzernsteuerquote quantitativ und qualitativ objektiviert überprüfen. Akzeptiert man den Gedanken, dass die relative Höhe der effektiven Steuerbelastung des Konzerns ein Indikator für die Qualität der Arbeit der Steuerabteilungen im Konzern sein kann, dann kann die ausgewiesene Konzernsteuerquote eine Größe sein, mit der das Steuermanagement seinen Wertbeitrag am Nachsteuerergebnis des Konzerns nachweisen kann. Dies ist für das Steuermanagement insbesondere dann von Interesse, wenn ein Teil der Vergütung leitender Mitarbeiter der Unternehmung an deren Wertbeiträgen zum Unternehmensergebnis orientiert ist.[723]

4. Vergütungsfunktion für leitende Mitarbeiter der Steuerabteilungen

Die variable Vergütung von leitenden Mitarbeitern orientiert sich häufig an Performancemaßen.[724] Daher liegt der Schluss nahe, einen Teil der variablen Vergütung von leitenden Mitarbeitern der Konzernsteuerabteilungen[725] im Rahmen eines Anreizsystems[726] an der Konzernsteuerquote[727] oder an einer mit der Steuerquote in Zusammenhang stehenden Größe auszurichten.[728] Aber während die Möglichkeit der Verwendung der Konzernsteuerquote als Ziel-, Kontroll-, Benchmark- und Kommunikationsgröße außer Frage steht, gilt es hinsichtlich der Vergütungsfunktion der Konzernsteuerquote, die Möglichkeit ihrer Heranziehung als Beurteilungsgröße des Steuermanagements unter Berücksichtigung der allgemein als zentral geltenden Anforderungen an Anreizsysteme[729] nachzuweisen.[730]

---

723 Vgl. bereits *Busse von Colbe*, Informationsinstrument, ZfbF 1993, Sonderheft 32, S. 19.

724 Vgl. z.B. *Ewert/Wagenhofer*, Kennzahlen, in: *Wagenhofer/Hrebicek* (Hrsg.), Wertorientiertes Management, 2000, S. 3 ff.; *Laux/Liermann*, Organisation, 6. Auflage, 2005, S. 497 ff.; *Laux*, Unternehmensrechnung, 3. Auflage, 2006, S. 21 ff.

725 Denkbar ist die Orientierung der Vergütung des Steuermanagements nicht nur für leitende Mitarbeiter der Steuerabteilung der Konzernobergesellschaft, sondern, bei Ausrichtung an geeigneten Beurteilungsgrößen, auch für leitende Mitarbeiter der Steuerabteilungen der einbezogenen Konzerngesellschaften. *Müller* konstatiert darüber hinaus, dass hinsichtlich einer erfolgsabhängigen Vergütung „zunehmend auch Verantwortliche auf Vorstands- oder Abteilungsleiterebene außerhalb des Steuerbereichs" an der Konzernsteuerquote gemessen werden, *Müller*, Konzernsteuerquote, DStR 2002, S. 1685.

726 Die Begriffe ‚Anreizsystem', ‚Belohnungssystem' und ‚Entlohnungsschema' sind im Kontext dieser Untersuchung gleichbedeutend.

727 Gegen die Eignung der statischen Größe Konzernsteuerquote zur Bemessung der variablen Vergütung sprechen sich *Kröner/Benzel* aus, vgl. *Kröner/Benzel*, Konzernsteuerquote, in: *Kessler/Kröner/Köhler* (Hrsg.), Konzernsteuerrecht, 2004, § 15, Tz. 57.

728 Vgl. nur *Haarmann*, Gestaltbarkeit, in: *Herzig/Günkel/Niemann* (Hrsg.), StbJb 2001/2002, 2002, S. 368; *Herzig*, Steuerlatenz, in: *Bertl et al.* (Hrsg.), Erfolgsabgrenzungen, 2001, S. 123; *Herzig/Dempfle*, Konzernsteuerquote, DB 2002, S. 8; *Müller*, Konzernsteuerquote, DStR 2002, S. 1685; *Spengel*, Konzernsteuerquoten, in: *Oestreicher* (Hrsg.), Steuerplanung, 2004, S. 90. Hierdurch würde die Verhaltenssteuerungsfunktion der Konzernsteuerquote umgesetzt, vgl. *Adrian*, Tax Reconciliation, 2005, S. 64.

729 Der Forderung nach einer pareto-optimalen Risikoteilung zwischen Agenten und Prinzipal wird hier keine Bedeutung beigemessen, da Risikoteilungseffekte ebensowenig Gegenstand der Untersuchung sind wie die optimale Ausgestaltung von Entlohnungssystemen im Allgemeinen. Zudem wird von Risikoneutralität der Agenten ausgegangen und somit die Konzentration auf die Anreizseite der Konzernsteuerquote ermöglicht. Vgl. hierzu *Mohnen*, Performancemessung, 2002, S. 35 f.; *Mayer/Pfeiffer/Reichel*, Anforderungen, BFuP 2005, S. 15.

„Anreizsysteme sollen die Mitarbeiter dazu motivieren, im Sinne der Zielsetzung der Eigentümer zu handeln, indem die Zielerreichung des Mitarbeiters mit jener der Eigentümer verknüpft wird."[731] Die Verknüpfung der Ziele erfolgt, indem die Mitarbeiter (Agenten) je nach Ausprägung einer Beurteilungsgröße vom Unternehmenseigner (Prinzipal) eine Belohnung erhalten oder die Belohnung nicht gewährt wird, mithin eine Bestrafung stattfindet.[732] Werden als Belohnungen äußere Anreize gesetzt, spricht man von extrinsischen Belohnungssystemen.[733] Als äußere Anreize kommen in erster Linie Geldzahlungen oder Unternehmensbeteiligungen,[734] beispielsweise aber auch Mitgliedschaften,[735] in Frage. Eine an der Konzernsteuerquote oder an einer mit dieser in Zusammenhang stehenden Beurteilungsgröße orientierte variable Vergütung[736] von leitenden Mitarbeitern der Konzernsteuerabteilungen ist somit den extrinsischen Belohnungssystemen zuzuordnen.[737]

a) Anreizkompatibilität, Beobachtbarkeit und intersubjektive Verifizierbarkeit

Die Beurteilungsgröße eines Anreizsystems, anhand deren Veränderung der Zielerreichungsgrad der Agenten bewertet werden soll, ist vom Unternehmenseigner entweder als originäre Größe so auszuwählen oder für den Fall, dass sich keine originäre Größe unmittelbar als Beurteilungsgröße anbietet, als derivative Größe so zu gestalten, dass die Kalküle der Vertragsparteien Agent und Prinzipal und die Wirkungsrichtung ihrer Handlungen aufeinander abgestimmt werden.[738] Die Agenten sollen dann und nur dann eine Belohnung erhalten, wenn die Beurteilungsgröße in die von ihnen angestrebte Richtung beeinflusst wird und gleichzeitig der Erfolg des Unternehmens als Zielgröße des Prinzipals zunimmt.[739] Auch soll die Belohnung im Zeitablauf steigen bzw. fallen, wenn der Unternehmenserfolg nach Belohnung gestiegen

---

730 Vgl. zu den Anforderungen z.B. *Riegler*, Anreizsysteme, in: *Wagenhofer/Hrebicek* (Hrsg.), Management, 2000, S. 145 ff.; *Atkinson et al.*, Management Accounting, 3. Auflage, 2001, S. 413 ff.; *Mohnen*, Performancemessung, 2002, S. 32 ff.; *Laux/Liermann*, Organisation, 6. Auflage, 2005, S. 509 ff.; *Mayer/Pfeiffer/Reichel*, Anforderungen, BFuP 2005, S. 13 ff.; *Laux*, Unternehmensrechnung, 3. Auflage, 2006, S. 27 ff.

731 *Riegler*, Anreizsysteme, in: *Wagenhofer/Hrebicek* (Hrsg.), Management, 2000, S. 148.

732 Vgl. *Riegler*, Anreizsysteme, in: *Wagenhofer/Hrebicek* (Hrsg.), Management, 2000, S. 153; *Laux*, Unternehmensrechnung, 3. Auflage, 2006, S. 27.

733 Im Gegensatz zu intrinsischen Belohnungssystemen, die eng mit der Arbeit selbst verbunden sind, vgl. z.B. *Weinert*, Anreizsysteme, in: *Frese* (Hrsg.), HWO, 3. Auflage, 1992, S. 128 ff.; *Kaplan/Atkinson*, Advanced Management Accounting, 3. Auflage, 1998, S. 674; *Atkinson et al.*, Management Accounting, 3. Auflage, 2001, S. 412 ff.; *Laux/Liermann*, Organisation, 6. Auflage, 2005, S. 502 ff.

734 Vgl. die Übersicht über sogenannte *incentives* und *incentive compensation plans* bei *Kaplan/Atkinson*, Advanced Management Accounting, 3. Auflage, 1998, S. 684 ff.; *Atkinson et al.*, Management Accounting, 3. Auflage, 2001, S. 418 ff.; *Laux/Liermann*, Organisation, 6. Auflage, 2005, S. 504 f.

735 Vgl. die Übersicht bei *Weinert*, Anreizsysteme, in: *Frese* (Hrsg.), HWO, 3. Auflage, 1992, S. 129 f.

736 Typischerweise werden finanzielle Belohnungen des Steuermanagements im Mittelpunkt stehen, im Grundsatz jedoch sind sämtliche Varianten äußerer Anreize denkbar.

737 Anreizsysteme, die eine wertorientierte Unternehmensführung unterstützen helfen sollen, sind in aller Regel extrinsische Belohnungssysteme, vgl. *Riegler*, Anreizsysteme, in: *Wagenhofer/Hrebicek* (Hrsg.), Management, 2000, S. 151.

738 Vgl. *Riegler*, Anreizsysteme, in: *Wagenhofer/Hrebicek* (Hrsg.), Management, 2000, S. 152.

739 Vgl. *Pfeiffer*, Unternehmenssteuerung, DBW 2003, S. 45.

bzw. gefallen ist.[740] Diesen über die Beurteilungsgröße abzustimmenden Zusammenhang zwischen der Belohnung der Agenten und der Zielgröße des Prinzipals, der für jedes Belohnungssystem sinnstiftende und notwendige Voraussetzung ist, bezeichnet man als Anreizkompatibilität.[741]

Aufgrund der unmittelbaren Beziehung zwischen der Ausprägung der Beurteilungsgröße und der Höhe der monetären Belohnung der Agenten ist die Beurteilungsgröße zur Vermeindung von Streitigkeiten so zu wählen, dass sie sowohl von den Agenten als auch vom Unternehmenseigner ohne Dissens und ohne die Möglichkeit einer differenzierenden Auslegung beobachtet werden kann;[742] namentlich ist die Anforderung der Beobachtbarkeit zu verwirklichen.[743] Insbesondere wenn es sich bei der Beurteilungsgröße nicht um eine originäre, sondern um eine derivative Größe handelt, ist es über die Beobachtbarkeit hinaus notwendig, dass die Beurteilungsgröße auch das Kriterium der intersubjektiven Verifizierbarkeit erfüllt.[744] Demzufolge muss eine objektive und exakt messbare Beziehung zwischen der Leistung der Agenten und der Beurteilungsgröße bestehen, gleichzeitig ist deren Ermittlung so exakt zu definieren, dass sie sich im Streitfall auch von Dritten zweifelsfrei nachvollziehen lässt.[745]

Problematisch bei der Auswahl oder der Generierung einer Beurteilungsgröße ist die Frage nach dem geeigneten Beurteilungszeitraum. Der Prinzipal ist an einer langfristigen Steigerung des Unternehmenswertes interessiert, die im Extremfall durch Diskontierung zukünftiger, erwarteter Zahlungsströme über die Totalperiode zu bemessen ist.[746] Demgegenüber wünschen die Agenten aufgrund der in Aussicht gestellten Belohnung regelmäßig einen möglichst kurzen Beobachtungszeitraum und fokussieren zuvorderst die Ausprägung der Beurteilungsgröße am Ende dieses Zeitraums. Je größer aber auf Wunsch des Unternehmenseigners der Zeitraum zwischen der Handlung der Agenten und ihrer Belohnung gewählt wird, umso geringer ist aus motivationstheoretischer Sicht die Anreizwirkung der Belohnung. Eine Belohnung, die erst mehrere Jahre nach der Handlung der Agenten erfolgt, hat auf deren Leistung keine oder nur geringe Anreizwirkung. Dies legt den Schluss nahe, dem Wunsch der Agenten

---

740 Vgl. *Riegler*, Anreizsysteme, in: *Wagenhofer/Hrebicek* (Hrsg.), Management, 2000, S. 161; *Mayer/Pfeiffer/Reichel*, Anforderungen, BFuP 2005, S. 15.

741 Vgl. *Riegler*, Anreizsysteme, in: *Wagenhofer/Hrebicek* (Hrsg.), Management, 2000, S. 161; *Kahle*, Rechnungslegung, 2002, S. 82; *Laux/Liermann*, Organisation, 6. Auflage, 2005, S. 510; *Laux*, Unternehmensrechnung, 3. Auflage, 2006, S. 28 f. Auf eine Differenzierung der Begriffe Anreizkompatibilität, Zielkonsistenz und Kongruenz von Ergebnis und Entlohnung, wie sie *Mayer/Pfeiffer/Reichel* vornehmen, wird in der Untersuchung verzichtet, vgl. *Mayer/Pfeiffer/Reichel*, Anforderungen, BFuP 2005, S. 15.

742 Vgl. *Spremann*, Reputation, ZfB 1988, S. 616.

743 Vgl. *Riegler*, Anreizsysteme, in: *Wagenhofer/Hrebicek* (Hrsg.), Management, 2000, S. 159 ff.

744 Auch: Objektivität des Performancemaßes, vgl. *Mohnen*, Performancemessung, 2002, S. 34.

745 Vgl. *Laux*, Anreizsysteme, in: *Frese* (Hrsg.), HWO, 3. Auflage, 1992, S. 117; *Neubürger*, Unternehmensführung, ZfbF 2000, S. 188; *Mohnen*, Performancemessung, 2002, S. 34; *Laux/Liermann*, Organisation, 6. Auflage, 2005, S. 509; *Mayer/Pfeiffer/Reichel*, Anforderungen, BFuP 2005, S. 13; *Laux*, Unternehmensrechnung, 3. Auflage, 2006, S. 27 f.

746 Vgl. nur *Drukarczyk*, Unternehmensbewertung, 3. Auflage, 2001, S. 115 ff.

zu folgen und eine kurzfristigere Beurteilung und Belohnung zu wählen. Je kürzer aber der Beurteilungszeitraum gewählt wird, umso eher kann es den Agenten aufgrund von Informationsasymmetrien gelingen, die Beurteilungsgröße kurzfristig zu ihrem Vorteil zu beeinflussen, ohne zu einer langfristigen Steigerung des Unternehmenswertes beizutragen.[747]

Ein Kompromiss im Hinblick auf den Beurteilungszeitraum kann die Anlehnung an die periodenbezogene Sichtweise der externen Rechnungslegung, hier insbesondere an das Geschäftsjahr, und die Verwendung von Größen der externen Unternehmensrechnung zur Beurteilung der Agenten sein. In der externen Rechnungslegung erfolgt über das Konzept des periodenbezogenen Residualgewinns eine zeitliche Abgrenzung von Zahlungen, beispielsweise bei der Steuerabgrenzung, die Manipulationen der Beurteilungsgröße erschwert.[748] Zu den Größen, die sich aus Daten des externen Rechnungswesens herleiten lassen, zählt auch die Konzernsteuerquote, so dass sich unter diesem Aspekt die Verwendung der Konzernsteuerquote als Basis einer Beurteilungsgröße anbietet.

Beurteilungsgrößen, die auf Daten der externen Unternehmensrechnung basieren, erfüllen grundsätzlich das Kriterium der Beobachtbarkeit.[749] Auch hinsichtlich der Konzernsteuerquote ist Beobachtbarkeit zweifelsfrei gegeben, denn ihre Ermittlung ist formal festgelegt und sie wird entweder unmittelbar im Konzernabschluss veröffentlicht oder lässt sich anhand von veröffentlichten Unternehmensdaten zweifelsfrei ermitteln. Wird als Beurteilungsgröße nicht die Konzernsteuerquote selber, sondern eine auf Grundlage der Konzernsteuerquote entwickelte und bereinigte derivative Größe herangezogen, sollte diese Größe in einer möglichst einfachen[750] und nachvollziehbaren Weise definiert werden, so dass sie sich manipulationsfrei aus den veröffentlichten Unternehmensdaten herleiten lässt. Beispielsweise würde es sich anbieten, hierfür Größen aus der Überleitungsrechnung zu verwenden, die möglicherweise sogar explizit unter dem Aspekt der Erfüllung der Vergütungsfunktion der Konzernsteuerquote gestaltet und nach den notwendigen Kriterien strukturiert werden könnten. Damit ist auch in diesem Fall die Anforderung der Beobachtbarkeit erfüllt und darüber hinaus auch dem Kriterium der intersubjektiven Verifizierbarkeit Folge geleistet. Eine in dieser Weise ermittelte Größe könnte also als Beurteilungsgröße der variablen Vergütung des Steuermanagements herangezogen werden.

Weitere wesentliche Aspekte, die mit der Verwendung von realisierten und veröffentlichten Daten des externen Rechnungswesens oder Adaptionen hiervon als Beurteilungsgrößen ein-

---

747 Vgl. *Riegler*, Anreizsysteme, in: *Wagenhofer/Hrebicek* (Hrsg.), Management, 2000, S. 153 f., 161 f.

748 Vgl. *Riegler*, Anreizsysteme, in: *Wagenhofer/Hrebicek* (Hrsg.), Management, 2000, S. 162 f.

749 Vgl. *Riegler*, Anreizsysteme, in: *Wagenhofer/Hrebicek* (Hrsg.), Management, 2000, S. 160.

750 Für die Vermeidung einer komplexen Ermittlung der Beurteilungsgröße durch eine enge Anlehnung an Daten des externen Rechnungswesens spricht sich auch *Neubürger* aus, vgl. *Neubürger*, Unternehmensführung, ZfbF 2000, S. 188.

hergehen, sind die Wirtschaftlichkeit[751] und die Transparenz[752] der Ermittlung der Beurteilungsgröße und des Entlohnungssystems insgesamt.[753] Der Transparenz eines Entlohnungsschemas dient insbesondere die zeitliche Nähe zwischen der Entscheidung der Agenten und der hieraus resultierenden Belohnung, wenn das Beurteilungsmaß auf Daten aufgebaut ist, die bereits zum Ende des Geschäftsjahres ermittelt werden.[754] Entscheidend für Wirtschaftlichkeit und Transparenz eines Entlohnungssystems ist, wie auch für das Kriterium der Verifizierbarkeit der Beurteilungsgröße, der Komplexitätsgrad der Adaptionen der verwendeten Basisdaten. Auch die Akzeptanz eines Entlohnungssystems bei den Agenten[755] hängt wesentlich vom Umfang der vorgenommenen Adaptionen ab.[756]

Gelingt es den leitenden Mitarbeitern der Steuerabteilungen, durch ihr Verhalten die Konzernsteuerquote zu senken, so bewirkt dieses Verhalten durch die Reduktion des effektiven Steueraufwands ceteris paribus eine Steigerung des Periodenergebnisses nach Steuern und führt zu einer Steigerung des Unternehmenswertes. Die Maßnahmen des Steuermanagements wirken also in die gleiche Richtung wie eine unmittelbare Steigerung des Periodenergebnisses mit dem Ziel der Maximierung des Unternehmenswertes, ausgelöst beispielsweise durch die Ausweitung des operativen Geschäfts.[757] Die Maximierung des Unternehmenswertes durch Senkung der Konzernsteuerquote liegt damit letztlich im Eigeninteresse der in der Steuerabteilung agierenden Manager, wenn die Bezugsgröße ihrer variablen Vergütung an der Konzernsteuerquote orientiert ist. Eine auf Grundlage der Konzernsteuerquote ermittelte Beurteilungsgröße der variablen Vergütung des Steuermanagements erfüllt damit neben den Anforderungen der Beobachtbarkeit und der intersubjektiven Verifizierbarkeit auch die Voraussetzung der Anreizkompatibilität.[758]

---

751 Im Sinne einer Kosteneffizienz der Ermittlung der Beurteilungsgröße und der Durchführung des Belohnungssystems, vgl. *Riegler*, Anreizsysteme, in: *Wagenhofer/Hrebicek* (Hrsg.), Management, 2000, S. 164 ff.; *Mohnen*, Performancemessung, 2002, S. 35; *Laux/Liermann*, Organisation, 6. Auflage, 2005, S. 511 f.; zugleich *Laux*, Unternehmensrechnung, 3. Auflage, 2006, S. 32 f.

752 Vgl. *Wagenhofer*, Gestaltung, in: *Bühler* (Hrsg.), Anreizsysteme, 1999, S. 199; *Mayer/Pfeiffer/Reichel*, Anforderungen, BFuP 2005, S. 14. Auch als Kriterium der Verständlichkeit bezeichnet, vgl. *Spremann*, Reputation, ZfB 1988, S. 616; *Mohnen*, Performancemessung, 2002, S. 34.

753 Vgl. *Ballwieser*, Unternehmensführung, BFuP 2000, S. 163 ff.; *Börsig*, Unternehmensführung, ZfbF 2000, S. 167; *Neubürger*, Unternehmensführung, ZfbF 2000, S. 188.

754 Auch als Kriterium der Aktualität der Ermittlung bezeichnet, vgl. *Riegler*, Anreizsysteme, in: *Wagenhofer/ Hrebicek* (Hrsg.), Management, 2000, S. 166 f.; *Mohnen*, Performancemessung, 2002, S. 34.

755 Vgl. zur Akzeptanz *Mayer/Pfeiffer/Reichel*, Anforderungen, BFuP 2005, S. 14.

756 Vgl. *Riegler*, Anreizsysteme, in: *Wagenhofer/Hrebicek* (Hrsg.), Management, 2000, S. 167 f.

757 Zum Einfluss der Konzernsteuerquote auf den Gewinn pro Aktie eines Unternehmens im Vergleich zu einer Ausweitung des operativen Geschäfts *Herzig*, Gestaltung, WPg 2003, Sonderheft, S. S 80.

758 Diesen Zusammenhang sieht auch *Erle*, Steuermanagement, BB 2005, Heft 38, S. I.

b) Verantwortlichkeit und Störungsfreiheit

Möglich ist jedoch die Situation, dass trotz einer Senkung der Konzernsteuerquote das Periodenergebnis oder der Wert der Unternehmung insgesamt aufgrund von unternehmensinternen oder -externen Einflüssen, die nicht vom Steuermanagement zu verantworten sind, gesunken ist. In Anreizsystemen sollten daher nur solche Größen zur Beurteilung des Managements herangezogen werden, die von diesem zu steuern und zu verantworten sind und die weder durch Interdependenzen zu Entscheidungen anderer Manager des Unternehmens, noch durch externe Zufallseinflüsse beeinflusst werden.[759] Diese Anforderungen an Beurteilungsgrößen werden als das Prinzip der Verantwortlichkeit (*controllability principle*)[760] und als Störungsfreiheit bezeichnet.[761]

Der Verantwortlichkeit und der Störungsfreiheit zufolge müssen sämtliche nicht von den Agenten zu beeinflussenden Elemente aus der Beurteilungsgröße eliminiert werden.[762] Daher sollte auch das Steuermanagement nur anhand einer Größe beurteilt werden, die es aktiv steuern kann, deren Höhe es zu verantworten hat und die nicht durch die Entscheidungen anderer Manager, beispielsweise der Geschäftsleitung oder der Abteilung ‚Rechnungslegung', oder durch externe Einflüsse, wie z.B. durch den Gesetzgeber, beeinflusst wird. Nicht vom Steuermanagement beeinflussbare Ereignisse, die unter Umständen erheblichen Einfluss auf die Konzernsteuerquote haben, sollten daher aus der Beurteilungsgröße des Entlohnungsschemas eliminiert werden. Als Beispiele für solche Sondereinflüsse, die in besonders großem Maße Einfluss auf die Konzernsteuerquote entfalten, seien aperiodische Sachverhalte genannt, z.B. Beteiligungsveräußerungen oder Änderungen des Steuerrechts, aber auch Ereignisse, die nicht das operative Geschäft betreffen, beispielsweise Änderungen in der Bilanzierung der latenten Steuern aufgrund eines Wechsels der angewendeten Rechnungslegungsvorschriften.

Auch unter diesem Aspekt sollte die Konzernsteuerquote nicht unmittelbar als Beurteilungsgröße zur Bewertung des Steuermanagements herangezogen werden, sondern es sollte eine auf Basis der Konzernsteuerquote entwickelte derivative Größe Verwendung finden, die um nicht vom Steuermanagement zu beeinflussende Elemente bereinigt wurde. Eine im Hinblick auf diesen Zweck gestaltete Überleitungsrechnung kann dabei der Ermittlung einer Beurteilungsgröße dienlich sein und gleichzeitig deren intersubjektive Verifizierbarkeit unterstützen.

---

759 Vgl. *Spremann*, Reputation, ZfB 1988, S. 615 f.; *Atkinson et al.*, Management Accounting, 3. Auflage, 2001, S. 416 f.; *Mohnen*, Performancemessung, 2002, S. 33.

760 Auch als Prinzipien der Einheitlichkeit von Kompetenz und Verantwortung oder der Kongruenz von Entscheidung und Verantwortung oder als *responsibility accounting* bezeichnet, vgl. *Wagenhofer*, Abweichungsanalyse, BFuP 1992, S. 323; *Mohnen*, Performancemessung, 2002, S. 32.

761 Vgl. *Wagenhofer*, Abweichungsanalyse, BFuP 1992, S. 323; *Riegler*, Anreizsysteme, in: *Wagenhofer/ Hrebicek* (Hrsg.), Management, 2000, S. 163; *Mohnen*, Performancemessung, 2002, S. 32 f.; *Mayer/ Pfeiffer/Reichel*, Anforderungen, BFuP 2005, S. 14.

762 Vgl. *Riegler*, Anreizsysteme, in: *Wagenhofer/Hrebicek* (Hrsg.), Management, 2000, S. 164; *Mohnen*, Performancemessung, 2002, S. 34.

Zur Erfüllung der Anforderung der Verantwortlichkeit ist es notwendig, die Zuständigkeit für sämtliche in die Beurteilungsgröße einfließenden Faktoren auf die Agenten zu übertragen. Ein Beispiel für diese Forderung kann die Zuständigkeit für die Ermittlung der latenten Steuern sein. Bislang ist die Verantwortung für die Steuerabgrenzung in den Konzernen nicht einheitlich geregelt, sie ist nur teilweise der Steuerabteilung, mehrheitlich aber der Abteilung Rechnungswesen zugeordnet.[763] Aber nur wenn den Leitern der Steuerabteilungen die aktive Beeinflussung aller beeinflussbaren Faktoren der Beurteilungsgröße überhaupt möglich ist, macht es gemäß dem Prinzip der Verantwortlichkeit Sinn, sie daran zu messen. Eine auf Basis der Konzernsteuerquote gebildete und um vom Steuermanagement nicht zu verantwortende Einflussgrößen bereinigte Beurteilungsgröße würde den Anforderungen der Verantwortlichkeit und der Störungsfreiheit genügen.

Allerdings können Beurteilungsgrößen durch die Orientierung am *controllability principle* an Aussagekraft verlieren, auch sind sie häufig nicht mehr anreizkompatibel.[764] Denn konträr zum Prinzip der Verantwortlichkeit steht das Konzept der Vollständigkeit, demzufolge in ein Anreizsystem alle Aspekte einzubeziehen sind, die aus den Maßnahmen der Agenten resultieren.[765] Werden nun alle von den Agenten nicht beherrschbaren Einflüsse aus der Beurteilungsgröße herausgerechnet, entfällt für sie der Anreiz, sich Informationen über diese Einflüsse und deren Auswirkungen auf Unternehmensergebnis und -wert zu verschaffen. Die Agenten sind dann nicht daran interessiert, diese Informationen in die Auswahl der von ihnen geplanten Maßnahmen einfließen zu lassen oder flexibel auf die von ihnen nicht zu beeinflussenden Größen zu reagieren, da sich dadurch die bereinigte Beurteilungsgröße nicht verändert, die Informationen also keinen Einfluss auf die Höhe ihrer Belohnung hat.[766] Dieses Dilemma trifft auch bei der Heranziehung der Konzernsteuerquote als Beurteilungsgröße der variablen Vergütung des Steuermanagements zu.

So kann auch bei Verwendung einer auf Basis der Konzernsteuerquote entwickelten und um sämtliche nicht vom Steuermanagement kontrollierbaren Einflüsse bereinigten Beurteilungsgröße der Einwand geltend gemacht werden, dass die bewusste Ausblendung ebenso wie die unbewusste Vernachlässigung von entscheidungsrelevanten Informationen durch die Agenten zu Fehlentscheidungen im Rahmen der Konzernsteuerpolitik führen kann. Diese Managementfehler, auch als ‚Opportunismus' und ‚mangelnde Rationalität' bezeichnet, sind jedoch vermeidbare Ursachen konzernsteuerpolitischer Fehlentscheidungen. Sie stellen ein kontrollierbares Risiko dar, welches durch den Einsatz eines auf Planungs-, Realisations- und Aus-

---

[763] Vgl. *Herzig/Dempfle*, Konzernsteuerquote, DB 2002, S. 8; *Müller*, Konzernsteuerquote, DStR 2002, S. 1685; *Herzig*, Bedeutung, in: *Wollmert et al.* (Hrsg.), FS Lück, 2003, S. 433 f.

[764] Vgl. *Riegler*, Anreizsysteme, in: *Wagenhofer/Hrebicek* (Hrsg.), Management, 2000, S. 164.

[765] Vgl. *Mayer/Pfeiffer/Reichel*, Anforderungen, BFuP 2005, S. 14.

[766] Vgl. *Wagenhofer*, Gestaltung, in: *Bühler* (Hrsg.), Anreizsysteme, 1999, S. 188 f.; *Riegler*, Anreizsysteme, in: *Wagenhofer/Hrebicek* (Hrsg.), Management, 2000, S. 164; *Mohnen*, Performancemessung, 2002, S. 33.

wertungsfehler bezogenen Kontrollsystems minimiert werden kann.[767] Durch die Implementierung eines Steuercontrollingsystems kann diesem Einwand also begegnet werden. Damit wird durch die Erweiterung der Anforderungen an ein konzernsteuerquotenorientiertes Entlohnungsschema um ein Steuercontrolling die Verwendung einer auf Basis der Konzernsteuerquote gebildeten und um nicht beeinflussbare Größen bereinigten Beurteilungsgröße trotz den Bedenken gegen Beurteilungsgrößen, die dem *controllability principle* genügen, möglich.

Zudem erfüllt ein Steuercontrollingsystem weitere ausgleichende Funktionen, die die Verwendung der Konzernsteuerquote zu Vergütungszwecken ermöglichen. Denn die isolierte Ausrichtung der Steuerpolitik an der Steuerquote kann bereits für sich betrachtet die Hinwendung zu kurzfristiger und risikoreicher Steuerpolitik bedingen und dadurch im Hinblick auf den langfristigen Unternehmenswert zu Fehlanreizen führen.[768] Die Orientierung der variablen Vergütung des Steuermanagements an der Konzernsteuerquote verstärkt diese Tendenz zu kurzfristiger und risikoreicher Steuerpolitik mit der Gefahr von Fehlanreizen zusätzlich, da die Möglichkeit der Agenten, bei einem relativ kurzen Beurteilungszeitraum durch Informationsasymmetrien nur auf die Beeinflussung der Beurteilungsgröße und nicht auf eine Steigerung des Unternehmenswertes hinzuwirken,[769] in dieselbe Richtung wirkt. Auch besteht die Gefahr, dass derjenige, der „nach Leistung entlohnt wird, ein eindeutiges Signal erhält, dass nur eine Tätigkeit, die sichtbar und messbar ist, zählt. Demzufolge erhalten die Manager einen starken Anreiz, die entsprechenden Leistungskriterien zu manipulieren."[770] Alle diese Aspekte machen die Notwendigkeit der Implementierung eines Steuercontrollingsystems auch zur Sicherung der Vergütungsfunktion der Konzernsteuerquote deutlich.

III. Funktionen für externe Abschlussinteressenten

1. Analysegröße für (potentielle) Unternehmensbeteiligte

Wie oben dargestellt,[771] dient die Kennzahl Konzernsteuerquote den externen Abschlussinteressenten als Instrument der Analyse der Konzernjahresabschlüsse. Die Konzernsteuerquote wird in den Geschäftsberichten der Konzerne veröffentlicht, so dass externe Bilanzinteressenten - neben Analysten in erster Linie gegenwärtige und potentielle Aktionäre und Gläubiger - aufgrund der absoluten Höhe und insbesondere anhand der Veränderungen der Konzernsteuerquote im Zeitablauf Einblicke in die betriebliche Steuerpolitik der wirtschaftli-

---

767 Vgl. *Bieniek*, Konzeption, 2003, S. 12 ff.; *Ewert/Wagenhofer*, Unternehmensrechnung, 5. Auflage, 2003, S. 347 f.

768 Vgl. *Herzig/Dempfle*, Konzernsteuerquote, DB 2002, S. 8; *Herzig*, Gestaltung, WPg 2003, Sonderheft, S. S 87.

769 Vgl. *Riegler*, Anreizsysteme, in: *Wagenhofer/Hrebicek* (Hrsg.), Management, 2000, S. 161 f.

770 *Frey*, Zurück zu fixen Managerlöhnen!, BB 2004, Heft 21, S. I, Wortfolge geändert.

771 Vgl. Abschnitt E.III, Seiten 109 ff.

chen Einheit ‚Konzern' erlangen.[772] Neben der Veränderung der Konzernsteuerquote im Zeitablauf ist zudem ein Vergleich der Steuerquoten verschiedener Unternehmen der gleichen Branche im Sinne eines *benchmarking* interessant.[773]

Da Steuerzahlungen Kosten sind,[774] die aus dem erwirtschafteten Gewinn finanziert werden müssen, und Steuerabgrenzungen ebenfalls das Konzernergebnis belasten, steigert eine konsequent an der Minimierung der Steuerquote orientierte Steuerpolitik den Wertbeitrag der Konzernsteuerpolitik am Gesamtergebnis des Konzerns.[775] Damit werden durch die Absenkung der Konzernsteuerquote positive Signale an die Kapitalmärkte gesendet, denn nur „eine international wettbewerbsfähige Steuerquote sichert einen ausreichenden Ertrag pro Aktie eines Unternehmens, der den Anforderungen des Kapitalmarktes genügt"[776]. Von besonderem Interesse für potentielle Unternehmensbeteiligte ist jedoch die Überleitungsrechnung. Die Konzernsteuerquote wird mit Hilfe der Überleitungsrechnung hergeleitet, so dass die externen Interessenten insbesondere die zusätzlichen qualitativen Informationen aus der Überleitungsrechnung zur Analyse des Konzernabschlusses nutzen können.

2. Benchmarkgröße für die Finanzverwaltung

Auch der Staat zählt zu den externen Interessenten der Konzernabschlüsse.[777] Insbesondere die Finanzämter kommen daher als Nutznießer der Aussagekraft der Konzernsteuerquote und der Überleitungsrechnung in Betracht. So ziehen die Finanzämter in ihrer Funktion als Kontrollinstanzen[778] bereits jetzt die Konzernabschlüsse als Ganzes zu Plausibilitätskontrollen heran, wenn es darum geht, im Rahmen der zutreffenden Ermittlung des zu versteuernden Einkommens die Korrekturfunktion der Konzernabschlüsse hinsichtlich der Steuerbilanzen der Konzernobergesellschaften zu berücksichtigen.[779]

Im Rahmen solcher Plausibilitätskontrollen bietet sich die Verwendung der Kennzahl Konzernsteuerquote und der sie erläuternden Überleitungsrechnung zu intertemporären und zwi-

---

772 Vgl. *Fischer*, IAS 12, BBK 2002, Fach 20, S. 682 f.; *Herzig/Dempfle*, Konzernsteuerquote, DB 2002, S. 3; *Dahlke/Eitzen*, Überleitungsrechnung, DB 2003, S. 2237; *Herzig*, Gestaltung, WPg 2003, Sonderheft, S. S 90; *Wagenhofer*, Internationale Rechnungslegungsstandards, 5. Auflage, 2005, S. 587; a.A. *Hannemann/Peffermann*, IAS-Konzernsteuerquote, BB 2003, S. 733.

773 Vgl. *Müller*, Konzernsteuerquote, DStR 2002, S. 1684 f.; *KPMG*, Rechnungslegung, 3. Auflage, 2003, S. 277.

774 Vgl. zum Verständnis von Steuern als Kosten *Schweitzer/Küpper*, Kostenrechnung, 8. Auflage, 2003, S. 114 f.

775 Vgl. *Jackstein*, Wettbewerb, in: *Burmester/Endres* (Hrsg.), FS Debatin, 1997, S. 185; *Bogenschütz*, Steuerplanung, in: *Haarmann Hemmelrath & Partner* (Hrsg.), Gestaltung, 1998, S. 3.

776 *Werra*, Aspekte, FR 2000, S. 645.

777 Vgl. BT-Drs. V/3197 vom 5.8.1968, S. 14; *IASB*, Framework, Abs. 9; *Born*, Bilanzanalyse, 1994, S. 41; *Husmann*, Defizite, DStR 1997, S. 1659; *Rheinboldt*, Analyse, 1998, S. 9.

778 Vgl. *Küting/Weber*, Bilanzanalyse, 7. Auflage, 2004, S. 13.

779 Vgl. *Born*, Bilanzanalyse, 1994, S. 41; *Husmann*, Defizite, DStR 1997, S. 1659.

schenbetrieblichen Vergleichen somit auch für die Finanzämter an. Sowohl die absolute Höhe der Konzernsteuerquote als auch ihre Veränderung im Zeitablauf können als Vergleichsgrößen ebenso Verwendung finden wie die qualitative Zusammensetzung der Ergebnisse verschiedener Konzerne derselben Branche.

3. Orientierungsgröße für den Gesetzgeber

Daneben kann die Konzernsteuerquote auch dem Gesetzgeber als Orientierungsgröße und Zielvorgabe dienen. Denn da, wie gezeigt werden konnte, internationale Konzerne in der jüngeren Vergangenheit verstärkt die Funktionen der Konzernsteuerquote nutzen, sich in verschiedener Hinsicht an ihr orientieren und sich an ihr messen lassen müssen, suchen diese gleichzeitig nach Möglichkeiten zur Beeinflussung der Kennzahl. Als wesentliches Element zur dauerhaften Senkung der Steuerquote gilt es dabei, die Konzernstrukturierung und die Allokation von Funktionen und Risiken aus steuerlicher Sicht zu optimieren. Mit dem Ziel der Sicherung des nationalen Steueraufkommens kann sich demzufolge auch der Gesetzgeber nicht länger dem faktischen Zwang entziehen, bei der Ausgestaltung seines Steuersystems Rücksicht auf die Kennzahl Konzernsteuerquote zu nehmen. Die sie prägenden steuerlichen und nicht steuerlichen Einflussfaktoren sind bei der Schaffung attraktiver Rahmenbedingungen zwingend zu berücksichtigen.[780]

[780] Vgl. *Spengel*, Konzernsteuerquoten, in: *Oestreicher* (Hrsg.), Steuerplanung, 2004, S. 98.

3. Kapitel: Herleitung der Konzernsteuerquote in der Überleitungsrechnung

A. Grundlagen der Erstellung von Überleitungsrechnungen

Der im Konzernabschluss[781] deutscher internationaler Konzerne ausgewiesene effektive Steueraufwand weicht trotz der Abgrenzung latenter Steuern in aller Regel[782] von einem erwarteten Steueraufwand, der sich durch Anwendung des gesetzlichen Steuersatzes auf das Konzernergebnis vor Steuern ergibt, deutlich ab[783] und steht deshalb für Außenstehende in keinem nachvollziehbaren sachlichen Zusammenhang zum Konzernergebnis. Unter dieser Diskrepanz leidet auch die Aussagekraft der Konzernsteuerquote, deren Zählergröße der ohne Erläuterungen sonst nicht zu erklärende effektive Steueraufwand ist.

Um die notwendige Information externer Abschlussinteressenten dennoch zu gewährleisten und damit dem Konzept der *decision usefulness* Folge zu leisten,[784] existieren in allen betrachteten Rechnungslegungssystemen Vorschriften, eine Überleitungsrechnung zu erstellen und im Anhang des Konzernabschlusses zu veröffentlichen.[785] Bestimmung der Überleitungsrechnung ist es, die Relation zwischen dem Vorsteuerergebnis und dem effektiven Steueraufwand des Konzens zu erklären und dadurch entscheidungsrelevante Informationen für die Jahresabschlussinteressenten bereitzustellen. Zur Umsetzung dieser Bestimmung ist der effektive Steueraufwand oder der effektive Steuersatz herzuleiten und dadurch inhaltlich zu erläutern, wobei Ausgangspunkt der Herleitung ein erwarteter Steueraufwand oder erwarteter Steuersatz ist.[786]

---

781 Die folgenden Betrachtungen beziehen sich grundsätzlich auf Überleitungsrechnungen von Konzernen. Wird in Ausnahmefällen die Überleitungsrechnung eines einzelnen Unternehmens betrachtet, so wird in der Untersuchung darauf hingewiesen.

782 Der theoretisch mögliche Fall, dass der aus dem ausgewiesenen Steueraufwand ermittelte effektive Steuersatz zufällig exakt dem gesetzlichen Steuersatz entspricht, ist zu vernachlässigen.

783 Vgl. *Schäffeler*, Latente Steuern, 2000, S. 95; *DRSC*, E-DRS 12, online im Internet, Anhang B, Abs. B17; *Fischer*, IAS 12, BBK 2002, Fach 20, S. 682; *Dahlke/Eitzen*, Überleitungsrechnung, DB 2003, S. 2237.

784 Vgl. im Zusammenhang mit Überleitungsrechnungen z.B. *Dahlke/Eitzen*, Überleitungsrechnung, DB 2003, S. 2237; sowie allgemein *Coenenberg*, Jahresabschluss, 20. Auflage, 2005, S. 61, 68.

785 Vgl. *IASB*, IAS 12, Abs. 81 (c); *FASB*, SFAS No. 109, Abs. 47; *SEC*, Reg. S-X, online im Internet, Item 210.4-08, Abs. (h) (2); *DRSC*, DRS 10, Abs. 42.

786 Denkbar und vom Wortlaut der betrachteten Vorschriften gedeckt wäre auch eine Überleitung von der effektiven zu einer erwarteten Steuerbelastung, vgl. als einzigen Vertreter dieser Überleitungsrichtung *Adrian*, Tax Reconciliation, 2005, S. 40 ff. Die Aussagekraft einer solchen Überleitungsrechnung mit einer erwarteten Steuerbelastung als Zielgröße ist allerdings gering, so dass diese nur in der Theorie existente Überleitungsform nicht Gegenstand der Untersuchung ist. In der Rechnungslegungspraxis der betrachteten DAX-30-Unternehmen und der Dow Jones-30-Unternehmen kommt diese Form der Überleitungsrechnung nicht vor. Auch in der Literatur wird ansonsten auf die Überleitung von der erwarteten zur ausgewiesenen effektiven Steuerbelastung abgestellt, vgl. z.B. nur *Schäffeler*, Latente Steuern, 2000, S. 96; *Müller*, Konzernsteuerquote, DStR 2002, S. 1684; *Heuser/Theile*, IAS Handbuch, 2. Auflage, 2005, Tz. 1366; *Hoffmann*, in: *Lüdenbach/Hoffmann*, IFRS-Kommentar, 3. Auflage, 2005, § 26, Tz. 107; *Kröner*, Tax Accounting, in: *Herzig/Günkel/Niemann* (Hrsg.), StbJb 2004/2005, 2005, S. 283.

Durch diese qualitative Herleitung wird die im Grundsatz statische Konzernsteuerquote als Quotient aus effektivem Steueraufwand und Vorsteuerergebnis in einen Soll-Ist-Kontext eingebettet und für die Abschlussinteressenten nachvollziehbar aufgeschlüsselt und kommuniziert.[787] Gleichzeitig werden Einflussnahme und Einflussmöglichkeiten auf die Konzernsteuerquote offenbar, da die abgebildeten Überleitungsposten Effekte aus Sachverhalten verkörpern, die Einfluss auf die effektive Steuerbelastung genommen haben.[788] Insgesamt ist die Überleitungsrechnung somit ein Instrument zur Analyse der Konzernsteuerquote und kann bei entsprechender Ausgestaltung deutlich mehr Informationen über die effektive Steuerbelastung des Konzerns vermitteln als die rein statische Größe Konzernsteuerquote.[789] Daher nimmt die Untersuchung der Überleitungsrechnung als Analyseinstrument der Konzernsteuerquote die zentrale Stellung innerhalb dieser Arbeit ein.

I. Notwendigkeit, Ziele und Funktionen der Überleitungsrechnung

Wie in Abschnitt B.IV des 2. Kapitels[790] dargestellt, sind nach den betrachteten Rechnungslegungssystemen, hier insbesondere nach internationalen Rechnungslegungsstandards, aktive und passive Steuerlatenzen umfassend abzugrenzen. Hierbei werden aufgrund des kompensatorischen Effekts latenter Steuern[791] Steuerstundungseffekte als Wirkung klassischer Steuerbilanzpolitik aus der Kennzahl Konzernsteuerquote eliminiert.[792] Würden die latenten Steuern neben den Steuerstundungseffekten sämtliche weiteren Einflussfaktoren des effektiven Steueraufwands erfassen oder bestünden keine weiteren Einflussfaktoren, die Abweichungen des effektiven vom gesetzlichen Steueraufwand auslösen, entspräche der effektive Steueraufwand des Konzerns trotz volatilen tatsächlichen Steueraufwands dem erwarteten Steueraufwand, der sich bei Multiplikation des Konzernergebnisses vor Steuern mit dem maßgebenden gesetzlichen Steuersatz ergibt.[793] In diesem Fall wäre der sachliche Zusammenhang zwischen dem ausgewiesenen Steueraufwand und dem Konzernergebnis vor Steuern auch für externe Abschlussinteressenten ohne Erläuterungen nachzuvollziehen.[794] Die Konzernsteuerquote entspräche dem gesetzlichen Steuersatz.

Jedoch wird in allen betrachteten Rechnungslegungskreisen zur Abgrenzung latenter Steuern die *liability*-Methode herangezogen,[795] bei der der zutreffende Ausweis der Vermögens- und

787 Vgl. *Herzig/Dempfle*, Konzernsteuerquote, DB 2002, S. 3.

788 Vgl. *Dahlke/Eitzen*, Überleitungsrechnung, DB 2003, S. 2237.

789 Vgl. *Wempen*, Tax Reconciliation, 2002, S. 53.

790 Seiten 59 ff. der Untersuchung.

791 Vgl. Abschnitt B.III.1 des 2. Kapitels, Seiten 54 ff.

792 Vgl. *Schäffeler*, Benchmark, Börsen-Zeitung Nr. 32 vom 15.2.2002, S. 7.

793 In diesem Sinne auch *Haag/Rotz*, IAS 12, ST 1998, S. 797; *Heuser/Theile*, IAS Handbuch, 2. Auflage, 2005, Tz. 1365.

794 Vgl. *Herzig/Dempfle*, Konzernsteuerquote, DB 2002, S. 4.

795 Vgl. die Hinweise in Fn. 310, Seite 61, Fn. 409, Seite 76, und Fn. 453, Seite 82.

Schuldenpositionen im Vordergrund steht und weniger die Herstellung eines funktionalen Zusammenhangs zwischen dem Ergebnis vor Steuern und dem ausgewiesenen Steueraufwand.[796] Dadurch bleiben auch nach der Steuerabgrenzung zum Teil erhebliche Abweichungen zwischen dem erwarteten Steueraufwand und dem ausgewiesenen, effektiven Steueraufwand bestehen.[797] Erhalten bleiben in erster Linie Abweichungen, die auf permanente Differenzen zurückzuführen sind.[798] Daneben bleiben Abweichungen erhalten, die aus Unterschieden in den Steuersätzen resultieren, wenn für die Ermittlung des erwarteten Steueraufwands eines überregional oder international tätigen Konzerns der Steuersatz der Konzernobergesellschaft angewendet wird und Abweichungen, die sich aus temporären Differenzen ergeben, für die keine latenten Steuern zu bilden sind.[799]

Die Ursachen der einzelnen Abweichungen zwischen erwartetem und ausgewiesenem effektiven Steueraufwand sind für die externen Jahresabschlussinteressenten von großem Interesse,[800] lassen sie beispielsweise Steuersatzunterschiede im internationalen Konzern erkennen oder außergewöhnlich hohe steuerfreie Einnahmen oder steuerlich nichtabziehbare Betriebsausgaben. Auch sind Schlüsse möglich, ob Einflüsse auf die Steuerbelastung aperiodischen oder ungewöhnlichen Ursprungs sind, ob sie beispielsweise aus verwendeten oder vorgetragenen steuerlichen Verlusten resultieren und ob die Effekte insgesamt den Zusammenhang zwischen dem Vorsteuerergebnis und dem ausgewiesenen Steueraufwand in der Zukunft beeinflussen werden.[801] Die Identifikation der Abweichungsursachen ermöglicht externen Bilanzinteressenten somit, die Einflussmöglichkeiten auf den effektiven Steueraufwand des

---

796 Vgl. *Black*, Interperiod Allocation, 1966, S. 13; *Coenenberg/Hille*, Latente Steuern, DBW 1979, S. 614; *Baumann*, in: *Küting/Weber*, HB der Rechnungslegung, 4. Auflage, 1995, § 274 HGB, Tz. 26; *Schäffeler*, Latente Steuern, 2000, S. 94; *Karrenbrock*, in: *Wysocki et al.*, HdJ, 1984, Abt. I/13 (3. Neubearb. 2002), Tz. 16 f., 40; *Dahlke/Eitzen*, Überleitungsrechnung, DB 2003, S. 2237; *Adrian*, Tax Reconciliation, 2005, S. 109; *Coenenberg*, Jahresabschluss, 20. Auflage, 2005, S. 439; *Hoyos/Fischer*, in: *Ellroth et al.*, Beck'scher Bilanz-Kommentar, 6. Auflage, 2006, § 274 HGB, Tz. 60 f. Dies obwohl die Herstellung der funktionalen Relation zwischen Ergebnis und Steueraufwand in der Handelsbilanz grundsätzlich Ziel der *interperiod tax allocation* ist, vgl. *Coenenberg*, Jahresabschluss, 20. Auflage, 2005, S. 442.

797 So beträgt die Überleitungsdifferenz der Commerzbank für das Jahr 2001 beispielsweise 304,12 Prozentpunkte, die von DuPont im Jahr 2003 sogar 685,35 Prozentpunkte, vgl. Commerzbank AG, Geschäftsbericht 2001, S. 92; E.I.du Pont de Nemours and Company, Form 10-K 2003, S. F-15.

798 Vgl. *Wagenhofer*, IAS, 3. Auflage, 2001, S. 284. Auch durch das Steuersenkungsgesetz sind gewichtige neue Anwendungsfälle permanenter Differenzen hinzugekommen, vgl. *Ernsting*, Auswirkungen, WPg 2001, S. 20 f.; *Kirsch*, Änderungen, DStR 2003, S. 129.

799 Vgl. *Wagenhofer*, IAS, 3. Auflage, 2001, S. 284. Als Beispiel für temporäre Differenzen, auf die keine latenten Steuern zu bilden sind, können aktivische Unterschiedsbeträge dienen, die das Wahrscheinlichkeitskriterium nicht erfüllen, deren zukünftige Verwendung nicht wahrscheinlich, nicht *probable* ist, vgl. *Wagenhofer*, IAS, 3. Auflage, 2001, S. 274 f.

800 Vgl. bereits *Cotting*, Analyse, ST 1995, S. 792.

801 Vgl. zu diesen Beispielen möglicher Abweichungsursachen *IASB*, IAS 12, Abs. 84; *PriceWaterhouseCoopers*, Understanding IAS, 2nd Edition, 1998, S. 12-31, Tz. 12.76; zugleich *PriceWaterhouseCoopers*, Applying IAS 12, 1998, Tz. 76; *DRSC*, E-DRS 12, online im Internet, Anhang B, Abs. B17; *Dahlke/Eitzen*, Überleitungsrechnung, DB 2003, S. 2239.

Konzerns, mithin die Werttreiber der Konzernsteuerquote, und deren tatsächliche Nutzung zu analysieren.[802]

Rückschlüsse auf die Ursachen der Abweichungen und das Zustandekommen des effektiven Steueraufwands sind jedoch dann nicht möglich, wenn im Jahresabschluss nur die Summe aller Abweichungen, mithin nur das Ergebnis sämtlicher auf den effektiven Steueraufwand einwirkender Effekte zu erkennen ist. Ohne Darstellung der einzelnen, die Abweichung zwischen erwartetem und effektivem Steueraufwand auslösenden Posten lässt sich das Zustandekommen der Abweichungen aus Perspektive externer Bilanzleser nicht nachvollziehen. Um das Verständnis der Abweichungen und des Zusammenhangs zwischen Vorsteuerergebnis und effektivem Steueraufwand - und damit gleichzeitig das Verständnis für die Höhe der Konzernsteuerquote - für alle Abschlussinteressenten zu ermöglichen, besteht daher die wirtschaftliche Notwendigkeit, die nach der Steuerabgrenzung verbleibenden Abweichungen zwischen einem erwarteten und dem effektiven Steueraufwand aufzudecken.

Diese Aufdeckung der Abweichungsursachen erfolgt in einer numerischen Überleitungsrechnung, die die nach der Abgrenzung latenter Steuern verbleibende Gesamtdifferenz in Teilabweichungen aufspaltet und deren Ursachen erläutert. Die Erstellung der Überleitungsrechnung korrespondiert insofern mit der Ermittlung der latenten Steuern, da alle Faktoren, deren Steuerwirkungen nicht über latente Steuern erfasst werden, in der Überleitungsrechnung dargestellt werden müssen.[803] Die Überleitungsrechnung stellt damit zugleich ein Instrument zur Verprobung und Analyse nicht nur des effektiven Steueraufwands,[804] sondern insbesondere auch des latenten Steueraufwands dar.[805] Die wirtschaftliche Notwendigkeit zur Veröffentlichung einer Überleitungsrechnung wurde auch von den hier betrachteten Standardsetzern erkannt, die sämtlich die Überleitungsrechnung als obligatorische Anhangangabe im Konzernabschluss vorsehen.[806] Insofern besteht für deutsche internationale Konzerne neben der wirtschaftlichen zusätzlich auch die rechtliche Notwendigkeit der Erstellung und Veröffentlichung einer Überleitungsrechnung.

Primäres Ziel der Überleitungsrechnung ist es, die Relation und den Zusammenhang zwischen den Größen Ergebnis vor Steuern und dem effektiven Steueraufwand quantitativ und insbesondere qualitativ aufzuzeigen und zu erläutern, indem ausgehend vom ausgewiesenen Er-

---

802 Vgl. *Wagenhofer*, IAS, 3. Auflage, 2001, S. 540; *Fischer*, IAS 12, BBK 2002, Fach 20, S. 682 f.; *Herzig/Dempfle*, Konzernsteuerquote, DB 2002, S. 3; *Dahlke/Eitzen*, Überleitungsrechnung, DB 2003, S. 2237; *Hannemann/Peffermann*, IAS-Konzernsteuerquote, BB 2003, S. 728; *Herzig*, Gestaltung, WPg 2003, Sonderheft, S. S 90; *Spengel*, Konzernsteuerquoten, in: *Oestreicher* (Hrsg.), Steuerplanung, 2004, S. 100.

803 Vgl. *Wagenhofer*, IAS, 3. Auflage, 2001, S. 284.

804 So *Schäffeler*, Latente Steuern, 2000, S. 99.

805 Vgl. *Heuser/Theile*, IAS Handbuch, 2. Auflage, 2005, Tz. 1365.

806 Vgl. *IASB*, IAS 12, Abs. 81 (c); *FASB*, SFAS No. 109, Abs. 47; *SEC*, Reg. S-X, online im Internet, Item 210.4-08, Abs. (h) (2); *DRSC*, DRS 10, Abs. 42.

gebnis vor Steuern der effektive Steueraufwand exakt hergeleitet wird.[807] Dabei werden wesentliche steuerfreie und steuerlich nichtabziehbare sowie sonstige steuermindernde und steuererhöhende Effekte offengelegt, die auf den effektiven Steueraufwand der Unternehmung einwirken.[808] Die Wirkungen der einzelnen Effekte auf die effektive Steuerbelastung als Beobachtungsgröße der Kennzahl Konzernsteuerquote und auf das Nachsteuerergebnis der Unternehmung soll durch die gesonderte Darstellung der Überleitungsposten transparent gemacht und erklärt werden. Hierdurch werden auch Informationen darüber vermittelt, ob es sich um unabänderliche oder beeinflussbare und um einmalige oder wiederkehrende Effekte handelt, die das Ergebnis der Unternehmung belasten.[809] Zudem sind Analysen möglich, welchen Einfluss Veränderungen der Abweichungsgründe auf den effektiven Steueraufwand hätten.[810]

Weiteres Ziel der Überleitungsrechnung ist die Vermittlung entscheidungsrelevanter Informationen, um für externe Abschlussinteressenten die Prognose künftiger *cash-flows* zu verbessern.[811] Auch zu diesem Zweck müssen die Abweichungsursachen des effektiven vom erwarteten Steueraufwand transparent gemacht und deren jeweilige Steuerwirkungen im Einzelnen quantifiziert und erläutert werden. Durch Kenntnis der Abweichungsgründe und der durch sie ausgelösten Steuereffekte ist es den Interessenten möglich, festzustellen, ob die steuerlichen Be- oder Entlastungen ungewöhnlich, einmalig oder kontinuierlich sind und auf dieser Grundlage eine Prognose zukünftiger Steuerzahlungen abzugeben, die die Prognose künftiger *cash-flows* der Unternehmung verbessert.[812]

Durch Offenlegung sämtlicher Einflussfaktoren auf die Konzernsteuerquote enthalten die Abschlussinteressenten zudem Anhaltspunkte über die vom Steuermanagement veranlasste Bilanz- und Steuerpolitik des Konzerns.[813] Bei entsprechender Ausgestaltung vermag es die Überleitungsrechnung auch, Hinweise auf eine unzutreffende Besteuerung in der Vergangenheit zu geben. So ist z.B. die Aufnahme eines Überleitungspostens für die Auswirkungen einer Betriebsprüfung möglich.[814] Alle diese Informationen sind für die externen Jahres-

---

807 Vgl. *IASB*, IAS 12, Abs. 84; *SEC*, FRR, Item 204.01, S. 1; *Schäffeler*, Latente Steuern, 2000, S. 95, 206; *Coenenberg/Hille*, in: *Baetge et al.*, IAS, 2. Auflage, 2003, IAS 12, Tz. 116; *Fischer*, IAS 12, BBK 2002, Fach 20, S. 682; *Dahlke/Eitzen*, Überleitungsrechnung, DB 2003, S. 2237; *Walter*, Ertragsteuern, in: *Löw* (Hrsg.), Rechnungslegung, 2003, S. 543; *Adrian*, Tax Reconciliation, 2005, S. 39, 61.

808 Vgl. *Loitz*, Überleitungsrechnung, WPg 2004, S. 1192.

809 Vgl. *SEC*, FRR, Item 204.01, S. 2; *Cotting*, Analyse, ST 1995, S. 792; *Schäffeler*, Latente Steuern, 2000, S. 95; *Dahlke/Eitzen*, Überleitungsrechnung, DB 2003, S. 2237; *Adrian*, Tax Reconciliation, 2005, S. 62.

810 Vgl. *IASB*, IAS 12, Abs. 84; *Schäffeler*, Latente Steuern, 2000, S. 206; *Adrian*, Tax Reconciliation, 2005, S. 39.

811 Vgl. *Schäffeler*, Latente Steuern, 2000, S. 19 ff., 178, 206.

812 Vgl. *IASB*, IAS 12, Abs. 84; *SEC*, FRR, Item 204.01, S. 2 f.; *Cotting*, Analyse, ST 1995, S. 792; *PriceWaterhouseCoopers*, Understanding IAS, 2nd Edition, 1998, S. 12-31, Tz. 12.76; zugleich *PriceWaterhouseCoopers*, Applying IAS 12, 1998, Tz. 76; *Schäffeler*, Latente Steuern, 2000, S. 206 ff.

813 Vgl. *Cotting*, Analyse, ST 1995, S. 792; *Hoffmann*, in: *Lüdenbach/Hoffmann*, IFRS-Kommentar, 3. Auflage, 2005, § 26, Tz. 107.

814 Vgl. z.B. United Technologies Corporation, Annual Report 2001, S. 19.

abschlussinteressenten elementar, da Ertragsteuern als Kosten einen maßgeblichen Einfluss auf das Ergebnis nach Steuern haben[815] und Steigerungen und Minderungen des Nachsteuerergebnisses auf positive oder negative Steuereffekte zurückzuführen sein können. Dabei gehen die Anforderungen an die Erstellung der Überleitungsrechnung über die Erfüllung der Erläuterungs-, Informations- und Kommunikationsfunktion hinaus, da sie nicht nur Informationen für externe Jahresabschlussinteressenten bereitstellt, sondern auch den internen Abschlussinteressenten als Kontrollinstrument bei der Steuerverprobung oder der Abweichungsanalyse dient.[816] Daneben kann die Überleitungsrechnung vom Steuermanagement im Rahmen einer aktiven Kommunikation steuerpolitischer Maßnahmen auch als Publikationsinstrument genutzt werden, insbesondere wenn es gelingt, die Konzernsteuerquote deutlich und dauerhaft positiv zu beeinflussen.

Von einer sachlich richtigen Darstellung der relevanten Daten kann ausgegangen werden, wenn die Überleitungsrechnung den ausgewiesenen effektiven Steueraufwand und den effektiven Steuersatz vollständig und exakt erklärt.[817] Dann dient die Überleitungsrechnung, indem sie einen sachgerechten und nachvollziehbaren Vergleich der steuerlichen Belastung verschiedener Unternehmungen ermöglicht, der *comparability* ebenso wie der Stetigkeit, der *consistency*, da sie zudem den Vergleich der steuerlichen Belastung einer Unternehmung im Zeitablauf erleichtert.[818] Daher sollte Grad der Umsetzung dieser beiden Grundsätze in der Überleitungsrechnung der Maßstab sein, an dem die Überleitungsrechnung gemessen wird. Denn nur bei weitgehender Umsetzung dieser übergeordneten Jahresabschlussziele können die durch die Überleitungsrechnung vermittelten Informationen den Abschlussinteressenten tatsächlich dazu dienen, die effektiven Steuerbelastungen verschiedener Unternehmen und deren Ursachen ebenso zu analysieren und zu beurteilen wie die Steuerbelastungen einer Unternehmung im Zeitablauf.[819]

---

815 Zum Kostencharakter der Steuern *Schweitzer/Küpper*, Kostenrechnung, 8. Auflage, 2003, S. 114 f.

816 Vgl. *Schäffeler*, Latente Steuern, 2000, S. 99; *Walter*, Ertragsteuern, in: *Löw* (Hrsg.), Rechnungslegung, 2003, S. 545.

817 Vgl. *Schäffeler*, Latente Steuern, 2000, S. 99. Zur ansonsten notwendigen Verprobung der Überleitungsrechnung *Adrian*, Tax Reconciliation, 2005, S. 57 f.

818 Vgl. § 252 Abs. 1 Nr. 6 HGB; *IASB*, Framework, Abs. 39, Sätze 1 und 2; *FASB*, SFAC 2, Abs. 111 ff., 120 ff. Während US-GAAP die beiden Begriffe *comparability* und *consistency* unterscheiden, ist der Begriff der *comparability* nach dem Verständnis des IASB mit der zwischenbetrieblichen Vergleichbarkeit und der Vergleichbarkeit einer Unternehmung im Zeitablauf weiter gefasst und schließt den Begriff der *consistency* mit ein, vgl. *Schildbach*, US-GAAP, 2. Auflage, 2002, S. 45; *Heuser/Theile*, IAS Handbuch, 2. Auflage, 2005, Tz. 133; *Coenenberg*, Jahresabschluss, 20. Auflage, 2005, S. 62, 69.

819 Vgl. *Schäffeler*, Latente Steuern, 2000, S. 95; *Schildbach*, US-GAAP, 2. Auflage, 2002, S. 45; *Wöhe*, Steuerbilanz, 5. Auflage, 2005, S. 95 ff.; *Coenenberg*, Jahresabschluss, 20. Auflage, 2005, S. 44 f., 61 f., 68 f.

II. Erstellung von Überleitungsrechnungen in den betrachteten Rechnungslegungssystemen

1. Überleitungsrechnung nach Vorschriften des IASB

Im Rechnungslegungssystem der International Accounting Standards ist die Überleitungsrechnung, in der die Relation zwischen dem Steueraufwand oder dem Steuerertrag und dem handelsrechtlichen Periodenergebnis vor Ertragsteuern erläutert wird, seit der Überarbeitung des IAS 12 durch das IASC[820] im Jahr 1996 für alle Unternehmen Pflichtbestandteil des Anhangs zum Konzernabschluss.[821] Die Erläuterung kann in zwei Präsentationsformen erfolgen.[822] Zum einen kann die Überleitungsrechnung das Verhältnis zwischen dem Steueraufwand oder Steuerertrag und dem Produkt aus handelsrechtlichem Periodenergebnis vor Ertragsteuern und dem anzuwendenden Steuersatz oder den anzuwendenden Steuersätzen (*applicable tax rate(s)*) numerisch abbilden.[823] Zum anderen ist eine numerische Überleitungsrechnung zwischen dem durchschnittlichen effektiven Steuersatz (*average effective tax rate*) und dem anzuwendenden Steuersatz möglich.[824]

In beiden Fällen ist die Grundlage anzugeben, auf der der anzuwendende Steuersatz oder die anzuwendenden Steuersätze berechnet werden.[825] Änderungen in den anzuwendenden Steuersätzen im Vergleich zur Vorperiode sind ebenfalls anzugeben und zu erläutern.[826] Grundsätzlich ist derjenige Steuersatz anzuwenden, der für die Informationsinteressen der Abschlussinteressenten am besten geeignet, also am aussagekräftigsten ist.[827] Häufig ist dies der inländische Steuersatz des Landes, in dem die Unternehmung ihren Sitz hat.[828]

In diesen inländischen Steuersatz werden alle lokalen Steuerarten einbezogen, „die entsprechend eines im Wesentlichen vergleichbaren Niveaus des zu versteuernden Ergebnisses (steuerlichen Verlustes) berechnet werden"[829]. Nach IAS 12 sind daher in den anzuwendenden

---

[820] Die Umbenennung in IASB fand erst im Jahr 2000 statt, vgl. den Hinweis in Fn. 9, Seite 2.

[821] Vgl. *IASB*, IAS 12, Abs. 81 (c); *PriceWaterhouseCoopers*, Understanding IAS, 2nd Edition, 1998, S. 12-32, Tz. 12.78; zugleich *PriceWaterhouseCoopers*, Applying IAS 12, 1998, Tz. 78; *Haag/Rotz*, IAS 12, ST 1998, S. 797; *Fischer*, IAS 12, BBK 2002, Fach 20, S. 682; *Dahlke/Eitzen*, Überleitungsrechnung, DB 2003, S. 2237; *Kirsch*, Berichterstattung, DStR 2003, S. 705; *Loitz*, Überleitungsrechnung, WPg 2004, S. 1192; *Adrian*, Tax Reconciliation, 2005, S. 37 ff.

[822] Wobei die Aufstellung nur einer der beiden, nicht beider Formen erforderlich ist, vgl. *Ballwieser*, in: *Ballwieser et al.*, WILEY-Kommentar, 2004, Abschnitt 15, Tz. 95.

[823] Vgl. *IASB*, IAS 12, Abs. 81 (c) (i).

[824] Vgl. *IASB*, IAS 12, Abs. 81 (c) (ii).

[825] Vgl. *IASB*, IAS 12, Abs. 81 (c) (i) und (ii).

[826] Vgl. *IASB*, IAS 12, Abs. 81 (d).

[827] „*tax rate that provides the most meaningful information*", *IASB*, IAS 12, Abs. 85, S. 1.

[828] Vgl. *IASB*, IAS 12, Abs. 85, Sätze 1 und 2; *Heuser/Theile*, IAS Handbuch, 2. Auflage, 2005, Tz. 1365; *Hoffmann*, in: *Lüdenbach/Hoffmann*, IFRS-Kommentar, 3. Auflage, 2005, § 26, Tz. 82.

[829] *IASB*, IAS 12 (Deutsche Ausgabe), Abs. 85, S. 3.

Steuersatz alle Steuerarten einzubeziehen, die auf der Basis zumindest vergleichbarer Ergebnisse berechnet werden. Im deutschen Steuerrecht werden Körperschaftsteuer und Gewerbesteuer im Wesentlichen auf der gleichen Grundlage berechnet und sind daher in den anzuwendenden Steuersatz ebenso einzubeziehen wie der Solidaritätszuschlag, der als Annexsteuer auf Basis der festgesetzten Körperschaftsteuer ermittelt wird und somit zwangsläufig den gleichen Ansatzpunkt wie die Körperschaftsteuer hat.[830]

In manchen Fällen ist die Einbeziehung der Gewerbesteuer in den kombinierten inländischen Ertragsteuersatz für die Aussagekraft der Überleitungsrechnung nur wenig sinnvoll. Wenn beispielsweise bei einem internationalen Konzern die Konzernobergesellschaft im Inland reine Holdingfunktionen ausübt, sämtliche wesentlichen Erträge dagegen im Ausland erzielt werden, verzerrt die Einbeziehung der Gewerbesteuer die Berechnung des erwarteten Steueraufwands.[831] Die Steuereffekte aus der Anwendung des kombinierten inländischen Ertragsteuersatzes auf die im Ausland erzielten Ergebnisse sind in diesem Fall für die Überleitungsrechnung des Konzerns irreführend und schmälern deren Aussagekraft erheblich.[832]

Die Verwendung eines inländischen Steuersatzes aus dem Sitzland der berichterstattenden Unternehmung als anzuwendenden Steuersatz bezeichnet man als *homebased*-Ansatz,[833] da hierbei die Orientierung der Überleitungsrechnung am Standort der Konzernobergesellschaft im Vordergrund steht.[834] Wird ein Unternehmen in verschiedenen Steuerrechtskreisen mit unterschiedlichen Steuersätzen tätig, ist bei Anwendung eines inländischen Steuersatzes zur Ermittlung der erwarteten Steuerbelastung als Ausgangsgröße der Überleitungsrechnung für Steuereffekte, die aus der Anwendung dieses Steuersatzes auf die im Ausland erwirtschafteten Gewinne oder Verluste entstehen, ein Überleitungsposten anzugeben.[835] Das folgende, aus IAS 12 übernommene, Beispiel zeigt dies:[836]

In 20X2 erzielt ein Unternehmen in seinem eigenen Steuerrechtskreis (Land A) ein Ergebnis vor Ertragsteuern von 1.500 und in Land B von 1.500. Im Vorjahr 20X1 erzielte das Unternehmen in Land A ein Vorsteuerergebnis in Höhe von 2.000 und in Land B von 500. Der Steuersatz beträgt 30% in Land A und 20% in Land B. In Land A sind Aufwendungen von 100 (20X1: 200) steuerlich nicht abziehbar.

---

830 Vgl. *Loitz*, Überleitungsrechnung, WPg 2004, S. 1192; *Walter*, Ertragsteuern, in: *Löw* (Hrsg.), Rechnungslegung, 2003, S. 543; differenzierter *Schäffeler*, Latente Steuern, 2000, S. 183 ff.

831 Vgl. *Hoffmann*, in: *Lüdenbach/Hoffmann*, IFRS-Kommentar, 3. Auflage, 2005, § 26, Tz. 107.

832 Vgl. *PriceWaterhouseCoopers*, Understanding IAS, 2nd Edition, 1998, S. 12-31, Tz. 12.77; zugleich *PriceWaterhouseCoopers*, Applying IAS 12, 1998, Tz. 77.

833 Vgl. *Herzig/Dempfle*, Konzernsteuerquote, DB 2002, S. 3.

834 Vgl. *Montag*, Präsentation „Konzernsteuerquote", 2002, Folie 35.

835 Vgl. *PriceWaterhouseCoopers*, Understanding IAS, 2nd Edition, 1998, S. 12-31, Tz. 12.77; zugleich *PriceWaterhouseCoopers*, Applying IAS 12, 1998, Tz. 77.

836 Vgl. *IASB*, IAS 12, Beispiel zu Abs. 85.

	20X1	20X2
Ergebnis vor Ertragsteuern	2.500	3.000
Steuer zum inländischen Steuersatz von 30%	750	900
Steuerauswirkungen der steuerlich nicht abzugsfähigen Aufwendungen	60	30
Auswirkung der niedrigeren Steuersätze in Land B	-50	-150
Steueraufwand	760	780

Abbildung 14: Überleitungsrechnung mit inländischem Steuersatz
Quelle: *IASB*, IAS 12, Beispiel zu Abs. 85.

Der Steuereffekt, der bei der Ermittlung des erwarteten Steueraufwands aus der Anwendung des zu hohen inländischen Steuersatzes auf das in Land B erzielte Ergebnis resultiert, ist innerhalb der Überleitungsrechnung in einem gesonderten Überleitungsposten ‚Auswirkung der niedrigeren Steuersätze in Land B' zu korrigieren. Nach Ansicht des IASB kann es daher für Unternehmen, die in verschiedenen Steuerrechtskreisen tätig sind, u.U. aussagekräftiger sein, für die einzelnen Steuerrechtskreise getrennte Überleitungsrechnungen auf Grundlage der dort geltenden nationalen Steuersätze zu erstellen und diese anschließend, wie im folgenden Beispiel auf Basis der oben genannten Daten verdeutlicht, zu einer Gesamt-Überleitungsrechnung zu aggregieren.[837]

	20X1	20X2
Ergebnis vor Ertragsteuern	2.500	3.000
Steuer zum inländischen Steuersatz, anzuwenden auf Gewinne in dem betreffenden Land	700	750
Steuerauswirkungen von Aufwendungen, die steuerlich nicht abzugsfähig sind	60	30
Steueraufwand	760	780

Abbildung 15: Überleitungsrechnung mit gewichtetem Durchschnittssteuersatz
Quelle: *IASB*, IAS 12, Beispiel zu Abs. 85.

Das vorstehende Beispiel macht insbesondere deutlich, welche Auswirkung diese Methode der Aggregation mehrerer, in verschiedenen Steuerrechtskreisen aufgestellter Überleitungsrechnungen auf die erwartete Steuerbelastung und den anzuwendenden Steuersatz hat. In Abbildung 15 ergibt sich die erwartete Steuerbelastung durch Aggregation der erwarteten Steuerbelastungen der Überleitungsrechnungen aus Land A und Land B, in denen die niedrigeren Steuersätze in Land B bei der Ermittlung der erwarteten Steuerbelastung in Land B berücksichtigt wurden. Bei dieser Methode erscheinen Steuereffekte aus der Abweichung zwischen dem inländischen Steuersatz des berichterstattenden Unternehmens und den Steuersätzen anderer Steuerrechtskreise nicht als eigenständige Posten in der Überleitungsrechnung.[838]

---

[837] Vgl. *IASB*, IAS 12, Abs. 85, S. 4. Mit einem weiteren Beispiel hierzu *Coenenberg/Hille*, in: *Baetge et al.*, IAS, 2. Auflage, 2003, IAS 12, Tz. 116.

[838] Vgl. *IASB*, IAS 12, Beispiel zu Abs. 85.

Die Ermittlung des anzuwendenden Steuersatzes erfolgt retrograd durch Division des gesamten erwarteten Steueraufwands durch das Vorsteuerergebnis des Konzerns. Im obigen Beispiel beträgt der anzuwendende Steuersatz für das Jahr 20X2 25% und für das Jahr 20X1 28%. Der auf diese Weise ermittelte anzuwendende Steuersatz ist ein gewichteter Durchschnittssteuersatz, ein Mischsteuersatz verschiedener Steuerhoheiten[839], der sich im Gegensatz zu dem rein inländischen Steuersatz bei Anwendung des *homebased*-Ansatzes sowohl aus dem inländischen, als auch aus ausländischen Steuersätzen zusammensetzt und entsprechend der regionalen Verteilung des Ergebnisses gewichtet ist. Bei diesem Ansatz zur Ermittlung des anzuwendenden Steuersatzes steht aufgrund der Berücksichtigung der regionalen Ergebnisverteilung über die verschiedenen Steuerrechtskreise die Orientierung der Überleitungsrechnung am operativen Geschäft im Vordergrund.[840]

In Abbildung 15 wird zudem offenbar, dass die Unternehmung bei Anwendung dieser Methode der Aggregation alle Ermittlungsgrundlage des gewichteten Durchschnittssteuersatzes ebenso wie die Auswirkungen maßgeblicher Änderungen in den jeweiligen nationalen Steuersätzen oder in der strukturellen Zusammensetzung des in unterschiedlichen Steuerrechtskreisen erzielten Ergebnisses in Ergänzung zur numerischen Überleitungsrechnung erläutern muss, um Höhe und Änderungen des anzuwendenden Steuersatzes zu erklären.[841] Die Verwendung des gewichteten Durchschnittssteuersatzes als anzuwendenden Steuersatz hat daher aufgrund der Tatsache, dass dieser auf Grundlage einer im Zeitablauf schwankenden Ergebnisverteilung jährlich neu bestimmt wird, im Vergleich zum *homebased*-Ansatz den Nachteil, langfristig nicht stabil zu sein[842] und interperiodische Vergleiche dadurch ebenso zu erschweren[843] wie zwischenbetriebliche Vergleiche.

Für kapitalmarktorientierte Unternehmen vorgeschriebene Zwischenberichte[844] müssen nach IAS 34 mindestens einen verkürzten Abschluss[845] enthalten, der sich u.a. aus einer verkürzten Bilanz, einer verkürzten Gewinn- und Verlustrechnung und ausgewählten erläuternden An-

---

839 Vgl. *Loitz*, Überleitungsrechnung, WPg 2004, S. 1192, Fn. 62; *Heuser/Theile*, IAS Handbuch, 2. Auflage, 2005, Tz. 1365.

840 Vgl. *Montag*, Präsentation „Konzernsteuerquote", 2002, Folie 35.

841 So gefordert in *IASB*, IAS 12, Abs. 81 (d) sowie im Beispiel zu Abs. 85. Vgl. hierzu auch *PriceWaterhouseCoopers*, Understanding IAS, 2nd Edition, 1998, S. 12-31, Tz. 12.77; zugleich *PriceWaterhouseCoopers*, Applying IAS 12, 1998, Tz. 77.

842 Vgl. *Herzig*, Gestaltung, WPg 2003, Sonderheft, S. S 91; *Dahlke/Eitzen*, Überleitungsrechnung, DB 2003, S. 2238.

843 Vgl. *Hoffmann*, in: *Lüdenbach/Hoffmann*, IFRS-Kommentar, 3. Auflage, 2005, § 26, Tz. 82.

844 Vgl. zur Notwendigkeit der Erstellung von Zwischenberichten *Alvarez/Wotschofsky*, Zwischenberichtspublizität, FB 2000, Beilage 1, S. 35; *Schlitt*, Marktsegmente, AG 2003, S. 65 ff.; *Heuser/Theile*, IAS Handbuch, 2. Auflage, 2005, Tz. 2410; *Leibfried*, in: *Lüdenbach/Hoffmann*, IFRS-Kommentar, 3. Auflage, 2005, § 37, Tz. 41.

845 Zum Begriff des verkürzten Abschlusses *Baetge/Bruns/Rolvering*, in: *Baetge et al.*, IAS, 2. Auflage, 2003, IAS 34, Tz. 10.

hangangaben zusammensetzt.[846] Dabei stellt die Regelung keine expliziten Anforderungen an die mindestens anzugebenden Posten der verkürzten Bilanz und der verkürzten Gewinn- und Verlustrechnung.[847] Zu den notwendigen Bestandteilen zählt jedoch stets der auf das Vorsteuerergebnis der Zwischenberichtsperiode[848] entfallende Ertragsteueraufwand, der auf Basis eines erwarteten gewichteten durchschnittlichen jährlichen Steuersatzes, einer Kombination der für das Unternehmen relevanten Steuerarten, geschätzt wird.[849] Auch die Steuerabgrenzung in den Zwischenberichten wird mit diesem erwarteten Steuersatz vorgenommen.[850]

Hinsichtlich der im Anhang eines Zwischenberichtes mindestens anzugebenden Informationen enthält IAS 34 einen Katalog ausgewählter erläuternder Angaben.[851] Die Herleitung und Erläuterung des geschätzten effektiven Ertragsteueraufwands mit Hilfe einer Überleitungsrechnung zählt nicht zu diesen ausgewählten Angaben. Zwar sind sämtliche Vorschriften des IAS 12 grundsätzlich auch auf Zwischenberichte anzuwenden,[852] allerdings beschränkt sich dieser Grundsatz zunächst auf Bilanzierungs- und Bewertungsmethoden. Die von IAS 12 vorgeschriebenen Anhangangaben sind jedenfalls dann nicht erforderlich, wenn der Zwischenbericht des Unternehmens keinen vollständigen Abschluss, sondern nur einen verkürzten Abschluss und ausgewählte erläuternde Anhangangaben enthält.[853]

Enthält der Zwischenbericht einen vollständigen Abschluss[854], sind neben den Angabepflichten des IAS 34 auch die Angabepflichten der anderen Standards zu beachten.[855] Folglich ist in diesem Fall auch im Zwischenbericht eine den Vorschriften des Jahresabschlusses entsprechende Überleitungsrechnung zwischen erwartetem und effektivem Steueraufwand oder zwi-

---

846 Vgl. *IASB*, IAS 34, Abs. 8 (a), (b), (e); *Wagenhofer*, IAS, 3. Auflage, 2001, S. 440; Vgl. zu den Inhalten der einzelnen Bestandteile u.a. *Baetge/Bruns/Rolvering*, in: *Baetge et al.*, IAS, 2. Auflage, 2003, IAS 34, Tz. 15 ff.; *Heuser/Theile*, IAS Handbuch, 2. Auflage, 2005, Tz. 2415 ff.; *Leibfried*, in: *Lüdenbach/Hoffmann*, IFRS-Kommentar, 3. Auflage, 2005, § 37, Tz. 21 f.

847 Vgl. *Baetge/Bruns/Rolvering*, in: *Baetge et al.*, IAS, 2. Auflage, 2003, IAS 34, Tz. 19, 26.

848 Vgl. zu einer Diskussion eigenständiger und integrativer Erfolgsabgrenzung *Alvarez/Wotschofsky*, Zwischenberichtspublizität, FB 2000, Beilage 1, S. 37 ff.

849 Vgl. *IASB*, IAS 34, Abs. 30 (c); *Wagenhofer*, IAS, 3. Auflage, 2001, S. 443; *Baetge/Bruns/Rolvering*, in: *Baetge et al.*, IAS, 2. Auflage, 2003, IAS 34, Tz. 20, 28, 189 ff.; *Peemöller*, in: *Ballwieser et al.*, WILEY-Kommentar, 2004, Abschnitt 19, Tz. 43; *Leibfried*, in: *Lüdenbach/Hoffmann*, IFRS-Kommentar, 3. Auflage, 2005, § 37, Tz. 31.

850 Vgl. *IASB*, IAS 34, Abs. 28; *Wagenhofer*, Steuerlatenz, in: *Bertl et al.* (Hrsg.), Erfolgsabgrenzungen, 2001, S. 46; *Peemöller*, in: *Ballwieser et al.*, WILEY-Kommentar, 2004, Abschnitt 19, Tz. 43.

851 Vgl. *IASB*, IAS 34, Abs. 16; *Wagenhofer*, IAS, 3. Auflage, 2001, S. 443 f.; *Baetge/Bruns/Rolvering*, in: *Baetge et al.*, IAS, 2. Auflage, 2003, IAS 34, Tz. 49 ff.; *Leibfried*, in: *Lüdenbach/Hoffmann*, IFRS-Kommentar, 3. Auflage, 2005, § 37, Tz. 36.

852 Vgl. *IASB*, IAS 34, Abs. 28; *Fuchs*, Anwendungshinweise, DB 2000, S. 1927; *Ernsting*, Auswirkungen, WPg 2001, S. 14.

853 Vgl. *IASB*, IAS 34, Abs. 18; *Baetge/Bruns/Rolvering*, in: *Baetge et al.*, IAS, 2. Auflage, 2003, IAS 34, Tz. 50; *Peemöller*, in: *Ballwieser et al.*, WILEY-Kommentar, 2004, Abschnitt 19, Tz. 19, 21.

854 Vgl. zum Begriff des vollständigen Abschlusses im Sinne des Zwischenberichts *Baetge/Bruns/Rolvering*, in: *Baetge et al.*, IAS, 2. Auflage, 2003, IAS 34, Tz. 10 f.

855 Vgl. *Baetge/Bruns/Rolvering*, in: *Baetge et al.*, IAS, 2. Auflage, 2003, IAS 34, Tz. 50; *Peemöller*, in: *Ballwieser et al.*, WILEY-Kommentar, 2004, Abschnitt 19, Tz. 21.

schen anzuwendendem und effektivem Steuersatz aufzustellen. Zweifelhaft ist aufgrund der hohen Volatilität der Zwischenergebnisse und des geschätzten, darauf entfallenden effektiven Steueraufwands[856] jedoch die Aussagekraft solcher Überleitungsrechnungen. Aus diesem Grund soll sich die Betrachtung im Folgenden auf Überleitungsrechnungen konzentrieren, die in Jahresabschlüssen der Konzerne veröffentlicht werden.

Die Anforderungen an Überleitungsrechnungen sind, was den Umfang der relevanten Vorschriften angeht, in den IAS insgesamt relativ ausführlich dargestellt. Über die unmittelbare Forderung zur Aufstellung einer Überleitungsrechnung hinausgehend,[857] werden inhaltliche Anforderungen an die Überleitungsrechnung benannt und kommentiert, u.a. auch mit Hilfe eines numerischen Beispiels.[858] Die Präsentationsform der Überleitungsrechnung nach IAS 12, also die Entscheidung, die Überleitung mit absoluten Beträgen oder prozentualen Werten vorzunehmen, bleibt den Erstellern der Überleitungsrechnung freigestellt. Das IASB bezieht in dieser Frage ebensowenig Position wie bei der Problematik, ob bei der Auswahl des anzuwendenden Steuersatzes die Anwendung des *homebased*-Ansatzes oder die Verwendung eines gewichteten Durchschnittssteuersatzes präferiert wird.[859] Beide Varianten sind zulässig, jedoch ist bei der Ermittlung gewichteter Durchschnittssteuersätze dem durch die *materiality* konkretisierten Grundsatz der *relevance* Rechnung zu tragen.[860]

Die Frage, welche Positionen die Überleitungsrechnung enthalten soll, wird nicht beantwortet, wenngleich mit Wirkungen aus steuerfreien Erträgen, nichtabziehbarem Aufwand und Auswirkungen steuerlicher Verluste und abweichender ausländischer Steuersätze jedenfalls exemplarisch einige mögliche Überleitungsposten benannt werden.[861] Insofern ist hierbei auf den allgemeinen Bilanzierungsgrundsatz der Wesentlichkeit abzustellen, wonach im Abschluss, mithin auch in der Überleitungsrechnung, alle wesentlichen Posten gesondert abzubilden sind. Wesentlichkeit wird dabei im Sinne der *decision usefulness* daran gemessen, ob ein Unterlassen der Angabe die wirtschaftliche Entscheidung des Abschlussinteressenten beeinflusst hätte, ob die Angabe somit entscheidungserheblich ist.[862]

---

856 Vgl. *Wagenhofer*, IAS, 3. Auflage, 2001, S. 442; *Peemöller*, in: *Ballwieser et al.*, WILEY-Kommentar, 2004, Abschnitt 19, Tz. 42; *Leibfried*, in: *Lüdenbach/Hoffmann*, IFRS-Kommentar, 3. Auflage, 2005, § 37, Tz. 26, 31.

857 Vgl. *IASB*, IAS 12, Abs. 81 (c).

858 Vgl. *IASB*, IAS 12, Abs. 84 und 85 sowie das Beispiel zu Abs. 85.

859 Vgl. *Keitz*, IASB-Rechnungslegung, 2. Auflage, 2005, S. 162.

860 Vgl. *IASB*, Framework, Abs. 26, 29; *Coenenberg*, Jahresabschluss, 20. Auflage, 2005, S. 61; *Hoffmann*, in: *Lüdenbach/Hoffmann*, IFRS-Kommentar, 3. Auflage, 2005, § 26, Tz. 82.

861 Vgl. *IASB*, IAS 12, Abs. 84; *Kirsch*, Angabepflichten, StuB 2002, S. 1192; *Dahlke/Eitzen*, Überleitungsrechnung, DB 2003, S. 2237 f.; *Loitz*, Überleitungsrechnung, WPg 2004, S. 1192 f.; *Adrian*, Tax Reconciliation, 2005, S. 53; *Hoffmann*, in: *Lüdenbach/Hoffmann*, IFRS-Kommentar, 3. Auflage, 2005, § 26, Tz. 107.

862 Vgl. *IASB*, IAS 1, Abs. 29 i.V.m. Abs. 11; *Kleekämper et al.*, in: *Baetge et al.*, IAS, 2. Auflage, 2003, IAS 1, Tz. 47.

2. Überleitungsrechnung nach Vorschriften des FASB

In wesentlichen Bereichen ähneln die Regelungen des FASB zur Aufstellung einer Überleitungsrechnung denen der IAS. Die Unterschiede sollen im Folgenden herausgearbeitet werden. Das FASB hat die Aufstellung einer Überleitungsrechnung bereits im Jahr 1992 mit der Veröffentlichung des SFAS No. 109 normiert. Die Überleitungsrechnung zählt seitdem auch im Normensystem des FASB zu den verpflichtenden Anhangangaben für kapitalmarktorientierte Unternehmen (*public enterprises*[863]).[864]

Gemäß SFAS No. 109 sind kapitalmarktorientierte Unternehmen verpflichtet, eine numerische Überleitungsrechnung zwischen dem ausgewiesenen Betrag an Ertragsteuern, die dem Ergebnis der gewöhnlichen Tätigkeit zuzuordnen sind, und dem erwarteten Steueraufwand aufzustellen.[865] Dabei sind die Beträge und die Natur aller wesentlichen Überleitungsposten offenzulegen.[866] Die Herleitung des effektiven Steuersatzes in der Überleitungsrechnung kann prozentual oder in absoluten Werten erfolgen und soll das Zustandekommen der Abweichungen zwischen erwartetem und effektivem Steueraufwand erklären.[867]

Der erwartete Steueraufwand ist gemäß SFAS No. 109 derjenige Steueraufwand, der aus der Anwendung des inländischen gesetzlich maßgebenden Bundessteuersatzes (*domestic federal statutory tax rates*)[868] auf das Vorsteuerergebnis aus der gewöhnlichen Tätigkeit resultiert.[869] Die Erläuterung der Zusammensetzung und möglicher Änderungen des maßgebenden Steuersatzes ist nach dem Standard SFAS No. 109 nicht erforderlich. Durch den ausdrücklichen Verweis auf den inländischen Steuersatz verlangt die Regelung des SFAS No. 109 die Umsetzung des *homebased*-Ansatzes.[870] Die Verwendung eines auf Grundlage der internationalen

---

863 „*[A public enterprise is] an enterprise (a) whose debt or equity securities are traded in a public market, including those traded on a stock exchange or in the over-the-counter market (including securities quoted only locally or regionally), or (b) whose financial statements are filed with a regulatory agency in preparation for the sale of any class of securities*“, *FASB*, SFAS No. 109, Abs. 289.

864 Vgl. *FASB*, SFAS No. 109, Abs. 47; *Loitz*, Überleitungsrechnung, WPg 2004, S. 1192.

865 Vgl. *FASB*, SFAS No. 109, Abs. 47, S. 1.

866 Vgl. *FASB*, SFAS No. 109, Abs. 47, S. 3.

867 Vgl. *FASB*, SFAS No. 109, Abs. 47, S. 1; *Schäffeler*, Latente Steuern, 2000, S. 95.

868 Der Begriff ‚gesetzlich maßgebender Steuersatz' wird als Übersetzung des Ausdrucks *statutory tax rate* verwendet; vgl. zu dieser Übersetzung *Schäffeler*, Latente Steuern, 2000, S. 95.

869 Für Zwecke der Überleitungsrechnung ist der gewöhnliche gesetzlich maßgebende Steuersatz auch dann anzuwenden, wenn neben der regulären Einkommensteuer weitere Steuern erhoben werden. „*The „statutory" tax rates shall be the regular tax rates if there are alternative tax systems*", *FASB*, SFAS No. 109, Abs. 47, S. 2. Diese Regelung wurde aufgrund der in den USA erhobenen Mindeststeuer, der *alternative minimum tax*, in den SFAS No. 109 aufgenommen. Im deutschen Steuerrecht existieren solche Alternativsteuersysteme nicht, insofern ist diese Regelung für deutsche internationale Konzerne nicht einschlägig, vgl. *Kramer*, Grundzüge, 1990, S. 76 ff.; *Schäffeler*, Latente Steuern, 2000, S. 172, Fn. 197; *American Chamber of Commerce in Germany e.V./PriceWaterhouseCoopers*, USA, 2001, S. 32 f., 92; *Werner*, Mindestbesteuerung, 2001, S. 93 ff., insbesondere S. 108 f.; *Dorfmüller*, Tax Planning, 2003, S. 31 ff.

870 Vgl. *Hoffmann*, in: *Lüdenbach/Hoffmann*, IFRS-Kommentar, 3. Auflage, 2005, § 26, Tz. 82; *KPMG*, Rechnungslegung, 3. Auflage, 2003, S. 286; undifferenziert *Loitz*, Überleitungsrechnung, WPg 2004, S. 1192, insbesondere Fn. 62.

Ergebnisverteilung gebildeten Mischsteuersatzes unter Verwendung auch ausländischer Steuersätze, der von den IAS für bestimmte Fälle empfohlen wird,[871] ist nach der FASB-Regelung somit nicht zulässig.

Einkommensteuern der Bundesstaaten werden entsprechend dem Wortlaut der Regelung (*federal tax rates*) nicht in den gesetzlich maßgebenden Steuersatz einbezogen. Die Einbeziehung lokaler, aber auf der Grundlage von Bundesgesetzen erhobener Ertragssteuern wird im SFAS No. 109 nicht behandelt,[872] ausgeschlossen wird sie dadurch jedoch nicht.[873]

Das FASB stellt im Gegensatz zum IASB ausdrücklich auf das Bruttoergebnis der gewöhnlichen Geschäftstätigkeit (*pretax income from continuing operations*) und den diesem zuzuordnenden Steueraufwand oder -ertrag ab. Andere Erfolgskomponenten, z.B. außerordentliche Posten, und die darauf entfallenden Ertragsteuern werden in der Überleitungsrechnung gemäß SFAS No. 109 nicht berücksichtigt.[874]

Der Umfang, mit dem innerhalb des Standards SFAS No. 109 die Anforderungen an die Überleitungsrechnung festgelegt werden, ist, verglichen mit dem Umfang der Regelungen der IAS, recht gering.[875] Wie IAS 12 enthält auch SFAS No. 109 keine Angaben hinsichtlich einer bevorzugten Präsentationsform der Überleitungsrechnung. Ebenfalls werden keine Angaben hinsichtlich der in der Überleitungsrechnung auszuweisenden Überleitungsposten gemacht.[876] Der SFAS No. 109 stellt lediglich darauf ab, dass solche Posten auszuweisen sind, deren Korrektur innerhalb der Überleitungsrechnung wesentlich ist. Die Bestimmung einer Wesentlichkeitsgrenze durch das FASB unterbleibt allerdings.[877] Nicht kapitalmarktorientierte Unternehmen müssen Art und Wirkung wesentlicher Überleitungsposten erläutern, können aber auf die Erstellung einer numerischen Überleitungsrechnung mit Betragsangaben zu den Überleitungsposten verzichten.[878]

---

871 Vgl. *IASB*, IAS 12, Abs. 85 sowie das Beispiel hierzu.

872 Vgl. *Loitz*, Überleitungsrechnung, WPg 2004, S. 1192.

873 Vgl. *Schäffeler*, Latente Steuern, 2000, S. 175, 183; so explizit auch *KPMG*, Rechnungslegung, 3. Auflage, 2003, S. 286.

874 Vgl. *Ernsting*, Ertragsteuern, DB 2000, S. 2541; *Schäffeler*, Latente Steuern, 2000, S. 95.

875 SFAS No. 109, Abs. 47 besteht aus fünf Sätzen, von denen drei Sätze für die Aufstellung der Überleitungsrechnung wesentlich sind. IAS 12, Abs. 81 (c) ist zwar ebenfalls kurz gefasst, wird jedoch in den Absätzen 84 und 85 ausführlich und unter Zuhilfenahme eines Beispiels konkretisiert und kommentiert.

876 Vgl. *KPMG*, Rechnungslegung, 3. Auflage, 2003, S. 286; *Loitz*, Überleitungsrechnung, WPg 2004, S. 1192 f.

877 Vgl. *Schäffeler*, Latente Steuern, 2000, S. 98 f.

878 Vgl. *FASB*, SFAS No. 109, Abs. 47, S. 4; *Born*, Rechnungslegung, 3. Auflage, 2002, S. 384.

3. Überleitungsrechnung nach Vorschriften der SEC

Die US-amerikanische Wertpapieraufsichtsbehörde SEC stellt in der Regulation S-X[879] eigene Vorschriften zur Überleitungsrechnung auf,[880] die teilweise über die Anforderungen des FASB hinausgehen, den SFAS No. 109 jedenfalls konkretisieren.[881] Die Befolgung der Regulation S-X ist für die der Wertpapieraufsicht unterliegenden börsennotierten Unternehmen verpflichtend.[882] Der Umfang der Vorschriften übersteigt mit sechs Sätzen zur Überleitungsrechnung den der Regelung des SFAS No. 109, erreicht jedoch nicht die Quantität der Vorschriften des IAS 12. Die Qualität der Anforderungen der Regulation S-X im Hinblick auf die Präsentationsform der Überleitungsrechnung und insbesondere auf deren Detaillierungsgrad, namentlich auf die Frage, welche Überleitungsposten wesentlich und in die Überleitungsrechnung aufzunehmen sind, ist demgegenüber hoch und liefert innerhalb der betrachteten Rechnungslegungsnormen die einzigen Ansatzpunkte hierzu.[883]

Die Überleitungsrechnung gemäß der Regulation S-X erfolgt zwischen dem Wert des erwarteten Steueraufwands oder -ertrags, der sich aus der Multiplikation des Vorsteuerergebnisses mit dem anzuwendenden gesetzlich maßgebenden Bundessteuersatz ergibt, und dem Wert des ausgewiesenen Steueraufwands oder -ertrags.[884] Die Überleitung soll eher in Prozenten als nach absoluten Beträgen erfolgen.[885] Als gesetzlich maßgebender Steuersatz ist für aus Sicht der SEC inländische, also US-amerikanische, Gesellschaften der US-Bundessteuersatz heranzuziehen.[886] Handelt es sich bei der berichterstattenden Gesellschaft um ein Unternehmen mit Sitz im Ausland, ist zur Ermittlung der Ausgangsgröße der Überleitungsrechnung als erwarteter Steuersatz derjenige Steuersatz heranzuziehen, der im Sitzland der Gesellschaft auf deren Einkommen anzuwenden ist.[887] Insgesamt wird somit auch in der Regulation S-X der *homebased*-Ansatz umgesetzt. Eine Erläuterung der Zusammensetzung und möglicher Änderungen des anzuwendenden Steuersatzes ist nach der Vorschrift der SEC ebensowenig erforderlich wie nach dem SFAS No. 109.

---

879 Zum Inhalt der Regulation S-X *Born*, Rechnungslegung, 3. Auflage, 2002, S. 269 ff.

880 Vgl. *SEC*, Reg. S-X, online im Internet, Item 210.4-08, Abs. (h) (2).

881 Vgl. zur Hierarchie der US-GAAP und der Gleichwertigkeit von Vorschriften des FASB und Verlautbarungen der SEC als höchste Stufe der US-GAAP *Rubin*, House, JoA 1984, S. 123; *Pellens*, Internationale Rechnungslegung, 4. Auflage, 2001, S. 122; *FASB*, Hierarchy, online im Internet, S. 1, insbesondere Fn. 1. Vgl. auch die Kommentierung des FASB-Standardentwurfs in *IDW*, Stellungnahme Hierarchy, WPg 2005, S. 792 f.

882 Vgl. *SEC*, Reg. S-X, online im Internet, Item 210.4-08, Abs. (h) (3); *Schäffeler*, Latente Steuern, 2000, S. 99; *FASB*, Hierarchy, online im Internet, S. 1, Fn. 1.

883 Zu den qualitativen Anforderungen der Regulation S-X vgl. *Schäffeler*, Latente Steuern, 2000, S. 99; *Loitz*, Überleitungsrechnung, WPg 2004, S. 1193.

884 Vgl. *SEC*, Reg. S-X, online im Internet, Item 210.4-08, Abs. (h) (2), S. 1.

885 *SEC*, Reg. S-X, online im Internet, Item 210.4-08, Abs. (h) (2), S. 4. Vgl. hierzu auch *Schäffeler*, Latente Steuern, 2000, S. 98 f. m.w.N.

886 Vgl. *SEC*, Reg. S-X, online im Internet, Item 210.4-08, Abs. (h) (2), S. 1.

887 Vgl. *SEC*, Reg. S-X, online im Internet, Item 210.4-08, Abs. (h) (2), S. 5.

Die Frage der Einbeziehung von auf der Grundlage von Bundesgesetzen erhobenen lokalen Steuern in den gesetzlich maßgebenden Steuersatz wird von der SEC wie auch vom FASB nicht behandelt,[888] sie wird in der Regulation S-X aber ebensowenig abgelehnt, wie von der Vorschrift des SFAS No. 109.[889] Die Einbeziehung von auf Bundesstaatenebene erhobenen lokalen Ertragsteuern, den *state income taxes*, in den gesetzlich maßgebenden Steuersatz lehnt die SEC in den *Staff Accounting Bulletins* allerdings ausdrücklich ab.[890]

Im Gegensatz dazu wird im IAS 12 ausdrücklich darauf verwiesen, grundsätzlich alle lokalen Steuerarten in den anzuwendenden nationalen Steuersatz einzubeziehen. Insoweit unterscheiden sich die Vorschriften der US-GAAP von der Vorgehensweise nach IAS, was für deutsche internationale Konzerne bei der Behandlung der Gewerbesteuer in der Überleitungsrechnung eine große praktische Bedeutung hat. Bei Anwendung der IAS steht es deutschen Unternehmen frei, die Gewerbesteuer entweder durch Anwendung eines einheitlichen Satzes auf das gesamte Ergebnis oder gesondert für jede Unternehmenseinheit zu ermitteln und in den erwarteten Steueraufwand des Konzerns einzubeziehen.[891] Bilanzieren die Unternehmen nach US-GAAP, werden die Regelungen teilweise dahingehend ausgelegt, die faktische Gewerbesteuerbelastung des Konzerns[892] sei nicht in den anzuwendenden Steuersatz einzubeziehen, sondern als eigenständiger Überleitungsposten in die Überleitungsrechnung aufzunehmen. Zwingend ist diese Vorgehensweise jedoch nicht.[893] Vielmehr ist auch bei der Bilanzierung nach US-GAAP die Aufnahme der Gewerbesteuer in den anzuwendenden Steuersatz möglich.

Zudem sollen nach Auffassung der SEC für Tochtergesellschaften oder Segmente der berichterstattenden Unternehmung keine unterschiedlichen Steuersätze verwendet werden.[894] Wird ein von der *United States Federal corporate income tax rate* abweichender Steuersatz verwendet, ist dieser gesondert auszuweisen und zu begründen.[895]

Innerhalb der Überleitungsrechnung sind nach den Vorschriften der Regulation S-X grundsätzlich alle Beträge, die für die Überleitungsdifferenz verantwortlich sind, auszuweisen.[896] Wenn allerdings kein Überleitungsposten existiert, dessen Betrag mehr als 5% des erwarteten

---

888 Vgl. *SEC*, Reg. S-X, online im Internet, Item 210.4-08, Abs. (h) (2), S. 1; ausführlich *Schäffeler*, Latente Steuern, 2000, S. 179 ff., insbesondere S. 183.

889 So auch *Loitz*, Überleitungsrechnung, WPg 2004, S. 1192; *Hoffmann*, in: *Lüdenbach/Hoffmann*, IFRS-Kommentar, 3. Auflage, 2005, § 26, Tz. 107.

890 Vgl. *SEC*, SAB, online im Internet, Topic 6-I, Nr. 1, Question 1 and Interpretive Response.

891 Unter Berücksichtigung des *materiality*-Gedankens wenden deutsche Unternehmen bei der Einbeziehung der Gewerbesteuer in aller Regel einen durchschnittlichen Hebesatz an.

892 Vgl. zu Begriffsbestimmung und Herleitung einer faktischen Gewerbesteuerbelastung die Ausführungen zu Gleichung 16 ab Seite 194.

893 Vgl. *Loitz*, Überleitungsrechnung, WPg 2004, S. 1192; *Hoffmann*, in: *Lüdenbach/Hoffmann*, IFRS-Kommentar, 3. Auflage, 2005, § 26, Tz. 107.

894 Vgl. *SEC*, Reg. S-X, online im Internet, Item 210.4-08, Abs. (h) (2), S. 5.

895 Vgl. *SEC*, Reg. S-X, online im Internet, Item 210.4-08, Abs. (h) (2), S. 6.

896 Vgl. *SEC*, Reg. S-X, online im Internet, Item 210.4-08, Abs. (h) (2), S. 1.

Steueraufwands ausmacht und die gesamte Überleitungsdifferenz kleiner als 5% des erwarteten Steueraufwands ist, muss keine Überleitungsrechnung erstellt werden, es sei denn, die Erläuterungen innerhalb der Überleitungsrechnung hätten einen wesentlichen Einfluss auf die Einschätzung der zukünftigen Ertragsentwicklung.[897] Überleitungsposten, die für sich betrachtet kleiner als 5% des erwarteten Steueraufwands sind, dürfen bei der Überleitung zwischen dem erwarteten und dem effektiven Steueraufwand in einer Position ‚Sonstige' zusammengefasst werden.[898] Die Position ‚Sonstige' selber kann dabei durchaus einen Umfang größer als 5% des erwarteten Steueraufwands annehmen.[899]

Eine solche Wesentlichkeitsgrenze als Aufgliederungskriterium der Überleitungsrechnung, eine sogenannte *bright line*[900], existiert im Regelungsbereich der IAS nicht. Da in den IAS, abgesehen vom allgemeingültigen Bilanzzweck der *decision usefulness*,[901] konkrete Angaben zum Detaillierungsgrad der Überleitungsrechnung völlig fehlen, ist grundsätzlich für den jeweiligen Einzelfall zu entscheiden, ob Positionen für die Herleitung des effektiven Steueraufwands wesentlich und sie demzufolge in die Überleitungsrechnung nach IAS aufzunehmen sind.[902] Zulässig ist auch die generelle Übernahme des Aufgliederungskriteriums der SEC in die Bilanzierungsmethoden eines nach IAS bilanzierenden Unternehmens durch dessen Management.[903]

4. Überleitungsrechnung nach Vorschriften des DRS

Nachdem der am 13.7.2001 veröffentlichte E-DRS 12 ausführlich kommentiert und in der Literatur besprochen wurde,[904] hat der Deutsche Standardisierungsrat des DRSC am 18.1.2002 den überarbeiteten DRS 10 verabschiedet, der ebenfalls die verpflichtende Aufstellung einer Überleitungsrechnung vorsieht.[905] Während in der Entwurfsfassung noch ein Wahlrecht zur Aufstellung einer Überleitungsrechnung vorgesehen war,[906] wurde im endgülti-

---

897 Vgl. *SEC*, Reg. S-X, online im Internet, Item 210.4-08, Abs. (h) (2), S. 2.

898 Vgl. *SEC*, Reg. S-X, online im Internet, Item 210.4-08, Abs. (h) (2), S. 3; *Schäffeler*, Latente Steuern, 2000, S. 98.

899 Vgl. *Schäffeler*, Latente Steuern, 2000, S. 99; *Loitz*, Überleitungsrechnung, WPg 2004, S. 1193, Fn. 65; a.A. *Kröner/Benzel*, Konzernsteuerquote, in: *Kessler/Kröner/Köhler* (Hrsg.), Konzernsteuerrecht, 2004 § 15, Tz. 62.

900 Vgl. *Hoffmann*, in: *Lüdenbach/Hoffmann*, IFRS-Kommentar, 3. Auflage, 2005, § 26, Tz. 109a.

901 Vgl. zur Relevanz dieses Konzeptes für die Überleitungsrechnung *Dahlke/Eitzen*, Überleitungsrechnung, DB 2003, S. 2243, Fn. 30.

902 So *Hoffmann*, in: *Lüdenbach/Hoffmann*, IFRS-Kommentar, 3. Auflage, 2005, § 26, Tz. 109a.

903 Vgl. insbesondere *Dahlke/Eitzen*, Überleitungsrechnung, DB 2003, S. 2243; auch *Loitz*, Überleitungsrechnung, WPg 2004, S. 1193.

904 Vgl. z.B. *IDW*, Stellungnahme E-DRS 12, WPg 2001, S. 1087 ff.; *K+S AG*, Stellungnahme, online im Internet; *Sauter/Heurung/Fischer*, E-DRS 12, BB 2001, S. 1783 ff.; *Schmidbauer*, Bilanzierung, DB 2001, S. 1569 ff.; *Wendlandt/Vogler*, Latente Steuern, KoR 2001, S. 244 ff.

905 Vgl. *DRSC*, DRS 10, Abs. 42. Rechtsgültigkeit erhielt der DRS 10 am 13.3.2002 aufgrund seiner Bekanntmachung durch das Bundesministerium der Justiz im Bundesanzeiger, vgl. BAnz Nr. 66a vom 9.4.2002.

906 Vgl. *DRSC*, E-DRS 12, online im Internet, Abs. 40, S. 1.

gen Standard von diesem Wahlrecht Abstand genommen und entsprechend der internationalen Praxis eine Verpflichtung zur Aufstellung einer Überleitungsrechnung in die deutschen Vorschriften zur Konzernrechnungslegung eingeführt.[907]

Der Regelung des DRS 10 unterfallende Unternehmen müssen seitdem eine Überleitungsrechnung aufstellen, die den Zusammenhang zwischen dem erwarteten Steueraufwand oder -ertrag, der aus der Anwendung des in Deutschland geltenden Steuersatzes resultiert, und dem ausgewiesenen Steueraufwand oder -ertrag darstellt. Alternativ kann der Zusammenhang zwischen dem erwarteten und dem ausgewiesenen Steuersatz dargestellt werden.[908] Die Präsentationsform der Überleitungsrechnung ist somit auch nach der Regelung des DRS 10 frei wählbar. Nicht kapitalmarktorientierte Unternehmen sind von der Verpflichtung zur Aufstellung einer Überleitungsrechnung befreit.[909]

Die Vorschrift zur Überleitungsrechnung, im DRS 10 in nur einem Satz zusammengefasst, entspricht inhaltlich der Regelung des IAS 12, Abs. 81.[910] Die im IAS 12, Abs. 85, zusätzlich enthaltene Kommentierung wurde nicht in den DRS 10 übernommen. Letztlich steht auch nach der Vorschrift des DRS 10 die Erläuterung der Diskrepanzen zwischen dem ausgewiesenen Steueraufwand/-ertrag und dem unter Anwendung des deutschen Steuersatzes erwarteten Steueraufwands/-ertrags im Fokus der Überleitungsrechnung.[911]

Abweichend von der Regelung des IAS 12, aber angelehnt an den SFAS No. 109 ist als erwarteter Steuersatz ausdrücklich der in Deutschland geltende Steuersatz anzuwenden, so dass die Regelung des DRS 10 den *homebased*-Ansatz umsetzt. Welche Steuersätze oder Steuerarten unter dem in Deutschland geltenden Steuersatz zu verstehen sind, bleibt offen, denn zusätzliche Angaben hierzu macht der Standard DRS 10 nicht. Eine Erläuterung der Zusammensetzung und möglicher Änderungen des anzuwendenden Steuersatzes wird vom DRS 10 nicht gefordert.[912]

Der DRS 10 trifft - wie alle anderen betrachteten Rechnungslegungsvorschriften - keine Aussagen zu der Frage, welche Positionen die Überleitungsrechnung enthalten soll.[913] Allerdings wurden in der Entwurfsfassung E-DRS 12 exemplarisch Gründe aufgezählt, auf die die Diskrepanzen zwischen erwartetem und effektivem Steueraufwand zurückzuführen sind und deren Auswirkungen auf den effektiven Steueraufwand in der Überleitungsrechnung erläutert werden müssen. Gründe für die Diskrepanzen können demnach Differenzen aufgrund von

---

907 Vgl. *DRSC*, E-DRS 12, online im Internet, Anhang A, Abs. A8.

908 Vgl. *DRSC*, DRS 10, Abs. 42.

909 Vgl. *DRSC*, DRS 10, Abs. 43.

910 So auch *Wagenhofer*, Internationale Rechnungslegungsstandards, 5. Auflage, 2005, S. 338.

911 Vgl. *DRSC*, E-DRS 12, online im Internet, Anhang B, Abs. B17.

912 Vgl. hierzu auch *Adrian*, Tax Reconciliation, 2005, S. 39.

913 Vgl. *Dahlke/Eitzen*, Überleitungsrechnung, DB 2003, S. 2243; *Adrian*, Tax Reconciliation, 2005, S. 53.

abweichenden ausländischen Steuersätzen sein, die Existenz steuerfreier Erträge und steuerlich nichtabziehbarer Betriebsausgaben sowie Veränderungen sonstiger permanenter Differenzen und die Veränderung von Wertberichtigungen.[914]

Insgesamt kann für alle betrachteten Vorschriften zur Überleitungsrechnung festgehalten werden, dass sie nur sehr vage, an vielen Stellen interpretationsbedürftige und in wesentlichen Punkten voneinander divergierende Angaben hinsichtlich Präsentationsform, Ausgangsgröße, Inhalt und Detaillierungsgrad der Überleitungsrechnung enthalten. So bestehen bereits hinsichtlich des zur Ermittlung des erwarteten Steueraufwands anzuwendenden Steuersatzes erhebliche Diskrepanzen. Die Bandbreite möglicher anzuwendender Steuersätze reicht von einem rein inländischen Steuersatz ohne Berücksichtigung lokaler Steuern über kombinierte Ertragsteuersätze bis hin zu einem gewichteten Durchschnittssteuersatz, in den nach IAS 12 neben inländischen und lokalen Steuerarten auch ausländische Steuerbelastungen einbezogen werden.

Daneben enthält nur die Regulation S-X als einzige der betrachteten Rechnungslegungsvorschriften eine Wesentlichkeitsgrenze als Aufnahme- und Aufgliederungskriterium der Überleitungsrechnung, derzufolge solche Überleitungsposten gesondert in der Überleitungsrechnung zu erfassen sind, deren Betrag mindestens 5% des erwarteten Steueraufwands ausmacht.[915] Damit existiert für andere Rechnungslegungssysteme zwar ein Anhaltspunkt im Hinblick auf den Inhalt und den Detaillierungsgrad von Überleitungsrechnungen, verbindlich ist diese Vorschrift jedoch nur für Unternehmen, die der Aufsicht durch die US-amerikanische Wertpapieraufsichtsbehörde SEC unterliegen.

Für die Ersteller von Überleitungsrechnungen ergeben sich dadurch immense Gestaltungsspielräume, die es ermöglichen, die Überleitungsrechnung bei entsprechender Ausgestaltung entweder als Publikationsinstrument aktiv zu nutzen oder Informationen zurückzuhalten oder sogar bewusst zu verschleiern. So kann es letztlich auch nicht verwundern, dass sich in praxi ein wenig einheitliches Bild ergibt. Weder im Hinblick auf den anzuwendenden Steuersatz noch bei der Präsentationsform und dem Inhalt der Überleitungsrechung oder dem Detaillierungsgrad der Herleitung des effektiven Steuersatzes haben sich bislang einheitliche Maßstäbe entwickelt, so dass die Überleitungsrechnungen der Unternehmen zum Teil erheblich divergieren.

---

914 Vgl. *DRSC*, E-DRS 12, online im Internet, Anhang B, Abs. B17. Die im E-DRS 12 angeführte Abweichungsursache der Herstellung der Ausschüttungsbelastung ist obsolet. Denkbar ist jedoch die Entstehung von Diskrepanzen durch die Realisierung von Körperschaftsteuerguthaben gemäß § 37 Abs. 2 KStG oder durch den Eintritt von Körperschaftsteuererhöhungen gemäß § 38 KStG während der Übergangsphase der Unternehmenssteuerreform.

915 Vgl. *Schäffeler*, Latente Steuern, 2000, S. 99.

III. Präsentationsformen der Überleitungsrechnung

1. Tabellarische vs. verbale Darstellung der Überleitung

In aller Regel werden Überleitungsrechnungen in Form einer Tabelle abgebildet. Mit dem Wortlaut der Regelungen lässt sich allerdings auch eine Präsentationsform vereinbaren, bei der die Überleitungsposten als ausformulierter Text dargestellt und die effektive Steuerbelastung nicht in einer Tabelle, sondern verbal unter Verwendung von absoluten oder relativen Betragsangaben hergeleitet wird.[916]

Diese verbale Präsentationsform der Herleitung des effektiven Steuersatzes unter Verwendung prozentualer Werte nutzen beispielsweise die Dow Jones-30-Unternehmen Microsoft[917] und Procter & Gamble[918].[919] Beide nehmen die Überleitung nicht in einer Tabelle, sondern in einem erläuternden Abschnitt innerhalb der Anhangangaben zu den Ertragsteuern vor, was am Beispiel von Microsoft verdeutlicht werden soll: „*In 2001, the effective tax rate was 33.0% and included the effect of a 3.1% reduction from the U.S. statutory rate for tax credits and a 1.1% increase for other items. The effective tax rate in 2002 was 32.0% and included the effect of a 2.4% reduction from the U.S. statutory rate for the extraterritorial income exclusion tax benefit and a 0.6% reduction for other items. The effective tax rate in 2003 was 32.1% and included the effect of a one-time benefit of $126 million from the reversal of previously accrued taxes related to a favorable tax court ruling and a 2.0% reduction from the U.S. statutory rate for other items. Excluding this reversal, the effective tax rate in 2003 would have been 33.0%.*“[920] Damit existieren im Grundsatz vier Präsentationsformen der Überleitungsrechnung, die sich neben den in der Literatur diskutierten Alternativen der Herleitung nach absoluten und prozentualen Werten[921] auf der einen Seite zudem nach tabellarischer und ausformulierter Darstellung auf der anderen Seite systematisieren lassen.

In den hier betrachteten Vorschriften lassen sich keine Hinweise dafür finden, dass die tabellarische Darstellungsform der Überleitungsrechnung verpflichtend ist. So verlangt der Wort-

---

916 Ohne Begründung anderer Ansicht *Adrian*, Tax Reconciliation, 2005, S. 38.

917 Vgl. zuletzt Microsoft Corporation, Annual Report 2003, S. 30. Ab dem Jahr 2004 verwendet Microsoft die tabellarische Darstellungsform, vgl. Microsoft Corporation, Annual Report 2004, S. 48.

918 Vgl. The Procter & Gamble Company, Annual Report 2004, S. 63.

919 Allerdings ist auf den Umstand hinzuweisen, dass bei beiden Unternehmen kein Überleitungsposten existiert, der größer als 5% des erwarteten Steueraufwands ist und die gesamte Überleitungsdifferenz beider Unternehmen kleiner als 5% des erwarteten Steuersatzes ist. Die Unternehmen sind somit jedenfalls nach der Regulation S-X von der Aufstellung einer Überleitungsrechnung befreit, vgl. *SEC*, Reg. S-X, online im Internet, Item 210.4-08, Abs. (h) (2), S. 2.

920 Microsoft Corporation, Annual Report 2003, S. 30.

921 Vgl. nur *Schäffeler*, Latente Steuern, 2000, S. 99; *Fischer*, IAS 12, BBK 2002, Fach 20, S. 682; *Dahlke/Eitzen*, Überleitungsrechnung, DB 2003, S. 2237; *Kirsch*, Berichterstattung, DStR 2003, S. 705; *Ballwieser*, in: *Ballwieser et al.*, WILEY-Kommentar, 2004, Abschnitt 15, Tz. 95; *Hoffmann*, in: *Lüdenbach/Hoffmann*, IFRS-Kommentar, 3. Auflage, 2005, § 26, Tz. 107.

laut der deutschsprachigen Fassung des IAS 12 einzig die „Erläuterung der Relation zwischen Steueraufwand (Steuerertrag) und dem handelsrechtlichen Periodenergebnis (vor Ertragsteuern) [..] in einer [...] Überleitungsrechnung.“[922] Die Erläuterung der Relation zwischen Steueraufwand und Ergebnis war bereits vor der Überarbeitung des IAS 12 im Jahr 1996 verpflichtende Anhangangabe, damals noch ohne die seitdem erforderliche Aufstellung einer Überleitungsrechnung.[923] Seinerzeit wurde kritisiert, dass der Standard nichts zur Art und Weise der Erläuterung aussagte und nebeneinander verschiedene Formen der Erläuterung existierten.[924] Mittlerweile ist zwar die Überleitungsrechnung verpflichtend, die Form ihrer Präsentation allerdings immer noch nicht normiert. Sowohl der Standard selber als auch die Kommentierung hierzu weisen lediglich in Beispielen auf die Möglichkeit der Aufstellung einer tabellarischen Überleitungsrechnung hin.[925] Zwar geht die englischsprachige Fassung des IAS 12 an dieser Stelle weiter, indem sie die Aufstellung einer numerischen („*numerical*“[926]) Überleitungsrechnung vorschreibt. Verbindliche Hinweise darauf, ob diese numerische Überleitungsrechnung zwingend als Tabelle dargestellt werden muss oder auch als Text präsentiert werden kann, fehlen jedoch.

Das FASB geht im SFAS No. 109 in einem Umkehrschluss offensichtlich ebenfalls von der Aufstellung einer numerischen Überleitung aus, wenn es nicht kapitalmarktorientierten Unternehmen gestattet, auf die Aufstellung einer numerischen Überleitungsrechnung mit Betragsangaben zu verzichten.[927] Aber auch die Regelung des SFAS No. 109 trifft keine Aussagen zur Form der Darstellung dieser numerischen Überleitungsrechnung als Tabelle oder als Text. In der Regulation S-X und im Standard DRS 10 wird ebenfalls nicht festgelegt, ob eine verbale oder eine tabellarische Überleitungsrechnung vorgesehen ist, so dass unter Berücksichtigung der betrachteten Vorschriften die Aufstellung einer den Zusammenhang von Vorsteuerergebnis und effektiver Steuerbelastung verbal erläuternden Überleitungsrechnung in Textform möglich erscheint.

Allerdings sind als Text formulierte Überleitungsrechnungen äußerst unübersichtlich. Schon die Herleitung der effektiven Steuerbelastung einer Berichtsperiode ist in einer ausformulierten Überleitungsrechnung nur schwer nachzuvollziehen; die oben wiedergegebene Überleitung von Microsoft belegt dies. Periodenübergreifende Vergleiche der Herleitung der effektiven Steuerbelastung eines Unternehmens sind nur schwer möglich, zu zwischenbetrieblichen Vergleichen eignen sich in Textform dargestellte Überleitungsrechnungen kaum. Aus diesem

---

922 *IASB*, IAS 12 (Deutsche Ausgabe), Abs. 81 (c).

923 Vgl. *IASC*, IAS 12 (ref. 1994), Abs. 49 (d).

924 Vgl. nur *Coopers & Lybrand*, Understanding IAS, 1996, S. 12-17, Tz. 12.54.

925 Vgl. *IASB*, IAS 12, Beispiel zu Abs. 85; sowie *PriceWaterhouseCoopers*, Understanding IAS, 2nd Edition, 1998, S. 12-32, Tz. 12.78.

926 *IASB*, IAS 12, Abs. 81 (c).

927 „*A nonpublic enterprise [...] may omit a numerical reconciliation*“, *FASB*, SFAS No. 109, Abs. 47, S. 4. Vgl. auch *Born*, Rechnungslegung, 3. Auflage, 2002, S. 384.

Grunde sollen Überleitungsrechnungen in Textform, bei denen die einzelnen Überleitungsposten ausformuliert sind und die Herleitung der effektiven Steuerbelastung mit absoluten oder relativen Betragsangaben ebenfalls in einem Text erfolgt, in der Untersuchung nicht weiter betrachtet und das in der Literatur übliche Verständnis von stets in Tabellenform aufgestellten Überleitungsrechnungen mit nur zwei Ausweisvarianten - absolut und relativ - übernommen werden.

2. Absolute vs. relative Darstellung der Überleitung

Im Hinblick auf die Bevorzugung einer absoluten oder einer relativen Präsentationsform enthalten die betrachteten Regelungen keine verbindlichen Vorschriften. Lediglich die Reihenfolge der Ausweisalternativen in den Vorschriften könnte möglicherweise auf eine Wertung der Alternativen hindeuten. So wird im IAS 12 und im DRS 10 jeweils zunächst die Präsentationsform unter Verwendung absoluter Beträge genannt und dieser damit möglicherweise Vorrang gegenüber der relativen Darstellung eingeräumt,[928] während im Standard SFAS No. 109 zunächst die Darstellung mit Prozentwerten als Ausweisalternative angegeben wird (*using percentages or dollar amounts*). Für die Rechnungslegungspraxis deutscher, nach IAS bilanzierender, Unternehmen könnte dieser Aspekt ein Grund dafür sein, dass fast ausschließlich die Überleitung mit absoluten Zahlen gewählt wird,[929] während im Ausland die relative Präsentationsform der Überleitungsrechnung dominiert.[930]

Einzig die SEC bezieht an dieser Stelle Position, indem sie in der Regulation S-X darauf verweist, dass die Überleitungsrechnung eher in Prozenten als in absoluten Beträgen präsentiert werden soll.[931] Verpflichtend ist diese Empfehlung nicht. Somit bestehen zwei gleichwertige Alternativen zur Präsentation der Überleitung zwischen der erwarteten und der effektiven Steuerbelastung nebeneinander. Die Entscheidung, die Überleitungsrechnung auf die eine oder andere Weise aufzustellen und im Abschluss zu präsentieren, bleibt den Erstellern der Überleitungsrechnungen in allen betrachteten Vorschriften freigestellt.

---

928 Diese Tendenz bestätigen *Heuser/Theile*, die für den IAS 12 konstatieren, dass eine nominelle Überleitung üblich sei, die prozentuale Überleitung kaum angewendet würde, vgl. *Heuser/Theile*, IAS Handbuch, 2. Auflage, 2005, Tz. 1366. *Loitz* vermutet sogar, die prozentuale Alternative im IAS 12 sei praktisch nicht relevant, vgl. *Loitz*, Überleitungsrechnung, WPg 2004, S. 1191, Fn. 61.

929 Aus einer Grundgesamtheit von 100 in einer Studie betrachteten IAS-Anwendern in Deutschland weisen 92 Unternehmen eine Überleitungsrechnung aus. Von diesen 92 Unternehmen wählen 83 (90,22%) eine Präsentation der Überleitungsrechnung mit absoluten Zahlen, 8 Unternehmen (8,7%) weisen sowohl absolute als auch prozentuale Werte aus und nur ein Unternehmen (1,09%) gibt ausschließlich prozentuale Werte an, vgl. *Keitz*, IASB-Rechnungslegung, 2. Auflage, 2005, S. 162.

930 Vgl. *Dahlke/Eitzen*, Überleitungsrechnung, DB 2003, S. 2237; *Hoffmann*, in: *Lüdenbach/Hoffmann*, IFRS-Kommentar, 3. Auflage, 2005, § 26, Tz. 108.

931 Vgl. *SEC*, Reg. S-X, online im Internet, Item 210.4-08, Abs. (h) (2), S. 4.

Dieses Wahlrecht nutzen die Unternehmen in praxi uneinheitlich. Bei allen betrachteten DAX-30-Unternehmen, auch bei den 13 an der NYSE gelisteten[932] und den nach US-GAAP bilanzierenden Unternehmen, erfolgt die Überleitung mit absoluten Zahlen, nur vier DAX-30-Unternehmen veröffentlichen zusätzlich zu den absoluten Beträgen prozentuale Angaben. Die Dow Jones-30-Unternehmen leiten demgegenüber, in erster Linie wohl aufgrund der Empfehlung der SEC, eher nach Prozenten als nach Absolutwerten zur effektiven Steuerbelastung über. Abbildung 16 zeigt das Ergebnis dieser Bestandsaufnahme der Überleitungsrechnungen des Jahres 2004:

Überleitung nach	DAX-30-Unternehmen		Dow Jones-30-Unternehmen	
Absoluten Werten	26	86,67%	5	16,67%
Prozentualen Werten	0	0%	23	76,67%
Prozentualen und absoluten Werten	4	13,33%	2	6,66%

Abbildung 16: Präsentationsformen der Überleitungsrechnung im Jahr 2004

Wählen die Ersteller die Überleitung nach absoluten Beträgen, ist Ausgangsgröße der Überleitungsrechnung der erwartete Steueraufwand, der sich durch Multiplikation des idealiter um außerordentliche Posten bereinigten[933] Ergebnisses vor Steuern mit dem anzuwendenden Steuersatzes[934] ergibt. Die effektive Steuerbelastung als Zielgröße der Überleitungsrechnung ist in diesem Fall der im Konzernabschluss ausgewiesene effektive Steueraufwand. Seine Herleitung erfolgt durch Verrechnung der absoluten Beträge der Überleitungsposten mit der Ausgangsgröße. Durch Division durch das Ergebnis vor Steuern lässt sich die hergeleitete Zielgröße in die Konzernsteuerquote überführen.[935] Bei einer prozentualen Präsentationsform ist Ausgangspunkt der Überleitungsrechnung der anzuwendende Steuersatz. Um von diesem zur Zielgröße ‚effektive Steuerbelastung' überzuleiten, werden die einzelnen Überleitungsposten jeweils mit ihrem prozentualen Anteil am Ergebnis vor Steuern angegeben und mit dem anzuwendenden Steuersatz verrechnet.[936] Bei der zweiten Alternative ist die hergeleitete Zielgröße der effektive Steuersatz, mithin unmittelbar die Konzernsteuerquote.

In der gleichen Weise, in der die Größe ‚effektiver Steueraufwand' in die Konzernsteuerquote überführt werden kann, lassen sich sämtliche absoluten Beträge der Überleitungsposten durch

932 Vgl. *o. V.*, Listed Company Directory, online im Internet.

933 Vgl. zur anzustrebenden Bereinigung der Bezugsgröße Abschnitt A des 2. Kapitels, Seiten 33 ff.

934 Aufgrund der Vielzahl der in den betrachteten Vorschriften verwendeten Begriffe ‚anzuwendender Steuersatz', ‚inländischer gesetzlich maßgebender Bundessteuersatz', ‚anzuwendender gesetzlich maßgebender Bundessteuersatz' und ‚in Deutschland geltender Steuersatz' soll, solange keine Differenzierung notwendig ist, der zur Ermittlung des erwarteten Steueraufwands herangezogene Steuersatz im Folgenden stets als anzuwendender Steuersatz bezeichnet werden.

935 Vgl. *Schäffeler*, Latente Steuern, 2000, S. 99; *Hoffmann*, in: *Lüdenbach/Hoffmann*, IFRS-Kommentar, 3. Auflage, 2005, § 26, Tz. 108.

936 Vgl. *Schäffeler*, Latente Steuern, 2000, S. 99.

Division durch das Vorsteuerergebnis in relative Größen transformieren. Umgekehrt lassen sich prozentuale Überleitungsposten durch Multiplikation mit dem Vorsteuerergebnis ebenfalls leicht in absolute Größen überführen. Die Wahl der Präsentationsform der Überleitungsrechnung beeinflusst ihre Aussagkraft somit nicht. Lediglich der Aufwand der Überführung der ausgewiesenen in die gewünschten Größen führt dazu, dass die unterschiedlichen Präsentationsformen der Überleitungsrechnung je nach Interessenlage der Abschlussinteressenten Vor- oder Nachteile haben.[937]

So erleichtert eine Überleitung nach absoluten Beträgen dem Abschlussinteressenten die Verprobung der Überleitungsposten eines Unternehmens mit anderen Positionen des Jahresabschlusses, wenn diese ebenfalls als absolute Zahlen ausgewiesen werden.[938] Weichen bei einem Vergleich von Überleitungsrechnungen einer Unternehmung im Zeitablauf oder bei einem zwischenbetrieblichen Vergleich die absoluten Größen erheblich voneinander ab, können prozentuale bzw. Verhältnisgrößen den Vergleich erleichtern.[939] Beispielsweise wirken die Effekte aus steuerfreien Erträgen bei E.ON und bei MAN im Jahr 2004 mit jeweils gut 5% auf den effektiven Steueraufwand ein und haben insofern einen vergleichbaren Einfluss auf die Konzernsteuerquoten dieser beiden Unternehmen. Ein Vergleich der absoluten Werte wäre hier wenig aussagekräftig, da der absolute Effekt der steuerfreien Erträge bei E.ON den Effekt bei MAN um mehr als das 15fache übersteigt.[940]

Aber auch, wenn zwar die verglichenen absoluten Werte in ihrer Ausprägung ähnlich sind, weitere Größen, insbesondere das Vorsteuerergebnis als Bezugsgröße der Konzernsteuerquote, dagegen stark divergieren, ist der Vergleich prozentualer Werte sinnvoll. So sind z.B. die absoluten Beträge der Überleitungsposten zu den steuerfreien Erträgen des Jahres 2004 in den Überleitungsrechnungen von E.ON und der Commerzbank ähnlich groß.[941] In Relation zum Vorsteuerergebnis wirkt sich deren Effekt bei E.ON mit 5,16% aus.[942] Für die Commerzbank dagegen resultiert aufgrund des wesentlich geringeren Vorsteuerergebnisses ein Steuereffekt aus den steuerfreien Erträgen von 41,91%.[943] Führt man sich vor Augen, dass die Effekte in ihrer jeweiligen prozentualen Höhe unmittelbar eine Abnahme der Konzernsteuer-

937 Vgl. *Wempen*, Tax Reconciliation, 2002, S. 9.

938 Vgl. zur Verprobung der Überleitungsrechnung *Adrian*, Tax Reconciliation, 2005, S. 57 f.

939 Vgl. bereits die entsprechenden Ausführungen zu absoluten und Verhältniszahlen in Abschnitt E.III.1 des 2. Kapitels, hier ab Seite 111.

940 Die prozentualen Werte des Effekts der steuerfreien Erträge betragen bei E.ON 5,16% und bei MAN 5,09% und resultieren aus absoluten Effekten steuerfreier Erträge in Höhe von 351 bzw. 23 Mio. € und Vorsteuerergebnissen in Höhe von 6.799 und 453 Mio. €, vgl. E.ON AG, Geschäftsbericht 2004, S. 91, 115; MAN AG, Geschäftsbericht 2004, S. 114.

941 Bei E.ON wirken die steuerfreien Erträgen mit 351 Mio. € auf den effektiven Steueraufwand ein, bei der Commerzbank mit 347 Mio. €, vgl. Commerzbank AG, Geschäftsbericht 2004, S. 122; E.ON AG, Geschäftsbericht 2004, S. 115.

942 Das Ergebnis der gewöhnlichen Geschäftstätigkeit von E.ON beträgt für das Jahr 2004 6.799 Mio. €, vgl. E.ON AG, Geschäftsbericht 2004, S. 91.

943 Die Commerzbank weist für das Jahr 2004 ein Jahresergebnis vor Ertragsteuern in Höhe von 828 Mio. € aus, vgl. Commerzbank AG, Geschäftsbericht 2004, S. 93, 122.

quote der Unternehmung bedeuten, wird deutlich, um wieviel gewichtiger der Einfluss der steuerfreien Erträge für die Konzernsteuerquote der Commerzbank ist: Obwohl bei E.ON der Steueraufwand aufgrund steuerfreier Erträge absolut um vier Mio. € mehr gesunken ist als bei der Commerzbank, ist die Konzernsteuerquote der Commerzbank dennoch um 36,75 Prozentpunkte weiter gesunken als bei E.ON.

Wenn jedoch bei der Ermittlung der relativen Werte die Bezugsgröße für das betrachtete Unternehmen außergewöhnliche Werte annimmt, können auch Verhältniszahlen in ihrer Aussagekraft beschränkt sein. Am Beispiel der Überleitungsrechnung von DuPont für das Jahr 2003 wird dies besonders deutlich. Die trotz eines Jahresüberschusses negative Konzernsteuerquote ist auf einen Steuerertrag zurückzuführen, der hauptsächlich aus der Bildung aktiver latenter Steuern resultiert. Dass der in der Überleitungsrechnung ausgewiesene Steuereffekt aus der Bildung der aktiven Steuerlatenz dabei allerdings den extremen Wert von –467,5% annimmt und die Konzernsteuerquote insgesamt –650,35% beträgt, liegt daran, dass das Ergebnis des Geschäftsjahres mit 143 Mio. $ außergewöhnlich gering aber noch positiv ist.[944] Daraus resultiert zum einen eine negative Konzernsteuerquote, die ohnehin weiterer Erläuterungen bedarf.[945] Aber auch die angegebenen prozentualen Werte der Überleitungsposten haben für die Bilanzinteressenten keinen großen Informationsgehalt, solange nicht zusätzlich die absoluten Werte der Überleitungsposten bekannt sind und das Zustandekommen der extremen Werte erklären.

Insgesamt machen die Beispiele deutlich, dass prozentuale oder absolute Wertangaben in der Überleitungsrechnung alleine häufig nicht ausreichen, um die Relation von Vorsteuerergebnis und ausgewiesenem effektiven Steueraufwand aus der Sicht externer Bilanzinteressenten nachzuvollziehen, sondern dass häufig die Kenntnis beider Werte zu deren Verständnis notwendig ist. Da zudem, wie oben ausgeführt, eine Überführung der einen in die jeweils andere Präsentationsform zwar leicht möglich, aber für die Bilanzinteressenten mit Aufwand verbunden ist, sollte für die Unternehmen die Angabe sowohl der absoluten Beträge der Überleitungsposten als auch deren prozentualer Anteil am Vorsteuerergebnis Standard werden.

IV. Formale Darstellung der Überleitungsrechnung

Um die Darstellung der konzeptionellen Grundlagen von Überleitungsrechnungen abzuschließen, sollen deren verschiedene Bereiche systematisiert und die im Rahmen der Überleitung von der erwarteten zur effektiven Steuerbelastung notwendigen Schritte zur Ermittlung der einzelnen Überleitungsposten formal dargestellt werden. Überleitungsrechnungen sind, wie in Abbildung 17 dargestellt, stets in drei Bereiche untergliedert:

---

944 Vgl. E.I.du Pont de Nemours and Company, Form 10-K 2003, S. F-15.

945 Vgl. Abschnitt C des 2. Kapitels, hier ab Seite 91.

Bereiche der Überleitungsrechnung	Elemente der Überleitungsrechnung
1. Bereich: Erwartete Steuerbelastung	Erwarteter Steueraufwand oder Erwarteter Steuersatz
2. Bereich: Überleitung	Überleitungsposten - Steuerminderungen - Steuermehrungen
3. Bereich: Effektive Steuerbelastung	Effektiver Steueraufwand oder Effektiver Steuersatz

Abbildung 17: Bereiche und Elemente der Überleitungsrechnung

Ausgangsgröße im ersten Bereich jeder Überleitungsrechnung ist die erwartete Steuerbelastung, je nach gewählter Präsentationsform entweder der erwartete Steueraufwand oder der erwartete Steuersatz. Im zweiten Bereich, der Überleitung, werden die notwendigen Bereinigungen[946] der erwarteten Steuerbelastung vorgenommen und dadurch die ausgewiesene effektive Steuerbelastung hergeleitet. Die Überleitungsposten, entsprechend der Ausgangsgröße als absolute Beträge oder prozentuale Werte abgebildet, können Steuerminderungen oder Steuermehrungen sein. Zielgröße der Überleitungsrechnung in deren drittem Bereich ist die effektive Steuerbelastung, die entweder als effektiver Steueraufwand oder als effektiver Steuersatz gezeigt wird.

Die erwartete Steuerbelastung als Ausgangsgröße der Überleitungsrechnung ist bei einer relativen Präsentationsform unmittelbar der von der berichterstattenden Gesellschaft gewählte anzuwendende Steuersatz. Bei absoluter Präsentationsform ergibt sich die Ausgangsgröße aus der Multiplikation des - idealiter um außerordentliche Posten bereinigten[947] - Vorsteuerergebnisses der berichterstattenden Gesellschaft mit dem von dieser Gesellschaft gewählten anzuwendenden Steuersatz:

$$St^{erw} = JÜvSt^{ber} \cdot s^{anz}$$

mit:

St^{erw} = Erwarteter Steueraufwand

$JÜvSt^{ber}$ = Bereinigter Jahresüberschuss vor Steuern

s^{anz} = Anzuwendender Steuersatz

Gleichung 7: Erwarteter Steueraufwand

Im zweiten Bereich der Überleitungsrechnung findet die exakte Herleitung der effektiven Steuerbelastung statt, indem die erwartete Steuerbelastung um die Überleitungsposten bereinigt bzw. korrigiert wird. Hierzu sind für sämtliche wesentlichen Sachverhalte, die Steuereffekte ausgelöst und dadurch Abweichungen zwischen der erwarteten und der effektiven Steuerbelastung verursacht haben, Überleitungsposten zu bilden und mit der erwarteten Steuerbe-

946 *Schäffeler*, Latente Steuern, 2000, S. 97 f., spricht von Korrekturen der erwarteten Steuerbelastung.

947 Vgl. Abschnitt A des 2. Kapitels, Seiten 33 ff.

lastung zu verrechnen.[948] Überleitungsposten können Steuerminderungen sein, die zur Herleitung der effektiven Steuerbelastung von der erwarteten Steuerbelastung abgezogen werden oder Steuermehrungen, die zur erwarteten Steuerbelastung hinzuaddiert werden. Sie lassen sich nach verschiedenen Gesichtspunkten systematisieren,[949] wesentlich ist hier eine Differenzierung nach steuersatzunabhängigen und steuersatzabhängigen Überleitungsposten.[950]

Steuersatzunabhängige Überleitungsposten mindern oder erhöhen die erwartete Steuerbelastung unabhängig von der Höhe des anzuwendenden Steuersatzes. Sie resultieren aus zumeist aperiodischen Sachverhalten, die Steuereffekte auslösen, die als absolute Beträge den effektiven Steueraufwand unmittelbar beeinflussen. Steuersatzunabhängige Überleitungsposten können beispielsweise Steuermehrungen aus Körperschaftsteuererhöhungen gemäß § 38 KStG sein oder Steuerminderungen bzw. Steuermehrungen aus der Wertberichtigung latenter Steuern oder deren Anpassung an geänderte Steuersätze.[951] Steuersatzunabhängige Überleitungsposten sind in ihrer betragsmäßigen Höhe fest vorgegeben, so dass der von der berichterstattenden Gesellschaft als Ausgangsgröße gewählte anzuwendende Steuersatz keinen Einfluss auf deren Höhe hat.

Die ausgelösten Steuereffekte werden nach sachlogischen Gesichtspunkten abgegrenzten Ausweisgruppen zugeordnet, wobei je nach angestrebtem Differenzierungsgrad der Überleitungsrechnung diese Gruppen mehr oder weniger umfassend sein können. Als Beispiel für die Aufgliederung oder Zusammenfassung von Ausweisgruppen in Abhängigkeit vom angestrebten Detaillierungsgrad der Überleitungsrechnung kann die Entscheidung dienen, Steuereffekte aus dem Ansatz oder dem Nichtansatz aktiver latenter Steuern und deren Wertberichtigung mit der Zuschreibung und dem nachträglichen Ansatz latenter Steuern zu der Ausweisgruppe ‚Ansatz und Bewertung latenter Steuern' zusammenzufassen oder die beiden Gruppen getrennt auszuweisen.[952] Die Steuereffekte innerhalb der einzelnen Ausweisgruppen werden sodann zu einem die jeweilige Ausweisgruppe repräsentierenden Überleitungsposten aggregiert oder, wenn die Effekte nicht wesentlich sind,[953] der Position ‚Sonstige' zugeordnet:

---

948 Vgl. *Schäffeler*, Latente Steuern, 2000, S. 96 f.; *Dahlke/Eitzen*, Überleitungsrechnung, DB 2003, S. 2237, 2243.

949 Insbesondere sei auf die Differenzierung nach periodischen und aperiodischen Effekten hingewiesen. Zur Strukturierung der Überleitungsrechnung ausführlich Abschnitt E.I, Seiten 259 ff.

950 Vgl. zu dieser Differenzierung *Schäffeler*, Latente Steuern, 2000, S. 177 f.

951 Vgl., auch zu diesen Beispielen, *Schäffeler*, Latente Steuern, 2000, S. 177.

952 Vgl. *Dahlke/Eitzen*, Überleitungsrechnung, DB 2003, S. 2238; *Hoffmann*, in: *Lüdenbach/Hoffmann*, IFRS-Kommentar, 3. Auflage, 2005, § 26, Tz. 107.

953 Vgl. zur Problematik der weitgehend fehlenden Wesentlichkeitsdefinition die Ausführungen in Abschnitt A.II, hier ab Seite 146.

$$\ddot{U}P^{unab} = \sum_{i=1}^{I} Se_i$$

mit:

$\ddot{U}P^{unab}$ = Steuersatzunabhängiger Überleitungsposten[954]

Se_i = i-ter Steuereffekt

i = Index für Steuereffekte, i = 1, ..., I; I = Anzahl der Steuereffekte

Gleichung 8: Steuersatzunabhängiger Überleitungsposten

Steuersatzabhängige Überleitungsposten können wie steuersatzunabhängige Überleitungsposten Steuerminderungen und Steuermehrungen sein. Sie sind danach zu unterscheiden, ob sie aus Abweichungen der steuerlichen Bemessungsgrundlage vom Konzernergebnis vor Steuern oder aus Abweichungen vom anzuwendenden Steuersatz resultieren.[955]

Steuerminderungen aus Abweichungen der steuerlichen Bemessungsgrundlage vom Konzernergebnis vor Steuern ergeben sich, wenn bei der Ermittlung der Ausgangsgröße ‚erwarteter Steueraufwand' für bestimmte Sachverhalte Steuerbelastungen erwartet wurden, die effektiv nicht stattgefunden haben.[956] Die Sachverhalte haben das Konzernergebnis vor Steuern in seiner Höhe beeinflusst, so dass sie bei der Ermittlung der Ausgangsgröße mit dem von der berichterstattenden Gesellschaft gewählten anzuwendenden Steuersatz bewertet wurden. In der Ausgangsgröße ist daher ein von der Höhe des anzuwendenden Steuersatzes abhängiger Steuereffekt aus diesen Sachverhalten einbezogen, obwohl sie aufgrund spezieller steuerlicher Regelungen tatsächlich nicht der Besteuerung unterliegen.

Steuermehrungen aus Abweichungen in der steuerlichen Bemessungsgrundlage entstehen, wenn Sachverhalte tatsächlich Steueraufwand ausgelöst haben, der in der erwarteten Steuerbelastung keinen Niederschlag gefunden hat.[957] Beispiele steuersatzabhängiger Überleitungsposten aus Abweichungen in der steuerlichen Bemessungsgrundlage können Steuerminderungen aus steuerfreien Beteiligungserträgen und Veräußerungsgewinnen, Steuererhöhungen aus steuerlich nicht absetzbaren *goodwill*-Abschreibungen oder Steuerminderungen aus der Geltendmachung eines steuerlichen Verlustvortrages[958] sein.[959]

---

954 In den folgenden, die verschiedenen Überleitungsposten kennzeichnenden Symbolen weist der Symbolbestandteil ‚ÜP' in Großbuchstaben stets auf Überleitungsposten in absoluten Beträgen hin, während mit der Schreibweise ‚üp' in Kleinbuchstaben Überleitungsposten in relativen Werten abgebildet werden, vgl. auch Gleichung 12, Seite 165.

955 Vgl. die Differenzierung bei *Dahlke/Eitzen*, Überleitungsrechnung, DB 2003, S. 2239 ff.

956 Vgl. *Herzig/Dempfle*, Konzernsteuerquote, DB 2002, S. 3.

957 Vgl. *Herzig/Dempfle*, Konzernsteuerquote, DB 2002, S. 3.

958 *Schäffeler* ordnet die Geltendmachung eines steuerlich vortragsfähigen Verlustes den steuersatzunabhängigen Überleitungsposten zu, vgl. *Schäffeler*, Latente Steuern, 2000, S. 177. Diesem Verständnis kann nicht gefolgt werden, denn aus einem in der Berichtsperiode gemäß § 8 Abs. 1 KStG i.V.m. § 10d EStG geltendgemachten Verlustvortrag resultiert kein absoluter Betrag der Steuerminderung, sondern der vorgetragene Verlust mindert lediglich die Bemessungsgrundlage der Berichtsperiode, vgl. *Rose*, Ertragsteuern, 18. Auf-

Aus den einzelnen, die Abweichungen der steuerlichen Bemessungsgrundlage vom Konzernergebnis vor Steuern auslösenden Sachverhalten werden ebenfalls sachlogisch abgegrenzte Ausweisgruppen - z.B. die Gruppen steuerfreie Beteiligungserträge, steuerlich nicht absetzbare *goodwill*-Abschreibungen oder sonstige nichtabziehbare Aufwendungen - gebildet. Anschließend werden die hierdurch ausgelösten Abweichungen der steuerlichen Bemessungsgrundlage innerhalb der Ausweisgruppe aggregiert und mit dem von der berichterstattenden Gesellschaft angewendeten Steuersatz s^{anz} multipliziert.[960] Ergebnis dieser Aggregation und Multiplikation sind Überleitungsposten, die die Steuerwirkungen der Sachverhalte der jeweiligen Ausweisgruppe abbilden:[961]

$$\ddot{U}P^{abh\,B} = \left(\sum_{j=1}^{J} \Delta BMG_j\right) \cdot s^{anz}$$

mit:

$\ddot{U}P^{abh\,B}$ = Steuersatzabhängiger Überleitungsposten, ausgelöst durch Abweichungen in der steuerlichen Bemessungsgrundlage

ΔBMG_j = Änderungsbetrag der steuerlichen Bemessungsgrundlage, ausgelöst durch den Sachverhalt j

j = Index für Sachverhalte, die Abweichungen in der steuerlichen Bemessungsgrundlage auslösen, $j = 1, ..., J$; J = Anzahl der Sachverhalte

Gleichung 9: Steuersatzabhängiger Überleitungsposten aus Abweichungen in der steuerlichen Bemessungsgrundlage

Steuersatzabhängige Überleitungsposten aus Abweichungen vom anzuwendenden Steuersatz entstehen, wenn Bestandteile des Konzernergebnisses vor Steuern zwar in ihrer tatsächlichen Höhe der Besteuerung unterfallen, mithin der steuerlichen Bemessungsgrundlage entsprechen, sie aber mit einem anderen als dem von der berichterstattenden Gesellschaft gewählten anzuwendenden Steuersatz besteuert werden. Diese Überleitungsposten lassen sich grob nach Abweichungen, die aus Unterschieden zu ausländischen Steuersätzen resultieren und solchen aus inländischen Steuersätzen differenzieren.[962] Hauptanwendungsfall steuersatzabhängiger Über-

lage, 2004, S. 93, 200 f.; *Zenthöfer/Schulze zur Wiesche*, Einkommensteuer, 8. Auflage, 2004, S. 233; *Adrian*, Tax Reconciliation, 2005, S. 174. Zur Ermittlung des Steuereffekts aus der Geltendmachung des Verlustvortrages ist dessen Ergebniswirkung mit dem anzuwendenden Steuersatz zu multiplizieren. Damit zählt die Geltendmachung des steuerlichen Verlustvortrages zu den steuersatzabhängigen Überleitungsposten aus Abweichungen in der steuerlichen Bemessungsgrundlage.

959 Vgl. *Dahlke/Eitzen*, Überleitungsrechnung, DB 2003, S. 2239 ff.

960 Vgl. *Schäffeler*, Latente Steuern, 2000, S. 177 f., 202. Die dargestellte Vorgehensweise betrifft die Aufstellung originärer Überleitungsrechnungen. Wählt man den nach IAS 12, Abs. 85, S. 4, möglichen Ansatz der Erstellung der Überleitungsrechnung durch Aufstellung nationaler Überleitungsrechnungen und deren Aggregation zur Überleitungsrechnung des Konzerns, so gilt die dargestellte Vorgehensweise für die originäre Erstellung der Überleitungsrechnungen der einzelnen Konzernunternehmen.

961 Unwesentliche Effekte werden der Position ‚Sonstige' zugeordnet.

962 Vgl. das Beispiel bei *Hannemann/Peffermann*, IAS-Konzernsteuerquote, BB 2003, S. 728.

leitungsposten aus Abweichungen vom anzuwendenden Steuersatz ist die Besteuerung ausländischer Ergebnisbestandteile, die bei Anwendung des *homebased*-Ansatzes naturgemäß mit einem anderen als dem anzuwendenden Steuersatz besteuert werden. Daneben werden auch Überleitungsposten aufgrund von Abweichungen aus unterschiedlichen Gewerbesteuerhebesätzen unter die steuersatzabhängigen Überleitungsposten aus Abweichungen vom anzuwendenden Steuersatz subsumiert.[963] Ein weiteres Beispiel sind Effekte aus der Geltendmachung eines steuerlichen Verlustrücktrags, wenn im Verlustrücktragsjahr ein anderer als der anzuwendende Steuersatz gegolten hat.[964]

Auch in diesem Fall werden die dem abweichenden tatsächlichen Steuersatz unterfallenden Bestandteile des Konzernergebnisses zu Ausweisgruppen zusammengefasst, z.B. zu der Ausweisgruppe ‚Ergebnisbestandteile aus dem Ausland'. Die durch Anwendung des abweichenden Steuersatzes resultierenden Steuereffekte aus diesen Ergebnisbestandteilen, mithin die diese Ausweisgruppen repräsentierenden Überleitungsposten, werden ermittelt, indem die einzelnen Ergebnisbestandteile der Ausweisgruppen jeweils mit der Differenz aus dem tatsächlich auf diese Ergebnisbestandteile angewendeten Steuersatz und dem vom Konzern gewählten anzuwendenden Steuersatz multipliziert und anschließend zu den Überleitungsposten der betreffenden Ausweisgruppen aggregiert werden:

$$\ddot{U}P^{abh\,s} = \sum_{k=1}^{K} E_k \cdot \left(s_k^{tat} - s^{anz}\right)$$

mit:

$\ddot{U}P^{abh\,s}$ = Steuersatzabhängiger Überleitungsposten, ausgelöst durch Abweichungen vom anzuwendenden Steuersatz

E_k = k-ter Ergebnisbestandteil, der einem anderen als dem anzuwendenden Steuersatz unterliegt

s_k^{tat} = Auf Ergebnisbestandteil k tatsächlich angewendeter Steuersatz

k = Index für Ergebnisbestandteile, die anderen als dem anzuwendenden Steuersatz unterliegen, k = 1, ..., K; K = Anzahl der Ergebnisbestandteile

Gleichung 10: Steuersatzabhängiger Überleitungsposten aus Abweichungen vom anzuwendenden Steuersatz

Überleitungsposten aus Abweichungen vom anzuwendenden Steuersatz zählen ebenfalls zu den steuersatzabhängigen Überleitungsposten, da Vergleichsmaßstab bei der Ermittlung dieser Überleitungsposten der anzuwendende Steuersatz ist. Die Höhe der Überleitungsposten

---

963 Vgl. *Dahlke/Eitzen*, Überleitungsrechnung, DB 2003, S. 2238, 2240; *Adrian*, Tax Reconciliation, 2005, S. 171 f.; *Hoffmann*, in: *Lüdenbach/Hoffmann*, IFRS-Kommentar, 3. Auflage, 2005, § 26, Tz. 107. Vgl. zur Ermittlung des Überleitungspostens aus der Gewerbesteuer Gleichung 19 auf Seite 249.

964 Vgl. *Dahlke/Eitzen*, Überleitungsrechnung, DB 2003, S. 2238, 2243; a.A. *Adrian*, Tax Reconciliation, 2005, S. 173.

hängt unmittelbar von der Differenz des tatsächlich angewendeten Steuersatzes zum von der berichterstattenden Gesellschaft gewählten anzuwendenden Steuersatz ab.

Allerdings sind Abweichungen der effektiven von der erwarteten Steuerbelastung häufig nicht alleine auf Abweichungen der steuerlichen Bemessungsgrundlage vom Konzernergebnis vor Steuern oder auf Abweichungen des tatsächlich auf einzelne Ergebnisbestandteile angewendeten Steuersatzes vom gewählten anzuwendenden Steuersatz zurückzuführen. Vielmehr wirken beide Abweichungsursachen oftmals gemeinsam auf die jeweiligen Ergebnisbestandteile ein.[965] Lassen sich die Abweichungsursachen nicht isolieren, muss die Ermittlung der Überleitungsposten in einem Schritt erfolgen.

Insbesondere bei im Ausland erwirtschafteten Ergebnisbestandteilen führen zum einen die auf das dort erwirtschaftete Ergebnis tatsächlich angewendeten Steuersätze zu den in der Überleitungsrechnung zu erläuternden Abweichungen. Zum anderen haben in aller Regel aber auch die bei der steuerlichen Einkommensermittlung angewendeten Vorschriften zu Abweichungen der steuerlichen Bemessungsgrundlage vom in das konsolidierte Konzernergebnis eingehenden handelsrechtlichen Ergebnisbestandteil aus diesem Land geführt. Ursache für die Gesamtabweichung der steuerlichen Belastung des ausländischen Ergebnisbestandteils von der erwarteten Steuerbelastung ist in diesem Fall neben der Steuersatzdifferenz auch die Abweichung in der steuerlichen Bemessungsgrundlage. Ähnliche Effekte können bei abweichenden steuerlichen Belastungen aufgrund von unterschiedlichen gewerbesteuerlichen Hebesätzen auftreten, da neben dem abweichenden, tatsächlich angewendeten Steuersatz auch die gewerbesteuerlichen Modifikationen dieser Ergebnisbestandteile ebenfalls mit einem anderen als dem anzuwendenden Steuersatz zu bewerten sind.

Zur Ermittlung des Überleitungspostens sind in diesen Fällen mehrere Korrekturen der erwarteten Steuerbelastung notwendig, die simultan vorgenommen werden. Die beiden zuvor entwickelten Gleichungen werden zu diesem Zweck miteinander verknüpft. Zunächst werden auch in diesem Fall die Ergebnisbestandteile zu Ausweisgruppen zusammengefasst, beispielsweise wieder zu der Ausweisgruppe ‚Ergebnisbestandteile aus dem Ausland'. Da die Ergebnisbestandteile nun aber nicht in ihrer tatsächlichen Höhe den abweichenden Steuersätzen unterliegen, sie also nicht der steuerlichen Bemessungsgrundlage entsprechen, sind sie um sämtliche Änderungsbeträge, die zu Abweichungen der steuerlichen Bemessungsgrundlage vom jeweiligen Ergebnisbestandteil geführt haben, zu korrigieren.[966] Die Netto-Ergebnisbestandteile, die der steuerlichen Bemessungsgrundlage entsprechen, sind dann mit der

[965] Die Effekte hieraus können gegenläufig sein und sich im Extremfall sogar gegenseitig aufheben.

[966] Formal erfolgt diese Korrektur durch Addition der Summe aller Änderungsbeträge ΔBMG, die durch sämtliche, den jeweiligen Ergebnisbestandteil betreffende Sachverhalte insgesamt entstanden ist. Diese Vorgehensweise setzt die Annahme voraus, dass die steuerliche Bemessungsgrundlage mindernde Änderungsbeträge ein negatives Vorzeichen haben.

jeweiligen Differenz aus dem tatsächlich auf diese Ergebnisbestandteile angewendeten und dem anzuwendenden Steuersatz zu multiplizieren.

Auf diese Weise erhält man den vorläufigen, der Steuersatzabweichung und der Abweichung in der steuerlichen Bemessungsgrundlage zuzurechnenden Steuereffekt des betreffenden Ergebnisbestandteils. Da die Ergebnisbestandteile zunächst aber brutto, also vor der Korrektur um die Auswirkungen der steuerlich relevanten Sachverhalte, in das Konzernergebnis vor Steuern einbezogen und mit dem anzuwendenden Steuersatz bewertet wurden, haben dieselben Sachverhalte auch die Höhe der Bemessungsgrundlage zur Ermittlung der Ausgangsgröße der Überleitungsrechnung beeinflusst. Tatsächlich unterfallen die Auswirkungen dieser Sachverhalte aber gerade nicht der Besteuerung mit dem anzuwendenden Steuersatz, sondern haben auf die Besteuerung mit dem tatsächlich auf den jeweiligen Ergebnisbestandteil angewendeten Steuersatz eingewirkt. Daher muss zur Ermittlung des Gesamtsteuereffektes aus dem jeweiligen Ergebnisbestandteil zusätzlich noch der Einfluss dieser Sachverhalte auf die erwartete Steuerbelastung korrigiert werden.

Hierzu sind die durch die jeweiligen Sachverhalte ausgelösten Abweichungen in den Bemessungsgrundlagen zu aggregieren und der Saldo, der der Differenz zwischen dem Ergebnisbestandteil und der steuerlichen Bemessungsgrundlage entspricht, mit dem anzuwendenden Steuersatz zu multiplizieren. Das Ergebnis dieser Multiplikation ist der zu Unrecht in der erwarteten Steuerbelastung erfasste Einfluss der Sachverhalte, die der abweichenden Besteuerung des jeweiligen Ergebnisbestandteils unterfallen. Abschließend werden die Gesamtsteuereffekte aller Ergebnisbeiträge zu dem diese Ausweisgruppe repräsentierenden Überleitungsposten aggregiert:

$$\text{Üp}^{\text{abh B\&s}} = \sum_{n=1}^{N}\left(\left(E_n + \sum_{p=1}^{P^n}\Delta BMG_p^n\right)\cdot\left(s_n^{tat} - s^{anz}\right) + \left(\sum_{p=1}^{P^n}\Delta BMG_p^n\right)\cdot s^{anz}\right)$$

mit:

$\text{Üp}^{\text{abh B\&s}}$ = Steuersatzabhängiger Überleitungsposten, ausgelöst durch Abweichungen in der steuerlichen Bemessungsgrundlage und vom anzuwendenden Steuersatz

E_n = n-ter Ergebnisbestandteil, der einem anderen als dem anzuwendenden Steuersatz unterliegt

ΔBMG_p^n = Änderungsbetrag der steuerlichen Bemessungsgrundlage des n-ten Ergebnisbestandteils, ausgelöst durch den Sachverhalt p

s_n^{tat} = Auf Ergebnisbestandteil n tatsächlich angewendeter Steuersatz

n = Index für Ergebnisbestandteile, die anderen als dem anzuwendenden Steuersatz unterliegen, n = 1, ..., N; N = Anzahl der Ergebnisbestandteile p = Index für Sachverhalte, die Abweichungen in der steuerlichen Bemessungsgrundlage auslösen, $p = 1, ..., P^n$; P^n = Anzahl der auf den n-ten Ergebnisbestandteil einwirkenden Sachverhalte

Gleichung 11: Steuersatzabhängiger Überleitungsposten aus Abweichungen in der steuerlichen Bemessungsgrundlage und vom anzuwendenden Steuersatz

Aus der Herleitung der Gleichung 11 durch Verknüpfung von Gleichung 9 und Gleichung 10 wird deutlich, dass im Grundsatz alle steuersatzabhängigen Überleitungsposten unter Heranziehung von Gleichung 11 gebildet werden können. Allerdings ist zur Ermittlung der Überleitungsposten, solange sich die auf die effektive Steuerbelastung einwirkenden Effekte nach Abweichungen in der steuerlichen Bemessungsgrundlage oder vom anzuwendenden Steuersatz isolieren lassen, die Verwendung einer der beiden anderen Gleichungen deutlich leichter und wird in der Untersuchung favorisiert.

Um bei relativer Präsentationsform der Überleitungsrechnung die nach den soeben dargestellten Grundsätzen ermittelten Überleitungsposten in relative Werte zu transformieren, werden deren absolute Beträge zum bereinigten Vorsteuerergebnis ins Verhältnis gesetzt:

$$\text{üp} = \frac{\text{ÜP}}{\text{JÜvSt}^{ber}}$$

mit:

üp = Überleitungsposten in relativem Wert

ÜP = Überleitungsposten in absolutem Betrag

Gleichung 12: Überleitungsposten in relativem Wert

Zur Ermittlung der effektiven Steuerbelastung im dritten Bereich der Überleitungsrechnung werden die Überleitungsposten nun je nach Wirkungsrichtung entweder als Steuerminderungen von der erwarteten Steuerbelastung abgezogen oder als Steuermehrungen zur Ausgangsgröße hinzuaddiert. Aus der Bereinigung des erwarteten Steueraufwands um die in absoluten Beträgen abgebildeten Überleitungsposten ergibt sich der effektive Steueraufwand als Zielgröße und dritter Bereich der Überleitungsrechnung:

$$St^{eff} = St^{erw} - \sum \text{ÜP}^{mind} + \sum \text{ÜP}^{mehr}$$

mit:

St^{eff} = Effektiver Steueraufwand

ÜP^{mind} = Steuerminderungen abbildende Überleitungsposten

ÜP^{mehr} = Steuermehrungen abbildende Überleitungsposten

Gleichung 13: Effektiver Steueraufwand

Bei absoluter Präsentationsform der Überleitungsrechnung kann neben dem effektiven Steueraufwand die Konzernsteuerquote als weitere Darstellungsform der Zielgröße bestimmt werden. Hierzu wird in einem letzten Schritt der hergeleitete effektive Steueraufwand ins Verhältnis zum bereinigten Ergebnis vor Steuern gesetzt:[967]

$$\text{Konzernsteuerquote} = \frac{St^{eff}}{JÜvSt^{ber}} \cdot 100$$

Gleichung 14: Konzernsteuerquote als Zielgröße der Überleitungsrechnung (I)

Im Gegensatz hierzu ist bei relativer Präsentationsform der effektive Steuersatz, mithin die Konzernsteuerquote, die unmittelbare Zielgröße der Überleitungsrechnung. Diese wird analog zur Ermittlung des effektiven Steueraufwands durch Bereinigung des erwarteten Steuersatzes um die in prozentualen Werten dargestellten Überleitungsposten ermittelt:

$$s^{eff} = s^{anz} - \sum üp^{mind} + \sum üp^{mehr}$$

mit:

s^{eff} = Effektiver Steuersatz

$üp^{mind}$ = Steuerminderungen abbildende Überleitungsposten in relativen Werten

$üp^{mehr}$ = Steuermehrungen abbildende Überleitungsposten in relativen Werten

Gleichung 15: Konzernsteuerquote als Zielgröße der Überleitungsrechnung (II)

B. Ausgangsgröße ‚Erwartete Steuerbelastung'

Nachdem in Abschnitt A die konzeptionellen Grundlagen der Erstellung von Überleitungsrechnungen im Allgemeinen betrachtet wurden, werden in den folgenden Abschnitten deren einzelne Bereiche diskutiert. Zunächst soll in diesem Abschnitt B die erwartete Steuerbelastung als erster Bereich und Ausgangsgröße der Überleitungsrechnung ausführlich untersucht werden. Wählt man die relative Präsentationsform der Überleitungsrechnung, ist die erwartete Steuerbelastung unmittelbar der Prozentwert des anzuwendenden Steuersatzes. Wird die Überleitungsrechnung in absoluten Zahlen präsentiert, muss zur Generierung der Ausgangsgröße ‚erwarteter Steueraufwand' der anzuwendende Steuersatz mit dem Konzernergebnis vor Steuern multipliziert werden. Ist das Vorsteuerergebnis des Konzerns negativ, ist Ausgangsgröße der Überleitungsrechnung ein rechnerischer Steuerertrag.

Dieser erste Bereich determiniert maßgeblich die Aussagekraft der Überleitungsrechnung. Da die im Konzernabschluss ausgewiesene Ist-Größe ‚effektive Steuerbelastung' als Summe aus tatsächlicher und latenter Steuerbelastung fest vorgegeben ist, wird die Überleitungsdifferenz, mithin die im zweiten Bereich zu erläuternde Abweichung zwischen der effektiven Steuerbe-

---

967 Vgl. *Herzig/Dempfle*, Konzernsteuerquote, DB 2002, S. 1. Zu einer differenzierteren Darstellung vgl. auch Gleichung 1, Seite 6, Gleichung 2, Seite 38, und Gleichung 3, Seite 40.

lastung und der Ausgangsgröße ‚erwartete Steuerbelastung', ausschließlich[968] von der Höhe der Soll-Größe ‚erwartete Steuerbelastung' determiniert.[969] Insofern gilt es, einen anzuwendenden Steuersatz zu identifizieren, der den Informationsinteressen der Abschlussinteressenten dienlich ist und die Aussagekraft der Überleitungsrechnung stärkt.

I. Konzernergebnis vor Steuern als Bemessungsgrundlage

Begriffsbestimmungen zum Konzernergebnis vor Steuern als Bemessungsgrundlage des erwarteten Steueraufwands fehlen im DRS 10 ganz[970] und sind in den anderen betrachteten Vorschriften inhaltlich nicht abgestimmt. Hierunter leidet die Vergleichbarkeit von Überleitungsrechnungen deutscher internationaler Konzerne, die verschiedene Rechnungslegungssysteme anwenden, ebenso wie unter der Tatsache, dass die nach den verschiedenen Vorschriften ermittelten Ergebnisse ohnehin zum Teil stark voneinander abweichen. Einzig das Verständnis, dass sich der Begriffsbestandteil ‚vor Steuern' allein auf Ertragsteuern bezieht und sonstige Steuern im Konzernergebnis bereits berücksichtigt wurden, ist den Regelungen gemein[971] und zur Ermittlung einer aussagekräftigen Ausgangsgröße der Überleitungsrechnung notwendig.[972] Denn die Konzernsteuerquote als Zielgröße der Überleitungsrechnung bildet, wie oben ausgeführt,[973] die relative effektive Belastung des Konzerns mit Ertragsteuern ab, so dass ihre Herleitung sachlogisch nur dann zutreffend und nachvollziehbar sein kann, wenn die Ausgangsgröße der Herleitung und die dieser zugrundeliegende Bemessungsgrundlage ebenfalls alleine auf Ertragsteuern fokussiert ist, sonstige Steuern mithin bereits berücksichtigt wurden. Die Zusammensetzung des Konzernergebnisses vor Steuern als Bezugsgröße der Konzernsteuerquote wurde bereits ausführlich erläutert,[974] so dass an dieser Stelle auf die dort gewonnenen Erkenntnisse, insbesondere im Hinblick auf die Erfolgsspaltung, zurückgegriffen wird.

---

968 Daneben ist die Überleitungsdifferenz im Grundsatz auch vom Umfang der latenten Steuern abhängig, vgl. *Müller*, Konzernsteuerquote, DStR 2002, S. 1684; *Wagenhofer*, IAS, 3. Auflage, 2001, S. 284; *Adrian*, Tax Reconciliation, 2005, S. 67. Da die Steuerabgrenzung zum Zeitpunkt der Erstellung der Überleitungsrechnung aber bereits stattgefunden hat und die Ist-Größe ‚effektiver Steueraufwand' feststeht, hängt die Höhe der Überleitungsdifferenz nur noch von der Höhe des anzuwenden Steuersatzes ab.

969 Vgl. zu Einbettung der Konzernsteuerquote in den Soll-Ist-Kontext der Überleitungsrechnung bereits *Herzig/Dempfle*, Konzernsteuerquote, DB 2002, S. 3.

970 Vgl. Abschnitt A.I.1 des 2. Kapitels, Seiten 35 ff.

971 Vgl. ausdrücklich *IASB*, IAS 12, Abs. 81 (c). Den anderen Regelungen wohnt dieses Verständnis implizit inne, vgl. hierzu die Ausführungen im Abschnitt A des 2. Kapitels, Seiten 33 ff.

972 Vgl. z.B. die Herleitung der Gesamtsteuerbelastung im Allianz-Konzernabschluss, Allianz AG, Geschäftsbericht 2004, S. 169 ff. Vgl. auch Münchener Rückversicherungs-Gesellschaft AG, Geschäftsbericht 2004, S. 187; Siemens AG, Geschäftsbericht 2003/2004, S. 120 f.

973 Vgl. Abschnitt B.I des 2. Kapitels, Seiten 46 ff.

974 Vgl. Abschnitt A des 2. Kapitels, Seiten 33 ff.

Im IAS 12 wird als erwarteter Steueraufwand das Produkt aus anzuwendendem Steuersatz und Periodenergebnis vor Ertragsteuern herangezogen.[975] Das Periodenergebnis nach IAS beinhaltet neben dem Ergebnis der gewöhnlichen Tätigkeit auch die außerordentlichen Posten. Wie oben herausgearbeitet werden konnte,[976] findet eine Erfolgsspaltung damit weder in der Konzernsteuerquote noch in der Überleitungsrechnung statt, so dass sich die Bemessungsgrundlage des erwarteten Steueraufwands nach IAS nicht auf die gewöhnliche Tätigkeit des Konzerns, sondern auf das gesamte Konzernergebnis vor Abzug der Ertragsteuern bezieht.[977] Außerordentliche Einflüsse auf das Konzernergebnis sind damit in der Bemessungsgrundlage der erwarteten Steuerbelastung noch enthalten,[978] so dass Verzerrungen innerhalb der Überleitungsrechnungen die Folge sind.[979]

Im SFAS No. 109 definiert das FASB die Bemessungsgrundlage zur Ermittlung des erwarteten Steueraufwands explizit als das Vorsteuereinkommen aus der gewöhnlichen Geschäftstätigkeit (*pretax income from continuing operations*) und verlangt von den Unternehmen folgerichtig auch die Herleitung derjenigen Steuerbelastung, die der gewöhnlichen Geschäftstätigkeit zuzuordnen ist.[980] Außerordentliche Ergebnisbestandteile und die Steuern hierauf finden keinen Eingang in die Überleitungsrechnung nach SFAS No. 109. Durch die Eliminierung dieser die Steuerbelastung verzerrenden Sondereinflüsse entfaltet die Überleitungsrechnung nach SFAS No. 109 eine deutlich größere Transparenz im Hinblick auf die effektive steuerliche Belastung der gewöhnlichen Geschäftstätigkeit, als dies die Überleitungsrechnung nach IAS vermag.[981]

Die SEC geht in der Regulation S-X nicht ausdrücklich darauf ein, welche Bemessungsgrundlage zur Ermittlung der Ausgangsgröße ‚erwarteter Steueraufwand' heranzuziehen ist. Der Wortlaut der Regelung stellt ganz allgemein auf das Einkommen bzw. den Verlust vor Steuern - *income (loss) before tax* - ab, die zur Ermittlung der Ausgangsgröße mit dem anzuwendenden Steuersatz zu multiplizieren sind. Gleichzeitig bezieht sich die Vorschrift aber darauf, eine Überleitung vom erwarteten zum gesamten ausgewiesenen Ertragsteueraufwand oder -ertrag, dem *reported total income tax expense (benefit)*, vorzunehmen.[982] Da nach der

975 Vgl. *IASB*, IAS 12, Abs. 81 (c) (i).

976 Vgl. Abschnitt A.I.2 des 2. Kapitels, Seiten 36 ff.

977 A.A. *Dahlke/Eitzen*, Überleitungsrechnung, DB 2003, S. 2238, Abbildung 1.

978 *Haag/Rotz* sehen demgegenüber die Möglichkeit einer Darstellungsform, bei der der Gewinn um spezielle Effekte bereinigt und erst dann übergeleitet wird, vgl. *Haag/Rotz*, IAS 12, ST 1998, S. 797.

979 So weist beispielsweise die Commerzbank für das Jahr 2001 eine Konzernsteuerquote von –265,12% aus. Diese Quote resultiert aus einem, nicht zuletzt aufgrund von hohen Restrukturierungsaufwendungen, sehr niedrigen positiven Ergebnis, das mit einer vergleichsweise hohen Steuererstattung einhergeht, vgl. Commerzbank AG, Geschäftsbericht 2001, S. 92. Die Henkel KGaA weist demgegenüber neben der in der Überleitungsrechnung hergeleiteten effektiven Steuerbelastung und -quote auch eine um Sondereinflüsse bereinigte Konzernsteuerquote aus, vgl. Henkel KGaA, Geschäftsbericht 2001, S. 55.

980 Vgl. *FASB*, SFAS No. 109, Abs. 47, S. 1; *Schäffeler*, Latente Steuern, 2000, S. 172.

981 Vgl. Abschnitt A.I.3 des 2. Kapitels, Seiten 39 ff.

982 Vgl. *SEC*, Reg. S-X, online im Internet, Item 210.4-08, Abs. (h) (2), S. 1.

Regelung des SFAS No. 109 in der Gewinn- und Verlustrechnung zwingend nur der Steueraufwand auf das Ergebnis der gewöhnlichen Geschäftstätigkeit auszuweisen ist und die Steuern auf die anderen Ergebnisbestandteile in aller Regel nicht in der Gewinn- und Verlustrechnung gezeigt werden,[983] kann für die Überleitungsrechnung nach der Regulation S-X wohl ebenfalls vom Ergebnis der gewöhnlichen Geschäftstätigkeit als Bemessungsgrundlage ausgegangen werden.

Der vage Wortlaut der Regulation S-X würde gleichwohl auch die Heranziehung des *net income or loss*, in dem neben dem Einkommen der gewöhnlichen Geschäftstätigkeit auch das Ergebnis der nicht fortgeführten Aktivitäten, die außerordentlichen Posten und die Ergebniseffekte aus veränderten Bilanzierungsmethoden enthalten sind,[984] als Bemessungsgrundlage der Ausgangsgröße der Überleitungsrechnung nach SEC-Vorschriften zulassen. Um den sachlichen Zusammenhang zwischen der Ausgangs- und der Zielgröße der Überleitungsrechnung herzustellen, müssten dann die Ertragsteueraufwendungen um die auf die anderen Ergebnisbestandteile entfallenden Steuern korrigiert werden. Eine solche Vorgehensweise würde jedoch dem Ziel der Transparenz der Überleitungsrechnung zuwiderlaufen und ist schon aus diesem Grunde abzulehnen. Insbesondere aber die Tatsache, dass das FASB im SFAS No. 109 ausdrücklich auf die *continuing operations*[985] als Bezugsgröße der Konzernsteuerquote und Ausgangsgröße der Überleitungsrechnung abstellt und die Regelungen der SEC im Allgemeinen auf den Vorschriften des FASB aufbauen und diese konkretisieren, dürfte der Verwendung einer anderen Bemessungsgrundlage als des Ergebnisses der gewöhnlichen Geschäftstätigkeit entgegenstehen.

II. Anzuwendender Steuersatz – regionale vs. operative Orientierung

Entscheidender Faktor für die Höhe der erwarteten Steuerbelastung ist die Höhe des anzuwendenden Steuersatzes. Denn entweder ist zur Bestimmung der Ausgangsgröße einer Überleitungsrechnung in absoluten Beträgen das Konzernergebnis vor Steuern mit dem anzuwendenden Steuersatz zu multiplizieren oder der anzuwendende Steuersatz stellt unmittelbar die Ausgangsgröße dar, wenn die prozentuale Präsentationsform gewählt wird.

Der anzuwendende Steuersatz bildet die Erwartungen der Unternehmen im Hinblick auf die das Konzernergebnis mindernde Steuerbelastung ab. Für die Gestaltung der Überleitungsrechnung durch die Unternehmen und die externe Analyse der Konzernsteuerquote als Zielgröße der Überleitungsrechnung hat die Höhe des anzuwendenden Steuersatzes somit zentrale Bedeutung, denn sie hat maßgeblichen Einfluss auf die Höhe der resultierenden Überleitungsdifferenz. Hieraus kann allerdings nicht geschlossen werden, dass ein die Erwartungen umfas-

---

983 Vgl. *FASB*, SFAS No. 109, Abs. 35, S. 2, sowie die Hinweise in den Fn. 200 und 201 auf S. 39.

984 Vgl. *Schildbach*, US-GAAP, 2. Auflage, 2002, S. 139 f.

985 Vgl. *Coenenberg*, Jahresabschluss, 20. Auflage, 2005, S. 492 f.

send abbildender anzuwendender Steuersatz zwingend mit einer geringen Überleitungsdifferenz einhergeht.[986] Letztlich verkörpert der anzuwendende Steuersatz - so exakt er die Erwartungen der Ersteller der Überleitungsrechnung auch abbildet - einzig die Erwartung der Unternehmen hinsichtlich der Höhe der anzuwendenden gesetzlichen Steuersätze. Die effektive Steuerbelastung wird allerdings gerade nicht nur durch die gesetzlichen Steuersätze, sondern ebenso - und teilweise in erheblich größerem Umfang - durch weitere steuer- und handelsrechtliche Vorschriften bestimmt, die in der Überleitungsrechnung zu erläutern sind und die letztlich die Höhe der Überleitungsdifferenz determinieren.

Daneben wird der anzuwendende Steuersatz zur Bewertung der steuersatzabhängigen Überleitungsposten herangezogen und beeinflusst somit auch deren Höhe.[987] Damit wird deutlich, dass der anzuwendende Steuersatz erheblichen Einfluss auf die Aussagekraft der Überleitungsrechnung entfaltet, da er sowohl für die Ausgangsgröße als auch für die Höhe der Überleitungsposten und der Überleitungsdifferenz insgesamt die determinierende Größe ist. Aus diesem Grunde gilt es, im Rahmen der Untersuchung der Überleitungsrechnung der Betrachtung des anzuwendenden Steuersatzes besondere Aufmerksamkeit zu widmen.

Innerhalb der betrachteten Vorschriften lassen sich für deutsche internationale Konzerne zwei der Wahl des anzuwendenden Steuersatzes zugrundeliegende Ausrichtungen identifizieren, die durch die beiden Ansätze zu dessen Ermittlung - *homebased*-Ansatz und Ermittlung eines gewichteten Durchschnittsteuersatzes - umgesetzt werden.[988] Präferieren die Unternehmen die Orientierung ihrer Überleitungsrechnung am Standort der Konzernobergesellschaft, so setzen sie zur Ermittlung des anzuwendenden Steuersatzes den *homebased*-Ansatz um und wählen einen inländischen Steuersatz des Landes, in dem die Konzernobergesellschaft ihren Sitz hat.[989] In diesem Fall wird durch den anzuwendenden Steuersatz die Erwartung der Unternehmen einer Belastung des gesamten Vorsteuerergebnisses des Konzerns mit dem am Standort der Konzernobergesellschaft geltenden inländischen Steuersatz ausgedrückt. Sämtliche steuersatzabhängigen Überleitungsposten aus Abweichungen der steuerlichen Bemessungsgrundlage werden mit diesem Steuersatz bewertet.[990] Damit wird unterstellt, alle diese Überleitungsposten seien ebenso wie das gesamte Konzernergebnis ausschließlich am Standort der Konzernobergesellschaft angefallen. Steuereffekte aufgrund von abweichenden ausländischen Steuersätzen werden in einem gesonderten Überleitungsposten erfasst.

Bevorzugen die Ersteller der Überleitungsrechnung deren Orientierung an der Geschäftstätigkeit des Konzerns, ist im anzuwendenden Steuersatz die regionale Verteilung des Konzerner-

986 Diesen Zusammenhang sieht *Adrian*, Tax Reconciliation, 2005, S. 131 f.

987 Vgl. Abschnitt A.IV ab Seite 159 sowie *Schäffeler*, Latente Steuern, 2000, S. 177 f.

988 Vgl. hierzu bereits die Ausführungen in Abschnitt A.II.1, Seiten 139 ff.

989 Vgl. *Herzig/Dempfle*, Konzernsteuerquote, DB 2002, S. 3; *Montag*, Präsentation „Konzernsteuerquote", 2002, Folie 35.

990 Vgl. *Schäffeler*, Latente Steuern, 2000, S. 177 f., 202.

gebnisses über die verschiedenen Steuerrechtskreise zu berücksichtigen.[991] In diesem Fall wählen die Unternehmen einen gewichteten Durchschnittssteuersatz.[992] Im Gegensatz zum inländischen Steuersatz des *homebased*-Ansatzes enthält der gewichtete Durchschnittssteuersatz neben einem inländischen auch ausländische Steuersätze.[993] Der Einfluss der jeweiligen nationalen Steuersätze im anzuwendenden Steuersatz entspricht der regionalen Verteilung des Konzernergebnisses über die verschiedenen Steuerhoheiten. Dadurch repräsentiert der gewichtete Durchschnittssteuersatz die Erwartung einer der regionalen Ergebnisverteilung entsprechenden Steuerbelastung des Konzernergebnisses. Steuerwirkungen aus Abweichungen zwischen dem inländischen Steuersatz des berichterstattenden Unternehmens und Steuersätzen anderer Steuerrechtskreise werden idealiter durch die Wahl des gewichteten Durchschnittssteuersatzes eliminiert. Die Bildung eines eigenständigen Überleitungspostens hierfür, die bei Anwendung des *homebased*-Ansatzes notwendig ist, entfällt in diesem Fall.[994]

Die Höhe des anzuwendenden Steuersatzes wird bei beiden Ansätzen durch die Behandlung zweier Fragenkomplexe durch die Unternehmen beeinflusst; durch die Einbeziehung ausländischer Ertragsteuern in den anzuwendenden Steuersatz auf der einen Seite und die Bestimmung des inländischen Steuersatzes auf der anderen Seite. Im Hinblick auf diese beiden Problemkreise sind die betrachteten Vorschriften, wie schon bei der Thematik der zur Ermittlung des erwarteten Steueraufwandes heranzuziehenden Bemessungsgrundlage ‚Konzernergebnis vor Steuern', inhaltlich nur wenig abgestimmt und bieten den Unternehmen zudem großen Interpretationsspielraum.[995] So wird die Einbeziehung ausländischer Ertragsteuersätze in den Vorschriften kontrovers behandelt. Während im IAS 12 empfohlen wird, ausländische Ertragsteuersätze im anzuwendenden Steuersatz zu berücksichtigen, wenn die Unternehmung in verschiedenen Steuerrechtskreisen tätig ist, stellen alle anderen Standards explizit auf die Anwendung eines inländischen Steuersatzes ab.[996]

Raum zur Interpretation der Vorschriften besteht im Hinblick auf die unbestimmten Rechtsbegriffe zur Bezeichnung des anzuwendenden nationalen Steuersatzes, wofür die Termini ‚geeignetster Steuersatz'[997], ‚gesetzlich maßgebender Bundessteuersatz'[998] und ‚in Deutschland geltender Steuersatz'[999] verwendet werden. Hierbei konzentriert sich die Auslegung der

---

[991] Vgl. *Montag*, Präsentation „Konzernsteuerquote", 2002, Folie 35.

[992] Vgl. zur Ermittlung gewichteter Durchschnittsteuersätze Abschnitt A.II.1 ab Seite 141.

[993] Bei Auslandstätigkeiten der Unternehmen, die bei deutschen internationalen Konzernen per definitionem gegeben sind, vgl. Abschnitt D.I des 1. Kapitels, S. 15 ff., insbesondere Abschnitt D.I.2, S. 19 ff.

[994] Vgl. *IASB*, IAS 12, Beispiel zu Abs. 85. Vgl. auch Abschnitt A.II.1 ab Seite 141.

[995] Vgl. Abschnitt A.II, Seiten 139 ff., sowie auch *Keitz*, IASB-Rechnungslegung, 2. Auflage, 2005, S. 162.

[996] Vgl. *IASB*, IAS 12, Abs. 85, S. 4; *FASB*, SFAS No. 109, Abs. 47, S. 1; *SEC*, Reg. S-X, online im Internet, Item 210.4-08, Abs. (h) (2), S. 1; *DRSC*, DRS 10, Abs. 42.

[997] Vgl. *IASB*, IAS 12 (Deutsche Ausgabe), Abs. 85, S. 1.

[998] Vgl. *FASB*, SFAS No. 109, Abs. 47, S. 1; *SEC*, Reg. S-X, online im Internet, Item 210.4-08, Abs. (h) (2), S. 1; *Schäffeler*, Latente Steuern, 2000, S. 95, Fn. 332.

[999] Vgl. *DRSC*, DRS 10, Abs. 42.

Standards letztlich auf die Frage nach der Einbeziehung oder Vernachlässigung weiterer nationaler Ertragsteuern neben der Körperschaftsteuer. Für deutsche internationale Konzerne sind dies der Solidaritätszuschlag als Annexsteuer zur Körperschaftsteuer[1000] und die Gewerbesteuer als lokale Ertragsteuer[1001]. Während das IASB die Einbeziehung aller lokalen Steuersätze empfiehlt, die auf der Basis von im Wesentlichen gleichen Bemessungsgrundlagen ermittelt werden, stellen die Regelungen des FASB und der SEC explizit auf einen reinen Bundessteuersatz ab, schließen damit aber die Einbeziehung lokaler Steuern, die auf Grundlage von Bundesgesetzen erhoben werden, nicht zwingend aus. Das DRSC macht im DRS 10 keine Angaben zur Einbeziehung oder Vernachlässigung weiterer Ertragsteuern neben der Körperschaftsteuer.[1002] Insgesamt besteht für deutsche internationale Konzerne somit großer Spielraum bei der Wahl des anzuwendenden Steuersatzes als Ausgangsgröße ihrer Überleitungsrechnung.

1. Bestandsaufnahme und Problembereiche

Wie soeben dargestellt, wird durch den anzuwendenden Steuersatz die Erwartung der Unternehmen im Hinblick auf die das Konzerergebnis mindernde Steuerbelastung abgebildet. Aus diesem Grund soll, um sich der Bestimmung eines idealiter als Ausgangsgröße der Überleitungsrechnung heranzuziehenden anzuwendenden Steuersatzes zu nähern, anhand einer Bestandsaufnahme der Überleitungsrechnungen der DAX-30-Unternehmen untersucht werden, welche Erwartungen deutscher internationaler Konzerne in praxi bei ihrer Wahl des anzuwendenden Steuersatzes zum Ausdruck kommen. Dabei werden gleichzeitig die Problembereiche herausgearbeitet, die aus den verschiedenen Varianten anzuwendender Steuersätze für die externe Analyse der Überleitungsrechnungen resultieren.

In diese Bestandsaufnahme werden die Überleitungsrechnungen der im Herbst 2005 im DAX-30 vertretenen Unternehmen aus den Jahren 2000 bis 2004 einbezogen.[1003] Der DAX-30 umfasst die Börsenwerte der nach Orderbuchumsatz und Marktkapitalisierung 30 größten deutschen Unternehmen des Prime Standard, die sogenannten *bluechips*.[1004] Alle betrachteten

1000 Vgl. *Lang*, in: *Tipke/Lang*, Steuerrecht, 18. Auflage, 2005, § 8, Tz. 36.

1001 Vgl. *Montag*, in: *Tipke/Lang*, Steuerrecht, 18. Auflage, 2005, § 12, Tz. 1.

1002 Vgl. *IASB*, IAS 12, Abs. 85, S. 3; *FASB*, SFAS No. 109, Abs. 47, S. 1; *SEC*, Reg. S-X, online im Internet, Item 210.4-08, Abs. (h) (2), S. 1; *DRSC*, DRS 10, Abs. 42; ausführlich *Schäffeler*, Latente Steuern, 2000, S. 179 ff., insbesondere S. 183; *Kirsch*, Berichterstattung, DStR 2003, S. 705; *Loitz*, Überleitungsrechnung, WPg 2004, S. 1192; *Hoffmann*, in: *Lüdenbach/Hoffmann*, IFRS-Kommentar, 3. Auflage, 2005, § 26, Tz. 107.

1003 Die erst zum 19.12.2005 vorgenommene, erstmalige Umbesetzung des DAX-30 seit September 2003 wird in der Untersuchung demnach nicht nachvollzogen, so dass zu den Untersuchungsobjekten die Bayerische Hypo- und Vereinsbank und nicht die Hypo Real Estate zählt. Vgl. zur Umbesetzung des DAX-30 zum 19.12.2005 *o. V.*, Hypo Real Estate ersetzen HVB im Dax, Handelsblatt Nr. 236 vom 6.12.2005, S. 1.

1004 Vgl. zur Zusammensetzung des Deutschen Aktien-Index (DAX) *Deutsche Börse AG*, Zugehörige Werte, online im Internet. Dort sind die in der Bestandsaufnahme verwendeten Geschäftsberichte einzusehen und in elektronischer Form erhältlich. In das Literaturverzeichnis der Untersuchung wurden lediglich diejenigen Geschäftsberichte aufgenommen, die im Text verwendet wurden.

Unternehmen sind in internationale Konzernstrukturen eingebunden; 13 der Unternehmen (43,33%) sind zum genannten Zeitpunkt auch an der New Yorker Börse NYSE gelistet.[1005] Daher stellen die Geschäftsberichte dieser Unternehmen eine sinnvolle Grundgesamtheit dar, um die Überleitungsrechnungen deutscher internationaler Konzerne qualifiziert untersuchen zu können. Da sich an manchen Stellen Vergleiche zu US-amerikanischen Unternehmen anbieten, werden dort die Überleitungsrechnungen der Dow Jones-30-Unternehmen zu Vergleichszwecken herangezogen.[1006]

Während alle Dow Jones-30-Unternehmen im Jahr 2004 - wie auch bereits in den Jahren 2000-2003 - aufgrund der Vorschriften des SFAS No. 109 sowie der Regulation S-X[1007] von einem anzuwendenden Steuersatz in Höhe des Bundeseinkommensteuersatzes von 35% ausgehen, wenden die DAX-30-Unternehmen Steuersätze von 25 bis 41% an. Dies entspricht einer Bandbreite von 16 Prozentpunkten.[1008] BASF und E.ON entscheiden sich bei der Wahl des anzuwendenden Steuersatzes in ihren nach US-GAAP aufgestellten Bilanzen für die bloße Anwendung des deutschen Körperschaftsteuersatzes in Höhe von 25%[1009] und wählen somit den gleichen Ansatz zur Ermittlung des anzuwendenden Steuersatzes wie die Dow Jones-30-Unternehmen.[1010] Die Deutsche Börse AG als IAS-Bilanzierer erwartet demgegenüber eine Steuerbelastung in Höhe von 41%, die aus einem kombinierten Ertragsteuersatz aus Körperschaftsteuer, dem darauf erhobenen Solidaritätszuschlag in Höhe von 5,5%[1011] und Gewerbesteuer bei Anwendung eines Hebesatzes von 490%[1012] resultiert.[1013] Abbildung 18 verdeutlicht die Bandbreite der erwarteten Steuersätze der DAX-30-Unternehmen für das Jahr 2004:

1005 Vgl. *o.V.*, Listed Company Directory, online im Internet. Zu den einzelnen Marktsegmenten der deutschen Börse, zu den Zulassungsvoraussetzungen zum amtlichen Markt und zur NYSE, den Zulassungsverfahren und den Folgepflichten vgl. *Harrer/Fisher/Evans*, Wertpapierbörse, RIW 2003, S. 84 ff.; *Schlitt*, Marktsegmente, AG 2003, S. 60 ff.; *Mitental/Anders*, Wertpapierbörse, DStR 2003, S. 1893 ff.

1006 Vgl. zur Zusammensetzung des US-amerikanischen Index (Dow Jones Industrial Average) *Dow Jones & Company*, Current Components, online im Internet.

1007 Vgl. *FASB*, SFAS No. 109, Abs. 47, S. 1; *SEC*, Reg. S-X, online im Internet, Item 210.4-08, Abs. (h) (2), S. 1.

1008 Im Jahr 2001 betrug die Spanne der erwarteten Steuersätze bei einer Erwartung von 19,2% bei der Allianz und 52,4% bei ThyssenKrupp sogar 33,2 Prozentpunkte, vgl. Allianz AG, Geschäftsbericht 2001, S. 62; ThyssenKrupp AG, Geschäftsbericht 2000/2001, S. 185. Selbst wenn man die aufgrund abweichender Wirtschaftsjahre letztmalige Anwendung des Anrechnungsverfahrens im Jahr 2001 berücksichtigt, betrüge die Spanne bei einer dann maximalen erwarteten Steuerbelastung von 41% bei der Deutschen Börse AG immer noch 21,8 Prozentpunkte, vgl. Deutsche Börse AG, Geschäftsbericht 2001, S. 143.

1009 Gemäß § 23 Abs. 1 KStG.

1010 Vgl. BASF AG, Finanzbericht 2004, S. 105; E.ON AG, Geschäftsbericht 2004, S. 115.

1011 Gemäß § 4 S. 1 SolZG.

1012 Die Deutsche Börse AG hat ihren Firmensitz in Frankfurt am Main, wo im betrachteten Zeitraum 2004 ein Hebesatz in Höhe von 490% zur Anwendung kam, vgl. *Knobelsdorff*, Realsteuerhebesätze 2004, in: *Institut „Finanzen und Steuern" e.V.* (Hrsg.), IFSt-Schrift 420, 2004, S. 79.

1013 Vgl. Deutsche Börse AG, Geschäftsbericht 2004, S. 153.

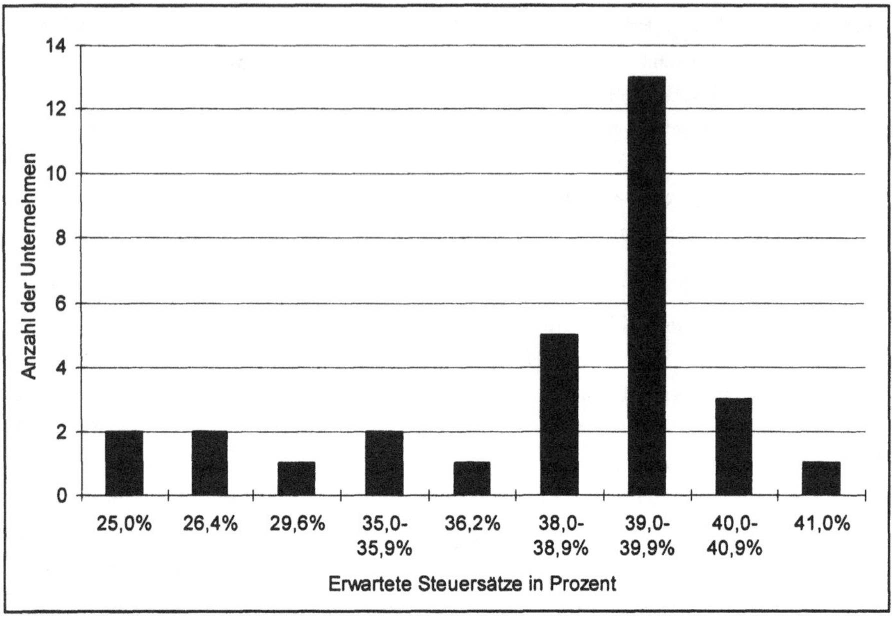

Abbildung 18: Erwartete Steuersätze der DAX-30-Unternehmen 2004

Die Bayerische Hypo- und Vereinsbank und Fresenius Medical Care ermitteln die erwartete Steuerbelastung durch Anwendung eines kombinierten Ertragsteuersatzes in Höhe von ca. 26,40%, der die Körperschaftsteuer und den Solidaritätszuschlag umfasst.[1014] Da Fresenius Medical Care nach US-GAAP bilanziert, wird offenbar, dass alleine aus einer Bilanzierung nach US-GAAP nicht schon auf die bloße Anwendung des Körperschaftsteuersatzes als anzuwendenden Steuersatz geschlossen werden kann. Außer der Allianz und Bayer wählen alle übrigen Unternehmen wie die Deutsche Börse AG einen kombinierten Ertragsteuersatz aus Körperschaftsteuer, Solidaritätszuschlag und einem individuellen Satz für die Gewerbesteuer. Die Höhe der erwarteten faktischen Zusatzbelastung aus Gewerbesteuer[1015] variiert bei diesen Unternehmen von ca. 8,62% bei der Deutschen Lufthansa[1016] bis ca. 14,47% bei der Deut-

---

[1014] Vgl. Bayerische Hypo- und Vereinsbank AG, Geschäftsbericht 2004, S. 138, die einen Steuersatz von genau 26,40% erwartet; Fresenius Medical Care AG, Geschäftsbericht 2004, S. 67, die einen erwarteten Steuersatz von 26,375% ausweisen. Der letztgenannte Wert drückt exakt die erwartete Belastung mit Körperschaftsteuer und Solidaritätszuschlag aus, die wie folgt ermittelt wird: $(1 + 0{,}055) \cdot 25\% = 26{,}375\%$, vgl. z.B. *Rekow*, in: *Ernst&Young*, KStG, 1997, SolZG 1995, Tz. 16.

[1015] Zu Begriffsbestimmung und Herleitung der faktischen Gewerbesteuerbelastung vgl. die Ausführungen zu Gleichung 16 ab Seite 194.

[1016] Die Deutsche Lufthansa weist eine aggregierte erwartete Zusatzbelastung aus Solidaritätszuschlag und Gewerbesteuer in Höhe von 10% aus, vgl. Deutsche Lufthansa AG, Geschäftsbericht 2004, S. 151. Durch Subtraktion der Zusatzbelastung aus dem Solidaritätszuschlag von ca. 1,38% ergibt sich eine erwartete Gewerbesteuerbelastung von ca. 8,62%.

schen Börse AG[1017], woraus sich erwartete Gesamtsteuerbelastungen zwischen 35 und 41% ergeben.[1018]

Außer BASF und E.ON weichen somit alle anderen nach US-GAAP bilanzierenden DAX-30-Unternehmen von der bloßen Anwendung des Körperschaftsteuersatzes ab und beziehen den Solidaritätszuschlag und zum ganz überwiegenden Teil auch die Gewerbesteuer in den anzuwendenden Steuersatz mit ein. Insgesamt erwarten 24 der DAX-30-Unternehmen (80%) in ihren Überleitungsrechnungen für das Jahr 2004 eine kombinierte Ertragsteuerbelastung mit Körperschaftsteuer, Solidaritätszuschlag und Gewerbesteuer. 22 der DAX-30-Unternehmen (73,33%) ermitteln so eine Gesamtsteuerbelastung von 38% bis einschließlich 41%. Nur die Deutsche Lufthansa und SAP erwarten eine kombinierte Ertragsteuerbelastung, die mit 35% bzw. 36,2% unterhalb von 38% liegt.[1019]

Mit Ausnahme von Allianz und Bayer wählen alle DAX-30-Unternehmen als anzuwendenden Steuersatz einen inländischen Steuersatz und setzen damit den *homebased*-Ansatz in seinen verschiedenen Ausprägungen um. Die dabei für die Unternehmen bestehenden Möglichkeiten lassen sich nach drei Varianten systematisieren. Die erste Variante geht von der bloßen Anwendung des deutschen Körperschaftsteuersatzes aus. In der zweiten Variante wird in einem kombinierten Ertragsteuersatz neben dem Körperschaftsteuersatz der Solidaritätszuschlag integriert. Die dritte Variante umfasst neben Körperschaftsteuer und Solidaritätszuschlag auch die Gewerbesteuer.

Die Allianz und Bayer verwenden im Jahr 2004 in ihren nach IAS aufgestellten Bilanzen einen gewichteten erwarteten Durchschnittssteuersatz in Höhe von 29,6% bzw. 35,1%.[1020] Dessen Ermittlung erfolgt retrograd entsprechend der in IAS 12, Abs. 85[1021], vorgesehenen Methode der Aggregation[1022] durch „Zusammenfassung der einzelnen, gesellschaftsbezogenen und mit dem jeweiligen länderspezifischen Steuersatz erstellten Überleitungsrechnungen"[1023] und anschließender Division der aggregierten erwarteten Steuerbelastung durch das Konzernergebnis vor Steuern. Eine Identifikation der einbezogenen Steuerarten ist bei dieser Variante anzuwendender Steuersätze ohne zusätzliche Informationen zur Höhe der ausländischen Steu-

---

1017 Die Deutsche Börse AG weist keinen Faktor für die erwartete Gewerbesteuerbelastung sondern einen erwarteten Hebesatz von 490% aus, vgl. Deutsche Börse AG, Geschäftsbericht 2004, S. 153. Hieraus lässt sich eine erwartete Belastung mit Gewerbesteuer von nominell 19,68% und faktisch 14,47% ermitteln, vgl. den Hinweis in Fn. 1111, Seite 194, sowie *Rose*, Steuerlehre, 3. Auflage, 1992, S. 48; *Schäffeler*, Latente Steuern, 2000, S. 146; *Rose*, Ertragsteuern, 18. Auflage, 2004, S. 236 f.

1018 Vgl. Deutsche Lufthansa AG, Geschäftsbericht 2004, S. 151; Deutsche Börse AG, Geschäftsbericht 2004, S. 153.

1019 Vgl. Deutsche Lufthansa AG, Geschäftsbericht 2004, S. 151; SAP AG, Geschäftsbericht 2004, S. 94.

1020 Vgl. Allianz AG, Geschäftsbericht 2004, S. 170; Bayer AG, Geschäftsbericht 2004, S. 99.

1021 Vgl. *IASB*, IAS 12, Abs. 85, S. 4.

1022 Vgl. Abschnitt A.II.1, hier ab Seite 141, insbesondere Abbildung 15.

1023 Allianz AG, Geschäftsbericht 2004, S. 170.

ersätze und deren Gewichtungsfaktoren nicht möglich. Die nach IAS 12 geforderte Erläuterung des anzuwendenden Steuersatzes[1024] unterbleibt allerdings in beiden Fällen.

Nur diese beiden Unternehmen setzen somit eine vierte Variante der Ermittlung des anzuwendenden Steuersatzes um, indem sie neben einem inländischen Steuersatz auch ausländische Steuersätze in den anzuwendenden Steuersatz integrieren und diesen entsprechend der Ergebnisverteilung des Konzerns gewichten. Den Vorzug, den die Anwendung des *homebased*-Ansatzes gegenüber der Ermittlung eines gewichteten Durchschnittssteuersatzes in praxi genießt, lässt sich jedenfalls im Hinblick auf deutsche IAS-Anwender auch für eine größere Grundgesamtheit bestätigen: Von 100 in einer Studie betrachteten IAS-Anwendern in Deutschland weisen 92 Unternehmen für das Jahr 2003 eine Überleitungsrechnung aus. Von diesen 92 Unternehmen wählen 75 (81,52%) als Ausgangsgröße einen Ertragsteuersatz des Konzernmutterunternehmens und setzen damit den *homebased*-Ansatz um, nur 6 Unternehmen (6,52%) ermitteln einen gewichteten Durchschnittssatz.[1025]

Im Zeitablauf variieren diese durch Aggregation ermittelten gewichteten Durchschnittssteuersätze notwendigerweise in Abhängigkeit von der jährlich schwankenden regionalen Verteilung der Ergebnisse über die verschiedenen Steuerrechtskreise.[1026] In Abbildung 19 wird diese Schwankung für den erwarteten Steuersatz der Allianz besonders deutlich, der von 19,2% im Jahr 2001 zunächst auf 34,43% im Jahr 2002 ansteigt,[1027] dann aber auf 31,3% und weiter auf 29,6% im Jahr 2004 absinkt.[1028]

1024 Vgl. *IASB*, IAS 12, Abs. 81 (c) (i) und (ii).

1025 In 11 Fällen war die Ermittlung des anzuwendenden Steuersatzes nicht ersichtlich, vgl. *Keitz*, IASB-Rechnungslegung, 2. Auflage, 2005, S. 162 f.

1026 Vgl. *Dahlke/Eitzen*, Überleitungsrechnung, DB 2003, S. 2238; *Herzig*, Gestaltung, WPg 2003, Sonderheft, S. S 91.

1027 Im Jahr 2002 verzichtet die Allianz auf die Angabe des erwarteten Steuersatzes. Aus der Angabe des erwarteten Steueraufwands von 418 Mio. € und dem Ergebnis der normalen Geschäftstätigkeit von 1.214 Mio. € lässt sich ein erwarteter Steuersatz von 34,43% ermitteln, vgl. Allianz AG, Geschäftsbericht 2002, S. 85, 131.

1028 Vgl. Allianz AG, Geschäftsbericht 2001, S. 62; Allianz AG, Geschäftsbericht 2003, S. 155; Allianz AG, Geschäftsbericht 2004, S. 170.

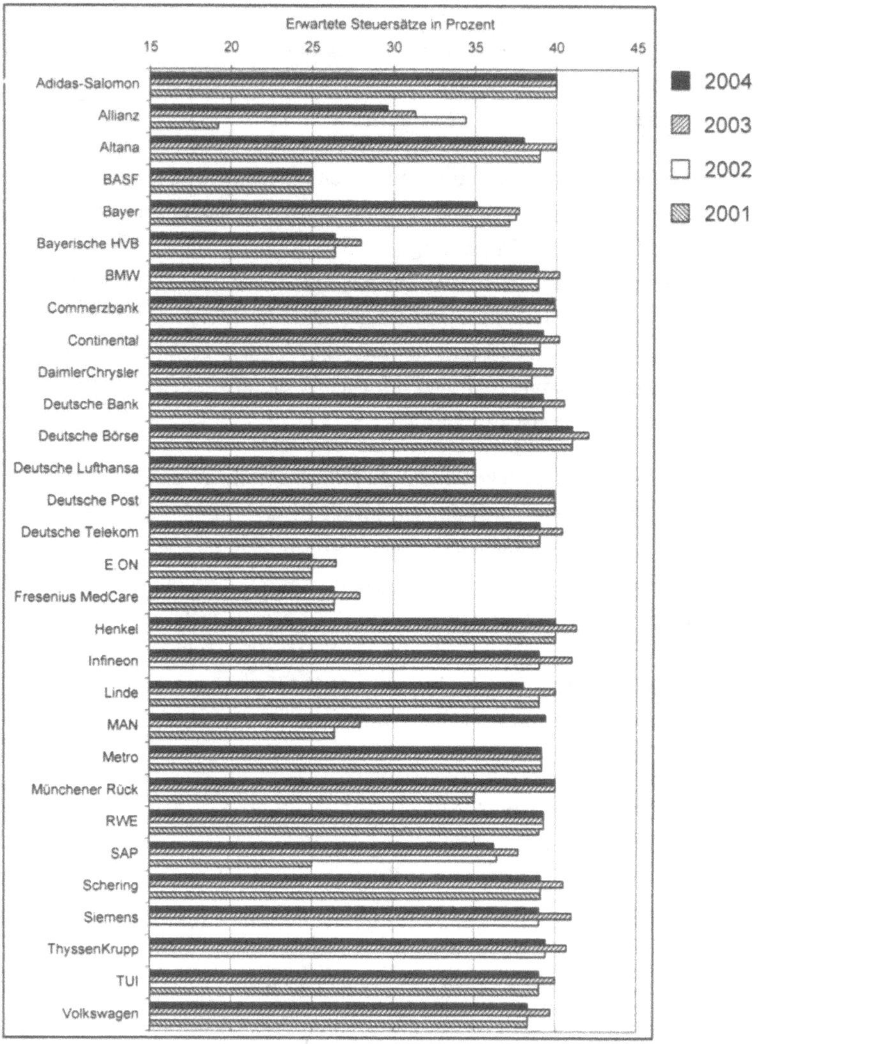

Abbildung 19: Erwartete Steuersätze der DAX-30-Unternehmen 2001-2004[1029]

Auch die erwarteten Steuersätze bei MAN und SAP schwanken im Zeitablauf deutlich. Die Angabe von Gründen für die Änderung in ihren Erwartungen bleiben beide Unternehmen

---

1029 Im Jahr 2001 weisen Infineon und Siemens mit 52% und ThyssenKrupp mit 52,4% sehr hohe erwartete Steuersätze aus, die aus den vom Kalenderjahr abweichenden Wirtschaftsjahren dieser Unternehmen und dem aus diesem Grund im Geschäftsjahr 2000/2001 letztmalig anzuwendenden Anrechnungsverfahren nach dem alten Körperschaftsteuerrecht resultieren, vgl. Infineon Technologies AG, Finanzbericht 2000/2001, S. 75; Siemens AG, Geschäftsbericht 2000/2001, S. 86; ThyssenKrupp AG, Geschäftsbericht 2000/2001, S. 185. Aus Gründen der besseren Vergleichbarkeit wird auf die Angabe dieser Steuersätze in der Abbildung verzichtet.

schuldig, wenngleich offensichtlich ist, dass sie von der Anwendung eines kombinierten Ertragsteuersatzes aus Körperschaftsteuer und Solidaritätszuschlag bzw. nur des Körperschaftsteuersatzes zu einem kombinierten Ertragsteuersatz aus Körperschaftsteuer, Solidaritätszuschlag und einem individuellen Satz für die Gewerbesteuer wechseln.[1030]

Ursache für die im Jahr 2003 bei den meisten Unternehmen im Vergleich zum Vor- und zum Folgejahr geringfügig höhere erwartete Steuerbelastung ist die Erhöhung des Körperschaftsteuersatzes für das Jahr 2003 auf 26,5% durch das Flutopfersolidaritätsgesetz.[1031] Die Tatsache, dass einzelne Unternehmen auf die Berücksichtigung des einmaligen Zuschlages auf die Körperschaftsteuer aufgrund des Flutopfersolidaritätsgesetzes im erwarteten Steuersatz verzichten, könnte möglicherweise dadurch begründet sein, die Vergleichbarkeit des erwarteten Steuersatzes im Zeitablauf zu gewährleisten und nicht durch die quasi sichere Einmaligkeit der Körperschaftsteuererhöhung zu erschweren.[1032]

Unabhängig von deren Ursache beeinträchtigen die im Zeitablauf schwankenden Erwartungen nahezu aller DAX-30-Unternehmen[1033] im Hinblick auf die Steuerbelastung den interperiodischen Vergleich ihrer Überleitungsrechnungen erheblich, denn nicht nur der Gesamtumfang der Überleitungsdifferenzen der einzelnen Geschäftsjahre schwankt bei der Anwendung von im Betrachtungszeitraum volatilen erwarteten Steuersätzen, sondern auch die Höhe der einzelnen Überleitungsposten hängt von der Höhe des erwarteten Steuersatzes ab. Damit entsprechen die erwarteten Steuerbelastungen der meisten DAX-30-Unternehmen nicht den Geboten der Stetigkeit, der *comparability* und der *consistency*.[1034]

Die unbeständigen Erwartungen der DAX-30-Unternehmen hinsichtlich der Steuerbelastung und die daraus resultierende uneinheitliche Wahl des anzuwendenden Steuersatzes in der Überleitungsrechnung beeinträchtigen aber nicht nur den Vergleich ihrer Überleitungsrechnungen im Zeitablauf, sondern auch den zwischenbetrieblichen Vergleich von Überleitungsrechnungen einer Periode.[1035] Die beiden folgenden Abbildungen, Abbildung 20 und Abbildung 21, in denen durch die Spannweitenlinien die prozentualen Überleitungsdifferenzen der Dow Jones-30-Unternehmen und der DAX-30-Unternehmen für das Jahr 2004 sowie deren Wirkungsrichtung abgebildet sind, sollen helfen, dies zu verdeutlichen.

1030 Vgl. MAN AG, Geschäftsbericht 2003, S. 124; MAN AG, Geschäftsbericht 2004, S. 114; SAP AG, Geschäftsbericht 2001, S. 69; SAP AG, Geschäftsbericht 2002, S. 78.

1031 Flutopfersolidaritätsgesetz vom 19.9.2002, BGBl. I 2002, S. 3651.

1032 Diese Sichtweise vertritt auch *Adrian*, Tax Reconciliation, 2005, S. 134 f.

1033 Lediglich Adidas-Salomon, BASF, Lufthansa und Metro weisen im betrachteten Zeitraum konstante erwartete Steuersätze aus.

1034 Vgl. § 252 Abs. 1 Nr. 6 HGB; *IASB*, Framework, Abs. 39, S. 1 f.; *FASB*, SFAC 2, Abs. 111 ff., 120 ff.; *Schäffeler*, Latente Steuern, 2000, S. 95; *Schildbach*, US-GAAP, 2. Auflage, 2002, S. 45; *Wöhe*, Steuerbilanz, 5. Auflage, 2005, S. 95 ff.; *Coenenberg*, Jahresabschluss, 20. Auflage, 2005, S. 44 f., 62, 69.

1035 Vgl. *Schäffeler*, Latente Steuern, 2000, S. 178.

Die Überleitung erfolgt jeweils vom anzuwendenden Steuersatz, in den Abbildungen durch ein Viereck (◆) symbolisiert, zum effektiven Steuersatz, der durch einen Strich (▬) dargestellt wird.[1036] Jeweils links in den Diagrammen werden Unternehmen abgebildet, deren effektive Steuerbelastung niedriger ist als die erwartete Steuerbelastung, jeweils rechts Unternehmen, deren effektive Steuerbelastung die erwartete Steuerbelastung übersteigt. Die größten negativen Überleitungsdifferenzen sind jeweils am linken Rand der Abbildungen verzeichnet, die größten positiven Überleitungsdifferenzen an deren rechtem Rand.

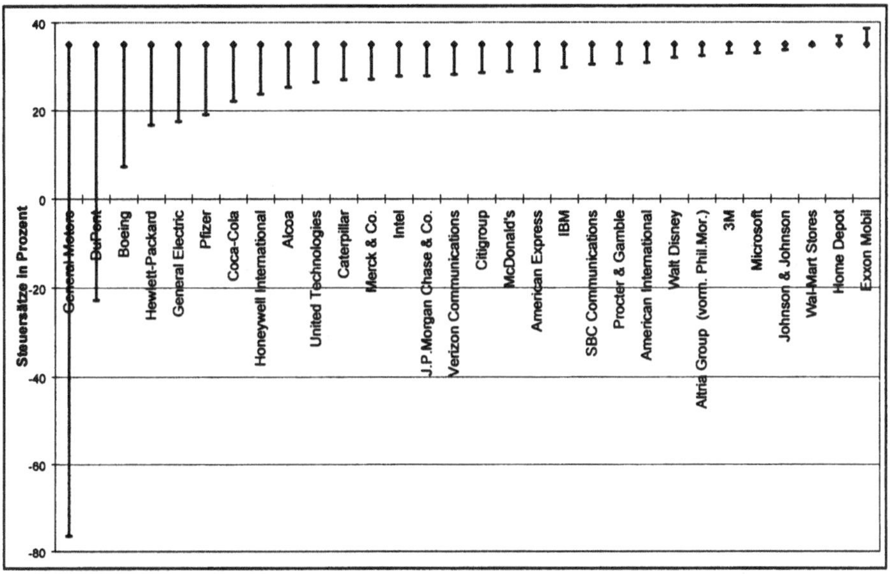

Abbildung 20: Überleitungsdifferenzen der Dow Jones-30-Unternehmen 2004

Alle Dow Jones-30-Unternehmen wenden für das Geschäftsjahr 2004 als Ausgangsgröße den Bundeseinkommensteuersatz in Höhe von 35% an, so dass in Abbildung 20 die Überleitungsdifferenzen der Unternehmen und deren Wirkungsrichtung auch von externen Abschlussinteressenten leicht verglichen werden können. Die mit –111,43 Prozentpunkten größte Überleitungsdifferenz weist General Motors aus, dessen Konzernsteuerquote demnach mit –76,43% den geringsten Wert aller Dow Jones-30-Unternehmen annimmt, gefolgt von DuPont mit einer Überleitungsdifferenz von –57,82 Prozentpunkten und einer Konzernsteuerquote von –22,82%.[1037] Die Differenz der Konzernsteuerquoten dieser Konzerne entspricht mit 53,61 Prozentpunkten dem Unterschied ihrer Überleitungsdifferenzen.

1036 Mit einer ähnlichen Darstellung von Überleitungsdifferenzen *Wempen*, Tax Reconciliation, 2002, S. 58.

1037 Vgl. General Motors Corporation, Annual Report 2004, S. 79; E.I.du Pont de Nemours and Company, Form 10-K 2004, S. F-18.

Die geringste Überleitungsdifferenz weist Wal-Mart mit –0,3 Prozentpunkten aus.[1038] Die Erwartung im Hinblick auf die Steuerbelastung stimmt hier, auch wenn sie durch den SFAS No. 109 und die Regulation S-X weitgehend vorgegeben ist, nahezu exakt mit der effektiven Steuerbelastung überein. Bei nur zwei Unternehmen, bei Home Depot und bei Exxon Mobil, ist der effektive Steuersatz größer als die durch den anzuwendenden Steuersatz abgebildete erwartete Steuerbelastung, die Überleitungsdifferenz nimmt mit 1,79 und 3,58 Prozentpunkten positive Werte an.[1039] Die Konzernsteuerquote von Exxon Mobil ist damit notwendigerweise mit 38,58% die höchste Konzernsteuerquote der Dow Jones-30-Unternehmen im Jahr 2004.

Im Gegensatz zu den Überleitungsrechnungen der Dow Jones-30-Unternehmen erschweren in den Überleitungsrechnungen der DAX-30-Unternehmen uneinheitliche Ausgangsgrößen externen Abschlussinteressenten die Analyse der Überleitungsdifferenzen ebenso wie die Wertung ihrer Wirkungsrichtungen und die Beurteilung der Konzernsteuerquote als Zielgröße der Überleitungsrechnung. Zwar sind auch in Abbildung 21 Umfänge und Wirkungsrichtungen der Überleitungsdifferenzen der DAX-30-Unternehmen für das Jahr 2004 ersichtlich, der Schluss auf die resultierenden Konzernsteuerquoten und deren Nachvollziehbarkeit wird allerdings durch die uneinheitlichen Ausgangsgrößen erheblich behindert.

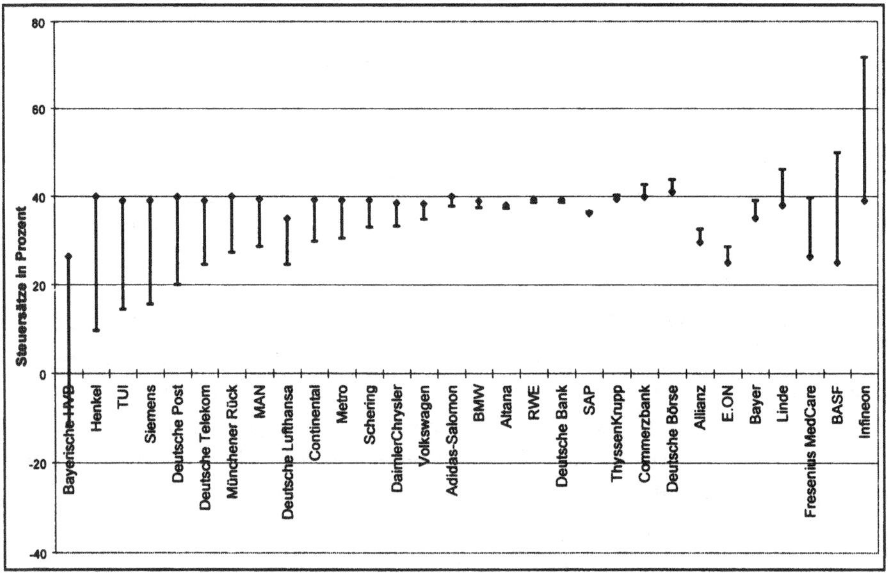

Abbildung 21: Überleitungsdifferenzen der DAX-30-Unternehmen 2004

1038 Vgl. Wal-Mart Stores, Inc., Annual Report 2004, S. 43.

1039 Vgl. The Home Depot, Inc., Annual Report 2004, S. 33; Exxon Mobil Corporation, Form 10-K 2004, S. 77.

Mit –38,25 Prozentpunkten weist die Bayerische Hypo- und Vereinsbank im Jahr 2004 die größte Überleitungsdifferenz aus. In derselben - negativen - Wirkungsrichtung beträgt die zweitgrößte Überleitungsdifferenz –30,37 Prozentpunkte bei Henkel, ein Unterschied in der Überleitungsdifferenz von 7,88 Prozentpunkten. Allerdings ist die Differenz ihrer Konzernsteuerquoten mit 21,48 Prozentpunkten[1040] deutlich größer als der Unterschied in den Überleitungsdifferenzen, da die Bayerische Hypo- und Vereinsbank aufgrund des von ihr gewählten anzuwendenden Steuersatzes eine Steuerbelastung von 26,4% erwartet, während Henkel einen erwarteten Steuersatz von 40% anwendet.[1041]

MAN und die Deutsche Lufthansa weisen mit –10,7 und –10,42 Prozentpunkten negative Überleitungsdifferenzen in ähnlichem Umfang aus. Aber auch hier unterscheidet sich die Höhe ihrer Konzernsteuerquoten nicht um 0,28 Prozentpunkte, sondern um 4,12 Prozentpunkte (28,7% bei MAN und 24,58% bei der Lufthansa), da MAN in seiner Überleitungsrechnung einen erwarteten Steuersatz von 39,4% anwendet, die Lufthansa demgegenüber 35%.[1042] Besonders deutlich wird diese Problematik bei einem Vergleich der Überleitungsdifferenzen von Bayer und E.ON, die mit 3,99 und 3,64 Prozentpunkten ebenfalls ähnliche Ausprägungen aufweisen. Allerdings geht Bayer in seiner Überleitungsrechnung von einer erwarteten Steuerbelastung in Höhe von 35,1% aus, so dass eine Konzernsteuerquote von 39,09% resultiert, während E.ON eine Steuerbelastung von 25% erwartet und eine Konzernsteuerquote von lediglich 28,64% ausweist.[1043] In diesem Fall differieren die Konzernsteuerquoten der beiden Unternehmen um 10,45 Prozentpunkte und damit deutlich mehr, als es der Unterschied in den Überleitungsdifferenzen in Höhe von 0,35 Prozentpunkten vermuten ließe.

Die geringste Überleitungsdifferenz im Jahr 2004 weist SAP mit 0,34 Prozentpunkten aus.[1044] Wäre SAP in 2004 allerdings nicht von einem anzuwendenden Steuersatz in Höhe von 36,2% ausgegangen, sondern würde mit 25% noch dieselbe Steuerbelastung wie im Jahr 2001 erwarten, würde die Überleitungsdifferenz 11,54 Prozentpunkte ausmachen.[1045] Dieses Beispiel von SAP verdeutlicht nochmals die erheblichen Schwierigkeiten, die interperiodische Vergleiche von Überleitungsrechnungen bereiten, wenn sich die schwankenden Erwartungen der Unternehmen im Hinblick auf die Steuerbelastung in volatilen anzuwendenden Steuersätzen und damit in deren Überleitungsrechnungen niederschlagen.

Auch der Vergleich der Wirkungsrichtung der Überleitungsdifferenzen wird durch die uneinheitlichen Ausgangsgrößen behindert. So ist bei 11 der DAX-30-Unternehmen im Jahr 2004

1040 –11,85% – 9,63% = –21,48 Prozentpunkte.

1041 Vgl. Bayerische Hypo- und Vereinsbank AG, Geschäftsbericht 2004, S. 138; Henkel KGaA, Geschäftsbericht 2004, S. 67.

1042 Vgl. MAN AG, Geschäftsbericht 2004, S. 114; Deutsche Lufthansa AG, Geschäftsbericht 2004, S. 151.

1043 Vgl. Bayer AG, Geschäftsbericht 2004, S. 99; E.ON AG, Geschäftsbericht 2004, S. 115.

1044 Vgl. SAP AG, Geschäftsbericht 2004, S. 94 f.

1045 Vgl. SAP AG, Geschäftsbericht 2001, S. 69.

der effektive Steueraufwand größer als der durch den gewählten anzuwendenden Steuersatz abgebildete erwartete Steueraufwand und die Überleitungsdifferenz nimmt einen positiven Wert an. Hieraus kann aufgrund der stark divergierenden Ausgangsgrößen allerdings nicht unmittelbar auf objektiv hohe Konzernsteuerquoten dieser Unternehmen geschlossen werden. Beispielsweise liegt bei E.ON die effektive Steuerbelastung um 3,64 Prozentpunkte über der erwarteten Steuerbelastung, während MAN eine effektive Steuerbelastung ausweist, die 10,7 Prozentpunkte unterhalb der erwarteten Steuerbelastung liegt. Dennoch weisen beide Konzerne aufgrund der unterschiedlichen Ausgangsgrößen von 25% und 39,4% mit 28,64% und 28,7% nahezu identische Konzernsteuerquoten aus, wobei die Konzernsteuerquote von E.ON trotz positiver Überleitungsdifferenz sogar noch niedriger ist als die Steuerquote von MAN.[1046]

Welche Auswirkung im Unternehmensvergleich uneinheitliche anzuwendende Steuersätze auf die Überleitungsdifferenzen haben, soll auch Abbildung 22 verdeutlichen helfen, in der die Summen der Absolutwerte der prozentualen Überleitungsdifferenzen der DAX-30-Unternehmen aus den Jahren 2000 bis 2004 denen der Dow Jones-30-Unternehmen gegenübergestellt sind:

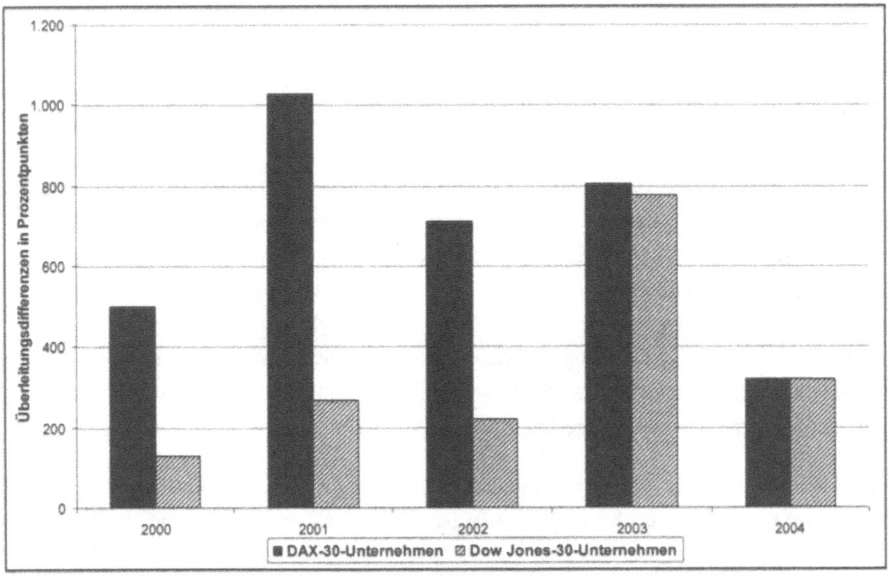

Abbildung 22: Aggregierte Absolutwerte der prozentualen Überleitungsdifferenzen der DAX-30- und der Dow Jones-30-Unternehmen 2000-2004

[1046] Vgl. E.ON AG, Geschäftsbericht 2004, S. 115; MAN AG, Geschäftsbericht 2004, S. 114.

Es ist deutlich erkennbar, dass bei Anwendung eines in seiner Höhe als Erwartungsmaßstab geeigneten und von allen Unternehmen einheitlich verwendeten anzuwendenden Steuersatzes, wie dies der amerikanische Bundeseinkommensteuersatz in Höhe von 35% sein kann, auch die Absolutwerte der Überleitungsdifferenzen insgesamt geringer sind, als bei den in ihren Ausprägungen im zwischenbetrieblichen Vergleich innerhalb eines Jahres zum Teil stark divergierenden erwarteten Steuersätzen der DAX-30-Unternehmen.[1047] Diesen Eindruck bestärkt die Betrachtung der Absolutwerte der Überleitungsdifferenzen der DAX-30-Unternehmen für das Jahr 2001, deren Summe mit 1.025,47 Prozentpunkten am höchsten ausfiel. In diesem Jahr wies auch die Bandbreite zwischen dem niedrigsten und dem höchsten anzuwendenden Steuersatz der DAX-30-Unternehmen mit 33,20 Prozentpunkten die höchste Ausprägung auf.[1048] Hieraus kann der Schluss gezogen werden, dass, wenn der Erwartungsmaßstab geeignet und einheitlich ist, Bereinigungen des erwarteten Steueraufwands mit dem Ziel der Ermittlung des effektiven Steueraufwands in nur geringem Umfang notwendig sind und die Überleitungsrechnung als solche aussagekräftiger ist.

Insgesamt konnte in dieser Bestandsaufnahme herausgearbeitet werden, dass durch im Zeitablauf schwankende anzuwendende Steuersätze Schwierigkeiten im Hinblick auf die interperiodische Vergleichbarkeit von Überleitungsrechnungen einer Unternehmung auftreten. In diesen Fällen wird dem Grundsatz der Stetigkeit, der *consistency*, nicht Genüge getan. Gleichzeitig wird der Vergleich von Überleitungsrechnungen verschiedener Unternehmen behindert, da die von den Unternehmen gewählten anzuwendenden Steuersätze als Ausgangsgrößen ihrer Überleitungsrechnungen auch innerhalb einer Periode zum Teil deutlich variieren. Letzteres läuft dem Grundsatz der Vergleichbarkeit, der *comparability*, zuwider.[1049]

Vor dem Hintergrund dieser Problembereiche wird die Notwendigkeit der Untersuchung offenbar, ob aus den Alternativen anzuwendender Steuersätze ein Steuersatz identifiziert werden kann, der im Hinblick auf die Anforderungen der zwischenbetrieblichen und interperiodischen Vergleichbarkeit der Überleitungsrechnungen eine geeignete Variante darstellt und dessen einheitliche und dauerhafte Anwendung für deutsche internationale Konzerne empfohlen werden kann. Kriterium zur Auswahl eines geeigneten Steuersatzes muss die Frage sein, ob er der Erfüllung der Ziele der Überleitungsrechnung dient, namentlich der Erläuterung der Relation von Konzernergebnis vor Steuern und ausgewiesener effektiver Steuerbelastung auf der

---

[1047] Die sehr große Summe der Absolutwerte der Überleitungsdifferenz der Dow Jones-30-Unternehmen im Jahr 2003 resultiert in erster Linie aus der mit –685,35 Prozentpunkten extrem großen Überleitungsdifferenz von DuPont, vgl. E.I.du Pont de Nemours and Company, Form 10-K 2003, S. F-15.

[1048] Die Allianz AG verwendet einen anzuwendenden Steuersatz in Höhe von 19,2%, ThyssenKrupp wählt einen Steuersatz von 52,4%, vgl. Allianz AG, Geschäftsbericht 2001, S. 62; ThyssenKrupp AG, Geschäftsbericht 2000/2001, S. 185. Sicherlich ist auch die in diesem Jahr erstmals mögliche steuerfreie Veräußerung von Beteiligungen einer der Gründe für die hohen Überleitungsdifferenzen.

[1049] § 252 Abs. 1 Nr. 6 HGB; *IASB*, Framework, Abs. 39, S. 1 und 2; *FASB*, SFAC 2, Abs. 111 ff., 120 ff.

einen und der Bereitstellung von Informationen zur Verbesserung der *cash-flow*-Prognose der betrachteten Unternehmen auf der anderen Seite.[1050]

2. Mögliche Varianten anzuwendender Steuersätze

Neben den vier in der Bestandsaufnahme identifizierten Varianten anzuwendender Steuersätze[1051] existieren weitere Möglichkeiten, hier insbesondere die verbleibenden Kombinationen der Ertragsteuersätze sowie deren alleinige Anwendung als anzuwendender Steuersatz. Da Gewerbesteuer und Solidaritätszuschlag jedoch in erster Linie als Zusatzbelastungen zur Körperschaftsteuer angesehen werden, scheiden deren alleinige Anwendung oder Kombinationen aus diesen beiden Steuerarten ebenso aus, wie eine Kombination aus Körperschaftsteuer und Gewerbesteuer aufgrund der unvermeidlichen Anknüpfung des Solidaritätszuschlages an die Körperschaftsteuer aus der Betrachtung ausgeschlossen wird.[1052]

Denkbar ist auch eine Variante, bei der neben den Ertragsteuern sonstige Steuern, mithin Verkehrsteuern, Verbrauchsteuern, weitere Steuerarten und Zölle, einbezogen werden. Sonstige Steuern sind ebenfalls von der Unternehmung zu tragen und belasten neben den Steuern vom Einkommen und vom Ertrag als Aufwendungen das Konzernergebnis. Da diese Steuern für die Unternehmen sehr hoch sein können und als regelmäßig wiederkehrende Belastung des Konzernergebnisses von den Unternehmen auch erwartet werden, scheint die Einbeziehung dieser Steuern in die erwartete Steuerbelastung möglich.[1053]

Allerdings stellen die Vorschriften des SFAS No. 109 und der Regulation S-X ausdrücklich auf *income tax expense (benefit)* und auf die *income tax rate*, also explizit auf Steuern vom Einkommen und vom Ertrag ab, so dass die Einbeziehung anderer Steuerarten in den anzuwendenden Steuersatz nach dem Wortlaut der Regelungen des FASB und der SEC wohl ausgeschlossen ist.[1054] Die Regelungen des IAS 12 und des DRS 10 beschränken die Wahl der einzubeziehenden Steuerarten demgegenüber nicht auf Steuern vom Einkommen und vom Ertrag.[1055] Vor diesem Hintergrund wäre im Regelungsbereich dieser beiden Vorschriften die Erweiterung der erwarteten Steuerbelastung um sonstige Steuern möglich, wenngleich der

1050 Vgl. *Schäffeler*, Latente Steuern, 2000, S. 95, 204 ff.

1051 Vgl. Abschnitt B.II.1, hier ab Seite 175.

1052 Vgl. *Schäffeler*, Latente Steuern, 2000, S. 175, Fn. 205, m.w.N.; *Adrian*, Tax Reconciliation, 2005, S. 117 f. Demgegenüber sieht *Hoffmann* in der zuletzt genannten Variante den in der Praxis der deutschen Kapitalgesellschaften mehrheitlich gewählten anzuwendenden Steuersatz, vgl. *Hoffmann*, in: *Lüdenbach/ Hoffmann*, IFRS-Kommentar, 3. Auflage, 2005, § 26, Tz. 107. Diese Ansicht lässt sich jedenfalls für die DAX-30-Unternehmen empirisch nicht belegen.

1053 Vgl. *Wempen*, Tax Reconciliation, 2002, S. 21 f.

1054 Vgl. *FASB*, SFAS No. 109, Abs. 47, S. 1; *SEC*, Reg. S-X, online im Internet, Item 210.4-08, Abs. (h) (2), S. 1; *Schäffeler*, Latente Steuern, 2000, S. 175 f.

1055 Vgl. *IASB*, IAS 12, Abs. 81, 85; *DRSC*, DRS 10, Abs. 42.

Wortlaut beider Vorschriften auch keinen Hinweis enthält, der auf eine Verpflichtung zur Einbeziehung anderer als der Ertragsteuern schließen ließe.

So sieht die Vorschrift des IAS 12 zwar ausdrücklich die Einbeziehung aller lokalen Steuern in den anzuwendenden Steuersatz vor, die Einbeziehung ist aber auf solche Steuern beschränkt, die auf Basis vergleichbarer Bemessungsgrundlagen ermittelt werden.[1056] Diese Anforderung wird von den sonstigen Steuern nicht erfüllt, die sämtlich nicht auf Basis des Konzernergebnisses vor Ertragsteuern oder einer ähnlichen Bemessungsgrundlage ermittelt werden. Auch in der Begründung zum Entwurf des DRS 10 sind in der exemplarischen Darstellung möglicher Abweichungsursachen der effektiven von der erwarteten Steuerbelastung keine Effekte aufgeführt, die auf sonstige Steuern zurückzuführen sind und damit die Einbeziehung sonstiger Steuern in den anzuwendenden Steuersatz nahelegen würden.[1057] In beiden Fällen könnte die Einbeziehung sonstiger Steuern nur durch den fehlenden ausdrücklichen Bezug der Vorschriften auf Ertragsteuern begründet werden.

Die Einbeziehung sonstiger Steuern in den anzuwendenden Steuersatz würde bei dessen pauschaler Anwendung auf das gesamte Konzernergebnis vor Steuern aber zwangsläufig zu einem systematischen Fehler führen, da die steuerartenspezifischen Unterschiede der Ertragsteuern und der sonstigen Steuern aufgrund der Abweichung in deren Bemessungsgrundlagen nicht berücksichtigt würden.[1058] Zudem würde die Ermittlung der erwarteten Steuerbelastung unter Verwendung eines Steuersatzes, der sonstige Steuern umfasst, zu deren doppelter Berücksichtigung führen, denn das Konzernergebnis vor Steuern als dem Jahresabschluss entnommene Bemessungsgrundlage zur Ermittlung der erwarteten Steuerbelastung wurde bei der handelsrechtlichen Gewinnermittlung bereits um sonstige Steuern gemindert.[1059] Auch umfasst die Konzernsteuerquote als Zielgröße der Überleitungsrechnung per definitionem nur Steuern vom Einkommen und vom Ertrag, da die Einbeziehung sonstiger Steuern in die Kennzahl aufgrund deren unzureichender Abbildung in den Jahresabschlüssen für externe Abschlussinteressenten nicht nachvollziehbar ist.[1060] Zwar ließen sich alle diese Fehler innerhalb der Überleitungsrechnung durch die Bildung von Überleitungsposten korrigieren, jedoch würde die Aussagekraft der Überleitungsrechnung durch einen anzuwendenden Steuersatz, der letztlich keinen sachlichen Zusammenhang zum Konzernergebnis vor Steuern hat, enorm geschmälert werden.

Neben diesen Nachteilen könnte insbesondere die Anforderung der *comparability* mit einem Steuersatz, der sonstige Steuern umfasst, nicht erfüllt werden. Die Einbeziehung sonstiger

---

1056 Vgl. *IASB*, IAS 12, Abs. 85, S. 3.

1057 Vgl. *DRSC*, E-DRS 12, online im Internet, Anhang B, Abs. B17.

1058 Vgl. zu einer ausführlichen Darstellung systematischer Fehler in der Überleitungsrechnung *Schäffeler*, Latente Steuern, 2000, S. 184 ff.

1059 Vgl. Abschnitt A des 2. Kapitels, Seiten 33 ff.

1060 Vgl. bereits Abschnitt B.II des 2. Kapitels, hier ab Seite 47.

Steuern liefe dem Ziel eines für eine große Zahl von Unternehmen einheitlichen Steuersatzes zuwider, denn der Umfang der Einbeziehung sonstiger Steuern müsste stets betriebsindividuell ermittelt werden, was für Überleitungsrechnungen verschiedener Unternehmen notwendigerweise unterschiedliche Ausgangsgrößen zur Folge hätte. Die Einbeziehung sonstiger Steuern in die Ausgangsgröße der Überleitungsrechnung ist somit insgesamt nicht sachgerecht.

Im Ergebnis sollten sonstige Steuern daher keinen Eingang in den anzuwendenden Steuersatz der Überleitungsrechnung finden. Dies insbesondere auch unter dem Aspekt, dass die Überleitung an Nachvollziehbarkeit und Aussagekraft verlieren würde, wenn Ausgangs- und Zielgröße der Überleitungsrechnung verschiedene Steuerarten umfassen würden, in der erwarteten Steuerbelastung mithin neben den Steuern vom Einkommen und vom Ertrag auch sonstige Steuern abgebildet würden.[1061] Sofern einzelne Steuerarten in ihrem Wesen Ertragsteuern gleichen und sie dadurch Einfluss auf die Höhe der nur Ertragsteuern abbildenden Konzernsteuerquote als Zielgröße der Überleitungsrechnung haben, sollten sie stattdessen in einem gesonderten Posten innerhalb der Überleitungsrechnung aufgeführt werden. Dies auch dann, wenn sie regelmäßig anfallen und sie insofern von den Unternehmen als Steuerbelastung erwartet werden. Ein anschauliches Beispiel liefert hier die BASF, die in ihrer Überleitungsrechnung regelmäßig einen Überleitungsposten für nicht anrechenbare ausländische Ertragsteuern für die Ölförderung ausweist.[1062]

Weitere Varianten anzuwendender Steuersätze könnten die gewichteten Durchschnitte der effektiven Steuersätze der Konzernobergesellschaft oder der Konzernsteuerquoten sein, die jeweils auf Grundlage der Daten zurückliegender Perioden ermittelt würden.[1063] So ermittelte Steuersätze bilden unzweifelhaft die Erwartung der durchschnittlichen Steuerbelastung der jeweiligen Unternehmung zutreffend ab, wenn man von der Annahme sich im Zeitablauf nicht oder nur gering verändernder steuerlicher Einflussfaktoren ausgeht. Einmalige Steuereffekte innerhalb der betrachteten Perioden verzerren jedoch den effektiven Steuersatz in der jeweiligen Periode oftmals drastisch und beeinflussen dadurch auch den ermittelten Durchschnittssteuersatz. Auch fehlt diesem Steuersatz aufgrund des starken Vergangenheitsbezuges, in der Zwischenzeit möglicherweise geänderter Steuersätze oder Schwankungen der auf ausländische Ergebnisanteile entfallenden Steuereffekte im Zeitablauf jeder sachliche Zusammenhang zum Vorsteuerergebnis der Berichtsperiode. Ein so ermittelter anzuwendender Steuersatz würde sich laufend verändern und wäre sehr individuell auf die jeweilige Unternehmung zugeschnitten. Der Vergleich verschiedener Überleitungsrechnungen einer Unternehmung oder der Überleitungsrechnungen verschiedener Unternehmen ist aufgrund dieser Schwankungen im anzuwendenden Steuersatz nur schwer möglich.[1064] Damit widersprechen

---

1061 In diesem Sinne auch *Adrian*, Tax Reconciliation, 2005, S. 113.

1062 Vgl. für das Geschäftsjahr 2004 BASF AG, Finanzbericht 2004, S. 104.

1063 Vgl. *Harris/Feeny*, Determinants, online im Internet, S. 6; *Wempen*, Tax Reconciliation, 2002, S. 23; *Adrian*, Tax Reconciliation, 2005, S. 120 f., 125.

1064 Vgl. *Adrian*, Tax Reconciliation, 2005, S. 122, 133.

gewichtete Durchschnittssteuersätze den Grundsätzen der *consistency* und der *comparability*. Darüber hinaus lässt sich für diesen Ansatz keine normative Grundlage in den betrachteten Rechnungslegungsstandards finden.[1065]

Für die beiden zuletzt diskutierten Varianten ist zudem auf einen weiteren Aspekt hinzuweisen, der der Anwendung dieser Steuersätze entgegensteht. Letztlich dient der anzuwendende Steuersatz nicht nur der Ermittlung der erwarteten Steuerbelastung, sondern er wird, wie oben dargestellt,[1066] auch zur Bewertung steuersatzabhängiger Überleitungsposten herangezogen. Zwar vermögen es anzuwendende Steuersätze, die sonstige Steuern umfassen oder als gewichteter Durchschnitt effektiver Steuersätze vergangener Perioden ermittelt wurden, die Erwartung der Unternehmung im Hinblick auf die gesamte Steuerbelastung aufgrund von in der Vergangenheit gewonnenen Erkenntnissen und Erfahrungen verhältnismäßig exakt abzubilden. Jedoch wird zum einen die Belastung mit sonstigen Steuern in aller Regel nur durch einzelne Sachverhalte ausgelöst, die nicht zwingend in der Überleitungsrechnung erläutert werden, so beispielsweise die Belastung eines Grundstückskaufs mit Grunderwerbsteuer. Insofern macht bei der Ermittlung von Überleitungsposten eine pauschale Bewertung aller betriebswirtschaftlicher Sachverhalte mit sonstigen Steuern keinen Sinn, da diese in der Mehrzahl keine Belastung mit diesen Steuern auslösen. Zum anderen ist auch die Bewertung betriebswirtschaftlicher Sachverhalte mit einem Steuersatz, der auf Daten vergangener Perioden fußt und möglicherweise aufgrund von Steuersatzänderungen oder außergewöhnlichen Ereignissen in der Vergangenheit keine Gültigkeit für die Berichtsperiode mehr hat, nicht sachgerecht; so ermittelte Überleitungsposten können nicht zutreffend sein. Insgesamt verbleiben somit als mögliche Varianten anzuwendender Steuersätze die vier bereits in der Bestandsaufnahme identifizierten und in Abbildung 23 gegenübergestellten Alternativen:

	Variante 1	**Variante 2**	**Variante 3**	**Variante 4**
Erwartete Steuerbelastung	Bloße Anwendung des Körperschaftsteuersatzes	Kombinierte Ertragsteuersätze		Gewichteter Durchschnittssteuersatz
	25% KSt	25% KSt 5,5% SolZ	25% KSt 5,5% SolZ x,x% GewSt	Gewichteter Durchschnittssteuersatz
Steuersatz zur Bewertung steuersatzabhängiger Überleitungsposten	25%	26,38%	Abhängig vom Hebesatz	jeweilige nationale Steuersätze
Effektive Steuerbelastung	KSt + SolZ + GewSt + ausländische Ertragsteuern			

Abbildung 23: Varianten und Konsequenzen anzuwendender Steuersätze

Die Varianten 1 bis 3 stellen die verschiedenen Ausprägungen des *homebased*-Ansatzes dar. Bei Variante 1 geht man von der bloßen Anwendung des deutschen Körperschaftsteuersatzes

1065 Vgl. *Wempen*, Tax Reconciliation, 2002, S. 23.

1066 Vgl. Abschnitt A.IV ab Seite 159.

in Höhe von 25% als anzuwendenden Steuersatz aus. In Variante 2 wird neben dem Körperschaftsteuersatz der Solidaritätszuschlag von 5,5% auf die Körperschaftsteuer in den anzuwendenden Steuersatz integriert. Variante 3 umfasst neben Körperschaftsteuer und Solidaritätszuschlag auch einen Satz für die Gewerbesteuer. In Variante 4 wird entsprechend der Methode der Aggregation[1067] ein gewichteter Durchschnittssteuersatz ermittelt, bei dem neben dem inländischen auch ausländische Steuersätze einbezogen werden. Die aus der Anwendung der verschiedenen Varianten resultierenden Problembereiche für die Überleitungsrechnungen deutscher internationaler Konzerne in praxi wurden bereits aufgezeigt, so dass im Folgenden die Vor- und Nachteile der Varianten ausführlich diskutiert und gegeneinander abgewogen werden sollen.

3. *homebased*-Ansatz – Orientierung am Standort der Konzernobergesellschaft

Der Vorteil von nach dem *homebased*-Ansatz ermittelten anzuwendenden Steuersätzen besteht zum einen darin, dass sie von den berichterstattenden Unternehmen sehr einfach ermittelt werden können und ihre Ermittlung von externen Abschlussinteressenten leicht nachvollzogen werden kann. Stets wird von einem rein inländischen Steuersatz ausgegangen, dessen Höhe und Zusammensetzung sich alleine nach den steuerrechtlichen Regelungen des Sitzstaates der Konzernobergesellschaft richtet, im betrachteten Fall des deutschen internationalen Konzerns also alleine nach dem deutschen Steuerrecht.

Für die bloße Anwendung des Körperschaftsteuersatzes liegt die Nachvollziehbarkeit des anzuwendenden Steuersatzes auf der Hand, auch dessen Erweiterung um den Solidaritätszuschlag ist für externe Abschlussinteressenten offensichtlich. Aber selbst die Zusammensetzung von Steuersätzen, die unter Einbeziehung der Gewerbesteuer ermittelt wurden, lässt sich durch relativ einfache Berechnungen[1068] auch von externen Abschlussinteressenten nachvollziehen. Dies jedenfalls dann, wenn die Ersteller der Überleitungsrechnung entweder unmittelbar die erwartete nominelle oder faktische Belastung mit Gewerbesteuer oder zumindest den zur Ermittlung der Gewerbesteuerbelastung herangezogenen erwarteten Gewerbesteuerhebesatz veröffentlichen.[1069] Durch IAS sind die Ersteller von Überleitungsrechnungen stets zur Angabe der Berechnungsgrundlage des anzuwendenden Steuersatzes verpflichtet.[1070] Der SFAS No. 109 und der DRS 10 fordern die Erklärung des anzuwendenden Steuersatzes nicht.[1071] Die Regulation S-X sieht die Erläuterung des anzuwendenden Steuersatzes jeden-

---

1067 Vgl. Abschnitt A.II.1 ab Seite 141, insbesondere Abbildung 15.

1068 Vgl. Gleichung 6 auf Seite 50.

1069 Vgl. zur Angabe einer faktischen Gewerbesteuerbelastung z.B. Deutsche Lufthansa AG, Geschäftsbericht 2004, S. 151; zur Angabe des erwarteten Hebesatzes z.B. Deutsche Börse AG, Geschäftsbericht 2004, S. 153.

1070 Vgl. *IASB*, IAS 12, Abs. 81 (c); *Herzig/Dempfle*, Konzernsteuerquote, DB 2002, S. 3.

1071 Vgl. zum DRS 10 *Adrian*, Tax Reconciliation, 2005, S. 126.

falls dann vor, wenn er vom Unternehmenssteuersatz der USA abweicht,[1072] was für deutsche, nach US-GAAP bilanzierende, Unternehmen regelmäßig der Fall ist.[1073] Ingesamt sollte somit davon ausgegangen werden, dass die Zusammensetzung der nach dem *homebased*-Ansatz ermittelten anzuwendenden Steuersätze von deutschen internationalen Konzernen, die nach IAS oder nach US-GAAP bilanzieren, erläutert wird und nachvollzogen werden kann.

Zudem unterliegen nach dem *homebased*-Ansatz ermittelte anzuwendende Steuersätze im Zeitablauf keinen durch die Geschäftstätigkeit des Konzerns induzierten Schwankungen. Ihre Ermittlung beruht alleine auf den Erwartungen der Unternehmen hinsichtlich der Steuerbelastung und sie ist nicht, wie gewichtete Durchschnittssteuersätze, von der regionalen Ergebnisverteilung des Konzerns abhängig. Dies ist insbesondere vor dem Hintergrund der *comparability* und der *consistency* der Abschlussinformationen von Relevanz. Solange im Sitzstaat der Konzernobergesellschaft keine Änderungen des Steuerrechts beschlossen werden, besteht für die Unternehmen keine zwingende Veranlassung, die anzuwendenden Steuersätze zu verändern.[1074] Einzig geänderte Erwartungshaltungen der Unternehmen im Hinblick auf die Einbeziehung verschiedener Steuerarten können dann dazu führen, dass Änderungen des anzuwendenden Steuersatzes vorgenommen werden.

a) Bloße Anwendung des Körperschaftsteuersatzes

Die Vorschrift des IAS 12 verlangt neben der Einbeziehung des Körperschaftsteuersatzes ausdrücklich auch die Berücksichtigung aller lokalen Steuern im anzuwendenden Steuersatz, die auf der Grundlage eines „im Wesentlichen vergleichbaren Niveaus des zu versteuernden Ergebnisses [...] berechnet werden"[1075]. Unter diesen lokalen Steuern versteht die Mehrzahl der deutschen, nach IAS bilanzierenden internationalen Konzerne den Solidaritätszuschlag und die Gewerbesteuer und bezieht diese zusätzlich zur Körperschaftsteuer in den anzuwendenden Steuersatz ein.[1076] Dieses Verständnis des Wortlautes des IAS 12 ist, wie noch zu zeigen sein wird,[1077] naheliegend.

1072 Vgl. *SEC*, Reg. S-X, online im Internet, Item 210.4-08, Abs. (h) (2), S. 6.

1073 Auch wenn deutsche Unternehmen einen anzuwendenden Steuersatz von 35% wählen, entspricht zwar die Höhe des anzuwendenden Steuersatzes der des US-amerikanischen Unternehmenssteuersatzes, dennoch handelt es sich bei diesem Steuersatz nicht um den Unternehmenssteuersatz der USA. Die Regulation S-X stellt in ihrer Forderung nach Erläuterung des Steuersatzes nicht auf eine Abweichung in der Höhe, sondern auf eine Abweichung des Charakters des Steuersatzes ab.

1074 In der Literatur wird argumentiert, die einmalige Erhöhung des Körperschaftsteuersatzes auf 26,5% im Jahr 2003 sei mit dem Ziel der *consistency* zu vernachlässigen, vgl. *Adrian*, Tax Reconciliation, 2005, S. 134 f. Diese Ansicht widerspricht allerdings den hier betrachteten Vorschriften zur Ermittlung des anzuwendenden Steuersatzes, die auf den gesetzlichen Körperschaftsteuersatz als Ausgangsgröße abstellen, und wird daher nicht unterstützt.

1075 *IASB*, IAS 12 (Deutsche Ausgabe), Abs. 85, S. 3.

1076 Vgl. *Hoffmann*, in: *Lüdenbach/Hoffmann*, IFRS-Kommentar, 3. Auflage, 2005, § 26, Tz. 107. Vgl. zur Praxis der DAX-30-Unternehmen Abschnitt B.II.1, Seiten 172 ff.

1077 Vgl. unten, Abschnitt B.II.3.c), Seiten 202 ff.

Jedoch lässt sich auch die bloße Anwendung des Körperschaftsteuersatzes für nach IAS bilanzierende deutsche Unternehmen sachgerecht begründen.[1078] Denn der Gewerbeertrag als Besteuerungsgrundlage der Gewerbesteuer[1079] weicht aufgrund der oftmals umfangreichen Modifikationen durch Hinzurechnungen und Kürzungen[1080] zum Teil erheblich vom zu versteuernden Einkommen der Körperschaftsteuer ab. Insbesondere Hinzurechnungen von Dauerschuldzinsen gemäß § 8 Nr. 1 GewStG haben für deutsche internationale Konzerne große praktische Bedeutung,[1081] da bei diesen Unternehmen die Fremdfinanzierung durch Kredite in aller Regel die Eigenfinanzierung über die Kapitalmärkte überwiegt. Durch die umfangreichen Modifikationen ist die Gewerbesteuer aber gerade nicht mehr auf eine unmittelbar vergleichbare Basis wie die Körperschaftsteuer bezogen. Bei enger Auslegung der Formulierung des im Wesentlichen vergleichbaren Niveaus des zu versteuernden Ergebnisses gelangt man somit zu der Feststellung, dass die Gewerbesteuer keine Berücksichtigung im anzuwendenden Steuersatz finden sollte. Auch der Objektsteuercharakter der Gewerbesteuer[1082] kann als Begründung ihrer Vernachlässigung im anzuwendenden Steuersatz nach IAS herangezogen werden.[1083]

Der Solidaritätszuschlag verfolgt ausweislich der Gesetzesbegründung[1084] die besondere Zielsetzung der Finanzierung der deutschen Einheit,[1085] er dient nicht der originären Besteuerung des Einkommens als solches.[1086] Unter diesem Aspekt führt die Einbeziehung des Solidaritätszuschlags in den anzuwendenden Steuersatz nicht zu dem Ergebnis, die von den Unternehmen erwartete Belastung des Konzernergebnisses mit Steuern auf das Einkommen abzubilden. Die Ausgangsgröße der Überleitungsrechnung würde vielmehr durch die bestimmungsfremde Belastung des Ergebnisses mit Solidaritätszuschlag verwässert. So lässt sich der Standpunkt vertreten, aus der Einbeziehung des Solidaritätszuschlages in den anzuwendenden Steuersatz resultiert gerade nicht der im IAS 12 bezeichnete Steuersatz, der für die Informationsinteressen der Abschlussinteressenten am geeignetsten ist.[1087]

1078 A.A. *Loitz*, Überleitungsrechnung, WPg 2004, S. 1192.

1079 Gemäß § 6 GewStG.

1080 Gemäß §§ 8 und 9 GewStG. Vgl. zur Ermittlung des Gewerbeertrages z.B. *Montag*, in: *Tipke/Lang*, Steuerrecht, 18. Auflage, 2005, § 12, Tz. 18 ff.

1081 Vgl. *Rose*, Ertragsteuern, 18. Auflage, 2004, S. 213.

1082 Vgl. *Montag*, in: *Tipke/Lang*, Steuerrecht, 18. Auflage, 2005, § 12, Tz. 3.

1083 Vgl. *Adrian*, Tax Reconciliation, 2005, S. 118.

1084 Vgl. BT-Drs. 12/4401 vom 4.3.1993, S. 51.

1085 Vgl. *Rekow*, in: *Ernst&Young*, KStG, 1997, SolZG 1995, Tz. 2. Aus diesem Grund wurde auch die Verfassungskonformität des Solidaritätszuschlags in Frage gestellt, die das Finanzgericht Münster aber jedenfalls für das Jahr 2002 bestätigt hat, vgl. Finanzgericht Münster, Urteil vom 27.9.2005, Az. 12-K-6263/03-E, EStB 2006, S. 53, mit Hinweis auf die beim Bundesfinanzhof eingelegte Nichtzulassungsbeschwerde (BFH VII B 324/05).

1086 Vgl. *Schäffeler*, Latente Steuern, 2000, S. 181; *Adrian*, Tax Reconciliation, 2005, S. 118.

1087 Vgl. *IASB*, IAS 12 (Deutsche Ausgabe), Abs. 85, S. 1.

Die Vorschrift des SFAS No. 109 sieht für nach US-GAAP bilanzierende Unternehmen die Verwendung von *federal statutory tax rates*, von Steuersätzen des Bundes, auf das Vorsteuerergebnis vor, um den erwarteten Betrag an Steuer auf das Einkommen, *the amount of income tax expense*, als Ausgangsgröße der Überleitungsrechnung zu ermitteln.[1088] Die Vorschrift der Regulation S-X stellt mit demselben Ziel der Ermittlung der gesamten Steuerbelastung auf das Einkommen - *the amount of total income tax expense* - ebenfalls auf die Anwendung einer *federal statutory tax rate* ab.[1089] Der Begriffsbestandteil *federal* ist dabei nach Auffassung der SEC eng auszulegen, so dass nur solche Steuern Eingang in den anzuwendenden Steuersatz finden sollen, die auf der Grundlage von Bundesgesetzen erhoben werden. Bundesstaatliche oder lokale Steuern sollen bei der Ermittlung des anzuwendenden Steuersatzes ausgeschlossen werden.[1090] In Deutschland werden sowohl die Gewerbesteuer als auch der Solidaritätszuschlag auf der Grundlage von Bundesgesetzen erhoben[1091] und sind damit bei strikter Befolgung des Wortlautes der Vorschriften des FASB und der SEC von deutschen internationalen Konzernen in den anzuwendenden Steuersatz gemäß US-GAAP einzubeziehen.

Gleichzeitig aber weist die Gewerbesteuer im Hinblick auf die gewerbesteuerlichen Modifikationen, die gemeindeabhängigen Hebesätze und die Abzugsfähigkeit von der Körperschaftsteuer Parallelen zu amerikanischen *state and local income taxes* auf.[1092] Da die SEC die Einbeziehung von *state and local taxes* in den anzuwendenden Steuersatz ablehnt und stattdessen die Bildung eines eigenständigen Überleitungspostens hierfür empfiehlt,[1093] übertragen manche deutsche Unternehmen, die nach US-GAAP bilanzieren, die Behandlung der *state and local taxes* auf die Gewerbesteuer und vernachlässigen diese in der Ausgangsgröße anzuwendender Steuersatz.[1094]

Zudem haben weder der Solidaritätszuschlag, der der Finanzierung der deutschen Einheit dient,[1095] noch die Gewerbesteuer, die als Objektsteuer an das Objekt Gewerbebetrieb und nicht an dessen Einkünfte anknüpft,[1096] die Besteuerung des Einkommens als solches zum

---

1088 Vgl. *FASB*, SFAS No. 109, Abs. 47, S. 1.

1089 Vgl. *SEC*, Reg. S-X, online im Internet, Item 210.4-08, Abs. (h) (2), S. 1.

1090 „*the reconciliation should be made to the Federal income tax rate only*", *SEC*, SAB, online im Internet, Topic 6-I, Nr. 1, Question 1 and Interpretive Response.

1091 Vgl. GewStG vom 15.10.2002, BGBl. I 2002, S. 4167; SolZG 1995 vom 15.10.2002, BGBl. I 2002, S. 4130; *Schäffeler*, Latente Steuern, 2000, S. 214.

1092 Vgl. *Rudden/Sieker*, Besteuerung, 1994, S. 75; *Schäffeler*, Latente Steuern, 2000, S. 179 f., insbesondere Fn. 218.

1093 Vgl. *SEC*, FRR, Item 204.02; *SEC*, SAB, online im Internet, Topic 6-I, Nr. 1, Question 1 and Interpretive Response.

1094 Vgl. *Schäffeler*, Latente Steuern, 2000, S. 180; *Hoffmann*, in: *Lüdenbach/Hoffmann*, IFRS-Kommentar, 3. Auflage, 2005, § 26, Tz. 107.

1095 Vgl. *Rekow*, in: *Ernst&Young*, KStG, 1997, SolZG 1995, Tz. 2.

1096 Losgelöst von den persönlichen Verhältnissen des Steuerschuldners, vgl. *Montag*, in: *Tipke/Lang*, Steuerrecht, 18. Auflage, 2005, § 12, Tz. 3.

Ziel.[1097] Beide US-GAAP-Vorschriften beabsichtigen mit dem anzuwendenden Steuersatz aber ausdrücklich die Ermittlung der erwarteten Belastung der Unternehmung mit Steuern auf das Einkommen. Auch aus diesem Grund besteht die Möglichkeit, die beiden Steuerarten zu vernachlässigen und entsprechend der Praxis amerikanischer Unternehmen alleine die Körperschaftsteuer als anzuwendenden Steuersatz heranzuziehen.[1098]

Der DRS 10 bezieht im Hinblick auf den anzuwendenden Steuersatz keine Position, so dass grundsätzlich jeder zur Abbildung der erwarteten Steuerbelastung geeignete „in Deutschland geltende Steuersatz“[1099] herangezogen werden kann. Somit lässt sich mit Hilfe der für IAS und US-GAAP aufgezeigten Argumente die bloße Anwendung des Körperschaftsteuersatzes auch bei Anwendung des DRS 10 begründen.

Deutsche internationale Konzerne, die diese Variante des *homebased*-Ansatzes umsetzen, wählen als anzuwendenden Steuersatz die seit der Einführung des Halbeinkünfteverfahrens durch das Steuersenkungsgesetz[1100] definitive Belastung des Ergebnisses mit Körperschaftsteuer von zur Zeit 25%[1101] als Ausgangsgröße ihrer Überleitungsrechnung. Variante 1 ist, da sie auf einen einzigen inländischen Steuersatz abstellt, unzweifelhaft die einfachste Möglichkeit, den anzuwendenden Steuersatz zu bestimmen. Gleichzeitig besticht sie durch die für jeden Abschlussinteressenten nachvollziehbare Ermittlung der erwarteten Steuerbelastung, da außer der Höhe des geltenden Körperschaftsteuertarifs keine weiteren Kenntnisse des deutschen Steuerrechts notwendig sind. Steuerbelastungen aus Solidaritätszuschlag und Gewerbesteuer werden im zweiten Bereich der Überleitungsrechnung als jeweils eigenständige Überleitungsposten ausgewiesen.[1102]

Die Herleitung der effektiven Steuerbelastung in Überleitungsrechnungen der Variante 1 erfolgt Schritt für Schritt und zeigt sämtliche Abweichungen der effektiven Steuerbelastung vom erwarteten Aufwand für die Körperschaftsteuer einzeln auf. Die Überleitung im zweiten Bereich der Überleitungsrechnung umfasst die Überleitungsposten für die zusätzlichen Steuerbelastungen aus Solidaritätszuschlag und Gewerbesteuer und zudem sämtliche durch betriebswirtschaftliche und steuerrechtliche Sachverhalte ausgelöste Überleitungsposten. Auch Besteuerungsunterschiede zum Ausland werden in einem gesonderten Posten abgebildet und sind somit für die Interessenten der Jahresabschlüsse offenbar. Die Zusammensetzung der effektiven Steuerbelastung geht durch den getrennten Ausweis der Steuerarten aus der Überleitungsrechnung deutlich hervor. Ein anzuwendender Steuersatz, der nur die Körperschaft-

---

1097 Vgl. *Schäffeler*, Latente Steuern, 2000, S. 179, 181.

1098 Vgl. zu einer ausführlichen Begründung der Vernachlässigung von Solidaritätszuschlag und Gewerbesteuer bei Bilanzierung nach US-GAAP *Schäffeler*, Latente Steuern, 2000, S. 179 ff.

1099 Vgl. *DRSC*, DRS 10, Abs. 42, Flexion geändert.

1100 StSenkG vom 23.10.2000, BGBl. I 2000, S. 1433.

1101 Gemäß § 23 Abs. 1 KStG.

1102 Vgl. *Schäffeler*, Latente Steuern, 2000, S. 181.

steuer umfasst, vermag es somit in besonders anschaulicher Weise, die Relation und den Zusammenhang zwischen dem Ergebnis vor Steuern und der effektiven Steuerbelastung quantitativ und qualitativ aufzuzeigen und zu erläutern.[1103]

Gleichzeitig wird die Erwartung der Unternehmen im Hinblick auf die gesamte Steuerbelastung des Konzernergebnisses bei Variante 1 am wenigsten umfassend abgebildet. Die erwarteten Steuerbelastungen aus Solidaritätszuschlag und Gewerbesteuer sind nicht in der Ausgangsgröße der Überleitungsrechnung enthalten, sondern werden entsprechend der US-amerikanischen Praxis erst in deren zweitem Bereich in gesonderten Überleitungsposten ausgewiesen.[1104] In diesen Überleitungsposten werden bei der ersten Variante anzuwendender Steuersätze dann sämtliche Auswirkungen erfasst, die der Solidaritätszuschlag und die Gewerbesteuer auf die effektive Steuerbelastung haben. Hierzu zählen neben den für beide Steuerarten erwarteten Steuerbelastungen die aus Unterschieden in den Bemessungsgrundlagen von Körperschaftsteuer, Solidaritätszuschlag und Gewerbesteuer resultierenden Abweichungen. Aber auch sämtliche Auswirkungen der beiden Steuerarten auf steuersatzabhängige Überleitungsposten werden in den Überleitungsposten zum Solidaritätszuschlag und zur Gewerbesteuer abgebildet und nicht in den Überleitungsposten zu den Sachverhalten, die von den Steuerbelastungen eigentlich betroffen sind. Hierunter leidet die Aussagekraft der Erläuterung der Relation von Vorsteuerergebnis und effektivem Steueraufwand als Primärziel der Überleitungsrechnung.

Für den Überleitungsposten zum Solidaritätszuschlag wird die erwartete Steuerbelastung durch Anwendung des Solidaritätszuschlagssatzes in Höhe von 5,5%[1105] auf die erwartete Körperschaftsteuerbelastung ermittelt. Tatsächliche Bemessungsgrundlage für den Solidaritätszuschlag aber ist weder die erwartete Körperschaftsteuerbelastung, noch die auf der Grundlage des zu versteuernden Einkommens ermittelte Tarifbelastung, sondern die festgesetzte Körperschaftsteuer.[1106] Korrekturen aufgrund anzurechnender und vergüteter Körperschaftsteuer führen zu Abweichungen der festgesetzten Körperschaftsteuer von der Tarifbelastung und damit letztlich auch von der erwarteten Körperschaftsteuerbelastung.[1107] Mit der festgesetzten Körperschaftsteuer mindern die Anrechnungen und Vergütungen auch die Bemessungsgrundlage des Solidaritätszuschlages, so dass hinsichtlich der Belastung mit Solidaritätszuschlag Abweichungen in Höhe der mit dem Solidaritätszuschlagssatz bewerteten An-

---

1103 Vgl. Abschnitt A.I, Seiten 134 ff.; *Schäffeler*, Latente Steuern, 2000, S. 205.

1104 Vgl. *Hoffmann*, in: *Lüdenbach/Hoffmann*, IFRS-Kommentar, 3. Auflage, 2005, § 26, Tz. 107. Abbildung 31 auf Seite 251 zeigt diese Vorgehensweise am Beispiel der nach US-GAAP aufgestellten Überleitungsrechnung des BASF-Konzerns für das Jahr 2004.

1105 Gemäß § 4 S. 1 SolZG 1995.

1106 Gemäß § 3 Abs. 1 Nr. 1 2. Alt. SolZG 1995. Vgl. *Reden*, in: *Littmann/Bitz/Pust*, EStG, 15. Auflage, 1988, §§ 1-5 SolZG, Tz. 6; *Rekow*, in: *Ernst&Young*, KStG, 1997, SolZG 1995, Tz. 7.

1107 Vgl. *Reden*, in: *Littmann/Bitz/Pust*, EStG, 15. Auflage, 1988, §§ 1-5 SolZG, Tz. 6; *Rekow*, in: *Ernst& Young*, KStG, 1997, SolZG 1995, Tz. 7.

rechnungen und Vergütungen resultieren, die ebenfalls im Überleitungsposten zum Solidaritätszuschlag erfasst werden müssen.[1108]

Die Ermittlung der erwarteten Belastung mit Gewerbesteuer ist komplexer, da die Abzugsfähigkeit der Gewerbesteuer als Betriebsausgabe gemäß § 8 Abs. 1 KStG i.V.m. § 4 Abs. 4 EStG berücksichtigt werden muss. Die Gewerbesteuer mindert als Betriebsausgabe die körperschaftsteuerliche Bemessungsgrundlage und damit die Körperschaftsteuer, den Solidaritätszuschlag und gleichzeitig die Gewerbesteuer selbst, da der körperschaftsteuerliche Gewinn aus dem Gewerbebetrieb die Grundlage für die Ermittlung des Gewerbeertrags als Besteuerungsgrundlage der Gewerbesteuer bildet.[1109] Dieser Aspekt ist, obwohl er im Grundsatz den Überleitungsposten zur Gewerbesteuer betrifft, auch für die Aussagekraft von Überleitungsrechnungen der Variante 1 wesentlich, denn der sich auf die tatsächliche Höhe der Körperschaftsteuer auswirkende Effekt aus der Minderung der körperschaftsteuerlichen Bemessungsgrundlage um die nominelle Gewerbesteuerbelastung wird bei Ermittlung der Ausgangsgröße ‚erwartete Steuerbelastung' nicht berücksichtigt.

Die Ausgangsgröße der Überleitungsrechnung kann daher bei bloßer Anwendung des Körperschaftsteuersatzes als anzuwendenden Steuersatz nie der tatsächlichen Belastung des Vorsteuerergebnisses mit Körperschaftsteuer entsprechen, sie ist systembedingt stets zu hoch.[1110] Diese Abweichung der effektiven von der erwarteten Steuerbelastung in Höhe der mit dem Körperschaftsteuersatz multiplizierten nominellen Gewerbesteuerlast wird bei anzuwendenden Steuersätzen der Variante 1 somit erst im Überleitungsposten zur Gewerbesteuer erfasst und nicht bereits in der Ausgangsgröße der Überleitungsrechnung. Zudem mindert die Gewerbesteuer durch die Abzugsfähigkeit von der körperschaftsteuerlichen Bemessungsgrundlage auch die Bemessungsgrundlage des Solidaritätszuschlages; diese Abweichung wird bei einem anzuwendenden Steuersatz der Variante 1 ebenfalls erst im Überleitungsposten zur Gewerbesteuer abgebildet.

Die im Überleitungsposten zur Gewerbesteuer enthaltene erwartete Gewerbesteuerbelastung bildet damit nicht die tatsächlich im Geschäftsjahr angefallene, nominelle Belastung des Unternehmens mit Gewerbesteuer ab, sondern die faktische Gewerbesteuerbelastung[1111], die

---

[1108] Vgl. *Schäffeler*, Latente Steuern, 2000, S. 201.

[1109] §§ 6 f. GewStG. Vgl. *Sarrazin*, in: *Lenski/Steinberg*, Gewerbesteuergesetz, 9. Auflage, 1995, § 1 GewStG, Tz. 6; *Güroff*, in: *Glanegger/Güroff*, GewStG, 6. Auflage, 2006, § 1 GewStG, Tz. 15. Eine Parallele weisen die *state and local taxes* der USA auf, denn die von den einzelnen Bundesstaaten erhobenen Einkommensteuern sind ebenfalls von der Bundeseinkommensteuer abzugsfähig. Damit beinhalten die Überleitungsposten zu den *state and local taxes* bei US-amerikanischen Unternehmen auch Steuereffekte aus unterschiedlichen Steuerarten, vgl. *Deloitte Touche Tohmatsu International*, North America, 1996 Edition, 1996, S. 84; *Becker/Fink/Jacob*, Amerika, 1998, S. 182 f., Tz. 470; *American Chamber of Commerce in Germany e. V./PriceWaterhouseCoopers*, USA, 2001, S. 97, 99; *Wempen*, Tax Reconciliation, 2002, S. 27.

[1110] Unter der Voraussetzung, dass tatsächlich Gewerbesteuer gezahlt wurde und bei Vernachlässigung weiterer Abweichungsursachen, vgl. *Schäffeler*, Latente Steuern, 2000, S. 182.

[1111] Der nominelle Belastungssatz der Gewerbesteuer berücksichtigt die Abzugsfähigkeit der Gewerbesteuer von ihrer eigenen Bemessungsgrundlage. Die faktische Belastung mit Gewerbesteuer berücksichtigt darünach der Kürzung der körperschaftsteuerlichen und damit gleichzeitig auch der gewerbesteuerlichen[1112] Bemessungsgrundlage um die Gewerbesteuer verbleibt.[1113] Berücksichtigt man die Abzugsfähigkeit der Gewerbesteuer von der körperschaftsteuerlichen Bemessungsgrundlage, ergibt sich die faktische Belastung deutscher Kapitalgesellschaften mit Gewerbesteuer wie folgt:[1114]

$$s_H^{\text{GewSt fakt}} = s_H^{\text{GewSt nom}} - s_H^{\text{GewSt nom}} \cdot \left(s^{\text{KSt}} + s^{\text{KSt}} \cdot s^{\text{SolZ}}\right)$$

$$= s_H^{\text{GewSt nom}} \cdot \left(1 - s^{\text{KSt}}\left(1 + s^{\text{SolZ}}\right)\right)$$

mit:

$s_H^{\text{GewSt fakt}}$ = Faktischer Belastungssatz deutscher Kapitalgesellschaften mit Gewerbesteuer in Abhängigkeit vom gewerbesteuerlichen Hebesatz[1115]

Gleichung 16: Faktische Gewerbesteuerbelastung deutscher Kapitalgesellschaften

Setzt man Gleichung 5 (Seite 49 der Untersuchung) in Gleichung 16 ein ergibt sich die folgende Darstellung:

$$s_H^{\text{GewSt fakt}} = \frac{m \cdot H}{1 + m \cdot H} \cdot \left(1 - s^{\text{KSt}}\left(1 + s^{\text{SolZ}}\right)\right)$$

Für die zur Zeit geltenden Sätze von 25% für die Körperschaftsteuer[1116], 5,5% für den Solidaritätszuschlag[1117] und 5% für die Gewerbesteuermesszahl[1118] resultiert dann:

ber hinaus sowohl die Abzugsfähigkeit der Gewerbesteuer von ihrer eigenen als auch von der körperschaftsteuerlichen Bemessungsgrundlage. Zur Terminologie *Schäffeler*, Latente Steuern, 2000, S. 146.

1112 Vgl. *Sarrazin*, in: *Lenski/Steinberg*, Gewerbesteuergesetz, 9. Auflage, 1995, § 1 GewStG, Tz. 6; *Güroff*, in: *Glanegger/Güroff*, GewStG, 6. Auflage, 2006, § 1 GewStG, Tz. 15.

1113 Vgl. *Schäffeler*, Latente Steuern, 2000, S. 182.

1114 Vgl. zur Herleitung des faktischen Gewerbesteuerbelastungssatzes innerhalb des Gesamtbelastungssatzes deutscher Kapitalgesellschaften auch die Herleitung der Gleichung 6 auf Seite 50.

1115 Vgl. zur Bezeichnung der weiteren Symbole die Erläuterungen zu Gleichung 4 auf Seite 49 und zu Gleichung 5 auf Seite 49.

1116 Gemäß § 23 Abs. 1 KStG. Für den Veranlagungszeitraum 2003 war ein Steuersatz von 26,5% anzuwenden, vgl. Flutopfersolidaritätsgesetz vom 19.9.2002, BGBl. I 2002, S. 3651.

1117 Gemäß § 4 S. 1 SolZG.

1118 Gemäß § 11 Abs. 2 Nr. 2 GewStG.

$$s_H^{GewSt\,fakt} = \frac{0{,}05 \cdot H}{1 + 0{,}05 \cdot H} \cdot \left(1 - 0{,}25\,(1 + 0{,}055)\right)$$

$$= 0{,}73625 \cdot \frac{0{,}05 \cdot H}{1 + 0{,}05 \cdot H}$$

Gleichung 17: Faktische Gewerbesteuerbelastung deutscher Kapitalgesellschaften in Abhängigkeit vom gewerbesteuerlichen Hebesatz

Bei einem Hebesatz von 400% beträgt die faktische Belastung deutscher Kapitalgesellschaften aus Gewerbesteuer somit 12,27%, die nominelle Gewerbesteuerbelastung hingegen 16,67%:[1119]

$$s_{400}^{GewSt\,fakt} = 0{,}73625 \cdot \frac{0{,}05 \cdot 4}{1 + 0{,}05 \cdot 4} = 12{,}27\%$$

Diese faktische Gewerbesteuerbelastung ist als erwartete Belastung des Vorsteuerergebnisses mit Gewerbesteuer die Ausgangsgröße des Überleitungspostens zur Gewerbesteuer. Noch nicht berücksichtigt sind Steuereffekte, die aus Hinzurechnungen und Kürzungen des nach körperschaftsteuerlichen Vorschriften ermittelten Gewinns aus dem Gewerbebetrieb mit dem Ziel der Ermittlung des Gewerbeertrages als Besteuerungsgrundlage der Gewerbesteuer resultieren,[1120] sowie Effekte, die sich aus Hebesatzabweichungen ergeben, wenn auf Ergebnisbeiträge inländischer Konzernunternehmen ein anderer als der zur Ermittlung der faktischen Gewerbesteuerbelastung herangezogene Hebesatz angewendet wird.[1121]

Insbesondere die Auswirkungen, die der Solidaritätszuschlag und die Gewerbesteuer auf steuersatzabhängige Überleitungsposten haben, werden bei Anwendung der ersten Variante anzuwendender Steuersätze in den Überleitungsposten zu den beiden Steuerarten abgebildet.[1122] Wie formal in Abschnitt A.IV gezeigt,[1123] werden die steuersatzabhängigen Überleitungsposten im zweiten Bereich der Überleitungsrechnung durch Bewertung mit dem anzuwendenden Steuersatz ermittelt, bei bloßer Anwendung des Körperschaftsteuersatzes als Variante 1 anzuwendender Steuersätze somit nur mit dem Körperschaftsteuersatz. Diese Vorgehensweise ist sachgerecht, da die Überleitungsposten letztlich die durch die jeweiligen betriebswirtschaftlichen Sachverhalte ausgelöste Abweichung von der erwarteten Steuerbelastung aufzeigen sollen, in Variante 1 mithin die Abweichung von der erwarteten Belastung mit Körper-

---

1119 Vgl. zur nominellen Belastung die Hinweise zu Gleichung 5 auf Seite 49.

1120 Gemäß §§ 7 ff. GewStG. Vgl. hierzu *Schäffeler*, Latente Steuern, 2000, S. 184 ff.; *Adrian*, Tax Reconciliation, 2005, S. 162 ff.

1121 Vgl. *Hannemann/Peffermann*, IAS-Konzernsteuerquote, BB 2003, S. 729; *Adrian*, Tax Reconciliation, 2005, S. 171. Zur Berücksichtigung dieser Effekte im Überleitungsposten zur Gewerbesteuer vgl. Abschnitt B.II.3.c), hier ab Seite 205.

1122 Vgl. *Schäffeler*, Latente Steuern, 2000, S. 182.

1123 Ab Seite 159 der Untersuchung.

schaftsteuer. Steuereffekte, die die Sachverhalte auf den Solidaritätszuschlag und die Gewerbesteuer haben, müssen somit, sachlogisch zutreffend, in den Überleitungsposten zu diesen beiden Steuerarten gezeigt werden und nicht in den Überleitungsposten zu den mit Solidaritätszuschlag und Gewerbesteuer belasteten betriebswirtschaftlichen Sachverhalten. Die Ermittlung dieser Effekte erfolgt durch Multiplikation der jeweiligen Sachverhalte mit dem Solidaritätszuschlagssatz bzw. dem faktischen Belastungssatz der Gewerbesteuer.

Es ist in diesem Fall aber nicht erkennbar, wie sich steuersatzabhängige Überleitungsposten bei einer Variation der zugrundeliegenden Sachverhalte im Hinblick auf den Solidaritätszuschlag und die Gewerbesteuer verändern, in welcher Weise mithin die Veränderung einer einzelnen betriebswirtschaftlichen Größe auf die effektive Steuerbelastung der Unternehmung insgesamt einwirkt. Die Effekte aus der Variation der zugrundeliegenden Größe, die auf den Solidaritätszuschlag und die Gewerbesteuer zurückgehen, gehen in deren Überleitungsposten ein und sind im Überleitungsposten des Sachverhaltes, der die Änderung der effektiven Steuerbelastung ausgelöst hat, nicht ersichtlich. Die steuerlichen Auswirkungen betriebswirtschaftlicher Sachverhalte auf die effektive Steuerbelastung werden in Variante 1 somit nicht umfassend abgebildet.[1124]

Zur Veranschaulichung des Effektes, den die Variation einer betriebswirtschaftlichen Größe auf die effektive Steuerbelastung als Zielgröße der Überleitungsrechnung insgesamt hat, ist daher stets die vollständig neue Erstellung der Überleitungsrechnung notwendig. Die durch die Veränderung der Größe ausgelöste Steuerwirkung wird dabei an drei verschiedenen Stellen der Überleitungsrechnung gezeigt. So wird im Überleitungsposten zu dem betreffenden Sachverhalt die Auswirkung auf die Belastung mit Körperschaftsteuer ausgewiesen, in den Überleitungsposten zum Solidaritätszuschlag und zur Gewerbesteuer die diese Steuerarten betreffenden Steuerwirkungen.

Da für jede Beeinflussung betriebswirtschaftlicher Größen eine neue fiktive Veranlagung des Konzerns durchgeführt werden muss und die Steuerwirkungen der Variation betriebswirtschaftlicher Sachverhalte für jede Steuerart einzeln gezeigt werden, weisen Überleitungsrechnungen unter Verwendung des bloßen Körperschaftsteuersatzes als erste Variante anzuwendender Steuersätze Parallelen zur kasuistischen Veranlagungssimulation auf.[1125] Durch die steuerartenorientierte Betrachtung der Überleitungsrechnung nach Variante 1 wird bei Variationen betriebswirtschaftlicher Größen deren Einfluss auf die effektive Steuerbelastung nicht nur im Überleitungsposten zu den jeweiligen Sachverhalten, sondern auch in den Überleitungsposten zum Solidaritätszuschlag und zur Gewerbesteuer gezeigt. Dadurch geht eine Vielzahl von Informationen verloren, und der Informationsbeitrag der Überleitungsrechnung zur Analyse des Einflusses betriebswirtschaftlicher Größen auf die effektive Steuerbelastung

1124 Vgl. *Schäffeler*, Latente Steuern, 2000, S. 182.

1125 Vgl. *Schäffeler*, Latente Steuern, 2000, S. 182 f. Ausführlich zur kasuistischen Veranlagungssimulation *Scheffler*, Veranlagungssimulation, WiSt 1991, S. 70 ff.; *Rose*, Steuerlehre, 3. Auflage, 1992, S. 32 ff.

des Konzerns wird geschmälert.[1126] Diese Tatsache schwächt die Aussagekraft der Erläuterung der Relation von Vorsteuerergebnis und effektivem Steueraufwand und erschwert die *cash-flow*-Prognose als weiteres Ziel der Überleitungsrechnung erheblich.[1127]

b) Zusätzliche Einbeziehung des Solidaritätszuschlags

Ein anzuwendender Steuersatz gemäß Variante 2, der neben dem Körperschaftsteuersatz den Solidaritätszuschlag umfasst, gleichzeitig aber die Gewerbesteuer vernachlässigt, lässt sich aufgrund der Interpretationsspielräume der betrachteten Rechnungslegungsstandards ebenfalls plausibel begründen. Hinsichtlich der Gewerbesteuer soll es aufgrund der soeben dargelegten Argumente zunächst bei deren Vernachlässigung im anzuwendenden Steuersatz verbleiben.

Nach der Regelung des IAS 12 sollen alle lokalen Steuern in den anzuwendenden Steuersatz einbezogen werden, die auf Basis einer im Wesentlichen identischen Bemessungsgrundlage wie die Körperschaftsteuer erhoben werden.[1128] Bemessungsgrundlage für den Solidaritätszuschlag ist die festgesetzte Körperschaftsteuer.[1129] Im Halbeinkünfteverfahren wird die Körperschaftsteuerschuld durch Anwendung des in seiner Höhe definitiven Körperschaftsteuersatzes von 25%[1130] auf das zu versteuernde Einkommen ermittelt, ohne dass wie im Anrechnungsverfahren nachträgliche Anpassungen des Steuersatzes aufgrund von Ausschüttungen[1131] notwendig werden. Einzig die Korrekturen aufgrund von anzurechnender und vergüteter Körperschafteuer führen zu Abweichungen der festgesetzten Körperschaftsteuer als Bemessungsgrundlage des Solidaritätszuschlages von der auf Grundlage des zu versteuernden Einkommens ermittelten Körperschaftsteuer. Damit ist der Solidaritätszuschlag im Grundsatz wie die Körperschaftsteuer auf die Basis ‚zu versteuerndes Einkommen' bezogen und kann aufgrund dieser direkten Anknüpfung an die Körperschaftsteuerlast in den anzuwendenden Steuersatz gemäß IAS 12 einbezogen werden.[1132]

Auch die Vorschriften der US-GAAP ermöglichen die Einbeziehung des Solidaritätszuschlags in den anzuwendenden Steuersatz. Denn die Vorschriften des SFAS No. 109 und der Regulation S-X fordern ausdrücklich, dass mit dem anzuwendenden Steuersatz die gesamte Belastung deutscher internationaler Konzerne mit Steuern vom Einkommen und vom Ertrag abgebildet werden soll. So stellt das FASB auf *the amount of income tax expense* ab,[1133] die

---

1126 Vgl. *Adrian*, Tax Reconciliation, 2005, S. 134.

1127 Vgl. *Schäffeler*, Latente Steuern, 2000, S. 208 f.

1128 Vgl. *IASB*, IAS 12, Abs. 85.

1129 Gemäß § 3 Abs. 1 Nr. 1 2. Alt. SolZG. Vgl. *Reden*, in: *Littmann/Bitz/Pust*, EStG, 15. Auflage, 1988, §§ 1-5 SolZG, Tz. 6; *Rekow*, in: *Ernst&Young*, KStG, 1997, SolZG 1995, Tz. 7.

1130 Gemäß § 23 Abs. 1 KStG.

1131 Gemäß §§ 23 Abs. 5 i.V.m. 27 KStG aF, vgl. KStG 1999 vom 22.4.1999, BGBl. I 1999, S. 817.

1132 So auch *Loitz*, Überleitungsrechnung, WPg 2004, S. 1192; *Adrian*, Tax Reconciliation, 2005, S. 118.

1133 Vgl. *FASB*, SFAS No. 109, Abs. 47, S. 1.

SEC geht darüber hinaus und strebt mit dem anzuwendenden Steuersatz die Abbildung der Erwartung des *amount of total income tax expense* an.[1134]

Der Solidaritätszuschlag zählt als Ergänzungsabgabe zur Körperschaftsteuer im Sinne des Art. 106 Abs. 1 Nr. 6 GG zu den Annexsteuern und ist eine selbständige, gesondert von der Körperschaftsteuer zu erhebende Steuer.[1135] Aufgrund der engen Verknüpfung der Annexsteuer mit der zugrundeliegenden Basis und des daraus resultierenden Kausalzusammenhangs teilt der Solidaritätszuschlag den Charakter der Körperschaftsteuer[1136] und kann als eine „besondere Ausprägung der Einkommensbesteuerung"[1137] in Deutschland interpretiert werden. Bei Vorliegen einer positiven festgesetzten Körperschaftsteuer kommt es somit zwingend zu einer zusätzlichen Belastung mit Solidaritätszuschlag, die als Erhöhung der Körperschaftsteuer wirkt.[1138] Diese Belastung erwarten die Unternehmen, so dass die Einbeziehung des Solidaritätszuschlags in den anzuwendenden Steuersatz folgerichtig ist. Dies auch, obwohl der Solidaritätszuschlag nicht der originären Besteuerung des Einkommens, sondern der Finanzierung der deutschen Einheit dient.[1139] Diese Interpretation rechtfertigt die Einbeziehung des Solidaritätszuschlages in den anzuwendenden Steuersatz nach US-GAAP bilanzierender Unternehmen.

Deutsche internationale Konzerne, die der Variante 2 folgen und damit ebenfalls den *home-based*-Ansatz umsetzen, erweitern bei der Ermittlung des anzuwendenden Steuersatzes die Belastung des Ergebnisses mit Körperschaftsteuer von 25%[1140] um den Zuschlagssatz von 5,5%[1141]. Insgesamt resultiert daraus ein Belastungssatz von exakt 26,375%.[1142] Variante 2 stellt auf einen kombinierten Ertragsteuersatz zweier Steuerarten ab, der immer noch sehr leicht zu bestimmen ist. Auch für externe Abschlussinteressenten ist die Ermittlung der anzuwendenden Steuerbelastung leicht nachvollziehbar, setzt jedoch mit der Höhe des Satzes für den Solidaritätszuschlag und der Form der Verknüpfung des Solidaritätszuschlags mit der Körperschaftssteuer als Annexsteuer geringfügig mehr Kenntnisse voraus als ein gemäß Variante 1 gebildeter anzuwendender Steuersatz.

1134 Vgl. *SEC*, Reg. S-X, online im Internet, Item 210.4-08, Abs. (h) (2), S. 1, sinngemäße Wiederholung der Wortfolge.

1135 Vgl. BT-Drs. 12/4401 vom 4.3.1993, S. 104; *Reden*, in: *Littmann/Bitz/Pust*, EStG, 15. Auflage, 1988, §§ 1-5 SolZG, Tz. 4; *Rekow*, in: *Ernst&Young*, KStG, 1997, SolZG 1995, Tz. 2; *Lang*, in: *Tipke/Lang*, Steuerrecht, 18. Auflage, 2005, § 8, Tz. 36; *Hey*, in: *Tipke/Lang*, Steuerrecht, 18. Auflage, 2005, § 11, Tz. 112.

1136 Vgl. *Rekow*, in: *Ernst&Young*, KStG, 1997, SolZG 1995, Tz. 2.

1137 Vgl. *Schäffeler*, Latente Steuern, 2000, S. 200.

1138 Gemäß § 3 Abs. 1 Nr. 1 SolZG. Vgl. *Reden*, in: *Littmann/Bitz/Pust*, EStG, 15. Auflage, 1988, §§ 1-5 SolZG, Tz. 3; *Rekow*, in: *Ernst&Young*, KStG, 1997, SolZG 1995, Tz. 2, 7, 15.

1139 Vgl. BT-Drs. 12/4401 vom 4.3.1993, S. 51; zur Verfassungsmäßigkeit Finanzgericht Münster, Urteil vom 27.9.2005, Az. 12-K-6263/03-E, EStB 2006, S. 53, mit Hinweis auf die beim Bundesfinanzhof eingelegte Nichtzulassungsbeschwerde (BFH VII B 324/05); sowie *Rekow*, in: *Ernst&Young*, KStG, 1997, SolZG 1995, Tz. 2; *Schäffeler*, Latente Steuern, 2000, S. 181; *Adrian*, Tax Reconciliation, 2005, S. 118.

1140 Gemäß § 23 Abs. 1 KStG.

1141 Gemäß § 4 S. 1 SolZG.

1142 $(1 + 0{,}055) \cdot 25\% = 26{,}375\%$, vgl. z.B. *Rekow*, in: *Ernst&Young*, KStG, 1997, SolZG 1995, Tz. 16.

Die Erwartung der Unternehmen hinsichtlich der Steuerbelastung des Konzernergebnisses wird bei dieser zweiten Variante bereits umfassender abgebildet als bei Variante 1, da die erwartete Steuerbelastung aus dem Solidaritätszuschlag in der Ausgangsgröße der Überleitungsrechnung enthalten ist. Diese umfangreichere Erwartung der Steuerbelastung ist sachlich gerechtfertigt. Denn war der Solidaritätszuschlag in seiner ursprünglichen Form 1991 noch als vorübergehende Belastung geplant,[1143] ist das Solidaritätszuschlagsgesetz 1995 in seiner Laufzeit nicht mehr begrenzt[1144] und die Berücksichtigung des Solidaritätszuschlags im anzuwendenden Steuersatz als tatsächlich längerfristig zu erwartende Zusatzbelastung naheliegend.[1145] Die bei Variante 1 notwendige Erfassung der erwarteten Belastung mit Solidaritätszuschlag im zweiten Bereich der Überleitungsrechnung entfällt.

Jedoch besteht auch für die zweite Variante anzuwendender Steuersätze die Notwendigkeit der Bildung eines Überleitungspostens für den Solidaritätszuschlag.[1146] Wie oben dargestellt,[1147] weicht die festgesetzte Körperschaftsteuer als Bemessungsgrundlage des Solidaritätszuschlages in Höhe der anzurechnenden und vergüteten Körperschaftsteuer von der Körperschaftsteuerschuld ab, die auf der Grundlage des zu versteuernden Einkommens ermittelt wurde. Bei pauschaler Anwendung eines aus Körperschaftsteuer und Solidaritätszuschlag kombinierten Ertragsteuersatzes auf das Vorsteuerergebnis entsteht somit ein systematischer Fehler, da der anzuwendende Steuersatz wissentlich auf eine im Hinblick auf den Solidaritätszuschlag falsche Bemessungsgrundlage angewendet wird. Dieser systematische Fehler muss bei Wesentlichkeit im Sinne von Entscheidungserheblichkeit in einem gesonderten Überleitungsposten zum Solidaritätszuschlag korrigiert werden; die Höhe des Korrekturbetrages ergibt sich aus der Bewertung der Abweichungen zwischen der festgesetzten Körperschaftsteuer und der Tarifbelastung mit dem Solidaritätszuschlagssatz.[1148] Für die Gewerbesteuer verbleibt es bei der Bildung des umfassenden Überleitungspostens, der sämtliche Effekte aus der Gewerbesteuer abbildet.[1149]

Auswirkungen, die der Solidaritätszuschlag auf steuersatzabhängige Überleitungsposten hat, werden bei einem anzuwendenden Steuersatz gemäß Variante 2 nicht mehr im Überleitungsposten für den Solidaritätszuschlag erfasst, sondern in den steuersatzabhängigen Überleitungsposten selbst. Damit umfasst der Überleitungsposten für den Solidaritätszuschlag bei Anwendung von Variante 2 ausschließlich die Korrektur für den aus den Unterschieden in

---

1143 Vgl. SolZG 1991 vom 24.6.1991, BGBl. I 1991, S. 1318.

1144 Vgl. SolZG 1995 vom 15.10.2002, BGBl. I 2002, S. 4130; *Reden*, in: *Littmann/Bitz/Pust*, EStG, 15. Auflage, 1988, §§ 1-5 SolZG, Tz. 1a; *Rekow*, in: *Ernst&Young*, KStG, 1997, SolZG 1995, Tz. 1.

1145 Vgl. *Herzig*, Gestaltung, WPg 2003, Sonderheft, S. S 91.

1146 Diese Notwendigkeit verneint *Adrian*, Tax Reconciliation, 2005, S. 131.

1147 Vgl. Abschnitt B.II.3.a), hier Seite 193.

1148 Vgl. *Schäffeler*, Latente Steuern, 2000, S. 201. Vgl. zu einer ausführlichen Darstellung des aus der Bemessungsgrundlagendifferenz der Körperschaftsteuer und des Solidaritätszuschlages resultierenden systematischen Fehlers *Schäffeler*, Latente Steuern, 2000, S. 190 ff.

1149 Vgl. Abschnitt B.II.3.a), hier ab Seite 194.

den Bemessungsgrundlagen resultierenden systematischen Fehler, denn die für den Solidaritätszuschlag erwartete Steuerbelastung hat bereits Eingang in den anzuwendenden Steuersatz gefunden. Die steuersatzabhängigen Überleitungsposten weisen bei Variante 2 demnach sämtliche Abweichungen von der erwarteten Ertragsteuerbelastung aus, die sie im Hinblick auf die Körperschaftsteuer und den Solidaritätszuschlag auslösen.

Steuereffekte einer bewussten Variation betriebswirtschaftlicher Größen auf Körperschaftsteuer und Solidaritätszuschlag können somit unmittelbar in den Überleitungsposten der jeweiligen Sachverhalte abgelesen werden. Insofern steigert ein anzuwendender Steuersatz gemäß Variante 2 den Informationsbeitrag der Überleitungsrechnung für die Analyse des Einflusses betriebswirtschaftlicher Größen auf die effektive Steuerbelastung der Unternehmung und ist für die *cash-flow*-Prognose als Ziel der Überleitungsrechnung bereits besser geeignet als ein anzuwendender Steuersatz der Variante 1.

Dennoch ist der Gesamteffekt, den die Beeinflussung der betriebswirtschaftlichen Größe für die effektive Steuerbelastung hat, im Überleitungsposten dieser Größe nicht erkennbar, da Auswirkungen, die die Gewerbesteuer betreffen, nach wie vor im Überleitungsposten zur Gewerbesteuer abgebildet werden. Hier verbleibt es bei der Bildung eines gesonderten Überleitungspostens, der neben der erwarteten Gewerbesteuerbelastung Bemessungsgrundlageninterdependenzen und Einflüsse steuersatzabhängiger Überleitungsposten auf die Gewerbesteuer berücksichtigt. Durch gewerbesteuerliche Einflüsse induzierte Abweichungen von der erwarteten Steuerbelastung mit Körperschaftsteuer und Solidaritätszuschlag werden quantitativ und qualitativ im Überleitungsposten zur Gewerbesteuer aufgezeigt und erläutert.

Es verbleibt hinsichtlich der Gewerbesteuer somit auch bei der steuerartenorientierten Betrachtung der ersten Variante, so dass hier die Parallelen zur Veranlagungssimulation bestehen bleiben. Insofern lässt sich bei einer bewussten Variation betriebswirtschaftlicher Größen der durch die Beeinflussung ausgelöste Gesamteffekt für die effektive Steuerbelastung auch bei der zweiten Variante anzuwendender Steuersätze noch nicht in den Überleitungsposten der betriebswirtschaftlichen Größen erkennen, die *cash-flow*-Prognose wird mithin noch nicht in größtmöglichem Umfang unterstützt.

Insgesamt ist zu erkennen, dass durch die unterschiedliche Handhabung des Solidaritätszuschlags und der Gewerbesteuer beide Ziele der Überleitungsrechnung nicht vollumfänglich unterstützt werden. Die Anschaulichkeit der Erläuterung der Relation und des Zusammenhangs der Größen ‚Ergebnis vor Steuern' und ‚effektive Steuerbelastung', die bei einem anzuwendenden Steuersatz der Variante 1 erreicht wird, wird bei Anwendung der Variante 2 verfehlt, während gleichzeitig die *cash-flow*-Prognose mit dem anzuwendenden Steuersatz der Variante 2 zwar verbessert wird, aber noch nicht optimal ist.

c) Kombinierter Ertragsteuersatz aus Körperschaftsteuer, Solidaritätszuschlag und Gewerbesteuer

Die dritte Variante anzuwendender Steuersätze umfasst mit der Körperschaftsteuer, dem Solidaritätszuschlag und der Gewerbesteuer sämtliche für deutsche internationale Konzerne relevanten Ertragsteuerarten.[1150] Insbesondere für nach IAS bilanzierende Unternehmen ist die Verwendung dieser Variante naheliegend,[1151] da nach dem Wortlaut der Norm des IAS 12 zusätzlich zur Körperschaftsteuer die Einbeziehung aller lokalen Steuern in den anzuwendenden Steuersatz gefordert wird, die auf der Grundlage eines „im Wesentlichen vergleichbaren Niveaus des zu versteuernden Ergebnisses [...] berechnet werden"[1152]. Im deutschen Steuersystem fußen der Solidaritätszuschlag und die Gewerbesteuer auf einer vergleichbaren Basis wie die Körperschaftsteuer und kommen daher als nach IAS 12 in den anzuwendenden Steuersatz einzubeziehende lokale Steuerarten in Frage.[1153]

Die Einbeziehung des Solidaritätszuschlages in den anzuwendenden Steuersatz gemäß IAS 12 lässt sich damit begründen, dass, wie soeben gezeigt wurde, der Solidaritätszuschlag im Grundsatz wie die Körperschaftsteuer auf dieselbe Basis ‚zu versteuerndes Einkommen' bezogen ist.[1154] Besteuerungsgrundlage der Gewerbesteuer ist der Gewerbeertrag.[1155] Gewerbeertrag ist der nach den Vorschriften des Körperschaftsteuergesetzes zu ermittelnde Gewinn aus dem Gewerbebetrieb[1156], vermehrt und vermindert um gewerbesteuerliche Modifikationen.[1157] Aufgrund der engen Anknüpfung des Gewerbeertrages an die körperschaftsteuerliche Gewinngröße haben Gewerbesteuer und Körperschaftsteuer unzweifelhaft eine gemeinsame Basis,[1158] auch wenn der Gewerbeertrag tatsächlich aufgrund von Modifikationen[1159] vom zu versteuernden Einkommen abweicht.

Interpretiert man den Wortlaut der Vorschrift des IAS 12 streng dahingehend, dass mit der Formulierung des im Wesentlichen vergleichbaren Niveaus des zu versteuernden Ergebnisses nicht notwendigerweise exakt dasselbe Ergebnis gemeint ist, sondern tatsächlich die gemein-

---

1150 Vgl. *Schäffeler*, Latente Steuern, 2000, S. 183, 200.

1151 *Kirsch* geht sogar soweit, dass er die Anwendung der Varianten 1 und 2 als anzuwendende Steuersätze ausschließt: „Der anzuwendende Ertragsteuersatz ermittelt sich für deutsche Kapitalgesellschaften als kombinierter Ertragsteuersatz aus Körperschaftsteuersatz zuzüglich Solidaritätszuschlag sowie Gewerbesteuer", *Kirsch*, Berichterstattung, DStR 2003, S. 705.

1152 *IASB*, IAS 12 (Deutsche Ausgabe), Abs. 85, S. 3.

1153 Vgl. *Schäffeler*, Latente Steuern, 2000, S. 183.

1154 So auch *Loitz*, Überleitungsrechnung, WPg 2004, S. 1192.

1155 Gemäß § 6 GewStG.

1156 Gemäß § 8 Abs. 1 und 2 KStG.

1157 Gemäß § 7 S. 1 GewStG.

1158 Diesen sachlichen Kontext zwischen Vorsteuerergebnis und Gewerbesteueraufwand sieht auch *Adrian*, Tax Reconciliation, 2005, S. 119.

1159 Gemäß §§ 8, 9 GewStG. Vgl. zu den Modifikationen im Einzelnen z.B. *Montag*, in: *Tipke/Lang*, Steuerrecht, 18. Auflage, 2005, § 12, Tz. 19 ff.

same Basis der Bemessungsgrundlagen und ein vergleichbares Niveau der Besteuerungsgrundlagen zur Erfüllung des Tatbestands der Norm ausreichen, sind sowohl der Solidaritätszuschlag als auch die Gewerbesteuer zwingend in den anzuwendenden Steuersatz nach der Vorschrift der IAS einzubeziehen.[1160]

Für nach US-GAAP bilanzierende deutsche internationale Unternehmen besteht ebenfalls die Möglichkeit der Verwendung anzuwendender Steuersätze der Variante 3, wenn man die Normen der FASB und der SEC[1161] dahingehend auslegt, dass als Ausgangsgröße der Überleitungsrechnung tatsächlich die gesamte Belastung mit Steuern vom Einkommen und vom Ertrag abgebildet werden soll. Bei strikter Befolgung des Wortlautes der Vorschriften sind zur Ermittlung der gesamten Ertragsteuerbelastung letztlich auch sämtliche für deutsche internationale Konzerne relevanten Ertragsteuerarten - die Körperschaftsteuer, der darauf erhobene Solidaritätszuschlag und die Gewerbeteuer - in den anzuwendenden Steuersatz einzubeziehen.[1162]

Der Solidaritätszuschlag teilt als Annexsteuer den Charakter der Körperschaftsteuer[1163] und kann als eine „besondere Ausprägung der Einkommensbesteuerung"[1164], mithin als zusätzlich zur Körperschaftsteuer erhobene Ertragsteuer, angesehen werden. Die Gewerbesteuer kann aufgrund ihrer engen Anknüpfung an die Körperschaftsteuer und der zurücktretenden Merkmale einer Objektsteuer ebenfalls als Ertragsteuer verstanden werden,[1165] so dass der Charakter beider Steuerarten deren Einbeziehung in den anzuwendenden Steuersatz ermöglicht.

Auch die Beschränkung der in den anzuwendenden Steuersatz nach US-GAAP einzubeziehenden Steuerarten auf solche, die auf der Grundlage von Bundesgesetzen erhoben werden,[1166] steht der Berücksichtigung des Solidaritätszuschlages und der Gewerbesteuer nicht im Wege, da beide auf Grundlage von Bundesgesetzen[1167] erhoben und daher unter den Begriff der *federal tax rates* subsumiert werden können. Somit erfüllen der Solidaritätszuschlag und die Gewerbesteuer als bundesgesetzlich normierte Ertragsteuern alle Tatbestandsmerkmale der Vorschriften und können nach US-GAAP zur Ermittlung der gesamten erwarteten Steuerbelastung in den anzuwendenden Steuersatz einbezogen werden.

1160 Vgl. *Loitz*, Überleitungsrechnung, WPg 2004, S. 1192.

1161 Vgl. *FASB*, SFAS No. 109, Abs. 47, S. 1; *SEC*, Reg. S-X, online im Internet, Item 210.4-08, Abs. (h) (2), S. 1.

1162 Vgl. *Schäffeler*, Latente Steuern, 2000, S. 183, 214.

1163 Vgl. *Rekow*, in: *Ernst&Young*, KStG, 1997, SolZG 1995, Tz. 2.

1164 Vgl. *Schäffeler*, Latente Steuern, 2000, S. 200.

1165 Vgl. *Montag*, in: *Tipke/Lang*, Steuerrecht, 18. Auflage, 2005, § 12, Tz. 1.

1166 Vgl. *FASB*, SFAS No. 109, Abs. 47, S. 1; *SEC*, Reg. S-X, online im Internet, Item 210.4-08, Abs. (h) (2), S. 1; *SEC*, SAB, online im Internet, Topic 6-I, Nr. 1, Question 1 and Interpretive Response.

1167 Vgl. SolZG 1995 vom 15.10.2002, BGBl. I 2002, S. 4130; GewStG vom 15.10.2002, BGBl. I 2002, S. 4167; *Schäffeler*, Latente Steuern, 2000, S. 214.

Die Ermittlung des anzuwendenden Steuersatzes der Variante 3 erfolgt durch additive Erweiterung des Steuersatzes der Variante 2 um den von der Unternehmung erwarteten faktischen Belastungssatz mit Gewerbesteuer.[1168] Die Ermittlung des Gesamtbelastungssatzes erfolgt entsprechend der in Gleichung 6 auf Seite 50 dargestellten Ermittlung der steuerlichen Gesamtbelastung deutscher Kapitalgesellschaften in einem Schritt. Die Erwartung der Unternehmen hinsichtlich der Höhe des Gesamtsteuersatzes hängt von der Höhe des erwarteten Hebesatzes ab. Für einen Hebesatz von 400% beträgt der anzuwendende Steuersatz gemäß Variante 3 somit:

$$S_{400}^{ges} = 0{,}26375 + 0{,}73625 \cdot \frac{0{,}05 \cdot 4}{1 + 0{,}05 \cdot 4} = 38{,}65\%$$

Offenkundig ist, dass die Ermittlung des anzuwendenden Steuersatzes der Variante 3 für deutsche internationale Konzerne komplexer ist als die Ermittlung anzuwendender Steuersätze der Varianten 1 und 2. Bei Variante 3 sind neben der Höhe der Tarifbelastung mit Körperschaftsteuer, der Höhe des Satzes für den Solidaritätszuschlag und der Form der Verknüpfung dieser beiden Steuerarten Kenntnisse des deutschen Steuerrechts im Hinblick auf die Ermittlung der Gewerbesteuer notwendig. Insbesondere die Bemessungsgrundlagen- und Steuerarteninterdependenzen[1169] von Körperschaftsteuer, Solidaritätszuschlag und Gewerbesteuer mit der Abzugsfähigkeit der Gewerbesteuer von der körperschaftsteuerlichen und der gewerbesteuerlichen Bemessungsgrundlage erhöhen die Komplexität der Ermittlung von Steuersätzen der Variante 3. Jedoch ist auch die dritte Variante anzuwendender Steuersätze für externe Abschlussinteressenten nachvollziehbar; notwendig hierzu ist allein das Verständnis des Unterschiedes nomineller und faktischer Gewerbesteuerbelastungen.[1170]

Variante 3 anzuwendender Steuersätze setzt ebenfalls den *homebased*-Ansatz um. Die Erwartung der Unternehmen hinsichtlich der gesamten Belastung des Konzernergebnisses mit Steuern vom Einkommen und vom Ertrag wird bei dieser Variante am umfassendsten abgebildet. Neben der erwarteten Belastung mit Körperschaftsteuer und Solidaritätszuschlag wird bei anzuwendenden Steuersätzen der Variante 3 die regelmäßig anfallende und von den Unternehmen auch erwartete Gewerbesteuerbelastung in der von den Unternehmen erwarteten Höhe in der Ausgangsgröße der Überleitungsrechnung berücksichtigt. Bei dieser Variante besteht somit keine Notwendigkeit, die erwarteten Belastungen aus diesen Steuerarten im zweiten Bereich der Überleitungsrechnung zu erfassen.

Jedoch treten bei Anwendung der Variante 3 bei der Ermittlung der erwarteten Steuerbelastung aufgrund der Abweichungen in den Bemessungsgrundlagen hinsichtlich des Solidaritäts-

---

1168 Vgl. zur Ermittlung des faktischen Gewerbesteuersatzes Gleichung 16 auf Seite 195.

1169 Vgl. *Eisenach*, Steuerplanung, 1974, S. 147 ff.; *Wagner/Dirrigl*, Steuerplanung, 1980, S. 154; *Scheffler*, Veranlagungssimulation, WiSt 1991, S. 69 f.

1170 Verdeutlicht mit Hilfe der Gleichung 16 auf Seite 195.

zuschlags und der Gewerbesteuer systematische Fehler auf, die innerhalb der Überleitungsrechnung in jeweils gesonderten Überleitungsposten zu korrigieren sind.[1171] Für den Solidaritätszuschlag wurden die Gründe und die Korrektur des systematischen Fehlers oben aufgezeigt.[1172] Bei der Gewerbesteuer resultiert der systematische Fehler aus den gewerbesteuerlichen Modifikationen zur Ermittlung der gewerbesteuerlichen Besteuerungsgrundlage, namentlich aus den Hinzurechnungen und Kürzungen des nach körperschaftsteuerlichen Vorschriften ermittelten Gewinns aus dem Gewerbebetrieb gemäß der §§ 8 und 9 GewStG.[1173]

Die einzelnen Modifikationen führen häufig zu Abweichungen der gewerbesteuerlichen Besteuerungsgrundlage vom Konzernergebnis vor Steuern,[1174] in ihrer Gesamtheit bewirken die Hinzurechnungen und Kürzungen aber regelmäßig ein Auseinanderfallen von Gewerbeertrag und Vorsteuerergebnis des Konzerns. Bei der Ermittlung der erwarteten Steuerbelastung als Ausgangsgröße der Überleitungsrechnung wird mit dem anzuwendenden Steuersatz der Variante 3 aber auch die faktische Gewerbesteuerbelastung auf das Konzernergebnis vor Steuern bezogen, in dem gewerbesteuerliche Modifikationen nicht berücksichtigt sind. Aus der regelmäßigen Abweichung des Gewerbeertrages als Besteuerungsgrundlage der Gewerbesteuer vom Konzernergebnis vor Steuern entsteht hierbei, entsprechend der Ausführungen zum systematischen Fehler beim Solidaritätszuschlag, notwendigerweise ebenfalls ein systematischer Fehler. Dieser systematische Fehler ist im Überleitungsposten zur Gewerbesteuer zu korrigieren. Die Höhe des Korrekturbetrages wird ermittelt, indem der Saldo der Hinzurechnungen und Kürzungen mit dem unter Heranziehung des erwarteten Hebesatzes ermittelten faktischen Belastungssatz für die Gewerbesteuer bewertet wird.[1175]

Zudem wird bei der Ermittlung anzuwendender Steuersätze der Variante 3 von einem für alle Bestandteile des von den inländischen Konzernunternehmen erzielten Gewerbeertrages einheitlichen erwarteten Hebesatz ausgegangen, im oben angegebenen Beispiel von 400%. Allerdings bewegen sich die Gewerbesteuerhebesätze bereits in den deutschen Gemeinden mit 50.000 und mehr Einwohnern im Jahr 2005 in einer Bandbreite von 340 bis 490%.[1176] Kleinere Gemeinden wenden häufig noch deutlich niedrigere Hebesätze an.[1177] Aufgrund der un-

---

1171 A.A. *Adrian*, Tax Reconciliation, 2005, S. 131.

1172 Vgl. Seiten 200 ff. der Untersuchung.

1173 Vgl. zu einer ausführlichen Darstellung des aus der Bemessungsgrundlagendifferenz der Körperschaftsteuer und der Gewerbesteuer resultierenden systematischen Fehlers *Schäffeler*, Latente Steuern, 2000, S. 184 ff.

1174 Sofern nicht durch die gewerbesteuerliche Modifikation eine Abweichung des nach körperschaftsteuerlichen Regeln ermittelten zu versteuernden Einkommens zum Konzernergebnis vor Steuern rückgängig gemacht wird, vgl. *Adrian*, Tax Reconciliation, 2005, S. 163 f.

1175 Vgl. *Schäffeler*, Latente Steuern, 2000, S. 190; *Hannemann/Peffermann*, IAS-Konzernsteuerquote, BB 2003, S. 729; *Adrian*, Tax Reconciliation, 2005, S. 162.

1176 Vgl. *Beland*, Realsteuerhebesätze 2005, in: *Institut „Finanzen und Steuern" e.V.* (Hrsg.), IFSt-Schrift 434, 2005, S. 50 ff.

1177 Vgl. zu sogenannten Gewerbesteueroasen vor Einführung des Mindesthebesatzes z.B. *Kessler/Teufel*, Gesellschafterfremdfinanzierung, DB 2001, S. 1961; *Korezkij*, Anrechnung, BB 2001, S. 336.

terschiedlichen Ausprägungen der Hebesätze verschiedener Gemeinden und der in aller Regel gemeindeübergreifenden Tätigkeit deutscher internationaler Konzerne können die innerhalb des Konzerns tatsächlich angewendeten Hebesätze in Abhängigkeit von den Standorten der inländischen Konzerngesellschaften erheblich von einem Hebesatz von 400% abweichen.[1178]

Hierdurch entsteht ebenfalls eine Abweichung der tatsächlichen von der erwarteten Gewerbesteuerbelastung, wenn bei der Ermittlung der erwarteten Steuerbelastung das aggregierte inländische Konzernergebnis pauschal mit dem anzuwendenden Steuersatz der Variante 3 bewertet wurde, einzelne Ergebnisbestandteile aber einem anderen Gewerbesteuerhebesatz und damit einem anderen kombinierten Ertragsteuersatz als dem anzuwendenden Steuersatz unterfallen. Diese Abweichung wirkt auf die effektive Steuerbelastung des Konzerns ein und muss ebenfalls im Überleitungsposten zur Gewerbesteuer im zweiten Bereich der Überleitungsrechnung korrigiert werden.[1179] Hierzu sind die Ergebnisbestandteile der Konzernunternehmen, auf die ein anderer als der zur Ermittlung der faktischen Gewerbesteuerbelastung herangezogene Hebesatz angewendet wird, mit der Differenz aus dem durch Heranziehung des tatsächlich angewendeten Gewerbesteuerhebesatzes ermittelten kombinierten Ertragsteuersatz und dem anzuwendenden Steuersatz zu bewerten.

Das Vorhandensein der systematischen Fehler aus den Bemessungsgrundlagendifferenzen und -interdependenzen erschwert die unmittelbare Nachvollziehbarkeit der Überleitungsrechnung und die Ermittlung der Überleitungsposten für externe Abschlussinteressenten. Zwar wird bei Anwendung der dritten Variante anzuwendender Steuersätze die erwartete Steuerbelastung besonders umfassend abgebildet, dennoch sind zum zutreffenden Ausweis der Steuerbelastungen aus dem Solidaritätszuschlag und der Gewerbesteuer zusätzliche Korrekturen notwendig.[1180] Die sachliche Nachvollziehbarkeit dieser Korrekturen erfordert vom Abschlussinteressenten mehr steuerliche Detailkenntnisse, als dies bei den beiden vorherigen Varianten notwendig war, denn in den Überleitungsposten zum Solidaritätszuschlag und zur Gewerbesteuer wird nicht mehr die Gesamtbelastung aus diesen Steuerarten abgebildet, sondern nur die auf bestimmte Bemessungsgrundlagenbestandteile entfallenden Belastungen.[1181]

Die Höhe der Überleitungsposten zum Solidaritätszuschlag und zur Gewerbesteuer kann sich dem Abschlussinteressenten aber selbst bei Verständnis der steuerrechtlichen Zusammenhänge nicht vollumfänglich erschließen, da er keine Informationen zu den Abweichungen in

---

1178 Auf den durch Anwendung der Steuermesszahl auf den Gewerbeertrag ermittelten Steuermessbetrag wird zur Festsetzung der Gewerbesteuer der Hebesatz angewendet, §§ 11, 16 GewStG. Bei Ausübung der Unternehmenstätigkeit in mehreren Gemeinden ist der Steuermessbetrag gemäß §§ 28 ff. GewStG entsprechend der Summe der Arbeitslöhne auf die Gemeinden aufzuteilen, in denen die Betriebstätten unterhalten werden (Zerlegung).

1179 Vgl. *Hannemann/Peffermann*, IAS-Konzernsteuerquote, BB 2003, S. 729; *Adrian*, Tax Reconciliation, 2005, S. 171.

1180 A.A. *Adrian*, Tax Reconciliation, 2005, S. 131.

1181 Vgl. *Wagner/Dirrigl*, Steuerplanung, 1980, S. 154; *Schäffeler*, Latente Steuern, 2000, S. 205 f.

den Bemessungsgrundlagen der verschiedenen Steuerarten zur Verfügung hat. Namentlich stehen ihm Informationen zur Höhe der anzurechnenden und vergüteten Körperschaftsteuer ebensowenig zur Verfügung wie zu den gewerbesteuerlichen Hinzurechnungen und Kürzungen und den auf die jeweiligen Ergebnisbestandteile tatsächlich angewendeten Gewerbesteuerhebesätzen mit den zugrundeliegenden Zerlegungsmaßstäben. Allerdings würde die Aufspaltung des Überleitungspostens zur Gewerbesteuer in einzelne Steuereffekte gegen das Gebot der *materiality* verstoßen, da die Interessenten der Überleitungsrechnung vorrangig an der Gesamtbelastung der Unternehmung mit Gewerbesteuer interessiert sind,[1182] während die einzelnen, teilweise geringen, Steuereffekte die Entscheidungen der Abschlussinteressenten vermutlich nicht beeinflussen. Insofern sind diese Detailinformationen für die Aussagekraft der Überleitungsrechnung nicht zwingend erforderlich. Notwendig ist alleine die Information der Abschlussinteressenten über die Höhe der Abweichung in der Gewerbesteuer, die insgesamt entstanden ist.

Insgesamt lassen sich Überleitungsrechnungen der Variante 3 von den Jahresabschlussinteressenten schwerer nachvollziehen, vergleicht man die übermittelten Informationen mit der schrittweisen Vorgehensweise der Überleitung nach Variante 1. Allerdings richtet sich die Überleitungsrechnung als Bestandteil des *financial reporting* zuvorderst an fachkundige Adressaten, an professionelle Investoren und Kreditgeber sowie an Finanzanalysten als deren Informationsintermediäre.[1183] Daher bilden die Anforderungen dieses Adressatenkreises auch den Maßstab, an dem sich die Nachvollziehbarkeit der Überleitungsrechnung messen lassen muss.[1184] Für diese Adressaten kann von einem entsprechenden, auch steuerlichen, Detailwissen ausgegangen werden, so dass sich für sie die Überleitung nachvollziehen lässt. Die Anschaulichkeit der schrittweisen Überleitung der Variante 1 verliert für diese Adressaten als Beurteilungsmaßstab an Bedeutung, die Exaktheit und Vollständigkeit der in den Überleitungsposten abgebildeten Daten mit dem Ziel der Prognose künftiger Zahlungsmittelströme - *cash-flows* - ist demgegenüber höher zu gewichten.[1185] Da die Effekte insbesondere aus anzurechnender und vergüteter Körperschaftsteuer für die absolute Höhe der gesamten effektiven Steuerbelastung des Konzerns zudem in aller Regel von vernachlässigbarem Ausmaß sind, ist der Verlust an Anschaulichkeit für die Mehrzahl der weiteren Jahresabschlussinteressenten eher unwesentlich.

Wie oben allgemeingültig gezeigt,[1186] werden steuersatzabhängige Überleitungsposten mit dem anzuwendenden Steuersatz bewertet, der in diesem Fall sämtliche Ertragsteuerarten umfasst. Da sowohl die Erwartung der Steuerbelastungen aus Solidaritätszuschlag und Gewerbe-

---

1182 Vgl. *Wagenhofer*, IAS, 3. Auflage, 2001, S. 84 f.

1183 Vgl. *IASB*, Framework, Abs. 9 f.; *Berndlmaier/Klein*, Kundenorientierung, DB 1997, S. 1090; *Herzig*, Gewinnermittlung, 2004, S. 36.

1184 Vgl. *IASB*, Framework, Abs. 10; *Schäffeler*, Latente Steuern, 2000, S. 212 f. m.w.N.

1185 Vgl. *Schäffeler*, Latente Steuern, 2000, S. 213, 215.

1186 Vgl. Abschnitt A.IV ab Seite 159.

steuer als auch deren Einflüsse auf steuersatzabhängige Überleitungsposten nicht in den Überleitungsposten zu den Steuerarten enthalten sind, umfassen diese nur noch die Korrekturen aus den systematischen Fehlern sowie Abweichungen der tatsächlichen von der erwarteten Gewerbesteuerbelastung aufgrund von unterschiedlichen gewerbesteuerlichen Hebesätzen. Damit wird deutlich, dass bei anzuwendenden Steuersätzen der Variante 3 auch bei bewussten Variationen betriebswirtschaftlicher Größen die dadurch ausgelösten Steuerwirkungen nicht mehr in den Überleitungsposten zu den Steuerarten gezeigt werden, sondern ebenfalls in den Überleitungsposten der veränderten Größen abgebildet werden. Die Herleitung der effektiven Steuerbelastung erfolgt bei Erstellung einer Überleitungsrechnung der Variante 3 nicht weiter steuerartenorientiert. Parallelen zur kasuistischen Veranlagungssimulation, die insbesondere bei Überleitungsrechnungen der Variante 1 bestanden, bestehen bei anzuwendenden Steuersätzen der Variante 3 nicht mehr.

Sämtliche Steuerwirkungen, die eine Beeinflussung betriebswirtschaftlicher Größen für die Ertragsteuerarten auslöst, werden nunmehr in den Überleitungsposten zu den beeinflussten Größen erfasst.[1187] Die den steuersatzabhängigen Überleitungsposten zugrundeliegenden betriebswirtschaftlichen Sachverhalte werden mit dem sie betreffenden Gesamtsteuersatz der Ertragsbesteuerung bewertet. Dieser Gesamtsteuersatz der Ertragsbesteuerung kann als Teilsteuersatz der betriebswirtschaftlichen Größen angesehen werden,[1188] so dass Überleitungsrechnungen der dritten Variante Parallelen zur Teilsteuerrechnung aufweisen.[1189] Bei bewussten Variationen der Größen werden die durch sie ausgelösten Steuerwirkungen, die Teilsteuern,[1190] für den zugrundeliegenden Teilsteuersatz in den Überleitungsposten zu den betreffenden Größen abgebildet.

Der Informationswert der Teilsteuerrechnung ist aus betriebswirtschaftlicher Sicht, hier insbesondere unter Planungs- und Entscheidungsgesichtspunkten mit der damit verbundenen Notwendigkeit exakter Daten,[1191] deutlich höher einzuschätzen als der Informationswert der Veranlagungssimulation.[1192] Die Teilsteuerrechnung erlaubt die unmittelbare Zuordnung der Steuerwirkungen zu den verursachenden Sachverhalten, und die Entwicklung der Steuerbelastung durch Variation einzelner betriebswirtschaftlicher Größen kann unmittelbar beobachtet werden.[1193] Es liegt daher auf der Hand, dass unter dem Gesichtspunkt der *cash-flow*-Prognose als Ziel der Überleitungsrechnung die Verwendung von anzuwendenden Steuersätzen

---

1187 In diesem Sinne auch *Adrian*, Tax Reconciliation, 2005, S. 134.

1188 Vgl. *Scheffler*, Veranlagungssimulation, WiSt 1991, S. 72; *Rose*, Steuerlehre, 3. Auflage, 1992, S. 41.

1189 Vgl. *Schäffeler*, Latente Steuern, 2000, S. 198 f. Vgl. zur Teilsteuerrechnung ausführlich *Rose*, Teilsteuerrechnung, BFuP 1979, S. 293 ff.; *Rose*, Steuerlehre, 3. Auflage, 1992, S. 38 ff.

1190 Vgl. *Eisenach*, Steuerplanung, 1974, S. 153; *Wagner/Dirrigl*, Steuerplanung, 1980, S. 154.

1191 Vgl. *Eisenach*, Steuerplanung, 1974, S. 350.

1192 Vgl. *Scheffler*, Veranlagungssimulation, WiSt 1991, S. 74; *Rose*, Steuerlehre, 3. Auflage, 1992, S. 38.

1193 Vgl. *Wagner/Dirrigl*, Steuerplanung, 1980, S. 155; *Scheffler*, Veranlagungssimulation, WiSt 1991, S. 74; *Rose*, Steuerlehre, 3. Auflage, 1992, S. 38.

der Variante 3 aufgrund der dabei auftretenden Parallelen zur Teilsteuerrechnung gegenüber denen der ersten beiden Varianten zu präferieren ist.[1194]

4. Gewichteter Durchschnittssteuersatz – Orientierung an der Geschäftstätigkeit des Konzerns

Dem *homebased*-Ansatz liegt die Annahme zugrunde, das bei deutschen internationalen Konzernen aus inländischen und ausländischen Ergebnisbestandteilen zusammengesetzte Vorsteuerergebnis sei in vollem Umfang die Bemessungsgrundlage, die der inländischen Besteuerung unterliegt. Tatsächlich unterliegen die ausländischen Bestandteile des Konzernergebnisses aber der Besteuerung in den Staaten, in denen sie entstanden sind. Diese Steuerbelastungen weichen regelmäßig und zum Teil deutlich von der Höhe der inländischen Steuerbelastung ab.[1195] So reicht beispielsweise alleine im europäischen Ausland die Bandbreite der nominalen tariflichen Belastungen des Gewinns von Kapitalgesellschaften im Jahr 2004 von 0% in Estland bis hin zu 37,3% in Italien.[1196]

Die mehrfache Besteuerung dieser Ergebnisbestandteile im Quellenstaat einerseits und in Deutschland andererseits wird in den von Deutschland abgeschlossenen Doppelbesteuerungsabkommen üblicherweise durch die Freistellungsmethode vermieden,[1197] bei der die im Ausland erwirtschafteten und dort bereits besteuerten Ergebnisbestandteile von der inländischen Besteuerung freigestellt werden.[1198] Im Gegensatz zur Anrechnungsmethode[1199] wird die ausländische Steuerbelastung bei der Freistellungsmethode nicht auf das Steuerniveau der deutschen Konzernobergesellschaft hochgeschleust oder abgesenkt.[1200] In die aggregierte Ertragsteuerbelastung des deutschen internationalen Konzerns gehen die ausländischen Steuerbelastungen in ihrer tatsächlichen Höhe ein, ohne dass eine inländische Steuerbe- oder -entlastung in Höhe der Differenz zum inländischen Steuerniveau stattfindet. Die im Ausland erzielten Ergebnisbestandteile unterliegen bei Geltung der Freistellungsmethode also einem

[1194] Vgl. *Schäffeler*, Latente Steuern, 2000, S. 211.

[1195] Der nur in der Theorie denkbare Fall einer identischen Steuerbelastung inländischer und ausländischer Ergebnisbestandteile soll hier vernachlässigt werden.

[1196] Vgl. z.B. *Bundesamt für Finanzen*, Steuern im internationalen Vergleich, 2004, S. 8 f.

[1197] Vgl. *Schaumburg*, Internationales Steuerrecht, 2. Auflage, 1998, S. 608, Tz 14.20; sowie die Übersicht bei *Vogel*, in: *Vogel/Lehner*, DBA, 4. Auflage, 2003, Art. 23, Tz. 16.

[1198] Vgl. zur Funktionsweise der Freistellungsmethode z.B. *Schaumburg*, Internationales Steuerrecht, 2. Auflage, 1998, S. 608 ff., Tz. 14.20 ff.; *Jacobs*, Unternehmensbesteuerung, 5. Auflage, 2002, S. 78 ff.; *Tillmanns/Mössner*, in: *Mössner et al.*, Steuerrecht, 3. Auflage, 2005, Tz. B 438 ff.

[1199] Zur Anrechnungsmethode z.B. *Schaumburg*, Internationales Steuerrecht, 2. Auflage, 1998, S. 612 ff., Tz. 14.27 ff.; *Jacobs*, Unternehmensbesteuerung, 5. Auflage, 2002, S. 73 ff.; *Tillmanns/Mössner*, in: *Mössner et al.*, Steuerrecht, 3. Auflage, 2005, Tz. B 460 ff.

[1200] Vgl. *Rose*, Grundzüge, 5. Auflage, 2000, S. 59 f.; *Herzig/Dempfle*, Konzernsteuerquote, DB 2002, S. 3; *Scheffler*, Besteuerung, 2. Auflage, 2002, S. 59; *Djanani/Brähler*, Internationales Steuerrecht, 2003, S. 101; *Adrian*, Tax Reconciliation, 2005, S. 123.

vom inländischen Steuersatz abweichenden Belastungssatz, sie unterliegen mithin nicht der inländischen Steuerbelastung.

Damit ist die Annahme des *homebased*-Ansatzes, das Vorsteuerergebnis des Konzerns unterläge zur Gänze der inländischen Besteuerung, bei Geltung der Freistellungsmethode unzutreffend. Der *homebased*-Ansatz muss dann notwendigerweise zu irreführenden Ergebnissen führen, denn die im Ausland erzielten Ergebnisbestandteile werden bei der Ermittlung der erwarteten Steuerbelastung mit einem inländischen anzuwendenden Steuersatz belastet, obwohl sie tatsächlich den abweichenden ausländischen Steuerniveaus unterliegen und diese Tatsache auch bekannt ist. Im Ergebnis wird bei Anwendung des *homebased*-Ansatzes die vom inländischen Steuerniveau abweichende steuerliche Belastung ausländischer Ergebnisbeiträge in der erwarteten Steuerbelastung systembedingt stets zu niedrig oder zu hoch abgebildet. Diese Abweichung ist innerhalb der Überleitungsrechnung in einem Überleitungsposten ‚Besteuerungsunterschiede Ausland' zu erläutern.[1201]

Für eine möglichst exakte Abbildung der erwarteten Steuerbelastung ist der *homebased*-Ansatz für deutsche internationale Konzerne, die per definitionem in verschiedenen Steuerrechtskreisen tätig sind und die zum Teil erhebliche Bestandteile ihres Ergebnisses im Ausland erwirtschaften,[1202] also nicht geeignet. Insofern kann es für international operierende Unternehmen aufgrund der tatsächlich vom inländischen Steuerniveau abweichenden steuerlichen Belastung ausländischer Ergebnisbestandteile mit Blick auf die Aussagekraft der Überleitungsrechnung sinnvoll sein, anstelle eines inländischen Steuersatzes einen gewichteten Durchschnittssteuersatz zu verwenden, der bereits bei der Ermittlung der erwarteten Steuerbelastung als Ausgangsgröße der Überleitungsrechnung der regionalen Ergebnisverteilung und den daraus resultierenden unterschiedlichen Steuerniveaus der Ergebnisbestandteile des Konzernergebnisses Rechnung trägt.[1203]

Daher sieht es das IASB für Unternehmen mit wesentlichen materiellen Auslandsaktivitäten als „gleichermaßen geeignet"[1204] an, bei der Erstellung von Überleitungsrechnungen einen gewichteten Durchschnittssteuersatz aller Konzernunternehmen als Ausgangsgröße heranzuziehen.[1205] Die Normen der US-GAAP stellen demgegenüber ausdrücklich auf einen inländischen Steuersatz und damit auf die ausschließliche Anwendung des *homebased*-Ansatzes,

---

1201 Vgl. zum Überleitungsposten ‚Besteuerungsunterschiede Ausland' Abschnitt C.II, Seiten 231 ff.

1202 Beispielsweise weist das Gesamtergebnis der Allianz AG im Jahr 2004 einen Auslandsanteil in Höhe von 78,71% auf, vgl. Allianz AG, Geschäftsbericht 2004, S. 169. Bei Bayer beträgt der im Ausland erzielte Anteil am Konzernergebnis aufgrund eines inländischen Verlustes 141,02%, vgl. Bayer AG, Geschäftsbericht 2004, S. 97.

1203 Vgl. *Herzig/Dempfle*, Konzernsteuerquote, DB 2002, S. 3; *Herzig*, Gestaltung, WPg 2003, Sonderheft, S. S 91; *Adrian*, Tax Reconciliation, 2005, S. 124.

1204 *Dahlke/Eitzen*, Überleitungsrechnung, DB 2003, S. 2238.

1205 Vgl. *IASB*, IAS 12, Abs. 85, S. 4.

ab;[1206] auch Konzerne, die nach DRS 10 bilanzieren, sind durch den Wortlaut der Vorschrift auf einen deutschen Steuersatz beschränkt.[1207] Damit schließen beide Normen die Ermittlung der erwarteten Steuerbelastung unter Heranziehung eines gewichteten Durchschnittssteuersatzes aus.

Zur somit einzig im Rechtskreis der IAS zulässigen Ermittlung des anzuwendenden Steuersatzes der Variante 4 werden für jeden Steuerrechtskreis, in dem der Konzern ansässig ist, Überleitungsrechnungen aufgestellt. Die hierbei zur Ermittlung des erwarteten Steueraufwands verwendeten Steuersätze der auf nationalen Raum beschränkten Überleitungsrechnungen sind die auf den jeweiligen inländischen Ergebnisbestandteil anzuwendenden Steuersätze, die die erwarteten Steuerbelastungen in den betreffenden Steuerhoheiten jeweils zutreffend widerspiegeln. Zu der Frage, welche Variante des *homebased*-Ansatzes die Unternehmungen als inländischen Steuersatz zur Erstellung der verschiedenen nationalen Überleitungsrechnungen heranziehen sollten, macht die Vorschrift des IAS 12 keine Angaben. Jedoch liegt aufgrund des ausdrücklichen Hinweises des IAS 12 auf die Einbeziehung lokaler Steuern[1208] die Vermutung nahe, dass jeweils die Kombination aller nationalen Ertragsteuern als die Erwartung der Steuerbelastung am besten abbildende Größe angesehen wird, mithin Steuersätze der Variante 3 bevorzugt werden.

Die einzelnen Überleitungsrechnungen werden zur Ermittlung der Überleitungsrechnung für den Konzern aggregiert, so dass aus der Aggregation der erwarteten Steueraufwendungen der nationalen Einzelüberleitungsrechnungen relativ exakt der erwartete Gesamtsteueraufwand des konzernweit erzielten Ergebnisses resultiert. Setzt man den so ermittelten erwarteten Steueraufwand ins Verhältnis zum Vorsteuerergebnis des Konzerns, erhält man einen gewichteten Durchschnittssteuersatz als vierte Variante anzuwendender Steuersätze.[1209] Formal lässt sich die Ermittlung des anzuwendenden Steuersatzes der Variante 4 wie folgt darstellen:

1206 Vgl. *FASB*, SFAS No. 109, Abs. 47, S. 1; *SEC*, Reg. S-X, online im Internet, Item 210.4-08, Abs. (h) (2), Sätze 1 und 5.

1207 Vgl. *DRSC*, DRS 10, Abs. 42.

1208 Vgl. *IASB*, IAS 12, Abs. 85, S. 3.

1209 Zu Ermittlung und Gewichtung des Durchschnittssteuersatzes Abschnitt A.II.1 ab Seite 141.

$$s_{Var\,4}^{anz} = \frac{\sum_{reg=1}^{REG}\left(JÜvSt_{reg}^{ber} \cdot s_{reg}^{anz}\right)}{\sum_{reg=1}^{REG}\left(JÜvSt_{reg}^{ber}\right)} \cdot 100$$

mit:

$s_{Var\,4}^{anz}$ = Anzuwendender Steuersatz der Variante 4

$JÜvSt_{reg}^{ber}$ = Bereinigter Jahresüberschuss vor Steuern der jeweiligen Region

s_{reg}^{anz} = Regional determinierter anzuwendender Steuersatz

reg = Regionenindex, reg = 1, ... , REG; REG = Anzahl der Regionen

Gleichung 18: Anzuwendender Steuersatz der Variante 4

Dieser gewichtete Durchschnittssteuersatz bildet, verglichen mit den anzuwendenden Steuersätzen des *homebased*-Ansatzes, die Erwartung der Unternehmen hinsichtlich der konzernweit in den verschiedenen Steuerhoheiten angefallenen Steuerbelastung deutlich zutreffender und insgesamt relativ exakt ab. Unter diesem Aspekt kann der gewichtete Durchschnittssteuersatz als der vom IAS 12 angestrebte Steuersatz angesehen werden, der „für die Informationsinteressen der Abschlussadressaten am geeignetsten ist“[1210].

Dabei kann die Notwendigkeit zur Angabe eines Überleitungspostens ‚Besteuerungsunterschiede Ausland' entfallen.[1211] Allerdings spiegelt gerade dieser Überleitungsposten einen der zentralen Aspekte wieder, die für die Interessenten der Überleitungsrechnung von großer Bedeutung sind. Der Jahresabschlussinteressent kann hierdurch Auskunft über die Nutzung von Steuersatzunterschieden im Konzern, beispielsweise durch steuergünstige Konzernstrukturierungen oder Funktionsverlagerungen, erlangen. Wenn durch die Wahl eines anzuwendenden Steuersatzes der Variante 4 der Überleitungsposten ‚Besteuerungsunterschiede Ausland' in anderen Überleitungsposten aufgeht und dessen gesonderter Ausweis entfällt, ist es dem Jahresabschlussinteressenten nicht mehr möglich, diese Informationen zu erhalten.[1212] Der hohe Informationsbeitrag des Überleitungspostens ‚Besteuerungsunterschiede Ausland' wird verschleiert.[1213] Insofern gilt es abzuwägen, ob die Ersteller der Überleitungsrechnung den Informationsnutzen der zutreffenden Abbildung der erwarten Steuerbelastung höher einschätzen als die im Rahmen der Überleitung im zweiten Bereich der Überleitungsrechnung transportierten Informationen oder vice versa.

1210 *IASB*, IAS 12 (Deutsche Ausgabe), Abs. 85, S. 1.

1211 Vgl. hierzu die zweite Alternative des Beispiels zu IAS 12, Abs. 85 sowie *Coenenberg/Hille*, in: *Baetge et al.*, IAS, 2. Auflage, 2003, IAS 12, Tz. 116. Vgl. auch *Adrian*, Tax Reconciliation, 2005, S. 126.

1212 Vgl. z.B. Allianz AG, Geschäftsbericht 2004, S. 170; Bayer AG, Geschäftsbericht 2004, S. 99, die auf den gesonderten Ausweis dieses Überleitungspostens verzichten.

1213 Vgl. *Spengel*, Konzernsteuerquoten, in: *Oestreicher* (Hrsg.), Steuerplanung, 2004, S. 101.

Bei der Erstellung von Überleitungsrechnungen nach dem *homebased*-Ansatz werden steuersatzabhängige Überleitungsposten entweder unmittelbar mit dem anzuwendenden Steuersatz, jedenfalls aber mit der Differenz aus dem tatsächlich zur Anwendung gekommenen und dem anzuwendenden Steuersatz bewertet.[1214] Steuersatzabhängige Überleitungsposten, die im Sitzstaat der Konzernobergesellschaft anfallen, werden unmittelbar mit dem anzuwendenden Steuersatz, der für diese Steuerhoheit ermittelt wurde, bewertet.[1215] Die Auswirkungen von Variationen inländischer betriebswirtschaftlicher Sachverhalte auf die effektive Steuerbelastung lassen sich so insbesondere bei einem anzuwendenden Steuersatz der Variante 3 leicht erkennen.

Dasselbe gilt im Grundsatz auch für ausländische Ergebnisbestandteile, die einer anderen als der inländischen Besteuerung unterliegen und aus denen steuersatzabhängige Überleitungsposten resultieren. Diese werden mit der für die betreffenden Ergebnisbestandteile jeweils zutreffenden Differenz aus anzuwendendem und tatsächlichem Steuersatz bewertet und anschließend zu dem Überleitungsposten ‚Besteuerungsunterschiede Ausland' aggregiert.[1216] Eine Variation im Ausland angefallener betriebswirtschaftlicher Sachverhalte ist somit ebenfalls erkennbar. Insgesamt ist es für die Interessenten des Jahresabschlusses damit leicht nachvollziehbar, inwiefern inländische und ausländische Ergebnisbestandteile auf die effektive Steuerbelastung einwirken.

Im hier diskutierten Fall der Orientierung der Überleitungsrechnung an der Geschäftstätigkeit des Konzerns erfolgt die Erstellung der Überleitungsrechnung aber nicht mehr einstufig. Vielmehr werden in einem aufwendigen und „aus praktischen Gründen schwierigen"[1217] zweistufigen Verfahren zunächst Überleitungsrechnungen für sämtliche Ansässigkeitsstaaten der Konzernunternehmungen erstellt, die in einem zweiten Schritt zur Überleitungsrechnung des Konzerns aggregiert werden. Dabei werden sämtliche konzernweit angefallenen steuersatzabhängigen Überleitungsposten mit den jeweiligen nationalen Steuersätzen der Staaten bewertet, in denen sie tatsächlich angefallen sind und anschließend zu den steuersatzabhängigen Überleitungsposten des Konzerns aggregiert.[1218]

In der Überleitungsrechnung für den Konzern ist damit ohne zusätzliche Erläuterungen nicht mehr zu erkennen, ob die den Überleitungsposten zugrundeliegenden Sachverhalte im Inland oder im Ausland angefallen sind und mit welchem Steuersatz sie bei der Erstellung der ersten Stufe der Überleitungsrechnung bewertet wurden. Daher ist auch nicht mehr ersichtlich, in

---

1214 Vgl. Abschnitt A.IV ab Seite 159.

1215 Vgl. nur *Schäffeler*, Latente Steuern, 2000, S. 202 f.

1216 Gegebenenfalls korrigiert um Abweichungen in der steuerlichen Bemessungsgrundlage, vgl. die formale Darstellung in Gleichung 11 auf Seite 164.

1217 *Spengel*, Konzernsteuerquoten, in: *Oestreicher* (Hrsg.), Steuerplanung, 2004, S. 101, Flexion geändert.

1218 Vgl. die zweite Alternative des Beispiels zu IAS 12, Abs. 85 sowie *Coenenberg/Hille*, in: *Baetge et al.*, IAS, 2. Auflage, 2003, IAS 12, Tz. 116.

welchem Umfang sich eine Variation der Sachverhalte auf die effektive Steuerlast auswirkt. Die exakte Abbildung der erwarteten Steuerbelastung geht somit mit dem Verlust der Aussagekraft der Überleitungsrechnung an ihrer zentralen Stelle, der Überleitung der erwarteten zur effektiven Steuerbelastung, einher.

Auch kann die Ermittlung des anzuwendenden Steuersatzes der Variante 4 von externen Interessenten der Abschlüsse internationaler Konzerne nicht mehr nachvollzogen werden. Um überhaupt die Möglichkeit zu haben, den anzuwendenden Steuersatz der Variante 4 nachvollziehen zu können, müssen den Abschlussinteressenten neben den notwendigen Detailkenntnissen des deutschen Steuerrechts auch sämtliche angewendeten ausländischen Steuersysteme bekannt sein. Aber selbst wenn die notwendigen Sachkenntnisse vorhanden sind, haben die externen Abschlussinteressenten regelmäßig keine Informationen über die Höhe der in den verschiedenen Staaten jeweils erwirtschafteten Ergebnisbestandteile und über die dort von der Unternehmung erwarteten Steuerbelastungen. Denn letztendlich sind die Unternehmen bei der Wahl der in den nationalen Überleitungsrechnungen jeweils angewendeten Varianten des *homebased*-Ansatzes völlig frei, eine Erläuterung oder bloße Angabe der herangezogenen Steuersätze unterbleibt in praxi aber regelmäßig.[1219] Zudem wären die notwendigen Erläuterungen so umfangreich, dass dem *materiality*-Gedanken nicht Rechnung getragen würde.[1220]

Zwar spalten einige Unternehmungen ihr Vorsteuerergebnis und ihren Steueraufwand in den inländischen und den ausländischen Teil auf.[1221] Allerdings kann der externe Abschlussinteressent auch hieraus nicht auf die Herkunftsstaaten der den Überleitungsposten zugrundeliegenden Sachverhalte, deren tatsächliche steuerliche Belastung und auch nicht auf die Gewichtung der Steuereffekte bei der Aggregation der Einzelüberleitungsrechnungen zur Überleitungsrechnung des Konzerns schließen. Die Zusammensetzung der Überleitungsposten bei Aufstellung der an der Geschäftstätigkeit des Konzerns orientierten Überleitungsrechnung bleibt für externe Abschlussinteressenten verborgen.

Das aber wohl wesentlichste Negativmerkmal anzuwendender Steuersätze der Variante 4 ist deren Volatilität im Zeitablauf. In Abhängigkeit von der regelmäßig unbeständigen regionalen Verteilung der Ergebnisse über die verschiedenen Steuerrechtskreise schwankt notwendigerweise auch der auf Grundlage der Ergebnisverteilung ermittelte anzuwendende Steuersatz jährlich.[1222] Diese Volatilität macht im Zusammenhang mit der nicht mehr nachvollziehbaren Zusammensetzung des anzuwendenden Steuersatzes und der Überleitungsposten einen inter-

---

1219 Vgl. zur Forderung nach Offenlegung der Ermittlung des gewichteten Durchschnittssteuersatzes bereits *Herzig/Dempfle*, Konzernsteuerquote, DB 2002, S. 3.

1220 Vgl. *Hoffmann*, in: *Lüdenbach/Hoffmann*, IFRS-Kommentar, 3. Auflage, 2005, § 26, Tz. 82.

1221 So neben verschiedenen anderen auch Allianz und Bayer, die als einzige DAX-30-Unternehmen einen anzuwendenden Steuersatz der Variante 4 verwenden, vgl. Allianz AG, Geschäftsbericht 2004, S. 169; Bayer AG, Geschäftsbericht 2004, S. 97.

1222 Vgl. *Herzig*, Gestaltung, WPg 2003, Sonderheft, S. S 91; *Dahlke/Eitzen*, Überleitungsrechnung, DB 2003, S. 2238.

periodischen Vergleich der Überleitungsrechnungen einer Unternehmung im Zeitablauf unmöglich.[1223] Die *consistency* als Beurteilungsmerkmal der Überleitungsrechnung wird bei der Erstellung von Überleitungsrechnungen auf der Grundlage eines anzuwendenden Steuersatzes der Variante 4 quasi per definitionem negiert.

Auch der Forderung nach *comparability* wird nicht Genüge getan. Denn durch die zwingende Unternehmensindividualität dieses gewichteten Durchschnittsteuersatzes, die aus der Ermittlung des anzuwendenden Steuersatzes der Variante 4 durch Aggregation der Einzelüberleitungen aller einbezogenen Unternehmen eines bestimmten Konzerns resultiert, kann zwar die Erwartung des Unternehmens im Hinblick auf die individuelle Steuerbelastung vergleichsweise exakt abgebildet werden, ein Vergleich der Überleitungsrechnungen verschiedener Unternehmen wird dadurch allerdings unmöglich gemacht.

Insgesamt besteht der Vorteil des anzuwendenden Steuersatzes der Variante 4 also einzig darin, dass die Erwartung der Unternehmen hinsichtlich der konzernweit angefallenen Steuerbelastung relativ exakt abgebildet wird. Dieser Vorteil wird allerdings mit den geschilderten, gravierenden Nachteilen erkauft, die den durch die vergleichsweise genaue Abbildung der erwarteten Steuerbelastung gewonnenen Informationsnutzen deutlich überkompensieren. Der Steuersatz der Variante 4 eignet sich aufgrund seiner fehlenden Nachvollziehbarkeit und der damit einhergehenden mangelnden Aussagekraft für die Überleitungsrechnung sowie insbesondere aufgrund seiner großen Volatilität weder zur nachvollziehbaren Erläuterung der Relation von Vorsteuerergebnis und effektiver Steuerbelastung, noch zur Verbesserung der *cash-flow*-Prognose, die ebenfalls das Aufzeigen der Abweichungsursachen von erwartetem und effektivem Steueraufwand notwendig macht.[1224]

5. Identifikation eines geeigneten anzuwendenden Steuersatzes

Nachdem die Vor- und Nachteile der verschiedenen Varianten anzuwendender Steuersätze herausgearbeitet wurden, soll auf dieser Grundlage ein geeigneter Steuersatz identifiziert werden, der als einheitliche Ausgangsgröße für die Überleitungsrechnungen deutscher internationaler Unternehmen empfohlen werden kann. Auswahlkriterien sind dabei die Ziele der Überleitungsrechnung, deren Umsetzung der anzuwendende Steuersatz möglichst umfassend unterstützen soll. Gleichzeitig sollen die für die Überleitungsrechnung im Allgemeinen als Beurteilungsmaßstab herangezogenen Grundsätze der *comparability* und der *consistency* durch den anzuwendenden Steuersatz möglichst weitgehend umgesetzt werden.[1225] Damit kann ein gewichteter Durchschnittssteuersatz der Variante 4 als geeigneter anzuwendender Steuersatz

1223 Vgl. *Hoffmann*, in: *Lüdenbach/Hoffmann*, IFRS-Kommentar, 3. Auflage, 2005, § 26, Tz. 82.

1224 Vgl. *Schäffeler*, Latente Steuern, 2000, S. 206 f.

1225 Zu diesen Zielen und den Beurteilungskriterien der Überleitungsrechnung vgl. die Ausführungen in Abschnitt A.I, Seiten 134 ff.

ausgeschlossen werden, da dieser aufgrund seiner starken Individualität und Volatilität weder die Grundsätze der *comparability* und der *consistency*, noch die Ziele der Überleitungsrechnung umzusetzen vermag.[1226]

Die Erläuterung der Relation von Vorsteuerergebnis und effektivem Steueraufwand als Primärziel der Überleitungsrechnung findet bei bloßer Anwendung des Körperschaftsteuersatzes als Variante 1 anzuwendender Steuersätze Schritt für Schritt und damit besonders anschaulich und leicht nachvollziehbar statt. Allerdings sind bei dieser Variante für die stets anfallenden und daher auch zu erwartenden zusätzlichen Belastungen mit Solidaritätszuschlag und Gewerbesteuer eigene Überleitungsposten zu bilden. Die Belastung mit diesen Steuerarten wird in den weiteren Überleitungsposten, mit denen die Abweichungen der effektiven von der erwarteten Steuerbelastung erläutert werden sollen, nicht abgebildet. Damit ist in diesen Überleitungsposten nicht erkennbar, in welcher Weise eine Variation der die Steuereffekte auslösenden Sachverhalte die effektive Steuerbelastung insgesamt beeinflusst. Die Aussagekraft der Erläuterung und damit der Überleitungsrechnung insgesamt wird geschwächt; für die Prognose zukünftiger *cash-flows* ist die bloße Anwendung des Körperschaftsteuersatzes dadurch ebenfalls nur bedingt geeignet. Auch die Einbeziehung des Solidaritätszuschlages in den anzuwendenden Steuersatz als zweite Variante anzuwendender Steuersätze reicht zur erschöpfenden Abbildung der erwarteten Steuerbelastung ebensowenig aus wie zur vollumfänglichen Unterstützung der Zielerreichung der Überleitungsrechnung.[1227]

Am umfangreichsten werden die Ziele der Überleitungsrechnung durch die Anwendung eines kombinierten Ertragsteuersatzes der Variante 3, der neben der Körperschaftsteuer den Solidaritätszuschlag und die Gewerbesteuer umfasst, unterstützt, so dass dieser als anzuwendender Steuersatz der Überleitungsrechnung deutscher internationaler Konzerne am besten geeignet ist.[1228] Zwar sind durch die Einbeziehung der Gewerbesteuer mehr steuerliche Detailkenntnisse als bei den beiden anderen Varianten des *homebased*-Ansatzes notwendig, die bei den Hauptadressaten der Jahresabschlüsse jedoch vorausgesetzt werden können.[1229] Für diese Adressatengruppe steht die exakte und vollständige Abbildung der Überleitungsposten im Vordergrund, um durch die Kenntnis der Abweichungsursachen der effektiven von der erwarteten Steuerbelastung auf die Entwicklung zukünftiger *cash-flows* schließen zu können.

Für Überleitungsrechnungen mit anzuwendenden Steuersätzen der Variante 3 ist diese umfassende Informationsvermittlung gewährleistet. Die Erläuterung sämtlicher Abweichungen ist bei dieser Variante besonders aussagekräftig, da alle Effekte, die steuersatzabhängige Über-

1226 Dieses Verständnis teilt *Adrian*, Tax Reconciliation, 2005, S. 133.

1227 Vgl. *Schäffeler*, Latente Steuern, 2000, S. 211; *Adrian*, Tax Reconciliation, 2005, S. 134.

1228 So im Ergebnis auch *Schäffeler*, Latente Steuern, 2000, S. 215; *Herzig*, Gestaltung, WPg 2003, Sonderheft, S. S 91; *Kröner/Benzel*, Konzernsteuerquote, in: *Kessler/Kröner/Köhler* (Hrsg.), Konzernsteuerrecht, 2004, § 15, Tz. 60; *Adrian*, Tax Reconciliation, 2005, S. 135; *Spengel*, Konzernsteuerquoten, in: *Oestreicher* (Hrsg.), Steuerplanung, 2004, S. 101.

1229 Vgl. *Schäffeler*, Latente Steuern, 2000, S. 212 f.

leitungsposten auf die effektive Steuerbelastung haben, hinsichtlich aller zu erwartenden Ertragsteuerarten innerhalb der jeweiligen Überleitungsposten abgebildet werden, ohne dass Informationen in den Überleitungsposten zum Solidaritätszuschlag oder zur Gewerbesteuer verloren gehen. Durch eine Variation der zugrundeliegenden Sachverhalte ausgelöste Steuereffekte lassen sich innerhalb der jeweiligen Überleitungsposten leicht identifizieren. Der Informationswert von unter Heranziehung eines anzuwendenden Steuersatzes der Variante 3 aufgestellten Überleitungsrechnungen ist aufgrund der hierbei zutage tretenden Parallelen zur Teilsteuerrechnung aus betriebswirtschaftlicher Sicht deutlich höher einzuschätzen als Überleitungsrechnungen mit anzuwendenden Steuersätzen der Varianten 1 oder 2, die Parallelen zur Veranlagungssimulation aufweisen.[1230]

Allerdings ist der Belastungssatz der Gewerbesteuer aufgrund des Hebesatzrechts der Gemeinden in seiner tatsächlichen Höhe sehr individuell auf das jeweilige Unternehmen bezogen, während die Körperschaftsteuer und der Solidaritätszuschlag auf der Grundlage von im Gesetz normierten und für alle Kapitalgesellschaften einheitlichen Steuersätzen ermittelt werden. Diese Unternehmensindividualität eines Bestandteils der Ausgangsgröße der Überleitungsrechnung steht der Forderung nach *comparability* der Überleitungsrechnung entgegen. Die angestrebte Vergleichbarkeit der Überleitungsrechnungen verschiedener Unternehmen wird durch die Anwendung eines Steuersatzes, der wie der gewichtete Durchschnittssteuersatz ein unternehmensindividuelles Element beinhaltet, behindert.

Zudem kann die tatsächliche Belastung der Unternehmen mit Gewerbesteuer volatil sein, wenn die regionale Verteilung der in verschiedenen Gemeinden mit unterschiedlichen Hebesätzen erzielten Ergebnisbestandteile im Zeitablauf schwankt. Dann läuft der anzuwendende Steuersatz der Variante 3 auch der Forderung nach *consistency* zuwider, und der Vergleich von Überleitungsrechnungen einer Unternehmung im Zeitablauf scheitert ebenfalls. Dieser Individualität des anzuwendenden Steuersatzes der Variante 3 ist daher entgegenzuwirken, da zur Umsetzung der Grundsätze der *comparability* und der *consistency* in der Überleitungsrechnung die Notwendigkeit einer für sämtliche Unternehmen einheitlichen Ausgangsgröße besteht.[1231]

Aus diesem Grund sollten deutsche internationale Konzerne als Ausgangsgröße ihrer Überleitungsrechnungen einen anzuwendenden Steuersatz der Variante 3 heranziehen, in den die Gewerbesteuer mit einem für alle Unternehmen einheitlichen typisierten Hebesatz einbezogen wird. Dies erleichtert zudem die ansonsten bei Einbeziehung der Gewerbesteuer schwierige und umfangreiche Erläuterung des anzuwendenden Steuersatzes, die nach der Regelung des

---

1230 Vgl. *Scheffler*, Veranlagungssimulation, WiSt 1991, S. 74; *Rose*, Steuerlehre, 3. Auflage, 1992, S. 38.

1231 Vgl. *Schäffeler*, Latente Steuern, 2000, S. 215.

IAS 12 von den Unternehmen zu leisten ist[1232] und trägt insofern der Forderung nach Wesentlichkeit (*materiality*) der Abschlussangaben Rechnung.

Als typisierte Größe bieten sich verschiedene Möglichkeiten an. Zunächst könnte als typisierter Gewerbesteuerhebesatz der Mindesthebesatz in Höhe von 200%[1233] herangezogen werden. Die Gesamtbelastung deutscher Kapitalgesellschaften beträgt dann 33,07%.[1234] Zwar sind deutsche internationale Konzerne in aller Regel durch einen deutlich höheren Hebesatz beschwert. Dieser kann allerdings durch gestalterische Maßnahmen abgesenkt werden, maximal jedoch bis zur Höhe des Mindesthebesatzes. Insofern sind die Ergebnisse aller deutschen Konzerne mindestens mit einem Hebesatz von 200% belastet.

Die durch die Anwendung des tatsächlich höheren Hebesatzes resultierende Differenz zur erwarteten Gewerbesteuerbelastung ist im Überleitungsposten zur Gewerbesteuer im zweiten Bereich der Überleitungsrechnung auszuweisen. Der Vergleich der Überleitungsposten verschiedener Unternehmen zur Gewerbesteuer fällt in diesem Fall leicht, da die Wirkungsrichtung der Überleitungsposten für alle Unternehmen gleich ist. Durch den tatsächlich zur Anwendung gekommenen Hebesatz wird in aller Regel eine Erhöhung der tatsächlichen Gewerbesteuer ausgelöst, nur in seltenen Ausnahmefällen verbleibt es bei der Belastung mit einem Hebesatz von 200%. Keinesfalls aber kann ein niedrigerer Hebesatz zur Anwendung gelangen, eine Korrektur der erwarteten Gewerbesteuer aufgrund abweichender Hebesätze nach unten ist damit ausgeschlossen.

Ebenfalls im Überleitungsposten zur Gewerbesteuer müssen bei Anwendung des Mindesthebesatzes von 200% Effekte ausgewiesen werden, die der tatsächlich höhere Hebesatz auf steuersatzabhängige Überleitungsposten hat. Hierdurch gehen Informationen über die tatsächliche Belastung dieser Sachverhalte mit Gewerbesteuer ebenso verloren wie Erkenntnisse über die gesamten steuerlichen Auswirkungen einer Variation der den steuersatzabhängigen Überleitungsposten zugrundeliegenden Sachverhalte. Insofern verliert die Überleitungsrechnung bei Anwendung des Mindesthebesatzes an Aussagekraft.

Eine weitere Möglichkeit eines typisierten Gewerbesteuerhebesatzes kann die Übernahme des in Vergleichsrechnungen häufig verwendeten Hebesatzes von 400% sein; für diesen Fall würde sich ein anzuwendender Steuersatz von 38,65% ergeben. Auch in diesem Fall besteht für die meisten Unternehmen die Notwendigkeit, die Abweichung der tatsächlich erhobenen von der erwarteten Gewerbesteuer im zweiten Bereich der Überleitungsrechnung abzubilden, da die tatsächlich im Jahr 2005 zur Anwendung gekommenen Gewerbesteuerhebesätze alleine

[1232] Vgl. *IASB*, IAS 12, Abs. 81 (c) (i) und (ii).

[1233] Gemäß § 16 Abs. 4 S. 2 GewStG.

[1234] Vgl. zur Ermittlung dieser Größe Gleichung 6 auf Seite 50.

in den größeren Gemeinden zwischen 340 und 490% schwanken.[1235] Hierbei kann eine Korrektur nach oben oder nach unten notwendig werden. Da die Differenz der tatsächlich zur Anwendung gekommenen Gewerbesteuerhebesätze von 340 bis 490% zu einem typisierten Satz von 400% aber stets geringer ist als zu einem Satz von 200%, sind die zu korrigierenden Abweichungen im Hinblick auf die Gewerbesteuer auch insgesamt geringer und die Überleitung insofern aussagekräftiger als bei Anwendung des Mindesthebesatzes in der kombinierten Ertragsteuerbelastung.

Die Erwartung der Unternehmen hinsichtlich der insgesamt das Vorsteuerergebnis belastenden Ertragsteuern wird bei Verwendung dieses Hebesatzes vergleichsweise exakt abgebildet, ohne durch die Verwendung unternehmensindividueller Daten die Vergleichbarkeit der Überleitungsrechnungen verschiedener Unternehmen oder einer Unternehmung im Zeitablauf einzuschränken. Auch die Abbildung der steuersatzabhängigen Überleitungsposten im zweiten Bereich der Überleitungsrechnung umfasst relativ genau deren Gesamteinfluss auf sämtliche Ertragsteuerarten. Insbesondere aber Effekte, die Variationen betriebswirtschaftlicher Sachverhalte auf die effektive Steuerbelastung haben, werden bei Verwendung eines typisierten Hebesatzes von 400% in den steuersatzabhängigen Überleitungsposten realitätsnah abgebildet.

Noch geringer wird der Überleitungs- und Erläuterungsbedarf im Hinblick auf die Gewerbesteuer bei Verwendung des bundesdurchschnittlichen Hebesatzes, der im Jahr 2005 bei 433% liegt.[1236] In diesem Fall beträgt die Gesamtbelastung deutscher Kapitalgesellschaften 39,45%.[1237] Da aber auch dieser Durchschnittswert aufgrund von im Zeitablauf angepassten Hebesätzen der Gemeinden Veränderungen unterliegt,[1238] eignet sich auch dieser nur eingeschränkt für eine langfristige und periodenübergreifende Typisierung der gewerbesteuerlichen Belastung deutscher Kapitalgesellschaften. Daher soll es im Ergebnis bei der Übernahme der zu Vergleichszwecken häufig verwendeten Größe von 400% als typisiertem Gewerbesteuerhebesatz in den anzuwendenden Steuersatz verbleiben.

Wie somit gezeigt werden konnte, stellt die Belastung des Konzernergebnisses mit 38,65% eine geeignete Größe dar, die als anzuwendender Steuersatz zur Ermittlung der erwarteten Steuerbelastung in den Überleitungsrechnungen deutscher internationaler Konzerne herange-

---

1235 In Gemeinden mit über 50.000 Einwohnern, vgl. *Beland*, Realsteuerhebesätze 2005, in: *Institut „Finanzen und Steuern" e. V.* (Hrsg.), IFSt-Schrift 434, 2005, S. 50 ff.

1236 Vgl. *Beland*, Realsteuerhebesätze 2005, in: *Institut „Finanzen und Steuern" e. V.* (Hrsg.), IFSt-Schrift 434, 2005, S. 20.

1237 Vgl. Gleichung 6 auf Seite 50.

1238 So stieg der durchschnittliche Hebesatz von 428% in den Jahren 2000 und 2001 auf 429% im Jahr 2002, 431% im Jahr 2003 und 432% im Jahr 2004, vgl. *Knobelsdorff*, Realsteuerhebesätze 2001, in: *Institut „Finanzen und Steuern" e. V.* (Hrsg.), IFSt-Schrift 393, 2001, S. 32; *Knobelsdorff*, Realsteuerhebesätze 2002, in: *Institut „Finanzen und Steuern" e. V.* (Hrsg.), IFSt-Schrift 399, 2002, S. 38; *Knobelsdorff*, Realsteuerhebesätze 2003, in: *Institut „Finanzen und Steuern" e. V.* (Hrsg.), IFSt-Schrift 409, 2003, S. 44; *Knobelsdorff*, Realsteuerhebesätze 2004, in: *Institut „Finanzen und Steuern" e. V.* (Hrsg.), IFSt-Schrift 420, 2004, S. 46.

zogen werden kann und die der Zielerfüllung der Überleitungsrechnung ebenso dient wie der Umsetzung der Grundsätze der *comparability* und der *consistency*. Die Umstellung von einem bislang höheren oder niedrigeren anzuwendenden Steuersatz zu einem für alle Unternehmen einheitlichen Steuersatz führt in der Periode der Umstellung zu einer höheren oder niedrigeren Überleitungsdifferenz oder, wenn zuvor von einem gewichteten Durchschnittsteuersatz ausgegangen wurde, zu einem zusätzlich aufzunehmenden Überleitungsposten ‚Besteuerungsunterschiede Ausland'. Insgesamt wird der Informationsgehalt der Überleitungsrechnung aber trotz dieser einmaligen Effekte deutlich erhöht.[1239]

In Abbildung 24 sind erneut[1240] die Überleitungsdifferenzen der DAX-30-Unternehmen für das Jahr 2004 verzeichnet, wobei in diesem Fall von dem soeben erarbeiteten anzuwendenden Steuersatz von 38,65% ausgegangen wurde. Es ist offensichtlich, dass die Analyse der Überleitungsdifferenzen insgesamt, die Wertung ihrer Wirkungsrichtungen und die Beurteilung der Konzernsteuerquoten als Zielgröße der Überleitungsrechnung im Vergleich zur der Gegenüberstellung in Abbildung 21 deutlich erleichtert werden.

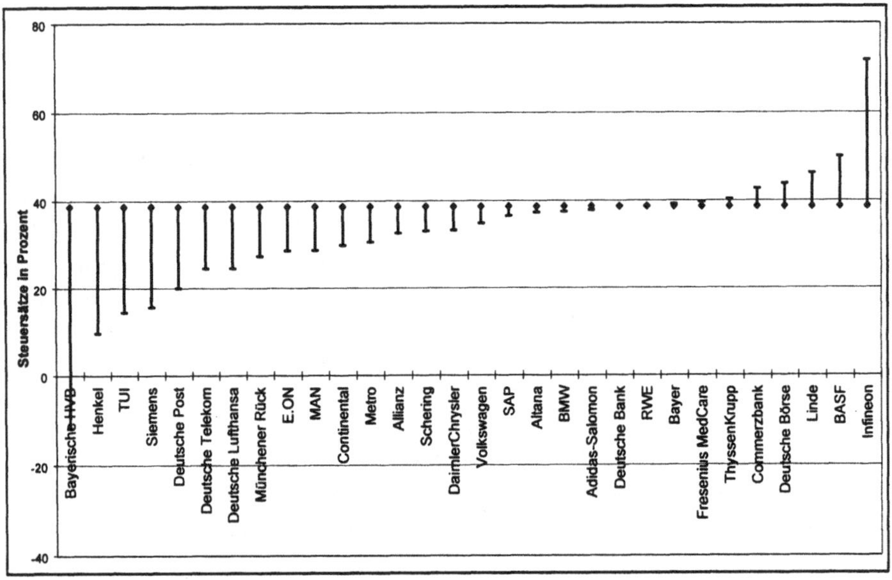

Abbildung 24: Überleitungsdifferenzen der DAX-30-Unternehmen 2004 bei einem anzuwendenden Steuersatz von 38,65%

Die in Abbildung 24 verzeichneten Konzernsteuerquoten sind notwendigerweise dieselben wie in Abbildung 21, da die ausgewiesene effektive Steuerbelastung als Summe aus tatsächli-

[1239] Vgl. *Wempen*, Tax Reconciliation, 2002, S. 24.

[1240] Vgl. Abbildung 21 auf Seite 180.

cher und latenter Steuerbelastung durch die Wahl des anzuwendenden Steuersatzes nicht beeinflusst wird. Durch die Konstanz der Konzernsteuerquoten wirkt sich allerdings die Veränderung der Ausgangsgröße durch Vereinheitlichung der anzuwendenden Steuersätze auf die Höhe der Überleitungsdifferenzen aus, denen durch die Einheitlichkeit der Ausgangsgrößen nun deutlich mehr Aussagekraft innewohnt. Es ist den Unternehmen nicht mehr möglich, durch bewusste Auswahl des anzuwendenden Steuersatzes die Soll-Größe ‚erwartete Steuerbelastung' der bereits bekannten Ist-Größe ‚Konzernsteuerquote' anzunähern, wodurch eine niedrige Überleitungsdifferenz entsteht und entscheidungsrelevante Informationen in der erwarteten Steuerbelastung versteckt werden können.[1241] Bei der zur Zeit möglichen, relativ freien Wahl der Ausgangsgröße ist dieses Vorgehen denkbar. Denn auf den Ausweis und die Erläuterung von Steuereffekten innerhalb der Überleitungsrechnung kann verzichtet werden, wenn es den Unternehmen gelingt, durch geschickte Auswahl des anzuwendenden Steuersatzes die erwartete Steuerbelastung so zu gestalten, dass die Steuereffekte die durch die SEC vorgegebene Wesentlichkeitsgrenze von 5% der erwarteten Steuerbelastung nicht übersteigen. Dadurch können Informationen über entscheidungsrelevante Sachverhalte, die für die Abschlussinteressenten von Bedeutung wären, zurückgehalten werden.

Zudem besteht durch Vereinheitlichung und Konstanz des anzuwendenden Steuersatzes die Möglichkeit, mit dem Ziel der Vergleichbarkeit der Überleitungsdifferenzen und der Konzernsteuerquoten im Zeitablauf auch Daten vergangener Perioden in die Abbildung zu integrieren. Dies ist aus Gründen der Übersichtlichkeit technisch allerdings nur in begrenztem Umfang möglich. Dennoch soll dieser Aspekt in Abbildung 25 ansatzweise gezeigt werden, in der neben den Konzernsteuerquoten des Jahres 2004 auch die Quoten des Jahres 2003 durch ein Dreieck (▲) verzeichnet sind:[1242]

[1241] Vgl. *Adrian*, Tax Reconciliation, 2005, S. 132 f.

[1242] Aus Gründen der Übersichtlichkeit wurde die Skalierung der Abbildung 24, Seite 220, beibehalten, die Konzernsteuerquoten des Jahres 2003 von MAN und Bayer liegen als Extrema außerhalb des Darstellungsbereiches.

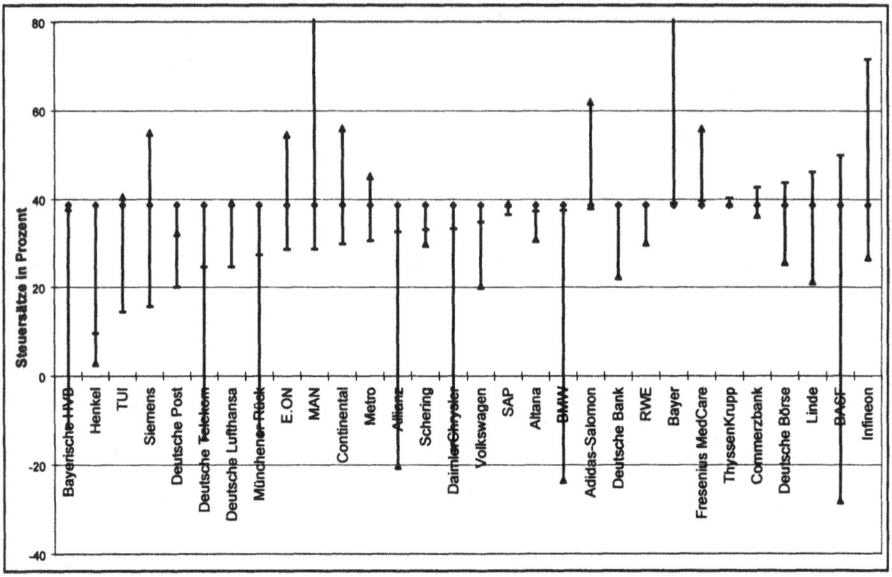

Abbildung 25: Überleitungsdifferenzen der DAX-30-Unternehmen 2003 und 2004 bei einem anzuwendenden Steuersatz von 38,65% im Vergleich

C. Wesentliche Überleitungsposten

Mit Hilfe der Überleitungsposten findet im zweiten Bereich der Überleitungsrechnung die eigentliche Überleitung der erwarteten zur effektiven Steuerbelastung statt. Die Überleitungsposten übernehmen somit die zentrale Funktion der Abbildung der die effektive Steuerbelastung beeinflussenden Steuereffekte und legen dadurch die Abweichungsursachen der Überleitungsdifferenz zwischen effektiver und erwarteter Steuerbelastung offen.[1243] In diesem Abschnitt sollen daher wesentliche Überleitungsposten, anhand derer die Systematik der Ermittlung der Überleitungsposten und deren Aussagekraft im Rahmen der Analyse der Konzernsteuerquote für die Mehrzahl der Unternehmen allgemeingültig aufgezeigt werden kann, detailliert untersucht werden.

Das Verständnis der Ermittlung der Überleitungsposten ist notwendig, um das Zustandekommen und die Höhe der Abweichung der effektiven von der erwarteten Steuerbelastung nachvollziehen, um die effektive Steuerbelastung mithin aus der erwarteten Steuerbelastung herleiten zu können. Zudem handelt es sich bei den Sachverhalten, die den Überleitungsposten zugrunde liegen, um die Treiber der Konzernsteuerquote als Quotient aus effektiver Steuer-

---

[1243] Aus diesem Grund werden Überleitungsposten auch als Korrekturposten der erwarteten Steuerbelastung bezeichnet, vgl. *Schäffeler*, Latente Steuern, 2000, S. 97.

belastung und Konzernergebnis vor Steuern, so dass auch dem Abschlussleser bei Verständnis des Zustandekommens der Überleitungsposten die sich dem Steuermanagement bietenden Gestaltungsmöglichkeiten der Konzernsteuerquote offenbar werden.

Die betrachteten Rechnungslegungsstandards treffen nur wenige Aussagen zur Abbildung der Überleitungsposten. So schreibt der IAS 12 keine bestimmten Positionen vor, deren Angabe innerhalb der Überleitungsrechnung verpflichtend ist. Der Standard zählt vielmehr exemplarisch mögliche Abweichungsursachen der effektiven von der erwarteten Steuerbelastung auf, die zu Überleitungsposten führen können.[1244] Der DRS 10 bestimmt ebenfalls keine Posten, die die Überleitungsrechnung enthalten soll,[1245] obwohl noch in der Begründung zur Entwurfsfassung E-DRS 12 einige Ursachen aufgezählt wurden, die zu Überleitungsposten führen können.[1246] Der SFAS No. 109 enthält weder ausdrückliche, noch exemplarische Angaben hinsichtlich der in der Überleitungsrechnung auszuweisenden Posten, sondern verlangt lediglich den Ausweis solcher Positionen, deren Korrektur innerhalb der Überleitungsrechnung wesentlich ist. Eine Wesentlichkeitsgrenze wird allerdings nicht durch das FASB selber, sondern durch die Regulation S-X bestimmt,[1247] wonach in der Überleitungsrechnung für alle Abweichungsursachen der effektiven von der erwarteten Steuerbelastung, die mindestens 5% des erwarteten Steueraufwands ausmachen, gesonderte Überleitungsposten auszuweisen sind.[1248]

Überleitungsposten können Steuerminderungen und Steuermehrungen sein, die entweder zur Minderung der effektiven Steuerbelastung im Vergleich zur erwarteten Steuerbelastung führen oder zu deren Anstieg. Übersteigen die Steuerminderungen in der Summe die Steuermehrungen, ist die Überleitungsdifferenz insgesamt negativ und die Konzernsteuerquote kleiner als der anzuwendende Steuersatz. Übersteigen die Steuermehrungen die Steuerminderungen, nimmt die Überleitungsdifferenz einen positiven Wert an, und die Konzernsteuerquote ist größer als der anzuwendende Steuersatz. In Abbildung 20, S. 179, und Abbildung 21, S. 180, können Umfang und Wirkungsrichtung der Überleitungsdifferenzen abgelesen werden.

Überleitungsposten resultieren insbesondere aus Abweichungen der steuerlichen Bemessungsgrundlage vom handelsrechtlichen Ergebnis, aus Besteuerungsunterschieden zum Ausland, aus dem Nichtansatz latenter Steuern auf Verlustvorträge und deren Wertberichtigung

1244 Vgl. *IASB*, IAS 12, Abs. 84; *Dahlke/Eitzen*, Überleitungsrechnung, DB 2003, S. 2237 f.; *Loitz*, Überleitungsrechnung, WPg 2004, S. 1192 f.; *Adrian*, Tax Reconciliation, 2005, S. 53; *Hoffmann*, in: *Lüdenbach/ Hoffmann*, IFRS-Kommentar, 3. Auflage, 2005, § 26, Tz. 107.

1245 Vgl. *Dahlke/Eitzen*, Überleitungsrechnung, DB 2003, S. 2243; *Adrian*, Tax Reconciliation, 2005, S. 53.

1246 Vgl. *DRSC*, E-DRS 12, online im Internet, Anhang B, Abs. B17.

1247 Vgl. *Schäffeler*, Latente Steuern, 2000, S. 98 f.; *KPMG*, Rechnungslegung, 3. Auflage, 2003, S. 286; *Loitz*, Überleitungsrechnung, WPg 2004, S. 1192 f.

1248 Vgl. *SEC*, Reg. S-X, online im Internet, Item 210.4-08, Abs. (h) (2), Sätze 1, 2. Überleitungsposten, die für sich betrachtet kleiner als 5% des erwarteten Steueraufwands sind, dürfen bei der Überleitung zwischen dem erwarteten und dem effektiven Steueraufwand in einer Position ‚Sonstige' zusammengefasst werden, vgl. *SEC*, Reg. S-X, online im Internet, Item 210.4-08, Abs. (h) (2), S. 3.

sowie aus aperiodischen Effekten.[1249] Die Bestimmung der Wesentlichkeit der in diesem Abschnitt betrachteten Überleitungsposten erfolgt in erster Linie nach deren absolutem Umfang und insofern nach ihrem Einfluss auf die effektive Steuerbelastung. Die ersten fünf der hier untersuchten Positionen (steuerfreie Erträge, Besteuerungsunterschiede Ausland, Auswirkungen steuerlicher Verluste, nichtabziehbare Aufwendungen und Gewerbesteuer) machen bei absoluter Betrachtung mit 65,60% bereits annähernd zwei Drittel der aggregierten Absolutbeträge der Überleitungsposten der DAX-30-Unternehmen im Jahr 2004 aus.[1250] Diese Posten haben unzweifelhaft einen starken Einfluss auf die effektive Steuerbelastung und können somit als wesentlich bezeichnet werden. Abbildung 26 auf Seite 225 zeigt die absoluten Umfänge der Überleitungsposten im Jahr 2004.

Außerdem werden die Gründe für das Auftreten unternehmensindividueller Überleitungsposten aufgezeigt, obwohl diesen Positionen per definitionem keine für die Mehrzahl der Unternehmen vergleichbaren Sachverhalte zugrunde liegen. Ihre Betrachtung ist für die Untersuchung dennoch relevant, denn ihr Umfang kann für das jeweilige Unternehmen durchaus wesentlich sein, wie in Abbildung 26 beispielsweise anhand des Postens ‚Nicht anrechenbare ausländische Ertragsteuern für die Ölförderung' zu erkennen ist. Dieser nur bei der BASF auftretende Überleitungsposten ist so umfangreich, dass er sogar im Vergleich mit den aggregierten Überleitungsposten der anderen DAX-30-Unternehmen ins Gewicht fällt und den betragsmäßig zehntgrößten Überleitungsposten darstellt. Innerhalb der Überleitungsrechnung der BASF macht er für das Jahr 2004 alleine 66,45% der erwarteten Steuerbelastung aus und ist dort der deutlich umfangsreichste Überleitungsposten.[1251] Abschließend wird der Überleitungsposten zu den sonstigen steuerlichen Zu- und Abrechnungen erläutert. Insgesamt umfassen die sieben in der Arbeit betrachteten Überleitungsposten dann mit 73,52% nahezu drei Viertel der aggregierten Absolutbeträge aller Überleitungsposten der DAX-30-Unternehmen für das Jahr 2004.

[1249] Vgl. *Dahlke/Eitzen*, Überleitungsrechnung, DB 2003, S. 2239 sowie die Abbildung auf S. 2238. Vgl. zur typisierten Darstellung der Überleitungsposten innerhalb der Überleitungsrechnung z.B. auch *Kirsch*, Angabepflichten, StuB 2002, S. 1193; *Hannemann/Peffermann*, IAS-Konzernsteuerquote, BB 2003, S. 728; *Kröner/Benzel*, Konzernsteuerquote, in: *Kessler/Kröner/Köhler* (Hrsg.), Konzernsteuerrecht, 2004, § 15, Tz. 62; *Spengel*, Konzernsteuerquoten, in: *Oestreicher* (Hrsg.), Steuerplanung, 2004, S. 100 f.; *Adrian*, Tax Reconciliation, 2005, S. 47, 137 ff.; *Heuser/Theile*, IAS Handbuch, 2. Auflage, 2005, Tz. 1366; *Hoffmann*, in: *Lüdenbach/Hoffmann*, IFRS-Kommentar, 3. Auflage, 2005, Tz. 107.

[1250] Die Summe der aggregierten Absolutbeträge aller Überleitungsposten der DAX-30-Unternehmen beträgt 19,750 Mrd. €.

[1251] Vgl. BASF AG, Finanzbericht 2004, S. 105.

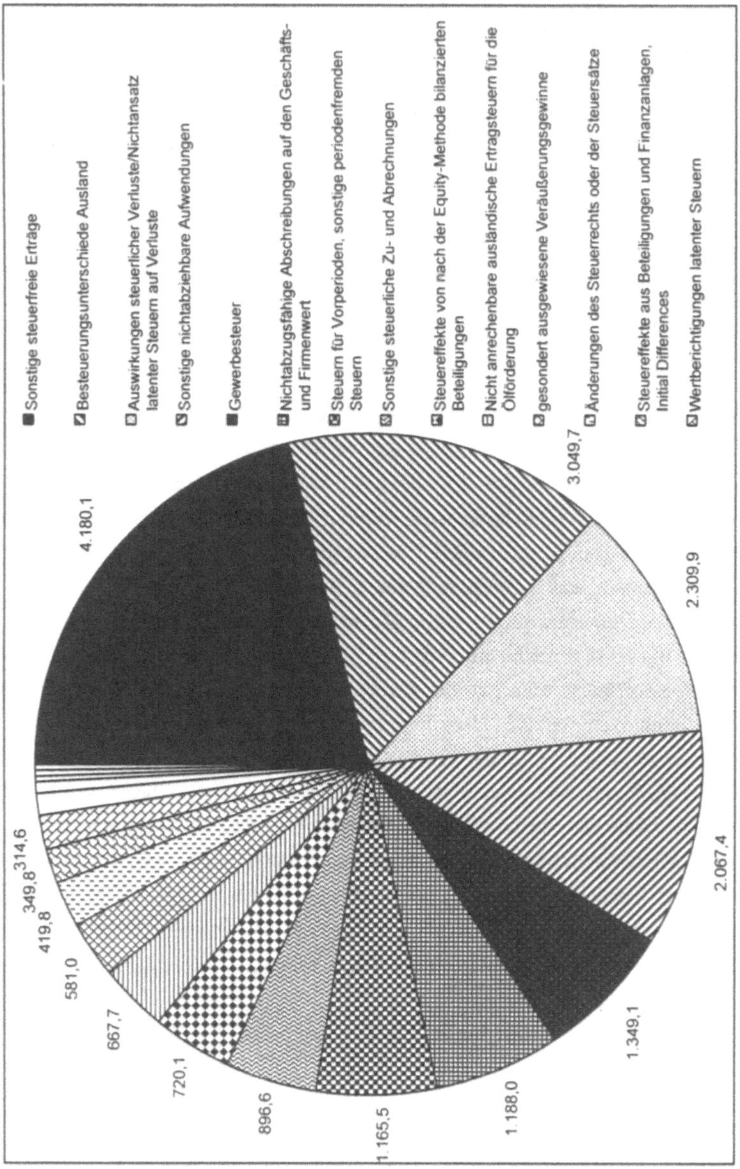

Abbildung 26: Überleitungsposten der DAX-30-Unternehmen im Jahr 2004 in Mio. € nach absolutem Umfang

Die Erläuterung der Position ‚Sonstige steuerliche Zu- und Abrechnungen' erfolgt aufgrund ihrer Häufigkeit in den Überleitungsrechnungen der DAX-30-Unternehmen. Dieser Überleitungsposten wird als Auffangposten der aggregierten unwesentlichen Steuereffekte in den

Überleitungsrechnungen von 28 der DAX-30-Unternehmen abgebildet.[1252] Abbildung 27 auf Seite 227 zeigt die Häufigkeitsverteilung aller Überleitungsposten in den Überleitungsrechnungen der DAX-30-Unternehmen für das Jahr 2004.[1253] Nach inhaltlich sich entsprechenden Positionen gruppiert, zeigen die DAX-30-Unternehmen in ihren Überleitungsrechnungen 23 verschiedene Überleitungsposten. Diese Überleitungsposten lassen sich nach solchen Posten differenzieren, die von einer Vielzahl der DAX-30-Unternehmen angegebenen werden, und solchen, die nur von wenigen Unternehmen abgebildet werden oder sogar unternehmensindividuell sind, mithin nur bei einem einzigen Unternehmen auftreten. Mit insgesamt elf Positionen werden nahezu die Hälfte der identifizierten Überleitungsposten von maximal 3 Unternehmen ausgewiesen, während die zwölf weiteren Positionen bei 4 bis 28 Unternehmen Berücksichtigung in den Überleitungsrechnungen finden.[1254]

Die Erläuterung der einzelnen Positionen erfolgt, indem die den Überleitungsposten zugrundeliegenden betriebswirtschaftlichen Sachverhalte dargestellt und die Ermittlung der daraus resultierenden Überleitungsposten auf der Grundlage der formalen Darstellung der Überleitungsrechnung in Abschnitt A.IV abgeleitet wird. Hierbei wird, sofern dies notwendig ist, entsprechend der im vorherigen Abschnitt B.II.5 herausgearbeiteten Alternative von einem kombinierten Ertragsteuersatz aus Körperschaftsteuer, Solidaritätszuschlag und Gewerbesteuer als anzuwendenden Steuersatz ausgegangen. Zudem sollen die Effekte auf die Höhe der Konzernsteuerquote aufgezeigt werden, die durch die den Überleitungsposten zugrundeliegenden Sachverhalte ausgelöst werden, da auf diesen Erkenntnissen aufbauend im letzten Kapitel der Untersuchung exemplarisch einige Instrumente zur Gestaltung der Konzernsteuerquote vorgestellt werden. Die Erläuterung der Systematik der Überleitungsposten kann auf die ausgewählten Posten beschränkt werden, da diese einen ganz wesentlichen Umfang der gesamten Überleitungsdifferenzen der DAX-30-Unternehmen ausmachen und die zugrundeliegende Systematik allgemeingültig ist und auf sämtliche Steuereffekte auslösende Sachverhalte übertragen werden kann. Aus diesem Grund werden auch Überleitungsposten aufgrund aperiodischer Effekte nicht gesondert untersucht, diese lassen sich ebenfalls aus den folgenden Ausführungen und der formalen Darstellung der Überleitungsrechnung ableiten.[1255]

1252 Lediglich Henkel und Schering weisen keinen Posten ‚Sonstige steuerliche Zu- und Abrechnungen' aus, vgl. Henkel KGaA, Geschäftsbericht 2004, S. 67; Schering AG, Geschäftsbericht 2004, S. 102.

1253 Die zu den Überleitungsposten angegebenen Zahlenangaben weisen auf die Anzahl der Unternehmen hin, die den jeweiligen Posten in ihrer Überleitungsrechnung abbilden. Fehlen Zahlenabgaben, wird der Überleitungsposten nur von jeweils einem Unternehmen ausgewiesen.

1254 Vgl. zu diesem Zusammenhang bereits *Wempen*, Tax Reconciliation, 2002, S. 26.

1255 Vgl. zu einer Betrachtung weiterer Überleitungsposten z.B. aus gesellschaftsrechtlich veranlassten Zuwendungen, dem Hinzurechnungsbetrag nach § 10 Abs. 2 AStG, periodenfremden Steuern sowie aus Konsolidierungsmaßnahmen und der Equity-Methode *Dahlke/Eitzen*, Überleitungsrechnung, DB 2003, S. 2239 ff.; *Hannemann/Peffermann*, IAS-Konzernsteuerquote, BB 2003, S. 728 ff.; sowie ausführlich *Adrian*, Tax Reconciliation, 2005, S. 154 ff.

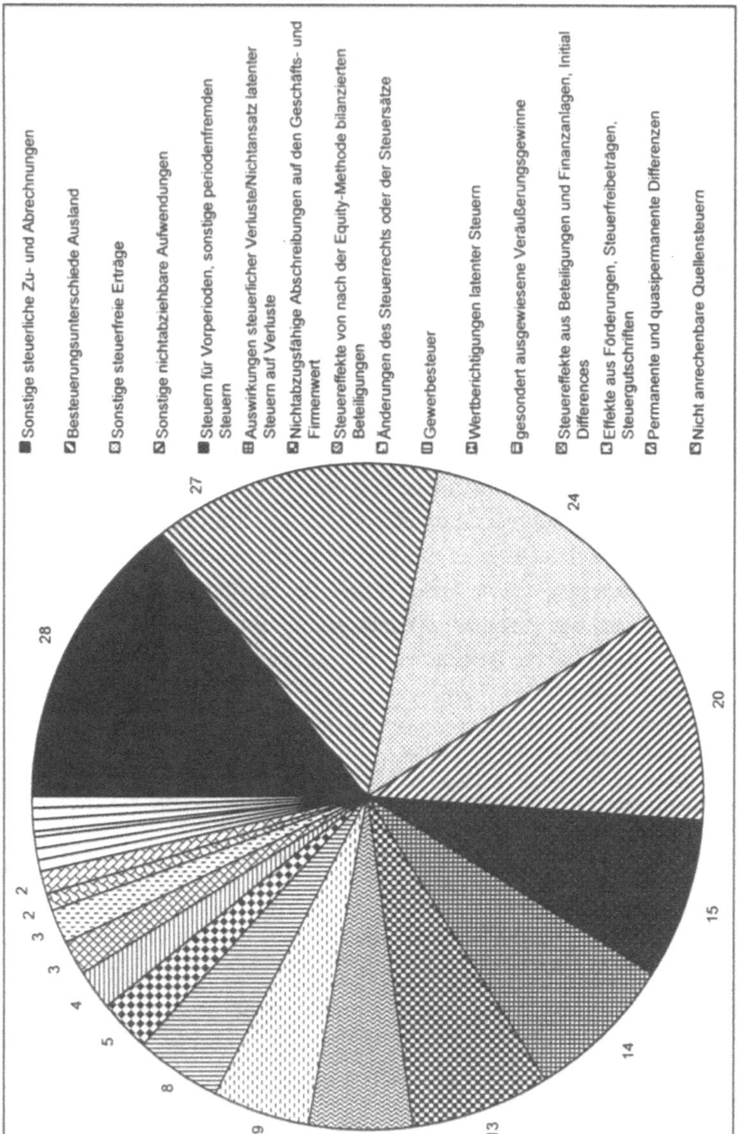

Abbildung 27: Überleitungsposten der DAX-30-Unternehmen im Jahr 2004 nach Häufigkeit

I. (Sonstige) Steuerfreie Erträge

Die im Jahr 2004 in der Summe der Beträge größte Position in den Überleitungsrechnungen der DAX-30-Unternehmen bilden die Überleitungsposten zu den (sonstigen) steuerfreien Erträgen, die von 24 der DAX-30-Unternehmen ausgewiesen werden. Dieser Überleitungsposten umfasst sämtliche Effekte, die aus Erträgen stammen, die zwar in den Handels- und Steuerbilanzergebnissen der Konzernunternehmen enthalten sind, nicht aber in deren zu versteuerndes Einkommen eingehen und dadurch zu einer niedrigeren effektiven im Vergleich zur erwarteten Steuerbelastung führen.[1256] Da gemäß § 8 Abs. 1 S. 1 KStG das Einkommen der dem Körperschaftsteuerrecht unterfallenden Unternehmen grundsätzlich unter Anwendung der einkommensteuerrechtlichen Vorschriften zu ermitteln ist,[1257] zählen hierzu zunächst alle nach übertragbaren einkommensteuerlichen Vorschriften steuerfrei gestellten Einnahmen.[1258] Investitionszulagen[1259] gehören gemäß § 8 Investitionszulagengesetz 2005[1260] ebenfalls nicht zu den Einkünften im Sinne des Einkommensteuergesetzes, auch diese sind somit von der Besteuerung freigestellt und führen zu steuerfreien Erträgen.[1261] Insbesondere zählen zu den steuerfreien Erträgen, die Abweichungen der effektiven von der erwarteten Steuerbelastung auslösen und in der Überleitungsrechnung zu erläutern sind, die gemäß § 8b Abs. 1 i.V.m. Abs. 5 KStG nicht der Besteuerung unterfallenden Anteile der Beteiligungserträge[1262] sowie Gewinne aus der Veräußerung von Anteilen an Kapitalgesellschaften, soweit[1263] sie gemäß § 8b Abs. 2 i.V.m. Abs. 3 KStG von der Besteuerung freigestellt sind.[1264]

1256 So auch *Hannemann/Peffermann*, IAS-Konzernsteuerquote, BB 2003, S. 731.

1257 Vgl. *Rose*, Ertragsteuern, 18. Auflage, 2004, S. 180, 186.

1258 Vgl. *Dötsch et al.*, Körperschaftsteuer, 14. Auflage, 2004, S. 82; zu den Steuerbefreiungen der §§ 3-3c des Einkommensteuergesetzes ausführlich *Zenthöfer/Schulze zur Wiesche*, Einkommensteuer, 8. Auflage, 2004, S. 1007 ff.; *Lang*, in: *Tipke/Lang*, Steuerrecht, 18. Auflage, 2005, § 9, Tz. 137 ff.

1259 Vgl. zu Investitionszulagen *Hey*, in: *Tipke/Lang*, Steuerrecht, 18. Auflage, 2005, § 19, Tz. 30 f., 44 ff.

1260 InvZulG 2005 vom 17.3.2004, BGBl. I 2004, S. 438.

1261 Vgl. *Adrian*, Tax Reconciliation, 2005, S. 144 f.

1262 Bezüge i.S.d. § 20 Abs. 1 Nr. 1, 2, 9 und 10 lit. a EStG bleiben bei der Ermittlung des Einkommens außer AnsaTz. Fünf Prozent der außer Ansatz bleibenden Bezüge gelten gemäß § 8b Abs. 5 S. 1 KStG als nichtabziehbare Betriebsausgaben, so dass im Ergebnis nur 95% der erhaltenen Bezüge steuerfrei vereinnahmt werden können. Die Betriebsausgabenfiktion bestand für Auslandsdividenden bereits seit der Einführung der Steuerbefreiungen von Dividendeneinnahmen durch das Steuersenkungsgesetz vom 23.10.2000, BGBl. I 2000, S. 1433, und wurde mit der Änderung des § 8b KStG zum Veranlagungszeitraum 2004 durch das sogenannte Korb-II-Gesetz vom 22.12.2003, BGBl. I 2003, S. 2840 ff., auch auf Inlandsdividenden ausgeweitet. Vgl. zur Einführung der Steuerbefreiung von Dividendeneinnahmen z.B. *Eilers/Wienands*, Dividendeneinnahmen, GmbHR 2000, S. 959; *Utescher/Blaufus*, Begrenzung, DStR 2000, S. 1583; sowie zur Rechtslage ab 2004 z.B. *Rogall*, Neuerungen, DB 2003, S. 2185; *Dötsch et al.*, Körperschaftsteuer, 14. Auflage, 2004, S. 249 ff., 273 f.; *Rose*, Ertragsteuern, 18. Auflage, 2004, S. 186 f.; *Hey*, in: *Tipke/Lang*, Steuerrecht, 18. Auflage, 2005, § 11, Tz. 11, 38 f. Vgl. zu den Einschränkungen für Kredit- und Finanzdienstleistungsinstitute gemäß § 8b Abs. 7 KStG z.B. *Ernst&Young/Bundesverband der Deutschen Industrie e.V.*, UntStFG, 2002, Tz. 12; *Pyszka/Brauer*, Einschränkung, BB 2002, S. 1669; sowie ausführlich *Dötsch et al.*, Körperschaftsteuer, 14. Auflage, 2004, S. 277 ff. m.w.N.

1263 Gewinne aus der Veräußerung eines Anteils an einer Körperschaft oder Personenvereinigung, deren Leistung beim Empfänger zu Einnahmen i.S.d. § 20 Abs. 1 Nr. 1, 2, 9 und 10 lit. a EStG gehören, oder Gewinne aus der Veräußerung einer Organgesellschaft sind von der Besteuerung freigestellt. Entsprechend der Besteuerung der Ausschüttungen gelten gemäß § 8b Abs. 3 S. 1 KStG ebenfalls 5% der Veräußerungsgewinne als nicht abzugsfähige Betriebsausgabe. Auch für Veräußerungsgewinne wurde die Betriebsausga-

Die dargestellten Erträge werden von inländischen Konzernunternehmen ergebniswirksam vereinnahmt, haben deren handelsrechtlichen Jahresüberschuss mithin erhöht oder einen Jahresfehlbetrag gemindert. Erst im Rahmen der Ermittlung des zu versteuernden Einkommens werden diese Ergebnisbeiträge außerbilanziell gekürzt, so dass durch sie kein tatsächlicher Steueraufwand im Sinne einer Steuerzahllast ausgelöst wird. Die tatsächliche Steuerlast ist damit geringer, als es eine fiktive Besteuerung des handelsrechtlichen Ergebnisses vermuten ließe.[1265] Da durch die definitive Kürzung der steuerlichen Bemessungsgrundlage permanente Differenzen zwischen dem handelsbilanziellen und dem steuerlichen Ergebnis entstehen, die sich im Zeitablauf nicht wieder umkehren, werden auf Abweichungen aus steuerfreien Erträgen keine latenten Steuern gebildet.[1266] Im Ergebnis lösen steuerfreie Erträge daher auch bei effektiver Betrachtung[1267] keine Steuerbelastung der Unternehmung aus.

Steuerfreie Erträge mindern somit die steuerlichen Bemessungsgrundlagen der Konzernunternehmen im Vergleich zu deren Vorsteuerergebnissen, die der Ermittlung der erwarteten Steuerbelastung als Ausgangsgröße der Überleitungsrechnung ungemindert zugrunde gelegen haben. Daher muss, wenn weitere Einflussfaktoren auf die effektive Steuerbelastung nicht vorhanden sind, die erwartete Steuerbelastung bei Existenz steuerfreier Erträge stets größer sein als die effektive Steuerbelastung. Für die Differenz der steuerlichen Bemessungsgrundlagen zu den handelsrechtlichen Ergebnissen wurde in der Ausgangsgröße eine Steuerbelastung erwartet, die effektiv nicht stattgefunden hat, so dass die effektive Steuerbelastung exakt um die mit dem anzuwendenden Steuersatz bewerteten steuerfreien Erträge kleiner ist als die erwartete Steuerbelastung. Diese Abweichung ist innerhalb der Überleitungsrechnung in einem

---

benfiktion durch das Korb-II-Gesetz eingeführt. Vgl. zur Einführung der Steuerbefreiung von Anteilsveräußerungsgewinnen z.B. *Töben*, Steuerbefreiung, FR 2000, S. 905 ff.; sowie zu den Änderungen z.B. *Rödder/Schumacher*, Wesentliche Änderungen, DStR 2002, S. 109; *Rogall*, Neuerungen, DB 2003, S. 2186 ff.; *Dötsch et al.*, Körperschaftsteuer, 14. Auflage, 2004, S. 253 ff.; *Hey*, in: *Tipke/Lang*, Steuerrecht, 18. Auflage, 2005, § 11, Tz. 11 f., 38 f. Für Kredit- und Finanzdienstleistungsinstitute gelten die Einschränkungen des § 8b Abs. 7 KStG, vgl. hierzu *Pyszka/Brauer*, Einschränkung, BB 2002, S. 1669. Vgl. zu den Ausnahmen und Rückausnahmen bei der Behandlung von Teilwertabschreibungen und einbringungsgeborenen Anteilen gemäß § 8b Abs. 4 KStG *Töben*, Steuerbefreiung, FR 2000, S. 906; *Ernst&Young/ Bundesverband der Deutschen Industrie e.V.*, UntStFG, 2002, Tz. 15; ausführlich *Dötsch et al.*, Körperschaftsteuer, 14. Auflage, 2004, S. 264 ff.

1264 Vgl. *Dahlke/Eitzen*, Überleitungsrechnung, DB 2003, S. 2241; *Adrian*, Tax Reconciliation, 2005, S. 139, 142 f. Zur verdeckten Einlage als weiteren in den Überleitungsposten zu den steuerfreien Erträgen eingehenden Steuereffekt *Adrian*, Tax Reconciliation, 2005, S. 157 ff.

1265 So z.B. *BPV Baetge & Partner GmbH & Co. Verfahrensentwicklung KG*, Steuerlast, Studie 1997, S. 8.

1266 Vgl. *Ernsting*, Auswirkungen, WPg 2001, S. 20; *Schmidbauer*, Bilanzierung, DB 2001, S. 1571; *Wotschofsky/Heller*, Konzernabschluss, IStR 2002, S. 820; *Rabeneck/Reichert*, Latente Steuern, DStR 2002, S. 1366; *Adrian*, Tax Reconciliation, 2005, S. 137 f., 140 f., 144. Nach IAS 20 können Investitionszulagen auch von den Anschaffungskosten des Vermögensgegenstandes abgezogen werden. Der Steuerbilanzwert dieses Vermögensgegenstandes wird aber gemäß § 8 S. 2 InvZulG 2005 nicht gemindert, so dass in diesem Fall eine temporäre Differenz zwischen Handels- und Steuerbilanz entsteht. Durch diesen Unterschiedsbetrag entsteht nach IAS zwar eine erfolgsneutrale aktive latente Steuer, die jedoch nicht angesetzt werden darf, da ansonsten die angestrebte Aufteilung der Investitionszulage auf die Nutzungsdauer des Vermögensgegenstandes neutralisiert werden würde, vgl. *IASB*, IAS 12, Abs. 22 (c), 33; *Wotschofsky/ Heller*, Konzernabschluss, IStR 2002, S. 819 f.; *Coenenberg*, Jahresabschluss, 20. Auflage, 2005, S. 462.

1267 Bei Verständnis der effektiven Steuerbelastung als Summe aus tatsächlichen und latenten Steuern.

Überleitungsposten für die (sonstigen) steuerfreien Erträge aufzuzeigen.[1268] Die Ausführungen machen deutlich, dass die Ermittlung dieses Überleitungspostens entsprechend der Gleichung 9 auf Seite 161 durch Bewertung der steuerfreien Erträge mit dem anzuwendenden Steuersatz erfolgt.

Allerdings ist darauf hinzuweisen, dass gemäß § 8b Abs. 1 KStG steuerfrei gestellte Bezüge von anderen Kapitalgesellschaften dann keinen mindernden Einfluss auf die Konzernsteuerquote entfalten, wenn die ausschüttende Gesellschaft in den Konsolidierungskreis des Konzerns einbezogen ist. Zwar kann die empfangende Gesellschaft die von der Beteiligungsgesellschaft ausgeschütteten Bezüge auch in diesem Fall weitgehend[1269] steuerfrei vereinnahmen. Jedoch sind bei der Konsolidierung in der Periode der Entstehung des Gewinns der ausschüttenden Gesellschaft deren Vorsteuerergebnis und die hierauf entfallende Steuerbelastung bereits in den Konzernabschluss eingegangen und haben sowohl das Konzernergebnis vor Steuern als auch den Konzernsteueraufwand beeinflusst. In der Periode der Ausschüttung darf dasselbe Ergebnis nicht erneut Eingang in den Konzernabschluss finden. Die ausgeschütteten Beträge werden daher in der Aufwands- und Ertragskonsolidierung eliminiert.[1270]

Die Ausschüttung erhöht das Konzernergebnis vor Steuern somit nicht, beeinflusst jedoch in Höhe der gemäß § 8b Abs. 5 S. 1 KStG als nichtabziehbare Betriebsausgaben geltenden 5% der Bezüge den Konzernsteueraufwand der Ausschüttungsperiode.[1271] Im Ergebnis bewirken gemäß § 8b Abs. 1 KStG steuerfrei gestellte Bezüge von in den Konsolidierungskreis einbezogenen Kapitalgesellschaften somit gerade keine Absenkung der Konzernsteuerquote, sondern haben aufgrund der Betriebsausgabenfiktion des § 8b Abs. 5 S. 1 KStG den entgegengesetzten Effekt einer Erhöhung der Quote. Soweit der Gewinn aus der Veräußerung einer Beteiligung durch bereits mit Körperschaftsteuer belastete Rücklagen bestimmt wird, gelten für die Steuerfreiheit von Veräußerungsgewinnen gemäß § 8b Abs. 2 KStG dieselben Überlegungen.[1272]

Der Begriffsbestandteil ‚sonstige' ist bei der Benennung des Überleitungspostens immer dann notwendig, wenn nicht sämtliche Effekte aus allen steuerfreien Erträgen der Unternehmung in dieser Position erfasst werden, sondern für Effekte bestimmter steuerfreier Erträge gesonderte Überleitungsposten gebildet werden. Beispielsweise werden für wesentliche Effekte aus der

---

1268 Vgl. *Schäffeler*, Latente Steuern, 2000, S. 97; *Herzig/Dempfle*, Konzernsteuerquote, DB 2002, S. 3; *Wempen*, Tax Reconciliation, 2002, S. 32.

1269 Fünf Prozent der außer Ansatz bleibenden Bezüge gelten gemäß § 8b Abs. 5 S. 1 KStG als nichtabziehbare Betriebsausgaben.

1270 Vgl. z.B. *Busse von Colbe/Müller/Reinhard*, Aufstellung, ZfbF 1987, Sonderheft 21/87, Tz. 106; *Adler/Düring/Schmaltz*, Kommentar, 6. Auflage, 1997, § 305 HGB, Tz. 74; *Ebeling*, in: *Baetge/Kirsch/Thiele*, Bilanzrecht, 2002, § 305 HGB, Tz. 91; *Coenenberg*, Jahresabschluss, 20. Auflage, 2005, S. 719; sowie das Beispiel bei *Küting/Weber*, Konzernabschluss, 9. Auflage, 2005, S. 432 f.

1271 Der Steuereffekt der als nichtabziehbare Betriebsausgaben fingierten 5% der Bezüge ist in der Überleitungsrechnung in der Position ‚(Sonstige) Nichtabziehbare Aufwendungen' zu erläutern.

1272 Vgl. *Hey*, in: *Tipke/Lang*, Steuerrecht, 18. Auflage, 2005, § 11, Tz. 12.

Veräußerung von Kapitalgesellschaftsanteilen zuweilen eigene Überleitungsposten gezeigt.[1273] Auch Effekte aus Förderungen, Steuerfreibeträgen oder Steuergutschriften werden bei wesentlichem Umfang und damit einhergehender Informationsnützlichkeit und Entscheidungserheblichkeit für die Abschlussinteressenten gesondert ausgewiesen.[1274] Findet kein getrennter Ausweis der Steuereffekte aus den verschiedenen Möglichkeiten steuerfreier Erträge statt, werden mithin die Effekte sämtlicher steuerfreier Erträge der Unternehmung addiert und in einem einzigen Überleitungsposten ausgewiesen, ist die Bezeichnung ‚Steuerfreie Erträge' zutreffend und ausreichend.

Je mehr steuerfreie Erträge eine Unternehmung erzielt, umso größer ist deren steuermindernder Einfluss auf die effektive Steuerbelastung. Es liegt auf der Hand, dass eine Steigerung steuerfreier Erträge damit auch senkenden Einfluss auf die Konzernsteuerquote als Quotient aus effektiver Steuerbelastung und Konzernergebnis vor Steuern haben muss.[1275] Daher bietet sich zur Beeinflussung der Konzernsteuerquote eine bewusste Generierung steuerfreier Erträge unmittelbar an. Dies beispielsweise durch die Vermeidung steuerlicher Ineffizienzen bei der Ausnutzung von unter das Investitionszulagengesetz fallenden Förderungen oder durch die Nutzung von Qualifikationskonflikten mit dem Ziel der unmittelbaren Genierung steuerfreier, sogenannter ‚weißer' Einkünfte.[1276]

II. Besteuerungsunterschiede Ausland

Der Posten ‚Besteuerungsunterschiede Ausland' ist nach dem Überleitungsposten zu den steuerfreien Erträgen der, gemessen an der Summe der Absolutbeträge, umfangreichste Überleitungsposten der DAX-30-Unternehmen. Dieser Überleitungsposten wird von 27 der betrachteten Unternehmen in ihren Überleitungsrechnungen ausgewiesen. Allianz und Bayer verwenden als anzuwendenden Steuersatz einen gewichteten Durchschnittssteuersatz,[1277] so dass bei diesen beiden Unternehmen die Position ‚Besteuerungsunterschiede Ausland' folgerichtig nicht in deren Überleitungsrechnung aufgeführt wird.[1278] Die Deutsche Börse hat offenbar so geringe ausländische Einkünfte, dass sie auf den gesonderten Ausweis dieses Postens verzichten kann.[1279] Besteuerungsunterschiede zum Ausland können zu Minderungen oder Mehrungen der Konzernsteuerquote führen, je nachdem, ob die ausländische Steuerbelastung niedriger oder höher als die inländische Belastung ist.

1273 Vgl. Bayer AG, Geschäftsbericht 2004, S. 99; RWE AG, Geschäftsbericht 2004, S. 138; Siemens AG, Geschäftsbericht 2003/2004, S. 121; ThyssenKrupp AG, Geschäftsbericht 2003/2004, S. 146.

1274 Vgl. Continental AG, Geschäftsbericht 2004, S. 76; Infineon Technologies AG, Konzern-JA 2003/2004, S. 101; Volkswagen AG, Geschäftsbericht 2004, S. 71.

1275 So z.B. auch *Hannemann/Peffermann*, IAS-Konzernsteuerquote, BB 2003, S. 731.

1276 Vgl. *Herzig/Dempfle*, Konzernsteuerquote, DB 2002, S. 5.

1277 Gemäß *IASB*, IAS 12, Abs. 85, S. 4. Vgl. hierzu Abschnitt A.II.1, hier ab Seite 141.

1278 Vgl. Abschnitt B.II.4, Seiten 209 ff.

1279 Vgl. Deutsche Börse AG, Geschäftsbericht 2004, S. 153.

Die Abweichungen der ausländischen steuerlichen Belastung von der Ausgangsgröße der Überleitungsrechnung können verschiedene Ursachen haben. So führen zuvorderst von der Höhe des anzuwendenden Steuersatzes abweichende ausländische Ertragsteuersätze[1280] zu Steuersatzdifferenzen[1281], deren Einwirkungen auf die effektive Steuerbelastung im Überleitungsposten ‚Besteuerungsunterschiede Ausland' zu erläutern sind.[1282] Daneben weicht die nach ausländischen Regelungen ermittelte steuerliche Bemessungsgrundlage in aller Regel - z.B. aufgrund von in der ausländischen Konzernunternehmung angefallenen steuerfreien Erträgen und nichtabziehbaren Aufwendungen - vom handelsrechtlichen Ergebnisbeitrag der ausländischen Einheit ab, so dass unter Umständen sogar ein höherer ausländischer Steuersatz mit einer insgesamt niedrigeren ausländischen Steuerlast einhergehen kann et vice versa. Auch im Inland unbekannte ausländische Steuerrechtsvorschriften können zu Besteuerungsunterschieden führen, z.B. wenn ausländischen Konzernunternehmen sogenannte *tax haven* oder *tax holidays* gewährt werden.[1283]

Zudem kann das Vorhandensein lokaler ausländischer Ertragsteuern, bei denen Gebietskörperschaften der Ansässigkeitsstaaten eigene Steuern festsetzen, zu einer von der inländischen Steuerbelastung abweichenden Belastung ausländischer Ergebnisbestandteile führen. Beispiele hierfür sind die in den USA von den einzelnen Bundesstaaten festgesetzten *local taxes* und für den europäischen Bereich die lokale italienische Wertschöpfungssteuer IREP[1284], die von den lokalen Gebietskörperschaften in Italien auf die Wertschöpfung der Unternehmer und Freiberufler in der jeweiligen Region erhoben wird.[1285] In diesen Steuerarten können Parallelen zur deutschen Gewerbesteuer gesehen werden, die eindeutig zu den das Unternehmensergebnis belastenden Steuern vom Einkommen und vom Ertrag zählt und in der effektiven Steuerbelastung, mithin im tatsächlich auf den ausländischen Ergebnisbeitrag angewendeten Steuersatz, Berücksichtigung finden muss.

Ist die ausländische Beteiligungsgesellschaft eine Kapitalgesellschaft, unterliegen deren Ergebnisse aufgrund der Abschirmwirkung der Kapitalgesellschaft stets der definitiven Besteuerung in Höhe des ausländischen Steuerniveaus. Die Abweichung vom erwarteten inländischen Steuerniveau ist, sofern die Gesellschaft zum Konsolidierungskreis des Konzerns zählt, in der Periode ihrer Entstehung im Überleitungsposten ‚Besteuerungsunterschiede Ausland' abzu-

---

1280 Vgl. zu den unterschiedlichen Körperschaftsteuersätzen innerhalb der EU z.B. *Bundesamt für Finanzen*, Steuern im internationalen Vergleich, 2004, S. 8 f.

1281 *Foreign tax rate differentials*, vgl. *Dahlke/Eitzen*, Überleitungsrechnung, DB 2003, S. 2240.

1282 Neben dieser innerhalb der Überleitungsrechnung zwingend vorzunehmenden Erläuterung bietet sich in Ergänzung zur Überleitungsrechnung die zusätzliche Angabe der im Ausland maßgeblichen Steuersätze an, vgl. Commerzbank AG, Geschäftsbericht 2004, S. 122, die auf ausländische Steuersätze von 0 bis 46% hinweist.

1283 Vgl. *Dahlke/Eitzen*, Überleitungsrechnung, DB 2003, S. 2242; *Hannemann/Peffermann*, IAS-Konzernsteuerquote, BB 2003, S. 732.

1284 *Imposta Regionale sul Reddito Prodotto.*

1285 Vgl. *Hilpold/Steinmair/Zandanel*, Grundriß, 2. Auflage, 1997, S. 281; *Wempen*, Tax Reconciliation, 2002, S. 22 f., 28.

bilden.[1286] Für im Ausland unterhaltene Betriebstätten ist der Einfluss vom deutschen Steuerniveau abweichender ausländischer Steuerbelastungen auf die effektive Steuerbelastung des Konzerns von den jeweils geltenden Regelungen zur Vermeidung der Doppelbesteuerung abhängig.[1287] Die mehrfache Belastung der Ergebnisbestandteile im Quellenstaat einerseits und in Deutschland andererseits wird durch die Freistellungs- oder die Anrechnungsmethode sowie durch die Abzugs- und die Pauschalierungsmethode gemildert oder vermieden.[1288]

Üblicherweise wird in den von Deutschland abgeschlossenen Doppelbesteuerungsabkommen die Freistellungsmethode vereinbart.[1289] Dabei werden die im Ausland erwirtschafteten Ergebnisbestandteile der Betriebstätten, die dort der Besteuerung unterlegen haben, von der inländischen Besteuerung freigestellt.[1290] Dadurch wird das ausländische Steuerniveau definitiv, und die ausländischen Steuern gehen in ihrer tatsächlichen Höhe in den aggregierten Konzernsteueraufwand ein.[1291] Die Ergebnisbestandteile unterliegen bei Geltung der Freistellungsmethode somit ebenfalls endgültig einer vom erwarteten inländischen Steuerniveau abweichenden Steuerbelastung. Auch diese Abweichungen sind in der Position ‚Besteuerungsunterschiede Ausland' zu erfassen.

Bei Geltung der Anrechnungsmethode unterfallen die ausländischen Ergebnisbestandteile der inländischen Besteuerung, wobei die bereits verwirklichte ausländische Steuerbelastung ganz oder teilweise auf die inländische Steuer auf die jeweiligen Ergebnisbestandteile angerechnet wird.[1292] Die ausländische Steuerbelastung wird so auf das Steuerniveau der deutschen Konzernobergesellschaft hochgeschleust oder u.U. sogar abgesenkt.[1293] Ist die ausländische Steuerbelastung niedriger als die inländische, wird durch die nach der Anrechnung verbleibende zusätzliche inländische Steuerbelastung insgesamt das inländische Steuerniveau verwirklicht. Es entstehen keine in der Überleitungsrechnung zu erläuternden Abweichungen von der erwarteten Steuerbelastung.[1294] Ist die ausländische Steuerbelastung höher als die inländische, greift meist eine Anrechnungshöchstgrenze, die in aller Regel der inländischen Steuer

---

1286 Wird die ausländische Gesellschaft nicht konsolidiert, gehen deren Ergebnisse erst bei Ausschüttung an eine konsolidierte Gesellschaft als weitgehend steuerfreie Erträge in den Konzernabschluss ein. Kapitalertragsteuereffekte, die bei der Ausschüttung einer ausländischen Kapitalgesellschaft an eine inländische Personengesellschaft entstehen können, werden hier nicht weiter betrachtet.

1287 Vgl. bereits *Seidel*, Gewinnverschiebungen, 1972, S. 29 f.

1288 Vgl. z.B. *Rose*, Grundzüge, 5. Auflage, 2000, S. 57 ff.; *Jacobs*, Unternehmensbesteuerung, 5. Auflage, 2002, S. 63 ff., 487 ff.; *Kußmaul*, Steuerlehre, 4. Auflage, 2006, S. 639 ff.

1289 Vgl. *Schaumburg*, Internationales Steuerrecht, 2. Auflage, 1998, S. 608, Tz 14.20; sowie die Übersicht bei *Vogel*, in: *Vogel/Lehner*, DBA, 4. Auflage, 2003, Art. 23, Tz. 16.

1290 Vgl. die in Fn. 1198 auf Seite 209 angegebene Literatur.

1291 Vgl. *Jacobs*, Unternehmensbesteuerung, 5. Auflage, 2002, S. 78, 492 f.

1292 Vgl. die Literaturhinweise in Fn. 1199 auf Seite 209.

1293 Vgl. *Rose*, Grundzüge, 5. Auflage, 2000, S. 59 f.; *Herzig/Dempfle*, Konzernsteuerquote, DB 2002, S. 3; *Scheffler*, Besteuerung, 2. Auflage, 2002, S. 59; *Djanani/Brähler*, Internationales Steuerrecht, 2003, S. 101; *Adrian*, Tax Reconciliation, 2005, S. 123.

1294 Vgl. *Adrian*, Tax Reconciliation, 2005, S. 166.

auf die ausländischen Ergebnisbestandteile entspricht.[1295] Der nichtanrechnungsfähige Teil der ausländischen Steuerbelastung bleibt dann definitiv und führt zu einer Abweichung von der erwarteten Steuerbelastung nach oben. Diese Abweichung wird ebenfalls in der Position ‚Besteuerungsunterschiede Ausland' erfasst.[1296]

In allen zu erläuternden Fällen handelt es sich um Abweichungen der effektiven von der erwarteten Steuerbelastung, die zunächst auf Differenzen in den tatsächlich und aus Konzernsicht definitiv auf die ausländischen Ergebnisbestandteile zur Anwendung gekommenen Steuersätze zurückzuführen sind. In aller Regel weicht gleichzeitig auch die ausländische steuerliche Bemessungsgrundlage von der Höhe des in das konsolidierte Konzernergebnis einfließenden ausländischen Ergebnisbestandteils ab, so dass die Ermittlung des Überleitungspostens der Gleichung 11 auf Seite 164 folgt.

Der in der jeweiligen ausländischen Steuerhoheit erwirtschaftete Ergebnisbestandteil ist auf Grundlage der dort geltenden Regelungen in die steuerliche Bemessungsgrundlage zu überführen, die dann zur Ermittlung des Überleitungspostens mit der Differenz aus dem tatsächlich zur Anwendung gekommenen und dem anzuwendenden Steuersatz der Überleitungsrechnung bewertet wird. Zudem ist die Differenz zwischen dem im Ausland erwirtschafteten Ergebnisbestandteil und der steuerlichen Bemessungsgrundlage mit dem anzuwendenden Steuersatz der Überleitungsrechnung zu bewerten und gemeinsam mit dem zuvor genannten Steuereffekt zu korrigieren. Denn die diese Differenz auslösenden Sachverhalte wurden in der Ausgangsgröße der Überleitungsrechnung mit dem anzuwendenden Steuersatz bewertet, obwohl sie tatsächlich im Rahmen der ausländischen Besteuerung Berücksichtigung finden. Anschließend werden die Abweichungen sämtlicher Sitzstaaten der Konzernunternehmungen zu einem Posten ‚Besteuerungsunterschiede Ausland' zusammengefasst.

Durch die hier dargestellte Ermittlungsmethode wird die Gesamtdifferenz der ausländischen Steuerbelastung von der erwarteten Steuerbelastung, die auf der Grundlage eines inländischen *homebased*-Steuersatzes ermittelt wurde, berechnet, ohne bei der Abbildung in der Überleitungsrechnung nach den Abweichungsursachen, namentlich nach Steuersatzdifferenzen und nach Abweichungen in der steuerlichen Bemessungsgrundlage, zu differenzieren. Hieraus resultiert ein einziger Überleitungsposten ‚Besteuerungsunterschiede Ausland', der sämtliche im Ausland ausgelösten Abweichungen von der erwarteten Steuerbelastung umfasst. Diese Information ist für die Interessenten der Überleitungsrechnung ausreichend, da für sie letztlich nicht entscheidend ist, ob eine Steuerminderung oder Steuermehrung aus Steuersätzen oder Abweichungen in der steuerlichen Bemessungsgrundlage resultiert, sondern einzig, in welcher Höhe die im Ausland angefallenen Effekte insgesamt auf die effektive Steuerbelastung

---

[1295] Vgl. *Rose*, Grundzüge, 5. Auflage, 2000, S. 60; *Jacobs*, Unternehmensbesteuerung, 5. Auflage, 2002, S. 74.

[1296] Vgl., auch zu Abweichungen aufgrund der Abzugs- und der Pauschalierungsmethode, *Adrian*, Tax Reconciliation, 2005, S. 166 f.

eingewirkt haben.[1297] Eine weitere Aufspaltung nach Abweichungsursachen würde aufgrund der Flut an unwesentlichen Informationen und dem unverhältnismäßig hohen Erstellungsaufwand dem Grundsatz der *relevance*, hier dem Gebot der *materiality*,[1298] zuwiderlaufen.

Stellt die Konzernobergesellschaft entgegen der hier empfohlenen Anwendung von Steuersätzen der Variante 3 ihre Überleitungsrechnung nicht unmittelbar für den Konzern auf, sondern durch Aggregation der in den verschiedenen Steuerrechtskreisen der Konzerngesellschaften aufgestellten Einzelüberleitungsrechnungen,[1299] entfällt in aller Regel der Ausweis der Position ‚Besteuerungsunterschiede Ausland'. Die ansonsten durch Steuersatzabweichungen des ausländischen vom *homebased*-Steuersatz ausgelösten Effekte finden in diesem Fall Berücksichtigung im gewichteten Durchschnittssteuersatz als Ausgangsgröße der Überleitungsrechnung. Informationen über die Nutzung des internationalen Steuersatzgefälles, die ansonsten im Überleitungsposten ‚Besteuerungsunterschiede Ausland' erfasst werden, gehen hierdurch verloren.

Zudem gehen die Effekte aus den im Ausland angefallenen steuerfreien Erträgen und nichtabziehbaren Aufwendungen in die Überleitungsposten hierzu ein. Sie verwässern dadurch die Aussagekraft dieser Überleitungsposten, da sich aus Sicht externer Abschlussinteressenten nicht mehr nachvollziehen lässt, ob die steuerfreien Erträge und nichtabziehbaren Aufwendungen im Inland oder im Ausland entstanden sind, auf welche Bemessungsgrundlagen und auf welches Steuerniveau sie mithin Einfluss genommen haben.[1300] Aus Sicht der Informationsnützlichkeit der Überleitungsrechnung im Allgemeinen und des Überleitungspostens ‚Besteuerungsunterschiede Ausland' im Speziellen ist daher die Aufstellung der Überleitungsrechnung durch Aggregation der Einzelüberleitungsrechnungen ebenso abzulehnen wie die Aufspaltung der Position ‚Besteuerungsunterschiede Ausland' nach Effekten aus Steuersatzdifferenzen und Effekten aufgrund von im Ausland angefallenen Abweichungen in der steuerlichen Bemessungsgrundlage.[1301]

Unterliegt der im Ausland besteuerte Ergebnisbestandteil unter Berücksichtigung der ausländischen Steuersätze und Bemessungsgrundlagen einer im Vergleich zum anzuwendenden Steuersatz niedrigeren Steuerbelastung, so führt dies effektiv zu einer niedrigeren Steuerbelastung, als dies in der Ausgangsgröße der Überleitungsrechnung erwartet wurde. Dadurch wird die Konzernsteuerquote dauerhaft gemindert. Zur Senkung der Quote liegt es folglich auf der Hand, möglichst hohe positive Ergebnisbestandteile in solche Länder zu verlagern, in

---

1297 Vgl. *Wagenhofer*, IAS, 3. Auflage, 2001, S. 84 f.

1298 Vgl. *IASB*, Framework, Abs. 26, 29; *FASB*, SFAC 1, Abs. 32 ff.; *Coenenberg*, Jahresabschluss, 20. Auflage, 2005, S. 61, 68.

1299 Vgl. *IASB*, IAS 12, Abs. 85, S. 4.

1300 Vgl. Abschnitt B.II.4, Seiten 209 ff.

1301 Für eine solche Aufspaltung sprechen sich *Dahlke/Eitzen* aus, vgl. *Dahlke/Eitzen*, Überleitungsrechnung, DB 2003, S. 2240.

denen die tatsächliche Steuerbelastung niedriger als die inländische Belastung ist. Insgesamt bietet sich in diesem Bereich der Nutzung des internationalen Steuergefälles das umfangreichste Potential für eine auf die Beeinflussung der Konzernsteuerquote ausgerichtete Steuerpolitik.[1302] Als Instrumente hierfür stehen neben der Ausnutzung bestehender Bandbreiten der Verrechnungspreise und Finanzierungsgestaltungen die Gestaltung der rechtlichen Unternehmensstruktur sowie die gezielte Verlagerung von Funktionen und Risiken bis hin zur Sitzverlegung zur Verfügung.[1303]

III. Auswirkungen steuerlicher Verluste

Verluste wirken auf verschiedene Weise auf die Höhe der effektiven Steuerbelastung ein. Zunächst kann ein in der Berichtsperiode erwirtschafteter Verlust unmittelbare Wirkung auf die effektive Steuerbelastung der Berichtsperiode entfalten, wobei nach den verschiedenen Möglichkeiten der Geltendmachung des Verlustes - Verlustrück- oder -vortrag gemäß § 8 Abs. 1 KStG i.V.m. § 10d EStG - zu unterscheiden ist. Daneben kann ein Verlust Auswirkungen auf bestehende oder in der Berichtsperiode grundsätzlich zu bildende latente Steuern haben.

Besteht im Jahr der Verlustentstehung für das Konzernunternehmen die Möglichkeit, den Verlust in das vorangegangene Jahr zurückzutragen,[1304] kann bereits im Verlustentstehungsjahr ein Steuererstattungsanspruch als Ertrag geltend gemacht werden,[1305] dessen Höhe sich aus der Minderung der Vorjahresbemessungsgrundlage, bewertet mit dem im Vorjahr tatsächlich angewendeten Steuersatz, ergibt. Im Grundsatz steht dieser Erstattungsanspruch in Relation zur Höhe des Verlustes der Konzernunternehmung. Bei Aggregation der konzernweit erzielten Ergebnisse und Steueraufwendungen und -erstattungen im Rahmen der Erstellung des Konzernabschlusses resultiert dann keine in der Überleitungsrechnung des Konzerns zu erläuternde Abweichung der effektiven Steuerbelastung des Konzerns von der auf Grundlage des Konzernergebnisses vor Steuern ermittelten erwarteten Steuerbelastung.[1306]

Diese Technik führt jedoch immer dann zu einer Abweichung der effektiven von der erwarteten Steuerbelastung, wenn für die betreffende Konzernunternehmung der Steuersatz des Verlustrücktragsjahres vom anzuwendenden Steuersatz der Berichtsperiode abweicht.[1307] Die Ermittlung dieses Überleitungspostens erfolgt, da er aus einer Abweichung des tatsächlich auf

---

1302 So bereits *Herzig/Dempfle*, Konzernsteuerquote, DB 2002, S. 5.

1303 Vgl. Abbildung 2 auf Seite 31.

1304 Vgl. zur Funktionsweise und den Restriktionen eines Verlustrücktrags *Rose*, Ertragsteuern, 18. Auflage, 2004, S. 93, 200 f.; *Zenthöfer/Schulze zur Wiesche*, Einkommensteuer, 8. Auflage, 2004, S. 232 f.

1305 Vgl. *Herzig*, Steuerlatenz, in: *Bertl et al.* (Hrsg.), Erfolgsabgrenzungen, 2001, S. 116; *Baetge/Kirsch/Thiele*, Bilanzen, 8. Auflage, 2005, S. 557; *Coenenberg*, Jahresabschluss, 20. Auflage, 2005, S. 458.

1306 Vgl. *Adrian*, Tax Reconciliation, 2005, S. 173.

1307 Vgl. *Dahlke/Eitzen*, Überleitungsrechnung, DB 2003, S. 2238, 2243; *Hoffmann*, in: *Lüdenbach/Hoffmann*, IFRS-Kommentar, 3. Auflage, 2005, § 26, Tz. 107.

den Verlustrücktrag angewendeten vom anzuwendenden Steuersatz resultiert, nach Gleichung 10 auf Seite 162.

Wird der Verlust von der Konzernunternehmung im Wege eines Verlustvortrages genutzt, ist hierauf, wie oben dargestellt,[1308] grundsätzlich eine aktive Steuerlatenz zu bilden.[1309] Durch den dabei entstehenden latenten Steuerertrag entfaltet der Verlust keine Wirkung auf die effektive Steuerbelastung.[1310] Ansonsten sachlich zu Unrecht entstehende Abweichungen der effektiven von der erwarteten Steuerbelastung werden vermieden,[1311] wodurch für einen im Zeitablauf weniger volatilen[1312] und funktional in Relation zum Konzernergebnis stehenden[1313] effektiven Steueraufwand Sorge getragen wird. Alleine durch die Abgrenzung der Steuerlatenz wird die Relation zwischen dem Konzernergebnis vor Steuern und der effektiven Steuerbelastung des Konzerns hergestellt, eine Erläuterung in der Überleitungsrechnung ist nicht notwendig.[1314] In den Perioden der Verlustnutzung und der Minderung des tatsächlichen Steueraufwands führt die Auflösung der aktiven Steuerlatenz zu demselben nivellierenden Effekt.[1315]

Die Möglichkeit der Abgrenzung der aktiven Steuerlatenz auf den Verlustvortrag ist allerdings von der Wahrscheinlichkeit der Realisierung des Steuervorteils aufgrund zukünftiger Gewinne oder bestehender Verrechnungsmöglichkeiten der Konzernunternehmung abhängig.[1316] Ist die Realisierung in zukünftigen Perioden nicht wahrscheinlich, darf keine aktive Steuerlatenz auf den Verlustvortrag gebildet werden.[1317] Dem negativen Ergebnis der Konzernunternehmung steht dann keine aus der Bildung der aktiven Steuerlatenz resultierende latente Steuererstattung gegenüber, sondern, da im Verlustentstehungsjahr für steuerliche

---

1308 Vgl. die Abschnitte B.IV.3 und B.IV.4 des 2. Kapitels, hier Seiten 78 ff. und 84 ff.

1309 Vgl. *IASB*, IAS 12, Abs. 34; *FASB*, SFAS No. 109, Abs. 17; *DRSC*, DRS 10, Abs. 11.

1310 Vgl. *Herzig*, Steuerlatenz, in: *Bertl et al.* (Hrsg.), Erfolgsabgrenzungen, 2001, S. 116; *Hannemann/ Peffermann*, IAS-Konzernsteuerquote, BB 2003, S. 729; *Herzig*, Gestaltung, WPg 2003, Sonderheft, S. S 84.

1311 Die Ermittlung der latenten Steuern korrespondiert insofern mit der Erstellung der Überleitungsrechnung, da überhaupt nur solche Differenzen, deren Steuerwirkungen nicht über latente Steuern erfasst werden, in der Überleitungsrechnung dargestellt werden müssen, vgl. *Wagenhofer*, IAS, 3. Auflage, 2001, S. 284; *Wempen*, Tax Reconciliation, 2002, S. 5. Vgl. auch *BPV Baetge & Partner GmbH & Co. Verfahrensentwicklung KG*, Steuerlast, Studie 1997, S. 7.

1312 Vgl. *Kröner*, Konzernsteuerquote, in: *Herzig* (Hrsg.), Organschaft, 2003, S. 564, 567; zugleich *Kröner/ Benzel*, Konzernsteuerquote, in: *Kessler/Kröner/Köhler* (Hrsg.), Konzernsteuerrecht, 2004, § 15, Tz. 6, 12.

1313 Ziel der *interperiod tax allocation*, vgl. *Karrenbrock*, Latente Steuern, 1991, S. 83 ff.; *Coenenberg*, Jahresabschluss, 20. Auflage, 2005, S. 442.

1314 Vgl. *Hannemann/Peffermann*, IAS-Konzernsteuerquote, BB 2003, S. 730; *Adrian*, Tax Reconciliation, 2005, S. 176.

1315 Vgl. *Herzig*, Gestaltung, WPg 2003, Sonderheft, S. S 84.

1316 Vgl. *IASB*, IAS 12, Abs. 28 ff., im Hinblick auf die Verlusthistorie eines Unternehmens insbesondere Abs. 35 f.; *FASB*, SFAS No. 109, Abs. 92 ff.; *DRSC*, DRS 10, Abs. 12 f. Vgl. zu Verlustabzugs- und -verrechnungsbeschränkungen, die zu einem Nicht-Ansatz latenter Steuern auf einen Verlustvortrag führen können, *Adrian*, Tax Reconciliation, 2005, S. 178 ff.

1317 Vgl. die Abschnitte B.IV.3 und B.IV.4 des 2. Kapitels, hier Seiten 78 ff. und 84 ff.

Zwecke von einem Nullergebnis ausgegangen wird, eine tatsächliche und effektive Steuerbelastung von Null.[1318] Daher entsteht in diesem Fall im Jahr der Verlustentstehung eine Differenz zwischen der auf der Grundlage des handelsrechtlichen Verlustes der Konzernunternehmung erwarteten Steuererstattung und deren effektiver Steuerbelastung,[1319] die in den Konzernabschluss und in der Überleitungsrechnung zu erläutern ist.[1320]

Ist ein Ansatz aktiver latenter Steuern auf den Verlustvortrag unterblieben, kann der Verlustvortrag von der Konzernunternehmung aber genutzt werden, entstehen hierdurch in den Vortragsperioden wieder Abweichungen der effektiven von der erwarteten Steuerbelastung.[1321] In diesen Perioden ist die effektive Steuerbelastung durch die Nutzung des steuerlichen Verlustvortrages, die nicht durch die Auflösung der aktiven Steuerlatenz kompensiert wird, stets kleiner als die auf der Grundlage des dann positiven Konzernergebnisses erwartete Steuerbelastung.[1322] Auch diese Abweichungen sind in der Überleitungsrechnung zu erläutern.[1323]

Da in beiden Fällen die Abweichungen der effektiven von der erwarteten Steuerbelastung auf Abweichungen der steuerlichen Bemessungsgrundlage vom handelsrechtlichen Ergebnis zurückzuführen sind, erfolgt die Ermittlung des Überleitungspostens gemäß Gleichung 9 auf Seite 161 durch Multiplikation der Bemessungsgrundlagendifferenz mit dem anzuwendenden Steuersatz. Im Verlustentstehungsjahr wird trotz des handelsrechtlichen Verlustes für steuerliche Zwecke von einem Nullergebnis ausgegangen, welches immer größer ist als jeder handelsrechtliche Verlust. Insofern ist auch für Zwecke der Ermittlung des Überleitungspostens eine steuerliche Bemessungsgrundlage von Null anzunehmen. In Höhe der Differenz zum handelsrechtlichen Verlust liegt dann eine Abweichung der steuerlichen Bemessungsgrundlage vor; die Ermittlung des Überleitungspostens nach Gleichung 9 setzt dies um. Die in den Folgeperioden entstehende Minderung der steuerlichen Bemessungsgrundlage um den Verlustvortrag führt dagegen zu tatsächlichen Abweichungen der steuerlichen Bemessungsgrundlage vom handelsrechtlichen Konzernergebnis.

Neben diesen unmittelbaren, in der Überleitungsrechnung zu erläuternden Auswirkungen können Verluste auch auf die Realisierungswahrscheinlichkeit bestehender aktiver Steuerlatenzen einwirken. Die Prüfung der Ansatzkriterien aktiver latenter Steuern ist sowohl bei der erstmaligen Abgrenzung als auch regelmäßig zu den folgenden Bilanzstichtagen vorzunehmen.[1324] Führen in der Berichtsperiode entstandene Verluste dazu, dass eine zuvor bestehende

---

1318 Vgl. *Herzig*, Steuerlatenz, in: *Bertl et al.* (Hrsg.), Erfolgsabgrenzungen, 2001, S. 116 f.

1319 Vgl. *BPV Baetge & Partner GmbH & Co. Verfahrensentwicklung KG*, Steuerlast, Studie 1997, S. 7.

1320 Vgl. *Dahlke/Eitzen*, Überleitungsrechnung, DB 2003, S. 2243; *Adrian*, Tax Reconciliation, 2005, S. 177.

1321 Vgl. Bayer AG, Geschäftsbericht 2004, S. 99; Deutsche Lufthansa AG, Geschäftsbericht 2004, S. 151.

1322 Vgl. *BPV Baetge & Partner GmbH & Co. Verfahrensentwicklung KG*, Steuerlast, Studie 1997, S. 7; *Herzig*, Steuerlatenz, in: *Bertl et al.* (Hrsg.), Erfolgsabgrenzungen, 2001, S. 116.

1323 Vgl. *Haag/Rotz*, IAS 12, ST 1998, S. 797 ff.; *Wempen*, Tax Reconciliation, 2002, S. 33; *Dahlke/Eitzen*, Überleitungsrechnung, DB 2003, S. 2243; *Adrian*, Tax Reconciliation, 2005, S. 177.

1324 Vgl. *IASB*, IAS 12, Abs. 56; *FASB*, SFAS No. 109, Abs. 17 (e); *DRSC*, DRS 10, Abs. 28.

Realisierungswahrscheinlichkeit nunmehr verneint werden muss, bewirken sie, dass, falls der Verlust nicht durch einen Verlustrücktrag geltend gemacht werden kann,[1325] im Grundsatz abzugrenzende aktive latente Steuern nicht oder nicht vollumfänglich abgegrenzt werden können und für bereits bestehende aktive Steuerlatenzen eine Wertberichtigung notwendig wird.[1326] Durch die unterbliebene oder nicht vollumfängliche Aktivierung der latenten Steuer ergeben sich für den in der Berichtsperiode entstandenen Verlustvortrag Abweichungen in der effektiven Steuerbelastung mit den oben dargestellten Folgen.

Macht die aufgrund des Verlustes der Berichtsperiode entfallende Realisierungswahrscheinlichkeit die Wertberichtigung bestehender aktiver Steuerlatenzen notwendig, kommt es durch deren außerplanmäßige Auflösung und den daraus resultierenden latenten Steueraufwand ebenfalls zu Abweichungen der effektiven von der erwarteten Steuerbelastung, die in der Überleitungsrechnung zu erläutern sind.[1327] Die Wertberichtigung wird entsprechend der Höhe der nunmehr unwahrscheinlichen Realisierung der aktiven Steuerlatenz vorgenommen und wirkt in dieser Höhe absolut und unabhängig vom anzuwendenden Steuersatz auf die effektive Steuerbelastung ein. Diese zusätzlich auftretende Steuerbelastung war bei der Ermittlung der erwarteten Steuerbelastung nicht vorgesehen und muss daher in einem steuersatzunabhängigen Überleitungsposten korrigiert werden. Die Ermittlung des Überleitungspostens folgt dementsprechend Gleichung 8 auf Seite 160. Entsprechend umgekehrt ist zu verfahren, wenn eine wertberichtigte oder bislang aufgrund fehlender Realisierungswahrscheinlichkeit nicht gebildete aktive Steuerlatenz zugeschrieben oder erstmals angesetzt wird.[1328]

Ist die aufgrund entfallener Realisierungswahrscheinlichkeit notwendige Wertberichtigung der aktiven Steuerlatenz, wie soeben dargestellt, auf in der Berichtsperiode entstandene Verluste zurückzuführen, ist es sinnvoll, die Steuereffekte aus der Wertberichtigung im Überleitungsposten zu den Auswirkungen steuerlicher Verluste auszuweisen.[1329] In Fällen, in denen

---

[1325] In diesem Fall entsteht keine erläuterungspflichtige Abweichung der effektiven von der erwarteten Steuerbelastung, vgl. *Adrian*, Tax Reconciliation, 2005, S. 193.

[1326] Vgl. *Kirsch*, Angabepflichten, StuB 2002, S. 1192; *Hannemann/Peffermann*, IAS-Konzernsteuerquote, BB 2003, S. 730 f.; *Adrian*, Tax Reconciliation, 2005, S. 177, 192 f.; *Baetge/Kirsch/Thiele*, Bilanzen, 8. Auflage, 2005, S. 558; *Hoyos/Fischer*, in: *Ellroth et al.*, Beck'scher Bilanz-Kommentar, 6. Auflage, 2006, § 274 HGB, Tz. 68.

[1327] Vgl. *Haag/Rotz*, IAS 12, ST 1998, S. 799 f.; *Wempen*, Tax Reconciliation, 2002, S. 34; *Dahlke/Eitzen*, Überleitungsrechnung, DB 2003, S. 2243; *Adrian*, Tax Reconciliation, 2005, S. 193.

[1328] Vgl. *Dahlke/Eitzen*, Überleitungsrechnung, DB 2003, S. 2243; *Adrian*, Tax Reconciliation, 2005, S. 194.

[1329] Von den DAX-30-Unternehmen weisen im Jahr 2004 vier Unternehmen die unmittelbaren und mittelbaren Effekte aus Verlusten ausdrücklich aggregiert aus, vgl. adidas-Salomon AG, Geschäftsbericht 2004, S. 152; Bayerische Hypo- und Vereinsbank AG, Geschäftsbericht 2004, S. 138; Deutsche Telekom AG, Geschäftsbericht 2004, S. 159; MAN AG, Geschäftsbericht 2004, S. 114. Ob noch weitere Unternehmen die Steuereffekte aus Wertberichtigungen latenter Steuern im Überleitungsposten ‚Auswirkungen steuerlicher Verluste' ausweisen, ist ohne ausdrücklichen Hinweis hierauf nicht ersichtlich.

die Wertberichtigung der Steuerlatenz auf andere Einflussfaktoren zurückzuführen[1330] oder der Umfang der Wertberichtigung für den Informationsnutzen der Überleitungsrechnung wesentlich ist, sollte ein gesonderter Überleitungsposten ,Wertberichtigung latenter Steuern' gebildet werden.[1331]

Zur Gestaltung der Konzernsteuerquote bietet es sich an, Steuereffekte aus Verlusten durch Aktivierung einer latenten Steuer auf den Verlustvortrag frühzeitig zu nutzen. Dann können Schwankungen der Quote, die durch einen zu hohen effektiven Steueraufwand der Verlustperiode und einen zu niedrigen effektiven Steueraufwand in den Perioden der Verlustnutzung entstehen, vermieden werden. Reicht die Realisierungswahrscheinlichkeit für eine Abgrenzung der aktiven Steuerlatenz nicht aus, besteht in allen betrachteten Rechnungslegungssystemen die Möglichkeit, durch Steuergestaltungen, z.B. durch *sale-and-lease-back*-Gestaltungen, steuerpflichtige Ergebnisse zu generieren und dadurch die Abgrenzung der aktiven latenten Steuer zu ermöglichen.[1332] Die Gestaltung der Konzernsteuerquote ist hierbei auf die Vermeidung hoch volatiler Quoten im Zeitablauf beschränkt.

Zudem kann durch die Aktivierung einer Steuerlatenz auf den Verlustvortrag - bei Abwesenheit weiterer Einflussfaktoren auf die effektive Steuerbelastung - der Ausweis negativer Konzernsteuerquoten mit den hierzu notwendigen, umfangreichen Erläuterungen vermieden werden.[1333] Denn durch den latenten Steuerertrag aus der Bildung der aktiven Steuerlatenz in der Verlustperiode nimmt neben dem Nenner der Konzernsteuerquote auch der Zähler einen negativen Wert an, die Quote insgesamt bleibt positiv. Für die Aussagekraft der Konzernsteuerquote ist dieser Aspekt wesentlich.

Insbesondere aber ist auf die Notwendigkeit hinzuweisen, bestehende Verlustvorträge möglichst zeitnah zu nutzen, beispielsweise durch die oben dargestellte Generierung steuerpflichtiger Ergebnisse. Zwar ist die Nutzung des Verlustvortrages irrelevant für die Konzernsteuerquote, wenn hierauf in voller Höhe eine latente Steuer abgegrenzt werden konnte.[1334] Die

---

[1330] So kann beispielsweise die Änderung des ursprünglich zur Abgrenzung herangezogenen Steuersatzes die Wertberichtigung der Steuerlatenzen notwendig machen, vgl. *IASB*, IAS 12, Abs. 60 (a); *FASB*, SFAS No. 109, Abs. 27; *DRSC*, DRS 10, Abs. 25; *Haag/Rotz*, IAS 12, ST 1998, S. 799; *Schäffeler*, Latente Steuern, 2000, S. 76 f.; *Wagenhofer*, IAS, 3. Auflage, 2001, S. 280; *Herzig*, Gestaltung, WPg 2003, Sonderheft, S. S 82; *Walter*, Ertragsteuern, in: *Löw* (Hrsg.), Rechnungslegung, 2003, S. 535; *Adrian*, Tax Reconciliation, 2005, S. 185 ff.; *Coenenberg*, Jahresabschluss, 20. Auflage, 2005, S. 730 f. Vgl. Abschnitt B.V des 2. Kapitels, Seiten 86 ff.

[1331] Die isolierte Ausweisalternative der Wertberichtigungen in der Überleitungsrechnung wählen im Jahr 2004 fünf der DAX-30-Unternehmen, vgl. Continental AG, Geschäftsbericht 2004, S. 76; Deutsche Bank AG, Finanzbericht 2004, S. 98; E.ON AG, Geschäftsbericht 2004, S. 115; Infineon Technologies AG, Konzern-JA 2003/2004, S. 101; ThyssenKrupp AG, Geschäftsbericht 2003/2004, S. 146.

[1332] Vgl. *IASB*, IAS 12, Abs. 29 (b), 30; *DRSC*, DRS 10, Abs. 12 (b); *FASB*, SFAS No. 109, Abs. 21 (d); *Schäffeler*, Latente Steuern, 2000, S. 71; *Adrian*, Tax Reconciliation, 2005, S. 175; *Hannemann/ Peffermann*, IAS-Konzernsteuerquote, BB 2003, S. 731.

[1333] Vgl. zu den Ausprägungen der Konzernsteuerquote und dem damit einhergehenden Erläuterungsumfang Abschnitt C des 2. Kapitels ab Seite 90.

[1334] Vgl. *Herzig*, Gestaltung, WPg 2003, Sonderheft, S. S 84, S 87.

Liquidität der Unternehmung kann durch die zeitnahe Geltendmachung von Verlustvorträgen und die damit einhergehende Steuerbarwertminimierung aber oftmals erheblich beeinflusst werden. Daneben muss dafür Sorge getragen werden, dass die Verlustvorträge nicht durch Überschreiten eines eingeschränkten Verlustvortragszeitraumes untergehen.[1335] Ein Untergang des Verlustvortrages würde durch die korrespondierende, außerplanmäßige Auflösung der aktiven latenten Steuer hierauf unmittelbar auch auf die Konzernsteuerquote einwirken, denn durch den entstehenden latenten Steueraufwand steigt die effektive Steuerbelastung. Die dargestellten Ansätze zur Gestaltung der Konzernsteuerquote durch die Geltendmachung von Verlustvorträgen unterfallen in instrumenteller Hinsicht sämtlich der Vermeidung steuerlicher Ineffizienzen.[1336]

IV. (Sonstige) Nichtabziehbare Aufwendungen

Zwei Drittel der DAX-30-Unternehmen weisen in ihren Überleitungsrechnungen des Jahres 2004 einen Überleitungsposten zu (sonstigen) nichtabziehbaren Aufwendungen aus.[1337] Hinsichtlich der enthaltenen Steuereffekte handelt es sich bei diesem Überleitungsposten um das Pendant zu den (sonstigen) steuerfreien Erträgen. Hierin werden Effekte aus Aufwendungen gezeigt, die zwar die Handels- und Steuerbilanzergebnisse der Konzernunternehmen gemindert haben, bei der Ermittlung des zu versteuernden Einkommen aber hinzuzurechnen sind und dadurch zu einer höheren effektiven im Vergleich zur erwarteten Steuerbelastung führen.[1338]

Nichtabziehbare Aufwendungen bestimmen sich wie steuerfreie Erträge zunächst nach einkommensteuerrechtlichen Vorschriften, die gemäß § 8 Abs. 1 S. 1 KStG auch in die Einkommensermittlung der dem Körperschaftsteuerrecht unterfallenden Konzernunternehmen Eingang finden.[1339] So dürfen insbesondere Aufwendungen für Geschenke und Bewirtungsaufwendungen, für organschaftliche Ausgleichszahlungen und für von einem Gericht oder einer Behörde festgesetzte Geldbußen, Ordnungs- und Verwarnungsgelder trotz betrieblicher Veranlassung den steuerlichen Gewinn der Unternehmung nicht oder nur in bestimmtem Umfang mindern.[1340] Auch Aufwendungen für Schulden und andere Lasten, deren Empfänger der

---

1335 Vgl. zu Beschränkungen bei der interperiodischen Verlustverrechnung *Bundesverband der Deutschen Industrie e. V./PriceWaterhouseCoopers*, Verlustberücksichtigung, 2006, S. 14 f., 95 f.

1336 Vgl. bereits *Herzig/Dempfle*, Konzernsteuerquote, DB 2002, S. 8.

1337 Vgl. zur Notwendigkeit des Begriffsbestandteils ‚sonstige' die Ausführungen zu den (sonstigen) steuerfreien Erträgen, hier ab Seite 230.

1338 So auch *Hannemann/Peffermann*, IAS-Konzernsteuerquote, BB 2003, S. 731.

1339 Vgl. *Rose*, Ertragsteuern, 18. Auflage, 2004, S. 180.

1340 Gemäß § 8 Abs. 1 KStG i.V.m. § 4 Abs. 5 S. 1 Nr. 1 bis 4 und Nr. 8 bis 10, Abs. 7 EStG; hierunter fallen auch Aufwendungen für Gästehäuser und für die Jagd, Fischerei und für Segel- oder Motorjachten sowie Bestechungs- und Schmiergelder. Vgl. *Rose*, Ertragsteuern, 18. Auflage, 2004, S. 80 f., 180; *Dötsch et al.*, Körperschaftsteuer, 14. Auflage, 2004, S. 84 ff.; *Zenthöfer/Schulze zur Wiesche*, Einkommensteuer, 8. Auflage, 2004, S. 58 ff.; sowie *Adrian*, Tax Reconciliation, 2005, S. 147 ff. m.w.N.

Steuerpflichtige der Finanzverwaltung nicht benennt, dürfen gemäß § 160 AO ebenfalls steuerlich nicht berücksichtigt werden, soweit deren Besteuerung beim Empfänger nicht sichergestellt ist.[1341]

Nach § 3c Abs. 1 EStG bleiben zudem Aufwendungen, die im unmittelbaren wirtschaftlichen Zusammenhang mit steuerfreien Einnahmen stehen, außer Ansatz.[1342] Nicht in den Geltungsbereich des § 3c Abs. 1 EStG fallen jedoch Aufwendungen in Zusammenhang mit den in § 8b Abs. 1 und Abs. 2 KStG bestimmten steuerfreien Beteiligungserträgen und Veräußerungsgewinnen,[1343] bei diesen gelten 5% der außer Ansatz bleibenden Beträge als nichtabziehbare Betriebsausgabe.[1344] Ebenfalls sind Verluste aus Beteiligungsveräußerungen und Teilwertabschreibungen, die im Zusammenhang mit Anteilen im Sinne des § 8b Abs. 2 KStG entstehen, bei der Ermittlung des zu versteuernden Einkommens der Unternehmung nicht zu berücksichtigen.[1345]

Daneben enthält das Körperschaftsteuergesetz in den §§ 9 und 10 weitere eigene Regelungen zu Aufwendungen, die nicht oder nur innerhalb bestimmter Grenzen abziehbar sind. So sind Aufwendungen für Spenden, die aufgrund ihres Charakters, wegen der Nichterfüllung formaler Bedingungen oder des Überschreitens der Höchstgrenzen den Voraussetzungen des § 9 Abs. 1 Nr. 2 KStG nicht genügen, insoweit steuerlich nichtabziehbar.[1346] Vollständig steuerlich nichtabziehbar sind gemäß § 10 Nr. 1-4 KStG Steuern vom Einkommen und sonstige Personensteuern, festgesetzte Geldstrafen[1347] und die Hälfte der Vergütungen, die als Entgelt

---

1341 Vgl. *Adrian*, Tax Reconciliation, 2005, S. 153.

1342 Vgl. *Dötsch et al.*, Körperschaftsteuer, 14. Auflage, 2004, S. 84.

1343 Aufgrund des ausdrücklichen Anwendungsausschlusses in § 8b Abs. 3 S. 2 und Abs. 5 S. 2 KStG, eingeführt durch das Korb-II-Gesetz vom 22.12.2003, BGBl. I 2003, S. 2840 ff.

1344 Gemäß § 8b Abs. 3 S. 1 und Abs. 5 S. 1 KStG, vgl. *Dötsch et al.*, Körperschaftsteuer, 14. Auflage, 2004, S. 259 ff., 273 f.; *Hey*, in: *Tipke/Lang*, Steuerrecht, 18. Auflage, 2005, § 11, Tz. 39. Durch die Abgeltungswirkung dieser Betriebsausgabenfiktion und den Ausschluss von § 3c Abs. 1 EStG können die tatsächlich entstandenen Aufwendungen demgegenüber in voller Höhe geltend gemacht werden, vgl. *Utescher/Blaufus*, Begrenzung, DStR 2000, S. 1583 (analog); *Adrian*, Tax Reconciliation, 2005, S. 147. Vor der Änderung des § 8b KStG durch das Korb-II-Gesetz waren Ausgaben, die in Zusammenhang mit steuerfrei gestellten inländischen Gewinnausschüttungen und den Gewinnen aus der Veräußerung von Kapitalgesellschaftsanteilen standen, nicht abziehbar. Hierunter fielen insbesondere die Finanzierungskosten der Beteiligungen. Vgl. zur alten Rechtslage, Gestaltungen hierzu und den Änderungen *Frotscher*, Ausgabenabzugsbeschränkung, DStR 2001, S. 2045; *Haarmann*, Gestaltbarkeit, in: *Herzig/Günkel/Niemann* (Hrsg.), StbJb 2001/2002, 2002, S. 375; *Beinert/Mikus*, Abzugsverbot, DB 2002, S. 1467; *Dötsch et al.*, Körperschaftsteuer, 14. Auflage, 2004, S. 261, 274. Zu den Änderungen unter Berücksichtigung internationaler Aspekte *Thömmes*, Abzugsbeschränkungen, IStR 2005, S. 685 ff.

1345 Als Gegenstück zur Freistellung der Veräußerungsgewinne, vgl. *Dötsch et al.*, Körperschaftsteuer, 14. Auflage, 2004, S. 261 ff.; *Hey*, in: *Tipke/Lang*, Steuerrecht, 18. Auflage, 2005, § 11, Tz. 38.

1346 Gemäß § 8b Abs. 2 S. 4 bzw. Abs. 3 S. 3 KStG, vgl. *Dötsch et al.*, Körperschaftsteuer, 14. Auflage, 2004, S. 90 ff.; *Rose*, Ertragsteuern, 18. Auflage, 2004, S. 185; *Hey*, in: *Tipke/Lang*, Steuerrecht, 18. Auflage, 2005, § 11, Tz. 90.

1347 Geldbußen unterfallen bereits dem Abzugsverbot des § 4 Abs. 5 Nr. 8 EStG, vgl. *Rose*, Ertragsteuern, 18. Auflage, 2004, S. 185.

an die mit der Überwachung der Geschäftsführung beauftragten Personen für diese Tätigkeit gewährt werden, namentlich die Hälfte der Aufsichts- oder Beiratsvergütungen.[1348]

Umgekehrt analog zu den steuerfreien Erträgen haben die genannten Aufwendungen den handelsrechtlichen Jahresüberschuss der inländischen Konzernunternehmen gemindert oder deren Jahresfehlbetrag erhöht. Erst bei der Ermittlung des zu versteuernden Einkommens der Unternehmung werden die steuerlich nichtabziehbaren Aufwendungen außerhalb der Bilanz hinzugerechnet.[1349] Durch die Erhöhung des zu versteuernden Einkommens vermehren die nichtabziehbaren Aufwendungen den tatsächlichen Steueraufwand der Unternehmung. Da durch die definitive Erhöhung der steuerlichen Bemessungsgrundlage permanente Differenzen zwischen handelsrechtlichem und steuerlichem Ergebnis der Unternehmung entstehen, die sich im Zeitablauf nicht wieder umkehren und keine latenten Steuern auslösen,[1350] ist nicht nur die tatsächliche, sondern auch die effektive Steuerlast höher, als es eine fiktive Besteuerung des handelsrechtlichen Ergebnisses vermuteten ließe.[1351]

Auch Abschreibungen auf einen *goodwill* zählen unter Umständen zu den nichtabziehbaren Aufwendungen. Bei Unternehmenserwerben durch Anteilskauf, bei denen der Kaufpreis der Beteiligung den Wert der erworbenen Vermögensgegenstände und Schulden überstiegen hat, entsteht ein *goodwill*, der handelsrechtlich aktiviert und abgeschrieben wird.[1352] Steuerlich kann der im Wege des Anteilskaufs entstandene *goodwill* aber nicht geltend gemacht werden.[1353] Da auf diese *temporary difference* auch keine latente Steuer gebildet werden darf,[1354] entstehen permanente Differenzen der effektiven von der erwarteten Steuerbelastung, die weder im Jahr der Aktivierung des *goodwills*, noch bei dessen Abschreibung durch die Bildung oder Auflösung einer Steuerlatenz kompensiert werden.

1348 Ausgaben für die Erfüllung von Satzungszwecken unterfallen ebenfalls dem Abzugsverbot des § 10 KStG, haben aber für Kapitalgesellschaften regelmäßig nur geringe Bedeutung, vgl. *Dötsch et al.*, Körperschaftsteuer, 14. Auflage, 2004, S. 96 ff.; *Rose*, Ertragsteuern, 18. Auflage, 2004, S. 182 ff.; *Adrian*, Tax Reconciliation, 2005, S. 151 ff.; *Hey*, in: *Tipke/Lang*, Steuerrecht, 18. Auflage, 2005, § 11, Tz. 91.

1349 Vgl. *Hey*, in: *Tipke/Lang*, Steuerrecht, 18. Auflage, 2005, § 11, Tz. 46, 73; *Heinicke*, in: *Schmidt*, EStG, 25. Auflage, 2006, § 3c EStG, Tz. 19.

1350 Vgl. *Ernsting*, Auswirkungen, WPg 2001, S. 20 f.; *Schmidbauer*, Bilanzierung, DB 2001, S. 1571; *Wotschofsky/Heller*, Konzernabschluss, IStR 2002, S. 820; *Rabeneck/Reichert*, Latente Steuern, DStR 2002, S. 1366, insbesondere auch Fn. 3; *Adrian*, Tax Reconciliation, 2005, S. 146, 149.

1351 Vgl. z.B. *BPV Baetge & Partner GmbH & Co. Verfahrensentwicklung KG*, Steuerlast, Studie 1997, S. 7.

1352 Vgl., auch zur Einführung des sogenannten *impairment-tests* in die IAS-Rechnungslegung, *Hannemann/Peffermann*, IAS-Konzernsteuerquote, BB 2003, S. 731; *Wüstemann/Duhr*, Geschäftswertbilanzierung, BB 2003, S. 249 ff.; *Coenenberg*, Jahresabschluss, 20. Auflage, 2005, S. 632, 642 ff., 651.

1353 Vgl. *Dahlke/Eitzen*, Überleitungsrechnung, DB 2003, S. 2241; *Hannemann/Peffermann*, IAS-Konzernsteuerquote, BB 2003, S. 731.

1354 Vgl. *IASB*, IAS 12, Abs. 15 (a), 21; *FASB*, SFAS No. 109, Abs. 9 (d), 30, 131; *DRSC*, DRS 10, Abs. 18; *Coenenberg/Hille*, Richtlinie IAS 12, DB 1997, S. 539 f.; *Schäffeler*, Latente Steuern, 2000, S. 53, 62 f.; *Klein*, Bilanzierung, DStR 2001, S. 1455 f.; *Fischer*, IAS 12, BBK 2002, Fach 20, S. 674; *Schmidbauer*, Bilanzierung, DB 2001, S. 1573; *Coenenberg*, Jahresabschluss, 20. Auflage, 2005, S. 460 f., 733.

Im Ergebnis lösen nichtabziehbare Aufwendungen bei effektiver Betrachtung somit eine Steuerbelastung aus, die bei der Ermittlung der erwarteten Steuerbelastung als Ausgangsgröße der Überleitungsrechnung nicht erwartet wurde.[1355] Diese Abweichung der effektiven von der erwarteten Steuerbelastung ist auf die Erhöhung der steuerlichen Bemessungsgrundlage im Vergleich zum Konzernergebnis vor Steuern durch die nichtabziehbaren Aufwendungen zurückzuführen. Fehlen weitere Einflussfaktoren, muss die effektive die erwartete Steuerbelastung exakt um die mit dem anzuwendenden Steuersatz bewertete Summe der nichtabziehbaren Aufwendungen übersteigen. Diese Abweichung ist innerhalb der Überleitungsrechnung in einem steuersatzabhängigen Überleitungsposten zu den (sonstigen) nichtabziehbaren Aufwendungen zu erläutern,[1356] der entsprechend der Gleichung 9 auf Seite 161 durch Bewertung der nichtabziehbaren Aufwendungen mit dem anzuwendenden Steuersatz ermittelt wird.[1357]

Möglich und von manchen Unternehmen praktiziert ist der saldierte Ausweis der in ihrer Wirkungsrichtung zwar gegenläufigen, in ihren Auswirkungen auf die steuerliche Bemessungsgrundlage und damit in ihrem Aussagegehalt aber verwandten Positionen ‚steuerfreie Erträge' und ‚nichtabziehbare Aufwendungen', wie z.B. in Abbildung 28 anhand der Überleitungsrechnung von BMW gezeigt:[1358]

in Mio. Euro	2004	2003
Erwarteter Ertragsteueraufwand	**1.383**	1.289
Steuersatzbedingte Abweichungen	-115	-101
Steuerminderungen (-)/Steuermehrungen (+) aufgrund steuerfreier Erträge bzw. steuerlich nicht abzugsfähiger Aufwendungen	-77	36
Steuernachzahlungen (+)/Steuererstattungen (-) für Vorjahre	198	102
Sonstige Abweichungen	-57	-68
Ausgewiesener Ertragsteueraufwand	**1.332**	1.258

Abbildung 28: Überleitungsrechnung des BMW-Konzerns 2004 nach IAS
Quelle: Bayerische Motoren Werke AG, Geschäftsbericht 2004, S. 72.

1355 Vgl. *Herzig/Dempfle*, Konzernsteuerquote, DB 2002, S. 3.

1356 Vgl. *Haag/Rotz*, IAS 12, ST 1998, S. 799; *Schäffeler*, Latente Steuern, 2000, S. 97; *Herzig/Dempfle*, Konzernsteuerquote, DB 2002, S. 3; *Wempen*, Tax Reconciliation, 2002, S. 33; *Dahlke/Eitzen*, Überleitungsrechnung, DB 2003, S. 2242; *Adrian*, Tax Reconciliation, 2005, S. 146 ff.

1357 Eine Sonderstellung nehmen die gemäß § 10 Nr. 2 KStG nichtabziehbaren Steuern vom Einkommen ein. Diese lösen in der Überleitungsrechnung keine Abweichung der effektiven von der erwarteten Steuerbelastung aus, da Bemessungsgrundlage der Ermittlung der Ausgangsgröße ohnehin das Konzernergebnis vor Steuern ist. Somit ist diese Abweichung bei der Ermittlung des Überleitungspostens nicht zu berücksichtigen. Vgl., auch zum Einfluss der Gewerbesteuer, *Adrian*, Tax Reconciliation, 2005, S. 152.

1358 Auch: Commerzbank AG, Geschäftsbericht 2004, S. 122; DaimlerChrysler AG, Geschäftsbericht 2004, S. 128; Deutsche Post AG, Geschäftsbericht 2004, S. 95; Schering AG, Geschäftsbericht 2004, S. 102.

Diese Form des Ausweises ist abzulehnen, da hierdurch Informationen verschleiert werden. Es kann dem Abschlussinteressenten nur bei getrenntem Ausweis beider Positionen gelingen, durch einen periodenübergreifenden Vergleich der jeweiligen Positionen Hinweise auf einmalige Effekte oder auf strukturelle Ursachen und dadurch auf mögliches Steuersenkungspotential oder drohende steuerliche Mehraufwendungen zu erlangen. Bei der Aggregation von Steuerminderungen durch steuerfreie Erträge und Steuermehrungen aufgrund nichtabziehbarer Aufwendungen in einem einzigen Überleitungsposten gehen diese Informationen verloren.[1359] Dadurch wird nicht nur die Erläuterung der Relation von Vorsteuerergebnis und effektivem Steueraufwand, sondern insbesondere auch die Prognose künftiger *cash-flows* als Ziele der Überleitungsrechnung erschwert. Auch im Hinblick auf den Ausweis der Steuereffekte aus steuerlich nichtabziehbaren *goodwill*-Abschreibungen ist mit dem Ziel der Informationsnützlichkeit bei Wesentlichkeit dieser Position ein gesonderter Ausweis vorzuziehen,[1360] wenngleich aufgrund der Zugehörigkeit dieser Steuereffekte zu den nichtabziehbaren Aufwendungen der Ausweis grundsätzlich im Überleitungsposten zu den nichtabziehbaren Aufwendungen erfolgen kann.[1361]

Ebenfalls ist es denkbar, sämtliche Steuerminderungen aufgrund steuerfreier Erträge auf der einen und Steuermehrungen aufgrund steuerlich nichtabziehbarer Aufwendungen auf der anderen Seite in jeweils einer Position zusammenzufassen und daneben nur einen einzigen weiteren Posten ‚Sonstige steuerliche Zu- und Abrechnungen' auszuweisen. Die Überleitungsrechnung von Bayer aus dem Jahr 2002 zeigt diese Vorgehensweise:

	2002		2001	
	Mio €	%	Mio €	%
Erwarteter Steueraufwand	358	100	413	100
Steuerminderungen aufgrund steuerfreier Erträge	-677	-189	-283	-68
Steuermehrungen aufgrund steuerlich nicht abzugsfähiger Aufwendungen	168	47	47	11
Sonstige Steuereffekte	44	12	-23	-5
Tatsächlicher Steueraufwand	**-107**	**-30**	**154**	**38**
Effektiver Steuersatz in %	-11,2		13,8	

Abbildung 29: Überleitungsrechnung des Bayer-Konzerns 2002 nach IAS
Quelle: Bayer AG, Finanzbericht 2002, S. 27.

1359 Vgl. *Wempen*, Tax Reconciliation, 2002, S. 32.

1360 13 der DAX-30-Unternehmen weisen einen gesonderten Überleitungsposten zu Effekten aus nichtabziehbaren Abschreibungen auf den Geschäfts- und Firmenwert aus.

1361 Vgl. z.B. BASF AG, Finanzbericht 2004, S. 105.

Diese Darstellungsform ist möglich, da, wenn auf den Ausweis des Überleitungspostens ,Besteuerungsunterschiede Ausland' verzichtet wird,[1362] unter Umständen alle die Abweichungen der effektiven von der erwarteten Steuerbelastung auslösenden Steuereffekte auf Steuerfreiheit oder auf Nichtabziehbarkeit von der steuerlichen Bemessungsgrundlage reduziert werden können. Dass solche Überleitungsrechnungen nicht besonders aussagekräftig sind und auch der Information der Abschlussinteressenten nicht dienen können, liegt auf der Hand.[1363] Bereits die Untergliederung der Überleitungsposten zu den Steuerminderungen und den Steuermehrungen, wie sie Bayer im Jahr 2004 vorgenommen hat, trägt unmittelbar zu einer erheblichen Steigerung der Aussagekraft bei:

	2003		2004	
	Mio €	%	Mio €	%
Erwarteter Steueraufwand (+)/-ertrag (-)	-752	100	346	100
Steuerminderungen aufgrund steuerfreier Erträge				
Im Zusammenhang mit der Veräußerung von Millenium Pharmaceuticals Inc.	-76	10	-	-
Sonstige Veräußerungsgewinne	-34	5	-4	-1
Nutzung von nicht bilanzierten Verlustvorträgen	-3	0	-48	-14
Übrige	-66	9	-66	-19
Steuermehrungen aufgrund steuerlich nichtabziehbarer Aufwendungen				
Abschreibungen auf Beteiligungsgesellschaften und Investments	49	-7	13	4
Planmäßige Goodwillabschreibungen	62	-8	64	18
Aufwendungen bei den Impairments	124	-16	-	-
Aufwendungen im Zusammenhang mit Rechtsstreitigkeiten	24	-3	31	9
Übrige	14	-2	30	9
Sonstige Steuereffekte	13	-2	19	5
Tatsächlicher Steueraufwand/-ertrag	**-645**	**86**	**385**	**111**
Effektiver Steuersatz in %	-32,3		39,1	

Abbildung 30: Überleitungsrechnung des Bayer-Konzerns 2004 nach IAS
Quelle: Bayer AG, Geschäftsbericht 2004, S. 99.

Als Instrument zur Gestaltung der Konzernsteuerquote im Zusammenhang mit nichtabziehbaren Aufwendungen dient auch in diesem Fall zuvorderst die Vermeidung steuerlicher Ineffizienzen. Die Unternehmung kann bei der Gestaltung von Sachverhalten, beispielsweise durch das Nichtüberschreiten betragsmäßiger Grenzen im Rahmen des Spendenabzuges oder im Zusammenhang mit Geschenken, die Abziehbarkeit von Aufwendungen sicherstellen bzw. deren weitestgehende Anerkennung gewährleisten. Auch durch die Einhaltung formaler Bestimmungen, ebenfalls im Zusammenhang mit Spenden oder bei der Benennung der Empfänger von Leistungen im Sinne des § 160 AO, kann die Versagung des Ausgabenabzugs verhindert werden.

1362 Entweder aufgrund der originären Unwesentlichkeit dieses Überleitungspostens oder, wie im Fall von Bayer, bei Aufstellung der Überleitungsrechnung unter Anwendung eines gewichteten Durchschnittssteuersatzes der Variante 4.

1363 Vgl. *Spengel*, Konzernsteuerquoten, in: *Oestreicher* (Hrsg.), Steuerplanung, 2004, S. 102.

V. Gewerbesteuer

Unabhängig davon, welche Variante anzuwendender Steuersätze zur Ermittlung der erwarteten Steuerbelastung gewählt wurde, entstehen durch die Gewerbesteuer induzierte Abweichungen der effektiven von der erwarteten Steuerbelastung, die bei Wesentlichkeit im Sinne von Informationsnützlichkeit und Entscheidungserheblichkeit in einem gesonderten Überleitungsposten für die Gewerbesteuer zu erläutern sind. Acht der DAX-30-Unternehmen weisen einen Überleitungsposten für die Gewerbesteuer aus, bei quantitativer Betrachtung steht dieser Überleitungsposten an fünfter Stelle. Je nach anzuwendendem Steuersatz kann der Überleitungsposten mehr oder weniger umfassend sein, namentlich entweder alle auf die Gewerbesteuer zurückzuführenden Abweichungen der effektiven von der erwarteten Steuerbelastung enthalten[1364] oder Teilbereiche hiervon.[1365]

Den quantitativ größten Einfluss innerhalb des Überleitungspostens zur Gewerbesteuer entfaltet je nach gewählter Variante anzuwendender Steuersätze die erwartete Gewerbesteuerbelastung. Neben der nominellen Belastung des Vorsteuerergebnisses mit Gewerbesteuer gehen in die erwartete Gewerbesteuerbelastung auch solche Effekte ein, die aus dem die Bemessungsgrundlagen von Körperschaftsteuer und Solidaritätszuschlag mindernden Charakter der Gewerbesteuer als Betriebsausgabe resultieren. Bei anzuwendenden Steuersätzen der Varianten 1 und 2 bildet diese erwartete faktische Gewerbesteuerbelastung die Ausgangsgröße des Überleitungspostens zur Gewerbesteuer.[1366] Bei den der Betrachtung zugrundeliegenden anzuwendenden Steuersätzen der Variante 3 ist die faktische Gewerbesteuerbelastung bereits in der Ausgangsgröße der Überleitungsrechnung enthalten, so dass die erwartete Gewerbesteuerbelastung im Überleitungsposten zur Gewerbesteuer nicht mehr berücksichtigt werden muss.

Auswirkungen, die die Gewerbesteuer auf steuersatzabhängige Überleitungsposten hat, gehen bei Überleitungsrechnungen der Varianten 1 und 2 ebenfalls in den Überleitungsposten zur Gewerbesteuer ein.[1367] Bei der Einbeziehung der Gewerbesteuer in den anzuwendenden Steuersatz, wie dies bei Variante 3 der Fall ist, werden die steuersatzabhängigen Überleitungsposten demgegenüber mit dem umfassenden kombinierten Ertragsteuersatz bewertet, die Steuereffekte aus der Gewerbesteuer sind somit in den jeweiligen steuersatzabhängigen Überleitungsposten abgebildet. Eine Einbeziehung in den Überleitungsposten zur Gewerbesteuer ist dann ebenfalls nicht notwendig.

Damit beschränkt sich der Umfang des Überleitungspostens zur Gewerbeteuer bei anzuwendenden Steuersätzen der Variante 3 auf Abweichungen aus dem systematischen Fehler und

---

1364 Bei anzuwendenden Steuersätzen der Varianten 1 und 2.

1365 Bei anzuwendenden Steuersätzen der Varianten 3 und 4. Vgl. *Schäffeler*, Latente Steuern, 2000, S. 190.

1366 Hierzu ausführlich die Ausführungen in Abschnitt B.II.3.a) ab Seite 194.

1367 Vgl. Abschnitt B.II.3.a), hier ab Seite 196.

aus abweichenden tatsächlichen Gewerbesteuerbelastungen der inländischen Konzernunternehmen. Denn häufig weichen die tatsächlich auf die Ergebnisbestandteile der inländischen Konzernunternehmen angewendeten Hebesätze von dem Hebesatz ab, der bei der Ermittlung des anzuwendenden Steuersatzes der Variante 3 herangezogen wurde. Hierdurch entstehen Abweichungen zwischen der tatsächlichen und der durch Anwendung des erwarteten Hebesatzes pauschal ermittelten Gewerbesteuerbelastung,[1368] die im Überleitungsposten zur Gewerbesteuer zu korrigieren sind.[1369] Der systematische Fehler entsteht,[1370] da bei der Ermittlung der Ausgangsgröße der Überleitungsrechnung der kombinierte Ertragsteuersatz pauschal auf das Konzernergebnis vor Steuern angewendet wird, welches aufgrund gewerbesteuerlicher Modifikationen (Hinzurechnungen und Kürzungen gemäß §§ 8, 9 GewStG) grundsätzlich vom Gewerbeertrag als tatsächlicher Besteuerungsgrundlage der Gewerbesteuer abweicht.[1371] Die aus diesen Abweichungen resultierenden Steuereffekte sind ebenfalls in den Überleitungsposten zur Gewerbesteuer einzubeziehen; die Höhe des Korrekturbetrages ergibt sich aus dem mit dem faktischen Gewerbesteuersatz bewerteten Saldo der Modifikationen.[1372]

Die Ermittlung des insgesamt steuersatzabhängigen Überleitungspostens zur Gewerbesteuer folgt keiner der in Abschnitt A.IV[1373] dargestellten Gleichungen unmittelbar, ähnelt aber der in Gleichung 11 auf Seite 164 aufgezeigten Vorgehensweise. Der Überleitungsposten zur Gewerbesteuer setzt sich additiv aus Abweichungen vom anzuwendenden Steuersatz der Überleitungsrechnung, die aus den abweichenden gewerbesteuerlichen Hebesätzen resultieren, und aus Abweichungen der Besteuerungsgrundlage der Gewerbesteuer vom Konzernergebnis vor Steuern aufgrund der gewerbesteuerlichen Modifikationen zusammen. Auch ist der zur Ermittlung des Überleitungspostens heranzuziehende Steuersatz nicht der anzuwendende Steuersatz der Überleitungsrechnung. Die Abweichungen vom anzuwendenden Steuersatz werden korrigiert, indem die den abweichenden gewerbesteuerlichen Hebesätzen unterfallenden Gewerbeerträge mit der Differenz aus dem faktischen Belastungssatz, der unter Heranziehung des tatsächlich auf den jeweiligen Gewerbeertrag angewendeten Hebesatzes ermittelt wurde, und dem faktischen Belastungssatz, der bei der Ermittlung des anzuwendenden Steuersatzes herangezogen wurde, bewertet werden. Die Abweichungen in der Besteuerungsgrundlage werden mit dem faktischen Belastungssatz aus der Gewerbesteuer bewertet, der im anzuwendenden Steuersatz herangezogen wurde:

1368 Vgl. Abschnitt B.II.3.c), hier ab Seite 205.

1369 Vgl. *Hannemann/Peffermann*, IAS-Konzernsteuerquote, BB 2003, S. 729; *Adrian*, Tax Reconciliation, 2005, S. 171.

1370 Vgl. zum systematischen Fehler Abschnitt B.II.3.c) ab Seite 205.

1371 Zur Ausnahme von diesem Grundsatz Fn. 1174 auf Seite 205.

1372 Vgl. *Schäffeler*, Latente Steuern, 2000, S. 190; *Hannemann/Peffermann*, IAS-Konzernsteuerquote, BB 2003, S. 729; *Adrian*, Tax Reconciliation, 2005, S. 162.

1373 Seiten 157 ff. der Untersuchung.

$$\ddot{U}P_{Var\,3}^{GewSt} = \sum_{q=1}^{Q} G_q \cdot \left(s_{H\,tat\,q}^{GewSt\,fakt} - s_{H\,anz}^{GewSt\,fakt}\right) + \left(\sum_{r=1}^{R} Mod_r\right) \cdot s_{H\,anz}^{GewSt\,fakt}$$

mit:

$\ddot{U}P_{Var\,3}^{GewSt}$ = Steuersatzabhängiger Überleitungsposten zur Gewerbesteuer bei anzuwendenden Steuersätzen der Variante 3

G_q = q-ter Gewerbeertrag, der einem anderen als dem bei der Ermittlung des anzuwendenden Steuersatzes herangezogenen Hebesatz unterfällt

$s_{H\,tat\,q}^{GewSt\,fakt}$ = Faktischer Belastungssatz deutscher Kapitalgesellschaften mit Gewerbesteuer bei Anwendung des gewerbesteuerlichen Hebesatzes, der auf den Gewerbeertrag G_q tatsächlich angewendet wurde

$s_{H\,anz}^{GewSt\,fakt}$ = Faktischer Belastungssatz deutscher Kapitalgesellschaften mit Gewerbesteuer bei Anwendung des gewerbesteuerlichen Hebesatzes, der bei der Ermittlung des anzuwendenden Steuersatzes herangezogen wurde

Mod_r = r-te gewerbesteuerliche Modifikation (Hinzurechnung oder Kürzung gemäß §§ 8, 9 GewStG)

q = Index für Gewerbeerträge, die anderen Hebesätzen als dem bei der Ermittlung des anzuwendenden Steuersatzes herangezogenen Hebesatz unterfallen, q = 1, ..., Q; Q = Anzahl der Gewerbeerträge

r = Index für gewerbesteuerliche Modifikationen, r = 1, ..., R; R = Anzahl der Modifikationen

Gleichung 19: Überleitungsposten zur Gewerbesteuer bei anzuwendendem Steuersatz der Variante 3

Dem externen Abschlussinteressenten ist es möglich, anhand des Überleitungspostens zur Gewerbesteuer und dessen Veränderung im Zeitablauf zu analysieren, ob und in welchem Ausmaß es dem Steuermanagement des Konzerns gelingen konnte, die Gewerbesteuer als bedeutenden Faktor der lokalen Standortwahl der inländischen Konzernunternehmen zu berücksichtigen[1374] und dadurch die Konzernsteuerquote zu beeinflussen. Es wird deutlich, dass eine Änderung des Gewerbesteueraufwands eine definitive Änderung des effektiven Steueraufwands in derselben Höhe und derselben Richtung auslöst, eine Senkung der Gewerbesteuer mithin eine Senkung der Konzernsteuerquote zur Folge hat. Bereits durch die Vermeidung von Hinzurechnungen kann die Gewerbesteuerbelastung gesenkt werden. Insbesondere aber wirken sich Gestaltungen zur Nutzung der Hebesatzdifferenzen innerhalb des Konzerns aus. Beispielsweise kann durch gezielte Standortentscheidungen bei der Gründung neuer Konzernunternehmen aufgrund unterschiedlich hoher Hebesätze in den Gemeinden die Belastung mit Gewerbesteuer beeinflusst werden, womit gleichzeitig Einfluss auf die Konzernsteuerquote genommen wird. Auch die Etablierung von Organschaften in Teilkonzernen kann

1374 Vgl. z.B. *Rose*, Steuerlehre, 3. Auflage, 1992, S. 81; *Behrendt*, Standortentscheidung, StB 1996, S. 296.

aufgrund der Zerlegung des Steuermessbetrages nach Maßgabe der Lohnsumme[1375] bei unterschiedlich hohen Hebesätzen zu einer Absenkung der Gewerbesteuerbelastung führen. Hierbei wird durch Verträge zur Gruppierung inländischer Konzernunternehmen der rechtliche Aufbau des Konzerns optimiert und somit insgesamt in die Konzernstruktur eingegriffen.

VI. Unternehmensindividuelle Überleitungsposten

Von den 23 verschiedenen Überleitungsposten der DAX-30-Unternehmen ist im Jahr 2004 mit sieben Positionen fast ein Drittel unternehmensindividuell. Die diesen Positionen zugrundeliegenden Steuereffekte betreffen jeweils nur ein einziges Unternehmen in einem solchem Umfang, dass Wesentlichkeit im Sinne von Informationsnützlichkeit und Entscheidungserheblichkeit für die Interessenten der Überleitungsrechnung gegeben ist und ein gesonderter Ausweis innerhalb der Überleitungsrechnung dieses Unternehmens notwendig wird. Hervorzuheben sind hierbei z.B. die Überleitungsposten zu nicht anrechenbaren ausländischen Ertragsteuern für die Ölförderung, Restrukturierungsrückstellungen, Rechtsstreitigkeiten, Risikovorsorge oder zu nicht abgeschlossenen F & E-Projekten.[1376] Elf Positionen werden von maximal drei Unternehmen ausgewiesen, so dass fast die Hälfte aller Überleitungsposten in den Überleitungsrechnungen der DAX-30-Unternehmen im Jahr 2004 von nur maximal 10% der Unternehmen gezeigt werden und diesen insofern immer noch eine gewisse Individualität innewohnt.

Unternehmensindividuelle Überleitungsposten können Steuerminderungen und Steuermehrungen sein. Die Steuereffekte haben zum Teil einen großen betragsmäßigen Umfang und können dadurch zu einer stark positiven oder negativen Beeinflussung der effektiven Steuerbelastung und zu hohen Überleitungsposten führen. Unter Umständen resultieren hieraus auch insgesamt hohe Überleitungsdifferenzen. Beispielsweise machen bei der BASF im Jahr 2004 die unternehmensindividuellen Überleitungsposten aus den nicht anrechenbaren ausländischen Ertragsteuern für die Ölförderung und dem Solidaritätszuschlag 69,27% der erwarteten Steuerbelastung aus.[1377] Insgesamt beträgt die ausgewiesene Überleitungsdifferenz der BASF, dargestellt in Abbildung 31 auf Seite 251, 24,9 Prozentpunkte und weist damit nach Infineon den zweithöchsten positiven Wert der DAX-30-Unternehmen auf.[1378]

Ursachen für einzelne Steuereffekte und deren Einfluss auf die effektive Steuerbelastung können wie bei der BASF das Geschäftsfeld sein oder die Ertragssituation der Unternehmung,

1375 Gemäß §§ 28 f. GewStG.

1376 In dieser Reihenfolge ausgewiesen von: BASF AG, Finanzbericht 2004, S. 104; Deutsche Post AG, Geschäftsbericht 2004, S. 95; Bayer AG, Geschäftsbericht 2004, S. 99; Deutsche Börse AG, Geschäftsbericht 2004, S. 153; Infineon Technologies AG, Konzern-JA 2003/2004, S. 101.

1377 Vgl. BASF AG, Finanzbericht 2004, S. 104.

1378 Bei einem anzuwendenden Steuersatz von 25%, vgl. Abbildung 21 auf Seite 180 sowie Abbildung 24 auf Seite 220.

wenn bei vergleichsweise niedrigen Ergebnissen bereits ein geringer unternehmensindividueller Steuereffekt einen relativ hohen und damit wesentlichen Einfluss auf die effektive Steuerbelastung entfaltet. So hat in der Überleitungsrechnung der Bayer AG der Überleitungsposten zu Rechtsstreitigkeiten einen absoluten Umfang von 31 Mio. €, bei relativer Betrachtung sind dies 8,96% der erwarteten Steuerbelastung.[1379] Gleiches gilt für die Deutsche Post, bei der die Restrukturierungsrückstellung von 68 Mio. € einen relativen Umfang von 7,91% hat.[1380]

Überleitungsrechnung auf den effektiven Steueraufwand und die Steuerquote	2004		2003	
	Millionen €	%	Millionen €	%
Körperschaftsteuer nach der Tarifbelastung in Deutschland	1.004,8	25,0	542,0	25,0
Zusätzliche Körperschaftsteuer infolge des Flutopfersolidaritätsgesetzes	-		18,6	0,9
Solidaritätszuschlag	28,3	0,7	18,1	0,8
Körperschaftsteuerminderung für Ausschüttungen	-		124,2	5,7
Gewerbeertragsteuer unter Berücksichtigung der Abzugsfähigkeit von der Bemessungsgrundlage für die Körperschafsteuer	177,5	4,4	98,8	4,6
Einfluss abweichender ausländischer Steuersätze für Einkommen ausländischer Gruppengesellschaften	66,2	1,6	64,2	3,0
Steuerfreie Erträge	-209,2	-5,1	-82,5	-3,8
Steuerlich nicht abzugsfähige Aufwendungen, einschließlich Abschreibungen auf Geschäfts- und Firmenwerte	329,8	8,3	139,4	6,4
Ergebnis von nach der Equity-Methode bilanzierten Beteiligungen (Nach-Steuer-Ergebnis)	-6,4	-0,2	30,7	1,4
Steuern für Vorjahre	-16,1	-0,4	-134,5	-6,2
Nicht anrechenbare ausländische Ertragsteuern für die Ölförderung	667,7	16,6	504,8	23,3
Sonstiges	-37,1	-1,0	-132,3	-6,1
Effektive Ertragsteuern/Steuerquote	**2.005,5**	**49,9**	**1.191,5**	**55,0**

Abbildung 31: Überleitungsrechnung des BASF-Konzerns 2004 nach US-GAAP
Quelle: BASF AG, Finanzbericht 2004, S. 105.

Unternehmensindividuelle Überleitungsposten sind häufig, wie die Überleitungsposten für Rechtsstreitigkeiten oder Restrukturierungen, auf aperiodische Ursachen zurückzuführen. So kann beispielsweise eine Betriebsprüfung zu einer Steuernachzahlung, also einem Steueraufwand für Vorperioden, führen, die nur das geprüfte Unternehmen betrifft und damit aperiodisch und unternehmensindividuell ist.[1381] Zwingend ist die Kongruenz von Unternehmensindividualität und fehlender Periodizität allerdings nicht, wie das Beispiel des regelmäßig wiederkehrenden Ausweises eines Überleitungspostens zu den nicht anrechenbaren ausländischen Ertragsteuern für die Ölförderung bei der BASF zeigt.[1382] Auch sind Steuern für Vorperioden und sonstige periodenfremde tatsächliche und latente Steuern zwar regelmäßig aperiodische Effekte, die zu Abweichungen der effektiven Steuerbelastung führen.[1383] Allerdings

[1379] Vgl. Bayer AG, Geschäftsbericht 2004, S. 99.

[1380] Vgl. Deutsche Post AG, Geschäftsbericht 2004, S. 95.

[1381] Vgl. z.B. die Überleitungsrechnung von United Technologies Corporation, Annual Report 2001, S. 19; vgl. auch *Hannemann/Peffermann*, IAS-Konzernsteuerquote, BB 2003, S. 732; *Adrian*, Tax Reconciliation, 2005, S. 198.

[1382] Vgl. BASF AG, Finanzbericht 2000, S. 81; BASF AG, Finanzbericht 2001, S. 134; BASF AG, Finanzbericht 2002, S. 139; BASF AG, Finanzbericht 2003, S. 103; BASF AG, Finanzbericht 2004, S. 104.

[1383] Vgl. *BPV Baetge & Partner GmbH & Co. Verfahrensentwicklung KG*, Steuerlast, Studie 1997, S. 8; *Haag/Rotz*, IAS 12, ST 1998, S. 799 f.; *Adrian*, Tax Reconciliation, 2005, S. 198.

betreffen periodenfremde Steuern, die beispielsweise durch Steuersatzänderungen ausgelöst sein können, häufig eine Vielzahl von Unternehmen, so dass diese dann nicht zu unternehmensindividuellen Überleitungsposten führen.[1384]

Die Individualität dieser Posten lässt per definitionem nur eine beschränkte Vergleichbarkeit über die Unternehmen hinweg zu. Dennoch sind die Effekte für die Interessenten der Überleitungsrechnung häufig wesentlich, die insofern auf die gesonderte Abbildung der individuellen Steuereffekte angewiesen sind. Oftmals kann überhaupt nur durch die gesonderte Abbildung der unternehmensindividuellen Effekte deren Abgrenzung zu den Ursachen anderer Überleitungsposten und damit die Vergleichbarkeit der Abschlussinformationen im Zeitablauf, die Relation von Vorsteuerergebnis und effektivem Steueraufwand und die Möglichkeit zu einer *cash-flow*-Prognose hergestellt werden.[1385]

Bei der Beurteilung der Frage nach der Wesentlichkeit müssen die Ersteller der Überleitungsrechnung hier wie bei keinem anderen Überleitungsposten zwischen den Grundsätzen der *comparability* und der *relevance* abwägen. Hierbei kann die Wesentlichkeitsgrenze der SEC als Anhaltspunkt dienen, um die Wesentlichkeit eines Steuereffektes zu beurteilen.[1386] Aus Gründen der Aussagekraft der durch die Überleitungsrechnung transportierten Informationen ist allerdings generell der gesonderte Ausweis unternehmensindividueller Steuereffekte in eigenen Überleitungsposten gegenüber deren Einbeziehung in die Position ‚Sonstige' oder in andere Überleitungsposten vorzuziehen. Dies insbesondere im Hinblick auf die Vergleichbarkeit und die Stetigkeit der Überleitungsrechnung insgesamt, aber auch auf die ansonsten verwässerten Informationen derjenigen Überleitungsposten, in die die unternehmensindividuellen Steuereffekte einbezogen werden könnten.

Ein gesonderter Ausweis sehr kleiner Überleitungsposten ist allerdings zu vermeiden, wenn er nicht aus bestimmten Gründen entscheidungserheblich ist. So ist beispielsweise zweifelhaft, ob der von Siemens[1387] vorgenommene Ausweis der Überleitungsposten zu den ‚Steuerzahlungen für Vorjahre' und insbesondere zu den ‚Auswirkungen von deutschen Steueränderungen', die gerade 0,36% der erwarteten Steuerbelastung ausmachen, für die Abschlussinteressenten entscheidungserheblich ist. Aus demselben Grund ist fraglich, ob in der oben dargestellten Überleitungsrechnung der BASF der gesonderte Ausweis des Überleitungspostens zum Solidaritätszuschlag für die Interessenten der Überleitungsrechnung informationsnützlich ist. In den beiden gezeigten Jahren erreicht dieser Überleitungsposten die Wesentlichkeitsgrenze der SEC von 5% des erwarteten Steueraufwands nicht.

1384 Im Jahr 2004 wiesen 15 Unternehmen einen Überleitungsposten zu periodenfremden Steuern aus.

1385 Vgl. *Wempen*, Tax Reconciliation, 2002, S. 36.

1386 Vgl. *Dahlke/Eitzen*, Überleitungsrechnung, DB 2003, S. 2243.

1387 In deren in Abbildung 32 auf Seite 253 dargestellter Überleitungsrechnung für das Jahr 2004.

	2004	2003
Erwarteter Steueraufwand	1.650	1.383
Erhöhung/Minderung der Ertragsteuerbelastung durch:		
Nicht abzugsfähige Betriebsausgaben inkl. ausländischer Quellensteuer	101	88
Steuerlich nicht abzugsfähige Abschreibungen auf Geschäfts- und Firmenwerte und erworbenes Know-how aus Entwicklungsprojekten	142	26
Steuerfreie Erträge	-110	-158
Veränderung steuerlicher Beteiligungsbuchwerte	78	148
Steuerfreie Gewinne aus der Veräußerung von Geschäftseinheiten	-476	-66
Steuerzahlungen für Vorjahre	55	-
Auswirkungen von deutschen Steueränderungen	6	-
Steuersatzunterschiede Ausland	-705	-419
Equity-Bewertung	-109	-153
Sonstiges	29	18
Ausgewiesener Ertragsteueraufwand	**661**	**867**

Abbildung 32: Überleitungsrechnung des Siemens-Konzerns 2003/2004 nach US-GAAP
Quelle: Siemens AG, Geschäftsbericht 2003/2004, S. 121.

Die Ermittlung unternehmensindividueller Überleitungsposten kann aufgrund ihrer Eigentümlichkeit keiner der in Abschnitt A.IV dargestellten Gleichungen zugewiesen werden. Die Steuereffekte können vielmehr, wie die Effekte aus Restrukturierungen, Rechtsstreitigkeiten oder der Risikovorsorge, auf Abweichungen der steuerlichen Bemessungsgrundlage vom Konzernergebnis vor Steuern zurückzuführen sein oder auf Abweichungen vom anzuwendenden Steuersatz, wie die nicht anrechenbaren ausländischen Ertragsteuern für die Ölförderung. Auch sind steuersatzunabhängige Überleitungsposten möglich, beispielsweise periodenfremde Steuern aus Betriebsprüfungen.

VII. Sonstige steuerliche Zu- und Abrechnungen

Der Überleitungsposten ‚Sonstige steuerliche Zu- und Abrechnungen' wird in den Überleitungsrechnungen von 28 der DAX-30-Unternehmen abgebildet. Lediglich Henkel und Schering weisen diese Position in ihren Überleitungsrechnungen nicht gesondert aus.[1388] In diesem Überleitungsposten sind Steuereffekte zusammenzuführen, die aufgrund ihres Umfangs nicht in einem gesonderten Überleitungsposten abgebildet werden müssen und auch nicht in andere Überleitungsposten aufgenommen werden. Die Position ‚Sonstige' umfasst somit als Auffangposten sämtliche unwesentlichen Steuereffekte, die zu Steuermehrungen oder Steuerminderungen geführt haben, und bildet quasi die Residualgröße der Überleitungsrechnung.[1389]

Die relative Größe des Überleitungspostens ‚Sonstige steuerliche Zu- und Abrechnungen' kann Aufschluss über den Informationsgehalt der Überleitungsrechnung geben.[1390] Denn die Bestimmung der Wesentlichkeitsgrenze durch die SEC, wonach Überleitungsposten, die für sich betrachtet kleiner als 5% des erwarteten Steueraufwands sind, im zweiten Bereich der

---

[1388] Vgl. Henkel KGaA, Geschäftsbericht 2004, S. 67; Schering AG, Geschäftsbericht 2004, S. 102.

[1389] Vgl. *Schäffeler*, Latente Steuern, 2000, S. 98.

[1390] Vgl. *Hannemann/Peffermann*, IAS-Konzernsteuerquote, BB 2003, S. 732.

Überleitungsrechnung in einer Position ,Sonstige' zusammengefasst werden dürfen, bezieht sich einzig auf die maximale Größe der innerhalb der Position ,Sonstige' berücksichtigten Steuereffekte.[1391] Über den möglichen Umfang der Position ,Sonstige' selber trifft die Regulation S-X damit keine Aussage. Die anderen betrachteten Standards enthalten weder Vorschriften zur Wesentlichkeitsgrenze einzelner Steuereffekte,[1392] noch zum Maximalumfang der Position ,Sonstige steuerliche Zu- und Abrechnungen'. Die Position ,Sonstige' kann mithin einen wesentlich größeren Umfang als 5% der erwarteten Steuerbelastung annehmen.[1393] Beispielsweise macht die Position ,Sonstiges' in der Überleitungsrechnung der E.ON AG für das Jahr 2004 mit 163 Mio. € insgesamt 9,59% des erwarteten Steueraufwands von 1.700 Mio. € aus.[1394]

Die Commerzbank weist in ihrer Überleitungsrechnung für das Jahr 2004 sogar eine Position ,Sonstige Auswirkungen' in Höhe von 205 Mio. € aus, dies sind 62,12% der erwarteten Steuerbelastung.[1395] Dieser Überleitungsposten ist in der Überleitungsrechnung der Commerzbank nach dem Überleitungsposten zur Saldogröße aus nichtabziehbaren Aufwendungen und steuerfreien Erträgen der betragsmäßig höchste Überleitungsposten. Im Extremfall könnte sich die Überleitungsrechnung einer Unternehmung auf die Angabe der erwarteten und der effektiven Steuerbelastung und einen einzigen Überleitungsposten ,Sonstige steuerliche Zu- und Abrechnungen' beschränken, wenn kein Steuereffekt - isoliert betrachtet oder aufgrund von Saldierungen, wie beispielsweise Effekte aus nichtabziehbaren Aufwendungen und steuerfreien Erträgen - eine wie auch immer definierte Wesentlichkeitsgrenze überschreitet und sämtliche Steuereffekte in der Position ,Sonstige steuerliche Zu- und Abrechnungen' aggregiert werden. Dass eine solche Position nicht aussagekräftig ist, liegt auf der Hand.[1396]

Der Überleitungsposten ,Sonstige steuerliche Zu- und Abrechnungen' sollte daher nur als Residualgröße gesehen werden, mithin als Auffangposten tatsächlich unwesentlicher Steuereffekte, und in seiner relativen Größe so gering wie möglich ausfallen. Ansonsten nimmt der Informationsgehalt der Überleitungsrechnung deutlich ab, was den Grundsätzen der *comparability* und der *consistency* widerspricht. Gleichzeitig ist aber auch bei der Entscheidung, ob ein gesonderter Ausweis einzelner Steuereffekte oder die Einbeziehung von Effekten in die Position ,Sonstiges' vorzuziehen ist, der durch die *materiality* konkretisierte Grundsatz der *relevance* zu beachten und ein gesonderter Ausweis sehr kleiner Überleitungsposten zu ver-

---

1391 Vgl. *SEC*, Reg. S-X, online im Internet, Item 210.4-08, Abs. (h) (2), S. 3; *Schäffeler*, Latente Steuern, 2000, S. 98; *Loitz*, Überleitungsrechnung, WPg 2004, S. 1193.

1392 An dieser Stelle bietet sich erneut die Übernahme der Wesentlichkeitsgrenze der SEC an, vgl. *Dahlke/Eitzen*, Überleitungsrechnung, DB 2003, S. 2243.

1393 Vgl. *Schäffeler*, Latente Steuern, 2000, S. 99; *Loitz*, Überleitungsrechnung, WPg 2004, S. 1193, Fn. 65; a.A. *Kröner/Benzel*, Konzernsteuerquote, in: *Kessler/Kröner/Köhler* (Hrsg.), Konzernsteuerrecht, 2004 § 15, Tz. 62.

1394 Vgl. E.ON AG, Geschäftsbericht 2004, S. 115.

1395 Vgl. Commerzbank AG, Geschäftsbericht 2004, S. 122.

1396 Vgl. *Hannemann/Peffermann*, IAS-Konzernsteuerquote, BB 2003, S. 732.

meiden. Ein Kompromiss könnte hier die zusätzliche Erläuterung der nach ihrem Umfang unwesentlichen, für die Interessenten der Überleitungsrechnung aber unter Umständen dennoch entscheidungserheblichen Steuereffekte sein, die in die Position ‚Sonstige' aufgenommen wurden. Beispielsweise wählt die E.ON AG diese Ausweisvariante, die die Höhe der maßgeblichen Elemente der Position ‚Sonstiges' in einem Fußnotenvermerk erläutert.[1397]

D. Zielgröße ‚Effektive Steuerbelastung'

Dritter und letzter Bereich der Überleitungsrechnung ist deren Zielgröße, die ‚effektive Steuerbelastung' der Berichtsperiode.[1398] Die effektive Steuerbelastung ist die im Konzernabschluss ausgewiesene Ist-Größe, die innerhalb der Überleitungsrechnung als Saldogröße aus erwarteter Steuerbelastung auf der einen und den Steuerminderungen und Steuermehrungen aus den Überleitungsposten auf der anderen Seite hergeleitet und dadurch erläutert wird. Die Herleitung der effektiven Steuerbelastung innerhalb der Überleitungsrechnung erfolgt dabei ausschließlich zu Erläuterungszwecken, faktisch ist die effektive Steuerbelastung die Summe aus tatsächlicher und latenter Steuerbelastung.[1399]

Die Überleitungsrechnung erläutert die Abweichung der effektiven von der erwarteten Steuerbelastung nur dann zutreffend, wenn die Summe aller Überleitungsposten der Überleitungsdifferenz insgesamt entspricht. Insofern besteht bei der Erstellung der Überleitungsrechnung die Notwendigkeit, diese beiden Größen miteinander zu vergleichen[1400] und möglicherweise noch bestehende Differenzen innerhalb der Überleitungsposten zu korrigieren. Denn da die Überleitungsdifferenz als Differenz zwischen der ausgewiesenen, effektiven und der erwarteten Steuerbelastung eine fixe Größe ist,[1401] können Differenzen zwischen der Summe der Überleitungsposten und der Überleitungsdifferenz ausschließlich aus Fehlern bei der Ermittlung der Überleitungsposten resultieren.

Die Darstellung der effektiven Steuerbelastung innerhalb der Überleitungsrechnung steht notwendigerweise im direkten Zusammenhang mit der gewählten Präsentationsform der Überleitungsrechnung. So wird die effektive Steuerbelastung in absoluten Beträgen angegeben, wenn auch die Überleitung in absoluten Beträgen erfolgt. Allerdings steht es den Unternehmen frei, zu Vergleichszwecken zusätzlich zur Angabe des effektiven Steueraufwands auch

---

1397 Im Einzelnen sind dies periodenfremde Steuern und Steueraufwendungen aufgrund nichtabziehbarer Ausgaben im Ausland, vgl. E.ON AG, Geschäftsbericht 2004, S. 115.

1398 Zielgröße der Überleitungsrechnung der Deutschen Börse für das Jahr 2004 sind beispielsweise ausdrücklich die Steuern vom Einkommen und vom Ertrag für das laufende Jahr, vgl. Deutsche Börse AG, Geschäftsbericht 2004, S. 153.

1399 Vgl. zur Ermittlung der effektiven Steuerbelastung Abschnitt B des 2. Kapitels, Seiten 45 ff.

1400 Sogenannte Verprobung der Überleitungsrechnung, vgl. bereits *Wempen*, Tax Reconciliation, 2002, S. 51 ff.; zuletzt *Adrian*, Tax Reconciliation, 2005, S. 57 f.

1401 Die bei der hier vertretenen externen Vorgabe eines einheitlichen anzuwendenden Steuersatzes für alle Unternehmen auch nicht mehr von der Wahl des anzuwendenden Steuersatzes abhängt.

den effektiven Steuersatz, namentlich die Konzernsteuerquote, zu veröffentlichen. So hat von den DAX-30-Unternehmen im Jahr 2004 mit 26 Konzernen die ganz überwiegende Mehrheit die ausschließlich absolute Präsentationsform der Überleitungsrechnung gewählt.[1402] 15 dieser Unternehmen haben die effektive Steuerbelastung zusätzlich als relative Größe ausgewiesen. Da vier Konzerne ihre Überleitungsrechnung in absoluten und relativen Werten aufstellen, veröffentlichen insgesamt 19 der DAX-30-Unternehmen ihre Konzernsteuerquote unmittelbar entweder innerhalb oder in Ergänzung zu ihrer Überleitungsrechnung. Von den Dow Jones-30-Unternehmen weisen aufgrund der ohnehin vorherrschenden relativen Präsentationsform 25 Unternehmen die effektive Steuerbelastung als Prozentgröße innerhalb ihrer Überleitungsrechnung aus, drei weitere Unternehmen[1403] veröffentlichen ihre Konzernsteuerquote als zusätzliche Angabe.[1404]

Abbildung 33 stellt die effektiven Steuersätze der DAX-30-Unternehmen und der Dow Jones-30-Unternehmen für das Jahr 2004 in einem Säulendiagramm gegenüber:

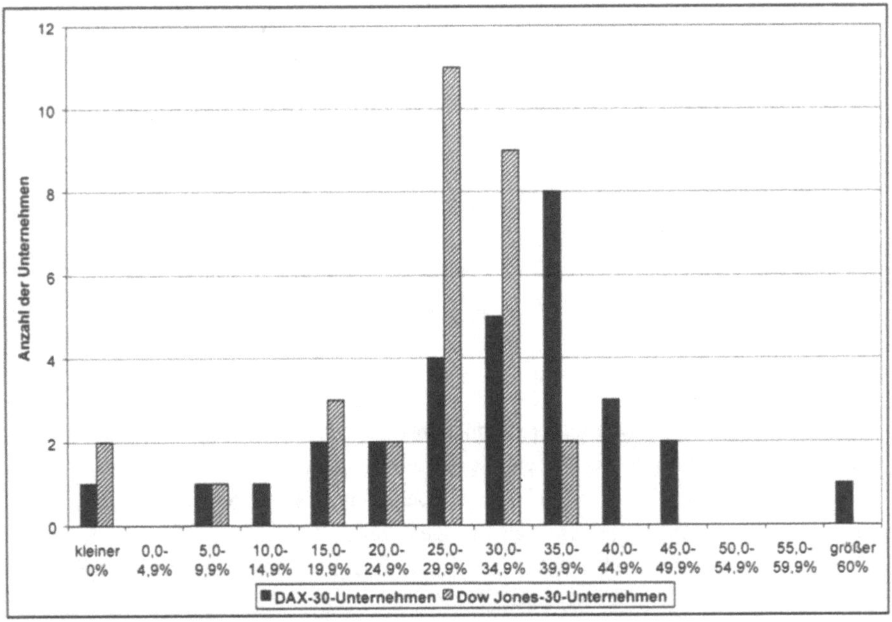

Abbildung 33: Vergleich der effektiven Steuersätze der DAX-30-Unternehmen und der Dow Jones-30-Unternehmen für das Jahr 2004

1402 Vgl. Abbildung 16 auf Seite 155.

1403 Vgl. The Boeing Company, Annual Report 2004, S. 65; Exxon Mobil Corporation, Form 10-K 2004, S. 77; The Home Depot, Inc., Annual Report 2004, S. 33.

1404 Nur General Motors und SBC verzichten auf die Angabe einer Konzernsteuerquote, vgl. General Motors Corporation, Annual Report 2004, S. 79; SBC Communications Inc., Annual Report 2004, S. 55.

Zu erkennen ist, dass sich die Konzernsteuerquoten der Dow Jones-30-Unternehmen stärker innerhalb eines relativ engen Bereichs bewegen als die Konzernsteuerquoten der DAX-30-Unternehmen. So sind die Quoten von zwei Dritteln der Dow Jones-30-Unternehmen zwischen 25 und 35% angesiedelt, während mehr als zwei Drittel[1405] der effektiven Steuersätze der DAX-30-Unternehmen außerhalb dieses Bereiches liegen. Daneben wird in Abbildung 33 deutlich, dass der Schwerpunkt der Konzernsteuerquoten der DAX-30-Unternehmen im Jahr 2004 zwischen 35 und 40% und die der Dow Jones-30-Unternehmen zwischen 25 und 30% lag, insgesamt also niedriger erscheint. Die Betrachtung der durchschnittlichen Konzernsteuerquoten der DAX-30-Unternehmen und der Dow Jones-30-Unternehmen der Jahre 2000 bis 2004 in Abbildung 34 bestätigt diesen Eindruck, denn die durchschnittliche Konzernsteuerquote der Dow Jones-30-Unternehmen betrug im Jahr 2004 22,64%, die der DAX-30-Unternehmen 32,52%.

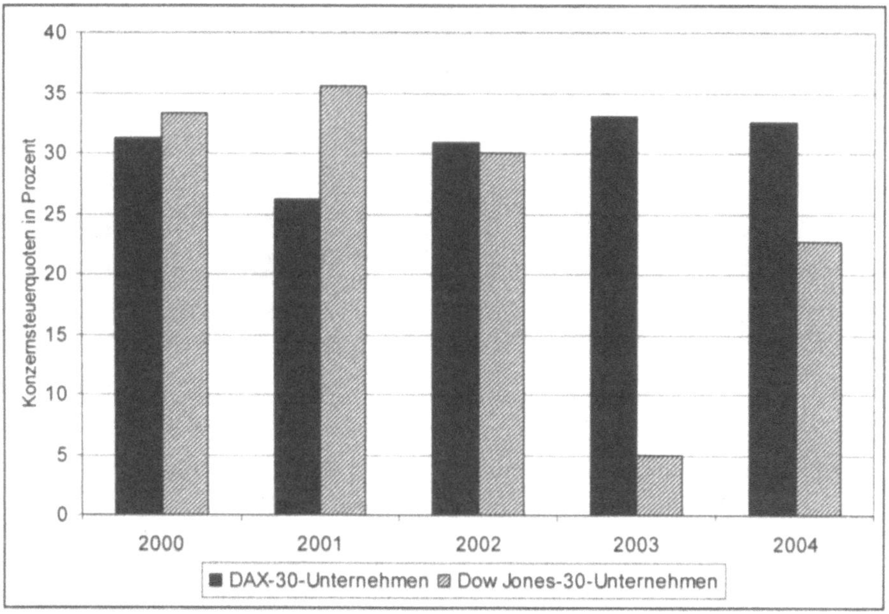

Abbildung 34: Durchschnittliche Konzernsteuerquoten der DAX-30-Unternehmen und der Dow Jones-30-Unternehmen in den Jahren 2001-2004

Die im Vergleich niedrige durchschnittliche Steuerquote der DAX-30-Unternehmen im Jahr 2001 ist auf die Senkung des deutschen Körperschaftsteuersatzes durch die Unternehmenssteuerreform[1406] und die seitdem mögliche steuerfreie Veräußerung von Beteiligungen einerseits und auf die mit –265,12% sehr hohe negative Konzernsteuerquote der Commerzbank

1405 21 der DAX-30-Unternehmen.

1406 Vgl. *Haarmann*, Gestaltbarkeit, in: *Herzig/Günkel/Niemann* (Hrsg.), StbJb 2001/2002, 2002, S. 374.

andererseits zurückzuführen.[1407] Besonders augenfällig ist der extrem niedrige Durchschnitt der Konzernsteuerquoten der Dow Jones-30-Unternehmen im Jahr 2003, der in erster Linie aus der mit –650,3% äußerst hohen negativen Konzernsteuerquote von DuPont resultiert.[1408] Hierbei wird deutlich, wie stark Extrema Einfluss auf den Vergleich durchschnittlicher Konzernsteuerquoten haben. Aus diesem Grund bietet sich für einen Vergleich von Konzernsteuerquoten eher ein Vergleich der Mediane an, der extreme Ausprägungen der Konzernsteuerquote unberücksichtigt lässt.[1409] Einen solchen Vergleich zeigt Abbildung 35:

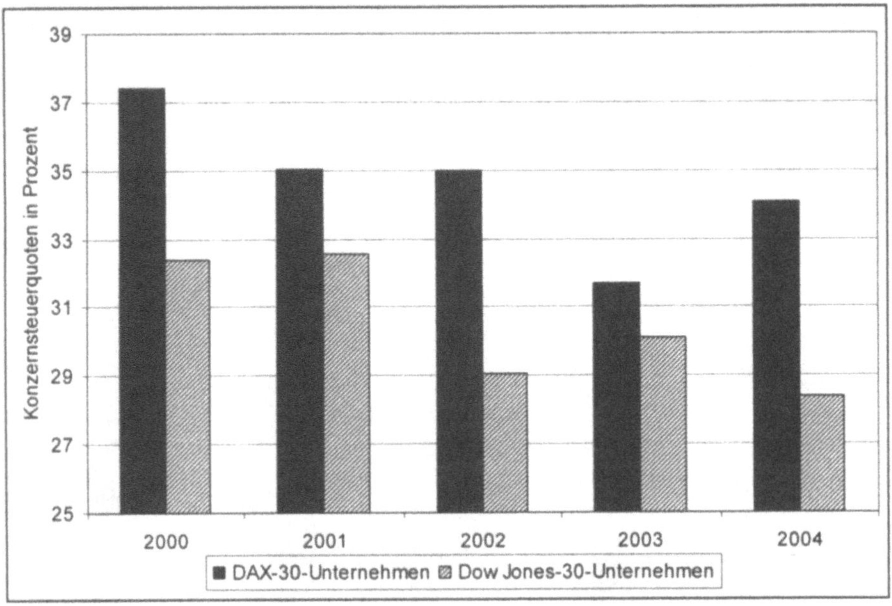

Abbildung 35: Mediane der Konzernsteuerquoten der DAX-30-Unternehmen und der Dow Jones-30-Unternehmen in den Jahren 2001-2004

Es zeigt sich, dass im Gegensatz zu den Durchschnitten die Mediane der Konzernsteuerquoten der Dow Jones-30-Unternehmen über den gesamten Zeitraum niedriger sind, als die Me-

1407 Die Ausprägung dieser Quote ist auf ein sehr niedriges positives Ergebnis von 43 Mio. € und einen vergleichsweise hohen Steuerertrag von 114 Mio. € zurückzuführen. Das niedrige Ergebnis resultiert in erster Linie aus einem im Vergleich zum Vorjahr sehr stark zurückgegangenen Ergebnis der sonstigen betrieblichen Tätigkeit einerseits und hohen Restrukturierungsaufwendungen andererseits. Der Steuerertrag ist auf die laufenden Steuern übersteigende latente Steuererträge zurückzuführen, vgl. Commerzbank AG, Geschäftsbericht 2001, S. 92.

1408 Vgl. E.I.du Pont de Nemours and Company, Form 10-K 2003, S. F-15. Zur Erläuterung dieser Quote vgl. Seite 91 der Arbeit.

1409 Einen Vergleich von Medianen der Konzernsteuerquoten der in die jeweiligen Börsenindizes einbezogenen Unternehmen stellen auch *Becker/Fuest/Spengel* an, deren Datengrundlage von der in dieser Untersuchung allerdings divergiert, vgl. *Becker/Fuest/Spengel*, Investitionsverhalten, online im Internet, S. 8. Vgl. auch die bei *Haarmann*, Gestaltbarkeit, in: *Herzig/Günkel/Niemann* (Hrsg.), StbJb 2001/2002, 2002, S. 369, wiedergegebene Übersicht.

diane der DAX-30-Unternehmen. Im Ergebnis dürfte diese Darstellung einer im Allgemeinen niedrigeren US-amerikanischen Steuerbelastung zutreffender sein als der Eindruck, der durch die aufgrund extremer Einflüsse verzerrte Darstellung der durchschnittlichen Konzernsteuerquoten entsteht.

E. Gestaltung der Überleitungsrechnung

Abschließend sollen nun Empfehlungen zu im Hinblick auf ihre Aussagekraft und ihre Funktion bei der Analyse der Konzernsteuerquote optimierten Überleitungsrechnungen gegeben werden. Die Gestaltung der Überleitungsrechnung als notwendige Anhangangabe muss sich dabei an denselben, die *decision usefulness* umsetzenden Bilanzierungsgrundsätzen orientieren und messen lassen, nach denen auch der Jahresabschluss im Allgemeinen und der Anhang im Speziellen beurteilt werden.[1410]

Zur inhaltlichen Gestaltung des ersten Bereichs der Überleitungsrechnung wurde bereits in Abschnitt B.II.5 die am besten geeignete Variante des anzuwendenden Steuersatzes identifiziert. In diesem Abschnitt wird auf die dort herausgearbeiteten Ergebnisse zurückgegriffen und von einem kombinierten Ertragsteuersatz aus Körperschaftsteuer, Solidaritätszuschlag und Gewerbesteuer als anzuwendenden Steuersatz und der sachlogisch hiermit zusammenhängenden Erstellung einer unmittelbaren Aufstellung der Überleitungsrechnung für den Konzern[1411] ausgegangen. Der dritte Bereich der Überleitungsrechnung als Summe aus tatsächlicher und latenter Steuerbelastung ist in seiner Höhe vorgegeben und bietet insofern keine Möglichkeit zu inhaltlicher Gestaltung. Die Überlegungen konzentrieren sich an dieser Stelle somit auf den zweiten Bereich der Überleitungsrechnung.

I. Bestimmung und Strukturierung der Überleitungsposten

Welche Posten innerhalb des zweiten Bereichs der Überleitungsrechnung mit dem Ziel der Herleitung des effektiven Steueraufwands und dessen Erläuterung auszuweisen sind, wird in keiner der betrachteten Rechnungslegungsstandards zur Überleitungsrechnung abschließend oder verbindlich festgelegt.[1412] Aus diesem Grund müssen zur Beurteilung der Ausweisnot-

---

[1410] Vgl. *Schäffeler*, Latente Steuern, 2000, S. 95; *Dahlke/Eitzen*, Überleitungsrechnung, DB 2003, S. 2237; *Hannemann/Peffermann*, IAS-Konzernsteuerquote, BB 2003, S. 728. Im Einzelnen sind dies insbesondere die Verständlichkeit, die Relevanz und Wesentlichkeit, die Verlässlichkeit und die Vergleichbarkeit sowie die Vollständigkeit, vgl. z.B. *Coenenberg*, Jahresabschluss, 20. Auflage, 2005, S. 39 ff., 60 ff., 68 ff.; *Heuser/Theile*, IAS Handbuch, 2. Auflage, 2005, Tz. 121 ff.; *Wagenhofer*, Internationale Rechnungslegungsstandards, 5. Auflage, 2005, S. 430 f.

[1411] Im Gegensatz zur Erstellung von Überleitungsrechnungen nach der Methode der Aggregation.

[1412] Vgl. *IASB*, IAS 12, Abs. 84; *DRSC*, E-DRS 12, online im Internet, Anhang B, Abs. B17; *Kirsch*, Angabepflichten, StuB 2002, S. 1192; *Dahlke/Eitzen*, Überleitungsrechnung, DB 2003, S. 2237 f., 2243; *Kirsch*, Berichterstattung, DStR 2003, S. 705; *Loitz*, Überleitungsrechnung, WPg 2004, S. 1192 f.; *Adrian*, Tax Reconciliation, 2005, S. 53; *Hoffmann*, in: *Lüdenbach/Hoffmann*, IFRS-Kommentar, 3. Auflage, 2005, § 26, Tz. 107; *Spengel*, Konzernsteuerquoten, in: *Oestreicher* (Hrsg.), Steuerplanung, 2004, S. 101.

wendigkeit einzelner Positionen die allgemeinen Grundsätze der Erstellung von Abschlüssen herangezogen werden. Dabei gelangt man zunächst zu dem Ergebnis, dass in der Überleitungsrechnung ebenso wie in den weiteren Abschlussbestandteilen alle wesentlichen Posten gesondert abzubilden sind.[1413] Außer in der Regulation S-X wird eine Wesentlichkeitsgrenze aber weder qualitativ noch quantitativ bestimmt, so dass die Wesentlichkeit der Überleitungsposten stets für den jeweiligen Einzelfall zu bestimmen ist.[1414]

Der Frage, wann eine Position wesentlich und deren Ausweis in der Überleitungsrechnung notwendig ist, kann sich ebenfalls mit Hilfe der übergeordneten Bilanzierungsgrundsätze genähert werden. Denn nach dem Grundsatz der *relevance* sind sämtliche Informationen offenzulegen, die die Entscheidungen der Abschlussinteressenten beeinflussen können, die mithin informationsnützlich oder entscheidungserheblich im Sinne der *decision usefulness* sind. Diese umfassende Berichterstattung wird begrenzt durch die Wesentlichkeit, die *materiality*, der Information.[1415] Im Hinblick auf die Überleitungsrechnung sollte der Detaillierungsgrad der ausgewiesenen Positionen daher so hoch sein, dass den Interessenten der Überleitungsrechnung Einzelwerte in ausreichender Anzahl zur Verfügung gestellt bzw. durch die zusätzliche Abbildung von Einzelwerten zuvor in der Überleitungsrechnung des Konzerns zusammengeführte Daten so umfassend erläutert werden, dass differenzierte Entscheidungen der Interessenten möglich sind. Gleichzeitig dürfen die Detailinformationen aber nicht so umfangreich sein, dass durch möglicherweise überflüssige Daten[1416] wichtige Informationen untergehen oder verschleiert werden.[1417]

Neben der Gliederungstiefe ist die Rang- bzw. Reihenfolge der Überleitungsposten innerhalb der Überleitungsrechnung festzulegen und insbesondere ist zu entscheiden, ob und in welcher Weise die auszuweisenden Posten strukturiert werden sollen. In den betrachteten Überleitungsrechnungen der DAX-30-Unternehmen wird die Abbildung der Überleitungsposten außer bei Bayer nicht gegliedert, sieht man von dem stets an letzter Stelle der Überleitungsrechnung ausgewiesenen Überleitungsposten ‚Sonstige steuerliche Zu- und Abrechnungen' ab.

[1413] Vgl. *IASB*, IAS 1, Abs. 29 i.V.m. Abs. 11; *FASB*, SFAS No. 109, Abs. 47, S. 3; *SEC*, Reg. S-X, online im Internet, Item 210.4-08, Abs. (h) (2), S. 1; *Schäffeler*, Latente Steuern, 2000, S. 98 f.; *Kleekämper et al.*, in: *Baetge et al.*, IAS, 2. Auflage, 2003, IAS 1, Tz. 47.

[1414] Vgl. *SEC*, Reg. S-X, online im Internet, Item 210.4-08, Abs. (h) (2), S. 2; *Hoffmann*, in: *Lüdenbach/ Hoffmann*, IFRS-Kommentar, 3. Auflage, 2005, § 26, Tz. 109a.

[1415] Vgl. *IASB*, Framework, Abs. 26, 29; *FASB*, SFAC 1, Abs. 32 ff.; *Coenenberg*, Jahresabschluss, 20. Auflage, 2005, S. 61, 68.

[1416] Vgl. zum Ausweis sehr kleiner Überleitungsposten Abschnitt C.VI ab Seite 252.

[1417] Vgl. mit Beispielen zu typischen Überleitungsposten standardisierter Überleitungsrechnungen *Dahlke/ Eitzen*, Überleitungsrechnung, DB 2003, S. 2239 sowie die Abbildung auf S. 2238; *Kirsch*, Angabepflichten, StuB 2002, S. 1193; *Fischer*, IAS 12, BBK 2002, Fach 20, S. 682; *Hannemann/Peffermann*, IAS-Konzernsteuerquote, BB 2003, S. 728; *Kirsch*, Berichterstattung, DStR 2003, S. 706; *Kröner/Benzel*, Konzernsteuerquote, in: *Kessler/Kröner/Köhler* (Hrsg.), Konzernsteuerrecht, 2004, § 15, Tz. 62; *Spengel*, Konzernsteuerquoten, in: *Oestreicher* (Hrsg.), Steuerplanung, 2004, S. 100 f.; *Adrian*, Tax Reconciliation, 2005, S. 137 ff.; *Heuser/Theile*, IAS Handbuch, 2. Auflage, 2005, Tz. 1366; *Hoffmann*, in: *Lüdenbach/Hoffmann*, IFRS-Kommentar, 3. Auflage, 2005, Tz. 107.

Dabei kann aber gerade bei stark differenzierten Überleitungsrechnungen eine Gliederung der Überleitungsposten die Information der Abschlussinteressenten insgesamt, insbesondere aber den Vergleich von Überleitungsrechnungen einer Unternehmung im Zeitablauf sowie verschiedener Unternehmen, erleichtern, würde somit die *consistency* und die *comparability* unterstützen.

Beispielsweise könnten Überleitungsrechnungen nach Steuerminderungen und Steuermehrungen gegliedert werden.[1418] Der Interessent der Überleitungsrechnung erhält dann einen unmittelbaren Überblick darüber, welche Steuereffekte steuermindernd und welche steuererhöhend auf die effektive Steuerbelastung eingewirkt haben. Da jedoch zu Vergleichszwecken die Angabe der Vorjahresbeträge in der Überleitungsrechnung verpflichtend ist,[1419] ist eine nach Steuerminderungen und Steuermehrungen differenzierte Darstellung immer dann nachteilig, wenn Steuereffekte aus den abgebildeten Sachverhalten in den verschiedenen, in einer Überleitungsrechnung abgebildeten Perioden sowohl Steuerminderungen als auch Steuermehrungen ausgelöst haben. Dies kann beispielsweise der Fall sein, wenn Besteuerungsunterschiede zum Ausland im Berichtsjahr zu einer niedrigeren als der erwarteten Steuerbelastung geführt haben und im Vorjahr zu einer höheren et vice versa.[1420] In diesem Fall wäre der Überleitungsposten ‚Besteuerungsunterschiede Ausland' sowohl unter den Steuerminderungen als auch unter den Steuermehrungen auszuweisen.

Auch kann der Ausweis nationaler und internationaler Steuereffekte innerhalb der Überleitungsrechnung voneinander getrennt werden. Während unter den nationalen Effekten beispielsweise die Gewerbesteuer oder Körperschaftsteuererhöhungen und -minderungen gemäß §§ 37, 38 KStG auszuweisen sind, würden unter den internationalen Einflüssen beispielsweise Effekte aus abweichenden ausländischen Steuersätzen abgebildet. Insbesondere bei der Aufstellung der Überleitungsrechnung nach der Methode der Aggregation[1421], die die Allianz und Bayer anwenden,[1422] könnte eine solche Strukturierung sinnvoll sein, denn dadurch würden die Abschlussinteressenten unmittelbar über steuermindernde oder steuererhöhende Einflüsse der verschiedenen in- und ausländischen Konzernunternehmen informiert.

1418 Eine solche Form der Darstellung wählt Bayer, vgl. Abbildung 30 auf Seite 246. Vgl. auch das Beispiel bei *Endres*, Konzernsteuerquote, in: *Oestreicher* (Hrsg.), Steuerplanung, 2004, S. 168.

1419 Vgl. § 265 Abs. 2 S. 1 HGB; *IASB*, IAS 1, Abs. 36; *AICPA*, ARB 43, Chapter 2, Section A, Abs. 2; *DRSC*, Entwurf Rahmenkonzept, online im Internet, Abs. 31. Vgl. auch *Hayn/Graf Waldersee*, Vergleich, 3. Auflage, 2000, S. 24 f.; *Ballwieser*, in: *Baetge/Kirsch/Thiele*, Bilanzrecht, 2002, § 265 HGB, Tz. 31 f., 522 f.; *Wagenhofer*, Internationale Rechnungslegungsstandards, 5. Auflage, 2005, S. 430 f.

1420 So beispielsweise bei: Bayerische Hypo- und Vereinsbank AG, Geschäftsbericht 2004, S. 138; Infineon Technologies AG, Konzern-JA 2003/2004, S. 101.

1421 Gemäß *IASB*, IAS 12, Abs. 85, S. 4.

1422 Vgl. Allianz AG, Geschäftsbericht 2004, S. 170; Bayer AG, Geschäftsbericht 2004, S. 99.

In diesem Fall würden Überleitungsposten aber ebenfalls doppelt ausgewiesen, da insbesondere strukturelle Effekte wie steuerfreie Erträge und nichtabziehbare Aufwendungen[1423] sowohl bei den inländischen, als auch bei den ausländischen Konzerngesellschaften anfallen und demzufolge sowohl unter nationalen, als auch unter internationalen Effekten auszuweisen wären. Bei unmittelbarer Aufstellung der Überleitungsrechnung des Konzerns unter Anwendung eines anzuwendenden *homebased*-Steuersatzes der Variante 3 würde unter den ausländischen Einflüssen nur eine einzige Position ‚Besteuerungsunterschiede Ausland' erfasst. Eine Strukturierung der Überleitungsrechnung nach nationalen und internationalen Einflüssen generiert hier keinen zusätzlichen Informationsnutzen.

Denkbar ist auch die Aufstellung strategischer, zweckorientierter Überleitungsrechnungen, die beispielsweise transaktionsbezogene Einflüsse auf die Konzernsteuerquote separieren oder die nach solchen Positionen differenzieren, die vom Steuermanagement zu verantworten sind oder nicht. Insbesondere die letzte Strukturierungsvariante kann dabei die Vergütungsfunktion der Konzernsteuerquote im Rahmen eines Anreizsystems unterstützen.[1424]

Jedenfalls aber sollten strukturelle Einflussfaktoren der effektiven Steuerbelastung getrennt von Steuereffekten abgebildet werden, die auf Sondereinflüsse, beispielsweise auf Steuergesetzesänderungen, zurückzuführen sind bzw. die nur kurz- oder mittelfristig, jedenfalls aber vorübergehend, auf die Konzernsteuerquote einwirken. Strukturelle Einflüsse auf die Steuerbelastung sollten zudem, um eine bessere Vergleichbarkeit der Informationen zu gewährleisten, nach periodischen und aperiodischen Effekten, beispielsweise aus Veräußerungsgeschäften, unterschieden werden. Hierdurch erhält der Abschlussinteressent detaillierte Informationen darüber, ob Steuereffekte einmalig sind oder sich laufend wiederholen, so dass Vergleiche von Konzernsteuerquoten ‚nach periodischen Einwirkungen' möglich werden. Durch die Abtrennung der einmaligen Effekte erhält er zudem Informationen, die eine *cash-flow*-Prognose anhand der Überleitungsrechnung erleichtern.

II. Aufspaltung der Überleitungsrechnung

In der Überleitungsrechnung ist nach den betrachteten Rechnungslegungsvorschriften zu Vergleichszwecken die Angabe der Vorjahreswerte verpflichtend.[1425] Nach der Regulation S-X der SEC besteht darüber hinausgehend die Verpflichtung, in der Gewinn- und Verlustrechnung und der Kapitalflussrechnung die Werte des vorvergangenen Jahres anzugeben, insgesamt sind somit die Daten aus drei Jahren im Vergleich abzubilden.[1426] Sieben DAX-30-Un-

---

[1423] Zu weiteren strukturellen Einflussfaktoren, die die Höhe der Konzernsteuerquote nachhaltig prägen, *Hannemann/Peffermann*, IAS-Konzernsteuerquote, BB 2003, S. 728 ff.; *Spengel*, Konzernsteuerquoten, in: *Oestreicher* (Hrsg.), Steuerplanung, 2004, S. 101 f.

[1424] Vgl. Abschnitt F.II.4 des 2. Kapitels, hier Seiten 126 ff.

[1425] Vgl. die Hinweise in Fn. 1419 auf Seite 261.

[1426] Vgl. *Wagenhofer*, Internationale Rechnungslegungsstandards, 5. Auflage, 2005, S. 431, Fn. 4.

ternehmen[1427] sowie alle Dow Jones-30-Unternehmen geben in ihren Überleitungsrechnungen neben den Werten der Berichtsperiode die Daten der beiden Vorperioden an. Da die Angabe zusätzlicher Vergangenheitswerte neben den Vorjahresdaten, möglicherweise noch über drei Jahre hinaus, Aufschluss über die Höhe, die Häufigkeit und die Entwicklung einzelner Steuereffekte bei einer Unternehmung im Zeitablauf gibt, ist sie für die Interessenten des Abschlusses informationsnützlich und entscheidungserheblich und aus diesem Grunde zu empfehlen.[1428]

Ebenfalls informationsnützlich ist die Präsentation der Überleitungsrechnung sowohl mit absoluten Zahlen als auch mit relativen Werten, da beide Größen jeweils spezifische Informationen über die berichtende Unternehmung vermitteln.[1429] Vier der DAX-30-Unternehmen und zwei Dow Jones-30-Unternehmen wiesen im Jahr 2004 neben den absoluten Werten zusätzlich prozentuale Werte aus.[1430] Unbedingt erforderlich ist ein solcher Ausweis nicht, da bei Ausweis nur einer der beiden Werte durch Division oder Multiplikation mit dem Konzernergebnis vor Steuern die jeweils andere Größe leicht ermittelt werden kann. Auch die betrachteten Rechnungslegungsvorschriften fordern diese gemeinsame Darstellung nicht. Dennoch ist sie im Sinne einer möglichst umfassenden und eingängigen Information der Abschlussinteressenten zu empfehlen, da diese dann ohne zusätzlichen Aufwand beide Informationen unmittelbar erhalten und die ergänzende Angabe der fehlenden Werte für die Unternehmung nur sehr geringen Aufwand verursacht.

1. Segmentierung

Neben den noch relativ geringen Zusatznutzen transportierenden Vorjahresangaben wird die Veröffentlichung weiterer Vergleichsdaten in der Überleitungsrechnung von den betrachteten Rechnungslegungsstandards nicht gefordert und von nahezu allen betrachteten Unternehmen auch unterlassen.[1431] Dabei ließen sich die Überleitungsrechnungen der Konzerne aufgrund ohnehin vorhandener Informationen verhältnismäßig leicht weiter aufspalten. Denn zur Erstellung der Segmentberichterstattung, in der der Konzern entweder sektoral nach leistungsbezogenen, sachlichen Geschäftsfeldern (*business segments*) oder regional nach geographi-

---

1427 Vgl. Allianz AG, Geschäftsbericht 2004, S. 170; DaimlerChrysler AG, Geschäftsbericht 2004, S. 128; Deutsche Bank AG, Finanzbericht 2004, S. 98; Deutsche Telekom AG, Geschäftsbericht 2004, S. 159; Infineon Technologies AG, Konzern-JA 2003/2004, S. 101; SAP AG, Geschäftsbericht 2004, S. 95; ThyssenKrupp AG, Geschäftsbericht 2003/2004, S. 145.

1428 Dies jedenfalls, solange durch die Einbeziehung weiterer Vergleichszeiträume der Umfang der Überleitungsrechnung nicht durch nur in einer Periode auftretende Steuereffekte erheblich ausgeweitet wird.

1429 Vgl. Abschnitt A.III.2, Seiten 154 ff.

1430 Vgl. adidas-Salomon AG, Geschäftsbericht 2004, S. 152; BASF AG, Finanzbericht 2004, S. 105; E.ON AG, Geschäftsbericht 2004, S. 115; MAN AG, Geschäftsbericht 2004, S. 114; American International Group, Form 10-K 2004, S. 192; Merck & Co., Inc., Annual Report 2004, S. 54.

1431 Die Überleitungsrechnung von General Electrics stellt hier die einzige Ausnahme der betrachteten Unternehmen dar, vgl. Abbildung 39, Seite 271.

schen bzw. regionalen Geschäftsfeldern (*geographical segments*) segmentiert wird, sind in der Konzernobergesellschaft neben den aus den Einzelabschlüssen und den Einzel-Überleitungsrechnungen der Konzernunternehmen ohnehin bekannten Daten zusätzlich umfangreiche Detailinformationen vorhanden.[1432] Insgesamt liegen in der Konzernobergesellschaft damit beispielsweise Informationen über die nationalen Steuersätze der Konzerngesellschaften ebenso vor, wie Angaben zu Steuersatz- oder Steuerrechtsänderungen in den jeweiligen Sitzstaaten der Konzernunternehmen, von den nationalen Behörden festgesetzte Steuerzahlungen und die dort für Handels- und Steuerbilanz geltenden Bilanzierungs- und Bewertungsvorschriften.

In Anlehnung an die Segmentberichterstattung könnte daher eine Aufspaltung der Überleitungsrechnung des Konzerns in Segment-Überleitungsrechnungen vorgenommen werden.[1433] Hierbei bietet sich zunächst die regionale Segmentierung an; dies insbesondere, wenn die geographischen Geschäftsfelder nicht über die Grenzen verschiedener Steuergesetzgebungshoheiten hinweg abgegrenzt sind, sie mithin intern homogen im Hinblick auf die Steuergesetzgebung und damit insbesondere auch auf den tatsächlich angewendeten Steuersatz sind.[1434]

Anhand eines Beispiels soll die Strukturierung der Überleitungsposten sowie die Aufspaltung der Überleitungsrechnung verdeutlicht werden. Aus Gründen der Übersichtlichkeit wird hierbei auf die zusätzliche Angabe historischer Werte neben den Vorjahreswerten ebenso verzichtet, wie auf die Angabe relativer Werte. Im Beispiel wird ein Konzern mit zwei Gesellschaften G1 und G2 in zwei Regionen mit unterschiedlichen Steuergesetzgebungshoheiten tätig, am inländischen Sitz der Konzernobergesellschaft G1 (Region R1) und in Region R2. Die Konzerntätigkeit lässt sich nach leistungsbezogenen, sachlichen Geschäftsfeldern, den Sektoren S1 und S2, segmentieren. Die Steuersätze in Region R1 betragen im Berichtsjahr 38,65% und im Vorjahr 58,87%[1435], in Region R2 wird in beiden Perioden ein Steuersatz von 40,00% angewendet. In der Gesellschaft G1 besteht seit längerem eine aktive Steuerlatenz in unveränderter Höhe. Die notwendigen Daten zur regionalen Aufspaltung der Überleitungsrechnung sind in der folgenden Tabelle abgebildet:

1432 Vgl. *IASB*, IAS 14, Abs. 9; *DRSC*, DRS 3, Abs. 8; *Coenenberg*, Jahresabschluss, 20. Auflage, 2005, S. 842 f.; *Heuser/Theile*, IAS Handbuch, 2. Auflage, 2005, Tz. 2155; *Hütten*, in: *Lüdenbach/Hoffmann*, IFRS-Kommentar, 3. Auflage, 2005, § 36, Tz. 27. US-GAAP grenzen lediglich *operating segments* ab, differenzieren aber nicht weiter nach leistungsbezogenen oder regionalen Geschäftsfeldern, vgl. *FASB*, SFAS No. 131, Abs. 10; *Coenenberg*, Jahresabschluss, 20. Auflage, 2005, S. 844.

1433 Vgl. *Wempen*, Tax Reconciliation, 2002, S. 42 ff.

1434 Vgl. zu den Merkmalen der Abgrenzung regionaler Geschäftsfelder *Coenenberg*, Jahresabschluss, 20. Auflage, 2005, S. 843; *Heuser/Theile*, IAS Handbuch, 2. Auflage, 2005, Tz. 2161; *Hütten*, in: *Lüdenbach/ Hoffmann*, IFRS-Kommentar, 3. Auflage, 2005, § 36, Tz. 36 ff.

1435 Dieser Belastungssatz entspricht der letzten steuerlichen Gesamtbelastung deutscher Kapitalgesellschaften mit Körperschaftsteuer, Solidaritätszuschlag und Gewerbesteuer (Hebesatz 400%) vor der Abschaffung des körperschaftsteuerlichen Anrechnungsverfahrens.

		Berichtsjahr	Vorjahr
Steuersatz	Region R1	38,65%	58,87%
	Region R2	40,00%	40,00%
Jahresüberschuss vor Steuern	Region R1	5.000 GE	3.000 GE
	Region R2	4.000 GE	2.000 GE
Steuerfreie Erträge	Region R1	900 GE	700 GE
	Region R2	800 GE	300 GE
Nichtabziehbare Aufwendungen	Region R1	500 GE	300 GE
	Region R2	400 GE	200 GE
Aktive latente Steuern	Region R1	750 GE	750 GE
	Region R2	0 GE	0 GE

Abbildung 36 zeigt die nach regionalen Geschäftsfeldern aufgespaltete Überleitungsrechnung des Konzerns, die unter Verwendung eines anzuwendenden Steuersatzes der Variante 3 aufgestellt und nach strukturellen Steuereffekten und Sondereinflüssen gegliedert ist:

	Konzern		Region R1		Region R2	
	Bj	Vj	Bj	Vj	Bj	Vj
Jahresüberschuss vor Steuern	9.000,00	5.000,00	5.000,00	3.000,00	4.000,00	2.000,00
Erwarteter Steuersatz	38,65%	58,87%	38,65%	58,87%	40,00%	40,00%
Erwarteter Steueraufwand	**3.478,50**	**2.943,50**	**1.932,50**	**1.766,10**	**1.600,00**	**800,00**
Strukturelle Steuereffekte						
Steuerfreie Erträge	-347,85	-412,09	-347,85	-412,09	-320,00	-120,00
Nichtabziehbare Aufwendungen	193,25	176,61	193,25	176,61	160,00	80,00
Besteuerungsunterschied Ausland	-106,00	-417,40	-	-	-	-
Sondereinflüsse						
Steuersatzänderung	151,65	-	151,65	-	-	-
Effektiver Steueraufwand	**3.369,55**	**2.290,62**	**1.929,55**	**1.530,62**	**1.440,00**	**760,00**
Effektiver Steuersatz	**37,44%**	**45,81%**	**38,59%**	**51,02%**	**36,00%**	**38,00%**

Abbildung 36: Regionale Segmentierung der Überleitungsrechnung
mit Bj = Berichtsjahr und Vj = Vorjahr.

Der erwartete Steueraufwand wird durch Bewertung des aggregierten Konzernergebnisses vor Steuern mit dem anzuwendenden Steuersatz des Konzerns ermittelt. Die Überleitungsposten zu den steuerfreien Erträgen und nichtabziehbaren Aufwendungen der inländischen Konzerngesellschaft werden ebenfalls mit dem anzuwendenden Steuersatz bewertet. Der Sondereinfluss aus der Steuersatzänderung in Region R1 von 58,87% auf 38,65% ist in der Regionen-Überleitungsrechnung zu Region R1 und der Überleitungsrechnung des Konzerns auszuweisen. Die in der Region R1 bestehende aktive Steuerlatenz wurde bei ihrer Bildung auf der Grundlage des dort geltenden Steuersatzes von 58,87% ermittelt. Durch die Senkung des Steuersatzes wirkt sich die aktive Steuerlatenz nunmehr auf einen Steuersatz von 38,65% aus, so dass in Höhe der mit der Steuersatzdifferenz bewerteten aktiven Steuerlatenz eine Wertberichtigung vorzunehmen ist, die einen in der Überleitungsrechnung auszuweisenden latenten Steueraufwand auslöst.

Zudem ergibt sich durch die Ermittlung der Überleitungsrechnung des Konzerns nach Variante 3 des *homebased*-Ansatzes ein Überleitungsposten ‚Besteuerungsunterschied Ausland'. Dies zum einen, da im Berichtsjahr der anzuwendende Steuersatz des Konzerns mit 38,65% niedriger ist, als der in Region R2 tatsächlich angewendete Steuersatz von 40,00%. Gleichzeitig wurden die steuerfreien Erträge und nichtabziehbaren Aufwendungen der Region R2 bei der Ermittlung der erwarteten Steuerbelastung des Konzerns sachlogisch unzutreffend pauschal mit dem anzuwendenden Steuersatz des Konzerns und nicht mit dem tatsächlich auf die Sachverhalte angewendeten Steuersatz bewertet. Beide Abweichungen sind im Überleitungsposten ‚Besteuerungsunterschied Ausland' zu korrigieren, der, wie allgemein in Gleichung 11 auf Seite 164 gezeigt, ermittelt wird. Für das Beispiel ergibt sich der Überleitungsposten wie folgt:

$$\ddot{U}P_{Bj}^{Best\,Aus} = (4.000 + (-800 + 400)) \cdot (0{,}40 - 0{,}3865) + (-800 + 400) \cdot 0{,}3865 = -106$$

mit:

$\ddot{U}P_{Bj}^{Best\,Aus}$ = Überleitungsposten ‚Besteuerungsunterschied Ausland' für das Berichtsjahr

Bei einer in dieser Weise aufgespalteten Überleitungsrechnung werden sowohl die absolute Höhe der in den Regionen zur Anwendung kommenden Steuersätze als auch deren Veränderung im Zeitablauf offenbar; die regionale Segmentierung ermöglicht mithin die externe Analyse des Überleitungspostens ‚Besteuerungsunterschied Ausland'. Zudem ermöglicht diese Form der Aufspaltung neben den ohnehin in der Überleitungsrechnung des Konzerns vermittelten Informationen über die Nutzung der Steuersatzdifferenzen den unmittelbaren Vergleich der in den verschiedenen Regionen tätigen Konzernunternehmungen mit dort ansässigen Mitbewerbern. Diese Angaben sind für den Interessenten der Überleitungsrechnung informationsnützlich und entscheidungserheblich, da sie den zwischenbetrieblichen Vergleich der Unternehmen und ihrer Überleitungsrechnungen und Konzernsteuerquoten ebenso erleichtern, wie deren interperiodischen Vergleich, sie dienen mithin der Umsetzung der Grundsätze der *comparability* und der *consistency*. Auch die *cash-flow*-Prognose wird durch die zusätzliche Abbildung der in den Regionen jeweils erwarteten und effektiven Steuerbelastungen erleichtert, da die Entwicklung der Steuerbelastungen differenziert nach den einzelnen Standorten und den dort jeweils entstandenen Abweichungsursachen beurteilt werden kann.

Möglich ist auch die sektorale Segmentierung der Überleitungsrechnung, bei der die Überleitungsrechnung nach den in der Segmentberichterstattung gebildeten leistungsbezogenen, sachlichen Geschäftsfeldern aufgespaltet wird.[1436] Eine solche Aufspaltung erhöht die Aussa-

[1436] Vgl. zu den Merkmalen der Abgrenzung leistungsbezogener Geschäftsfelder *Coenenberg*, Jahresabschluss, 20. Auflage, 2005, S. 843; *Heuser/Theile*, IAS Handbuch, 2. Auflage, 2005, Tz. 2160; *Hütten*, in:

gekraft der Überleitungsrechnung, wenn die einzelnen Sektoren charakteristisch für die Steuerbelastung der Gesamtunternehmung sind. Im Folgenden wird die Überleitungsrechnung des oben beschriebenen Konzerns nach sektoralen Gesichtspunkten aufgespaltet, die nachstehende Tabelle zeigt die relevanten Daten:

		Berichtsjahr	Vorjahr
Jahresüberschuss vor Steuern	Sektor S1	8.000 GE	4.400 GE
	Sektor S2	1.000 GE	600 GE
Steuerfreie Erträge	Sektor S1	1.520 GE	860 GE
	Sektor S2	180 GE	140 GE
Nichtabziehbare Aufwendungen	Sektor S1	800 GE	440 GE
	Sektor S2	100 GE	60 GE
Aktive latente Steuern	Sektor S1	600 GE	600 GE
	Sektor S2	150 GE	150 GE

Das Konzernergebnis wird in zwei leistungsbezogenen Geschäftsfeldern, den Sektoren S1 und S2, erwirtschaftet. Sektor S1 umfasst ein leistungsbezogenes Geschäftsfeld, in dem neben vier Fünfteln des inländischen auch der gesamte ausländische Ergebnisbeitrag des Konzerns erwirtschaftet wird. In Sektor S2 wird ein Fünftel des inländischen Ergebnisbeitrages erzielt. Bei der Erstellung der Überleitungsrechnungen für die Sektoren wird davon ausgegangen, dass steuerfreie Erträge und nichtabziehbare Aufwendungen relativ entsprechend der Ergebnisverteilung anfallen, d.h. ein Fünftel der inländischen steuerfreien Erträge und nichtabziehbaren Aufwendungen entfallen auf Sektor S2. Abbildung 37 zeigt die nach sektoralen Gesichtspunkten aufgespaltete Überleitungsrechnung des Konzerns:

	Konzern		Sektor S1		Sektor S2	
	Bj	Vj	Bj	Vj	Bj	Vj
Jahresüberschuss vor Steuern	9.000,00	5.000,00	8.000,00	4.400,00	1.000,00	600,00
Erwarteter Steuersatz	38,65%	58,87%	38,65%	58,87%	38,65%	58,87%
Erwarteter Steueraufwand	**3.478,50**	**2.943,50**	**3.092,00**	**2.590,28**	**386,50**	**353,22**
Strukturelle Steuereffekte						
Steuerfreie Erträge	-347,85	-412,09	-278,28	-329,67	-69,57	-82,42
Nichtabziehbare Aufwendungen	193,25	176,61	154,60	141,29	38,65	35,32
Besteuerungsunterschied Ausland	-106,00	-417,40	-106,00	-417,40	-	-
Sondereinflüsse						
Steuersatzänderung	151,65	-	121,32	-	30,33	-
Effektiver Steueraufwand	**3.369,55**	**2.290,62**	**2.983,64**	**1.984,50**	**385,91**	**306,12**
Effektiver Steuersatz	**37,44%**	**45,81%**	**37,30%**	**45,10%**	**38,59%**	**51,02%**

Abbildung 37: Sektorale Segmentierung der Überleitungsrechnung
mit Bj = Berichtsjahr und Vj = Vorjahr.

Lüdenbach/Hoffmann, IFRS-Kommentar, 3. Auflage, 2005, § 36, Tz. 31 ff. Diese Form der Segmentierung ist in praxi als primäres Berichtsformat vorherrschend, vgl. *Heuser/Theile*, IAS Handbuch, 2. Auflage, 2005, Tz. 2170.

Leistungsbezogene Geschäftsfelder werden alleine nach sachlichen Gesichtspunkten abgegrenzt.[1437] Insofern ist es durchaus möglich, dass die Geschäftstätigkeit einzelner Gesellschaften in mehrere Sektoren einwirkt. Im Beispiel wird dies dadurch deutlich, dass die in der Gesellschaft G1 bestehende aktive Steuerlatenz auf die beiden Sektoren S1 und S2 aufgeteilt wird und der aus der Steuersatzänderung resultierende Steuereffekt in den Überleitungsrechnungen beider Sektoren gezeigt wird.

Die in einem leistungsbezogenen Segment zusammengefassten Unternehmenseinheiten müssen keineswegs in nur einer Region tätig sein, so dass sie unterschiedlichen Steuergesetzgebungshoheiten unterliegen können. So segmentiert der Bayer-Konzern im Jahr 2004 seine wirtschaftlichen Aktivitäten beispielsweise in die Segmente Pharma/Biologische Produkte, Consumer Care/Diagnostika, Animal Health, CropScience, Materials, Systems und LANXESS.[1438] Bayer zeigt zudem eine Geschäftsentwicklung nach Regionen auf und stellt die Verteilung der Umsatzerlöse der Segmente in den einzelnen Regionen anschaulich in einer Matrix dar.[1439]

Im Beispiel umfasst Sektor S1 ein Geschäftsfeld, das inländische und sämtliche Auslandsaktivitäten des Konzerns in Region R2 umfasst, während Sektor S2 ausschließlich im Inland operiert. Da somit beide Sektoren wesentlich am Sitz der Konzernobergesellschaft in Region R1 tätig werden, bietet es sich an, zur Erstellung der Überleitungsrechnungen der Segmente den anzuwendenden Steuersatz des Konzerns heranzuziehen. Hieraus resultiert der Ausweis des Überleitungspostens ‚Besteuerungsunterschied Ausland' bereits in der Überleitungsrechnung von Sektor S1, denn bei der hier dargestellten sektoralen Aufspaltung der Überleitungsrechnung fallen die unterschiedlichen Besteuerungsfolgen der beiden Regionen R1 und R2 in Sektor S1 zusammen. Die Höhe der in den einzelnen Regionen erzielten Ergebnisse und der dort angewendeten Steuersätze ist hieraus nicht mehr ersichtlich. Trotzdem sind sektoral segmentierte Überleitungsrechnungen informationsnützlich und entscheidungserheblich für die Abschlussinteressenten, wenn die Segmentaufspaltung für die Ergebniserzielung des Konzerns charakteristisch ist und die Ergebnisverteilung so deutlich divergiert wie im Beispiel in Abbildung 37.

Die in Abbildung 37 dargestellte Überleitungsrechnung des Konzerns entspricht der Überleitungsrechnung aus Abbildung 36 und wurde lediglich in einer anderen Form aufgespaltet. In Abbildung 36 wird die Überleitungsrechnung des Konzerns in mehrere, rein nationale Überleitungsrechnungen der Besteuerungshoheiten aufgespaltet, bei denen jeweils nationale anzu-

---

1437 Vgl. zu den Abgrenzungsfaktoren leistungsbezogener Geschäftsfelder *Coenenberg*, Jahresabschluss, 20. Auflage, 2005, S. 843.

1438 Wobei zunächst eine Aufspaltung des Konzerns in die Teilkonzerne Bayer HealthCare, Bayer CropScience, Bayer MaterialScience und LANXESS stattfindet, die dann weiter in die Segmente unterteilt werden, vgl. Bayer AG, Geschäftsbericht 2004, S. 14.

1439 Vgl. Bayer AG, Geschäftsbericht 2004, S. 22 f.

wendende Steuersätze nach Variante 3 herangezogen wurden. Dadurch ist anschaulich dargestellt, in welchen Regionen die Ergebnisse erzielt und welcher Steuerbelastung sie dort unterlegen haben. Eine unmittelbare Herleitung der Überleitungsrechnung des Konzerns alleine durch Aggregation der Überleitungsrechnungen der Segmente ist in diesem Fall aber nicht möglich, hierzu sind für den Überleitungsposten ‚Besteuerungsunterschied Ausland' weitere Berechnungen anzustellen.

In Abbildung 37 entsprechen die Segmentgrenzen nicht den Grenzen der Besteuerungshoheiten. Das Konzernergebnis wurde in den beiden in Abbildung 36 dargestellten Regionen R1 und R2 erwirtschaftet; das Ergebnis von Sektor S2 sämtlich in Region R1. Die in Sektor S1 erwirtschafteten Ergebnisse umfassen sämtliche in Region R2 erzielten Ergebnisse, aber auch die nicht durch Sektor S2 erwirtschafteten Ergebnisbestandteile aus Region R1. Hierdurch ist eine unmittelbare Zuordnung der in den Regionen angefallenen Besteuerungsfolgen nicht mehr möglich, dafür aber die ebenfalls informationsnützliche und entscheidungserhebliche Zuordnung der Besteuerungsfolgen zu den besonders charakteristischen Konzernaktivitäten der Sektoren S1 und S2. Zur Aufstellung der Überleitungsrechnungen der Sektoren muss aufgrund deren regionenübergreifender Aktivitäten ein geeigneter anzuwendender Steuersatz festgelegt werden, der, da die Sektoren in jeweils deutlichem Umfang am Sitz der Konzernobergesellschaft tätig werden, dem anzuwendenden Steuersatz des Konzerns entsprechen sollte. Die Überleitungsrechnung des Konzerns kann in diesen Fällen unmittelbar durch Aggregation aller Überleitungsrechnungen der Segmente ermittelt werden.

2. Aufspaltung nach Gesellschaften

Daneben kann die Aussagekraft der Überleitungsrechnung des Konzerns erhöht werden, spaltet man sie nach sämtlichen Gesellschaften auf oder bildet jedenfalls neben der Überleitungsrechnung des Konzerns zusätzlich die Überleitungsrechnungen wesentlicher Konzernunternehmungen ab. Im Folgenden soll für die oben genannten Daten die Überleitungsrechnung des beschriebenen Konzerns nach den Gesellschaften aufgespaltet werden.

		Berichtsjahr	Vorjahr
Steuersatz	Gesellschaft G1	38,65%	58,87%
	Gesellschaft G2	40,00%	40,00%
Jahresüberschuss vor Steuern	Gesellschaft G1	6.000 GE	3.500 GE
	Gesellschaft G2	3.000 GE	1.500 GE
Steuerfreie Erträge	Gesellschaft G1	1.100 GE	775 GE
	Gesellschaft G2	600 GE	225 GE
Nichtabziehbare Aufwendungen	Gesellschaft G1	600 GE	350 GE
	Gesellschaft G2	300 GE	150 GE
Aktive latente Steuern	Gesellschaft G1	750 GE	750 GE
	Gesellschaft G2	0 GE	0 GE

Der Konzern besteht aus zwei Gesellschaften, der Konzernobergesellschaft G1, die hauptsächlich in Region R1 tätig ist und der Tochtergesellschaft G2, deren Aktivitäten ausschließlich innerhalb der Region R2 stattfinden. Ein Viertel des in Region R2 erwirtschafteten Ergebnisses wird von Gesellschaft G1 erzielt. Wie bereits in Abbildung 37 wird davon ausgegangen, dass dann auch ein Viertel der in Region R2 entstehenden steuerfreien Erträge und nichtabziehbaren Aufwendungen auf Gesellschaft G1 entfallen. In Abbildung 38 wird die Überleitungsrechnung desselben Konzerns wie in Abbildung 36 und Abbildung 37 aufgestellt, nun aber nach Gesellschaften aufgespaltet:

	Konzern		Gesellschaft G1		Gesellschaft G2	
	Bj	Vj	Bj	Vj	Bj	Vj
Jahresüberschuss vor Steuern	9.000,00	5.000,00	6.000,00	3.500,00	3.000,00	1.500,00
Erwarteter Steuersatz	38,65%	58,87%	38,65%	58,87%	40,00%	40,00%
Erwarteter Steueraufwand	**3.478,50**	**2.943,50**	**2.319,00**	**2.060,45**	**1.200,00**	**600,00**
Strukturelle Steuereffekte						
Steuerfreie Erträge	-347,85	-412,09	-347,85	-412,09	-240,00	-90,00
Nichtabziehbare Aufwendungen	193,25	176,61	193,25	176,61	120,00	60,00
Besteuerungsunterschied Ausland	-106,00	-417,40	-26,50	-104,35	-	-
Sondereinflüsse						
Steuersatzänderung	151,65	-	151,65	-	-	-
Effektiver Steueraufwand	**3.369,55**	**2.290,62**	**2.289,55**	**1.720,62**	**1.080,00**	**570,00**
Effektiver Steuersatz	**37,44%**	**45,81%**	**38,16%**	**49,16%**	**36,00%**	**38,00%**

Abbildung 38: Aufspaltung der Überleitungsrechnung nach Gesellschaften
mit Bj = Berichtsjahr und Vj = Vorjahr.

Die Aufspaltung der Überleitungsrechnung entspricht weitgehend der in Abbildung 36 dargestellten Vorgehensweise; als anzuwendende Steuersätze der Einzelüberleitungsrechnungen werden jeweils nationale Steuersätze der Variante 3 gewählt. Während in Abbildung 36 allerdings ausschließlich die innerhalb der jeweiligen Region erwirtschafteten Ergebnisse abgebildet wurden, wird in Abbildung 38 die regionenübergreifende Tätigkeit der Gesellschaft G1 berücksichtigt. Aus der Tätigkeit der Gesellschaft G1 in Region R2 entspringt somit die Notwendigkeit der Abbildung eines Überleitungspostens ‚Besteuerungsunterschied Ausland', in dem die bei der Gesellschaft G1 auftretenden Steuereffekte gezeigt werden. Der Steuereffekt aus der Wertberichtigung der aktiven Steuerlatenz wird ebenfalls in der Überleitungsrechnung der Gesellschaft G1 gezeigt, in deren Bilanz die Steuerlatenz enthalten ist. Es wird deutlich, dass diese Aufspaltung der Überleitungsrechnung nach Gesellschaften einen detaillierten und exakten Einblick in die Besteuerung der einzelnen Konzerngesellschaften und damit in die Konzernbesteuerung insgesamt gibt.

In praxi spaltet die General Electric Company ihre Überleitungsrechnung regelmäßig nach Gesellschaften auf; Abbildung 39 zeigt deren Überleitungsrechnung für das Jahr 2004:

	Consolidated			GE			GECS		
	2004	2003	2002	2004	2003	2002	2004	2003	2002
Statutory U.S. federal income tax rate	35.0%	35.0%	35.0%	35.0%	35.0%	35.0%	35.0%	35.0%	35.0%
Increase (reduction) in rate resulting from									
Inclusion of after-tax earnings of GECS in before-tax earnings of GE	-	-	-	(15.4)	(14.7)	(8.5)	-	-	-
Tax-exempt income	(1.0)	(1.1)	(1.2)	-	-	-	(2.0)	(2.4)	(5,1)
Tax on global activities including exports	(12.4)	(9.0)	(10.6)	(5.8)	(4.3)	(5.2)	(14.6)	(10.8)	(22,5)
IRS settlements of Lockhead Martin tax-free Exchange/Puerto Rico subsidiary loss	(3.4)	-	-	(3.7)	-	-	-	-	-
All other - net	(0.7)	(3.2)	(3.3)	0.5	(0.5)	(1.1)	(2.5)	(6.0)	(9,1)
	(17.5)	(13.3)	(15.1)	(24.4)	(19.5)	(14.8)	(19.1)	(19.2)	(36,7)
Actual income tax rate	17.5%	21.7%	19.9%	10.6%	15.5%	20.2%	15.9%	15.8%	(1.7)%

Abbildung 39: Überleitungsrechnung der General Electric Company 2004 nach US-GAAP

Quelle: General Electric Company, Annual Report 2004, S. 87.

Neben der konsolidierten Überleitungsrechnung für den Konzern zeigt die General Electric Company die Überleitungsrechnung des Teilkonzerns General Electric (GE), in die sämtliche Konzernunternehmen außer der Tochterunternehmung General Electric Capital Services, Inc. (GECS), einbezogen sind. Deren Überleitungsrechnung weist die General Electric Company aufgrund ihrer besonderen Funktion als Obergesellschaft eines wesentlichen Teilkonzerns und der daraus resultierenden großen Bedeutung für die General Electric Company zusätzlich einzeln aus.[1440]

Anhand der einzeln ausgewiesenen Überleitungsrechnungen ist es dem Abschlussinteressenten möglich, die tatsächliche Höhe der einzelnen Steuereffekte zu erkennen und deren Auswirkung auf die Konzernbesteuerung nachzuvollziehen. So mindert beispielsweise der Steuereffekt aus den *Puerto Rico subsidiary losses* bei der General Electric Company die effektive Steuerbelastung um 3,4 Prozentpunkte, während derselbe Tatbestand im Teilkonzern General Electric mit –3,7 Prozentpunkten auf die effektive Steuerbelastung eingewirkt hat. Zudem ist beispielsweise der Steuereffekt aus dem nur bei der General Electric Capital Services, Inc., entstehenden *tax-exempt income* ersichtlich, der im Berichtsjahr 2004 bei der General Electric Company eine Absenkung der Konzernsteuerquote um 1,0 Prozentpunkte und bei der General Electric Capital Services, Inc., um 2,0 Prozentpunkte ausgelöst hat.

Sämtliche Gestaltungsformen der Überleitungsrechnung dienen dazu, deren Verständlichkeit und Vergleichbarkeit sowohl im Hinblick auf Unternehmensvergleiche als auch auf Vergleiche einer Unternehmung im Zeitablauf zu verbessern. Die Aufspaltung der verdichteten Überleitungsposten aus der Konzern-Überleitungsrechnung nach Regionen, Sektoren oder Gesellschaften erläutert diese besonders anschaulich und zeigt deren Entstehung nach Herkunft und zugrundeliegender Besteuerung auf. Der Interessent der Überleitungsrechnung kann hierdurch für jeden auf die effektive Steuerbelastung des Konzerns einwirkenden Steuereffekt erkennen und nachvollziehen, in welcher Region, welchem Sektor und in welcher Gesell-

[1440] Vgl. General Electric Company, Annual Report 2004, S. 72.

schaft dieser entstanden ist und wie sich dieser im Zeitablauf entwickelt hat. Diese Informationen sind für die Interessenten der Überleitungsrechnung sämtlich informationsnützlich und entscheidungserheblich und unterstützen die *decision usefulness*[1441] der Überleitungsrechnung. Zudem erleichtert die zusätzliche Angabe weiterer Werte der Vergangenheit neben den ohnehin notwendigen Vorjahresangaben die *cash-flow*-Prognose.

Begrenzt werden sollte die Aufspaltung der Überleitungsrechnung von Konzernen ebenso wie der Detaillierungsgrad der Überleitungsposten durch den durch die *materiality* konkretisierten Grundsatz der *relevance*,[1442] der hier durch die Wesentlichkeit der vermittelten Informationen und die Wirtschaftlichkeit der Erstellung der Überleitungsrechnungen Gestalt annimmt. So zählen zum Konsolidierungskreis des E.ON-Konzerns beispielsweise 666 inländische und ausländische Unternehmen.[1443] Dass eine Aufspaltung der Überleitungsrechnung des Konzerns nach sämtlichen Gesellschaften weder unter dem Gesichtspunkt der Erstellungskosten möglich, noch unter dem Aspekt unnötiger Detailfülle sinnvoll ist, liegt auf der Hand. Möglich wäre allerdings eine Aufspaltung nach Teilkonzernen, wie sie von der General Electric Company vorgenommen wird.

Stets bietet sich jedoch eine regionale oder sektorale Segmentierung der Überleitungsrechnung an, da der Konzernobergesellschaft die Daten zur Segmentberichterstattung ohnehin vorliegen und somit eine Aufspaltung der Überleitungsrechnung ohne wesentliche Schwierigkeiten und hohe Kosten möglich sein sollte. Letztlich sollte der Detaillierungs- und Aufspaltungsgrad der Überleitungsrechnung aber auch unter dem Aspekt begrenzt werden, Mitbewerbern nicht durch ein Übermaß an Transparenz zuviel Einblick in die Unternehmung und in solche Detailinformationen zu gewähren, die es ihnen ermöglichen, das berichtende Unternehmen in wirtschaftlich schwachen Perioden in Bedrängnis zu bringen.[1444]

Eine der externen Vorgabe des anzuwendenden Steuersatzes vergleichbare Vorgabe der Strukturierung und Aufspaltung von Überleitungsrechnungen empfiehlt sich aufgrund der in aller Regel stark divergierenden operativen und statutarischen Konzernstrukturen nicht unbedingt, wenngleich eine Empfehlung zur Aufspaltung beispielsweise nach den Segmenten der Segmentberichterstattung oder die Angabe zusätzlicher historischer Werte der Unternehmung denkbar wäre. Allerdings besteht für einzelne Abschlussinteressenten unter Umständen die Möglichkeit, je nach Stellung zur Unternehmung die Vorlage einer nach standardisierten Vorgaben angefertigten Überleitungsrechnung zu verlangen. Neben dem anzuwendenden Steuersatz als Ausgangsgröße könnte hierbei die Strukturierung der Überleitungsposten und

---

1441 Vgl. *IASB*, Framework, Abs. 26; *FASB*, SFAC 1, Abs. 32 ff.

1442 Vgl. *IASB*, Framework, Abs. 29; *FASB*, SFAC 1, Abs. 32 ff.; *Coenenberg*, Jahresabschluss, 20. Auflage, 2005, S. 61, 68.

1443 Zum 31.12.2004, vgl. E.ON AG, Geschäftsbericht 2004, S. 105.

1444 Vgl. *Wendlandt/Vogler*, Latente Steuern, KoR 2001, S. 253.

die Aufspaltung der Überleitungsrechnung verlangt werden.[1445] So könnten beispielsweise Kreditinstitute ihre Kreditvergaben zukünftig von der Vorlage solcher standardisierter Überleitungsrechnungen abhängig machen.

1445 Vgl. zu den Einschränkungen der standardisierten Analyse von Abschlüssen nach internationalen Rechnungslegungsstandards *Müller/Wulf*, Analyse, DSWR 2002, S. 369.

4. Kapitel: Ansätze zur Beeinflussung der Konzernsteuerquote

A. Möglichkeiten und Grenzen der Gestaltung der Konzernsteuerquote

Die der Senkung der Konzernsteuerquote zugrundeliegende Konzeption ist die relative Reduktion der effektiven Steuerbelastung[1446] im Verhältnis zum Konzernergebnis vor Steuern, Abbildung 13 auf Seite 117 verdeutlicht dies. Hierzu gilt es, die effektive Steuerbelastung zu senken, ohne eine Minderung des Konzernergebnisses vor Steuern auszulösen, die in ihrem Verhältnis der Konzernsteuerquote entspricht oder diese übersteigt. Ebenfalls resultiert eine Minderung der Konzernsteuerquote, wenn das Konzernergebnis gesteigert wird, ohne einen der Konzernsteuerquote entsprechenden oder übersteigenden Anstieg der effektiven Steuerbelastung zu verursachen. Auch der zweite Fall, umgesetzt durch die Generierung steuerfreier oder niedriger als mit dem der Konzernsteuerquote entsprechenden Satz besteuerter Einkünfte, führt zu einer im Verhältnis zum Konzernergebnis vor Steuern sinkenden effektiven Steuerbelastung.

Sondereinflüsse, beispielsweise Änderungen der Steuergesetze, und aperiodische strukturelle Einflüsse auf das Konzernergebnis vor Steuern können dabei durch zum Teil sehr deutliche, aber nur kurzfristige Beeinflussungen der Konzernsteuerquote, in die Irre führen.[1447] Insbesondere steuerfreie Veräußerungsgewinne entfalten oftmals einen erheblichen Einfluss und bringen eine „traumhaft niedrige Steuerquote“[1448] mit sich.[1449] Diese Einflüsse vermögen es jedoch nicht, dauerhaft auf die Konzernsteuerquote einzuwirken, sie sind vielmehr dafür verantwortlich, dass der effektive Steuersatz des Konzerns mit mehr oder weniger großen Amplituden um einen ‚natürlichen' Durchschnittssteuersatz, namentlich um eine strukturelle Konzernsteuerquote,[1450] schwankt.

Möglichkeiten zur nachhaltigen Senkung der Konzernsteuerquote bestehen für deutsche internationale Konzerne dagegen, wie bei der Untersuchung der Überleitungsrechnung deutlich wurde, in der Generierung regelmäßiger steuerfreier Erträge und der Reduktion nichtabziehbarer Aufwendungen - dies im nationalen Bereich durch die Vermeidung steuerlicher Ineffizienzen und im internationalen Kontext durch die Nutzung von Qualifikationskonflikten -

---

1446 Die Feststellung, dass eine absolute Minimierung der Steuerbelastung, die in letzter Konsequenz die Einstellung der betrieblichen Aktivität zur Folge hätte, nicht Ziel der Steuerplanung sein kann, ist trivial. Vgl. hierzu bereits *Schneeloch*, Bilanzpolitik, DStR 1990, S. 98; *Braun*, EK50-Lücke, 1993, S. 35 m.w.N.; *Fischer/Warneke*, Steuerlehre, 4. Auflage, 1998, S. 224.

1447 Vgl. bereits *Herzig/Dempfle*, Konzernsteuerquote, DB 2002, S. 8.

1448 *Bogenschütz*, in: *Keuchel*, Steuerquote, Handelsblatt Nr. 237 vom 7.12.2005, S. 18.

1449 Beispielsweise hat die Bayer AG im Jahr 1999 den Gewinn aus der Veräußerung von 70% der Anteile an der Agfa-Gevaert N.V. steuerfrei vereinnahmt. Unter anderem hieraus resultierte ein Anstieg der steuerfreien Einnahmen von 69 auf 434 Mio. € und eine Absenkung der Konzernsteuerquote von 40,8 auf 28,8%, vgl. Bayer AG, Geschäftsbericht 1999, S. 102.

1450 Vgl. *Hannemann/Peffermann*, IAS-Konzernsteuerquote, BB 2003, S. 728; *Herzig*, Gestaltung, WPg 2003, Sonderheft, S. S 85.

sowie insbesondere in der Nutzung des regionalen und internationalen Steuergefälles.[1451] Diese Ansätze führen nicht zu einer den tatsächlichen Steuereffekt kompensierenden Abgrenzung latenter Steuern und wirken somit auf die effektive Steuerbelastung des Konzerns ein. Hierdurch ist es möglich, eine niedrigere strukturelle Konzernsteuerquote zu erreichen, die näherungsweise einem gewichteten durchschnittlichen Steuersatz der Länder mit den umfangreichsten Aktivitäten des Konzerns entspricht.[1452]

Die sich zur Umsetzung der genannten Ansätze bietenden Gestaltungsfelder sollen im Folgenden systematisiert und einzelne Instrumente innerhalb dieser Gestaltungsfelder vorgestellt und erläutert werden. Zur Systematisierung wird zunächst grob danach unterschieden, ob zur Gestaltung der Konzernsteuerquote steuerliche Ineffizienzen vermieden oder ob Qualifikationskonflikte oder das internationale Steuergefälle genutzt werden. Die Gestaltungsfelder der Nutzung des internationalen Steuergefälles werden weiter nach ihrer Eingriffsintensität in die Strukturen des Konzerns untergliedert;[1453] dies entsprechend der Einteilung, die bereits in Abbildung 2 auf Seite 31 vorgestellt wurde.

Die gewählte Systematisierung ist nicht frei von Überschneidungen, da die Gestaltungsinstrumente häufig mehrere Aspekte der Gestaltung der Konzernsteuerquote beinhalten. So ist beispielsweise die unterschiedliche Behandlung tatsächlich identischer Sachverhalte in verschiedenen Staaten einerseits kennzeichnendes Merkmal von Qualifikationskonflikten. Werden zur Nutzung von Qualifikationskonflikten hybride Finanzierungsinstrumente eingesetzt, unterfallen diese jedoch unzweifelhaft auch dem Gestaltungsfeld der Nutzung des internationalen Steuergefälles durch Finanzierungsgestaltungen.[1454] Die überschneidungsfreie Abgrenzung von Gestaltungsalternativen ist jedoch nicht Ziel der Untersuchung, vielmehr geht es darum, grundlegende Strukturen der Gestaltung der Konzernsteuerquote aufzuzeigen. Hierzu ist die gewählte Systematisierung zweckmäßig und ausreichend.

Die Vorstellung der sich innerhalb der Gestaltungsfelder anbietenden Gestaltungsinstrumente oder von Ansätzen hierzu erfolgt exemplarisch und kursorisch und einzig mit dem Ziel, die einzelnen Gestaltungsfelder der Konzernsteuerquote darzustellen und zu erläutern. Bei den vorgestellten Instrumenten handelt es sich, ebenso wie bei den meisten anderen zur Zeit diskutierten Instrumenten zur Senkung der Konzernsteuerquote,[1455] sämtlich um im Grundsatz

---

1451 Vgl. *Herzig/Dempfle*, Konzernsteuerquote, DB 2002, S. 5.

1452 Vgl. *Kröner*, Konzernsteuerquote, in: *Herzig* (Hrsg.), Organschaft, 2003, S. 565; zugleich *Kröner/Benzel*, Konzernsteuerquote, in: *Kessler/Kröner/Köhler* (Hrsg.), Konzernsteuerrecht, 2004, § 15, Tz. 7.

1453 Der Terminus ‚Eingriffsintensität' soll nicht weiter problematisiert oder exakt quantifiziert werden, sondern vielmehr aus seinem Wortsinne heraus verstanden werden. So werden Eingriffe in die Konzernstruktur danach differenziert, ob nur der rechtliche Rahmen oder reale Unternehmensprozesse betroffen sind oder ob durch Sitzverlegung der gesamte Aufbau des Konzerns verändert wird.

1454 Vgl. auch *Herzig*, Gestaltung, WPg 2003, Sonderheft, S. S 89, mit weiteren Beispielen.

1455 Denkbar und aufgrund ihres großen Einflusses auf die effektive Steuerbelastung ebenfalls von Relevanz für die Beeinflussung der Konzernsteuerquote sind Gestaltungen, die unmittelbar auf eine Minderung der latenten Steuerbelastung abzielen. Vgl. zum Einfluss der latenten Steuern innerhalb der effektiven Steuerbebekannte Gestaltungen zur relativen Minimierung der tatsächlichen Steuerbelastung. Deren allgemeingültige und instrumentenspezifische Wirkungsweisen wurden und werden an anderen Stellen ausführlich diskutiert,[1456] die erneute detaillierte Wiedergabe dieser Funktionsweisen kann ebensowenig Ziel der Untersuchung sein, wie das Streben nach einer vollständigen Aufzählung aller Gestaltungsinstrumente.

Im Rahmen der Untersuchung gilt es lediglich, beispielhaft die Wirksamkeit einzelner Instrumente zur Gestaltung auch der Konzernsteuerquote aufzuzeigen.[1457] Denn der in dieser Hinsicht neu hinzutretende Aspekt besteht darin, dass Steuergestaltungen neben der Senkung der tatsächlichen stets auch die Minderung der effektiven Steuerbelastung des Konzerns gewährleisten müssen. Sollten deren Auswirkungen auf die tatsächliche Steuerbelastung durch den kompensatorischen Effekt latenter Steuern neutralisiert werden, wie dies bei der klassischen Steuerbilanz- und Verlustverwertungspolitik der Fall ist,[1458] sind die Gestaltungen zu einer Absenkung der Konzernsteuerquote nicht geeignet. Führt die Betrachtung der Instrumente zu dem Ergebnis, dass eine Abgrenzung latenter Steuern nicht notwendig ist, dient das jeweilige Instrument auch zur Senkung der Konzernsteuerquote.

Gleichzeitig muss an dieser Stelle darauf hingewiesen werden, dass das Steuermanagement in praxi oft nur begrenzten Einfluss auf die Konzernsteuerquote nehmen kann. Denn strategische und operative Entscheidungen, die auf Höhe und steuerliche Qualität des Konzernergebnisses vor Steuern als Nennergröße der Konzernsteuerquote einwirken, beispielsweise die oben angesprochene Veräußerung von Unternehmensbeteiligungen, werden nicht von der Steuerabteilung, sondern von der Unternehmensleitung getroffen.[1459] Grundlagen der Entscheidungsfindung sind hierbei keine steuerlichen, sondern stets vorrangig betriebswirtschaftliche Gesichtspunkte, die, sofern überhaupt, erst in einem zweiten Schritt auf steuergünstige Möglichkeiten ihrer Verwirklichung hin überprüft werden.[1460] Auch ist die Entscheidung über die Wahl eines Standortes der unternehmerischen Tätigkeit ganz überwiegend von Sachgegebenheiten und erst nachrangig von steuerlichen Vorteilhaftigkeitserwägungen bestimmt,[1461] so dass ein Engagement in anderen Steuergesetzgebungshoheiten zwangsläufig die Folge hat,

---

lastung, der den Einfluss der tatsächlichen Steuern durchaus übersteigen kann, Abschnitt B.III.1 des 2. Kapitels, Seiten 54 ff. Solche Gestaltungen werden hier nicht weiter betrachtet.

1456 Vgl. zu Suche und Entwicklung steuerlicher Gestaltungen allgemein *Rödder*, Gestaltungssuche, 1991, S. 20 ff., sowie die aufgrund ihres unüberschaubaren Umfangs hier nicht im Einzelnen wiederzugebende Literatur zu praxisnahen Fallgestaltungen zur Steuerminimierung im Speziellen.

1457 Implizit mit demselben Ansatz *Endres*, Konzernsteuerquote, in: *Oestreicher* (Hrsg.), Steuerplanung, 2004, S. 169 ff.

1458 Auf deren Irrelevanz im Hinblick auf die Konzernsteuerquote wurde bereits mehrfach hingewiesen. Vgl. *Herzig*, Gestaltung, WPg 2003, Sonderheft, S. S 84 f., sowie insbesondere die Ausführungen zum kompensatorischen Effekt latenter Steuern in Abschnitt B.III.2 des 2. Kapitels, Seiten 56 ff.

1459 Vgl. *Herzig*, Gestaltung, WPg 2003, Sonderheft, S. S 92.

1460 Vgl. *Bendlinger*, Standort, NWB 2005, Fach 5, Gruppe 2, S. 638.

1461 Vgl. *Endres*, Funktionsverlagerung, RIW 2003, S. 729 f.

dass das dort vorherrschende Steuerniveau zu akzeptieren ist.[1462] Auch unvorhersehbare Ereignisse, z.B. plötzliche Gewinneinbrüche im Ausland[1463] oder extreme Auswirkungen von Betriebsprüfungen, können u.U. deutlich auf die Konzernsteuerquote einwirken, sind aber nicht von der Steuerabteilung zu verantworten.

Zudem kann die Steuerabteilung nur einzelne Bestandteile der Konzernsteuerquote überhaupt beeinflussen. So ist die Kompetenz zur Bildung und Auflösung latenter Steuern häufig nicht in der Steuerabteilung, sondern in der Abteilung Rechnungswesen angesiedelt.[1464] Da, wie oben gezeigt wurde,[1465] der Einfluss der latenten Steuern auf die Konzernsteuerquote den der tatsächlichen Steuern übersteigen kann, ist es offenbar, dass in diesen Fällen den Steuerabteilungen bei der Beeinflussung der Konzernsteuerquote selbst dann deutliche Grenzen gesetzt sind, wenn sie auf die tatsächliche Steuerbelastung des Konzerns uneingeschränkt Einfluss nehmen können. Aus diesen Gründen ist vielmehr darauf hinzuwirken, dass die Steuerabteilung neben der Handlungsbefugnis zur Gestaltung der tatsächlichen Steuerbelastung auch die notwendigen Befugnisse zur Beeinflussung der latenten Steuerbelastung erhält und ihr sämtliche hierzu notwendigen Informationen aus dem *tax reporting* und *tax accounting* des Konzerns zur Verfügung stehen.[1466]

Insgesamt geht der Aufgabenbereich der Konzernsteuerabteilungen dann von den rein deklaratorischen und gestalterischen Funktionen in ein konzernweites Steuercontrolling über.[1467] Denn zu den Aufgaben der Konzernsteuerabteilungen zählen neben der Beeinflussung der Konzernsteuerquote unter Berücksichtigung des kompensatorischen Effektes der latenten Steuern insbesondere auch die regelmäßige Überprüfung der Vorteilhaftigkeit einmal gefundener Gestaltungen zur Minderung der Konzernsteuerquote[1468] sowie die Suche nach Möglichkeiten der Beendigung dieser Gestaltungen, wenn deren Vorteilhaftigkeitsprüfung zu einem negativen Ergebnis führt.[1469] Gleichzeitig muss ein Steuercontrolling sicherstellen, dass

---

1462 Vgl. *Herzig*, Steuerlatenz, in: *Bertl et al.* (Hrsg.), Erfolgsabgrenzungen, 2001, S. 123.

1463 Vgl. *Endres*, Konzernsteuerquote, in: *Oestreicher* (Hrsg.), Steuerplanung, 2004, S. 185.

1464 Vgl. *Herzig/Dempfle*, Konzernsteuerquote, DB 2002, S. 8; *Kröner*, Konzernsteuerquote, in: *Herzig* (Hrsg.), Organschaft, 2003, S. 562 f.; zugleich *Kröner/Benzel*, Konzernsteuerquote, in: *Kessler/Kröner/Köhler* (Hrsg.), Konzernsteuerrecht, 2004, § 15, Tz. 2.

1465 Vgl. Abschnitt B.III.1 des 2. Kapitels, Seiten 54 ff.

1466 Vgl. *Kröner*, Tax Accounting, in: *Herzig/Günkel/Niemann* (Hrsg.), StbJb 2004/2005, 2005, S. 275 ff.

1467 Vgl. *Lexa*, Steuercontrolling, in: *Bertl/Mandl* (Hrsg.), FS Egger, 1997, S. 637 f.; *Schiffers*, Steuerberatung, StuW 1997, S. 49 f.; *Zimmermann*, Steuercontrolling, 1997, S. 154 ff.; *Herzig/Zimmermann*, Steuercontrolling, DB 1998, S. 1145; sowie auch *Herzig/Dempfle*, Konzernsteuerquote, DB 2002, S. 5; *Herzig*, Gestaltung, WPg 2003, Sonderheft, S. S 86 f.; *Schlager*, Steuercontrolling, in: *Feldbauer-Durstmüller/Schwarz/Wimmer* (Hrsg.), FS Stiegeler, 2005, S. 628 ff.

1468 Aufgrund der sich permanent verändernden steuerlichen Rahmenbedingungen ist es nicht mehr möglich, eine steuerlich optimale Lösung zu konzipieren, die dann unverändert dauerhaft Bestand hat. So bereits *Herzig*, Optimierung, Stbg 1996, S. 66.

1469 Vgl. *Herzig*, Globalisierung, WPg 1998, S. 289; *Kessler/Dorfmüller*, Holdinggesellschaften, PIStB 2001, S. 177; *Jacobs*, Unternehmensbesteuerung, 5. Auflage, 2002, S. 1068 f.; *Herzig*, Gestaltung, WPg 2003, Sonderheft, S. S 86; *Stein/Becker*, Steuerplanung, GmbHR 2003, S. 91; *Bendlinger*, Standort, NWB 2005, Fach 5, Gruppe 2, S. 638.

Gestaltungen mit dem Ziel der Senkung der Konzernsteuerquote nicht zu betriebswirtschaftlich negativen Folgen führen. Ein Beispiel hierfür kann die Überkompensation der aus der Senkung der Konzernsteuerquote resultierenden positiven Effekte durch extrem hohe Transaktionskosten sein, wie sie bei der Verlagerung von Funktionen und Risiken ins Ausland entstehen können. Auch negative Folgen für den Steuerbarwert sind bei isolierter Ausrichtung der Konzernsteuerpolitik an der Konzernsteuerquote denkbar und durch das Steuercontrolling zu vermeiden, dies z.B. durch ein Hinwirken auf frühzeitige Nutzung von Verlustvorträgen, obwohl dies für die Höhe der Konzernsteuerquote keine Auswirkungen hat.

Aufgrund der zunehmenden praktischen Bedeutung der Konzernsteuerquote kann es darüber hinaus unter Umständen sinnvoll sein, Aspekte ihrer Beeinflussung bereits auf Ebene der Unternehmensleitung in die Entscheidungsfindung einfließen zu lassen, mithin das Steuermanagement zur Aufgabe der Unternehmensleitung zu machen.[1470] Die Steuerbelastung des unternehmerischen Handelns wird dann Bestandteil der unternehmerischen Planung. Diese Integration der Ziele der Steuerplanung in das Zielsystem der Unternehmung wird durch die Implementierung eines Steuercontrollings unterstützt.[1471] Dabei gilt es allerdings dringend zu beachten, dass die Belastung unternehmerischen Handelns mit Steuern nicht der Hauptaspekt oder allein auslösendes Moment der Unternehmensplanung oder von Unternehmensumstrukturierungen werden darf, da ansonsten die Gefahr bestünde, aus rein steuerlichen Gesichtspunkten betriebswirtschaftlich in der Gesamtschau fehlerhafte Entscheidungen zu treffen.[1472]

B. Vermeidung steuerlicher Ineffizienzen

Vorrangiger Aspekt im Rahmen der Vermeidung steuerlicher Ineffizienzen ist die möglichst weitgehende Reduktion nichtabziehbarer Aufwendungen.[1473] Bis zur Einführung des Anwendungsausschlusses von § 3c Abs. 1 EStG bei durch § 8b KStG steuerfrei gestellten Bezügen oder Veräußerungsgewinnen zum Veranlagungszeitraum 2004[1474] stand hierbei die Vermeidung der Nichtabziehbarkeit von Aufwendungen im Vordergrund, die in unmittelbarem wirtschaftlichen Zusammenhang mit diesen Dividenden und Veräußerungsgewinnen standen.[1475] Aber auch seit der Änderung des § 8b KStG verbleiben steuerlich nichtabziehbare Aufwendungen im Zusammenhang mit den genannten Erträgen, die es zur Erzielung steuerlicher Ef-

---

1470 Vgl. hierzu *Erle*, Steuermanagement, BB 2005, Heft 38, S. I.

1471 Vgl. bereits *Lexa*, Steuercontrolling, in: *Bertl/Mandl* (Hrsg.), FS Egger, 1997, S. 637 f.; *Zimmermann*, Steuercontrolling, 1997, S. 154 f.; *Herzig/Zimmermann*, Steuercontrolling, DB 1998, S. 1145.

1472 Vgl. *Endres*, Neuordnung, in: *IDW* (Hrsg.), Unternehmenstätigkeit, 1996, S. 101; *Endres*, Funktionsverlagerung, RIW 2003, S. 729 f.; *Bendlinger*, Standort, NWB 2005, Fach 5, Gruppe 2, S. 638.

1473 Vgl. *Herzig*, Gestaltung, WPg 2003, Sonderheft, S. S 85, S 87; sowie den Hinweis bei *Endres*, Konzernsteuerquote, in: *Oestreicher* (Hrsg.), Steuerplanung, 2004, S. 182.

1474 Durch die Einfügung von § 8b Abs. 3 S. 2 bzw. Abs. 5 S. 2 KStG durch das Korb-II-Gesetz vom 22.12.2003, BGBl. I 2003, S. 2840 ff.

1475 Vgl. z.B. *Haarmann*, Gestaltbarkeit, in: *Herzig/Günkel/Niemann* (Hrsg.), StbJb 2001/2002, 2002, S. 375; *Herzig*, Gestaltung, WPg 2003, Sonderheft, S. S 87.

fizienz und zur Senkung der Konzernsteuerquote zu reduzieren gilt. So können, als Kehrseite der weitgehenden Steuerfreiheit der Gewinne aus der Veräußerung von Anteilen an Kapitalgesellschaften,[1476] weder Verluste aus Beteiligungsveräußerungen noch Teilwertabschreibungen steuerlich geltend gemacht werden[1477] mit der Folge, dass sich diese negativ auf die Konzernsteuerquote auswirken. Mit Blick auf die Konzernsteuerquote gilt es daher, solche Verluste und Teilwertabschreibungen zu verhindern.

Aber nicht nur diese, sondern selbstverständlich alle in Abschnitt C.IV des 3. Kapitels[1478] dargestellten nichtabziehbaren Aufwendungen erhöhen die Konzernsteuerquote, so dass zur Erzielung steuerlicher Effizienz nichtabziehbare Aufwendungen möglichst weitgehend zu reduzieren sind. Hierdurch kann es allerdings nur gelingen, eine über dem tatsächlich angewendeten Steuersatz liegende Konzernsteuerquote an diesen Steuersatz anzunähern. Bestehen außer den durch die nichtabziehbaren Aufwendungen ausgelösten Steuereffekten keine Abweichungsursachen der effektiven von der gesetzlichen Steuerbelastung, kann durch die vollständige Vermeidung nichtabziehbarer Aufwendungen lediglich der tatsächlich angewendete, gesetzliche Steuersatz als Konzernsteuerquote erreicht werden. Eine darüber hinausgehende Absenkung alleine durch die Reduktion nichtabziehbarer Aufwendungen ist nicht möglich.[1479] Steuereffekte durch Beeinflussung der nichtabziehbaren Aufwendungen lassen sich in der Überleitungsrechnung des Konzerns durch Vergleich des entsprechenden Überleitungspostens der Berichtsperiode mit der Position der Vorperiode unmittelbar nachvollziehen.

Daneben ist es mit dem Ziel der Konzernsteuerquotenminimierung effizient, Erträge im Rahmen der gesetzlichen Vorschriften in möglichst großem Umfang steuerfrei zu vereinnahmen. Möglichkeiten hierzu bieten die nicht der Besteuerung unterfallenden Anteile der Beteiligungserträge im Konzern.[1480] Ebenfalls zählen Gewinne aus der Veräußerung von Anteilen an Kapitalgesellschaften durch Konzernunternehmen zu den weitgehend steuerfrei zu vereinnahmenden Erträgen.[1481] Dabei liegt es auf der Hand, dass steuerfreie Beteiligungsveräußerungen keineswegs zur dauerhaften Gestaltung der Konzernsteuerquote genutzt werden können und insbesondere nicht aufgrund steuerlicher Überlegungen, sondern aufgrund von operativen Entscheidungen der Konzernleitung stattfinden.[1482] Allerdings ist mit Blick auf die Konzernsteuerquote in begrenztem Umfang die zeitliche Steuerung der Veräußerung im Sinne

---

1476 Vgl. *Dötsch et al.*, Körperschaftsteuer, 14. Auflage, 2004, S. 261 ff.; *Hey*, in: *Tipke/Lang*, Steuerrecht, 18. Auflage, 2005, § 11, Tz. 38.

1477 Gemäß § 8b Abs. 2 S. 4 bzw. Abs. 3 S. 3 KStG.

1478 Seiten 241 ff.

1479 Vgl. *Herzig*, Gestaltung, WPg 2003, Sonderheft, S. S 85, S 87.

1480 Soweit diese gemäß § 8b Abs. 1 i.V.m. Abs. 5 KStG von der Besteuerung freigestellt sind. Vgl. hierzu Abschnitt C.I des 3. Kapitels, Seiten 228 ff., insbesondere auch die Ausführungen zu den Einschränkungen im Hinblick auf die tatsächliche Steuerfreiheit der Erträge bei Konsolidierung der ausschüttenden bzw. der veräußerten Gesellschaft ab Seite 230.

1481 Gemäß § 8b Abs. 2 i.V.m. Abs. 3 KStG.

1482 Vgl. *Bendlinger*, Standort, NWB 2005, Fach 5, Gruppe 2, S. 638.

einer Vor- oder Nachverlagerung möglich, wenn durch die Steuerfreiheit des Veräußerungsgewinns die Konzernsteuerquote eines bestimmten Zeitraumes beeinflusst werden soll.

Dauerhaft lassen sich steuerfreie Erträge dagegen durch die Nutzung von Qualifikationskonflikten erzielen, die aufgrund ihres internationalen Bezuges weiter unten als eigenständiges Gestaltungsfeld betrachtet werden.[1483] Daneben führen auch Investitionszulagen[1484] zu steuerfreien Erträgen, da sie gemäß § 8 Investitionszulagengesetz 2005[1485] nicht zu den Einkünften im Sinne des Einkommensteuergesetzes zählen.[1486] In diesem Zusammenhang muss unter dem Gesichtspunkt der Vermeidung steuerlicher Ineffizienzen Ziel der Konzernsteuerabteilung sein, die Möglichkeiten der Erlangung von Investitionszulagen in vollem Umfang auszuschöpfen und nicht durch Versäumnisse im Beantragungsverfahren verfallen zu lassen. Die durch steuerfreie Erträge erzielten Steuereffekte sind aus der Veränderung des zugehörigen Überleitungspostens in der Überleitungsrechnung des Konzerns ebenfalls unmittelbar abzulesen.

Verluste mindern die Konzernsteuerquote, wenn es der verlusterleidenden Konzerngesellschaft möglich ist, auf den gemäß § 8 Abs. 1 KStG i.V.m. § 10d EStG vorzutragenden Verlust eine aktive Steuerlatenz zu bilden. Durch den dabei entstehenden latenten Steuerertrag sinkt die Steuerquote des Konzerns im Vergleich zur Situation ohne Aktivierung. Daher ist es zur Erzielung steuerlicher Effizienz notwendig, die Bildung der aktiven Steuerlatenz auf den Verlustvortrag anzustreben.[1487] Sofern deren Ansatz zunächst aufgrund ungewisser Realisierungswahrscheinlichkeiten nicht möglich scheint, gilt es zur Beeinflussung der Konzernsteuerquote mit Hilfe zulässiger Steuergestaltungen steuerpflichtiges Einkommen zukünftiger Perioden zu generieren und so den Ansatz der aktiven Steuerlatenzen sicherzustellen.[1488] Die IAS benennen zu diesem Zweck explizit verschiedene Möglichkeiten zur Steuergestaltung, exemplarisch sei an dieser Stelle auf die Realisierung stiller Reserven mit Hilfe von *sale-and-lease-back*-Gestaltungen hingewiesen.[1489]

Bei der Nutzung des steuerlichen Verlustvortrags in den zukünftigen Perioden ist die aktive Steuerlatenz anteilig aufzulösen. Dabei wird die aus der Nutzung des Verlustvortrages resul-

---

1483 Vgl. Abschnitt C, Seiten 285 ff.

1484 Vgl. *Hey*, in: *Tipke/Lang*, Steuerrecht, 18. Auflage, 2005, § 19, Tz. 30 f., 44 ff.

1485 InvZulG 2005 vom 17.3.2004, BGBl. I 2004, S. 438.

1486 Vgl. *Adrian*, Tax Reconciliation, 2005, S. 144 f.

1487 So auch *Haarmann*, Gestaltbarkeit, in: *Herzig/Günkel/Niemann* (Hrsg.), StbJb 2001/2002, 2002, S. 371 f. A.A. *Kröner*, der das mit der Bildung der aktiven Steuerlatenz auf den Verlustvortrag verbundene Risiko einer eventuell möglichen zukünftigen Wertberichtigung der Steuerlatenz und die hieraus resultierende potentielle Bedrohung für die Konzernsteuerquote in den Folgeperioden höher einschätzt als den unmittelbaren Vorteil für die Konzernsteuerquote aus dem latenten Steuerertrag in der Berichtsperiode, vgl. *Kröner*, Konzernsteuerquote, in: *Herzig* (Hrsg.), Organschaft, 2003, S. 569.

1488 Vgl. z.B. *IASB*, IAS 12, Abs. 29 (b), 30; *FASB*, SFAS No. 109, Abs. 21, hier insbesondere lit. d, Abs. 22; *Schäffeler*, Latente Steuern, 2000, S. 70 ff.; *Hannemann/Peffermann*, IAS-Konzernsteuerquote, BB 2003, S. 731; *Adrian*, Tax Reconciliation, 2005, S. 175. Vgl. Abschnitt B.IV.3 des 2. Kapitels, hier ab Seite 78.

1489 Vgl. *IASB*, IAS 12, Abs. 30, hier lit. (c).

tierende Steuerersparnis durch den aus der Auflösung der Steuerlatenz entstehenden latenten Steueraufwand kompensiert, so dass die Konzernsteuerquote unverändert bleibt.[1490] Bei ausschließlich an der Optimierung der Konzernsteuerquote orientierter Steuerpolitik entsteht daher der Fehlanreiz, eine frühzeitige Nutzung des Verlustvortrages zu vernachlässigen.[1491] Zur Erzielung steuerlicher Effizienz, hier durch die Minderung des Steuerbarwertes, ist die möglichst frühzeitige Nutzung des Verlustvortrages aber dennoch zwingend erforderlich.

Insbesondere aber ist der Untergang steuerlicher Verlustvorträge zu vermeiden. Denn die durch den Untergang eines Verlustvortrages induzierte Auflösung einer aktiven Steuerlatenz geht nicht mit korrespondierenden Minderungen des tatsächlichen Steueraufwands aus der Nutzung des Verlustvortrages einher und führt aufgrund des dennoch entstehenden latenten Steueraufwands zu einem Anstieg der Konzernsteuerquote. So können beispielsweise Umstrukturierungen im Konzern den Untergang von Verlustvorträgen auslösen, wenn diese aufgrund der Regelung des § 8 Abs. 4 KStG nicht übertragen werden können.[1492] Auch können Verlustvorträge einer beschränkten Vortragsfrist unterliegen. Zwar sieht das deutsche Steuerrecht eine solche Frist zur Zeit nicht vor; bis zur Einführung der derzeit geltenden zeitlich unbeschränkten Verlustvortragsmöglichkeit des § 10d EStG[1493] war ein gewährter Verlustvortrag[1494] jedoch nur in den dem Verlustjahr folgenden fünf Veranlagungszeiträumen möglich und ging mit Ablauf des letzten Vortragszeitraumes verloren.[1495] Dies soll verdeutlichen, dass bei auf langer Sicht ungünstigen Geschäftsaussichten der Verlustgesellschaft stets auch mit einer möglichen Änderung der Gesetzeslage zu rechnen ist. In der Überleitungsrechnung unterfallen Effekte aus einem Untergang steuerlicher Verlustvorträge der Position ‚Auswirkungen steuerlicher Verluste'.

Auch bei Verlustvorträgen von im Ausland ansässigen Konzerngesellschaften ist zu prüfen, ob das ausländische Steuerrecht eine Ausschlussfrist der Nutzung von Verlustvorträgen vorsieht, wie dies beispielsweise in China, Griechenland, Italien, Polen und Japan, aber auch in

---

1490 Vgl. *Herzig*, Gestaltung, WPg 2003, Sonderheft, S. S 84.

1491 Vgl. *Herzig/Dempfle*, Konzernsteuerquote, DB 2002, S. 5; *Haarmann*, Gestaltbarkeit, in: *Herzig/Günkel/Niemann* (Hrsg.), StbJb 2001/2002, 2002, S. 372.

1492 Vgl. zu § 8 Abs. 4 KStG z.B. *Dötsch*, in: *Dötsch et al.*, KStG, 2002, § 8 Abs. 4 KStG nF, Tz. 18 ff.; sowie wertend *Hey*, in: *Tipke/Lang*, Steuerrecht, 18. Auflage, 2005, § 11, Tz. 51. Zum Verhältnis von § 8 Abs. 4 KStG und § 12 Abs. 3 S. 2 UmwStG *Widmann*, in: *Widmann/Mayer*, Umwandlungsrecht, 1970, § 12 UmwStG, Tz. 697 ff.; *Mildner*, Verschmelzungen, GmbHR 2003, S. 644 ff.; *Hans*, Verschmelzung, FR 2005, S. 907 ff.

1493 Durch das StReformG 1990 vom 25.7.1988, BGBl. I 1988, S. 1093. Vgl. z.B. *Hallerbach*, in: *Herrmann/Heuer/Raupach*, EStG/KStG, 21. Auflage, 1996, § 10d EStG, Tz. 3, 100, 106.

1494 Bevor ein Verlustvortrag gebildet werden konnte, musste zunächst ein Verlustrücktrag erfolgen. Nur soweit ein noch nicht verbrauchter Verlustabzug verblieb, durfte dieser vorgetragen werden. Diese Regelung wurde durch das StandOG vom 13.9.1993, BGBl. I 1993, S. 1569, abgeschafft. Vgl. *Dötsch*, in: *Dötsch et al.*, KStG, 2002, § 8 Abs. 4 KStG nF, Tz. 4, 7 f.; *Hallerbach*, in: *Herrmann/Heuer/Raupach*, EStG/KStG, 21. Auflage, 1996, § 10d EStG, Tz. 3, 50; *Heinicke*, in: *Schmidt*, EStG, 25. Auflage, 2006, § 10d EStG, Tz. 17, 40.

1495 Vgl. *Heinicke*, in: *Schmidt*, EStG, 9. Auflage, 1990, § 10d EStG, Tz. 8.

der Schweiz und den USA der Fall ist.[1496] Gleichzeitig ist von der Konzernsteuerabteilung laufend zu beobachten, ob in den ausländischen Steuerhoheiten die Einführung einer solchen Frist geplant ist, die möglicherweise den Untergang bestehender Verlustvorträge auslöst und der durch steuergestalterische Lösungen, beispielsweise durch die oben dargestellte Generierung steuerpflichtiger Ergebnisse durch Steuergestaltungen, entgegengewirkt werden sollte. Zur Generierung steuerpflichtigen Einkommens bietet sich in diesem Zusammenhang auch die Gestaltung von Verrechnungspreisen an.[1497] Auch unter diesem Aspekt entwickelt sich die Arbeit der Konzernsteuerabteilung hin zu einem Steuercontrolling im Konzern.

Steuerliche Ineffizienzen können sich auch im Hinblick auf die Gewerbesteuer ergeben, wenn Konzerngesellschaften, in denen lohnintensive Tätigkeiten ausgeübt werden, in Gemeinden mit hohen Hebesätzen ansässig und in den ertragsteuerlichen Organkreis einbezogen sind. Diese können, ohne dass sich ihre Gewinnsituation verändert, bei einem Gewinnanstieg anderer Konzerngesellschaften mit weniger lohnintensiven Tätigkeiten einen überproportional hohen Anstieg der Gewerbesteuerbelastung des Konzerns auslösen.[1498] Der Grund hierfür ist der Zerlegungsmaßstab des gewerbesteuerlichen Messbetrages bei in verschiedenen Gemeinden ansässigen Konzerngesellschaften, die eine Organschaft bilden.[1499] Der Zerlegungsmaßstab sieht vor, für Zwecke der Gewerbesteuerermittlung den für die Organschaft ermittelten Steuermessbetrag entsprechend des Anteils der in die Organschaft einbezogenen Gesellschaften an der innerhalb des Organkreises gezahlten Summe der Löhne auf deren Sitzgemeinden zu verteilen. Zur Verdeutlichung dieser Zerlegung und ihrer Auswirkung auf die Gewerbesteuerbelastung des Konzerns und damit gleichzeitig auch auf die Konzernsteuerquote soll das folgende Beispiel dienen.

In den inländischen Konzerngesellschaften G2 und G4 findet die extrem lohnintensive Entwicklungstätigkeit des Konzerns statt. Während die Gesellschaft G2 in einer Gemeinde mit einem Hebesatz von 490% angesiedelt ist, hat die Gesellschaft G4 ihren Sitz in einer Gemeinde mit einem Hebesatz von 340%. Die in den beiden Gesellschaften erzielten Gewinne sind relativ konstant und werden sich voraussichtlich auch in der Zukunft nicht wesentlich verändern. In der ebenfalls inländischen Gesellschaft G3 (Hebesatz: 400%) ist die maschinelle Fertigung der Produkte angesiedelt; auf G3 entfällt ein nur sehr geringer Anteil der gesamten, im Konzern gezahlten Löhne. Die Gesellschaften G2 und G3 bilden mit der Konzernobergesellschaft G1 den steuerlichen Organkreis des Konzerns.

1496 Während die Frist zur Nutzung der Verlustvorträge in den USA 20 Jahre und in der Schweiz sieben Jahre beträgt, gehen Verlustvorträge in den erstgenannten Ländern bereits nach fünf Jahren verloren. Diese Situation wird insbesondere in Polen durch eine Mindestbesteuerung zusätzlich verschärft. Vgl. *Bundesverband der Deutschen Industrie e.V./PriceWaterhouseCoopers*, Verlustberücksichtigung, 2006, S. 14 f., 95 f.

1497 Vgl. *Schmid-Pickert*, Verrechnungspreise, SteuerStud 2005, S. 256.

1498 Vgl. zur Ermittlung der Gesamtsteuerbelastung in Abhängigkeit vom Standort und den anzuwendenden gewerbesteuerlichen Hebesätzen *Behrendt*, Standortentscheidung, StB 1996, S. 297 ff.

1499 § 2 Abs. 2 S. 2 i.V.m. §§ 28, 29 GewStG.

Steigt bei der Gesellschaft G3 der Gewinn an, so fällt nur der Anteil der Gewinnsteigerung der Sitzgemeinde der Gesellschaft G3 zu, der dem geringen Anteil der Lohnsumme der Gesellschaft G3 an der Lohnsumme innerhalb der Organschaft entspricht. Der dem wesentlich höheren Lohnsummenanteil der Gesellschaft G2 entsprechende Anteil der Gewinnsteigerung unterfällt dem deutlich höheren Hebesatz der Sitzgemeinde der Gesellschaft G2. Machen beispielsweise die in den Gesellschaften G1 und G3 gezahlten Löhne zusammen 20% der insgesamt innerhalb der Organschaft gezahlten Löhne aus, unterfallen 80% der Gewinnsteigerung der Gesellschaft G3 in der Sitzgemeinde der Gesellschaft G2 der hohen Gewerbesteuerbelastung mit einem Hebesatz von 490%. Im Ergebnis resultiert ein im Hinblick auf den Gewerbesteuerhebesatz der Gesellschaft G3 deutlich überproportionaler Anstieg der Gewerbesteuerbelastung des Konzerns.

In diesen Fällen ist zu prüfen, ob, auch unter betriebswirtschaftlichen Gesichtspunkten, die gezielte Beendigung solcher Organschaften und die Einbeziehung von Tochtergesellschaften möglich ist,[1500] in denen ebenfalls lohnintensive Tätigkeiten ausgeübt werden, die aber in Gemeinden mit niedrigeren Hebesätzen angesiedelt sind.[1501] Dieser Gestaltungsansatz unterfällt im Grundsatz dem Aspekt der Optimierung des Konzernaufbaus durch vertragliche Regelungen. Da es sich jedoch nicht um ein Instrument zur Nutzung des internationalen Steuergefälles handelt, wird er bereits hier erläutert. Entscheidend für den Erfolg der Gestaltung ist das Zusammenspiel der Hebesätze der Sitzgemeinden auf der einen und der Anteile der betreffenden Beteiligungsgesellschaften an der Lohnsumme innerhalb der Organschaft auf der anderen Seite.

Im Beispiel sollte daher die Organschaft mit der Gesellschaft G2 beendet und stattdessen die Gesellschaft G4 in den Organkreis aufgenommen werden. Dann würde der Anteil der Gewinnsteigerung der Gesellschaft G3, der dem ebenfalls hohen Anteil der Gesellschaft G4 an der innerhalb der neuen Organschaft angefallenen Lohnsumme entspricht, dem auf die Gewinne der Gesellschaft G4 anzuwendenden, niedrigeren Hebesatz von 340% unterfallen. Macht der Lohnsummenanteil der Gesellschaft G4 in der neu gebildeten Organschaft beispielsweise wieder 80% aus, so unterfallen in der Situation nach der Gestaltung 80% der Gewinnsteigerung der Gesellschaft G3 dem Hebesatz von 340% und damit einem niedrigeren Hebesatz, als er originär auf Ergebnisse der Gesellschaft G3 anzuwenden wäre. Abbildung 40 zeigt diese Gestaltung:

1500 So ist beispielsweise zu prüfen, ob bei der zur Einbeziehung vorgesehenen Gesellschaft Verlustvorträge bestehen. Übersteigt der aus der Nutzung der Verlustvorträge resultierende Vorteil für den Steuerbarwert den Vorteil aus der Einbeziehung der Gesellschaft in den Organkreis, rentiert sich die vorgesehene Gestaltung nicht. Auch ist aufgrund der in § 14 Abs. 1 Nr. 3 S. 1 KStG vorgesehenen fünfjährigen Mindestlaufzeit des Gewinnabführungsvertrages eine kurzfristige Beendigung bestehender Organschaften häufig nicht sinnvoll.

1501 Zu dieser Gestaltung *Stuth*, Präsentation „Konzernsteuerquote", 2002, Folie 3 und 6.

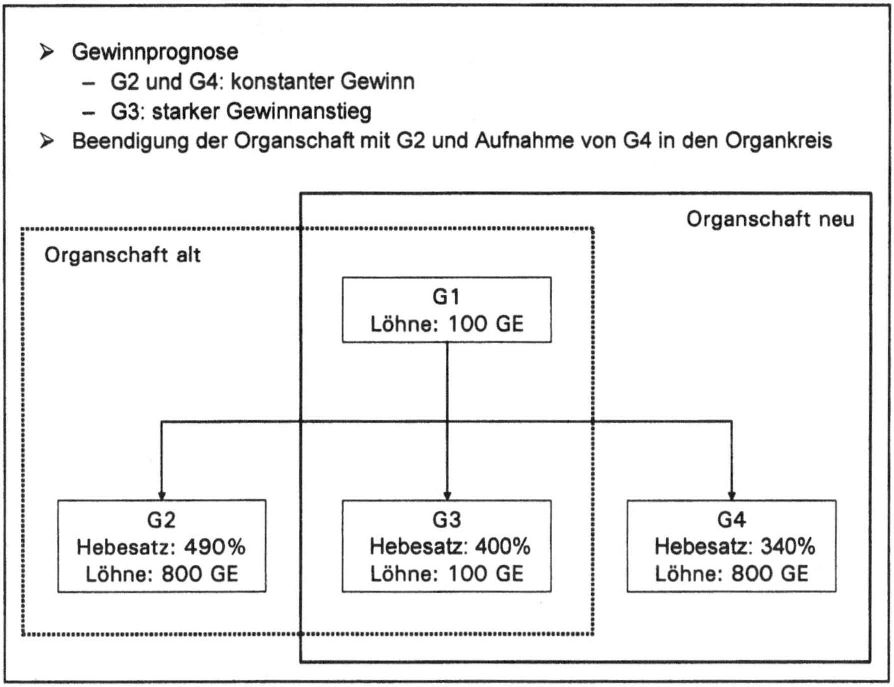

Abbildung 40: Gestaltung der Konzernsteuerquote durch Etablierung von Organschaften in Teilkonzernen

Die Gewerbesteuerbelastung des Konzerns kann so insgesamt gesenkt werden. Da der Gewerbesteueraufwand sich im effektiven Steueraufwand des Konzerns niederschlägt, wird hierdurch unmittelbar Einfluss auf die Konzernsteuerquote genommen. Diese Gestaltung, die unzweifelhaft der Vermeidung steuerlicher Ineffizienzen dient, unterfällt gleichzeitig auch dem Aspekt der Nutzung des Steuergefälles, obwohl ausschließlich im nationalen Kontext angesiedelt.[1502] Innerhalb der Überleitungsrechnung lassen sich solche durch Optimierungen der Gewerbesteuerbelastung erzielten Abweichungen der effektiven von der erwarteten Steuerbelastung in der Position ‚Gewerbesteuer' erkennen.

C. Nutzung negativer Qualifikationskonflikte

Neben der Vermeidung steuerlicher Ineffizienzen bieten sich für deutsche internationale Konzerne zudem häufig alleine aus der Tatsache der sie kennzeichnenden grenzüberschreitenden Unternehmensverbindungen Möglichkeiten zur Generierung steuerfreier Einnahmen. Dies unter Umständen sogar bei gleichzeitiger Abziehbarkeit von Betriebsausgaben in einer ande-

[1502] Vgl. *Herzig*, Gestaltung, WPg 2003, Sonderheft, S. S 85.

ren Steuerhoheit, wodurch der steuermindernde Effekt noch verstärkt wird. Möglich ist dies durch die Ausnutzung spezifischer Abweichungen bei der Ermittlung der Steuerbemessungsgrundlagen oder der Einkommenseinordnung oder -zurechnung zwischen zwei Staaten, mithin durch die Nutzung von Qualifikationskonflikten, die durch die unterschiedliche steuerliche Behandlung tatsächlich identischer Sachverhalte durch verschiedene Staaten entstehen.[1503] Während positive Qualifikationskonflikte die doppelte Berücksichtigung desselben Sachverhaltes in verschiedenen Steuerhoheiten nach sich ziehen, führen die hier angestrebten negativen Qualifikationskonflikte auf legalem Wege[1504] zur doppelten steuerlichen Nichtberücksichtigung der betreffenden Sachverhalte.[1505] Da auf solcherart permanente Abweichungen zwischen handels- und steuerrechtlichem Ergebnis keine latenten Steuern gebildet werden, eignen sich Qualifikationskonflikte zur dauerhaften und deutlichen Beeinflussung der effektiven Steuerbelastung.[1506]

So wurde beispielsweise unter bestimmten Voraussetzungen deutschen Unternehmen mit Beteiligungen an französischen Kapitalgesellschaften durch den *avoir fiscal* eine Gutschrift der in Frankreich gezahlten Körperschaftsteuer gewährt.[1507] Da hierdurch die französische Steuerbelastung weitgehend[1508] vermieden wurde, Dividenden der französischen Tochtergesellschaften im Inland zudem gemäß § 8b Abs. 1 KStG ebenfalls weitgehend[1509] steuerfrei vereinnahmt werden, fiel auf das in Frankreich erwirtschaftete Ergebnis insgesamt eine nur sehr geringe Steuerbelastung an.[1510] Zwar ist die Gewährung des *avoir fiscal* von der französi-

---

1503 Vgl. *Piltz*, Qualifikationskonflikte, in: *Fischer* (Hrsg.), Besteuerung, 1993, S. 22 m.w.N.; *Spriegel/Schweiss*, Grenzen, BB 1996, S. 1355; *Prinz*, Ertragsteuerfragen, FR 2000, S. 538; *Benecke/Schnitger*, Lösung, RIW 2002, S. 445 f.; *Jacobs*, Unternehmensbesteuerung, 5. Auflage, 2002, S. 1240; *Petereit*, switch-over-Klausel, IStR 2003, S. 579; *Wolff*, Doppelte Nicht-Besteuerung, IStR 2004, S. 542.

1504 Zur Abgrenzung zum Missbrauch *Piltz*, Qualifikationskonflikte, in: *Fischer* (Hrsg.), Besteuerung, 1993, S. 47; *Hahn*, Double-Non-Taxation, IStR 2003, S. 448.

1505 Vgl. zu dieser Abgrenzung positiver und negativer Qualifikationskonflikte bereits *Poser und Groß-Naedlitz*, Qualifikationskonflikt, 1972, S. 126. Zu weiteren Arten von Qualifikationskonflikten z.B. *Piltz*, Qualifikationskonflikte, in: *Fischer* (Hrsg.), Besteuerung, 1993, S. 25 ff.; *Benecke/Schnitger*, Lösung, RIW 2002, S. 439 ff. Vgl. zu einer ausführlichen Begriffsbestimmung der doppelten Nicht-Besteuerung *Hahn*, Double-Non-Taxation, IStR 2003, S. 446 ff.

1506 Vgl. *Herzig*, Gestaltung, WPg 2003, Sonderheft, S. S 86; mit konkreten Beispielen zur Steuergestaltung durch die Nutzung von Qualifikationskonflikten *Endres*, Konzernsteuerquote, in: *Oestreicher* (Hrsg.), Steuerplanung, 2004, S. 179 ff.; ausführlich *Jacobs*, Unternehmensbesteuerung, 5. Auflage, 2002, S. 1240 ff.

1507 Gemäß Art. 20 Abs. 1 lit. b) (bb) DBA Deutschland-Frankreich. Vgl. zu den Voraussetzungen z.B. *Bullinger*, Avoir Fiscal, IStR 2001, S. 47 f.; *Hackemann/Bourmont*, Dividendenbezüge, IStR 2001, S. 579 f.; *Steibert*, Renditewirkungen, IWB 2001, Fach 3, Gruppe 2, S. 954; *Kramer*, in: *Debatin/Wassermeyer*, DBA, 2002, Frankreich Art. 20, Tz. 31 ff.

1508 Lediglich die französischen Zuschlagsteuern führen zu einer definitiven Belastung, vgl. *Klapdor*, Rahmenbedingungen, DStZ 2001, S. 27.

1509 Fünf Prozent der außer Ansatz bleibenden Bezüge gelten gemäß § 8b Abs. 5 S. 1 KStG als nichtabziehbare Betriebsausgaben.

1510 Vgl. *Hackemann/Bourmont*, Dividendenbezüge, IStR 2001, S. 580; *Klapdor*, Rahmenbedingungen, DStZ 2001, S. 27; *Steibert*, Renditewirkungen, IWB 2001, Fach 3, Gruppe 2, S. 957; *Wagner*, Steuergutschrift, IWB 2001, Fach 3, Gruppe 2, S. 962, 964.

schen Finanzverwaltung zum 1.1.2005 abgeschafft worden,[1511] jedoch wird durch dieses Beispiel die Möglichkeit der Generierung steuerfreier Erträge durch die Ausnutzung negativer Qualifikationskonflikte besonders anschaulich und nachvollziehbar.

Noch deutlicher tritt der zur Senkung der Konzernsteuerquote angestrebte Effekt bei Konstellationen zutage, bei denen eine Finanzierungsform oder ein Finanzierungsinstrument im Sitzstaat der Beteiligungsgesellschaft dem Fremdkapital zugeordnet wird, während dieselbe Finanzierung in einem anderen Staat als Eigenkapital qualifiziert wird. In diesem Fall ist es möglich, die für die Finanzierung gezahlte Vergütung im erstgenannten Staat steuerwirksam als Betriebsausgabe (Zinsen) abzuziehen, während dieselbe Vergütung in dem anderen Staat als Dividende steuerfrei vereinnahmt werden kann, wenn die Dividenden dort, entweder durch dem § 8b KStG entsprechende nationale Regelungen oder aufgrund von Regelungen in den Doppelbesteuerungsabkommen, von der Besteuerung freigestellt sind. Die Umsetzung dieses gestalterischen Grundmusters wird durch den Einsatz hybrider Finanzierungsinstrumente[1512] angestrebt.[1513]

Aufgrund häufig nur „punktueller instrumentenspezifischer Regelungen"[1514] zur Behandlung hybrider Finanzierungsinstrumente in den Doppelbesteuerungsabkommen ist es durch geschickte Ausgestaltung der Instrumente möglich, negative Qualifikationskonflikte zu nutzen, um den angestrebten Effekt der Abziehbarkeit der Betriebsausgaben beim Emittenten des Finanzierungsinstruments bei gleichzeitiger Steuerfreiheit der Vergütungen beim Gläubiger zu erzielen.[1515] Werden diese Instrumente innerhalb des Konzernverbundes eingesetzt, können ebenfalls permanente Differenzen zwischen den handelsrechtlichen und den steuerrechtlichen Ergebnissen geschaffen und die gesamte effektive Steuerbelastung des Konzerns gesenkt werden.[1516]

Eine ähnliche Gestaltung mit Hilfe hybrider Finanzierungsformen bietet sich für deutsche internationale Konzerne beispielsweise an, wenn eine deutsche Kapitalgesellschaft an einer

---

1511 Zur Diskussion der Nutzung des *avoir fiscal* durch deutsche Anteilseigner in den Jahren 2001 bis 2004 befürwortend *Hackemann/Bourmont*, Dividendenbezüge, IStR 2001, S. 580, 583; *Wagner*, Steuergutschrift, IWB 2001, Fach 3, Gruppe 2, S. 962, 964; *Steibert*, Renditewirkungen, IWB 2001, Fach 3, Gruppe 2, S. 957 f.; sowie ausführlich *Schultze*, Anspruch, IStR 2004, S. 639 ff.; ablehnend *Bullinger*, Avoir Fiscal, IStR 2001, S. 49 ff.; *Kramer*, in: *Debatin/Wassermeyer*, DBA, 2002, Frankreich Art. 20, Tz. 36a. Vgl. zur Auslegung und Qualifikation von Doppelbesteuerungsabkommen allgemein *Wotschofsky/Wittemann*, Qualifikationsprobleme, SteuerStud 2002, S. 317 ff., insbesondere S. 323.

1512 Grundlegend zu hybriden Finanzinstrumenten und deren Einsatz zur Steuergestaltung *Briesemeister*, Hybride Finanzinstrumente, 2006 (erscheint in Kürze).

1513 Vgl. bereits *Spriegel/Schweiss*, Grenzen, BB 1996, S. 1356; *Herzig*, Hybride Finanzinstrumente, IStR 2000, S. 484 f.; *Jacobs*, Unternehmensbesteuerung, 5. Auflage, 2002, S. 1252.

1514 *Herzig*, Hybride Finanzinstrumente, IStR 2000, S. 484, Flexion geändert.

1515 Zu grenzüberschreitenden hybriden Finanzierungen zuletzt ausführlich *Köhler*, Hybride Finanzierungen, in: *Piltz/Schaumburg* (Hrsg.), Unternehmensfinanzierung, 2006, S. 137 ff.

1516 Vgl. *Herzig/Dempfle*, Konzernsteuerquote, DB 2002, S. 7. Vgl. auch *Stein/Vitale*, Shareholder Value, in: *Grotherr* (Hrsg.), Handbuch, 2. Auflage, 2003, S. 564.

Gesellschaft in Luxemburg beteiligt ist und diese Beteiligung den Voraussetzungen des DBA-Schachtelprivilegs genügt.[1517] Beteiligt sich die deutsche Muttergesellschaft an der luxemburgischen Tochtergesellschaft zusätzlich zu ihrer Kapitalbeteiligung mit einer typischen stillen Gesellschaft[1518], berechtigen die Vergütungen für die stille Gesellschaft in Luxemburg zum Betriebsausgabenabzug und mindern dort den steuerpflichtigen Gewinn.[1519] Abkommensrechtlich gelten die Vergütungen als Dividenden und unterfallen ebenfalls dem Schachtelprivileg, so dass sie in Deutschland von der Besteuerung auszunehmen sind.[1520] Eine Besteuerung dieser Vergütungen in Deutschland findet dann alleine aufgrund der abkommensrechtlichen Regelung nicht statt. Da die Einkünfte nach innerstaatlichem Recht zu den Einkünften aus Kapitalvermögen gemäß § 20 Abs. 1 Nr. 4 EStG zählen, ist die Betriebsausgabenfiktion des § 8b Abs. 5 S. 1 KStG nicht anzuwenden.[1521] Im Ergebnis können die Bezüge somit in Deutschland vollständig steuerfrei vereinnahmt werden und haben gleichzeitig in Luxemburg die steuerliche Bemessungsgrundlage gemindert. Da die Senkung der tatsächlichen Steuerbelastung nicht durch latente Steuern kompensiert wird, kann die effektive Steuerbelastung des Konzerns alleine aufgrund der Unabgestimmtheit der Einordnung der für die stille Beteiligung gezahlten Vergütungen gesenkt werden.[1522]

Ähnliche Effekte können z.B. auch durch den Einsatz grenzüberschreitender Leasingverträge erzielt werden, die je nach ihrer Ausgestaltung die doppelte steuerliche Geltendmachung von Aufwendungen und damit einen *double-dip*[1523] ermöglichen.[1524] Ein weiteres Beispiel für die Nutzung der Unabgestimmtheit steuerlicher Regelungen sind Gestaltungen mit Repo-Transaktionen im Zusammenhang mit durch US-amerikanische Tochtergesellschaften begebenen *preference shares*, die ebenfalls die doppelte steuerliche Geltendmachung der Finanzierungs-

---

1517 Zu den Voraussetzungen des Schachtelprivilegs *Siegers*, in: *Debatin/Wassermeyer*, DBA, 2002, Luxemburg Art. 20, Tz. 120 ff.

1518 Vgl. zur Abgrenzung der typischen von der atypischen stillen Gesellschaft *Schmidt*, Konsequenzen, in: *Grotherr* (Hrsg.), Handbuch, 2. Auflage, 2003, S. 1414 f.; ausführlich *Rödel*, stille Gesellschaft, INF 2003, S. 140 ff.

1519 Vgl. *Wagner*, stille Gesellschaft, StBP 2001, S. 349; *Suchanek/Herbst*, Gewährung, FR 2003, S. 1109.

1520 Art. 20 Abs. 2 DBA Deutschland-Luxemburg i.V.m. Nr. 11 des Schlussprotokolls. Vgl. *Wagner*, stille Gesellschaft, StBP 2001, S. 350 ff. m.w.N.; *Siegers*, in: *Debatin/Wassermeyer*, DBA, 2002, Luxemburg Art. 20, Tz. 125; *Stuth*, Präsentation „Konzernsteuerquote", 2002, Folie 9; *Suchanek/Herbst*, Gewährung, FR 2003, S. 1111, 1116; *Köhler*, Hybride Finanzierungen, in: *Piltz/Schaumburg* (Hrsg.), Unternehmensfinanzierung, 2006, S. 154; a.A. *Fries*, Schachtelprivileg, IStR 2005, S. 808. Vgl. allgemein zur Behandlung der stillen Gesellschaft im Abkommensrecht *Schmidt*, Konsequenzen, in: *Grotherr* (Hrsg.), Handbuch, 2. Auflage, 2003, S. 1419 f.

1521 Vgl. *Suchanek/Herbst*, Gewährung, FR 2003, S. 1109, 1116, hier insbesondere auch Fn. 50; *Köhler*, Hybride Finanzierungen, in: *Piltz/Schaumburg* (Hrsg.), Unternehmensfinanzierung, 2006, S. 147.

1522 Vgl. *Herzig/Dempfle*, Konzernsteuerquote, DB 2002, S. 7; *Jacobs*, Unternehmensbesteuerung, 5. Auflage, 2002, S. 1253. Vgl. zu weiteren Gestaltungen durch den Einsatz stiller Beteiligungen *Kollruss*, Kapitalgesellschaft, IStR 2004, S. 736 ff.

1523 Vgl. *Jacobs*, Unternehmensbesteuerung, 5. Auflage, 2002, S. 1246 m.w.N.

1524 Vgl. *Bader*, Finanzierung, in: *Maßbaum/Meyer-Scharenberg/Perlet* (Hrsg.), Unternehmensbesteuerung, 1994, S. 292 ff.; *Prinz*, Ertragsteuerfragen, FR 2000, S. 538; *Jacobs*, Unternehmensbesteuerung, 5. Auflage, 2002, S. 1245 ff.; *Endres*, Konzernsteuerquote, in: *Oestreicher* (Hrsg.), Steuerplanung, 2004, S. 179 f.

aufwendungen in den beteiligten Staaten ermöglichen.[1525] Die in verschiedenen Staaten nur wenig abgestimmte Zuordnung hybrider Finanzierungsinstrumente zum Eigen- oder Fremdkapital eröffnet den Steuerabteilungen deutscher internationaler Konzerne ebenso wie Konflikte der abkommensrechtlichen Einordnung und Zurechnung von Einkünften insgesamt vielfältige Möglichkeiten, fortlaufend nach Gestaltungen der effektiven Steuerbelastung unter Einsatz von Qualifikationskonflikten zu suchen.[1526]

In der Überleitungsrechnung können Steuereffekte aus Qualifikationskonflikten in verschiedenen Überleitungsposten erscheinen. Wenn, wie in den oben aufgeführten Beispielen, durch die Nutzung des Qualifikationskonflikts steuerfreie inländische Erträge generiert werden, geht der Steuereffekt in den Überleitungsposten zu den steuerfreien Erträgen ein. Der häufig gleichzeitig in der anderen Steuerhoheit erzielte Effekt wirkt sich zudem auf den Überleitungsposten ‚Besteuerungsunterschiede Ausland' aus. Werden innerhalb des deutschen internationalen Konzerns Qualifikationskonflikte zweier ausländischer Steuerhoheiten ausgenutzt, wirken die Steuereffekte insgesamt auf die Position ‚Besteuerungsunterschiede Ausland' ein.

Eine sorgfältige Steuerplanung zur Senkung der Konzernsteuerquote erfordert aber insbesondere bei der Nutzung von Qualifikationskonflikten die permanente Überprüfung der einmal gefundenen Lösungen mit dem Ziel, die Sicherheit der Gestaltung im Hinblick auf geänderte Rechtsvorschriften zu überprüfen.[1527] Denn mit derselben Intensität, mit der auf der einen Seite die Steuerpflichtigen nach Gestaltungsmöglichkeiten durch Qualifikationskonflikte suchen, streben die Steuerbehörden der beteiligten Staaten nach deren Verhinderung, dies beispielsweise durch Rückfall- oder *switch-over*-Klauseln oder ganz allgemein durch die Vereinbarung von Verständigungsverfahren in den Doppelbesteuerungsabkommen.[1528] Um kostenintensive Gestaltungen zu vermeiden, die letztendlich aufgrund von veränderten Regelungen nicht zu dem gewünschten Erfolg führen, ist die fortlaufende Überprüfung bisher steueropti-

---

1525 Vgl. *Böck/Böhringer/Weber*, Unternehmensfinanzierung, Stbg 2003, S. 310. Allgemein zur Wertpapierleihe und Repo-Transaktionen bereits grundlegend *Oho/Hülst*, Wertpapierleihe, DB 1992, S. 2582 ff.; *Weninger*, Wertpapierleihe, ÖBA 1994, S. 859 ff.; *Gossen/Acker*, Wertpapierleihe, ZfgK 1999, S. 1392 ff.; *Häuselmann*, Repo-Geschäfte, BB 2000, S. 1287 ff.; *Schäfer*, Finanzmanagement, ÖBA 2000, S. 461 ff. Weitere *double-dip*-Modelle und Qualifikationskonflikte im Verhältnis Deutschland-USA beleuchtet *Haase*, Qualifikationskonflikte, IStR 2002, S. 733 f.; *Kollruss*, Kapitalgesellschaft, IStR 2004, S. 735 ff. Vgl. mit weiteren Beispielen unabgestimmter Regelungen, die im grenzüberschreitenden Bereich zu negativen Qualifikationskonflikten führen, *Piltz*, Qualifikationskonflikte, in: *Fischer* (Hrsg.), Besteuerung, 1993, S. 34 ff.

1526 Vgl. *Jacobs*, Unternehmensbesteuerung, 5. Auflage, 2002, S. 1241; *Petereit*, switch-over-Klausel, IStR 2003, S. 584; *Stein/Becker*, Steuerplanung, GmbHR 2003, S. 86.

1527 Vgl. *Jacobs*, Unternehmensbesteuerung, 5. Auflage, 2002, S. 1068; *Endres*, Funktionsverlagerung, RIW 2003, S. 730, 732.

1528 Vgl. *Prinz*, Ertragsteuerfragen, FR 2000, S. 538; *Herzig*, Hybride Finanzinstrumente, IStR 2000, S. 485; *Jacobs*, Unternehmensbesteuerung, 5. Auflage, 2002, S. 1069; *Wolff*, Doppelte Nicht-Besteuerung, IStR 2004, S. 542 ff. Vgl. allgemein zur Verhinderung missbräuchlicher Gestaltungen *Vogel*, Missbrauchsabwehr, in: *Cagianut/Vallender* (Hrsg.), FS Höhn, 1995, S. 461 ff.; *Vogel*, in: *Vogel/Lehner*, DBA, 4. Auflage, 2003, Einleitung, Tz. 168 ff. Zu Rückfallklauseln *Vogel*, Rückfall-Klauseln, IStR 1997, Beihefter zu Heft 24/1997, S. 1 ff. Zu *switch-over*-Klauseln *Petereit*, switch-over-Klausel, IStR 2003, S. 904 ff.

maler Lösungen zwingend erforderlich.[1529] Daher sind auch steuer- und kostenneutrale Rückzugsmöglichkeiten zwingend in das Beurteilungskalkül von Steuergestaltungen einzubeziehen.[1530]

D. Nutzung des internationalen Steuergefälles

Insbesondere die Nutzung des internationalen Steuergefälles bietet immense Möglichkeiten zur Minderung der Konzernsteuerquote.[1531] Das Steuergefälle wird dabei regelmäßig zuvorderst an den Steuertarifen gemessen, so dass Deutschland hier nach wie vor der Status eines Hochsteuerlandes zufällt und dadurch das Streben nach Verlagerungen in niedriger besteuernde Staaten auslöst.[1532] Alle im Folgenden dargestellten Gestaltungsansätze verfolgen somit das Ziel, durch die definitive Ausnutzung dieser niedrigeren ausländischen Steuersätze die gesamte effektive Steuerbelastung des Konzerns zu senken. Durch die endgültige Realisierung des ausländischen Steuerniveaus wirken sie daher sämtlich auf den Überleitungsposten ‚Besteuerungsunterschiede Ausland' ein.

I. Verrechnungspreisgestaltungen innerhalb bestehender Bandbreiten

Großes Potential zur Absenkung der Konzernsteuerquote besteht in der Gestaltung der Verrechnungspreise für innerhalb des Unternehmens oder Unternehmensverbundes gehandelte Güter und Dienstleistungen.[1533] Internationalen Konzernen eröffnet sich hierbei die Möglichkeit, Gewinne und Verluste über Steuerrechtsgrenzen hinweg von der einen auf die andere Konzerngesellschaft zu verlagern.[1534] Deutsche internationale Konzerne können hierzu ihre in

---

[1529] Vgl. *Kessler/Dorfmüller*, Holdinggesellschaften, PIStB 2001, S. 177; *Herzig*, Gestaltung, WPg 2003, Sonderheft, S. S 86.

[1530] Vgl. *Herzig*, Globalisierung, WPg 1998, S. 289.

[1531] Vgl. *Herzig/Dempfle*, Konzernsteuerquote, DB 2002, S. 5 ff.

[1532] Vgl. zur Diskussion der Steuerbelastung in Deutschland z.B. *Jacobs/Spengel*, Measurement, Intertax 2000, S. 336; *Spengel/Lammersen*, Messung, StuW 2001, S. 223 ff.; *Spengel*, effektive Steuerbelastung, ZfbF 2002, S. 710 ff.; *Endres*, Funktionsverlagerung, RIW 2003, S. 729; *Endres/Oestreicher*, Ergebnisabgrenzung, IStR 2003, Beihefter zu Heft 15/2003, S. 11 m.w.N. in Fn. 90; *Spengel/Wiegard*, Hochsteuerland, DB 2005, S. 516 ff.; sowie beispielsweise auch *Jacobs*, Deutschland nicht der attraktivste Platz, Unternehmermagazin 2002, S. 30, 32; *Bundesverband der Deutschen Industrie e.V./Verband der Chemischen Industrie e.V.*, Steuerbelastung, 2002, S. 7 ff.; *Bundesverband der Deutschen Industrie e.V./Verband der Chemischen Industrie e.V.*, Unternehmen, 2004, S. 6 ff.; *Jarass/Obermair*, Geheimnisse, 2004; *Schäfers*, Steuerschlacht, FAZ Nr. 64 vom 17.3.2005, S. 12; *Schäfers*, 30 Prozent, FAZ Nr. 64 vom 17.3.2005, S. 12; *Jonas*, Erwartungen, FAZ Nr. 64 vom 17.3.2005, S. 12; *Elschner/Overesch*, Standortattraktivität, DB 2006, S. 1018 f., 1021.

[1533] Vgl. nur *Möller/Bartl*, Konzernstruktur, in: *Oestreicher* (Hrsg.), Verrechnungspreise, 2003, S. 267 f. Zu Bedeutung und Funktionen von Verrechnungspreisen im Allgemeinen *Baumhoff*, Verrechnungspreise, 1986, S. 13 ff.; *Klein*, Verrechnungspreisgestaltung, 1988, S. 6 ff.; *Kußmaul*, Verrechnungspreise, RIW 1987, S. 680; *Boos/Rehkugler/Tucha*, Verrechnungspreise, DB 2000, S. 2389 f.; *Jacobs*, Unternehmensbesteuerung, 5. Auflage, 2002, S. 868 ff.; *Zirfas*, Planungsansätze, in: *Oestreicher* (Hrsg.), Verrechnungspreise, 2003, S. 248; *Vögele/Brem*, in: *Vögele/Borstell/Engler*, HB der Verrechnungspreise, 2. Auflage, 2004, Kapitel G, Tz. 28 ff.; *Lengsfeld*, Verrechnungspreise, BFuP 2005, S. 137 ff.

[1534] Vgl. bereits *Strobl/Zirkel*, Konzern, AWD 1968, S. 463.

den verschiedenen Steuerrechtshoheiten ansässigen Konzerngesellschaften nutzen, ohne dass Umstrukturierungen des Konzerngebildes notwendig sind.

Ziel von Steuergestaltungen mit Verrechnungspreisen ist es, Erträge innerhalb des Konzernverbundes so zu verlagern, dass diese in niedriger besteuernden Sitzstaaten der Konzernunternehmungen anfallen, als dies vor der Verlagerung der Fall war, und Aufwendungen in Länder mit höheren Steuersätzen zu verlagern.[1535] Die Erträge unterfallen dann einer niedrigeren Steuerbelastung, die Differenz wirkt, da eine Abgrenzung latenter Steuern nicht notwendig ist, mindernd auf die effektive Steuerbelastung des Konzerns ein.[1536] Die in den höher besteuernden Staat verlagerten Aufwendungen wirken demgegenüber steuermindernd auf einen höheren Steuersatz als vor deren Verlagerung ein und senken dadurch ebenfalls den effektiven Steueraufwand des Konzerns.

Aber nicht nur bei Gewinnen, auch bei Verlusten kann deren räumliche Allokation mit Hilfe von Verrechnungspreisen steuergünstig sein. Denn gelingt es, Verluste in Ländern mit im Vergleich zum Zustand vor der Verlagerung höheren Steuersätzen anfallen zu lassen und hierauf eine aktive latente Steuer abzugrenzen, wird die Steuerlatenz auf Grundlage eines höheren Steuersatzes ermittelt. Hieraus resultiert ein höherer latenter Steuerertrag als bei Bildung der Steuerlatenz in einer Steuerhoheit mit niedrigerem Steuersatz; dieser senkt ebenfalls den effektiven Steueraufwand des Konzerns.

Zur Umsetzung solcher Gestaltungen werden zwischen verbundenen Unternehmen getätigte Geschäfte so abgerechnet, dass für Produkte und Dienstleistungen von in Niedrigsteuerländern ansässigen Konzernunternehmungen bei deren Bezug durch in höher besteuernden Ländern ansässige Konzerngesellschaften tendenziell hohe Preise gezahlt werden et vice versa.[1537] Dadurch steigen die Ergebnisse in den niedriger besteuernden Ansässigkeitsstaaten der Konzerngesellschaften an und unterfallen dort einer niedrigeren Besteuerung, in den höher besteuernden Staaten sinken die Ergebnisse demgegenüber. Aus der rein buchtechnischen

---

1535 Sogenanntes *tax rate shopping*, vgl. *Kessler/Dorfmüller*, Holdinggesellschaften, PIStB 2001, S. 182. Vgl. auch *Bogenschütz*, Steuerplanung, in: *Haarmann Hemmelrath & Partner* (Hrsg.), Gestaltung, 1998, S. 10; *Becker*, Überlassung, in: *Oestreicher* (Hrsg.), Verrechnungspreise, 2003, S. 99 f.; *Endres*, Funktionsverlagerung, RIW 2003, S. 731; *Endres*, Konzernsteuerquote, in: *Oestreicher* (Hrsg.), Steuerplanung, 2004, S. 173; *Schmid-Pickert*, Verrechnungspreise, SteuerStud 2005, S. 255 f.

1536 Wenn die ausländische Unternehmenseinheit eine Betriebstätte ist, hängt die definitive Wirkung der niedrigeren ausländischen Steuerbelastung davon ab, dass die Freistellungsmethode zur Anwendung kommt und ein Hochschleusen der Steuerbelastung auf das inländische Niveau unterbleibt. Bei ausländischen Kapitalgesellschaften ist die Methode zur Vermeidung der Doppelbesteuerung aufgrund der Abschirmwirkung der Kapitalgesellschaft irrelevant. Vgl. Abschnitt C.II des 3. Kapitels, hier ab S. 232.

1537 Noch im Jahr 2002 gelangte die Europäische Kommission allerdings zu der Auffassung, dass Verrechnungspreise in Europa nicht systematisch zur Gewinnverlagerung und damit zur Steuerplanung benutzt werden, sondern dass die Preise für innerkonzernliche Transaktionen zuvorderst unter dem Gesichtspunkt der Maximierung des Betriebsgewinns festgesetzt werden. In den USA dienten Verrechnungspreise demgegenüber schon zu diesem Zeitpunkt häufig zur Verlagerung von Gewinnen aus Hochsteuergebieten in Niedrigsteuerländer, vgl. *Europäische Kommission*, Unternehmensbesteuerung, 2002, S. 369 f. Ähnlich sieht auch *Zirfas*, Planungsansätze, in: *Oestreicher* (Hrsg.), Verrechnungspreise, 2003, S. 248, die Reduzierung der Steuerbelastung nur als Subziel von Verrechnungspreisen.

Bewertung realer Lieferungs- und Leistungsströme resultiert eine ‚buchmäßige' Gewinnverlagerung.[1538]

Zwar ist die steuerliche Anerkennung von Verrechnungspreisen verbundener Unternehmen durch die Verwaltungsgrundsätze des Bundesministeriums der Finanzen[1539] an die Erfüllung der Kriterien des Fremdvergleichs als Maßstab der Einkunftsabgrenzung geknüpft.[1540] Konkretisiert wird der Fremdvergleichsgrundsatz zunächst durch die verkehrsübliche Sorgfalt ordentlicher und gewissenhafter Geschäftsleiter.[1541] Zudem sind im Rahmen des Fremdvergleichs die von den einzelnen Unternehmen übernommenen Funktionen und Risiken zu berücksichtigen und ebenfalls wie zwischen voneinander unabhängigen Dritten zu bewerten. Umfang und konkreter wirtschaftlicher Gehalt der Funktionen und Risiken werden dabei durch eine Funktionsanalyse ermittelt, die den Ausgangspunkt der Verrechnungspreisbestimmung bildet.[1542]

1538 Vgl. *Rose*, Grundzüge, 5. Auflage, 2000, S. 82 f.; *Kaminski*, Verrechnungspreisbestimmung, 2001, S. 6 m.w.N.

1539 Vgl. Bundesministerium der Finanzen, Schreiben vom 23.2.1983, Az. IV C 5 - S 1341 - 4/83, BStBl. I 1983, S. 218 ff., sowie die hierzu erlassenen Änderungen und Ergänzungen; zuletzt Bundesministerium der Finanzen, Schreiben vom 12.4.2005, Az. IV B 4 - S 1341 - 1/05, BStBl. I 2005, S. 570 ff. Vgl. zur Einführung der Verwaltungsgrundsätze stellvertretend *Höppner*, Verrechnungspreis-Erlaß, StBP 1983, S. 121 ff.; sowie zu den Änderungen und Ergänzungen zusammenfassend *Vögele/Fischer*, in: *Vögele/Borstell/Engler*, HB der Verrechnungspreise, 2. Auflage, 2004, Kapitel A, Tz. 14; ausführlich *Endres/Oestreicher*, Ergebnisabgrenzung, IStR 2003, Beihefter zu Heft 15/2003, S. 7 ff.; im Einzelnen z.B. *Rasch/Roeder*, Verrechnungspreisgesetz, IWB 2003, Fach 3, Gruppe 1, S. 1933 f.; *Finsterwalder*, Dokumentationssystemen, IStR 2004, S. 763; *Vögele/Brem*, Rechtsverordnung, IStR 2004, S. 48 ff.; *Endres/Miles/Oestreicher*, Regulation, Intertax 2005, S. 50 ff.; *Grützner*, Dokumentation, StuB 2005, S. 442 ff.; *Werra*, Dokumentation, IStR 2005, S. 19 ff.

1540 Vgl. Bundesministerium der Finanzen, Schreiben vom 23.2.1983, Az. IV C 5 - S 1341 - 4/83, BStBl. I 1983, S. 221, Tz. 2.1. Eingeführt wurde der Fremdvergleichsgrundsatz bereits durch den Reichsfinanzhof im Jahre 1935, vgl. Reichsfinanzhof, Urteil vom 19.12.1935, Az. I A 166/35, RStBl. 1936, S. 252; *Strobl/Zirkel*, Konzern, AWD 1968, S. 464. Vgl. zur Bedeutung des Fremdvergleichsgrundsatzes *Brüggelambert*, Gestaltung, BFuP 2005, S. 177.

1541 Vgl. Bundesministerium der Finanzen, Schreiben vom 23.2.1983, Az. IV C 5 - S 1341 - 4/83, BStBl. I 1983, S. 221, Tz. 2.1.1.; Bundesfinanzhof, Urteil vom 16.3.1967, Az. I 261/63, BStBl. III 1967, S. 626; Bundesfinanzhof, Urteil vom 10.5.1967, Az. I 187/64, BStBl. III 1967, S. 498. Zur Rechtsfigur des ordentlichen und gewissenhaften Geschäftsleiters als Kriterium des Fremdvergleichs ausführlich *Borstell*, in: *Vögele/Borstell/Engler*, HB der Verrechnungspreise, 2. Auflage, 2004, Kapitel C, Tz. 21 ff.

1542 Vgl. Bundesministerium der Finanzen, Schreiben vom 23.2.1983, Az. IV C 5 - S 1341 - 4/83, BStBl. I 1983, S. 221, Tz. 2.1.3. f.; Bundesministerium der Finanzen, Schreiben vom 12.4.2005, Az. IV B 4 - S 1341 - 1/05, BStBl. I 2005, S. 581, Tz. 3.4.10.2; *Klein*, Verrechnungspreis-Richtlinien, IStR 1995, S. 547 f.; *Kuckhoff/Schreiber*, Verrechnungspreise, 1997, S. 22 ff., Tz. 50 ff.; *Borstell*, Funktionsverlagerungen, in: *Herzig/Günkel/Niemann* (Hrsg.), StbJb 2001/02, 2002, S. 220 f.; *Ditz*, Gewinnabgrenzung, IStR 2002, S. 211 f.; *Jacobs*, Unternehmensbesteuerung, 5. Auflage, 2002, S. 974; *Vögele/Borck*, Risiken, IStR 2002, S. 176 f.; *Baumhoff/Bodenmüller*, Verlagerung, in: *Grotherr* (Hrsg.), Handbuch, 2. Auflage, 2003, S. 348, 353 ff.; *Schreiber*, Verlagerung, in: *Oestreicher* (Hrsg.), Verrechnungspreise, 2003, S. 287 f.; *Finsterwalder*, Dokumentationssystemen, IStR 2004, S. 764 f.; *Grützner*, Verrechnungspreismethoden, StuB 2005, S. 612 f. Vgl. zu einem anschaulichen Beispiel *Pühler*, Verrechnungspreissystem, in: *Raupach* (Hrsg.), Verrechnungspreissysteme, 1999, S. 255 f., der den Betrieb im Rahmen der Funktionsanalyse zunächst in Hauptfunktionen und anschließend in Leistungsbereiche zerlegt.

Aber selbst bei Anwendung der in den Verwaltungsgrundsätzen vorgesehenen Methoden zur Ermittlung der Verrechnungspreise[1543] ist es nur in seltenen Ausnahmenfällen möglich, einen exakten und einzig möglichen Verrechnungspreis zu ermitteln. In aller Regel resultieren Verrechnungspreisalternativen innerhalb einer Bandbreite, die sämtlich zulässig sind.[1544] Die dadurch entstehenden Gestaltungsspielräume ermöglichen dem deutschen internationalen Konzern die Nutzung des internationalen Steuergefälles mit dem Ziel der Senkung der effektiven Steuerbelastung als Zählergröße der Konzernsteuerquote, ohne dass Veränderungen in der Konzernstruktur vorgenommen werden müssen.[1545]

Die Gestaltung der Konzernsteuerquote durch Verrechnungspreise ist in diesem Umfang erst seit der Unternehmenssteuerreform und damit „erstmals seit Jahrzehnten“[1546] möglich. Erst die Abschaffung des körperschaftsteuerlichen Anrechnungsverfahrens mit der damit verbundenen Notwendigkeit, zur Bedienung von Dividendenausschüttungen inländisches Ergebnis zu generieren oder sogar Ergebnisse aus dem Ausland in das Inland zu verlagern,[1547] hat die dargestellten, nur noch durch die Bandbreiten der Verrechnungspreise eingeschränkten, Gewinnverlagerungen durch Verrechnungspreise in Niedrigsteuerländer, ebenso wie die Nutzung des internationalen Steuergefälles insgesamt, ermöglicht.[1548]

1543 In erster Linie sind dies die Preisvergleichsmethode, die Wiederverkaufspreismethode und die Kostenaufschlagsmethode als sogenannte Standardmethoden. Vgl. zu diesen und alternativen Konzepten der Gewinnabgrenzung im Konzern z.B. Bundesministerium der Finanzen, Schreiben vom 23.2.1983, Az. IV C 5 - S 1341 - 4/83, BStBl. I 1983, S. 212 f., Tz. 2.2.; *Klein*, Verrechnungspreisgestaltung, 1988, S. 61 ff.; *Boos/Rehkugler/Tucha*, Verrechnungspreise, DB 2000, S. 2390 ff.; *Boos/Rehkugler*, Immaterielle Wirtschaftsgüter, IStR 2002, S. 534 ff.; *Jacobs*, Unternehmensbesteuerung, 5. Auflage, 2002, S. 878 ff., 923 ff.; *Zirfas*, Planungsansätze, in: *Oestreicher* (Hrsg.), Verrechnungspreise, 2003, S. 253 ff.; *Brüggelambert*, Gestaltung, BFuP 2005, S. 183 ff.; *Grützner*, Verrechnungspreismethoden, StuB 2005, S. 614 ff.; *Schmid-Pickert*, Verrechnungspreise, SteuerStud 2005, S. 257 ff. Vgl. zur Preisvergleichsmethode ausführlich *Dawid/Dorner*, Preisvergleichsmethode, IWB 2002, Fach 10, Gruppe 2, S. 1549 ff.; zur Anwendung der Preisvergleichsmethode bei immateriellen Wirtschaftsgütern *Becker*, Überlassung, in: *Oestreicher* (Hrsg.), Verrechnungspreise, 2003, S. 119.

1544 Vgl. Bundesministerium der Finanzen, Schreiben vom 23.2.1983, Az. IV C 5 - S 1341 - 4/83, BStBl. I 1983, S. 222, Tz. 2.1.8. f.; Bundesfinanzhof, Urteil vom 16.2.1977, Az. I R 94/75, BStBl. II 1977, S. 568; Bundesfinanzhof, Urteil vom 16.4.1980, Az. I R 75/78, BStBl. II 1981, S. 492; Bundesfinanzhof, Urteil vom 17.10.2001, Az. I R 103/00, BStBl. II 2004, S. 171; sowie zuletzt Bundesfinanzhof, Urteil vom 6.4.2005, Az. I R 22/04, IStR 2005, S. 598; *Höppner*, Verrechnungspreis-Erlaß, StBP 1983, S. 125 f.; *Klein*, Verrechnungspreisgestaltung, 1988, S. 59 f.; *Kuckhoff/Schreiber*, Verrechnungspreise, 1997, S. 74, Tz. 165; *Boos/Rehkugler*, Immaterielle Wirtschaftsgüter, IStR 2002, S. 533; *Jacobs*, Unternehmensbesteuerung, 5. Auflage, 2002, S. 899 f.; *Kuckhoff/Schreiber*, Prüfung, IWB 2002, Fach 3, Gruppe 1, S. 1874 ff.; *Zirfas*, Planungsansätze, in: *Oestreicher* (Hrsg.), Verrechnungspreise, 2003, S. 250; *Baumhoff/Ditz/Greinert*, Angemessenheit, IStR 2005, S. 593.

1545 Vgl. *Klein*, Konzernverrechnungspreise, ZfB 1982, S. 155 f.; *Möller/Bartl*, Konzernstruktur, in: *Oestreicher* (Hrsg.), Verrechnungspreise, 2003, S. 267 f.; *Herzig*, Gestaltung, WPg 2003, Sonderheft, S. S 87 f.

1546 *Vögele/Edelmann*, Steuerplanung, IStR 2000, S. 465.

1547 Vgl. *Braun*, EK50-Lücke, 1993, S. 140 ff.; *Homburg*, Unternehmenssteuerreform, Stbg 2001, S. 9.

1548 Vgl. *Müller*, Steuermanagement, IStR 1996, S. 452; *Vögele/Edelmann*, Steuerplanung, IStR 2000, S. 464 f.; *Herzig/Dempfle*, Konzernsteuerquote, DB 2002, S. 6; *Jacobs*, Unternehmensbesteuerung, 5. Auflage, 2002, S. 1068 f.; *Herzig*, Gestaltung, WPg 2003, Sonderheft, S. S 88.

Allerdings ist auch hier eine sorgfältige und andauernde Überprüfung der gewählten Gestaltung, namentlich die Überprüfung des gewählten Verrechnungspreises, durch die Konzernsteuerabteilung notwendig, mithin muss auch diese Gestaltung Eingang in das Steuercontrolling des Konzerns finden. Denn sobald die Finanzverwaltung der Ansicht ist, die Verrechnungspreise seien unangemessen und minderten die steuerliche Bemessungsgrundlage auf inakzeptable Weise, erfolgt von Seiten der Verwaltung eine Gewinnkorrektur, um der unangemessenen Gewinnverlagerung entgegenzutreten.[1549] Zur Gewinnkorrektur kann u.U. auch eine Schätzung des angemessenen Verrechnungspreises stattfinden.[1550] Besonders schwerwiegend kann sich die Gewinnkorrektur auswirken, wenn zwei verschiedene nationale Finanzverwaltungen Konzernverrechnungspreise überprüfen. Denn kommen sie zu abweichenden Ergebnissen, können unter Umständen statt der angestrebten Senkung der Steuerlast Doppelbesteuerung, Strafzuschläge und Zinsen resultieren.[1551]

II. Finanzierungsstrategien

Über die Gestaltung von Verrechnungspreisen hinausgehendes Potential zur Absenkung der Konzernsteuerquote bietet die Ausnutzung steueroptimaler Finanzierungsgestaltungen innerhalb des internationalen Konzernverbundes. Die Eingriffstiefe in die Konzernstrukturen ist hierbei immer noch gering, bleiben doch die realen, güterwirtschaftlichen Prozesse der Unternehmung unberührt.[1552] Bei der Suche nach Finanzierungsgestaltungen zur Senkung der Konzernsteuerquote geht es vorrangig um die Frage, ob mit dem Ziel der steuerorientierten Zuordnung von Aufwendungen und/oder Erträgen innerhalb des Konzernverbundes (Allokationsstrategien[1553]) eine Eigen- oder Fremdkapitalfinanzierung der in den verschiedenen Steuerhoheiten ansässigen Beteiligungsgesellschaften zu empfehlen ist.[1554] Hierzu sind zunächst die effektiv anzuwendenden Gesamtsteuersätze der jeweiligen Standorte zu ermitteln. Anschließend sind die der inländischen Konzernobergesellschaft bei Repatriierung zufließenden Erträge für die Eigen- und für die Fremdfinanzierung zu vergleichen, indem der vollen Besteuerung des Gewinns im Ausland mit anschließender Ausschüttung als Dividende nach

---

[1549] Vgl. Bundesministerium der Finanzen, Schreiben vom 23.2.1983, Az. IV C 5 - S 1341 - 4/83, BStBl. I 1983, S. 231 ff., Tz. 8.; *Klein*, Konzernverrechnungspreise, ZfB 1982, S. 156 f.; *Baumhoff*, Verrechnungspreise, 1986, S. 17; sowie ausführlich *Kuckhoff/Schreiber*, Verrechnungspreise, 1997.

[1550] Vgl. *Vögele/Bader*, Systematik, IStR 2002, S. 356 ff.

[1551] Vgl. *Klein*, Konzernverrechnungspreise, ZfB 1982, S. 156; *Endres/Oestreicher*, Ergebnisabgrenzung, IStR 2003, Beihefter zu Heft 15/2003, S. 1.

[1552] Vgl. *Herzig*, Gestaltung, WPg 2003, Sonderheft, S. S 88.

[1553] Vgl. ausführlich *Kessler*, Euro-Holding, 1996, S. 91 ff.; *Kessler/Dorfmüller*, Holdinggesellschaften, PIStB 2001, S. 179 ff.

[1554] Vgl. nur *Haarmann*, Gestaltbarkeit, in: *Herzig/Günkel/Niemann* (Hrsg.), StbJb 2001/2002, 2002, S. 377. Zu weiteren Einflussfaktoren auf die Ausgestaltung der Konzernfinanzierung im Allgemeinen *Jacobs*, Unternehmensbesteuerung, 5. Auflage, 2002, S. 801 ff.

Deutschland die inländische Besteuerung von Zinserträgen bei gleichzeitiger Minderung des ausländischen Ergebnisses um diese Zinsen gegenübergestellt wird.[1555]

Ist die ausländische Steuerbelastung höher als die inländische, ist, wie folgendes Beispiel verdeutlicht, grundsätzlich eine Ausstattung der ausländischen Beteiligungsgesellschaft mit Fremdkapital zu empfehlen.[1556] In der Region R1 (Inland) sei der anzuwendende Gesamtsteuersatz 38,65%, in Region R2 40%. Das in Region R2 erwirtschaftete Ergebnis vor Steuern und Zinsen beträgt 100.000 GE. Führt die inländische Konzernobergesellschaft der ausländischen Beteiligungsgesellschaft in Region R2 Eigenkapital zu,[1557] so hat diese auf den Gewinn 40.000 GE an Steuern abzuführen. Wird der verbleibende Gewinn als Dividende nach Deutschland ausgeschüttet, erhält die Konzernobergesellschaft 60.000 GE, wovon sie 5%, hier: 3.000 GE, die gemäß § 8b Abs. 5 S. 1 KStG als nichtabziehbare Betriebsausgaben gelten, mit dem inländischen Steuersatz zu versteuern hat. Hieraus resultiert eine zusätzliche Steuerbelastung von 1.159,50 GE. Insgesamt beträgt die Steuerbelastung des in Region R2 erzielten Ergebnisses bei Ausstattung der dort ansässigen Beteiligungsgesellschaft mit Eigenkapital dann 41.159,50 GE; aus Konzernsicht verbleibt ein Nachsteuerergebnis von 58.840,50 GE.

Gewährt die inländische Konzernobergesellschaft der Gesellschaft in Region R2 ein Darlehen, stellen die zu leistenden Zinsaufwendungen (angenommen: 100.000 GE) bei der Beteiligungsgesellschaft grundsätzlich steuerlich abzugsfähige Betriebsausgaben dar und mindern deren steuerpflichtigen Gewinn, im Beispiel auf Null. In Region R2 fällt dann keine Steuerbelastung mehr an. In Deutschland zählen die Zinseinnahmen zum zu versteuernden Einkommen der Konzernobergesellschaft. Hierauf ist der inländische Steuersatz anzuwenden, es entsteht eine Steuerlast von 38.650 GE, nach Steuern verbleibt aus Sicht des Konzerns ein Ergebnis von 61.350 GE. Die Steuerbelastung des Ergebnisses ist bei Ausstattung der Beteiligungsgesellschaft in der vergleichsweise hoch besteuernden Region R2 mit Fremdkapital um 2.509,50 GE niedriger, als wenn dieser Gesellschaft Eigenkapital zur Verfügung gestellt wird. Im Ergebnis entspricht die Steuerbelastung einer Beteiligungsfinanzierung mit Eigenkapital grundsätzlich dem ausländischen Ertragsteuerniveau, erhöht um die gemäß § 8b Abs. 5 S. 1 KStG anfallende inländische Steuer sowie gegebenenfalls um Quellensteuern. Die Steuerbe-

---

[1555] Vgl. mit einem Vergleich der Eigen- und Fremdfinanzierung *Bader*, Finanzierung, in: *Maßbaum/Meyer-Scharenberg/Perlet* (Hrsg.), Unternehmensbesteuerung, 1994, S. 282 ff.

[1556] Et vice versa. Vgl. zu diesem Grundsatz der Optimierung von Unternehmensfinanzierungen *Jacobs*, Unternehmensbesteuerung, 5. Auflage, 2002, S. 763.

[1557] Vgl. zur Behandlung von Refinanzierungskosten der Konzernobergesellschaft bei fremdfinanzierten Auslandsinvestitionen und deren Auswirkungen auf die Konzernsteuerquote *Bader*, Finanzierung, in: *Maßbaum/Meyer-Scharenberg/Perlet* (Hrsg.), Unternehmensbesteuerung, 1994, S. 301 ff.; *Endres*, Funktionsverlagerung, RIW 2003, S. 731; *Stein/Becker*, Steuerplanung, GmbHR 2003, S. 87 ff.; *Endres*, Konzernsteuerquote, in: *Oestreicher* (Hrsg.), Steuerplanung, 2004, S. 176 f.

lastung einer Gesellschafterfremdfinanzierung entspricht grundsätzlich dem inländischen Ertragsteuerniveau.[1558]

Ist die ausländische Steuerbelastung niedriger als die inländische, lautet die Empfehlung grundsätzlich auf eine Ausstattung der Beteiligungsgesellschaft mit Eigenkapital.[1559] Angenommen sei Region R3, in der die aggregierte Steuerbelastung bei 35% liegt. Für die Zahlen aus obigem Beispiel ist bei Eigenkapitalausstattung einer in Region R3 angesiedelten Konzerngesellschaft der dort entstandene Gewinn in Höhe von 100.000 GE mit Steuern von 35.000 GE belastet. In Deutschland als dem Sitzstaat der Konzernobergesellschaft werden 65.000 vereinnahmt, von denen 3.250 GE als nichtabziehbare Betriebsausgabe zu versteuern sind; die Steuerbelastung hierauf beträgt 1.256,13 GE. Insgesamt sind 36.256,13 GE an Steuern auf das in der Region R3 erwirtschaftete Ergebnis entstanden, was einem Nachsteuerergebnis von 63.743,87 GE entspricht. Eine Ausstattung mit Fremdkapital hätte die gleichen Folgen wie in obigem Beispiel; der Gewinn der Beteiligungsgesellschaft sinkt auf Null, dort fallen keine Steuern an. Im Inland erfolgt die Besteuerung der Zinserträge mit 38,65%, was einer Steuerbelastung von 38.650 GE und einem Ergebnis nach Steuern in Höhe von 61.350 GE entspricht. In diesem Fall ist die gesamte Steuerlast um 2.393,87 GE niedriger, wenn die Beteiligungsgesellschaft im niedriger besteuernden Ausland mit Eigenkapital ausgestattet wird.

Die Strukturen des deutschen internationalen Konzerns sind daher auf die vorgestellten Alternativen hin zu überprüfen.[1560] Sollte sich herausstellen, dass die jeweils andere Lösung zu günstigeren Ergebnissen führt, bleibt weiter abzuwägen, ob eine Umfinanzierung der Beteiligungsgesellschaft möglich und unter Berücksichtigung aller Kosten auch betriebswirtschaftlich sinnvoll ist.[1561] Sind unter diesen Voraussetzungen Änderungen in der Finanzierung der Beteiligungsgesellschaften rentabel, kann, da die geminderten Steuerbelastungen definitiv sind und keine Abgrenzung latenter Steuern auslösen, die effektive Steuerbelastung als Zählergröße der Konzernsteuerquote - und damit die Konzernsteuerquote insgesamt - gesenkt werden.

Allerdings sind bei Umfinanzierungen, die in einer Erhöhung der Fremdkapitalausstattung der ausländischen Beteiligungsgesellschaft und im Ergebnis zu einer Umqualifizierung von Dividenden in Vergütungen für Fremdkapital führen, ausländische Restriktionen im Hinblick auf

---

1558 Vgl. *Stein/Becker*, Steuerplanung, GmbHR 2003, S. 87.

1559 Vgl. *Jacobs*, Unternehmensbesteuerung, 5. Auflage, 2002, S. 763; vgl. auch das Beispiel bei *Endres*, Konzernsteuerquote, in: *Oestreicher* (Hrsg.), Steuerplanung, 2004, S. 176 f.

1560 Da die deutschen Steuersätze im internationalen Vergleich sowohl nominal als auch effektiv nach wie vor im oberen Bereich angesiedelt sind, dürfte sich aus steuerlicher Sicht in erster Linie die Ausstattung der ausländischen Beteiligungsgesellschaft mit Eigenkapital rentieren. Vgl. Fn. 1532 auf Seite 290.

1561 Vgl. zur Problematik bei konsolidierten Gesellschaften Abschnitt C.I des 3. Kapitels, hier ab Seite 230.

Unterkapitalisierungen, vergleichbar denen des § 8a KStG[1562], zu beachten.[1563] Denn häufig begrenzen die ausländischen Steuerhoheiten durch *thin capitalization rules* den steuerwirksamen Abzug von Vergütungen für von Gesellschaftern zur Verfügung gestelltes Fremdkapital mit der Folge, dass bei unverhältnismäßig hohen Vergütungen diese wie in Deutschland[1564] bei der Einkommensermittlung der Beteiligungsgesellschaft ganz oder teilweise wieder hinzuzurechnen sind.[1565] Die Bestimmung der Unterkapitalisierung kann einerseits durch die Heranziehung des Fremdvergleichmaßstabs erfolgen; zur Herstellung von Planungs- und Rechtssicherheit werden mit bestimmten Relationen von Fremd- und Eigenkapital häufig zusätzlich Nichtbeanstandungsgrenzen in die Regelungen eingefügt.[1566] Diese Grenzen dienen den Unternehmen als *„safe haven"*[1567] und müssen in die Planungsüberlegungen des deutschen internationalen Konzerns im Hinblick auf Umfinanzierungen ausländischer Beteiligungsgesellschaften einfließen.[1568]

Neben der Frage nach der Ausstattung ausländischer Beteiligungsgesellschaften mit Eigen- oder Fremdkapital ist zusätzlich die Einschaltung von Konzernfinanzierungsgesellschaften in einem weiteren ausländischen Staat zu prüfen.[1569] Ausgangspunkt dieser Überlegung ist die soeben aufgezeigte Erkenntnis, dass die Ausstattung einer in einem höher als das Inland besteuernden Staat ansässigen Beteiligungsgesellschaft mit Fremdkapital das Konzernergebnis nach Steuern insgesamt positiv beeinflusst. Wenn das Fremdkapital aber nicht unmittelbar von der inländischen Konzerobergesellschaft, sondern von einer Finanzierungsgesellschaft in

---

1562 Eingeführt durch das StandOG vom 13.9.1993, BStBl. 1993 I, S. 774. Vgl. zur Einführung ausführlich *Herzig*, Gesellschafter-Fremdfinanzierung, StuW 1993, S. 237 ff.; *Herzig*, Standortsicherungsgesetz, DB 1994, S. 110 ff. Zu den nachfolgenden Änderungen *Herzig*, Gesellschafter-Fremdfinanzierung (2003), WPg 2003, Sonderheft, S. S 191 ff.; sowie zuletzt *Prinz*, Gesellschafterfremdfinanzierung, in: *Piltz/Schaumburg* (Hrsg.), Unternehmensfinanzierung, 2006, S. 21 ff., insbesondere S. 31 ff.

1563 Vgl. nur *Endres*, Neuordnung, in: *IDW* (Hrsg.), Unternehmenstätigkeit, 1996, S. 91-102. Zur europarechtlichen Zulässigkeit von Unterkapitalisierungsregelungen z.B. *Brosens*, Thin capitalization, EC Tax Review 2004, S. 188 ff.

1564 Zu den Rechtsfolgen der Regelung in Deutschland z.B. *Frotscher*, in: *Frotscher/Maas*, KStG/UmwStG, 1978, § 8a KStG, Tz. 97 ff.

1565 Vgl. *Krebühl*, Gesellschafterfremdfinanzierung, in: *IDW* (Hrsg.), Unternehmenstätigkeit, 1996, S. 38 f.; *Jacobs*, Unternehmensbesteuerung, 5. Auflage, 2002, S. 805 ff.; *Brosens*, Thin capitalization, EC Tax Review 2004, S. 191. Mit einem ausführlichen Ländervergleich von Unterkapitalisierungsregelungen bereits *Bader*, Finanzierung, in: *Maßbaum/Meyer-Scharenberg/Perlet* (Hrsg.), Unternehmensbesteuerung, 1994, S. 305 ff.

1566 Vgl. bereits *Krebühl*, Gesellschafterfremdfinanzierung, in: *IDW* (Hrsg.), Unternehmenstätigkeit, 1996, S. 41; *Brosens*, Thin capitalization, EC Tax Review 2004, S. 190; sowie die Übersichten bei *Endres/Dorfmüller*, Holdingstrukturen, PIStB 2001, S. 101; *Jacobs*, Unternehmensbesteuerung, 5. Auflage, 2002, S. 807.

1567 *Herzig*, Gesellschafter-Fremdfinanzierung, StuW 1993, S. 241.

1568 Vgl. zu Gestaltungshinweisen zur Umgehung der Restriktionen der Unterkapitalisierungsregelungen *Böck/Böhringer/Weber*, Unternehmensfinanzierung, Stbg 2003, S. 315 f.

1569 Vgl. *Bader*, Finanzierung, in: *Maßbaum/Meyer-Scharenberg/Perlet* (Hrsg.), Unternehmensbesteuerung, 1994, S. 297 ff.; sowie ausführlich *Gundel*, Finanzierungsgestaltungen, IStR 1994, S. 211 ff., 263 ff.; vgl. auch *Burkert*, Funktionsverlagerungen, IStR 2003, S. 360; sowie zuletzt *Ammelung*, Finanzierungsgesellschaften, in: *Piltz/Schaumburg* (Hrsg.), Unternehmensfinanzierung, 2006, S. 71 ff. Unter Umständen kann sich auch die Finanzierung inländischer Beteiligungsgesellschaften durch ausländische Finanzierungsgesellschaften lohnen, vgl. *Krawitz/Büttgen-Pöhland*, EU-Auslandsholdinggesellschaften, FR 2003, S. 877 ff.

einem niedriger als das Inland besteuernden Staat[1570] bereitgestellt wird, wird der Zinsertrag dort mit einem niedrigeren als dem inländischen Steuersatz belastet und die gesamte Steuerbelastung kann im Vergleich zu einer unmittelbaren Fremdkapitalvergabe durch die Konzernobergesellschaft noch weiter optimiert werden. Wenn das von der Finanzierungsgesellschaft bereitgestellte Darlehen nun zusätzlich aus der Ausstattung der Finanzierungsgesellschaft durch die Konzernobergesellschaft mit Eigenkapital refinanziert wird, werden die aus einem Hochsteuerland stammenden Zinserträge der Finanzierungsgesellschaft in einem Niedrigsteuerland in Dividendenerträge der Konzernobergesellschaft umgeformt und die oben dargestellten Effekte kombiniert.[1571]

Auf das obige Beispiel übertragen, sollen in der Region R2 die Aufwendungen für ein Darlehen, welches von einer in Region R3 ansässigen Gesellschaft bereitgestellt wird, das steuerpflichtige Ergebnis in Region R2 wieder auf Null mindern. Die Zinserträge sind in Region R3 mit 35% zu versteuern, so dass eine Steuerbelastung von 35.000 GE entsteht und dort 65.000 GE vereinnahmt werden. Im Ergebnis können hier durch eine geschickte Allokationsstrategie[1572] Finanzierungsaufwendungen in Hochsteuerländer verlagert werden, wo sie steuermindernd auf eine höhere als die inländische Steuerbelastung einwirken, gleichzeitig fallen die Finanzierungserträge in Niedrigsteuerländern an, wo sie einer geringeren als der inländischen Steuerbelastung unterliegen.[1573]

Schüttet die Finanzierungsgesellschaft den vereinnahmten Gewinn nach Deutschland aus, unterliegt der inländischen Besteuerung nur noch der nach § 8b Abs. 5 S. 1 KStG hinzuzurechnende Betrag, im Beispiel 3.250 GE. Im Inland entsteht zusätzlich zu der in Region R3 angefallenen Steuer eine Belastung von 1.256,13 GE. Insgesamt sind auf das in der hoch besteuernden Region R2 erwirtschaftete Ergebnis nur 36.256,13 GE an Steuern entstanden, was einem Nachsteuerergebnis von 63.743,87 GE entspricht. Im Vergleich zu einer unmittelbaren Fremdkapitalausstattung der Beteiligungsgesellschaft in Region R2 durch die inländische Konzernobergesellschaft konnte die Steuerbelastung um 2.393,87 GE gesenkt werden. Insgesamt werden so die die Konzernsteuerquote senkenden Effekte kombiniert.

Alle genannten Gestaltungen unterliegen hinsichtlich ihrer Vorteilhaftigkeit jedoch dem Vorbehalt einer möglichen Hinzurechnungsbesteuerung durch das deutsche Außensteuerge-

1570 Vgl. zu Standortkriterien von Konzernfinanzierungs- und Holdinggesellschaften z.B. *Müller*, Steuermanagement, IStR 1996, S. 455; *Eilers/Schmidt*, Holdingstandort, FR 2001, S. 10; *Jacobs*, Unternehmensbesteuerung, 5. Auflage, 2002, S. 844 ff., 1042; *Günkel*, Standortwahl, WPg 2003, Sonderheft, S. S 41 ff., insbesondere S. S 45 ff.; *Günkel*, Konzernfinanzierungsgesellschaften, WPg 2003, Sonderheft, S. S 187, S 189 f.; *Laudan*, Sitzstaaten, in: *Grotherr* (Hrsg.), Handbuch, 2. Auflage, 2003, S. 135 f.; sowie ausführlich und grundlegend bereits *Kessler*, Euro-Holding, 1996, S. 97 ff.

1571 Vgl. *Kessler*, Euro-Holding, 1996, S. 86 ff.; *Kessler/Dorfmüller*, Holdinggesellschaften, PIStB 2001, S. 181 f.; vgl. auch das Beispiel bei *Dorfmüller*, Tax Planning, 2003, S. 147 f.

1572 Vgl. *Kessler/Dorfmüller*, Holdinggesellschaften, PIStB 2001, S. 179.

1573 Vgl. *Herzig*, Gestaltung, WPg 2003, Sonderheft, S. S 88.

setz[1574]. Denn liegt die ausländische Besteuerung unter dem für eine Hinzurechnungsbesteuerung gemäß §§ 7 ff. AStG maßgeblichen Steuersatz von 25% und sind die weiteren Voraussetzungen der Hinzurechnungsbesteuerung erfüllt, unterliegt der Hinzurechnungsbetrag auch ohne eine Ausschüttung der deutschen Besteuerung.[1575] Allerdings kann die Nutzung der genannten Finanzierungsstrategien oder die Einschaltung einer Finanzierungsgesellschaft im Hinblick auf die Gesamtsteuerbelastung unter Umständen auch dann noch lohnenswert sein.[1576]

III. Optimierung des Konzernaufbaus

Zur Absenkung der Konzernsteuerquote bieten sich zudem Gestaltungen der rechtlichen Struktur des deutschen internationalen Konzerns an, wozu im Grundsatz bereits die im unmittelbar vorangegangenen Abschnitt dargestellte Einschaltung von Konzernfinanzierungsgesellschaften zählt.[1577] Während zentraler Aspekt von Finanzierungsgestaltungen zur Senkung der Konzernsteuerquote jedoch die Suche nach geeigneten Allokationsstrategien ist, stehen bei der konzernsteuerquotenorientierten Optimierung der Unternehmensstruktur mit der Frage nach steuerschonenden Rückführungsmöglichkeiten operativer Gewinne von Grundeinheiten zur Konzernobergesellschaft Repatriierungsstrategien im Mittelpunkt der Betrachtung.[1578]

Repatriierungsstrategien ist häufig die Entscheidung inhärent, Auslandsengagements aus steuerlichen Gründen in bestimmten Rechtsformen, beispielsweise als Betriebstätten oder Tochterkapitalgesellschaften, durchzuführen.[1579] Die Ergebnisse der hierzu bereits vielfach angestellten Vorteilhaftigkeitsuntersuchungen[1580] müssen daher auch bei der Optimierung der

---

1574 AStG vom 8.9.1972, BGBl. I 1972, S. 1713.

1575 Vgl. zu den Voraussetzungen und Rechtsfolgen der Hinzurechnungsbesteuerung in Deutschland z.B. *Schaumburg*, Internationales Steuerrecht, 2. Auflage, 1998, S. 465 ff.; *Grotherr*, Erneute Reform, IWB 2002, Fach 3, Gruppe 1, S. 1883 ff.; *Jacobs*, Unternehmensbesteuerung, 5. Auflage, 2002, S. 512 ff.; *Rättig/Protzen*, Hinzurechnungsbesteuerung, DStR 2002, S. 241 ff.; *Burkert*, Funktionsverlagerungen, IStR 2003, S. 360; *Günkel*, Standortwahl, WPg 2003, Sonderheft, S. S 54 f.; *Haarmann*, Außensteuerrecht, WPg 2003, Sonderheft, S. S 67 ff., insbesondere S. S 72 ff.; *Ammelung*, Finanzierungsgesellschaften, in: *Piltz/ Schaumburg* (Hrsg.), Unternehmensfinanzierung, 2006, S. 74 ff.

1576 Vgl. *Kessler/Dorfmüller*, Holdinggesellschaften, PIStB 2001, S. 182; *Haarmann*, Gestaltbarkeit, in: *Herzig/ Günkel/Niemann* (Hrsg.), StbJb 2001/2002, 2002, S. 375; *Jacobs*, Unternehmensbesteuerung, 5. Auflage, 2002, S. 1042 ff.; *Herzig*, Gestaltung, WPg 2003, Sonderheft, S. S 88.

1577 Vgl., auch zur Überschneidung dieser Gestaltungsfelder, *Herzig*, Gestaltung, WPg 2003, Sonderheft, S. S 88 f.

1578 Vgl. zu Allokations- und Repatriierungsstrategien ausführlich *Kessler*, Euro-Holding, 1996, S. 83 ff., 91 ff.; *Kessler/Dorfmüller*, Holdinggesellschaften, PIStB 2001, S. 179 ff.

1579 Zur Frage „Betriebstätte oder Tochtergesellschaft?“ ausführlich *Telkamp*, Betriebstätte, 1975. Weitere Möglichkeiten von Auslandsengagements sind z.B. das Direktgeschäft und Tochterpersonengesellschaften.

1580 Vgl. zur steuerorientierten Rechtsformwahl z.B. *Kaligin*, Reorganisationsmaßnahmen, DStZ 1995, S. 18 ff.; *Schwenke*, Gewinnverlagerung, BB 1998, S. 2604 ff.; *Reis*, Besteuerung, GmbHR 1999, S. 1023 ff.; *Köhler*, Unternehmenssteuerreform, DStR 2000, S. 1849 ff.; *Krawitz/Hick*, Reform, RIW 2001, S. 743 ff.; *New/Schiffers*, Outboundinvestitionen, GmbHR 2001, S. 1005 ff.; *Jacobs*, Unternehmensbesteuerung, 5. Auflage, 2002, S. 810 f.; *Stein/Becker*, Steuerplanung, GmbHR 2003, S. 84 ff.; *Endres*, Konzernsteuerquote, in: *Oestreicher* (Hrsg.), Steuerplanung, 2004, S. 173, 177 f.

Konzernstrukturen mit dem Ziel der Konzernsteuerquotenminimierung berücksichtigt werden. In praxi bedienen sich deutsche internationale Konzerne bei ihrer Betätigung im Ausland ganz überwiegend der Rechtsform der Kapitalgesellschaft,[1581] wobei neben steuerlichen vorrangig operative Gründe der Rechtsformwahl im Vordergrund stehen dürften. Die Eingriffstiefe in die Konzernstrukturen ist in diesem Gestaltungsfeld in aller Regel tiefer als bei den zuvor betrachteten Finanzierungsgestaltungen. Jedoch wird auch hier noch nicht in die realwirtschaftlichen, operativen Strukturen des Konzern eingegriffen, sondern Umstrukturierungen des Konzerns werden lediglich in rechtlicher, statutarischer Hinsicht, teilweise sogar nur im Hinblick auf die zwischen den einzelnen Konzerngesellschaften geschlossenen Verträge vorgenommen.[1582]

Zur Optimierung des Konzernaufbaus mit dem Ziel der Absenkung der Konzernsteuerquote[1583] ist in erster Linie die Frage entscheidend, ob bei Nutzung der bestehenden Zins- und Dividendenrouten bei einer Repatriierung von im Ausland erwirtschafteten und dort einer niedrigeren als der inländischen Steuerbelastung unterfallenden Ergebnissen die Belastung mit Quellensteuern so gering wie möglich ist.[1584] Denn nur wenn es gelingt, diese Ergebnisbestandteile ohne jede Zusatzbelastung in das Inland transferieren zu können, wird die niedrigere ausländische Steuerbelastung definitiv. Die effektive Steuerbelastung des Konzerns kann in diesem bereits optimalen Fall, da auch keine zusätzliche Belastung mit latenten Steuern entsteht, in einem Umfang gesenkt werden, der der Differenz zwischen dem ausländischen und dem inländischen Steuerniveau entspricht.

Eine zusätzliche Belastung niedriger besteuerter, ausländischer Ergebnisbestandteile mit Quellensteuern, die im Ergebnis zu einer Gesamtsteuerbelastung noch unterhalb des inländischen Niveaus führt, hat immer noch eine im Vergleich zum reinen Inlandsfall niedrigere Konzernsteuerquote zur Folge. Mit Blick auf die Repatriierung ist in diesen Fällen aber in einem weiteren Schritt zu prüfen, ob eine steuerlich günstigere, unter Umständen sogar eine steuerneutrale, Repatriierung ermöglicht werden kann.

Zur Verwirklichung dieses Ziels bietet sich zum einen die Umleitung von Einkünften an. Hierbei wird die Transferroute der Einkünfte so verlängert, dass durch die Ausnutzung steuerlicher Regelungen Quellensteuern im Vergleich zur direkten Ausschüttung von der Grund- an die Spitzeneinheit reduziert oder ganz vermieden werden. Dies kann durch die Einschaltung abkommensberechtigter Gesellschaften in einem weiteren Staat, dem sogenannten *treaty*

[1581] Nach einer unveröffentlichten Untersuchung der Deutschen Bundesbank entfielen zum Jahresende 1994 rund 96,4% der von deutschen Unternehmen getätigten Investitionsfälle auf Kapitalgesellschaften, vgl. *Kaminski*, Konsequenzen, DStR 1997, S. 54.

[1582] Vgl. *Herzig*, Gestaltung, WPg 2003, Sonderheft, S. S 88.

[1583] Daneben besteht häufig schon aufgrund der Unübersichtlichkeit vielschichtiger Lieferungs- und Leistungsbeziehungen im Konzern die Notwendigkeit der Optimierung der Konzernstrukturen, vgl. *Möller/Bartl*, Konzernstruktur, in: *Oestreicher* (Hrsg.), Verrechnungspreise, 2003, S. 269 f.

[1584] Vgl. *Haarmann*, Gestaltbarkeit, in: *Herzig/Günkel/Niemann* (Hrsg.), StbJb 2001/2002, 2002, S. 377.

shopping[1585], verwirklicht werden. Möglich ist auch die Nutzung europarechtlicher Vergünstigungen durch die Einschaltung von Beteiligungsgesellschaften in Staaten der Europäischen Union, dem sogenannten *directive shopping*[1586].[1587]

Bei der Umformung von Einkünften wird zwischen die ausschüttende, operative Gesellschaft und die Konzernobergesellschaft eine weitere Gesellschaft in einem Staat mit entsprechenden abkommens- oder europarechtlichen Vergünstigungen geschaltet, innerhalb derer die steuerliche Qualifikation der Einkünfte verändert wird, beispielsweise durch die Vergabe von verzinslichen Gesellschafterdarlehen. Quellensteuern werden hierbei reduziert bzw. vermieden, wenn in der zwischengeschalteten Gesellschaft von der operativen Gesellschaft Zinsen vereinnahmt und als - dann quellensteuerbegünstigte - Dividenden an die Konzernobergesellschaft weitergeleitet werden.[1588]

Repatriierungsstrategien führen mithin immer dann zum gewünschten Ergebnis, wenn die zum konzerninternen Einkommenstransfer genutzten Beteiligungsgesellschaften in Staaten ansässig sind, die die transferierten Erträge nicht oder nur gering besteuern und die auf der verlängerten Zins- und Dividendenroute anfallenden Quellen- und sonstigen Steuern insgesamt geringer sind als bei unmittelbarer Ausschüttung an die Konzernobergesellschaft.[1589] Unter Umständen existieren hierzu bereits innerhalb der bestehenden, traditionellen Konzernstrukturen Möglichkeiten, durch die Ausnutzung von Doppelbesteuerungsabkommen bzw. der Mutter-Tochter-Richtlinie Quellensteuerbelastungen zu vermeiden.[1590]

1585 Zu Begriff und Grenzen des *treaty shopping* z.B. *Vogel*, Steuerumgehung, StuW 1985, S. 369, 379; *Piltz*, Doppelbesteuerungsabkommen, BB 1987, Beilage Nr. 14 zu Heft 18/1987, S. 2, 12; *Runge/Schäfer*, Ansässigkeit, IWB 1987, Fach 10, Gruppe 2, S. 626; *Kraft*, Doppelbesteuerungsabkommen, 1991, S. 118 ff.; *Merthan*, Mißbrauch, RIW 1992, S. 927; *Kraft*, Mißbrauchsklausel, IStR 1994, S. 371; *Kessler*, Euro-Holding, 1996, S. 55 m.w.N. in Fn. 1; *Spriegel/Schweiss*, Grenzen, BB 1996, S. 1355; *Küssel*, Inanspruchnahme, RIW 1998, S. 217 ff.; *Jacobs*, Unternehmensbesteuerung, 5. Auflage, 2002, S. 824.

1586 Vgl. *Knobbe-Keuk*, Unternehmenssteuerrecht, 9. Auflage, 1993, S. 347 f.; *Kraft*, Mißbrauchsklausel, IStR 1994, S. 371; *Kessler*, Euro-Holding, 1996, S. 84 f., Fn. 8 m.w.N.; *Jacobs*, Unternehmensbesteuerung, 5. Auflage, 2002, S. 824.

1587 Vgl., auch zu weiteren Zielen der Umleitung von Einkünften, *Endres*, Steuergestaltung, in: *Jacobs/Spengel* (Hrsg.), Aspekte, 1996, S. 194 ff.; *Kessler*, Euro-Holding, 1996, S. 84 ff.; *Kessler/Dorfmüller*, Holdinggesellschaften, PIStB 2001, S. 180 f.; *Dorfmüller*, Tax Planning, 2003, S. 42 f., 68. Ausführliche Fallstudien zu den Möglichkeiten des *treaty* und *directive shopping* zeigt *HJI Panayi*, Treaty Shopping, ET 2006, S. 139 ff., auf.

1588 Zu den Repatriierungsstrategien zählt auch die temporäre Abschirmung von Einkünften, die dazu dient, durch Thesaurierung und Reinvestition von Einkünften in der zwischengeschalteten Beteiligungsgesellschaft das Heraufschleusen der Steuerbelastung auf ein höheres Steuerniveau bzw. eine Definitivbelastung mit Quellensteuern bei der Konzernobergesellschaft hinauszuzögern. Dieser Aspekt ist hier jedoch nicht von Interesse. Vgl., auch zu weiteren Zielen der Umformung und temporären Abschirmung von Einkünften, *Kessler*, Euro-Holding, 1996, S. 86 ff., 89 ff., jeweils m.w.N.; *Kessler/Dorfmüller*, Holdinggesellschaften, PIStB 2001, S. 181 f.; *Dorfmüller*, Tax Planning, 2003, S. 68 f.

1589 Vgl. hierzu grundlegend *Kessler*, Euro-Holding, 1996, S. 83 ff.; sowie *Kessler/Dorfmüller*, Holdinggesellschaften, PIStB 2001, S. 179 ff.

1590 Vgl. *Endres*, Neuordnung, in: *IDW* (Hrsg.), Unternehmenstätigkeit, 1996, S. 92; *Endres*, Steuergestaltung, in: *Jacobs/Spengel* (Hrsg.), Aspekte, 1996, S. 185 f., 192 f.

Das folgende Beispiel soll die Umleitung von Einkünften verdeutlichen.[1591] Die inländische Konzernobergesellschaft sei unmittelbar an Kapitalgesellschaften in Österreich und den Niederlanden sowie in Bulgarien, Kroatien, Japan und der Ukraine beteiligt. Die Quellensteuerbelastung beträgt bei einer unmittelbaren Ausschüttung nach Deutschland 15%, wenn die Dividenden aus Bulgarien und Kroatien stammen. Dividenden aus Japan sind mit 10% und solche aus der Ukraine mit 5% Quellensteuer belastet. Dividenden aus Österreich und den Niederlanden unterliegen aufgrund der Mutter-Tochter-Richtlinie keiner Quellensteuerbelastung.[1592]

Bringt die deutsche Konzernobergesellschaft die Beteiligung an der japanischen und der ukrainischen Gesellschaft in die holländische und die Beteiligungen an der bulgarischen und der kroatischen Gesellschaft in die österreichische Gesellschaft ein, so kann sie durch das Ausnutzen vorteilhafter Regelungen in den zwischen diesen Staaten abgeschlossenen Doppelbesteuerungsabkommen, dem *treaty shopping*, deutliche Quellensteuervorteile erzielen. Während die Quellensteuerbelastung japanischer Dividenden bei einer Ausschüttung in die Niederlande nicht mehr 10%, sondern nur noch 5% beträgt,[1593] sind alle weiteren Ausschüttungen bei dieser Beteiligungsstruktur von Quellensteuerabzügen befreit.

Da die Dividenden, die die deutsche Konzernobergesellschaft aus Österreich und den Niederlanden erhält, keiner weiteren Quellensteuerbelastung unterliegen, kann durch die Eingliederung der anderen Beteiligungen in diese Gesellschaften ein *directive shopping* verwirklicht werden. Im Ergebnis unterliegt durch die Kombination aus *treaty* und *directive shopping* einzig die aus der japanischen Gesellschaft erhaltene Dividende einer definitiven Quellensteuerbelastung von 5%, während alle anderen Ergebnisbestandteile ohne Abzug von Quellensteuern repatriiert werden können. Abbildung 41 auf Seite 303 zeigt die beschriebene Gestaltung.

Dieselben Effekte lassen sich auch durch gezielte Darlehensvergaben an ausländische Beteiligungsgesellschaften durch Gesellschaften in dritten Staaten erzielen, wenn auf die Zinszahlungen, die die deutsche Konzernobergesellschaft sonst unmittelbar von der ausländischen Beteiligungsgesellschaft erhalten würde, Quellensteuern erhoben würden. Das generierte Steuerminderungspotential entsteht dabei im Ausland, so dass das Gestaltungsfeld der Optimierung des Konzernaufbaus hier der Nutzung des internationalen Steuersatzgefälles zugeordnet wird. Gleichgewichtig aber tritt der Aspekt der Vermeidung steuerlicher Ineffizienzen zutage.

1591 Vgl. zu diesem Beispiel *Jacobs*, Unternehmensbesteuerung, 5. Auflage, 2002, S. 822; *Endres*, Holdingstrukturen, WPg 2003, Sonderheft, S. S 61; *Endres*, Konzernsteuerquote, in: *Oestreicher* (Hrsg.), Steuerplanung, 2004, S. 170 f.

1592 Vgl. *Günkel*, Standortwahl, WPg 2003, Sonderheft, S. S 43, S 55; *Laudan*, Sitzstaaten, in: *Grotherr* (Hrsg.), Handbuch, 2. Auflage, 2003, S. 132; *Endres*, Konzernsteuerquote, in: *Oestreicher* (Hrsg.), Steuerplanung, 2004, S. 170.

1593 Vgl. *Jacobs*, Unternehmensbesteuerung, 5. Auflage, 2002, S. 822.

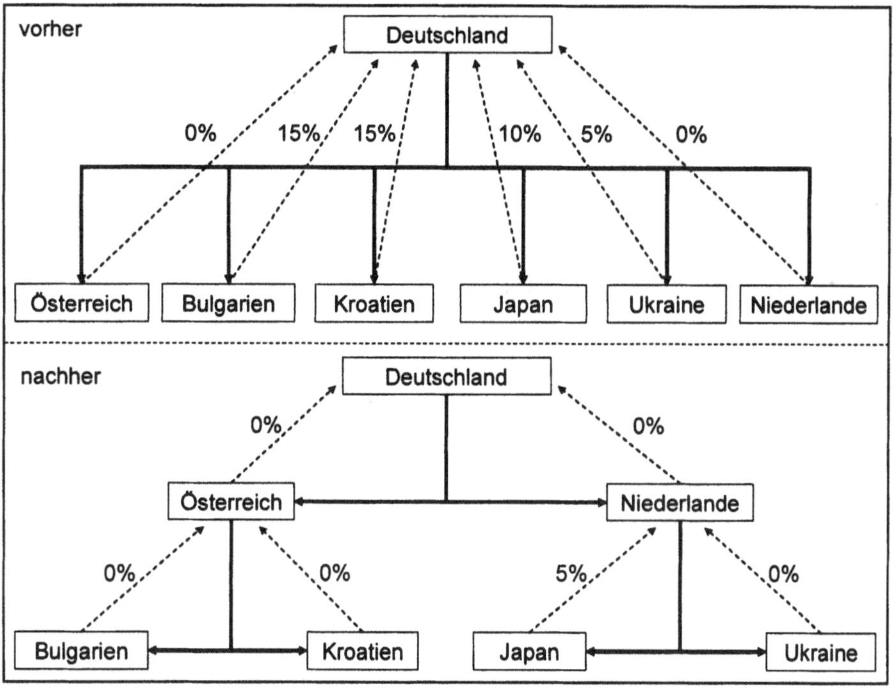

Abbildung 41: Gestaltung der Konzernsteuerquote durch Optimierung des Konzernaufbaus

Eignet sich der bestehende Konzernaufbau nicht zur steuerschonenden Repatriierung ausländischer Ergebnisbestandteile, ist in einem weiteren Schritt die Zwischenschaltung neu zu gründender Beteiligungsgesellschaften in weiteren Steuerhoheiten[1594] zu prüfen. Aus steuerlicher Sicht sollte die Zielstruktur des Konzerns dann nach den soeben dargestellten Kriterien ausgerichtet werden, so dass die Konzernsteuerquote durch Nutzung des internationalen Steuergefälles minimiert und gleichzeitig steuerliche Störeffekte, wie beispielsweise Quellensteuernachteile, vermieden werden.[1595] Auf das Beispiel übertragen, wäre, bestünden die Beteiligungsgesellschaften in Österreich und den Niederlanden nicht, deren Gründung und Zwischenschaltung zur Repatriierung der Erträge aus den genannten Staaten zu prüfen. Insbesondere bei solch investitionsintensiven Gestaltungen muss jedoch neben der rein steuerlichen Vorteilhaftigkeitsprüfung zwingend eine Überprüfung sämtlicher betriebswirtschaftlicher Gesichtspunkte, namentlich der mit der Beteiligungsgesellschaft in Zusammenhang stehenden

[1594] Vgl. zu den Standortkriterien solcher Gesellschaften die in Fn. 1570 auf Seite 298 angegebene Literatur.

[1595] Vgl. *Endres*, Neuordnung, in: *IDW* (Hrsg.), Unternehmenstätigkeit, 1996, S. 92, 101; vgl. auch *Haarmann*, Holdinggesellschaften, in: *Fischer* (Hrsg.), Internationaler Unternehmenskauf, 1992, S. 84 f.

Kosten, erfolgen.[1596] Überstiegen die Vorteile der Quellensteuerersparnis die Kosten der Gründung und des Unterhalts der beiden Gesellschaften, würde sich unter rein monetären Gesichtspunkten deren Gründung und die anschließende Umleitung der Einkünfte rentieren.

Die dargestellte Strategie, die Belastung mit Quellensteuern durch Zwischenschaltung einer Gesellschaft in einem Abkommensstaat und durch Umleitung der Dividendenströme zu vermeiden oder zumindest zu reduzieren, stellt das klassische Konzept der Optimierung des Konzernaufbaus im Hinblick auf die Konzernsteuerquote dar.[1597] Daneben existieren jedoch noch zahlreiche weitere Möglichkeiten der Gestaltung der rechtlichen Unternehmensstruktur zur Beeinflussung der Konzernsteuerquote. Da diese jedoch nicht wie die dargestellte Repatriierungsstrategie einem bestimmten Schema folgen, sondern jeweils Einzelfälle steuerlicher Gestaltungen darstellen, sollen diese hier nur exemplarisch und kursorisch vorgestellt werden.

So sei in diesem Zusammenhang zunächst nochmals die Etablierung von Organschaften in deutschen Teilkonzernen erwähnt, die durch eine Gestaltung der Konzernstruktur alleine in vertraglicher Hinsicht ebenfalls zur Absenkung der Konzernsteuerquote beitragen kann. Dieser Gestaltungsansatz wurde, da er auf die Ausnutzung des Zerlegungsmaßstabes des Gewerbesteuermessbetrages abstellt und damit einen rein nationalen Ansatz der Vermeidung steuerlicher Ineffizienzen verfolgt, oben[1598] bereits ausführlich vorgestellt.[1599] Aber auch in anderen Steuerhoheiten kann die Etablierung von Organschaften eine Absenkung der Konzernsteuerquote ermöglichen, wenn die Organschaftsregelungen dort beispielsweise eine Nutzung von Auslandsverlusten zulassen.[1600]

Daneben wirkt beispielsweise auch die Nutzung des spanischen Regimes für Holdinggesellschaften mit vorrangigem Auslandsbesitz, des sogenannten ETVE-Regimes,[1601] durch die seit 2002 mögliche steuerliche Anerkennung von *goodwill*-Abschreibungen mindernd auf die

---

1596 Zu weiteren außersteuerlichen Standortkriterien *Günkel*, Standortwahl, WPg 2003, Sonderheft, S. S 43.

1597 In diesem Sinne *Laudan*, Sitzstaaten, in: *Grotherr* (Hrsg.), Handbuch, 2. Auflage, 2003, S. 132.

1598 Abschnitt B, hier ab Seite 283.

1599 Ebenfalls unterfallen „*off-balance-sheet*"-Gestaltungen zur Geltendmachung steuerlicher Verlustzuweisungen durch nicht in die Konsolidierung einbezogene Mitunternehmerschaften einerseits dem Aspekt der Optimierung der Konzernstruktur, führen aber andererseits, da ebenfalls auf das nationale Steuerrecht beschränkt, auch nicht zur Nutzung des internationalen Steuergefälles. Vgl. hierzu *Haarmann*, Gestaltbarkeit, in: *Herzig/Günkel/Niemann* (Hrsg.), StbJb 2001/2002, 2002, S. 373.

1600 Insbesondere sei auf die Einwirkungen des EuGH-Urteils in der Rechtssache „Marks & Spencer" auf die Regelungen zur Verlustverrechnung in Gruppenbesteuerungssystemen innerhalb der EU hingewiesen, vgl. hierzu EuGH, Urteil vom 13.12.2005, Rs. C-446/03 - Marks & Spencer, IStR 2006, S. 19 ff.; *Herzig/Wagner*, Marks & Spencer, DStR 2006, S. 11; *Herzig/Wagner*, EuGH-Urteil „Marks & Spencer", DK 2006, S. 182 ff.; *Graf/Reichl/Wittkowski*, Verlustverrechnung, Stbg 2006, S. 210 f.; vgl. auch die Literaturhinweise bei *Scheunemann*, Verlustberücksichtigung, IStR 2006, S. 145, Fn. 1. Zum Einsatz der österreichischen Gruppenbesteuerung zur Senkung der Konzernsteuerquote durch die dort mögliche Verrechnung von Auslandsverlusten vgl. *Gahleitner/Furherr*, Gruppenbesteuerung, DK 2005, S. 129 ff., insbesondere S. 135 ff.

1601 *Entidades de Tenencia de Valores Extranjeros.*

Konzernsteuerquote ein.[1602] Neben der Gründung von Gesellschaften im Ausland kann unter dem Aspekt der Nutzung von Auslandsverlusten zur Senkung der Konzernsteuerquote unter Umständen auch deren Auflösung dienlich sein: Wenn beispielsweise in einer Betriebstätte Verluste erzielt werden, die bei der Besteuerung im Inland unberücksichtigt bleiben, kann durch einen Funktionsabbau das Vorliegen einer Betriebstätte verneint werden, so dass die dann aus dem Exportgeschäft der Inlandsgesellschaft stammenden Verluste im Inland geltend gemacht werden können.[1603]

IV. Funktionsverlagerungen

Bevor untersucht wurde, in welcher Weise Finanzierung und Konzernaufbau mit dem Ziel der Absenkung der Konzernsteuerquote optimiert werden können, wurde als erster Aspekt zur Nutzung des internationalen Steuergefälles die Gestaltung von Verrechnungspreisen herausgearbeitet.[1604] Dabei wurde deutlich, dass die Beeinflussung der Konzernsteuerquote durch Verrechnungspreise auf der Tatsache basiert, dass der eine, exakte Verrechnungspreis nicht existiert, sondern lediglich Verrechnungspreisalternativen innerhalb einer Bandbreite, die sämtlich zulässig sind[1605] und dem deutschen internationalen Konzern Spielräume zur Steuergestaltung eröffnen.[1606] Die Verrechnungspreisbandbreite wird unter Zugrundelegung des durch die verkehrsübliche Sorgfalt ordentlicher und gewissenhafter Geschäftsleiter konkretisierten Fremdvergleichs ermittelt,[1607] wobei insbesondere die von den beteiligten Unternehmen übernommenen Funktionen und Risiken zu berücksichtigen und ebenfalls wie zwischen voneinander unabhängigen Dritten zu bewerten sind. Da der insgesamt erzielte Gewinn des Konzerns als Funktions- und Risikoprämie verstanden wird,[1608] determiniert das Ausmaß der von den jeweiligen, an der Wertschöpfung beteiligten Unternehmen übernommenen Funktionen und Risiken, bei welchen Konzernunternehmen in welchem Umfang Gewinne erzielt werden.[1609]

[1602] Vgl. *Endres*, Holdingstrukturen, WPg 2003, Sonderheft, S. S 61 ff.; *Endres*, Konzernsteuerquote, in: *Oestreicher* (Hrsg.), Steuerplanung, 2004, S. 171 f.; sowie ausführlich zur Firmenwertabschreibung im Rahmen des ETVE-Regimes *del Val*, Steuervorschriften, IStR 2002, S. 518 ff.; *Mullerat/Kolff*, Goodwill deduction, Intertax 2002, S. 252 ff.

[1603] Vgl. *Endres*, Funktionsverlagerung, RIW 2003, S. 731; *Endres*, Konzernsteuerquote, in: *Oestreicher* (Hrsg.), Steuerplanung, 2004, S. 177 f.

[1604] Vgl. Abschnitt D.I, Seiten 290 ff.

[1605] Vgl. Bundesministerium der Finanzen, Schreiben vom 23.2.1983, Az. IV C 5 - S 1341 - 4/83, BStBl. I 1983, S. 222, Tz. 2.1.8., sowie die weiteren, in Fn. 1544, Seite 293, angegebenen Hinweise.

[1606] Vgl. *Klein*, Konzernverrechnungspreise, ZfB 1982, S. 155 f.; *Möller/Bartl*, Konzernstruktur, in: *Oestreicher* (Hrsg.), Verrechnungspreise, 2003, S. 267 f.; *Herzig*, Gestaltung, WPg 2003, Sonderheft, S. S 87 f.

[1607] Vgl. Bundesministerium der Finanzen, Schreiben vom 23.2.1983, Az. IV C 5 - S 1341 - 4/83, BStBl. I 1983, S. 221, Tz. 2.1., 2.1.1. Vgl. auch die Hinweise in Fn. 1540, Seite 292, und Fn. 1541, Seite 292.

[1608] Vgl. *Baumhoff*, Entwicklungen, IStR 2003, S. 4; *Endres*, Funktionsverlagerung, RIW 2003, S. 731.

[1609] Vgl. Bundesministerium der Finanzen, Schreiben vom 23.2.1983, Az. IV C 5 - S 1341 - 4/83, BStBl. I 1983, S. 221, Tz. 2.1.3. f.; *Klein*, Verrechnungspreis-Richtlinien, IStR 1995, S. 547; *Kuckhoff/Schreiber*, Verrechnungspreise, 1997, S. 19 f., Tz. 43; *Jacobs*, Unternehmensbesteuerung, 5. Auflage, 2002, S. 974;

Die Gestaltung der Konzernsteuerquote durch Funktionsverlagerungen baut hierauf auf, indem nach Möglichkeiten gesucht wird, durch die Verlagerung von Funktionen und Risiken Gewinnpotential auf Gesellschaften in niedriger besteuernde Staaten zu verlagern. Mit diesem Ziel werden Funktionen[1610] von in vergleichsweise hoch besteuernden Staaten ansässigen Konzerngesellschaften abgeschmolzen[1611] und auf Tochterkapitalgesellschaften in niedriger besteuernden Staaten verlagert.[1612] Eine Verlagerung kommt dabei im Grundsatz für sämtliche betrieblichen Funktionen in Betracht, wenngleich sich hierfür vornehmlich die Produktion und der Vertrieb anbieten, aber auch Finanzierungs- und sonstige Dienstleistungsfunktionen sowie Kombinationen oder Teile hiervon.[1613]

Durch die Verlagerung der Funktionen und Risiken verschiebt sich die Bandbreite zulässiger Verrechnungspreise, so dass den Gesellschaften in den Niedrigsteuerländern für deren Lieferungen oder Leistungen ein höherer Preis gezahlt und damit im Ergebnis ein größerer Gewinnanteil zugewiesen werden kann. Der verlagerte Gewinnanteil unterfällt dort aufgrund der Abschirmwirkung der ausländischen Gesellschaft einer niedrigeren Besteuerung, in den höher besteuernden Staaten sinken die Ergebnisse demgegenüber.[1614] Diese „steueroptimale Ansiedlung unternehmerischer Funktionsbereiche“[1615] trägt, da die niedrigere Steuerbelastung im

---

Vögele/Borck, Risiken, IStR 2002, S. 176 ff.; *Baumhoff*, Entwicklungen, IStR 2003, S. 5; *Endres/ Oestreicher*, Ergebnisabgrenzung, IStR 2003, Beihefter zu Heft 15/2003, S. 11; *Möller/Bartl*, Konzernstruktur, in: *Oestreicher* (Hrsg.), Verrechnungspreise, 2003, S. 273 f.; *Schreiber*, Verlagerung, in: *Oestreicher* (Hrsg.), Verrechnungspreise, 2003, S. 287 f.; *Finsterwalder*, Dokumentationssystemen, IStR 2004, S. 764 f.; *Simon*, Gestaltbarkeit, 2004, S. 42 f.; *Grützner*, Verrechnungspreismethoden, StuB 2005, S. 612 f.

1610 „Mit dem Begriff der Funktion soll ein Aufgaben- und Verantwortungsbereich bezeichnet werden, der als Summe der ausgeübten Tätigkeiten, eingesetzten Mittel und übernommenen Risiken abgegrenzt werden kann, die zueinander in einem gewissen inneren Zusammenhang stehen und die unmittelbar oder mittelbar dem Wertschöpfungsprozess des Konzerns dienen“, *Bodenmüller*, Funktionsverlagerungen, 2004, S. 7, Wortfolge geändert.

1611 Vgl. *Kuckhoff/Schreiber*, Verrechnungspreise, 1997, S. 85.

1612 Vgl. grundlegend bereits *Endres*, Neuordnung, in: *IDW* (Hrsg.), Unternehmenstätigkeit, 1996, S. 91 ff.

1613 Vgl. *Herzig/Dempfle*, Konzernsteuerquote, DB 2002, S. 7, mit weiteren Nachweisen zu den einzelnen Funktionen in den Fußnoten 58 bis 63. Vgl. auch *Burkert*, Reallokation, in: *Kleineidam* (Hrsg.), FS Fischer, 1999, S. 515 ff.; *Kuckhoff/Schreiber*, Funktionsverlagerung, IStR 1999, S. 322; *Borstell*, Funktionsverlagerungen, in: *Herzig/Günkel/Niemann* (Hrsg.), StbJb 2001/02, 2002, S. 223 ff.; *Baumhoff*, Entwicklungen, IStR 2003, S. 5; *Endres*, Funktionsverlagerung, RIW 2003, S. 731 f.

1614 Vgl. *Spriegel/Schweiss*, Grenzen, BB 1996, S. 1354 f.; *Jacobs*, Unternehmensbesteuerung, 4. Auflage, 1999, S. 948 f.; *Raupach*, Bemessung, in: *Raupach* (Hrsg.), Verrechnungspreissysteme, 1999, S. 139; *Kuckhoff/Schreiber*, Funktionsverlagerung, IStR 1999, S. 322 f.; *Borstell*, Funktionsverlagerungen, in: *Herzig/Günkel/Niemann* (Hrsg.), StbJb 2001/02, 2002, S. 203 f.; *Jacobs*, Unternehmensbesteuerung, 5. Auflage, 2002, S. 970; *Baumhoff*, Entwicklungen, IStR 2003, S. 4 f.; *Baumhoff/Bodenmüller*, Verlagerung, in: *Grotherr* (Hrsg.), Handbuch, 2. Auflage, 2003, S. 348 f.; *Burkert*, Funktionsverlagerungen, IStR 2003, S. 358; *Endres*, Funktionsverlagerung, RIW 2003, S. 730 f.; *Endres/Oestreicher*, Ergebnisabgrenzung, IStR 2003, Beihefter zu Heft 15/2003, S. 11; *Möller/Bartl*, Konzernstruktur, in: *Oestreicher* (Hrsg.), Verrechnungspreise, 2003, S. 274; *Schreiber*, Verlagerung, in: *Oestreicher* (Hrsg.), Verrechnungspreise, 2003, S. 287, 290 f.; *Finsterwalder*, Dokumentationssystemen, IStR 2004, S. 765; *Simon*, Gestaltbarkeit, 2004, S. 43.

1615 *Endres*, Neuordnung, in: *IDW* (Hrsg.), Unternehmenstätigkeit, 1996, S. 93.

Konzernverbund definitiv ist und keine Bildung latenter Steuern erfordert, in einem erheblichen Umfang zur Senkung der Konzernsteuerquote bei.[1616]

Neben der rein organisatorischen Änderung in der Zuweisung der Funktion ist zur Funktionsverlagerung in aller Regel auch die Verlagerung von für die Funktionsausübung notwendigen Vermögenswerten erforderlich.[1617] Der Vorgang der Funktionsverlagerung selber ist daher ein realwirtschaftlicher, physischer Vorgang mit dem Ergebnis, dass eine bislang in einer Konzerngesellschaft ausgeübte betriebliche Funktion künftig von einer anderen Konzerngesellschaft an einem Standort im niedriger besteuernden Ausland ausgeübt wird.[1618] Während Eingriffe in die Konzernstrukturen bislang - sofern überhaupt notwendig - nur in geringem Umfang stattgefunden und auf die vertraglichen, rechtlichen oder statutarischen Strukturen begrenzt waren, greift die Verlagerung von Funktionen, Risiken und Vermögen somit deutlich in die realwirtschaftlichen und operativen Strukturen des deutschen internationalen Konzerns ein.[1619] In Erweiterung der rein ‚buchmäßigen' Gewinnverlagerungen, die bei der Gestaltung der Verrechnungspreise durch die buchtechnische Bewertung von Lieferungs- und Leistungsströmen entstehen, handelt es sich bei der Veränderung konzerninterner Lieferungs- und Leistungsströme durch Funktionsverlagerungen mithin um eine ‚reale' Gewinnverlagerung in das Niedrigsteuerland.[1620]

Funktionsverlagerungen bieten sich insbesondere deshalb zur Gestaltung der Konzernsteuerquote an, da die Konzernaufbauorganisation internationaler Konzerne ohnehin in aller Regel nicht mehr an Landesgrenzen oder rechtlichen Strukturen des Konzerns orientiert ist, sondern in erster Linie an betrieblichen Funktionsbereichen.[1621] Die Wirkungsweise von Funktions-

---

1616 Vgl. *Jacobs*, Unternehmensbesteuerung, 4. Auflage, 1999, S. 948 f., Beispiel 1; *Herzig/Dempfle*, Konzernsteuerquote, DB 2002, S. 7; *Jacobs*, Unternehmensbesteuerung, 5. Auflage, 2002, S. 968 ff.; *Baumhoff*, Entwicklungen, IStR 2003, S. 4; *Herzig*, Gestaltung, WPg 2003, Sonderheft, S. S 88; *Endres*, Funktionsverlagerung, RIW 2003, S. 729, 733; *Endres/Oestreicher*, Ergebnisabgrenzung, IStR 2003, Beihefter zu Heft 15/2003, S. 11; *Finsterwalder*, Dokumentationssystemen, IStR 2004, S. 765. Zu steuerlichen und weiteren Gründen von Funktionsverlagerungen beispielsweise auch *Dreßler*, Gewinnverlagerungen, StBP 1999, S. 254 f., 256; *Raupach*, Bemessung, in: *Raupach* (Hrsg.), Verrechnungspreissysteme, 1999, S. 139 f.; *Kuckhoff/Schreiber*, Funktionsverlagerung, IStR 1999, S. 322; *Baumhoff/Bodenmüller*, Verlagerung, in: *Grotherr* (Hrsg.), Handbuch, 2. Auflage, 2003, S. 346; *Endres*, Funktionsverlagerung, RIW 2003, S. 729 f.; *Schreiber*, Verlagerung, in: *Oestreicher* (Hrsg.), Verrechnungspreise, 2003, S. 287; *Campenhausen*, Offshoring, ZfB 2005, S. 5 ff.

1617 Vgl. *Endres*, Funktionsverlagerung, RIW 2003, S. 731 f.; *Endres/Oestreicher*, Ergebnisabgrenzung, IStR 2003, Beihefter zu Heft 15/2003, S. 11.

1618 Vgl. *Bodenmüller*, Funktionsverlagerungen, 2004, S. 7 f. Grundsätzlich ist die Verlagerung von Funktionen auch auf Gesellschaften im Inland möglich, entfaltet aber für die Gestaltung der Konzernsteuerquote nicht dieselbe Relevanz wie eine Funktionsverlagerung in das Ausland.

1619 Vgl. *Herzig*, Gestaltung, WPg 2003, Sonderheft, S. S 88.

1620 Vgl. *Rose*, Grundzüge, 5. Auflage, 2000, S. 82 f.; *Kaminski*, Verrechnungspreisbestimmung, 2001, S. 6 m.w.N.

1621 Vgl. *Endres*, Neuordnung, in: *IDW* (Hrsg.), Unternehmenstätigkeit, 1996, S. 91; *Endres*, Funktionsverlagerung, RIW 2003, S. 730. Kritisch *Raupach*, Spartenkonzern, IStR 1993, S. 194, der weniger die Organisation des Konzerns nach Funktionen, denn nach Sparten im Vordergrund stehen sieht.

verlagerungen soll durch das Beispiel des „gruppeninternen *outsourcings*"[1622] als bereits recht weitreichendem Spezialfall von Funktionsverlagerungen deutlich gemacht werden. Ziel des gruppeninternen *outsourcings* ist es, jeweils gleiche Funktionen einer Unternehmensgruppe, die von verschiedenen operativen Gesellschaften in verschiedenen Staaten ausgeübt werden, abzuschmelzen und in Zentralgesellschaften im niedriger besteuernden Ausland, sogenannten *headquarters, coordination* oder *shared service center*, zusammenzufassen. Im Vordergrund steht dabei die Besinnung auf Kernkompetenzen und die Erzielung von Kosten- und Synergieeffekten.[1623] Gleichzeitig senken die diesen Funktionen zuzuweisenden Gewinnanteile aber aufgrund der niedrigeren Besteuerung im Ausland die effektive Steuerbelastung des Konzerns und damit dessen Konzernsteuerquote. Zur Steueroptimierung ist darüber hinaus sicherzustellen, dass die Kosten der Zentralgesellschaft den Konzerngesellschaften in den höher besteuernden Staaten zugeordnet werden können, so dass der Aufwand steuerlich am höher besteuernden Produktionsstandort anfällt und so zu einer noch größeren Steuerersparnis beiträgt.[1624]

Der für die Gestaltung der Konzernsteuerquote entscheidende Aspekt ist die Bestimmung des der Funktion zuzuweisenden Gewinnanteils, der gemeinsam mit der Funktion in das Niedrigsteuerland verlagert wird.[1625] Dessen Umfang hängt maßgeblich vom Ausmaß des mit der verlagerten Funktion verbundenen Risikos ab.[1626] Bei der Bestimmung des Umfangs der Risiken wird danach differenziert, ob der Auslandsgesellschaft lediglich die Funktionsausübung überlassen oder das Funktionseigentum mit allen hiermit zusammenhängenden Chancen und Risken übertragen wird.[1627] Die Analyse des Umfangs der auf die ausländische Gesellschaft übertragenen Chancen und Risiken und der daraus resultierende wirtschaftliche Gehalt der verlagerten Funktion findet im Rahmen einer Funktionsanalyse statt, die damit, wie bereits im Zusammenhang mit Verrechnungspreisen, den Ausgangspunkt der Gestaltung der Konzernsteuerquote durch Funktionsverlagerungen bildet.[1628]

1622 *Endres*, Neuordnung, in: *IDW* (Hrsg.), Unternehmenstätigkeit, 1996, S. 91 f., Flexion geändert.

1623 Vgl. *Endres*, Neuordnung, in: *IDW* (Hrsg.), Unternehmenstätigkeit, 1996, S. 91, 93 ff.; *Jacobs*, Unternehmensbesteuerung, 5. Auflage, 2002, S. 1057; *Endres*, Funktionsverlagerung, RIW 2003, S. 730.

1624 Vgl. *Herzig*, Globalisierung, WPg 1998, S. 292; *Jacobs*, Unternehmensbesteuerung, 5. Auflage, 2002, S. 1057; sowie, im Hinblick auf die Organisation des Konzerns nach Sparten, *Raupach*, Spartenkonzern, IStR 1993, S. 194 ff.

1625 Vgl. *Bodenmüller*, Funktionsverlagerungen, 2004, S. 15.

1626 Vgl. Bundesministerium der Finanzen, Schreiben vom 23.2.1983, Az. IV C 5 - S 1341 - 4/83, BStBl. I 1983, S. 221, Tz. 2.1.3.; *Raupach*, Bemessung, in: *Raupach* (Hrsg.), Verrechnungspreissysteme, 1999, S. 140.

1627 Weitere Begriffe zur Differenzierung des Risikoumfangs: Funktionslose, funktionsschwache und funktionsstarke Unternehmen, Unternehmen mit lediglich Routinefunktionen im Gegensatz zu Strategieträgern bzw. Entrepreneuren, Marktüberlassung und Marktübertragung sowie erfolgskritische Haupt- und andere Funktionen, vgl. Bundesministerium der Finanzen, Schreiben vom 23.2.1983, Az. IV C 5 - S 1341 - 4/83, BStBl. I 1983, S. 221, Tz. 2.1.3.; Bundesministerium der Finanzen, Schreiben vom 12.4.2005, Az. IV B 4 - S 1341 - 1/05, BStBl. I 2005, S. 580 f., Tz. 3.4.10.2; *Klein*, Verrechnungspreis-Richtlinien, IStR 1995, S. 547; *Borstell*, in: *Vögele/Borstell/Engler*, HB der Verrechnungspreise, 2. Auflage, 2004, Kapitel N, Tz. 333; *Grützner*, Verrechnungspreismethoden, StuB 2005, S. 613.

1628 Vgl. die Hinweise in Fn. 1542 auf Seite 292.

Wird der ausländischen Tochtergesellschaft lediglich die Funktionsausübung überlassen, werden nur einzelne, in der Regel kostenintensive, Routineaufgaben auf die Auslandsgesellschaft verlagert, die Dispositionsbefugnis über die Funktion verbleibt ganz überwiegend bei der übertragenden Gesellschaft im Inland. Die Überlassung der Funktionsausübung, die grundsätzlich auch Drittunternehmen überlassen werden könnte, ist häufig zeitlich begrenzt, so dass auch die mit der Funktion zusammenhängende Geschäftschance[1629] nur temporär verlagert wird. Das funktionsausübende Konzernunternehmen im Ausland setzt hierzu nur in geringem Umfang Wirtschaftsgüter ein und übernimmt, z.B. als Lohnfertiger, Kommissionär oder Auftragsforscher, auch in nur sehr beschränktem Umfang unternehmerische Chancen und Risiken. Für die erbrachte Leistung, zumeist unterstützende Dienstleistungen, ist solchen ‚Unternehmen mit Routinefunktionen' daher nur der verhältnismäßig geringe, aber sichere und stabile Standard- oder Funktionsgewinn zu gewähren, den die Unternehmen unabhängig von der Marktsituation als quasi garantiertes Entgelt und ohne Verlustrisiko vereinnahmen können.[1630] Der Umfang der Gewinnverlagerung in das niedriger besteuernde Ausland ist somit in diesem Fall noch recht gering.

Wird der Konzerngesellschaft im Ausland das Funktionseigentum übertragen, erhält sie mit der vollen Dispositionsbefugnis über die verlagerte Funktion auch die hieraus resultierende Geschäftschance. Sie übernimmt, z.B. als Produzent oder Eigenhändler, alle aus der Funktion resultierenden unternehmerischen Chancen und Risiken,[1631] zudem verfügt sie in aller Regel über sämtliche zur Durchführung der operativen Tätigkeit notwendigen materiellen und immateriellen Wirtschaftsgüter. Aus diesem Grunde erhält der Funktionseigentümer, vielfach als Strategieträger oder Entrepreneur bezeichnet, neben dem Funktionsgewinn auch die ihm aus der Übernahme der Risiken zustehende Risikoprämie sowie den erwirtschafteten Residualgewinn. Er kann als *main margin taker*[1632] den gesamten, sich aus der jeweiligen Marktsituation ergebenden Übergewinn vereinnahmen, der in aller Regel größer ist als das sichere Entgelt des Funktionsausübenden, jedoch Schwankungen unterliegt und auch das Risiko von Verlusten beinhaltet. Mit dem Funktionseigentum wird nahezu das gesamte, der Funktion innewohnende Gewinnpotential in das Niedrigsteuerland verlagert, lediglich die an unterstützende

---

[1629] Zur sogenannten ‚Geschäftschancenlehre' nur *Kuckhoff/Schreiber*, Funktionsverlagerung, IStR 1999, S. 325 f.; *Vögele/Edelmann*, Steuerplanung, IStR 2000, S. 464; *Borstell*, Funktionsverlagerungen, in: *Herzig/Günkel/Niemann* (Hrsg.), StbJb 2001/02, 2002, S. 206 ff.; *Baumhoff*, Entwicklungen, IStR 2003, S. 5; *Baumhoff/Bodenmüller*, Verlagerung, in: *Grotherr* (Hrsg.), Handbuch, 2. Auflage, 2003, S. 391 ff.

[1630] Vgl. Bundesministerium der Finanzen, Schreiben vom 12.4.2005, Az. IV B 4 - S 1341 - 1/05, BStBl. I 2005, S. 580, Tz. 3.4.10.2 a); *Klein*, Verrechnungspreis-Richtlinien, IStR 1995, S. 547; *Endres*, Steuergestaltung, in: *Jacobs/Spengel* (Hrsg.), Aspekte, 1996, S. 198; *Baumhoff/Bodenmüller*, Verlagerung, in: *Grotherr* (Hrsg.), Handbuch, 2. Auflage, 2003, S. 354 f., 361.

[1631] Beispielsweise Absatz-, Preis, Transport- und Lagerhaltungsrisiken sowie Währungs- und Forderungsausfallrisiken, vgl. hierzu z.B. *Jacobs*, Unternehmensbesteuerung, 5. Auflage, 2002, S. 974; *Vögele/Borck*, Risiken, IStR 2002, S. 176; *Baumhoff*, Entwicklungen, IStR 2003, S. 5; *Endres*, Konzernsteuerquote, in: *Oestreicher* (Hrsg.), Steuerplanung, 2004, S. 174.

[1632] So *Burkert*, Reallokation, in: *Kleineidam* (Hrsg.), FS Fischer, 1999, S. 511; *Burkert*, Funktionsverlagerungen, IStR 2003, S. 358.

Unternehmenseinheiten zu zahlenden Entgelte mindern die vom Funktionseigentümer vereinnahmte Residualgröße.[1633] Durch die in diesem Fall realisierte Unterwerfung wesentlicher Bestandteile des erzielten Gewinns unter ein niedrigeres Steuerniveau kann die Konzernsteuerquote in ganz erheblichem Umfang abgesenkt werden.

Es liegt daher nahe, dass die für den deutschen internationalen Konzern weitestreichende Möglichkeit zur Absenkung seiner Konzernsteuerquote in der extremsten Form der Funktionsverlagerung besteht, bei der das Eigentum an sämtlichen Funktionen im Inland weitgehend abgeschmolzen und auf einen zentralen Entrepreneur[1634] in einem Niedrigsteuerland[1635] verlagert wird.[1636] Der zentrale Entrepreneur vereinigt dann als Strategieträger[1637] neben den zentralen Verwaltungstätigkeiten auch die bislang bei der Konzernleitung angesiedelten strategischen und betriebswirtschaftlichen Entscheidungskompetenzen im Sinne einer Festlegung der Produkt- und Marktstrategie des Konzerns in sich und koordiniert sämtliche am Wertschöpfungsprozess beteiligten Gesellschaften. Der Entrepreneur zeichnet mithin für die gesamte Geschäftspolitik des Konzerns verantwortlich und übernimmt, sowohl in betriebswirtschaftlicher, als auch in steuerlicher Hinsicht, nahezu das gesamte unternehmerische Risiko. Den Konzerngesellschaften im Inland werden im Rahmen dienstvertraglich vereinbarter Funktionsausübungen nur noch weitgehend risikolose Routinefunktionen überlassen, beispielsweise die Beschaffung der Rohstoffe als Einkaufskommissionäre, die Produktion als Lohnfertiger, der Vertrieb durch Kommissionäre oder Handelsvertreter oder Forschungs- und Entwicklungstätigkeiten als Auftragsforscher. Sie üben ihre Tätigkeiten als vom Entrepreneur beauftragte Servicegesellschaften aus.[1638]

1633 Vgl. Bundesministerium der Finanzen, Schreiben vom 12.4.2005, Az. IV B 4 - S 1341 - 1/05, BStBl. I 2005, S. 580, Tz. 3.4.10.2 b); *Klein*, Verrechnungspreis-Richtlinien, IStR 1995, S. 547; *Kuckhoff/Schreiber*, Verrechnungspreise, 1997, S. 19 ff., Tz. 43 ff.; *Borstell*, Funktionsverlagerungen, in: *Herzig/Günkel/Niemann* (Hrsg.), StbJb 2001/02, 2002, S. 220; *Baumhoff*, Entwicklungen, IStR 2003, S. 6; *Baumhoff/Bodenmüller*, Verlagerung, in: *Grotherr* (Hrsg.), Handbuch, 2. Auflage, 2003, S. 354, 361; *Möller/Bartl*, Konzernstruktur, in: *Oestreicher* (Hrsg.), Verrechnungspreise, 2003, S. 276.

1634 Der zentrale Entrepreneur wird aufgrund seiner umfassenden Kompetenzen auch als Principal Gesellschaft, *principal trading company* oder *business control center* bezeichnet, vgl. *Endres*, Steuergestaltung, in: *Jacobs/Spengel* (Hrsg.), Aspekte, 1996, S. 199; *Burkert*, Funktionsverlagerungen, IStR 2003, S. 358; *Endres/Oestreicher*, Ergebnisabgrenzung, IStR 2003, Beihefter zu Heft 15/2003, S. 11; *Bodenmüller*, Funktionsverlagerungen, 2004, S. 447 m.w.N. in Fn. 2077.

1635 Unter dem Aspekt der Absenkung der Konzernsteuerquote ist neben den allgemeingültigen Standortkriterien wie Infrastruktur, Bildungsstand der Arbeitnehmer oder Rechtssicherheit die steuerliche Belastung wesentlicher Standortfaktor der Ansiedlung des zentralen Entrepreneurs, vgl. *Herzig/Dempfle*, Konzernsteuerquote, DB 2002, S. 6. Vgl. zu einer Aufzählung von Staaten mit „einladenden Steuerrechtsordnungen" *Endres*, Funktionsverlagerung, RIW 2003, S. 730. Zur steuerlichen Attraktivität der Schweiz als Unternehmensstandort *Lammersen/Schwager*, Unternehmensstandort, IStR 2004, S. 741 ff.

1636 *Endres/Oestreicher*, Ergebnisabgrenzung, IStR 2003, Beihefter zu Heft 15/2003, S. 11, bezeichnen das Entrepreneurkonzept als vorläufigen Höhepunkt der Funktionsverlagerung. Ähnlich auch bereits *Endres*, Neuordnung, in: *IDW* (Hrsg.), Unternehmenstätigkeit, 1996, S. 93, 100.

1637 Zur Definition *Borstell*, Verrechnungspreispolitik, in: *Grotherr* (Hrsg.), Handbuch, 2000, S. 346 ff.; sowie *Bodenmüller*, Funktionsverlagerungen, 2004, S. 345 f. m.w.N. in Fn. 1614.

1638 Vgl. bereits *Jacobs*, Unternehmensbesteuerung, 4. Auflage, 1999, S. 950 f.; *Baumhoff*, Entwicklungen, IStR 2003, S. 6; *Burkert*, Funktionsverlagerungen, IStR 2003, S. 358 f.; *Endres*, Funktionsverlagerung, RIW 2003, S. 732; *Endres/Oestreicher*, Ergebnisabgrenzung, IStR 2003, Beihefter zu Heft 15/2003, S. 11;

Während bei der bloßen Funktionsverlagerung einzelne Funktionen über den Wirkungsbereich des Konzerns verteilt auf verschiedene, in jeweils niedriger besteuernden Staaten ansässige Konzerngesellschaften verlagert werden, werden beim gruppeninternen *outsourcing* bestimmte Funktionen bereits in *coordination* oder *shared service centern*, die ebenfalls in verschiedenen Staaten ansässig sein können, zentralisiert. Über diese beiden Formen der Funktionsverlagerung hinausgehend, ist die Vereinigung sämtlicher Funktionen in einer einzigen Zentralgesellschaft in einem Niedrigsteuerland kennzeichnendes Merkmal der Gestaltungen mit einem zentralen Entrepreneur. Die Umsetzung des Konzepts wird sich in der Regel in Stufen vollziehen, wobei das Ziel sein wird, dass der Entrepreneur letztlich den gesamten Wertschöpfungsprozess von der Beschaffung der Rohstoffe über die Produktion bis hin zur Vermarktung und zum Vertrieb der Produkte beherrscht.[1639]

Vorrangiges Ziel der Etablierung eines zentralen Entrepreneurs ist es, durch die Bündelung der Funktionen Kosten- und Synergieeffekte sowie Transparenz im Gegensatz zu der häufig zu beobachtenden Vielschichtigkeit der Leistungsbeziehungen im traditionellen Konzern zu erzielen.[1640] Neben den betriebswirtschaftlichen Vorteilen lassen sich durch diese Strukturen aber insbesondere auch beachtliche Steuerersparnisse erzielen,[1641] denn mit den bislang im Inland wahrgenommenen Funktionen und sämtlichen hiermit zusammenhängenden unternehmerischen Chancen und Risiken wird auch das Gewinnpotential des Konzerns in größtmöglichem Umfang aus dem Inland hinaus in das Niedrigsteuerland verlagert.[1642] Dadurch ist es möglich, den im Inland verbliebenen Funktionen mit dem verhältnismäßig geringen Funktionsgewinn einen nur geringen Anteil des Konzernergebnisses zuzuweisen. Der weitaus größere Teil des Ergebnisses wird in das Ausland verlagert und unterfällt dort einer niedrigeren als der inländischen Besteuerung.[1643] Im Ergebnis entsteht durch die Etablierung des zentralen Entrepreneurs im Niedrigsteuerland und die dort stattfindende Vereinigung aller Funktionen und Risiken ganz erhebliches Steuerminderungspotential und führt in Kombination mit den

---

Möller/Bartl, Konzernstruktur, in: *Oestreicher* (Hrsg.), Verrechnungspreise, 2003, S. 271, 274 f., sowie einem Beispiel auf S. 277; *Bodenmüller*, Funktionsverlagerungen, 2004, S. 447.

1639 Vgl. *Burkert*, Funktionsverlagerungen, IStR 2003, S. 358.

1640 Letzteres durch den Abschluss konzerninterner Verträge nahezu ausschließlich mit dem Entrepreneur, wodurch die Vertragsbeziehungen übersichtlicher werden und optimal gestaltet und gesteuert werden können, vgl. *Endres*, Neuordnung, in: *IDW* (Hrsg.), Unternehmenstätigkeit, 1996, S. 100 f.; *Endres*, Steuergestaltung, in: *Jacobs/Spengel* (Hrsg.), Aspekte, 1996, S. 199 f.; *Jacobs*, Unternehmensbesteuerung, 5. Auflage, 2002, S. 1057; *Möller/Bartl*, Konzernstruktur, in: *Oestreicher* (Hrsg.), Verrechnungspreise, 2003, S. 271. Vgl. im letztgenannten Beitrag von *Möller/Bartl* auch die anschauliche Zusammenstellung von Vor- und Nachteilen des Entrepreneur-Konzeptes auf den Seiten 279 ff.

1641 So *Jacobs*, Unternehmensbesteuerung, 4. Auflage, 1999, S. 951. *Burkert* bezeichnet diese Gestaltung als Möglichkeit, die „Gesamtsteuerlast des Unternehmens langfristig und radikal zu senken", *Burkert*, Funktionsverlagerungen, IStR 2003, S. 358.

1642 *Baumhoff* spricht in diesem Zusammenhang von „einer massiven Beeinflussung [...] der Ergebnisallokation", *Baumhoff*, Entwicklungen, IStR 2003, S. 5.

1643 Vgl. *Baumhoff*, Entwicklungen, IStR 2003, S. 6; *Möller/Bartl*, Konzernstruktur, in: *Oestreicher* (Hrsg.), Verrechnungspreise, 2003, S. 271. Hierbei ist dringend zu beachten, dass die im Ausland entstehenden Gewinne nicht von der deutschen Hinzurechnungsbesteuerung erfasst werden, vgl. *Burkert*, Funktionsverlagerungen, IStR 2003, S. 359.

Kosteneffekten zum größtmöglichen Umfang der Absenkung der Konzernsteuerquote des deutschen internationalen Konzens.[1644]

Der angestrebte Effekt der definitiven Verlagerung von Ergebnisbestandteilen in eine Steuerhoheit mit einer niedrigeren Steuerbelastung und der Minderung der effektiven Steuerbelastung des Konzerns stellt sich bei der Ermittlung der Verrechnungspreise für den laufenden Lieferungs- und Leistungsverkehr innerhalb des Konzerns und damit zeitlich nach dem Verlagerungsvorgang selbst ein.[1645] Nicht übersehen werden dürfen dabei die Kosten des Verlagerungsvorgangs selbst, die mit dem übergeordneten Ziel der Gewinnmaximierung den aus der nachgelagerten laufenden Besteuerung resultierenden Vorteil nicht übersteigen dürfen. Zu diesen Kosten zählen neben den Vergütungsansprüchen der übertragenden Gesellschaften insbesondere auch die Steuern auf etwaige verlagerungsbedingte Gewinnrealisierungen, die sich beide jeweils nach dem Umfang der überlassenen oder übertragenen materiellen und insbesondere immateriellen Wirtschaftsgüter sowie von Geschäftschancen bestimmen.[1646] Bei solch investitionsintensiven Gestaltungen wie Funktionsverlagerungen oder der Etablierung eines zentralen Entrepreneurs ist daher, wie bereits für die Optimierung des Konzernaufbaus betont wurde, für jeden Einzelfall sorgfältig zu prüfen, ob die erreichbare Steuerersparnis tatsächlich sämtliche Kosten der Verlagerung übersteigt, d.h. ob eine solche Gestaltung nicht nur aus steuerlichen, sondern insbesondere auch aus betriebswirtschaftlichen Gesichtspunkten sinnvoll ist.[1647] Die Entscheidung, ob sich eine Verlagerung von Funktionen ins Ausland aus Kostengründen rentiert, hängt dabei maßgeblich von der Mobilität der Funktionsbereiche ab.[1648] Neben rein monetären Aspekten muss die betriebswirtschaftliche Vorteilhaftigkeits-

---

1644 Vgl. *Jacobs*, Unternehmensbesteuerung, 4. Auflage, 1999, S. 951.

1645 Wobei ein Lieferungs- und Leistungsverkehr zwischen übertragender und übernehmender Gesellschaft nicht zwangsläufige Folge der Funktionsverlagerung ist, vgl. *Bodenmüller*, Funktionsverlagerungen, 2004, S. 15 f.

1646 Vgl. *Haarmann*, Produktionsverlagerung, in: *IDW* (Hrsg.), Unternehmenstätigkeit, 1996, S. 62 ff.; *Kuckhoff/Schreiber*, Verrechnungspreise, 1997, S. 79 ff., Tz. 170 ff.; *Jacobs*, Unternehmensbesteuerung, 4. Auflage, 1999, S. 949; *Kuckhoff/Schreiber*, Funktionsverlagerung, IStR 1999, S. 354; *Jacobs*, Unternehmensbesteuerung, 5. Auflage, 2002, S. 1026 ff.; *Baumhoff*, Entwicklungen, IStR 2003, S. 5; *Baumhoff/ Bodenmüller*, Verlagerung, in: *Grotherr* (Hrsg.), Handbuch, 2. Auflage, 2003, S. 365 ff., 375 ff.; *Burkert*, Funktionsverlagerungen, IStR 2003, S. 358 f.; *Endres*, Funktionsverlagerung, RIW 2003, S. 732 f.; *Endres/ Oestreicher*, Ergebnisabgrenzung, IStR 2003, Beihefter zu Heft 15/2003, S. 11 ff.; *Herzig*, Gestaltung, WPg 2003, Sonderheft, S. S 89. Zur Besteuerung des grenzüberschreitenden Transfers von Betriebsvermögen ausführlich *Kessler/Huck*, Transfer, StuW 2005, S. 193 ff.

1647 Vgl. *Endres*, Neuordnung, in: *IDW* (Hrsg.), Unternehmenstätigkeit, 1996, S. 101; *Herzig/Dempfle*, Konzernsteuerquote, DB 2002, S. 7; *Baumhoff*, Entwicklungen, IStR 2003, S. 5; *Herzig*, Gestaltung, WPg 2003, Sonderheft, S. S 89; in diesem Sinne auch *Bendlinger*, Standort, NWB 2005, Fach 5, Gruppe 2, S. 638. Vgl. im Hinblick auf die bereits im nationalen Bereich entstehenden Kosten der Verlegung der Geschäftsleitung in Gewerbesteueroasen *Kessler/Teufel*, Gesellschafterfremdfinanzierung, DB 2001, S. 1961.

1648 Vgl. *Endres*, Neuordnung, in: *IDW* (Hrsg.), Unternehmenstätigkeit, 1996, S. 101; *Herzig/Dempfle*, Konzernsteuerquote, DB 2002, S. 7 m.w.N.; *Baumhoff*, Entwicklungen, IStR 2003, S. 5; *Endres*, Funktionsverlagerung, RIW 2003, S. 729.

prüfung aber stets auch die operativen Gesichtspunkte einer Verlagerung ins Ausland sowie mögliche interne Widerstände in den beteiligten Konzerngesellschaften berücksichtigen.[1649]

Funktionsverlagerungen in das niedriger besteuernde Ausland ziehen zudem stets eine kritische Überprüfung durch die inländische Finanzverwaltung nach sich.[1650] „Je tiefer dabei die Konzernsteuerquote sinkt, desto wahrscheinlicher gerät die grenzüberschreitende Ergebnisallokation in das Visier der Prüfer."[1651] Die unangemessene Ausnutzung des internationalen Steuergefälles durch die Verlagerung von Funktionen soll dabei durch eine Vielzahl gesetzlicher Schranken und Abwehrmaßnahmen, allen voran die Regelungen des AStG und die Allgemeinklausel des § 42 AO, verhindert werden.[1652] Aus diesem Grund ist zwingend zu berücksichtigen, dass die ins Ausland verlagerten Funktionen auch tatsächlich mit den notwendigen unternehmerischen Risiken und umfangreicher wirtschaftlicher Substanz ausgestattet werden und die vertraglich vereinbarte Risikoteilung auch der tatsächlich beobachtbaren entsprechen muss.[1653] Denn letztlich erfordert eine umsichtige Steuerplanung, die, wie bereits mehrfach gefordert wurde, in ein konzernweites Steuercontrolling übergehen muss, auch eine laufende Überprüfung, mit welchem Grad an Sicherheit vorgesehene Gestaltungen von den beteiligten Finanzbehörden anerkannt werden.[1654]

V. Sitzverlegung

Der Konzern hat bei der Etablierung eines zentralen Entrepreneurs im Ausland mit der Strategieträgerschaft seinen Sitz faktisch bereits aus Deutschland hinaus in ein Niedrigsteuerland verlagert. In manchen Fällen folgt dieser faktischen Sitzverlegung als finaler Akt die tatsächliche Verlegung des effektiven und statutarischen Konzernsitzes in das Niedrigsteuerland nach oder wird auch ohne eine vorherige Funktionsverlagerung von den Unternehmen in Be-

---

1649 Vgl. *Burkert*, Funktionsverlagerungen, IStR 2003, S. 320; *Möller/Bartl*, Konzernstruktur, in: *Oestreicher* (Hrsg.), Verrechnungspreise, 2003, S. 281 ff.

1650 Vgl. bereits *Spriegel/Schweiss*, Grenzen, BB 1996, S. 1354; *Burkert*, Reallokation, in: *Kleineidam* (Hrsg.), FS Fischer, 1999, S. 513 f.; *Baumhoff*, Entwicklungen, IStR 2003, S. 5; *Endres*, Konzernsteuerquote, in: *Oestreicher* (Hrsg.), Steuerplanung, 2004, S. 175; *Endres/Oestreicher*, Ergebnisabgrenzung, IStR 2003, Beihefter zu Heft 15/2003, S. 11; sowie ausführlich *Kuckhoff/Schreiber*, Verrechnungspreise, 1997, S. 85 ff., 98 ff.; *Kuckhoff/Schreiber*, Funktionsverlagerung, IStR 1999, S. 321 ff., 353 ff.

1651 *Endres/Oestreicher*, Ergebnisabgrenzung, IStR 2003, Beihefter zu Heft 15/2003, S. 1.

1652 Vgl. z.B. *Spriegel/Schweiss*, Grenzen, BB 1996, S. 1356 ff.; *Dreßler*, Gewinnverlagerungen, StBP 1999, S. 260 ff.; *Jacobs*, Unternehmensbesteuerung, 5. Auflage, 2002, S. 1068 ff.; *Burkert*, Funktionsverlagerungen, IStR 2003, S. 359; *Endres*, Funktionsverlagerung, RIW 2003, S. 733; *Schreiber*, Verlagerung, in: *Oestreicher* (Hrsg.), Verrechnungspreise, 2003, S. 291 f.

1653 Vgl. *Kuckhoff/Schreiber*, Funktionsverlagerung, IStR 1999, S. 323; *Vögele/Borck*, Risiken, IStR 2002, S. 176; *Endres*, Funktionsverlagerung, RIW 2003, S. 732 f.; *Möller/Bartl*, Konzernstruktur, in: *Oestreicher* (Hrsg.), Verrechnungspreise, 2003, S. 278, 282; *Niedrig*, Substanzerfordernisse, IStR 2003, S. 474 ff.; *Schreiber*, Verlagerung, in: *Oestreicher* (Hrsg.), Verrechnungspreise, 2003, S. 291 f.

1654 Vgl. *Dreßler*, Gewinnverlagerungen, StBP 1999, S. 258; *Jacobs*, Unternehmensbesteuerung, 5. Auflage, 2002, S. 1068; *Kessler/Dorfmüller*, Holdinggesellschaften, PIStB 2001, S. 177; *Endres*, Funktionsverlagerung, RIW 2003, S. 732 f.

tracht gezogen.[1655] Solche Standortverlegungen verfolgen unter anderem[1656] das Ziel, die unbeschränkte Steuerpflicht im Inland zu beenden[1657] und den Konzern künftig zur Gänze unter das rechtliche und steuerliche Regime des anderen Staates zu stellen.[1658] Hierdurch kann die Konzernsteuerquote als laufende relative Effektivbelastung des Konzerns mit Steuern häufig noch erheblich weiter als durch die bislang dargestellten Gestaltungsfelder unter dem Regime des deutschen Steuerrechts abgesenkt werden.

Die laufende Belastung des konzernweit erzielten Welteinkommens unterfällt dann nicht mehr inländischem Steuerrecht, sondern wird vollständig den steuerlichen Regelungen des neuen Sitzstaates unterworfen, der regelmäßig ein niedrigeres als das inländische Steuerniveau aufweisen wird. Neben diesen reinen Steuertarifvorteilen besteht das steuerliche Ziel der Verlegung des Konzernsitzes in das Ausland zudem häufig darin, den zum Teil recht strengen Regelungen des deutschen Steuerrechts zu entgehen und dadurch Steuergestaltungen in einem deutlich größeren und möglicherweise aggressiveren Rahmen zu ermöglichen. Beispielsweise können durch die Sitzverlegung die Regelungen des deutschen Außensteuergesetzes vermieden werden, wodurch Finanzierungsgestaltungen dann ohne die Einschränkungen durch eine Hinzurechnungsbesteuerung möglich sind.[1659] Allerdings ist bei Gestaltungen durch die Verlegung des Konzernsitzes die unter Umständen drohende Schlussbesteuerung der Konzernobergesellschaft mit weitreichender Besteuerung der stillen Reserven im Inland zu berücksichtigen.[1660]

Bei der Sitzverlegung der Konzernobergesellschaft mit endgültigem Wegzug der gesamten Unternehmung aus Deutschland werden die Strukturen des Konzerns vollständig aufgebrochen. Nicht mehr nur Funktionen und unternehmerische Chancen und Risiken verlassen das Inland und werden auf das Ausland verlagert, sondern mit der Konzernobergesellschaft scheidet das zentrale Element aus der Konzernstruktur aus und unterfällt künftig einem anderen Rechts- und Steuersystem. Bei der Unternehmensgruppe handelt es sich dann insgesamt nicht weiter um einen deutschen internationalen Konzern, der definitionsgemäß durch die Ansässigkeit der Konzernobergesellschaft und deren unbeschränkter Steuerpflicht im Inland gekennzeichnet ist.

1655 Vgl. *Endres*, Funktionsverlagerung, RIW 2003, S. 732; *Herzig*, Gestaltung, WPg 2003, Sonderheft, S. S 89; *Endres*, Konzernsteuerquote, in: *Oestreicher* (Hrsg.), Steuerplanung, 2004, S. 174.

1656 Neben den bereits für die bloße Verlagerung von Funktionen relevanten Gründen, vgl. die Hinweise in Fn. 1616 auf Seite 307.

1657 Wozu in aller Regel die kumulative Verlagerung von Sitz und Ort der Geschäftsleitung notwendig ist.

1658 Vgl. *Herzig*, Gestaltung, WPg 2003, Sonderheft, S. S 89.

1659 Vgl. *Herzig*, Gestaltung, WPg 2003, Sonderheft, S. S 89. Unter der Voraussetzung, dass im neuen Sitzstaat keine Hinzurechnungsbesteuerung existiert, vgl. *Endres*, Funktionsverlagerung, RIW 2003, S. 732.

1660 Vgl., insbesondere auch zur Diskussion der Zulässigkeit der Wegzugsbesteuerung unter EG-rechtlichen Gesichtspunkten, z.B. *Endres*, Steuergestaltung, in: *Jacobs/Spengel* (Hrsg.), Aspekte, 1996, S. 191 f.; *Jacobs*, Unternehmensbesteuerung, 5. Auflage, 2002, S. 1142 f.; *Kleinert/Probst*, Wegzugsbeschränkungen, DB 2004, S. 673 ff.; *Haase*, Schlussbesteuerung, IStR 2004, S. 232 ff.; *Kessler/Huck*, Transfer, StuW 2005, S. 193 ff.; *Rödder*, Exit, IStR 2005, S. 297 ff.

5. Kapitel: Zusammenfassung und Ausblick

In der vorliegenden Untersuchung wurde die Konzernsteuerquote als Quantifizierungsmaß der steuerlichen Belastung von Konzernen und als betriebswirtschaftliche Kennzahl charakterisiert, die als Instrument zur Analyse von Konzernabschlüssen deutscher internationaler Konzerne herangezogen werden kann. Dabei ist es aufgrund der Eigenschaft der Konzernsteuerquote als Spitzenkennzahl eines Kennzahlensystems möglich, Gestaltungsparameter und Werttreiber der Quote zu identifizieren. Daneben erfüllt die Konzernsteuerquote vielfältige weitere Funktionen. Insbesondere konnte nachgewiesen werden, dass eine aus der Konzernsteuerquote entwickelte derivative Größe als Beurteilungsgröße im Rahmen eines anreizorientierten Vergütungssystems für das Steuermanagement deutscher internationaler Konzerne dienen kann. Ansätze zur Entwicklung dieser Größe, die beispielsweise anhand von speziell zu diesem Zweck gestalteten Überleitungsrechnungen ermittelt werden kann, wurden aufgezeigt.[1661]

Hierbei wurde jedoch deutlich, dass einer isolierten Betrachtung der Konzernsteuerquote ohne ergänzende Informationen, z.B. über steuerfreie Beteiligungsveräußerungen, nichtabziehbare Aufwendungen oder über den Einfluss im Ausland ansässiger Konzernunternehmen auf die effektive Steuerbelastung des Konzerns, eine nur geringe Aussagekraft innewohnt. Die unkritische Verwendung dieser Größe eignet sich weder für Vergütungszwecke, noch für ein *benchmarking* verschiedener Konzerne.[1662] Denn zum einen erschweren bereits die in den betrachteten Rechnungslegungsstandards unterschiedlichen Ausgangsgrößen einen Vergleich der Konzernsteuerquoten verschiedener Unternehmen, zum anderen verzerren vom Steuermanangement nicht beeinflussbare Schwankungen der Konzernergebnisse aufgrund operativer Entscheidungen die Konzernsteuerquote oftmals erheblich.[1663]

Im Mittelpunkt der Arbeit stand daher die Untersuchung der nach sämtlichen betrachteten Rechnungslegungsstandards verpflichtenden Überleitungsrechnung, da hierin die Konzernsteuerquote hergeleitet und erläutert wird und die insofern als Instrument zur qualitativen Analyse der Konzernsteuerquote genutzt werden kann. Aus der Verbindlichkeit der Überleitungsrechnung wird offenbar, dass mit der zunehmenden Internationalisierung der Rechnungslegung auch ein laufender Bedeutungszuwachs der Konzernsteuerquote als zu erläuternde Größe der Überleitungsrechnung einhergeht. Zentraler Aspekt der Betrachtung der Überleitungsrechnung war die im Rahmen einer Bestandsaufnahme der Überleitungsrechnun-

---

1661 Vgl. die Ausführungen in Abschnitt F.II.4 des 2. Kapitels, Seiten 123 ff.

1662 Vgl. *Endres*, Konzernsteuerquote, in: *Oestreicher* (Hrsg.), Steuerplanung, 2004, S. 184 f.

1663 Vgl. Abschnitt A.I.3 des 2. Kapitels, Seite 39 ff.; sowie nur *Herzig/Dempfle*, Konzernsteuerquote, DB 2002, S. 8; *Endres*, Konzernsteuerquote, in: *Oestreicher* (Hrsg.), Steuerplanung, 2004, S. 185. Aufgrund der in die Konzernsteuerquote eingehenden, in sämtlichen Ansässigkeitsstaaten des Konzerns erzielten Ergebnisbeiträge und der diese belastenden Steuern eignet sich die Konzernsteuerquote in ihrer statischen Form zudem nicht zur Beurteilung der steuerlichen Standortattraktivität verschiedener Staaten, vgl. die Hinweise in Fn. 526 auf Seite 95.

gen der DAX-30-Unternehmen der Jahre 2000 bis 2004 getroffenen Feststellung, dass aufgrund der zur Zeit uneinheitlichen inhaltlichen Ausgestaltung Vergleiche von Überleitungsrechnungen einer Unternehmung im Zeitablauf häufig ebenso scheitern wie Vergleiche von Überleitungsrechnungen verschiedener Unternehmungen. Aus diesem Grunde wurden Vorschläge zu einer in ihrer Aussagekraft gestärkten Überleitungsrechnung gemacht.

Zunächst wurde auf die bei einer Bilanzierung nach US-GAAP verbindliche Erfolgsspaltung verwiesen, die bereits bei der Auswahl der Bemessungsgrundlage der Ausgangsgröße der Überleitungsrechnung der Transparenz der verwendeten Daten Rechnung trägt. Ein in diesem Sinne bereinigtes Konzernergebnis vor Steuern würde auch unter dem Regime der anderen betrachteten Rechnungslegungsstandards die Aussagekraft der Überleitungsrechnung und der Konzernsteuerquote stärken. Im Hinblick auf den zur Ermittlung der Ausgangsgröße heranzuziehenden anzuwendenden Steuersatz der Überleitungsrechnung wurde für deutsche internationale Konzerne die Anwendung eines kombinierten Ertragsteuersatzes empfohlen, der neben der Körperschaftsteuer und dem Solidaritätszuschlag auch einen Belastungssatz für die Gewerbesteuer beinhaltet. Damit die Überleitungsrechnung zu Vergleichszwecken herangezogen werden kann, ist dieser Belastungssatz einheitlich zu definieren. Vorgeschlagen wurde die Ermittlung eines Belastungssatzes unter Heranziehung eines gewerbesteuerlichen Hebesatzes von 400%, so dass insgesamt ein anzuwendender Steuersatz in Höhe von 38,65% resultiert.[1664]

Möglichkeiten zur Gestaltung der Überleitungsrechnung bestehen in der Bestimmung und Strukturierung der einzelnen Überleitungsposten sowie im Hinblick auf die Aufspaltung der Überleitungsrechnung. Zunächst wird eine für alle Unternehmen verbindliche Wesentlichkeitsgrenze festzulegen sein, die den Ausweis gesonderter Posten verpflichtend macht. Die Grenze muss sich dabei an den Grundsätzen der *relevance* und der *materiality* orientieren; ein Anhaltspunkt hierfür kann die 5%-Grenze der SEC sein.[1665] Die Gliederung der Überleitungsposten sollte jedenfalls nach periodischen und aperiodischen Überleitungsposten erfolgen, besser noch ist eine Differenzierung nach strukturellen Einflüssen auf die effektive Steuerbelastung und nach Sondereinflüssen. Denkbar sind auch zweckorientierte strategische oder transaktionsbezogene Strukturierungen, wie am Beispiel der Überleitungsrechnung zur Unterstützung der Vergütungsfunktion dargestellt wurde.

Insbesondere aber bestehen in der Aufspaltung der Überleitungsrechnung Möglichkeiten, deren Aussagekraft zu stärken. So sollten neben absoluten stets auch die relativen Werte der einzelnen Überleitungsposten angegeben werden sowie neben den Vorjahreswerten auch zusätzlich weitere historische Daten. Besondere Aussagekraft für Zwecke eines *benchmarking*

1664 Für die zur Zeit gemäß § 23 Abs. 1 KStG, § 4 S. 1 SolZG und § 11 Abs. 2 Nr. 2 GewStG geltenden Sätze von 25% für die Körperschaftsteuer, 5,5% für den Solidaritätszuschlag und 5% für die Gewerbesteuermesszahl.

1665 Vgl. *SEC*, Reg. S-X, online im Internet, Item 210.4-08, Abs. (h) (2), S. 3.

erhält die Überleitungsrechnung, wenn eine hierüber hinausgehende Aufspaltung nach betriebswirtschaftlichen Gesichtspunkten vorgenommen wird. Hierzu kann die Überleitungsrechnung z.B. nach der in der Segmentberichterstattung vorgenommenen Segmentierung des Konzerns oder nach wesentlichen Gesellschaften aufgespaltet werden. Eine aus dieser Aufspaltung abgeleitete Standardisierung der Überleitungsrechnung kann darüber hinaus die Untersuchung der Steuerbelastung internationaler Konzerne durch Banken, Investoren oder Analysten weiter erleichtern. So wäre es z.B. denkbar, Formblätter zu entwerfen, in die die einzelnen Überleitungspositionen nach bestimmten Kriterien übertragen werden können.

Innerhalb der Überleitungsrechnung lassen sich die anhand des Kennzahlensystems identifizierten Gestaltungsparameter und Werttreiber nun deutlich als Steuereffekte erkennen, die unmittelbar auf die effektive Steuerbelastung einwirken. Da die Steuereffekte damit insbesondere auch für die Hauptinteressenten der Konzernsteuerquoten kapitalmarktorientierter deutscher internationaler Konzerne, die Investoren und deren Analysten, offenbar werden, muss den Unternehmungen im Sinne einer möglichst positiven Außendarstellung im Umkehrschluss daran gelegen sein, Einfluss auf die Konzernsteuerquote zu nehmen. Dies insbesondere unter dem Aspekt, dass mit Blick auf den Nachsteuerertrag der Konzerne eine nur geringe Absenkung der Quote gleichbedeutend ist mit einer Umsatzausweitung in erheblich größerem Umfang,[1666] die Optimierung der Konzernsteuerquote mithin einen ganz wesentlichen Wettbewerbsfaktor darstellt. Alleine aus diesem Grund wird auch zukünftig ein laufender Bedeutungszuwachs der Kennzahl festzustellen sein.

In der Untersuchung konnte herausgearbeitet werden, dass zu weitreichenden und dauerhaften Einflussnahmen auf die Konzernsteuerquote zwingend das internationale Steuergefälle genutzt werden muss, wozu im deutschen internationalen Konzern Möglichkeiten bereits innerhalb der bestehenden Konzernstrukturen existieren. In aller Regel werden allerdings mit der Verlagerung von Funktionen, einzelner Unternehmensteile oder der Strategieträgerschaft[1667] deutliche Umstrukturierungen des Konzerns notwendig werden, um noch drastischer und aggressiver auf die Konzernsteuerquote einwirken zu können. Finaler Akt solcher Gestaltungen ist dabei die endgültige Verlegung des Konzernsitzes in das Ausland, wenn dies ein Ausscheiden des Konzerns aus der deutschen Steuerrechtshoheit zufolge hat.

Innerhalb der Arbeit wurden Ansätze zur Beeinflussung der Konzernsteuerquote aufgezeigt und systematisiert. Eine abschließende kasuistische Darstellung aller Möglichkeiten muss schon aufgrund der sich permanent verändernden steuerlichen Rahmenbedingungen scheitern. Insofern liegt es auf der Hand, dass das Steuermanagement deutscher internationaler Konzerne auch zukünftig laufend und immer stärker nach Möglichkeiten zur Absenkung der Kon-

[1666] Vgl. *Herzig*, Gestaltung, WPg 2003, Sonderheft, S. S 80; *Stein/Becker*, Unternehmenswertsteigerung, online im Internet; zitiert nach *Keuchel*, Steuerquote, Handelsblatt Nr. 237 vom 7.12.2005, S. 18.

[1667] Vgl. *Borstell*, Verrechnungspreispolitik, in: *Grotherr* (Hrsg.), Handbuch, 2000, S. 346 ff.; sowie ausführlich *Bodenmüller*, Funktionsverlagerungen, 2004, S. 345 f., 446 ff.

zernsteuerquote suchen wird, so dass hier stets weiterer Forschungsbedarf besteht. Dabei werden aufgrund der Einbeziehung der latenten Steuern in der Konzernsteuerquote solche Gestaltungen in den Mittelpunkt der Betrachtung rücken, die sich ganz gezielt auf die Beeinflussung der latenten Steuern konzentrieren.

Allerdings kann das Steuermanagement die Konzernsteuerquote nur dann umfassend beeinflussen, wenn es ihm möglich ist, Einfluss auf sämtliche Parameter der Quote zu nehmen. Da zur Zeit jedoch insbesondere die Steuerabgrenzung häufig der Abteilung Rechnungswesen zugeordnet ist,[1668] müssen Gestaltungen der Konzernsteuerquote durch die bewusste Bildung oder Auflösung latenter Steuern in diesen Fällen scheitern. Auch muss an dieser Stelle nochmals darauf hingewiesen werden, dass einer Beeinflussung der Quote durch die Konzernsteuerabteilungen häufig enge Grenzen gesetzt sind, wenn operative Entscheidungen - bewusst oder unbewusst - ohne Rücksicht auf steuerliche Belange wie die Konzernsteuerquote getroffen werden.[1669]

Zudem wird offenbar, dass schon die laufende Änderung der steuerlichen Gesetzgebung die Implementierung eines Steuercontrollings, hier mit dem Ziel der laufenden Prüfung und Alternativensuche und der Selbstinformation des Steuermanagements, notwendig macht.[1670] Darüber hinaus besteht aber insbesondere die Gefahr, dass eine ausschließlich an der Konzernsteuerquote ausgerichtete Steuerpolitik zu Fehlanreizen für die Entscheidungsträger in der Unternehmung führt.[1671] Denn da die Beeinflussung von Kostensteuern keine Auswirkungen auf die Konzernsteuerquote hat,[1672] besteht bei einer isolierten Ausrichtung der Konzernsteuerpolitik an der Steuerquote die Gefahr, die Kostensteuern zu vernachlässigen, obwohl sie das Konzernergebnis in aller Regel erheblich belasten.[1673] Dasselbe gilt für die Steuern auf außerordentliche Ergebnisbestandteile bei der Ermittlung der Konzernsteuerquote nach US-GAAP.

1668 Vgl. *Herzig/Dempfle*, Konzernsteuerquote, DB 2002, S. 8; *Kröner*, Konzernsteuerquote, in: *Herzig* (Hrsg.), Organschaft, 2003, S. 562 f.; zugleich *Kröner/Benzel*, Konzernsteuerquote, in: *Kessler/Kröner/Köhler* (Hrsg.), Konzernsteuerrecht, 2004, § 15, Tz. 2.

1669 Vgl. *Herzig*, Gestaltung, WPg 2003, Sonderheft, S. S 92; *Endres*, Konzernsteuerquote, in: *Oestreicher* (Hrsg.), Steuerplanung, 2004, S. 185.

1670 Vgl. *Herzig*, Optimierung, Stbg 1996, S. 66; *Lexa*, Steuercontrolling, in: *Bertl/Mandl* (Hrsg.), FS Egger, 1997, S. 637 f.; *Schlager*, Steuercontrolling, in: *Feldbauer-Durstmüller/Schwarz/Wimmer* (Hrsg.), FS Stiegeler, 2005, S. 628 ff. Vgl. zu Entwicklungsstufen eines Steuercontrollings *Kröner*, Tax Accounting, in: *Herzig/Günkel/Niemann* (Hrsg.), StbJb 2004/2005, 2005, S. 292 ff.

1671 Vgl. *Herzig/Dempfle*, Konzernsteuerquote, DB 2002, S. 8. Hierzu zählt auch die Vernachlässigung qualitativer Ziele betrieblicher Steuerpolitik, wie beispielsweise das Streben nach Sicherheit der gewählten Gestaltungen oder nach einem guten Ruf der Unternehmung in der Öffentlichkeit, vgl. *Stein/Vitale*, Shareholder Value, in: *Grotherr* (Hrsg.), Handbuch, 2. Auflage, 2003, S. 560; *Endres*, Konzernsteuerquote, in: *Oestreicher* (Hrsg.), Steuerplanung, 2004, S. 185.

1672 Vgl. die Ausführungen in Abschnitt B.II des 2. Kapitels, hier Seite 47 ff., insbesondere Seite 51.

1673 Vgl. *Herzig*, Gestaltung, WPg 2003, Sonderheft, S. S 82 ff., S 92; *Möller/Bartl*, Konzernstruktur, in: *Oestreicher* (Hrsg.), Verrechnungspreise, 2003, S. 279; *Endres*, Konzernsteuerquote, in: *Oestreicher* (Hrsg.), Steuerplanung, 2004, S. 185; *Kröner/Benzel*, Konzernsteuerquote, in: *Kessler/Kröner/Köhler* (Hrsg.), Konzernsteuerrecht, 2004, § 15, Tz. 3.

Insbesondere aber können mangelnde Rationalität oder Opportunismus der Entscheider[1674] dazu führen, dass klassischer Steuerbilanz- und Verlustverwertungspolitik nicht mehr genügend Bedeutung zugemessen wird mit der Folge, dass durch die mangelnde Berücksichtigung des Steuerbarwertes Zinsverluste eintreten und der *cash-flow* der Unternehmung negativ beeinflusst wird.[1675] Beispielhaft sei hier auf die quotenirrelevante, die Liquidität der Unternehmung aber oftmals erheblich beeinflussende, zeitnahe Nutzung steuerlicher Verlustvorträge sowie auf die Vermeidung des Untergangs von Verlustvorträgen hingewiesen.[1676]

Zwar könnte schon die Abzinsung latenter Steuern dazu beitragen, diese Fehlanreize zu vermeiden.[1677] Da die Abzinsung latenter Steuern in den betrachteten Rechnungslegungssystemen jedoch nicht vorgesehen ist, mangelnde Rationalität und Opportunismus aber gleichzeitig kontrollierbare Risiken sind, die durch den Einsatz eines Kontrollsystems vermieden werden können, gilt es auch aus diesem Grund, die Entwicklung und Implementierung eines tragfähigen Steuercontrollingsystems anzustreben. Hierdurch können durch die genannten Fehlanreize beeinflusste, betriebswirtschaftlich fehlerhafte Entscheidungen verhindert werden. Ein an der Konzernsteuerquote orientiertes Vergütungssystem des Steuermanagements verstärkt dabei die Gefahr fehlerhafter Entscheidungen noch zusätzlich,[1678] so dass die Implementierung eines Steuercontrollings letztlich auch die Vergütungsfunktion der Konzernsteuerquote unterstützen hilft.

1674 Vgl. *Ewert/Wagenhofer*, Unternehmensrechnung, 5. Auflage, 2003, S. 346 ff.

1675 Vgl. *Endres*, Konzernsteuerquote, in: *Oestreicher* (Hrsg.), Steuerplanung, 2004, S. 185.

1676 Vgl. Abschnitt B.IV.4 des 2. Kapitels, hier ab Seite 85.

1677 Vgl. *Herzig*, Gestaltung, WPg 2003, Sonderheft, S. S 92.

1678 Vgl. Abschnitt F.II.4.b) des 2. Kapitels.

Literaturverzeichnis

ACHATZ, Markus / KOFLER, Georg (Abzinsung): Die Abzinsung von Rechnungsabgrenzungsposten in Handels- und Steuerbilanz, in: Bertl, Romuald / Egger, Anton / Gassner, Wolfgang / Lang, Michael / Nowotny, Christian (Hrsg.), Erfolgsabgrenzungen in Handels- und Steuerbilanz, Wien 2001, S. 185-220.

ADIDAS-SALOMON AG (Geschäftsbericht 2004): Konzern-Geschäftsbericht für das Geschäftsjahr 2004, aufgestellt nach IAS.

ADLER / DÜRING / SCHMALTZ (Kommentar): Kommentar zum HGB, AktG, GmbHG, PublG nach den Vorschriften des Bilanzrichtlinien-Gesetzes - neu bearbeitet von Karl-Heinz Förster, Reinhard Goerdeler, Josef Lanfermann, Hans-Peter Müller, Günter Siepe, Klaus Stolberg, 6. Auflage, Stuttgart 1997.

ADRIAN, Gerrit (Tax Reconciliation): Tax Reconciliation im HGB- und IAS/IFRS-Konzernabschluss, Frankfurt am Main 2005, zugleich Dissertation, Philipps-Universität Marburg.

ALBACH, Horst (Steuersystem): Steuersystem und unternehmerische Investitionspolitik, Wiesbaden 1970.

ALBACH, Horst (Unternehmung): Die internationale Unternehmung als Gegenstand betriebswirtschaftlicher Forschung, in: Zeitschrift für Betriebswirtschaft 1981, Ergänzungsheft 1/81, S. 13-24.

ALLIANZ AG (Geschäftsbericht 2001): Konzern-Geschäftsbericht für das Geschäftsjahr 2001, aufgestellt nach IAS.

ALLIANZ AG (Geschäftsbericht 2002): Konzern-Geschäftsbericht für das Geschäftsjahr 2002, aufgestellt nach IAS.

ALLIANZ AG (Geschäftsbericht 2003): Konzern-Geschäftsbericht für das Geschäftsjahr 2003, aufgestellt nach IAS.

ALLIANZ AG (Geschäftsbericht 2004): Konzern-Geschäftsbericht für das Geschäftsjahr 2004, aufgestellt nach IAS.

ALTRICHTER-HERZBERG, Torsten / NUERNBERGER, Eckart (Verlustnutzung): Verlustnutzung über die Grenze, in: GmbH-Rundschau 2006, S. 466-469.

ALVAREZ, Manuel / WOTSCHOFSKY, Stefan (Zwischenberichtspublizität): Zwischenberichtspublizität: Unterjährige Erfolgsabgrenzung, in: Finanz Betrieb 2000, Beilage 1, S. 35-43.

AMERICAN CHAMBER OF COMMERCE IN GERMANY E.V. / PRICEWATERHOUSE-COOPERS (USA): Steuern in den USA - Ein Leitfaden für deutsche Investoren, Frankfurt am Main 2001.

AMERICAN INTERNATIONAL GROUP (Form 10-K 2004): Form 10-K für das Geschäftsjahr 2004.

AMMELUNG, Ulrich (Finanzierungsgesellschaften): Ausländische Finanzierungsgesellschaften und Cash-Pools, in: Piltz, Detlev Jürgen / Schaumburg, Harald (Hrsg.), Internationale Unternehmensfinanzierung, Köln 2006, S. 71-97.

APP, Jürgen G. (Latente Steuern): Latente Steuern nach IAS, US-GAAP und HGB, in: Kapitalmarktorientierte Rechnungslegung 2003, S. 209-214.

ARBEITSKREIS EXTERNE UNTERNEHMENSRECHNUNG DER SCHMALENBACH-GESELLSCHAFT FÜR BETRIEBSWIRTSCHAFT E.V. (Einfluss): Einfluss ausgewählter steuerrechtlicher Änderungen auf die handelsrechtliche Bilanzierung, in: Der Betrieb 2000, S. 681-685.

ARBEITSKREIS EXTERNE UNTERNEHMENSRECHNUNG DER SCHMALENBACH-GESELLSCHAFT FÜR BETRIEBSWIRTSCHAFT E.V. (Rechnungslegung): Die Zukunft der Rechnungslegung aus Sicht von Wissenschaft und Praxis - Fachprogramm des Arbeitskreises Externe Unternehmensrechnung im Rahmen des 54. Deutschen Betriebswirtschafter-Tags, in: Der Betrieb 2001, S. 160-161.

ARBEITSKREIS WELTABSCHLÜSSE DER SCHMALENBACH-GESELLSCHAFT FÜR BETRIEBSWIRTSCHAFT E.V. (Konzernabschlüsse): Aufstellung internationaler Konzernabschlüsse, in: Zeitschrift für betriebswirtschaftliche Forschung 1979, Sonderheft 9/79.

ATKINSON, Anthony A. / BANKER, Rajiv D. / KAPLAN, Robert S. / YOUNG, S. Mark (Management Accounting): Management Accounting, 3. Auflage, Upper Saddle River 2001.

ATTESLANDER, Peter (Sozialforschung): Methoden der empirischen Sozialforschung, 9., neu bearbeitete und erweiterte Auflage, Berlin 2000.

AUER, Kurt V. (Motive): Umstellung der Rechnungslegung: Motive und Einflußfaktoren, in: Auer, Kurt V. (Hrsg.), Die Umstellung der Rechnungslegung auf IAS/US-GAAP - Erfahrungsberichte, Wien 1998, S. 13-41.

BADER, Axel D. (Finanzierung): Steuerliche Strategien bei der Finanzierung von Tochtergesellschaften in der EG, in: Maßbaum, Michael / Meyer-Scharenberg, Dirk / Perlet, Helmut (Hrsg.), Die deutsche Unternehmensbesteuerung im europäischen Binnenmarkt - Besteuerungsgrundlagen und grenzüberschreitende Steuerplanung in Deutschland, Neuwied/Kriftel 1994, S. 275-336.

BAETGE, Jörg (Bilanzanalyse): Bilanzanalyse, Düsseldorf 1998.

BAETGE, Jörg (Früherkennung): Möglichkeiten der Früherkennung negativer Unternehmensentwicklungen mit Hilfe statistischer Jahresabschlussanalysen, in: Zeitschrift für betriebswirtschaftliche Forschung 1989, S. 792-811.

BAETGE, Jörg / BEERMANN, Thomas (Vergleichende Bilanzanalyse): Vergleichende Bilanzanalyse von Abschlüssen nach IAS/US-GAAP und HGB, in: Betriebs-Berater 2000, S. 2088-2094.

BAETGE, Jörg / DÖRNER, Dietrich / KLEEKÄMPER, Heinz / WOLLMERT, Peter / KIRSCH, Hans-Jürgen (IAS): Rechnungslegung nach International Accounting Standards (IAS) - Kommentar auf der Grundlage des deutschen Bilanzrechts, 2. Auflage, Stuttgart 2003, Loseblatt, Stand: 6/2005, 1. Ergänzungslieferung.

BAETGE, Jörg / KIRSCH, Hans-Jürgen / THIELE, Stefan (Bilanzen): Bilanzen, 7., überarbeitete Auflage, Düsseldorf 2003.

BAETGE, Jörg / KIRSCH, Hans-Jürgen / THIELE, Stefan (Bilanzen): Bilanzen, 8., wesentlich überarbeitete Auflage, Düsseldorf 2005.

BAETGE, Jörg / KIRSCH, Hans-Jürgen / THIELE, Stefan (Bilanzrecht): Bilanzrecht - Handelsrecht mit Steuerrecht und den Regelungen des IASB - Kommentar, Bonn/Berlin 2002, Loseblatt, Stand: 3/2005, 8. Ergänzungslieferung.

BAETGE, Jörg / KIRSCH, Hans-Jürgen / THIELE, Stefan (Konzernbilanzen): Konzernbilanzen, 7., überarbeitete Auflage, Düsseldorf 2004.

BALLWIESER, Wolfgang (Analyse): Die Analyse von Jahresabschlüssen nach neuem Recht, in: Die Wirtschaftsprüfung 1987, S. 63-68.

BALLWIESER, Wolfgang (Bilanztheorie): Rechnungsabgrenzung, Steuerlatenz und Bilanztheorie, in: Bertl, Romuald / Egger, Anton / Gassner, Wolfgang / Lang, Michael / Nowotny, Christian (Hrsg.), Erfolgsabgrenzungen in Handels- und Steuerbilanz, Wien 2001, S. 13-23.

BALLWIESER, Wolfgang (IFRS): IFRS auch für nicht kapitalmarktorientierte Unternehmen?, in: Zeitschrift für Internationale Rechnungslegung 2006, S. 23-30.

BALLWIESER, Wolfgang (Rechnungslegung): Rechnungslegung im Umbruch, in: Frankfurter Allgemeine Zeitung Nr. 57 vom 8.3.2004, S. 22.

BALLWIESER, Wolfgang (Unternehmensführung): Wertorientierte Unternehmensführung, in: Betriebswirtschaftliche Forschung und Praxis 2000, S. 160-166.

BALLWIESER, Wolfgang / BEINE, Frank / HAYN, Sven / PEEMÖLLER, Volker H. / SCHRUFF, Lothar / WEBER, Claus-Peter (WILEY-Kommentar): WILEY-Kommentar zur internationalen Rechnungslegung nach IAS/IFRS, Braunschweig 2004.

BALLWIEßER, Cornelia (Konzernrechnungslegung): Die handelsrechtliche Konzernrechnungslegung als Informationsinstrument - eine Zweckmäßigkeitsanalyse, Frankfurt am Main 1997, zugleich Dissertation rer. pol., Julius-Maximilians-Universität Würzburg 1996.

BASF AG (Finanzbericht 2000): Finanzbericht für das Geschäftsjahr 2000, aufgestellt nach HGB mit Überleitung zu US-GAAP.

BASF AG (Finanzbericht 2001): Finanzbericht für das Geschäftsjahr 2001, aufgestellt nach HGB mit Überleitung zu US-GAAP.

BASF AG (Finanzbericht 2002): Finanzbericht für das Geschäftsjahr 2002, aufgestellt nach HGB mit Überleitung zu US-GAAP.

BASF AG (Finanzbericht 2003): Finanzbericht für das Geschäftsjahr 2003, aufgestellt nach HGB mit Überleitung zu US-GAAP.

BASF AG (Finanzbericht 2004): Finanzbericht für das Geschäftsjahr 2004, aufgestellt nach HGB mit Überleitung zu US-GAAP.

BAUMHOFF, Hubertus (Entwicklungen): Aktuelle Entwicklungen bei den internationalen Verrechnungspreisen, in: Internationales Steuerrecht 2003, S. 1-6.

BAUMHOFF, Hubertus (Verrechnungspreise): Verrechnungspreise für Dienstleistungen - Die steuerliche Einkunftsabgrenzung bei international verbundenen Unternehmen auf der Grundlage des Fremdvergleichs, Köln/Berlin/Bonn/München 1986, zugleich Dissertation rer. pol., Universität der Bundeswehr Hamburg 1985 unter dem Titel „Die Verrechnung von Dienstleistungen zwischen international verbundenen Unternehmen auf der Grundlage des Fremdvergleichs".

BAUMHOFF, Hubertus / BODENMÜLLER, Ralph (Verlagerung): Verrechnungspreispolitik bei der Verlagerung betrieblicher Funktionen ins Ausland, in: Grotherr, Siegfried (Hrsg.), Handbuch der internationalen Steuerplanung, 2. Auflage, Herne/Berlin 2003, S. 345-384.

BAUMHOFF, Hubertus / DITZ, Xaver / GREINERT, Markus (Angemessenheit): Angemessenheit von Verrechnungspreisen gegenüber inländischen Vertriebsgesellschaften - Anmerkungen zum BFH-Urteil vom 6.4.2005, I R 22/04, in: Internationales Steuerrecht 2005, S. 592-594.

BAYER AG (Finanzbericht 2002): Konzern-Geschäftsbericht, Anhang zum Finanzbericht für das Geschäftsjahr 2002, aufgestellt nach IAS.

BAYER AG (Geschäftsbericht 1999): Konzern-Geschäftsbericht für das Geschäftsjahr 1999, aufgestellt nach IAS.

BAYER AG (Geschäftsbericht 2004): Konzern-Geschäftsbericht für das Geschäftsjahr 2004, aufgestellt nach IAS.

BAYERISCHE HYPO- UND VEREINSBANK AG (Geschäftsbericht 2004): Konzern-Geschäftsbericht für das Geschäftsjahr 2004, aufgestellt nach IAS.

BAYERISCHE MOTOREN WERKE AG (Geschäftsbericht 2000): Konzern-Geschäftsbericht für das Geschäftsjahr 2000, aufgestellt nach HGB.

BAYERISCHE MOTOREN WERKE AG (Geschäftsbericht 2004): Konzern-Geschäftsbericht für das Geschäftsjahr 2004, aufgestellt nach IAS.

BECKER, Helmut / FINK, Eli / JACOB, Friedhelm (Amerika): Unternehmerische Tätigkeit in den Vereinigten Staaten von Amerika - Ein Leitfaden für den ausländischen Investor, Herne/Berlin 1998.

BECKER, Johannes / FUEST, Clemens / SPENGEL, Christoph (Investitionsverhalten): Konzernsteuerquote und Investitionsverhalten - Discussion Paper No. 05-33, online im Internet: ZEW (Hrsg.), URL: ftp://ftp.zew.de/pub/zew-docs/dp/dp0533.pdf, Stand: 1.4.2005, Abfrage vom 24.10.2005, S. 1-11.

BECKER, Matthias (Überlassung): Die Verrechnung von Entgelten für die Überlassung von Namen und Marken, in: Oestreicher, Andreas (Hrsg.), Internationale Verrechnungspreise - Beiträge zu einer Ringveranstaltung an der Universität Göttingen im Sommersemester 2002, Herne/Berlin 2003, S. 95-130.

BEHRENDT, Joachim (Standortentscheidung): Hebesatzautonomie und Standortentscheidung, in: Der Steuerberater 1996, S. 296-303.

BEINERT, Stefanie / MIKUS, Rudolf (Abzugsverbot): Das Abzugsverbot des § 3c Abs. 1 EStG im Kapitalgesellschaftskonzern, in: Der Betrieb 2002, S. 1467-1472.

BELAND, Ulrike (Realsteuerhebesätze 2005): Entwicklung der Realsteuerhebesätze der Gemeinden mit 50 000 und mehr Einwohnern in 2005 gegenüber 2004, in: Institut „Finanzen und Steuern" e.V. (Hrsg.), IFSt-Schrift 434, Bonn 2005.

BELLSTEDT, Christoph (Besteuerung): Die Besteuerung international verflochtener Gesellschaften, 3., völlig überarbeitete und stark erweiterte Auflage, Köln 1973.

BENDLINGER, Stefan (Standort): Österreich als Standort für die steueroptimale Gestaltung unternehmerischer Tätigkeit in den EU-Erweiterungsländern - Slowakei, Slowenien und Ungarn, in: Neue Wirtschafts-Briefe 2005, Fach 5, Gruppe 2, S. 637-648.

BENECKE, Andreas / SCHNITGER, Arne (Lösung): Lösung von Qualifikationskonflikten im internationalen Steuerrecht - der „abgeleitete" Qualifikationskonflikt, in: Recht der Internationalen Wirtschaft 2002, S. 439-448.

BERGER, Axel / ELLROTH, Helmut / FÖRSCHLE, Gerhart / HENSE, Burkhard (Beck'scher Bilanz-Kommentar): Beck'scher Bilanz-Kommentar - Handels- und Steuerrecht - §§ 238 bis 339 HGB, 5, völlig neubearbeitete Auflage, München 2003.

BERNDLMAIER, Alexander F. / KLEIN, Georg A. (Kundenorientierung): Kundenorientierung in der US-amerikanischen Rechnungslegung - Der Comprehensive Report des Special Committee on Financial Reporting des AICPA, in: Der Betrieb 1997, S. 1089-1095.

BIENIEK, Nadja (Konzeption): Konzeption eines Steuercontrollings auf Basis der Konzernsteuerquote, unveröffentlichte Diplomarbeit 2003, Universität zu Köln.

BINDER, Christof U. (Konzernpraxis): Beteiligungsstrategien in der Konzernpraxis - Eine empirische Untersuchung der Beteiligungshöhen in deutschen Konzernen, in: Die Aktiengesellschaft 1994, S. 391-396.

BIRK, Dieter (Zuzug und Wegzug): Zuzug und Wegzug von Kapitalgesellschaften - Zu den körperschaftsteuerlichen Folgen der Überseeringentscheidung des EuGH, in: Internationales Steuerrecht 2003, S. 469-473.

BITZ, Michael / SCHNEELOCH, Dieter / WITTSTOCK, Wilfried (Jahresabschluß): Der Jahresabschluß - Rechtsvorschriften, Analyse, Politik, 4., überarbeitete und erweiterte Auflage, München 2003.

BLACK, Homer Augustus (Interperiod Allocation): Interperiod Allocation of Corporate Income Taxes, New York 1966.

BÖCK, Hannes / BÖHRINGER, Martin / WEBER, Marc (Unternehmensfinanzierung): Steuerliche Aspekte der Unternehmensfinanzierung im Kontext der internationalen Kapitalmärkte, in: Die Steuerberatung 2003, S. 308-316.

BÖCKING, Hans-Joachim (Einzelabschluss): IAS für Konzern- und Einzelabschluss! - Replik zum Beitrag von *Zabel*, IAS zwingend für Konzern- und Einzelabschluss?; zugleich Würdigung der Aussagen der Deutschen Bundesbank zur Umsetzung der Mitgliedstaatenwahlrechte im Rahmen der EU-Verordnung und eine Empfehlung an den Gesetzgeber, in: Die Wirtschaftsprüfung 2002, S. 925-928.

BÖCKING, Hans-Joachim (IAS): IAS für Konzern- und Einzelabschluss?, in: Die Wirtschaftsprüfung 2001, S. 1433-1440.

BÖCKING, Hans-Joachim / CASTAN, Edgar / HEYMANN, Gerd / PFITZER, Norbert / SCHEFFLER, Eberhard (Beck'sches HB der Rechnungslegung): Beck'sches Handbuch der Rechnungslegung, München 1986, Loseblatt, Stand: 12/2005, 24. Ergänzungslieferung.

BÖCKING, Hans-Joachim / HEROLD, Christian / MÜßIG, Anke (IFRS): IFRS für nicht kapitalmarktorientierte Unternehmen - unter besonderer Berücksichtigung mittelständischer Belange, in: Der Konzern 2004, S. 664-672.

BODDEN, Guido (Tatbestandsverwirklichung): Tatbestandsverwirklichung nach § 15 Abs. 1 Satz 1 Nr. 2 EStG - Ein Beitrag zur Rechtssubjektivität der Personengesellschaft im Einkommensteuerrecht, in: Deutsche Steuer-Zeitung 2002, S. 391-404.

BODENMÜLLER, Ralph (Funktionsverlagerungen): Steuerplanung bei Funktionsverlagerungen ins Ausland - Ertragsteuerliche Folgen, Strategien und Modelle, Düsseldorf 2004, zugleich Dissertation rer. pol., Universität zu Köln 2003.

BOGENSCHÜTZ, Eugen (Steuerplanung): Internationale Steuerplanung im Spannungsfeld zwischen globalem Wettbewerb und fiskalischen Interessen, in: Haarmann Hemmelrath & Partner (Hrsg.), Gestaltung und Analyse in der Rechts-, Wirtschafts- und Steuerberatung von Unternehmen, Köln 1998, S. 3-14.

BOHL, Werner (Gewinnermittlung): IAS/IFRS und steuerliche Gewinnermittlung - Besprechung des gleichnamigen Gutachtens von *Herzig*, in: Der Betrieb 2004, S. 2381-2383.

BONE-WINKEL, Thomas J. (Steuerbelastungsvergleiche): Internationale betriebswirtschaftliche Steuerbelastungsvergleiche - Stand, Methoden, Entwicklungsmöglichkeiten, Bielefeld 1994, zugleich Dissertation, Georg-August-Universität Göttingen 1993.

BOOS, Monica / REHKUGLER, Heinz (Immaterielle Wirtschaftsgüter): Immaterielle Wirtschaftsgüter - (Dis)Harmonien der Transfer Pricing Vorschriften im internationalen Vergleich, in: Internationales Steuerrecht 2002, S. 532-536 und S. 603-608.

BOOS, Monica / REHKUGLER, Heinz / TUCHA, Thomas (Verrechnungspreise): Internationale Verrechnungspreise - Ein Überblick, in: Der Betrieb 2000, S. 2389-2393.

BORN, Karl (Bilanzanalyse): Bilanzanalyse international - Deutsche und ausländische Jahresabschlüsse lesen und beurteilen, Stuttgart 1994.

BORN, Karl (Rechnungslegung): Rechnungslegung international - Einzel- und Konzernabschlüsse nach IAS, US-GAAP, HGB und EG-Richtlinien, 3., aktualisierte und ergänzte Auflage, Stuttgart 2002.

BÖRNER, Dietrich / KRAWITZ, Norbert (Steuerbilanzpolitik): Steuerbilanzpolitik - Eine entscheidungsorientierte Analyse der Wahlrechte zur steuerlichen Gewinnermittlung - Darstellung, Kontrollfragen, Fallstudien und Musterlösungen, Herne/Berlin 1970.

BORRMANN, Werner A. (Typus): Typus und Struktur internationaler Unternehmungen, in: Perridon, Louis (Hrsg.), Managementprobleme internationaler Unternehmungen, Wiesbaden 1970, S. 17-49.

BÖRSIG, Clemens (Unternehmensführung): Wertorientierte Unternehmensführung bei RWE, in: Zeitschrift für betriebswirtschaftliche Forschung 2000, S. 167-175.

BORSTELL, Thomas (Funktionsverlagerungen): Verrechnungspreisprobleme bei Funktionsverlagerungen, in: Herzig, Norbert / Günkel, Manfred / Niemann, Ursula (Hrsg.), Steuerberater-Jahrbuch 2001/02, Köln 2002, S. 201-237.

BORSTELL, Thomas (Verrechnungspreispolitik): Verrechnungspreispolitik bei konzerninternen Lieferungsbeziehungen, in: Grotherr, Siegfried (Hrsg.), Handbuch der internationalen Steuerplanung, Herne/Berlin 2000, S. 341-361.

BPV BAETGE & PARTNER GMBH & CO. VERFAHRENSENTWICKLUNG KG (Steuerlast): Vergleich der Steuerlast von international tätigen Großunternehmen und eher standortgebundenen kleinen und mittleren Betrieben - Studie im Auftrag des Deutschen Sparkassen- und Giroverbandes, Bonn, 1997.

BRANDENBERG, Hermann Bernwart (Verlustverrechnung): Neue Regeln für die Verlustverrechnung, in: Neue Wirtschafts-Briefe 2004, Fach 3, S. 12757-12762.

BRAUN, Ursula (EK50-Lücke): EK50-Lücke bei der Internationalisierung der Geschäftstätigkeit deutscher Kapitalgesellschaften, Bergisch Gladbach 1993, zugleich Dissertation rer. pol., Rheinisch-Westfälische Technische Hochschule Aachen 1993.

BRIESEMEISTER, Simone (Hybride Finanzinstrumente): Hybride Finanzinstrumente im Ertragsteuerrecht, 2006 (erscheint in Kürze), zugleich Dissertation rer. pol., Universität zu Köln 2006.

BROER, Michael (Lohnsummensteuern): Lohnsummensteuern und internationale Steuerbelastungsvergleiche - Darstellung einer meist vergessenen Größe am Beispiel Österreichs, in: Deutsche Steuer-Zeitung 2005, S. 484-487.

BROER, Michael (Steuerbelastungsvergleiche): Internationale Steuerbelastungsvergleiche - Sind die Ergebnisse für Deutschland repräsentativ?, in: Deutsche Steuer-Zeitung 2002, S. 441-445.

BROER, Michael / SCHNEIDER, Jürgen (Unternehmensteuerbelastung): Unternehmensteuerbelastung im internationalen Vergleich - Zur Beurteilung verschiedener Verfahren, in: Betriebs-Berater 2005, S. 1419-1427.

BROSENS, Linda (Thin capitalization): Thin capitalization rules and EU law, in: EC Tax Review 2004, S. 188-213.

BRÜGGELAMBERT, Gregor (Gestaltung): Anmerkungen zur Theorie und Praxis der steuerlichen Gestaltung von Verrechnungspreisen - Abschließend erläutert am Beispiel der Henkel KGaA, in: Betriebswirtschaftliche Forschung und Praxis 2005, S. 176-200.

BRUNS, Hans-Georg (Jahresabschlüsse): International vergleichbare und qualitativ hochwertige deutsche Jahresabschlüsse durch Anwendung der IAS/IFRS, in: Zeitschrift für betriebswirtschaftliche Forschung 2002, S. 173-180.

BRUNS, Hans-Georg (Rechnungslegung): Die Umstellung der Rechnungslegung aus Sicht des Konzernmanagements, in: Auer, Kurt V. (Hrsg.), Die Umstellung der Rechnungslegung auf IAS/US-GAAP, Wien 1998, S. 67-89.

BUCHHEIM, Regine / GRÖNER, Susanne (IAS-Verordnung): Anwendungsbereich der IAS-Verordnung an der Schnittstelle zu deutschem und EU-Bilanzrecht, in: Betriebs-Berater 2003, S. 953-955.

BUCHHOLZ, Rainer / WEIS, Regina (Maßgeblichkeitsprinzip): Maßgeblichkeitsprinzip ade? - Zur inhaltlichen Vereinbarkeit der Gewinnermittlung nach IAS und EStG, in: Deutsches Steuerrecht 2002, S. 512-517.

BUCHNER, Robert (Kennzahlenrechnung): Finanzwirtschaftliche Statistik und Kennzahlenrechnung, München 1985.

BUIJINK, Willem / JANSSEN, Boudewijn / SCHOLS, Yvonne (effect of domicile): Evidence of the effect of domicile on corporate average effective tax rates in the European Union, in: Journal of International Accounting Auditing & Taxation 2002, S. 115-130.

BULLINGER, Patrick (Avoir Fiscal): Die französische Körperschaftsteuergutschrift (Avoir Fiscal) für deutsche Direktinvestitionen nach dem StSenkG, in: Internationales Steuerrecht 2001, S. 46-51.

BUNDESAMT FÜR FINANZEN (Steuern im internationalen Vergleich): Die wichtigsten Steuern im internationalen Vergleich - Steuerquoten - Abgabenquoten - Tarife, Ausgabe 2004, Bonn 2004.

BUNDESMINISTERIUM DER FINANZEN (Steuerbelastung): Steuerbelastung deutscher Unternehmen - nationaler und internationaler Vergleich - Volkswirtschaftliche Analysen Nr. 4, 1999.

BUNDESMINISTERIUM DER JUSTIZ (Anlegerschutz und Unternehmensintegrität): Bundesregierung stärkt Anlegerschutz und Unternehmensintegrität, online im Internet: Bundesministerium der Justiz (Hrsg.), URL: http://www.bmj.bund.de/enid/Corporate_Governance/Bundesregierung_staerkt_Anlegerschutz_und_Unternehmensintegritaet_ai.html, Stand: 25.2.2003, Abfrage vom 19.11.2004.

BUNDESVERBAND DER DEUTSCHEN INDUSTRIE E.V. / PRICEWATERHOUSE-COOPERS (Verlustberücksichtigung): Verlustberücksichtigung über Grenzen hinweg – Vergleichende Gegenüberstellung der Verlustverrechnungsmöglichkeiten in 33 Ländern, Frankfurt am Main 2006.

BUNDESVERBAND DER DEUTSCHEN INDUSTRIE E.V. / VERBAND DER CHEMISCHEN INDUSTRIE E.V. (Steuerbelastung): Die Steuerbelastung der Unternehmen in Deutschland - Fakten statt falscher Behauptungen - 2002 -, Köln 2002.

BUNDESVERBAND DER DEUTSCHEN INDUSTRIE E.V. / VERBAND DER CHEMISCHEN INDUSTRIE E.V. (Unternehmen): Die Steuerbelastung der Unternehmen in Deutschland - Fakten für die politische Diskussion - 2004 -, Köln 2004.

BURGER, Anton / FRÖHLICH, Jürgen / ULBRICH, Philipp R. (Kapitalmarktorientierung): Kapitalmarktorientierung in Deutschland - Aktualisierung der Studien aus dem Jahr 2003 und 2004 vor dem Hintergrund der Änderungen der Rechnungslegung von Emittenten, in: Kapitalmarktorientierte Rechnungslegung 2006, S. 113-122.

BURGER, Anton / ULBRICH, Philipp R. (Kapitalmarktorientierung): Kapitalmarktorientierung in Deutschland - Aktualisierung der Studie aus dem Jahr 2003 vor dem Hintergrund der Änderungen der Rechnungslegung, in: Kapitalmarktorientierte Rechnungslegung 2005, S. 39-47.

BURKERT, Manfred (Funktionsverlagerungen): Funktionsverlagerungen im internationalen Konzern - Management der Steuerfolgen in Deutschland, in: Internationales Steuerrecht 2003, S. 320-324 und S. 356-360.

COENENBERG, Adolf Gerhard / HILLE, Klaus (Latente Steuern): Latente Steuern in Einzel- und Konzernabschluß - Zur Diskussion der 4. und 7. EG-Richtlinie, in: Die Betriebswirtschaft 1979, S. 601-621.

COENENBERG, Adolf Gerhard / HILLE, Klaus (Richtlinie IAS 12): Latente Steuern nach der neu gefaßten Richtlinie IAS 12, in: Der Betrieb 1997, S. 537-543.

COMMERZBANK AG (Geschäftsbericht 2001): Konzern-Geschäftsbericht für das Geschäftsjahr 2001, aufgestellt nach IAS.

COMMERZBANK AG (Geschäftsbericht 2004): Konzern-Geschäftsbericht für das Geschäftsjahr 2004, aufgestellt nach IAS.

CONTINENTAL AG (Geschäftsbericht 2004): Geschäftsbericht für das Geschäftsjahr 2004, aufgestellt nach US-GAAP.

COOPERS & LYBRAND (Understanding IAS): Understanding IAS - Analysis and Interpretation, Great Britain 1996.

COTTING, René (Analyse): Analyse von latenten Ertragsteuerbeträgen im Konzernabschluss - Definition, Berechnung und Analyse der latenten Ertragsteuern, in: Der Schweizer Treuhänder 1995, S. 787-796.

DAHLKE, Jürgen / EITZEN, Bernd von (Überleitungsrechnung): Steuerliche Überleitungsrechnung im Rahmen der Bilanzierung latenter Steuern nach IAS 12, in: Der Betrieb 2003, S. 2237-2243.

DAIMLERCHRYSLER AG (Geschäftsbericht 2000): Konzern-Geschäftsbericht für das Geschäftsjahr 2000, aufgestellt nach US-GAAP.

DAIMLERCHRYSLER AG (Geschäftsbericht 2001): Konzern-Geschäftsbericht für das Geschäftsjahr 2001, aufgestellt nach US-GAAP.

DAIMLERCHRYSLER AG (Geschäftsbericht 2004): Konzern-Geschäftsbericht für das Geschäftsjahr 2004, aufgestellt nach US-GAAP.

DAWID, Roman / DORNER, Klaus (Preisvergleichsmethode): Anpassungsrechnungen bei Anwendung der Preisvergleichsmethode im Rahmen der Bestimmung konzerninterner Verrechnungspreise, in: Internationale Wirtschafts-Briefe 2002, Fach 10, Gruppe 2, S. 1549-1562.

DEBATIN, Helmut / WASSERMEYER, Franz (DBA): Doppelbesteuerung - Kommentar zu allen deutschen Doppelbesteuerungsabkommen, München 2002, Loseblatt, Stand: 1/2006, 97. Ergänzungslieferung.

DEL VAL, Ignacio (Steuervorschriften): Die Steuervorschriften Spaniens für Auslandsbeteiligungsholdings, in: Internationales Steuerrecht 2002, S. 518-520.

DELEKER, Oliver (Steuerungsgrößen): Zur Möglichkeit einer Konzernführung auf Basis vereinheitlichter Steuerungsgrößen, in: Deutsches Steuerrecht 1997, S. 631-636.

DELOITTE TOUCHE TOHMATSU INTERNATIONAL (North America): Taxation in North America - The North American Free Trade Agreement - International tax and business guide, 1996 Edition, New York 1996.

DEUTSCHE BANK AG (Finanzbericht 2004): Finanzbericht für das Geschäftsjahr 2004, aufgestellt nach US-GAAP.

DEUTSCHE BANK AG (Geschäftsbericht 2001): Konzern-Geschäftsbericht für das Geschäftsjahr 2001, aufgestellt nach US-GAAP.

DEUTSCHE BÖRSE AG (Geschäftsbericht 2001): Konzern-Geschäftsbericht für das Geschäftsjahr 2001, aufgestellt nach IAS.

DEUTSCHE BÖRSE AG (Geschäftsbericht 2004): Konzern-Geschäftsbericht für das Geschäftsjahr 2004, aufgestellt nach IAS.

DEUTSCHE BÖRSE AG (Zugehörige Werte): Zugehörige Werte, online im Internet: Deutsche Börse AG (Hrsg.), URL: http://deutsche-boerse.com/dbag/dispatch/de/isg/gdb_navigation/home?active=constituents&module=InConstituents_Index&wp=DE0008469008&wplist=DE0008469008&foldertype=_Index, Stand: 31.8.2005, Abfrage vom 31.8.2005.

DEUTSCHE LUFTHANSA AG (Geschäftsbericht 2001): Konzern-Geschäftsbericht für das Geschäftsjahr 2001, aufgestellt nach IAS.

DEUTSCHE LUFTHANSA AG (Geschäftsbericht 2004): Konzern-Geschäftsbericht für das Geschäftsjahr 2004, aufgestellt nach IAS.

DEUTSCHE POST AG (Geschäftsbericht 2000): Konzern-Geschäftsbericht für das Geschäftsjahr 2000, aufgestellt nach IAS.

DEUTSCHE POST AG (Geschäftsbericht 2002): Konzern-Geschäftsbericht für das Geschäftsjahr 2002, aufgestellt nach IAS.

DEUTSCHE POST AG (Geschäftsbericht 2004): Konzern-Geschäftsbericht für das Geschäftsjahr 2004, aufgestellt nach IAS.

DEUTSCHE TELEKOM AG (Geschäftsbericht 2002): Konzern-Geschäftsbericht für das Geschäftsjahr 2002, aufgestellt nach HGB mit Überleitung zu US-GAAP.

DEUTSCHE TELEKOM AG (Geschäftsbericht 2004): Konzern-Geschäftsbericht für das Geschäftsjahr 2004, aufgestellt nach HGB mit Überleitung zu US-GAAP.

DIECKMANN, Karl (Steuerbilanzpolitik): Steuerbilanzpolitik - Gegenwärtig bestehende Möglichkeiten und Grenzen der Beeinflussung des steuerlichen Jahreserfolges in der Bundesrepublik Deutschland, Wiesbaden 1970, zugleich Dissertation rer. pol., Universität zu Köln 1969.

DIßARS, Ulf-Christian (Lagebericht): Neue Anforderungen an den Lagebericht und Auswirkungen auf die Außenprüfung, in: Die Information über Steuer und Wirtschaft 2005, S. 633-640.

DITZ, Xaver (Gewinnabgrenzung): Gewinnabgrenzung zwischen Stammhaus und Betriebsstätte - Neue Entwicklungen auf Ebene der OECD unter besonderer Berücksichtigung des E-Commerce, in: Internationales Steuerrecht 2002, S. 210-216.

DJANANI, Christiana / BRÄHLER, Gernot (Internationales Steuerrecht): Internationales Steuerrecht, 2003.

DORFMÜLLER, Pia (Tax Planning): Tax Planning for U.S. MNCs with EU Holding Companies - Goals - Tools - Barriers, The Hague/London/New York 2003, zugleich Dissertation 2002, Albert-Ludwigs-Universität Freiburg i. Br. unter dem Titel „Holdinggesellschaften US-amerikanischer MNCs“.

DÖSER, Wulf H. (Konzern): Der faktische Konzern - Ein Nachruf, in: Die Aktiengesellschaft 2003, S. 406-415.

DÖTSCH, Ewald (Verlegung): Körperschaftsteuerliche Behandlung der Verlegung des Sitzes bzw. der Geschäftsleitung einer Kapitalgesellschaft über die Grenze, in: Der Betrieb 1989, S. 2296-2303.

DÖTSCH, Ewald / EVERSBERG, Horst / JOST, Werner F. / PUNG, Alexandra / WITT, Georg (KStG): Die Körperschaftsteuer - Kommentar zum Körperschaftsteuergesetz, zum Umwandlungssteuergesetz und zu den einkommensteuerrechtlichen Vorschriften der Anteilseignerbesteuerung, Stuttgart 2002, Loseblatt, Stand: 11/2005, 55. Ergänzungslieferung.

DÖTSCH, Ewald / FRANZEN, Ingo / SÄDTLER, Wolfgang / SELL, Hartmut / ZENTHÖFER, Wolfgang (Körperschaftsteuer): Körperschaftsteuer, 14., neu bearbeitete Auflage, Stuttgart 2004.

DOW JONES & COMPANY (Current Components): Current Components for Dow Jones Industrial Average for USA, online im Internet: Dow Jones & Company (Hrsg.), URL: http://www.djindexes.com/mdsidx/index.cfm?event=showComponentWeights&rptsymbol=DJI&sitemapid=1, Stand: 31.8.2005, Abfrage vom 31.8.2005.

DREISSIG, Hildegard (Verlegung): Verlegung der Geschäftsleitung einer deutschen Kapitalgesellschaft ins Ausland, in: Der Betrieb 2000, S. 893-899.

DREßLER, Günter (Gewinnverlagerungen): Gewinn- und Vermögensverlagerungen in Niedrigsteuerländer und kein Ende?, in: Die steuerliche Betriebsprüfung 1999, S. 253-264.

DRSC (Bibliographie): Bibliographie, online im Internet: DRSC (Hrsg.), URL: http://www.standardsetter.de/drsc/bibliography.php, Stand: 22.3.2006, Abfrage vom 22.3.2006.

DRUKARCZYK, Jochen (Unternehmensbewertung): Unternehmensbewertung, 3., überarbeitete und erweiterte Auflage, München 2001.

E.I.DU PONT DE NEMOURS AND COMPANY (Form 10-K 2003): Form 10-K für das Geschäftsjahr 2003.

E.I.DU PONT DE NEMOURS AND COMPANY (Form 10-K 2004): Form 10-K für das Geschäftsjahr 2004.

E.ON AG (Geschäftsbericht 2002): Konzern-Geschäftsbericht für das Geschäftsjahr 2002, aufgestellt nach US-GAAP.

E.ON AG (Geschäftsbericht 2004): Konzern-Geschäftsbericht für das Geschäftsjahr 2004, aufgestellt nach US-GAAP.

EBENROTH, Carsten Thomas / AUER, Thomas (Gesellschaften): Körperschaftsteuersubjektfähigkeit ausländischer Gesellschaften mit inländischem Ort der Geschäftsleitung?, in: Recht der Internationalen Wirtschaft 1992, S. 998-1012.

EBENROTH, Carsten Thomas / AUER, Thomas (Verlagerung): Grenzüberschreitende Verlagerung von unternehmerischen Leitungsfunktionen im Zivil- und Steuerrecht - Neue Optionen durch das DBA Deutschland-USA, in: Recht der Internationalen Wirtschaft 1992, Beilage Nr. 1 zu Heft 3/1992, S. 1-30.

EBENROTH, Carsten Thomas / EYLES, Uwe (Verlegung): Die innereuropäische Verlegung des Gesellschaftssitzes als Ausfluß der Niederlassungsfreiheit? - Die Mobilität von Unternehmen im Spannungsfeld von Harmonisierungsbestrebungen und der Anerkennung divergierender Rechtsstandards, in: Der Betrieb 1989, S. 363-372 und S. 413-417.

EBERLE, Petra (Analyse): Die Analyse des Jahresabschlusses anhand von Kennzahlen, in: Steuer und Studium 2004, S. 166-172.

EILERS, Stephan / SCHMIDT, Richard (Holdingstandort): Der Holdingstandort Deutschland nach der Steuerreform - Besprechung am Beispiel eines grenzüberschreitenden Joint Ventures, in: Finanz-Rundschau 2001, S. 8-25.

EILERS, Stephan / WIENANDS, Hans-Gerd (Dividendeneinnahmen): Steuersenkungsgesetz: Besteuerung der Dividendeneinnahmen von Körperschaften nach der Neufassung des § 8b Abs. 1 KStG, in: GmbH-Rundschau 2000, S. 957-964.

EISELE, Wolfgang (Technik): Technik des betrieblichen Rechnungswesens - Buchführung und Bilanzierung, Kosten- und Leistungsrechnung, Sonderbilanzen, 7. Auflage, München 2002.

EISELE, Wolfgang / MÜHLBERGER, Melanie (Kapitalkonsolidierung): Latente Steuern bei der Kapitalkonsolidierung nach IFRS, HGB und DRS, in: Döring, Ulrich / Kußmaul, Heinz (Hrsg.), Spezialisierung und Internationalisierung - Entwicklungstendenzen der deutschen Betriebswirtschaftslehre - Festschrift für Prof. Dr. Dr. h.c. mult. Günter Wöhe zum 80. Geburtstag am 2. Mai 2004, München 2004, S. 401-426.

EISENACH, Manfred (Steuerplanung): Entscheidungsorientierte Steuerplanung - Grundlagen, Instrumente und Konzept zur Planung der Steuerbelastung der Unternehmung mittels dynamischer Teilsteuerrechnung, Wiesbaden 1974, zugleich Dissertation rer. pol., Universität zu Köln 1973 unter dem Titel „Grundlagen, Instrumente und Konzept einer entscheidungsorientierten Steuerplanung - ein Beitrag zur Planung der Steuerbelastung der Unternehmung mittels dynamischer Teilsteuerrechnung".

EITZEN, Bernd von / HELMS, Svenia (Verlustvorträge): Aktive latente Steuern auf steuerliche Verlustvorträge nach US-GAAP - Anwendungsbesonderheiten für deutsche Unternehmen, in: Betriebs-Berater 2002, S. 823-828.

ELLROTH, Helmut / FÖRSCHLE, Gerhart / HOYOS, Martin / WINKELJOHANN, Norbert (Beck'scher Bilanz-Kommentar): Beck'scher Bilanz-Kommentar - Handels- und Steuerbilanz - §§ 238 bis 339, 342 bis 342e HGB mit EGHGB und IAS/IFRS-Abweichungen, 6., völlig neubearbeitete Auflage, München 2006.

ELSCHNER, Christina / OVERESCH, Michael (Standortattraktivität): Die steuerliche Standortattraktivität für Investitionen und hochqualifizierte Arbeitskräfte im internationalen Vergleich, in: Der Betrieb 2006, S. 1017-1021.

ENDRES, Dieter (Funktionsverlagerung): Reiches Ausland - Armes Inland: Steuerliche Effekte bei einer Funktionsverlagerung ins Ausland, in: Recht der Internationalen Wirtschaft 2003, S. 729-734.

ENDRES, Dieter (Group Taxation): The Concept of Group Taxation: A Global Overview, in: International Tax Review 2003, S. 349-352.

ENDRES, Dieter (Holdingstrukturen): Typische Holdingstrukturen anhand von Beispielfällen, in: Die Wirtschaftsprüfung 2003, Sonderheft, S. S 56-S 63.

ENDRES, Dieter (Konzernsteuerquote): Reduktion der Konzernsteuerquote durch internationale Steuerplanung, in: Oestreicher, Andreas (Hrsg.), Internationale Steuerplanung - Beiträge zu einer Ringveranstaltung an der Universität Göttingen im Sommersemester 2003, Herne/Berlin 2004, S. 163-190.

ENDRES, Dieter (Neuordnung): Die Neuordnung des Europageschäfts unter steuerlichen Aspekten, in: IDW (Hrsg.), Globale Unternehmenstätigkeit und inländische Besteuerung - Bericht über die Steuerfachtagung 1996 des Instituts der Wirtschaftsprüfer in Deutschland e.V., 26. September 1996 in Neuss, Düsseldorf 1996, S. 91-102.

ENDRES, Dieter (Steuergestaltung): Steuergestaltung in Europa aus Sicht der Unternehmenspraxis, in: Jacobs, Otto H. / Spengel, Christoph (Hrsg.), Aspekte der Unternehmensbesteuerung in Europa, Baden-Baden 1996, S. 183-204.

ENDRES, Dieter / DORFMÜLLER, Pia (Holdingstrukturen): Holdingstrukturen in Europa, in: Praxis Internationale Steuerberatung 2001, S. 94-103.

ENDRES, Dieter / MILES, Andrew / OESTREICHER, Andreas (Regulation): Finance Ministry unveils more Transfer-Pricinig Regulation, in: International Tax Review 2005, S. 50-53.

ENDRES, Dieter / OESTREICHER, Andreas (Ergebnisabgrenzung): Grenzüberschreitende Ergebnisabgrenzung: Verrechnungspreise, Konzernumlagen, Betriebsstättengewinnermittlung - Bestandsaufnahme und Neuentwicklungen, in: Internationales Steuerrecht 2003, Beihefter zu Heft 15/2003, S. 1-16.

ERLE, Bernd (Steuermanagement): Steuermanagement als Aufgabe des Vorstands?, in: Betriebs-Berater 2005, Heft 38, S. I.

ERLE, Bernd / SAUTER, Thomas (KStG): Heidelberger Kommentar zum Körperschaftsteuergesetz - Die Besteuerung der Kapitalgesellschaft und ihrer Anteilseigner, Heidelberg 2003.

ERNST&YOUNG (KStG): Körperschaftsteuergesetz - Kommentar - KStG mit Nebengesetzen, Bonn/Berlin 1997, Loseblatt, Stand: 12/2005, 49. Ergänzungslieferung.

ERNST&YOUNG / BUNDESVERBAND DER DEUTSCHEN INDUSTRIE E.V. (UntStFG): Die Fortentwicklung der Unternehmenssteuerreform - Informationen, Analysen und Gestaltungsempfehlungen zum UntStFG, Bonn/Berlin 2002.

ERNST, Christoph (Bilanzrecht): Bilanzrecht: quo vadis? - Die kommende Reform des europäischen Bilanzrechts und mögliche Auswirkungen auf die deutsche Rechnungslegung, in: Die Wirtschaftsprüfung 2001, S. 1440-1445.

ERNST, Christoph (EU-Verordnungsentwurf): EU-Verordnungsentwurf zur Anwendung von IAS: Europäisches Bilanzrecht vor weitreichenden Änderungen, in: Betriebs-Berater 2001, S. 823-829.

ERNST, Christoph (Internationalisierung der Rechnungslegung): Zur Zukunft des Einzelabschlusses und der Maßgeblichkeit im Lichte der Internationalisierung der Rechnungslegung, in: Herzig, Norbert / Günkel, Manfred / Niemann, Ursula (Hrsg.), Steuerberater-Jahrbuch 2002/2003, Köln 2003, S. 229-240.

ERNST, Christoph (Zeitwertbilanzierung): Zeitwertbilanzierung für Finanzinstrumente nach 4. EU-Richtlinie und HGB - Zu erwartende Änderungen für alle Kaufleute, in: Die Wirtschaftsprüfung 2001, S. 245-253.

ERNST, Edgar (Harmonisierung): Internationale Harmonisierung der Rechnungslegung und ihre Fortentwicklung - Anforderungen an börsennotierte Großkonzerne in Deutschland, in: Zeitschrift für betriebswirtschaftliche Forschung 2002, S. 181-190.

ERNSTING, Ingo (Auswirkungen): Auswirkungen des Steuersenkungsgesetzes auf die Steuerabgrenzung in Konzernabschlüssen nach US-GAAP und IAS, in: Die Wirtschaftsprüfung 2001, S. 11-22.

ERNSTING, Ingo (Ertragsteuern): Behandlung von Ertragsteuern im Quartalsabschluss nach US-GAAP, in: Der Betrieb 2000, S. 2537-2541.

ESSER, Klaus (Unternehmensbesteuerung): Standortfaktor Unternehmensbesteuerung - Notwendigkeit und Möglichkeit einer Verbesserung, in: Zeitschrift für betriebswirtschaftliche Forschung 1990, S. 157-192.

EULER, Roland (Latente Steuern): Latente Steuern, in: Ballwieser, Wolfgang / Coenenberg, Adolf Gerhard / Wysocki, Klaus von (Hrsg.), Enzyklopädie der Betriebswirtschaftslehre, Band VIII - Handwörterbuch der Rechnungslegung und Prüfung, 3., überarbeitete und erweiterte Auflage, Stuttgart 2002, S. 1462-1478.

EUROPÄISCHE KOMMISSION (Unternehmensbesteuerung): Unternehmensbesteuerung im Binnenmarkt - Arbeitsdokument der Dienststellen der Kommission - KOM(2001) 582 endg., Luxemburg 2002.

EWERT, Ralf / WAGENHOFER, Alfred (Kennzahlen): Rechnungslegung und Kennzahlen für das wertorientierte Management, in: Wagenhofer, Alfred / Hrebicek, Gerhard (Hrsg.), Wertorientiertes Management - Konzepte und Umsetzungen zur Unternehmenswertsteigerung, Stuttgart 2000, S. 3-64.

EWERT, Ralf / WAGENHOFER, Alfred (Unternehmensrechnung): Interne Unternehmensrechnung, 5., überarbeitete Auflage, Berlin, Heidelberg, New York 2003.

EXXON MOBIL CORPORATION (Form 10-K 2004): Form 10-K für das Geschäftsjahr 2004.

FEDERMANN, Rudolf (Bilanzierung): Bilanzierung nach Handelsrecht und Steuerrecht - Gemeinsamkeiten, Unterschiede und Abhängigkeiten von Handels- und Steuerbilanz unter Berücksichtigung internationaler Rechnungslegungsstandards, 11., neu bearbeitete und erweiterte Auflage, Berlin 2000.

FEDERMANN, Rudolf (Steuerlehre): Betriebswirtschaftliche Steuerlehre als angewandte Wissenschaftsdisziplin - Überlegungen zur Konzeption von Forschungs- und Lehrprogrammen für die betriebswirtschaftliche Steuerlehre unter Berücksichtigung realzeitlicher Informations- und Ausbildungsansprüche, Wiesbaden 1977.

FELD, Klaus-Peter (Unterschiede): IAS und US-GAAP: Aktuelle Unterschiede und Möglichkeiten zur Konvergenz, in: Die Wirtschaftsprüfung 2001, S. 1025-1040.

FELDHOFF, Michael / LANGERMEIER, Claudia (Verlustvortrag): Zur Aktivierbarkeit des Steuereffektes aus Verlustvortrag nach § 10d EStG, in: Deutsches Steuerrecht 1991, S. 195-197.

FINSTERWALDER, Oliver (Dokumentationssystemen): Einführung von Dokumentationssystemen bei internationalen Verrechnungspreisen - Anlass zur Prüfung grenzüberschreitender Risiko- und Funktionsverlagerungen, in: Internationales Steuerrecht 2004, S. 763-768.

FISCHER, Lutz (Gestaltungsüberlegungen): Zur Methode und Aussagefähigkeit von internationalen Steuerbelastungsvergleichen als Grundlage für steuerrechtliche Gestaltungsüberlegungen des Gesetzgebers, in: Cagianut, Francis / Vallender, Klaus A. (Hrsg.), Steuerrecht - Ausgewählte Probleme am Ende des 20. Jahrhunderts - Festschrift zum 65. Geburtstag von Ernst Höhn, Bern/Stuttgart/Wien 1995, S. 25-60.

FISCHER, Lutz (Steuerbelastung): Die effektive Steuerbelastung von Unternehmen, in: John, Gerd (Hrsg.), Besteuerung und Unternehmenspolitik - Festschrift für Günther Wöhe, München 1989, S. 131-155.

FISCHER, Lutz / WARNEKE, Perygrin (Steuerlehre): Internationale Betriebswirtschaftliche Steuerlehre, 4., neubearbeitete und erweiterte Auflage, Bielefeld 1998.

FISCHER, Thomas M. / KLÖPFER, Elisabeth / STERZENBACH, Sven (Beurteilung): Beurteilung der Rechnungslegung nach IAS - Ergebnisse einer Befragung deutscher börsennotierter Unternehmen, in: Die Wirtschaftsprüfung 2004, S. 694-708.

FISCHER, Wolfgang Wilhelm (IAS 12): Bilanzierung von latenten Steuern (deferred taxes) nach IAS 12 (rev. 2000), in: Buchführung, Bilanz, Kostenrechnung 2002, Fach 20, S. 669-686.

FREIDANK, Carl-Christian (Jahresabschluss): Jahresabschluss, in: Ballwieser, Wolfgang / Coenenberg, Adolf Gerhard / Wysocki, Klaus von (Hrsg.), Enzyklopädie der Betriebswirtschaftslehre, Band VIII - Handwörterbuch der Rechnungslegung und Prüfung, 3., überarbeitete und erweiterte Auflage, Stuttgart 2002, S. 1249-1255.

FREIDANK, Carl-Christian (Steuer-Controlling): Ansatzpunkte für die Entwicklung eines Steuer-Controlling, in: Controlling 1996, S. 148-154.

FRESENIUS MEDICAL CARE AG (Geschäftsbericht 2004): Konzern-Geschäftsbericht für das Geschäftsjahr 2004, aufgestellt nach US-GAAP.

FREY, Bruno S. (Zurück zu fixen Managerlöhnen!): Zurück zu fixen Managerlöhnen!, in: Betriebs-Berater 2004, Heft 21, S. I.

FRIES, Wolfgang (Schachtelprivileg): Internationales Schachtelprivileg für Vergütungen aus einer typischen stillen Beteiligung an einer luxemburgischen Tochtergesellschaft, in: Internationales Steuerrecht 2005, S. 805-808.

FROTSCHER, Gerrit (Ausgabenabzugsbeschränkung): Die Ausgabenabzugsbeschränkung nach § 3c EStG und ihre Auswirkung auf Finanzierungsentscheidungen, in: Deutsches Steuerrecht 2001, S. 2045-2054.

FROTSCHER, Gerrit / MAAS, Ernst (KStG/UmwStG): KStG/UmwStG - Körperschaftsteuergesetz/Umwandlungssteuergesetz, Freiburg 1978, Loseblatt, Stand: 3/2006, 82. Ergänzungslieferung.

FUCHS, Markus (Anwendungshinweise): Anwendungshinweise zu IAS 12 „Income Taxes“, in: Der Betrieb 2000, S. 1925-1928.

FULLERTON, Don (Use of Effective Tax Rates): The Use of Effective Tax Rates in Tax Policy, in: National Tax Journal 1986, S. 285-292.

FULLERTON, Don (Which Effective Tax Rate?): Which Effective Tax Rate?, in: National Tax Journal 1984, S. 23-41.

FUNK, Joachim (Trend): Mannesmann im Trend globaler Märkte und internationaler Arbeitsteilung - Internationalisierungsstrategien und strategiekonforme kaufmännische Führungsinstrumente, in: Zeitschrift für betriebswirtschaftliche Forschung 1998, S. 183-196.

FUNK, Joachim (Weltbilanz): Weltbilanz als Dokumentations-, Planungs- und Steuerungsinstrument, in: Zeitschrift für betriebswirtschaftliche Forschung-Kontaktstudium 1978, S. 133-140.

GAHLEITNER, Gerald / FURHERR, Gebhard (Gruppenbesteuerung): Die österreichische Gruppenbesteuerung und Einsatzmöglichkeiten zur Senkung der Konzernsteuerquote, in: Der Konzern 2005, S. 129-139.

GENERAL ELECTRIC COMPANY (Annual Report 2004): Annual Report für das Geschäftsjahr 2004.

GENERAL MOTORS CORPORATION (Annual Report 2004): Annual Report für das Geschäftsjahr 2004.

GENS, Peter-Michael / WAHLE, Thomas (Verlustvorträge): Bewertung körperschaft- und gewerbesteuerlicher Verlustvorträge für aktive latente Steuern nach IAS, in: Kapitalmarktorientierte Rechnungslegung 2003, S. 288-291.

GLANEGGER, Peter / GÜROFF, Georg (GewStG): Gewerbesteuergesetz - Kommentar, 6., völlig neubearbeitete Auflage, München 2006.

GOSSEN, Rolf / ACKER, Georg (Wertpapierleihe): Wertpapierleihe in Deutschland - in einem Jahrzehnt zum voll entwickelten Markt, in: Zeitschrift für das gesamte Kreditwesen 1999, S. 1392-1395.

GRÄBSCH, Ivonne (DRS 10): Bilanzierung latenter Steuern im Konzernabschluss nach DRS 10, in: Steuern und Bilanzen 2002, S. 743-750.

GRAF KERSSENBROCK, Otto-Ferdinand (Organschaft): Organschaft ab 2002: Wichtiger gewordenes Instrument steuerlicher Gestaltung für Konzerne und internationale Investoren, in: Recht der Internationalen Wirtschaft 2002, S. 889-902.

GRAF, Roland W. / REICHL, Alexander / WITTKOWSKI, Ansas (Verlustverrechnung): Grenzüberschreitende Verlustverrechnung im Lichte aktueller Rechtsprechung, in: Die Steuerberatung 2006, S. 209-217.

GROLL, Karl-Heinz (Kennzahlensystem): Das Kennzahlensystem zur Bilanzanalyse - Ergebniskennzahlen - Aktienkennzahlen - Risikokennzahlen, München/Wien 2000.

GRÖNER, Susanne / MARTEN, Kai-Uwe / SCHMID, Sonja (Vergleich): Latente Steuern im internationalen Vergleich - Analyse der Bilanzierungsvorschriften in der BRD, Großbritannien, den USA und nach IAS 12 (revised), in: Die Wirtschaftsprüfung 1997, S. 479-488.

GROTHERR, Siegfried (Erneute Reform): Erneute Reform der Hinzurechnungsbesteuerung durch das Unternehmenssteuerfortentwicklungsgesetz, in: Internationale Wirtschafts-Briefe 2002, Fach 3, Gruppe 1, S. 1883-1916.

GROTHERR, Siegfried (Organschaftsfragen): Organschaftsfragen bei Auslandsbeziehungen, in: Klein, Franz / Stihl, Hans Peter / Wassermeyer, Franz / Piltz, Detlev Jürgen / Schaumburg, Harald (Hrsg.), Unternehmen Steuern - Festschrift für Hans Flick zum 70. Geburtstag, Köln 1997, S. 757-779.

GRÜTZNER, Dieter (Dokumentation): Die Dokumentation von Verrechnungspreisen zwischen nahe stehenden Unternehmen bei grenzüberschreitenden Geschäftsbeziehungen - Ein erster Überblick über das BMF-Schreiben vom 12.4.2005, in: Steuern und Bilanzen 2005, S. 442-448.

GRÜTZNER, Dieter (Verrechnungspreismethoden): Ermittlung von Verrechnungspreismethoden unter Fremdvergleichsgesichtspunkten, in: Steuern und Bilanzen 2005, S. 612-618.

GUNDEL, Günter (Finanzierungsgestaltungen): Finanzierungsgestaltungen über das Ausland, in: Internationales Steuerrecht 1994, S. 211-218 und S. 263-268.

GÜNKEL, Manfred (Konzernfinanzierungsgesellschaften): Standortwahl für Konzernfinanzierungsgesellschaften - Eine Betrachtung aus der Sicht einer deutschen Muttergesellschaft, in: Die Wirtschaftsprüfung 2003, Sonderheft, S. 186-191.

GÜNKEL, Manfred (Standortwahl): Standortwahl für eine europäische Holdinggesellschaft, in: Die Wirtschaftsprüfung 2003, Sonderheft, S. S 40-S 56.

HAAG, Stefan / ROTZ, Alex von (IAS 12): IAS 12 Ertragsteuern - Hinweise für die Umsetzung an einem Fallbeispiel, in: Der Schweizer Treuhänder 1998, S. 795-806.

HAARMANN, Wilhelm (Außensteuerrecht): Holding und Außensteuerrecht, in: Die Wirtschaftsprüfung 2003, Sonderheft, S. S 67-S 75.

HAARMANN, Wilhelm (Gestaltbarkeit): Aussagekraft und Gestaltbarkeit der Konzernsteuerquote, in: Herzig, Norbert / Günkel, Manfred / Niemann, Ursula (Hrsg.), Steuerberater-Jahrbuch 2001/2002, Köln 2002, S. 367-379.

HAARMANN, Wilhelm (Holdinggesellschaften): Besteuerungsfragen beim Einsatz von Holdinggesellschaften im Rahmen des Aufbaus internationaler deutscher Konzerne, in: Fischer, Lutz (Hrsg.), Internationaler Unternehmenskauf und -zusammenschluß im Steuerrecht mit den Auswirkungen des Steueränderungsgesetzes 1992, Köln 1992, S. 83-112.

HAARMANN, Wilhelm (Produktionsverlagerung): Produktionsverlagerung, Markt- und Markenüberlassung, in: IDW (Hrsg.), Globale Unternehmenstätigkeit und inländische Besteuerung - Bericht über die Steuerfachtagung 1996 des Instituts der Wirtschaftsprüfer in Deutschland e.V., 26. September 1996 in Neuss, Düsseldorf 1996, S. 59-76.

HAASE, Florian F. (Qualifikationskonflikte): Subjektive Qualifikationskonflikte bei der Behandlung von Einkünften einer Limited Liability Company nach dem DBA Deutschland-USA, in: Internationales Steuerrecht 2002, S. 733-734.

HAASE, Florian F. (Schlussbesteuerung): Neuere Überlegungen zur sogenannten Schlussbesteuerung im Rahmen grenzüberschreitender Sitzverlegungen, in: Internationales Steuerrecht 2004, S. 232-236.

HAASE, Florian F. (Steuersubjektfähigkeit): Die Steuersubjektfähigkeit von Kapitalgesellschaften nach grenzüberschreitenden Sitzverlegungen nach dem Urteil des EuGH vom 5.11.2002, in: Steuer und Studium 2003, S. 198-202.

HACKEMANN, Tim / BOURMONT, Jacques-Henry de (Dividendenbezüge): Die Auswirkungen des Steuersenkungsgesetzes auf französische Dividendenbezüge im Zusammenhang mit Artikel 20 Abs. 1 Buchst. b, bb DBA Frankreich, in: Internationales Steuerrecht 2001, S. 578-583.

HAHN, Hartmut (Double-Non-Taxation): Generalthema I des 58. IFA-Kongresses 2004 in Wien: Double-Non-Taxation - Überblick über den deutschen Nationalbericht, in: Internationales Steuerrecht 2003, S. 446-448.

HAHN, Klaus (Rechnungslegung): Deutsche Rechnungslegung im Umbruch - Stand und Entwicklungstendenzen der deutschen Rechnungslegung vor dem Hintergrund neuer EU-Vorgaben, in: Deutsches Steuerrecht 2001, S. 1267-1272.

HANNEMANN, Susanne / PEFFERMANN, Petra (IAS-Konzernsteuerquote): IAS-Konzernsteuerquote: Begrenzte Aussagekraft für die steuerliche Performance eines Konzerns, in: Betriebs-Berater 2003, S. 727-733.

HANS, Adrian (Verschmelzung): Verhindert § 8 Abs. 4 KStG die Berücksichtigung von Verlustvorträgen einer übertragenden Körperschaft bei der aufnehmenden Körperschaft nach einer Verschmelzung?, in: Finanz-Rundschau 2005, S. 907-918.

HARMS, Jens E. / KÜTING, Karlheinz (Bilanzierungsprobleme): Bilanzierungsprobleme von latenten Steuern im Rahmen der 4. EG-Richtlinie, in: Zeitschrift für Betriebswirtschaft 1979, S. 891-905.

HARRER, Herbert / FISHER, Raymond / EVANS, Jasper (Wertpapierbörse): Der amtliche Markt an der Frankfurter Wertpapierbörse im Vergleich zur Notierung an der NYSE und an der LSE, in: Recht der Internationalen Wirtschaft 2003, S. 81-97.

HARRIS, Mark N. / FEENY, Simon (Determinants): The Determinants of Corporate Effective Tax Rates: Evidence from Australia - Melbourne Institute Working Paper No. 21/99, online im Internet: Melbourne Institute of Applied Economics and Social Research (Hrsg.), URL: www.ecom.unimelb.edu.au/iaesrwww/wp/wp1999n21.pdf, Stand: 1.9.1999, Abfrage vom 1.2.2002, S. 1-20.

HÄUSELMANN, Holger (Repo-Geschäfte): Repo-Geschäfte in der Steuerbilanz, in: Betriebs-Berater 2000, S. 1287-1293.

HAYN, Sven / GRAF WALDERSEE, Georg (Vergleich): IAS/US-GAAP/HGB im Vergleich - Synoptische Darstellung für den Einzel- und Konzernabschluß, 3., überarbeitete Auflage, Stuttgart 2000.

HEBIG, Michael (Steuerabteilung): Steuerabteilung und Steuerberatung in der Großunternehmung - Eine empirische Untersuchung, Berlin 1984, zugleich Dissertation rer. pol., Georg-August-Universität Göttingen 1983.

HEBIG, Michael (Steuerpolitik): Grundsätze der betrieblichen Steuerpolitik in deutschen Großunternehmen, in: Die Aktiengesellschaft 1986, S. 159-163.

HEINHOLD, Michael (Bilanzpolitik): Bilanzpolitik, in: Wittmann, Waldemar / Kern, Werner / Köhler, Richard / Küpper, Hans-Ulrich / Wysocki, Klaus von (Hrsg.), Enzyklopädie der Betriebswirtschaftslehre, Band I/1 - Handwörterbuch der Betriebswirtschaft, Teilband 1, A-H, 5., völlig neu gestaltete Auflage, Stuttgart 1993, S. 526-543.

HENKEL KGAA (Geschäftsbericht 2001): Konzern-Geschäftsbericht für das Geschäftsjahr 2001, aufgestellt nach IAS.

HENKEL KGAA (Geschäftsbericht 2004): Konzern-Geschäftsbericht für das Geschäftsjahr 2004, aufgestellt nach IAS.

HERRMANN, Carl / HEUER, Gerhard / RAUPACH, Arndt (EStG/KStG): Einkommensteuer- und Körperschaftsteuergesetz - Kommentar, 21. Auflage, Köln 1996, Loseblatt, Stand: 11/2005, 220. Ergänzungslieferung.

HERZIG, Norbert (Bedeutung): Bedeutung latenter Steuern für die Konzernsteuerquote, in: Wollmert, Peter / Schönbrunn, Norbert / Jung, Udo / Siebert, Hilmar (Hrsg.), Wirtschaftsprüfung und Unternehmensüberwachung - Festschrift für Wolfgang Lück, Düsseldorf 2003, S. 429-449.

HERZIG, Norbert (Gesellschafter-Fremdfinanzierung (2003)): Gesellschafter-Fremdfinanzierung - Analyse und Perspektiven, in: Die Wirtschaftsprüfung 2003, Sonderheft, S. S 191-S 205.

HERZIG, Norbert (Gesellschafter-Fremdfinanzierung): Gesellschafter-Fremdfinanzierung von Kapitalgesellschaften - Bericht aus einer Arbeitsgruppe, in: Steuer und Wirtschaft 1993, S. 237-248.

HERZIG, Norbert (Gestaltung): Gestaltung der Konzernsteuerquote - eine neue Herausforderung für die Steuerberatung?, in: Die Wirtschaftsprüfung 2003, Sonderheft, S. S 80-S 92.

HERZIG, Norbert (Gewinnermittlung): IAS/IFRS und steuerliche Gewinnermittlung - Eigenständige Steuerbilanz und modifizierte Überschussrechnung - Gutachten für das Bundesfinanzministerium, Düsseldorf 2004.

HERZIG, Norbert (Globalisierung): Globalisierung und Besteuerung, in: Die Wirtschaftsprüfung 1998, S. 280-296.

HERZIG, Norbert (Hybride Finanzinstrumente): Thema I: Hybride Finanzinstrumente im nationalen und internationalen Steuerrecht, in: Internationales Steuerrecht 2000, S. 482-485.

HERZIG, Norbert (Internationalisierung): Internationalisierung der Rechnungslegung und steuerliche Gewinnermittlung, in: Die Wirtschaftsprüfung 2000, S. 104-119.

HERZIG, Norbert (Maßgeblichkeitsprinzip): Das Maßgeblichkeitsprinzip - eine zukunftsträchtige Konzeption?, in: Küting, Karlheinz / Weber, Claus-Peter (Hrsg.), Wertorientierte Konzernführung - Kapitalmarktorientierte Rechnungslegung und integrierte Unternehmensbesteuerung, Stuttgart 2000, S. 57-89.

HERZIG, Norbert (Optimierung): Steuerliche Optimierung der Rechtsform durch Rechtsformwechsel, in: Die Steuerberatung 1996, S. 49-66.

HERZIG, Norbert (Standortsicherungsgesetz): Standortsicherungsgesetz: Gesetzliche Regelung der Gesellschafter-Fremdfinanzierung in § 8a KStG, in: Der Betrieb 1994, S. 110-115 und S. 168-177.

HERZIG, Norbert (Steuerlatenz): Steuerlatenz im Einzel- und Konzernabschluss, in: Bertl, Romuald / Egger, Anton / Gassner, Wolfgang / Lang, Michael / Nowotny, Christian (Hrsg.), Erfolgsabgrenzungen in Handels- und Steuerbilanz, Wien 2001, S. 109-125.

HERZIG, Norbert / BÄR, Michaela (Gewinnermittlung): Die Zukunft der steuerlichen Gewinnermittlung im Licht des europäischen Bilanzrechts, in: Der Betrieb 2003, S. 1-8.

HERZIG, Norbert / DEMPFLE, Urs (Konzernsteuerquote): Konzernsteuerquote, betriebliche Steuerpolitik und Steuerwettbewerb, in: Der Betrieb 2002, S. 1-8.

HERZIG, Norbert / GELLRICH, Kai Markus / JENSEN-NISSEN, Lars (Gewinnermittlung): IAS/IFRS und steuerliche Gewinnermittlung, in: Betriebswirtschaftliche Forschung und Praxis 2004, S. 550-577.

HERZIG, Norbert / HEY, Johanna / LANG, Joachim / MÖSSNER, Jörg Manfred (Fluchtweg): Ein Fluchtweg aus dem Steuerchaos - Das Programm der Kommission Steuergesetzbuch, in: Frankfurter Allgemeine Zeitung Nr. 181 vom 6.8.2005, S. 13.

HERZIG, Norbert / KESSLER, Wolfgang (Steuerrechtsfähigkeit): Die begrenzte Steuerrechtsfähigkeit von Personenmehrheiten nach dem Beschluß des Großen Senats des BFH vom 25.6.1984, in: Der Betrieb 1985, S. 2476-2480 und S. 2528-2531.

HERZIG, Norbert / WAGNER, Thomas (EuGH-Urteil „Marks & Spencer“): EuGH-Urteil „Marks & Spencer“ - Grenzüberschreitende Verlustverrechung in der Gruppe, in: Der Konzern 2006, S. 176-186.

HERZIG, Norbert / WAGNER, Thomas (Marks & Spencer): EuGH-Urteil „Marks & Spencer“ - Begrenzter Zwang zur Öffnung nationaler Gruppenbesteuerungssysteme für grenzüberschreitende Sachverhalte, in: Deutsches Steuerrecht 2006, S. 1-11.

HERZIG, Norbert / WAGNER, Thomas (Mindestbesteuerung): Mindestbesteuerung durch die Begrenzung der Verrechnung von Verlustvorträgen, in: Die Wirtschaftsprüfung 2004, S. 53-64.

HERZIG, Norbert / WATRIN, Christoph (Anforderungen): Betriebswirtschaftliche Anforderungen an eine Unternehmenssteuerreform, in: Steuer und Wirtschaft 2000, S. 378-388.

HERZIG, Norbert / ZIMMERMANN, Martin (Steuercontrolling): Steuercontrolling - Überflüssige Begriffsverbindung oder sinnvolle Innovation?, in: Der Betrieb 1998, S. 1141-1150.

HEURUNG, Rainer (Steuerabgrenzung): Latente Steuerabgrenzung im Konzernabschluß im Vergleich zwischen HGB, IAS und US-GAAP, in: Die Aktiengesellschaft 2000, S. 538-553.

HEUSER, Paul J. / THEILE, Carsten (IAS Handbuch): IAS Handbuch - Einzel- und Konzernabschluss, 1. Auflage, Köln 2003.

HEUSER, Paul J. / THEILE, Carsten (IAS Handbuch): IAS Handbuch - Einzel- und Konzernabschluss, 2., neu bearbeitete Auflage, Köln 2005.

HEYD, Reinhard (Harmonisierung): Zur Harmonisierung von internem und externem Rechnungswesen, in: Der Schweizer Treuhänder 2001, S. 201-214.

HILKE, Wolfgang (Bilanzpolitik): Bilanzpolitik - Jahresabschluss nach Handels- und Steuerrecht, 5., vollständig überarbeitete und erweiterte Auflage, Wiesbaden 2000.

HILPOLD, Peter / STEINMAIR, Walter / ZANDANEL, Paul (Grundriß): Grundriß des italienischen Steuerrechts, 2. Auflage, Wien 1997.

HJI PANAYI, Christina (Treaty Shopping): Treaty Shopping and Other Tax Arbitrage Opportunities in the European Union: A Reassessment, in: European Taxation 2006, S. 104-110 und S. 139-155.

HOMBURG, Stefan (Unternehmenssteuerreform): Die Unternehmenssteuerreform 2001 aus Sicht der Wissenschaft, in: Die Steuerberatung 2001, S. 8-16.

HOMMELHOFF, Peter (Konzernrecht): Zum Konzernrecht in der Europäischen Aktiengesellschaft, in: Die Aktiengesellschaft 2003, S. 179-184.

HÖPPNER, Horst-Dieter (Verrechnungspreis-Erlaß): Der neue Verrechnungspreis-Erlaß - Grundsätzliche Probleme aus der Sicht der Verwaltung, in: Die steuerliche Betriebsprüfung 1983, S. 121-129.

HORVÁTH, Péter (Controlling): Controlling, 9., vollständig überarbeitete Auflage, München 2003.

HORVÁTH, Péter / HERTER, Ronald N. (Benchmarking): Benchmarking - Vergleich mit den Besten der Besten, in: Controlling 1992, S. 4-11.

HUSMANN, Rainer (Defizite): Defizite der handelsrechtlichen Konzernrechnungslegung aus der Sicht des Bilanzanalysten, in: Deutsches Steuerrecht 1997, S. 1659-1664.

HÜTTCHE, Tobias (Mittelstand): IAS für den Mittelstand: light, little oder gar nicht?, in: Betriebs-Berater 2002, S. 1804-1806.

IDW (Stellungnahme AltfahrzeugG): IDW Stellungnahme: Entwurf eines Altfahrzeug-Gesetzes (AltfahrzeugG), in: Die Wirtschaftsprüfung 2001, S. 1188-1190.

IDW (Stellungnahme E-DRS 12): IDW Stellungnahme: E-DRS 12 „Latente Steuern im Konzernabschluss", in: Die Wirtschaftsprüfung 2001, S. 1087-1093.

IDW (Stellungnahme Hierarchy): IDW Stellungnahme: File Reference No. 130-001: IDW Comment Letter on the Exposure Draft of the Proposed Statement of Financial Accounting Standards: The Hierarchy of Generally Accepted Accounting Principles, in: Die Wirtschaftsprüfung 2005, S. 792-793.

INFINEON TECHNOLOGIES AG (Finanzbericht 2000/2001): Finanzbericht für das Geschäftsjahr 2000/2001, aufgestellt nach US-GAAP.

INFINEON TECHNOLOGIES AG (Konzern-JA 1999/2000): Konzern-Jahresabschluss für das Geschäftsjahr 1999/2000, aufgestellt nach US-GAAP.

INFINEON TECHNOLOGIES AG (Konzern-JA 2003/2004): Konzern-Jahresabschluss für das Geschäftsjahr 2003/2004, aufgestellt nach US-GAAP.

JACHMANN, Monika (Konsequenzen): Unmittelbare Konsequenzen aus dem „Vermögensteuerbeschluß" des BVerfG vom 22.6.1995 vor einer gesetzlichen Neuregelung, in: Deutsches Steuerrecht 1996, S. 574-575.

JACKSTEIN, Claus-Dieter (Wettbewerb): Das deutsche Steuerrecht im Wettbewerb mit ausländischen Steuersystemen, in: Burmester, Gabriele / Endres, Dieter (Hrsg.), Außensteuerrecht, Doppelbesteuerungsabkommen und EU-Recht im Spannungsverhältnis - Festschrift für Helmut Debatin, München 1997, S. 179-206.

JACOBS, Otto H. (Deutschland nicht der attraktivste Platz): Deutschland nicht der attraktivste Platz, in: Unternehmermagazin 2002, S. 30-32.

JACOBS, Otto H. (Entwicklungstendenzen): Stand und Entwicklungstendenzen der Betriebswirtschaftlichen Steuerlehre, in: Steuer und Wirtschaft 2004, S. 251-259.

JACOBS, Otto H. (Unternehmensbesteuerung): Internationale Unternehmensbesteuerung - Deutsche Investitionen im Ausland - Ausländische Investitionen im Inland, 4. Auflage, München 1999.

JACOBS, Otto H. (Unternehmensbesteuerung): Internationale Unternehmensbesteuerung - Deutsche Investitionen im Ausland - Ausländische Investitionen im Inland, 5., neubearbeitete und erweiterte Auflage, München 2002.

JACOBS, Otto H. (Unternehmung): Die Steuerbelastung der Unternehmung - Grundzüge der Teilsteuerrechnung - Bemerkungen zu dem gleichnamigen Werk von Gerd Rose, in: Zeitschrift für Betriebswirtschaft 1974, S. 197-200.

JACOBS, Otto H. / GREIF, Martin / WEBER, Dieter (Bilanzanalyse): Möglichkeiten und Grenzen der Informationsgewinnung mit Hilfe der Bilanzanalyse, in: Wirtschaftswissenschaftliches Studium 1972, S. 425-431.

JACOBS, Otto H. / SPENGEL, Christoph (Besteuerung): Besteuerung deutscher Kapitalgesellschaften im internationalen Vergleich - Bestandsaufnahme und Reformüberlegungen, in: Die Betriebswirtschaft 1995, S. 431-448.

JACOBS, Otto H. / SPENGEL, Christoph (Measurement): Measurement and Development of the Effective Tax Burden of Companies - An Overview and International Comparison, in: International Tax Review 2000, S. 334-351.

JACOBS, Otto H. / SPENGEL, Christoph (Steuerbelastung): Arbeitspapier - Steuerbelastung in Deutschland nach Unternehmensgröße und im internationalen Vergleich - eine empirische Analyse, online im Internet: Jacobs, Otto H. (Hrsg.), URL: http://www.attac.org/fra/list/doc/jacobs2.pdf, Stand: 1.4.2000, Abfrage vom 7.11.2003, S. 1-3.

JACOBS, Otto H. / SPENGEL, Christoph (Tax Analyser): European Tax Analyser - EDV-gestützter Vergleich der Steuerbelastung von Kapitalgesellschaften in Deutschland, Frankreich und Großbritannien, Baden-Baden 1996.

JAECKS, Jörg / SCHÖNBORN, Christoph Ansgar (Konzernrecht): Die Europäische Aktiengesellschaft, das Internationale und das deutsche Konzernrecht, in: Recht der Internationalen Wirtschaft 2003, S. 254-265.

JARASS, Lorenz / OBERMAIR, Gustav M. (Geheimnisse): Geheimnisse der Unternehmenssteuern - steigende Dividenden, sinkendes Steueraufkommen - Eine Analyse der DAX30-Geschäftsberichte 1996-2002 unter Berücksichtigung der Volkswirtschaftlichen Gesamtrechnung, Marburg 2004.

JEBENS, Carsten Thomas (Mittelstand): Was bringen die IFRS oder IAS dem Mittelstand?, in: Der Betrieb 2003, S. 2345-2350.

JENSEN-NISSEN, Lars / LOCHMANN, Uwe (Maßgeblichkeit): Maßgeblichkeit und Kapitalerhaltung - Maßgeblichkeitsgrundsatz auf dem Prüfstand europäischer Entwicklungen, in: Steuern und Bilanzen 2006, S. 307-313.

JONAS, Bernd (Erwartungen): Unerfüllbare Erwartungen - Irrtümer und Mißverständnisse über die Steuerzahlungen der Konzerne, in: Frankfurter Allgemeine Zeitung Nr. 64 vom 17.3.2005, S. 12.

K+S AG (Stellungnahme): Stellungnahme zum E-DRS 12 durch die K+S AG, online im Internet: DRSC (Hrsg.), URL: http://www.standardsetter.de/drsc/docs/comments/012/ks.html, Stand: 10.9.2001, Abfrage vom 22.3.2002.

KAHLE, Holger (Maßgeblichkeitsgrundsatz): Maßgeblichkeitsgrundsatz auf Basis der IAS?, in: Die Wirtschaftsprüfung 2002, S. 178-188.

KAHLE, Holger (Rechnungslegung): Internationale Rechnungslegung und ihre Auswirkungen auf Handels- und Steuerbilanz, Wiesbaden 2002, zugleich Habilitationsschrift, Universität Mannheim 2002.

KAHLE, Holger (Unternehmenssteuerung): Unternehmenssteuerung auf Basis internationaler Rechnungslegungsstandards?, in: Zeitschrift für betriebswirtschaftliche Forschung 2003, S. 773-789.

KAHLE, Holger (Zukunft): Zur Zukunft der Rechnungslegung in Deutschland: IAS im Einzel- und Konzernabschluss?, in: Die Wirtschaftsprüfung 2003, S. 262-275.

KALIGIN, Thomas (Gesellschaftsrecht): Das internationale Gesellschaftsrecht der Bundesrepublik Deutschland, in: Der Betrieb 1985, S. 1449-1456.

KALIGIN, Thomas (Reorganisationsmaßnahmen): Steuerlich optimale grenzüberschreitende Reorganisationsmaßnahmen im Blickwinkel der europäischen Steuerreformprozesse, in: Deutsche Steuer-Zeitung 1995, S. 18-23.

KAMINSKI, Bert (Konsequenzen): Ertragsteuerliche Konsequenzen der Überführung von Wirtschaftsgütern in eine ausländische Personen- oder Kapitalgesellschaft, in: Deutsches Steuerrecht 1997, S. 53-57.

KAMINSKI, Bert (Verrechnungspreisbestimmung): Verrechnungspreisbestimmung bei fehlendem Fremdvergleich, Neuwied/Kriftel 2001, zugleich Habilitationsschrift, Universität Hamburg.

KAPLAN, Robert S. / ATKINSON, Anthony A. (Advanced Management Accounting): Advanced Management Accounting, 3. Auflage, Upper Saddle River 1998.

KAPPLER, Reiner (Steuerbilanzpolitik): Steuerbilanzpolitik kleiner und mittlerer Unternehmen unter Berücksichtigung der jüngsten Entwicklungen im Steuerrecht - Theorie und Empirie, Bonn/Berlin 2000, zugleich Dissertation, Universität Augsburg 1999.

KARRENBROCK, Holger (Latente Steuern): Latente Steuern in Bilanz und Anhang, Düsseldorf 1991, zugleich Dissertation, Westfälische Wilhelms-Universität Münster.

KARRENBROCK, Holger (Mindestbesteuerung): Wider die Aushöhlung des Leistungsfähigkeitsprinzips durch die Mindestbesteuerung - Stellungnahmen zu den BFH-Beschlüssen vom 6.3.2003 und zur Neuregelung der Mindestbesteuerung durch das ProtErklG, in: Der Betrieb 2004, S. 559-564.

KARTHAUS, Volker (Abschaffung): Abschaffung der Gewerbekapitalsteuer zum 1.1.1998, in: Der Betrieb 1997, S. 1887-1888.

KEITZ, Isabel von (IASB-Rechnungslegung): Praxis der IASB-Rechnungslegung - Best practice von 100 IFRS-Anwendern, 2., überarbeitete Auflage, Stuttgart 2005.

KERN, Werner (Kennzahlensysteme): Kennzahlensysteme als Niederschlag interdependenter Unternehmensplanung, in: Zeitschrift für betriebswirtschaftliche Forschung 1971, S. 701-718.

KESSLER, Wolfgang (Euro-Holding): Die Euro-Holding - Steuerplanung, Standortwahl, Länderprofile, München 1996, zugleich Habilitationsschrift, Universität zu Köln 1995/1996.

KESSLER, Wolfgang (Internationale Organschaft): Internationale Organschaft in Dänemark, in: Internationales Steuerrecht 1993, S. 303-310.

KESSLER, Wolfgang / DALLER, Rico (Gruppenbesteuerung): Die österreichische Gruppenbesteuerung aus der Sicht ausländischer Gruppenmitglieder - investitionsentscheidungsbeeinflussende Faktoren, in: Internationales Steuerrecht 2006, S. 289-296.

KESSLER, Wolfgang / DORFMÜLLER, Pia (Holdinggesellschaften): Gestaltungsstrategien bei internationaler Steuerplanung mit Holdinggesellschaften, in: Praxis Internationale Steuerberatung 2001, S. 177-185.

KESSLER, Wolfgang / HUCK, Friederike (Transfer): Grenzüberschreitender Transfer von Betriebsvermögen - Die Verlagerung von Einzelwirtschaftsgütern, Betriebsstätten und Betrieben ins Ausland, in: Steuer und Wirtschaft 2005, S. 193-215.

KESSLER, Wolfgang / MÜLLER, Michael A. (Ort der Geschäftsleitung): Ort der Geschäftsleitung einer Kapitalgesellschaft nach nationalem und DBA-Recht - Bestandsaufnahme und aktuelle Entwicklungen, in: Internationales Steuerrecht 2003, S. 361-369.

KESSLER, Wolfgang / TEUFEL, Tobias (Gesellschafterfremdfinanzierung): Gesellschafterfremdfinanzierung nach der Unternehmenssteuerreform, in: Der Betrieb 2001, S. 1955-1962.

KESTLER, Matthias / WEGER, Martin (Doppelte Verlustnutzung): Doppelte Verlustnutzung bei grenzüberschreitender (ertragsteuerlicher) Organschaft? - Zum eingeschränkten Anwendungsbereich des § 14 Abs. 1 Nr. 5 KStG i.d.F. des UntStFG, in: GmbH-Rundschau 2003, S. 156-162.

KEUCHEL, Jan (Steuerquote): Konzerne drücken die Steuerquote - Effektive Steuerbelastung immer wichtiger für den Unternehmenswert - Gestaltungstricks haben Hochkonjunktur, in: Handelsblatt Nr. 237 vom 7.12.2005, S. 18.

KING, Mervyn A. / FULLERTON, Don (Taxation): The Taxation of Income from Capital - A comparative Study of the United States, the United Kingdom, Sweden and West Germany, Chicago 1984.

KIRSCH, Hanno (Änderungen): Änderungen des deutschen Unternehmenssteuerrechts 2003 und deren Auswirkungen auf die steuerliche Berichterstattung im IAS-Jahresabschluss, in: Deutsches Steuerrecht 2003, S. 128-132.

KIRSCH, Hanno (Angabepflichten): Angabepflichten für Ertragsteuern nach IAS und deren Generierung im Finanz- und Rechnungswesen, in: Steuern und Bilanzen 2002, S. 1189-1196.

KIRSCH, Hanno (Berichterstattung): Steuerliche Berichterstattung im Jahresabschluss nach IAS/IFRS, in: Deutsches Steuerrecht 2003, S. 703-708.

KIRSCH, Hanno (Jahresabschlussanalyse): Finanz- und erfolgswirtschaftliche Jahresabschlussanalyse nach IFRS, München 2004.

KIRSCH, Hanno (Konzernabschluss): Konzernabschluss, Aachen 1997.

KIRSCH, Hanno (Latente Ertragsteuern): Latente Ertragsteuern im Jahresabschluss deutscher Personengesellschaften nach IAS 12 und DRS 10, in: Deutsche Steuer-Zeitung 2003, S. 331-337.

KIRSCH, Hanno (Personengesellschaften): Abgrenzung latenter Steuern bei Personengesellschaften in Deutschland nach IAS 12, in: Deutsches Steuerrecht 2002, S. 1875-1880.

KIRSCH, Hans-Jürgen (Umsetzung): Zur Frage der Umsetzung der Mitgliedstaatenwahlrechte der EU-Verordnung zur Anwendung der IAS/IFRS, in: Die Wirtschaftsprüfung 2003, S. 275-278.

KIRSCH, Hans-Jürgen / DOHRN, Matthias / WIRTH, Jörn (DAX-100-Unternehmen): Rechnungslegungs- und Prüfungspraxis der DAX-100-Unternehmen - Bestandsaufnahme und Auswirkungen der EU-Verordnung zur Anwendung internationaler Rechnungslegungsstandards, in: Die Wirtschaftsprüfung 2002, S. 1217-1231.

KLAPDOR, Ralf (Rahmenbedingungen): Veränderte Rahmenbedingungen für internationale Betätigungen nach dem StSenkG, in: Deutsche Steuer-Zeitung 2001, S. 24-28.

KLEIN, Klaus-Günter (Verrechnungspreisgestaltung): Die steuerliche Verrechnungspreisgestaltung international tätiger Unternehmen - Probleme der nationalen und internationalen Anwendung des dealing-at-arm's-length-Prinzips, Bergisch Gladbach/Köln 1988, zugleich Dissertation rer. pol., Universität zu Köln 1987.

KLEIN, Oliver (Bilanzierung): Die Bilanzierung latenter Steuern nach HGB, IAS und US-GAAP im Vergleich, in: Deutsches Steuerrecht 2001, S. 1450-1456.

KLEIN, Theo (Verrechnungspreis-Richtlinien): OECD-Verrechnungspreis-Richtlinien: in der Praxis eher hilfreich als behindernd, in: Internationales Steuerrecht 1995, S. 546-550.

KLEIN, Werner (Konzernverrechnungspreise): Konzernverrechnungspreise aus betriebswirtschaftlicher und steuerlicher Sicht, in: Zeitschrift für Betriebswirtschaft 1982, S. 155-171.

KLEINERT, Jens / PROBST, Peter (Wegzugsbeschränkungen): Endgültiges Aus für steuerliche Wegzugsbeschränkungen bei natürlichen und juristischen Personen - Anmerkungen zum EuGH-Urteil vom 11.3.2004 Rs. C-9/02, de Lasteyrie du Saillant, in: Der Betrieb 2004, S. 673-675.

KLINGER, Karl (Steuerlehre): Zur Existenzberechtigung einer betriebswirtschaftlichen Steuerlehre - Zugleich eine Stellungnahme zu dem Buch von Aufermann „Grundzüge betriebswirtschaftlicher Steuerlehre“, in: Der Wirtschaftstreuhänder 1942, S. 71-75.

KLUGE, Volker (Steuerrecht): Das Internationale Steuerrecht - Gemeinschaftsrecht, Außensteuerrecht, Abkommensrecht, 4. Auflage, München 2000.

KNOBBE-KEUK, Brigitte (Umzug): Umzug von Gesellschaften in Europa, in: Zeitschrift für das gesamte Handelsrecht und Wirtschaftsrecht 1990, S. 325-356.

KNOBBE-KEUK, Brigitte (Unternehmenssteuerrecht): Bilanz- und Unternehmenssteuerrecht, 9., völlig überarbeitete und erweiterte Auflage, Köln 1993.

KNOBBE-KEUK, Brigitte (Wechsel): Der Wechsel von der beschränkten zur unbeschränkten Körperschaftsteuerpflicht und vice versa, in: Steuer und Wirtschaft 1990, S. 372-379.

KNOBELSDORFF, Christoph von (Realsteuerhebesätze 2001): Entwicklung der Realsteuerhebesätze der Gemeinden mit 50 000 und mehr Einwohnern in 2001 gegenüber 2000, in: Institut „Finanzen und Steuern“ e.V. (Hrsg.), IFSt-Schrift 393, Bonn 2001.

KNOBELSDORFF, Christoph von (Realsteuerhebesätze 2002): Entwicklung der Realsteuerhebesätze der Gemeinden mit 50 000 und mehr Einwohnern in 2002 gegenüber 2001, in: Institut „Finanzen und Steuern“ e.V. (Hrsg.), IFSt-Schrift 399, Bonn 2002.

KNOBELSDORFF, Christoph von (Realsteuerhebesätze 2003): Entwicklung der Realsteuerhebesätze der Gemeinden mit 50 000 und mehr Einwohnern in 2003 gegenüber 2002, in: Institut „Finanzen und Steuern“ e.V. (Hrsg.), IFSt-Schrift 409, Bonn 2003.

KNOBELSDORFF, Christoph von (Realsteuerhebesätze 2004): Entwicklung der Realsteuerhebesätze der Gemeinden mit 50 000 und mehr Einwohnern in 2004 gegenüber 2003, in: Institut „Finanzen und Steuern“ e.V. (Hrsg.), IFSt-Schrift 420, Bonn 2004.

KOBERSTEIN, Günther (Unternehmenszusammenschlüsse): Unternehmenszusammenschlüsse, Essen 1955.

KÖHLER, Annette G. / MARTEN, Kai-Uwe / SCHLERETH, Dieter / CRAMPTON, Adrian (Erfahrungen): Praxisbefragung: Erfahrungen von Unternehmen bei der Umstellung der Rechnungslegung von HGB auf IAS/IFRS oder US-GAAP, in: Betriebs-Berater 2003, S. 2615-2621.

KÖHLER, Stefan (Hybride Finanzierungen): Hybride Finanzierungen über die Grenze, in: Piltz, Detlev Jürgen / Schaumburg, Harald (Hrsg.), Internationale Unternehmensfinanzierung, Köln 2006, S. 137-177.

KÖHLER, Stefan (Steuerpolitik): Die Steuerpolitik der deutschen Internationalen Unternehmung im Einflussbereich der Hinzurechnungsbesteuerung, Frankfurt am Main 1994, zugleich Dissertation, Universität-Gesamthochschule-Siegen 1993.

KÖHLER, Stefan (Unternehmenssteuerreform): Unternehmenssteuerreform 2001: Auswirkungen des Steuersenkungsgesetzes auf deutsche Auslandsinvestitionen, in: Deutsches Steuerrecht 2000, S. 1849-1857.

KOLLRUSS, Thomas (Kapitalgesellschaft): Die hybride Kapitalgesellschaft - Gestaltungen zur doppelten Verlustnutzung (Double-Dipping) im Verhältnis Deutschland-USA, in: Internationales Steuerrecht 2004, S. 735-741.

KOPPENSTEINER, Hans-Georg (Internationale Unternehmen): Internationale Unternehmen im deutschen Gesellschaftsrecht, Frankfurt am Main 1971, zugleich Habilitationsschrift, Ruhr-Universität Bochum.

KOREZKIJ, Leonid (Anrechnung): Anrechnung der Gewerbesteuer nach § 35 EStG - Überblick, Probleme, Zweifelsfragen und Korrekturvorschläge, in: Betriebs-Berater 2001, S. 333-344 und S. 389-394.

KPMG (Insights into IFRS): Insights into IFRS - KPMG's practical guide to International Financial Reporting Standards, 2005/6 Edition, Bath 2005.

KPMG (Rechnungslegung): Rechnungslegung nach US-amerikanischen Grundsätzen - Grundlagen der US-GAAP und SEC-Vorschriften, 3. überarbeitete und erweiterte Auflage, Düsseldorf 2003.

KRAFT, Gerhard (Doppelbesteuerungsabkommen): Die missbräuchliche Inanspruchnahme von Doppelbesteuerungsabkommen - zur Problematik des „Treaty shopping“ unter Berücksichtigung der Rechtslage in der Bundesrepublik Deutschland, in der Schweiz und in den Vereinigten Staaten, Heidelberg 1991, zugleich Dissertation, Universität Mannheim 1990.

KRAFT, Gerhard (Mißbrauchsklausel): Auslegungs- und Anwendungsprobleme der speziellen Mißbrauchsklausel des § 50d Abs. 1a EStG zur Verhinderung von „Treaty Shopping“ bzw. „Directive Shopping“, in: Internationales Steuerrecht 1994, S. 370-377.

KRAG, Joachim / MÜLLER, Herbert (Zweckmäßigkeit): Zur Zweckmäßigkeit von Teilkonzernabschlüssen der 7. EG-Richtlinie für Minderheitsgesellschafter, in: Betriebs-Berater 1985, S. 307-312.

KRAMER, Jörg-Dietrich (Grundzüge): Grundzüge des US-amerikanischen Steuerrechts, Stuttgart 1990.

KRAWITZ, Norbert (Latente Steuern): Latente Steuern als Problem der Konzernabschlussanalyse, in: Lachnit, Laurenz / Freidank, Carl-Christian (Hrsg.), Investororientierte Unternehmenspublizität - Neue Entwicklungen von Rechnungslegung, Prüfung und Jahresabschlussanalyse, Wiesbaden 2000, S. 701-731.

KRAWITZ, Norbert / BÜTTGEN-PÖHLAND, Dagmar (EU-Auslandsholdinggesellschaften): Zwischenschaltung von EU-Auslandsholdinggesellschaften als steuerorientiertes Gestaltungsinstrument bei der Finanzierung inländischer Konzernbeteiligungen, in: Finanz-Rundschau 2003, S. 877-890.

KRAWITZ, Norbert / HICK, Christian (Reform): Wahl zwischen ausländischer Betriebsstätte oder Kapitalgesellschaft: Einfluss der Reform des Unternehmenssteuerrechts, in: Recht der Internationalen Wirtschaft 2001, S. 743-756.

KREBÜHL, Hans-Herbert (Gesellschafterfremdfinanzierung): Gesellschafterfremdfinanzierung - nationale und internationale Problemfelder, in: IDW (Hrsg.), Globale Unternehmenstätigkeit und inländische Besteuerung - Bericht über die Steuerfachtagung 1996 des Instituts der Wirtschaftsprüfer in Deutschland e.V., 26. September 1996 in Neuss, Düsseldorf 1996, S. 29-43.

KRÖNER, Michael (Konzernsteuerquote): Organschaft und Konzernsteuerquote, in: Herzig, Norbert (Hrsg.), Organschaft - laufende und aperiodische Besteuerung - nationale und internationale Aspekte - Hinweise zum EU-Recht, Stuttgart 2003, S. 562-569.

KRÖNER, Michael (Tax Accounting): Tax Accounting - ein Perspektivenwechsel, in: Herzig, Norbert / Günkel, Manfred / Niemann, Ursula (Hrsg.), Steuerberater-Jahrbuch 2004/2005, Köln 2005, S. 275-294.

KRÖNER, Michael / BENZEL, Ute (Konzernsteuerquote): Konzernsteuerquote - Die Ertragsteuerbelastung in der Wahrnehmung durch die Kapitalmärkte, in: Kessler, Wolfgang / Kröner, Michael / Köhler, Stefan (Hrsg.), Konzernsteuerrecht - Organisation - Recht - Steuern, München 2004,

KRÜGER, Horst (Analyse): Steuerökonomische Analyse der Verrechnungspreise internationaler Unternehmungen, Berlin 1978, zugleich Dissertation, Universität Göttingen 1977.

KUCKHOFF, Harald / SCHREIBER, Rolf (Funktionsverlagerung): Grenzüberschreitende Funktionsverlagerung aus Sicht der Betriebsprüfung, in: Internationales Steuerrecht 1999, S. 321-330 und S. 353-362.

KUCKHOFF, Harald / SCHREIBER, Rolf (Prüfung): Ist die Prüfung von Verrechnungspreisen noch sinnvoll? - Anmerkungen zum BFH-Urt. v. 17.10.2001 aus Sicht der Betriebsprüfung, in: Internationale Wirtschafts-Briefe 2002, Fach 3, Gruppe 1, S. 1863-1882.

KUCKHOFF, Harald / SCHREIBER, Rolf (Verrechnungspreise): Verrechnungspreise in der Betriebsprüfung - Der Fremdvergleich bei Lieferungen und Leistungen, München 1997.

KUHN, Stephan / RÖTHLISBERGER, René / NIGGLI, Sarah (Konzernsteuerbelastung): Management der effektiven Konzernsteuerbelastung - Konzernsteuerquote als Value-Driver und Qualitätsmass, in: Der Schweizer Treuhänder 2003, S. 636-645.

KUMPF, Wolfgang (Verrechnungspreise): Steuerliche Verrechnungspreise in internationalen Konzernen - Möglichkeiten zur Präzisierung des „dealing at arm's length"-Prinzips, Frankfurt am Main 1976, zugleich Dissertation, Universität Mannheim.

KÜSSEL, Felix (Inanspruchnahme): Mißbräuchliche Inanspruchnahme von Doppelbesteuerungsabkommen, in: Recht der Internationalen Wirtschaft 1998, S. 217-226.

KUßMAUL, Heinz (Steuerlehre): Betriebswirtschaftliche Steuerlehre, 4., völlig überarbeitete und stark erweiterte Auflage, München 2006.

KUßMAUL, Heinz (Verrechnungspreise): Angemessene Verrechnungspreise im internationalen Konzernbereich, in: Recht der Internationalen Wirtschaft 1987, S. 679-693.

KÜTING, Karlheinz (Bilanzanalyse): Grundlagen der qualitativen Bilanzanalyse, in: Deutsches Steuerrecht 1992, S. 691-695 und S. 728-733.

KÜTING, Karlheinz (Konzernabschlußanalyse): Besonderheiten der Konzernabschlußanalyse, in: Deutsches Steuerrecht 1992, S. 1334-1338 und S. 1374-1378.

KÜTING, Karlheinz / GATTUNG, Andreas (Abgrenzung): Abgrenzung latenter Steuern auf timing und temporary differences - Grundlagen der Abgrenzung bilanzierungs- und bewertungsbedingter Differenzen nach HGB sowie DRS 10 und IAS 12, in: Steuern und Bilanzen 2005, S. 241-248.

KÜTING, Karlheinz / WEBER, Claus-Peter (Bilanzanalyse): Die Bilanzanalyse - Lehrbuch zur Beurteilung von Einzel- und Konzernabschlüssen, 7., erweiterte und aktualisierte Auflage, Stuttgart 2004.

KÜTING, Karlheinz / WEBER, Claus-Peter (HB der Konzernrechnungslegung): Handbuch der Konzernrechnungslegung - Kommentar zur Bilanzierung und Prüfung, Stuttgart 1989.

KÜTING, Karlheinz / WEBER, Claus-Peter (HB der Konzernrechnungslegung): Handbuch der Konzernrechnungslegung - Kommentar zur Bilanzierung und Prüfung - Band II, 2., grundlegend überarbeitete Auflage, Stuttgart 1998.

KÜTING, Karlheinz / WEBER, Claus-Peter (HB der Rechnungslegung - Einzelabschluss): Handbuch der Rechnungslegung - Einzelabschluss - Kommentar zur Bilanzierung und Prüfung, 5., aktualisierte und erweiterte Auflage, Stuttgart 2002, Loseblatt, Stand: 9/2005, 1. Ergänzungslieferung.

KÜTING, Karlheinz / WEBER, Claus-Peter (HB der Rechnungslegung): Handbuch der Rechnungslegung - Kommentar zur Bilanzierung und Prüfung, 4., grundlegend überarbeitete und wesentlich erweiterte Auflage, Stuttgart 1995.

KÜTING, Karlheinz / WEBER, Claus-Peter (Konzernabschluss): Der Konzernabschluss - Lehrbuch zur Praxis der Konzernrechnungslegung, 8. Auflage, Stuttgart 2003.

KÜTING, Karlheinz / WEBER, Claus-Peter (Konzernabschluss): Der Konzernabschluss - Lehrbuch zur Praxis der Konzernrechnungslegung, 9., vollständig überarbeitete Auflage, Stuttgart 2005.

KÜTING, Karlheinz / WIRTH, Johannes (Latente Steuern): Latente Steuern und Kapitalkonsolidierung nach IAS/IFRS, in: Betriebs-Berater 2003, S. 623-629.

KÜTING, Karlheinz / ZWIRNER, Christian (Auslaufmodell): Bilanzierung nach HGB: ein Auslaufmodell? - Internationalisierung der Rechnungslegung, in: Steuern und Bilanzen 2002, S. 785-790.

KÜTING, Karlheinz / ZWIRNER, Christian (Bedeutung): Zunehmende Bedeutung und Indikationsfunktion latenter Steuern in der Unternehmenspraxis, in: Betriebs-Berater 2005, S. 1553-1562.

KÜTING, Karlheinz / ZWIRNER, Christian (Unternehmenspraxis): Latente Steuern in der Unternehmenspraxis: Bedeutung für Bilanzpolitik und Unternehmensanalyse - Grundlage sowie empirischer Befund in 300 Konzernabschlüssen von in Deutschland börsennotierten Unternehmen, in: Die Wirtschaftsprüfung 2003, S. 301-315.

LACHNIT, Laurenz (Erfolgsspaltung): Erfolgsspaltung auf der Grundlage der GuV nach Gesamt- und Umsatzkostenverfahren, in: Die Wirtschaftsprüfung 1991, S. 773-783.

LACHNIT, Laurenz (Jahresabschlußanalyse): Systemorientierte Jahresabschlußanalyse - Weiterentwicklung der externen Jahresabschlußanalyse mit Kennzahlensystemen, EDV und mathematisch-statistischen Methoden, Wiesbaden 1979, zugleich Habilitationsschrift, Universität Dortmund 1978 unter dem Titel „Systemorientierte Jahresabschlußanalyse. Eine Untersuchung über die Möglichkeiten einer Aussageverbesserung der externen Jahresabschlußanalyse mit Hilfe von Kennzahlensystemen".

LACHNIT, Laurenz (Kennzahlensysteme): Zur Weiterentwicklung betriebswirtschaftlicher Kennzahlensysteme, in: Zeitschrift für betriebswirtschaftliche Forschung 1976, S. 216-230.

LACHNIT, Laurenz (Unternehmensanalyse): Kennzahlensysteme als Instrument der Unternehmensanalyse, dargestellt an einem Zahlenbeispiel, in: Die Wirtschaftsprüfung 1974, S. 39-51.

LACHNIT, Laurenz / AMMANN, Helmut / MÜLLER, Stefan (Konzernabschlußanalyse): Wesen und Besonderheiten der Konzernabschlußanalyse, in: Deutsches Steuerrecht 1997, S. 383-388.

LAMMERSEN, Lothar / SCHWAGER, Robert (Unternehmensstandort): Die steuerliche Attraktivität der Schweiz als Unternehmensstandort im internationalen und interregionalen Vergleich, in: Internationales Steuerrecht 2004, S. 741-749.

LANGEFELD-WIRTH, Klaus (Rechtsfragen): Rechtsfragen des internationalen Gemeinschaftsunternehmens - Joint Venture, in: Recht der Internationalen Wirtschaft 1990, S. 1-6.

LANGER, Klaus / BLAUM, Ulf (Ertragsteuern): Der Ausweis von Ertragsteuern im Konzernabschluß unter besonderer Berücksichtigung von Verlustsituationen, in: Deutsches Steuerrecht 1995, S. 897-903.

LANGERMEIER, Claudia (Verlustsituationen): Latente Steuern in Verlustsituationen, in: Deutsches Steuerrecht 1992, S. 764-772.

LAUDAN, Diether (Sitzstaaten): Wahl der Sitzstaaten von Konzerngesellschaften als steuerliches Entscheidungsproblem, in: Grotherr, Siegfried (Hrsg.), Handbuch der internationalen Steuerplanung, 2. Auflage, Herne/Berlin 2003, S. 123-137.

LAULE, Gerhard (EuGH-Rechtsprechung): Auswirkungen der EuGH-Rechtsprechung auf deutsche Steuervorschriften, in: Institut „Finanzen und Steuern" e.V. (Hrsg.), IFSt-Schrift 407, Bonn 2003.

LAUX, Helmut (Anreizsysteme): Anreizsysteme, ökonomische Dimension, in: Frese, Erich (Hrsg.), Enzyklopädie der Betriebswirtschaftslehre, Band II - Handwörterbuch der Organisation, 3., völlig neu gestaltete Auflage, Stuttgart 1992, S. 112-122.

LAUX, Helmut (Unternehmensrechnung): Unternehmensrechnung, Anreiz und Kontrolle - Die Messung, Zurechnung und Steuerung des Erfolges als Grundproblem der Betriebswirtschaftslehre, 3., vollständig überarbeitete Auflage, Berlin/Heidelberg/New York 2006.

LAUX, Helmut / LIERMANN, Felix (Organisation): Grundlagen der Organisation - Die Steuerung von Entscheidungen als Grundproblem der Betriebswirtschaftslehre, 6. Auflage, Berlin/Heidelberg/New York 2005.

LEHWALD, Klaus-Jürgen (IAS): Jahresabschlüsse nach IAS? - Bedeutung aktueller Rechnungslegungstendenzen für die steuerberatenden Berufe, in: Die Steuerberatung 2001, S. 376-385.

LENGSFELD, Stephan (Verrechnungspreise): Verrechnungspreise und Organisationsstrukturen in multinationalen Unternehmen - Zum Erkenntnisstand formaltheoretischer Analysen, in: Betriebswirtschaftliche Forschung und Praxis 2005, S. 137-155.

LENSKI, Edgar / STEINBERG, Wilhelm (Gewerbesteuergesetz): Kommentar zum Gewerbesteuergesetz, 9. Auflage, Köln 1995, Loseblatt, Stand: 9/2005, 90. Ergänzungslieferung.

LEXA, Hans (Steuercontrolling): Steuercontrolling, in: Bertl, Romuald / Mandl, Gerwald (Hrsg.), Rechnungswesen und Controlling - Festschrift für Anton Egger zum 65. Geburtstag, Wien 1997, S. 633-652.

LIEFMANN, Robert (Unternehmungen): Die Unternehmungen und ihre Zusammenschlüsse - Kartelle, Konzerne und Trusts, 8., umgearbeitete und erweiterte Auflage, Stuttgart 1930.

LINDE AG (Geschäftsbericht 2001): Konzern-Geschäftsbericht für das Geschäftsjahr 2001, aufgestellt nach HGB.

LITTMANN, Eberhard / BITZ, Horst / PUST, Hartmut (EStG): EStG - Das Einkommensteuerrecht - Kommentar zum Einkommensteuerrecht, 15. Auflage, Stuttgart 1988, Loseblatt, Stand: 2/2006, 69. Ergänzungslieferung.

LOITZ, Rüdiger (Quartalsberichterstattung): Quartalsberichterstattung für Ertragsteuern nach IFRS, in: Deutsches Steuerrecht 2006, S. 388-391 und S. 439-443.

LOITZ, Rüdiger (Überleitungsrechnung): Latente Steuern und steuerliche Überleitungsrechnung - Unterschiede zwischen IAS/IFRS und US-GAAP, in: Die Wirtschaftsprüfung 2004, S. 1177-1194.

LOITZ, Rüdiger / RÖSSEL, Carsten (Diskontierung): Die Diskontierung latenter Steuern, in: Der Betrieb 2002, S. 645-651.

LÜDENBACH, Norbert / HOFFMANN, Wolf-Dieter (IFRS-Kommentar): Haufe IFRS-Kommentar, 3. Auflage, Freiburg i. Br. 2005.

MAN AG (Geschäftsbericht 2003): Konzern-Geschäftsbericht für das Geschäftsjahr 2003, aufgestellt nach IAS.

MAN AG (Geschäftsbericht 2004): Konzern-Geschäftsbericht für das Geschäftsjahr 2004, aufgestellt nach IAS.

MARETTEK, Alexander (Charakter): Zum instrumentalen Charakter der Steuerbilanzpolitik für die betriebliche Finanzpolitik, in: Steuer und Wirtschaft 1974, S. 327-334.

MARETTEK, Alexander (Steuerbilanzplanung): Steuerbilanzplanung, Herne/Berlin 1980.

MARETTEK, Alexander (Steuerbilanzpolitik): Entscheidungsmodell der betrieblichen Steuerbilanzpolitik - unter Berücksichtigung ihrer Stellung im System der Unternehmenspolitik, in: Betriebswirtschaftliche Forschung und Praxis 1970, S. 7-31.

MARETTEK, Alexander (Unternehmenspolitik): Steuerbilanz- und Unternehmenspolitik, Freiburg 1971.

MARTEN, Kai-Uwe / KLOPSCH, Elisabeth (Steuerbilanzpolitik): Steuerbilanzpolitik - Darstellung empirischer Ergebnisse anhand einer Fallstudie, in: Deutsches Steuerrecht 1994, S. 1910-1918.

MARTEN, Kai-Uwe / WEISER, Felix M. / KÖHLER, Annette G. (Verlustvorträge): Aktive latente Steuern auf steuerliche Verlustvorträge: zunehmende Tendenz zur Aktivierung, in: Betriebs-Berater 2003, S. 2335-2341.

MAYER, Barbara / PFEIFFER, Thomas / REICHEL, Astrid (Anforderungen): Zu Anforderungen und Ausgestaltungsprinzipien von Anreizsystemen aus agencytheoretischer Sicht, in: Betriebswirtschaftliche Forschung und Praxis 2005, S. 12-29.

MAYNTZ, Renate / HOLM, Kurt / HÜBNER, Peter (Soziologie): Einführung in die Methoden der empirischen Soziologie, 5. Auflage, Opladen 1978.

MEILICKE, Wienand (Niederlassungsfreiheit): Die Niederlassungsfreiheit nach „Überseering" - Rückblick und Ausblick nach Handelsrecht und Steuerrecht, in: GmbH-Rundschau 2003, S. 793-809.

MEILICKE, Wienand (Organschaft): Die Neuregelung der ertragsteuerlichen Organschaft über die Grenze, in: Der Betrieb 2002, S. 911-917.

MEILICKE, Wienand (Sitztheorie): Sitztheorie und EWG-Vertrag nach Handels- und Steuerrecht, in: Recht der Internationalen Wirtschaft 1990, S. 449-452.

MERCK & CO., INC. (Annual Report 2004): Annual Report für das Geschäftsjahr 2004.

MERTHAN, Rainer (Mißbrauch): Die Anwendung von § 42 AO bei Mißbrauch von DBA, in: Recht der Internationalen Wirtschaft 1992, S. 927-933.

MEYER, Claus (Kennzahlen): Betriebswirtschaftliche Kennzahlen und Kennzahlen-Systeme, 2., erweiterte und überarbeitete Auflage, Schäffer-Poeschel Verlag 1994.

MEYER, Claus (Kunden-Bilanzanalyse): Kunden-Bilanzanalyse der Kreditinstitute - eine Einführung in die Jahresabschlussanalyse, Stuttgart 2000.

MEYER, Claus / MEISENBACHER, Michaela (Bilanzpolitik): Bilanzpolitik auf der Basis von IAS/IFRS, insbesondere in Zeiten der Krise, in: Deutsches Steuerrecht 2004, S. 567-572.

MICROSOFT CORPORATION (Annual Report 2003): Annual Report für das Geschäftsjahr 2003.

MICROSOFT CORPORATION (Annual Report 2004): Annual Report für das Geschäftsjahr 2004.

MILDNER, Martin (Verschmelzungen): Zeitliche Nutzung von Verlusten von Verschmelzungen - Das Spannungsfeld von § 8 Abs. 4 KStG und § 12 Abs. 3 S. 2 UmwStG, in: GmbH-Rundschau 2003, S. 644-651.

MITENTAL, Daniel / ANDERS, Dietmar (Wertpapierbörse): Erste Erfahrungen mit den neuen Aktienmarktsegmenten der Frankfurter Wertpapierbörse, in: Deutsches Steuerrecht 2003, S. 1893-1900.

MOHNEN, Alwine (Performancemessung): Performancemessung und die Steuerung von Investitionsentscheidungen, Wiesbaden 2002, zugleich Dissertation rer. pol., Universität zu Köln unter dem Titel „Investitionssteuerung, Motivation und Performancemessung".

MÖLLER, Marius / BARTL, Claudia (Konzernstruktur): Einfluss der Verrechnungspreispolitik auf die Konzernstruktur, in: Oestreicher, Andreas (Hrsg.), Internationale Verrechnungspreise - Beiträge zu einer Ringveranstaltung an der Universität Göttingen im Sommersemester 2002, Herne/Berlin 2003, S. 265-283.

MONTAG, Heinrich (Konzernsteuerquote): Vortrag zu dem Thema „Die Konzernsteuerquote", gehalten in Königswinter am 24.9.2002.

MÖSSNER, Jörg Manfred / BAUMHOFF, Hubertus / GREIF, Martin / HENKEL, Udo W. / MENCK, Thomas / PILTZ, Detlev Jürgen / STADIE, Holger / STRUNK, Günther (Steuerrecht): Steuerrecht international tätiger Unternehmen - Handbuch der Besteuerung von Auslandsaktivitäten inländischer Unternehmen und von Inlandsaktivitäten ausländischer Unternehmen, 3., völlig überarbeitete und erweiterte Auflage, Köln 2005.

MÜLLER, Heinz-Peter (Joint-Ventures): Steuergünstige Gestaltungen grenzüberschreitender Joint-Ventures, in: IDW (Hrsg.), Steuergestaltung bei verbundenen Unternehmen in Europa - Bericht über die Steuerfachtagung 1993 des Instituts der Wirtschaftsprüfer in Deutschland e.V., 14./15. September 1993 in Düsseldorf, Düsseldorf 1994, S. 235-247.

MÜLLER, Herbert (Steuermanagement): Steuermanagement auf dem Weg der Globalisierung - Globalisierung, Integration, Shareholder Value, in: Internationales Steuerrecht 1996, S. 452-456.

MÜLLER, Rolf (Konzernsteuerquote): Die Konzernsteuerquote - Modephänomen oder ernst zu nehmende neue Kennziffer?, in: Deutsches Steuerrecht 2002, S. 1684-1688.

MÜLLER, Stefan / WULF, Inge (Analyse): Analyse von Konzernabschlüssen nach IAS (IFRS) und US-GAAP, in: Datenverarbeitung - Steuer - Wirtschaft - Recht 2002, S. 368-371.

MULLERAT, Ramon / KOLFF, Adriaan Q. (Goodwill deduction): Goodwill deduction and other good things from Spain, in: International Tax Review 2002, S. 252-254.

MÜLLER-KRÖNCKE, Gerhard A. (Steuerbilanzpolitik): Entscheidungsmodelle für die Steuerbilanzpolitik - Analyse der Möglichkeiten zur Bilanzbeeinflussung nach geltendem und künftigem Ertragsteuerrecht, Berlin 1974, zugleich Dissertation, Freie Universität Berlin 1974.

MÜNCHENER RÜCKVERSICHERUNGS-GESELLSCHAFT AG (Geschäftsbericht 2001): Konzern-Geschäftsbericht für das Geschäftsjahr 2001, aufgestellt nach IAS.

MÜNCHENER RÜCKVERSICHERUNGS-GESELLSCHAFT AG (Geschäftsbericht 2002): Konzern-Geschäftsbericht für das Geschäftsjahr 2002, aufgestellt nach IAS.

MÜNCHENER RÜCKVERSICHERUNGS-GESELLSCHAFT AG (Geschäftsbericht 2003): Konzern-Geschäftsbericht für das Geschäftsjahr 2003, aufgestellt nach IAS.

MÜNCHENER RÜCKVERSICHERUNGS-GESELLSCHAFT AG (Geschäftsbericht 2004): Konzern-Geschäftsbericht für das Geschäftsjahr 2004, aufgestellt nach IAS.

MÜNSTERMANN, Hans (Konsolidierte Bilanzen): Konsolidierte Bilanzen deutscher Konzerne, in: Zeitschrift für handelswissenschaftliche Forschung 1957, S. 435-447.

NEU, Norbert / SCHIFFERS, Joachim (Outboundinvestitionen): Steuerliche Optimierung von Outboundinvestitionen mittelständischer Unternehmen, - Standortbestimmung nach dem Steuersenkungsgesetz unter Berücksichtigung des Entwurfs des Unternehmenssteuerfortentwicklungsgesetz (UntStFG), in: GmbH-Rundschau 2001, S. 1005-1015.

NEUBÜRGER, Heinz-Joachim (Unternehmensführung): Wertorientierte Unternehmensführung bei Siemens, in: Zeitschrift für betriebswirtschaftliche Forschung 2000, S. 188-196.

NICODÈME, Gaëtan (effective corporate tax rates): Computing effective corporate tax rates - comparison and results, online im Internet: Europäische Union (Hrsg.), URL: http://europa.eu.int/comm/economy_finance/publications/economic_papers/2001/ecp153en.pdf, Stand: 1.6.2001, Abfrage vom 1.3.2005, S. 1-5.

NIEDRIG, Hans-Peter (Substanzerfordernisse): Substanzerfordernisse bei ausländischen Gesellschaften, in: Internationales Steuerrecht 2003, S. 474-482.

NIEHUS, Rudolf J. (Einzelabschlüsse): „Auch für Einzelabschlüsse gelten grundsätzlich die IAS"? - Ein Beitrag zu den (möglichen) Grenzen einer „Internationalisierung" der Rechnungslegung im Einzelabschluss, in: Die Wirtschaftsprüfung 2001, S. 737-752.

NIEMANN, Rainer / BACHMANN, Mark / KNIRSCH, Deborah (Effektivsteuersätze): Was leisten die Effektivsteuersätze des European Tax Analyser?, in: Die Betriebswirtschaft 2003, S. 123-137.

NIEMANN, Ursula (Vermögensteuerbeschluß): Revolutionierung des deutschen Steuerrechts durch den Vermögensteuerbeschluß des Bundesverfassungsgerichts? - Bericht über die Sitzung des Fachinstituts der Steuerberater e.V. in Köln, in: Der Steuerberater 1996, S. 61-63.

NIENTIMP, Axel (Gewinnabgrenzung): Steuerliche Gewinnabgrenzung im internationalen Konzern, Lohmar/Köln 2003, zugleich Dissertation, Ruhr-Universität Bochum 2002.

O.V. (Hypo Real Estate ersetzen HVB im Dax): Hypo Real Estate ersetzen HVB im Dax, in: Handelsblatt Nr. 236 vom 6.12.2005, S. 1.

O.V. (Listed Company Directory): Listed Company Directory, online im Internet: New York Stock Exchange (Hrsg.), URL: http://www.nyse.com/about/listed/6.html?country=Germany, Stand: 31.8.2005, Abfrage vom 31.8.2005.

OECD (Tax Burdens): Tax Burdens - Alternative Measures - OECD Tax Policy Studies No. 2, Paris 2000.

OETTLE, Karl (Zielsetzungen): Über den Charakter öffentlich-wirtschaftlicher Zielsetzungen, in: Zeitschrift für betriebswirtschaftliche Forschung 1966, S. 241-259.

OHLMS, Dirk / TOMASZEWSKI, Claude / TRÜTZSCHLER, Klaus (Entwicklungstendenzen): Entwicklungstendenzen der Rechnungslegung aus Sicht des Familienunternehmens Haniel, in: Zeitschrift für betriebswirtschaftliche Forschung 2002, S. 191-200.

OHO, Wolfgang / HÜLST, Rüdiger von (Wertpapierleihe): Steuerrechtliche Aspekte der Wertpapierleihe und des Repo-Geschäfts, in: Der Betrieb 1992, S. 2582-2587.

OPPERMANN, Robert (Verlegung): Steuerrechtliche Folgen der Verlegung des Sitzes und des Orts der Geschäftsleitung von ausländischen Kapitalgesellschaften in das Inland, in: Der Betrieb 1988, S. 1469-1472.

ORDELHEIDE, Dieter (Konzern): Der Konzern als Gegenstand betriebswirtschaftlicher Forschung, in: Betriebswirtschaftliche Forschung und Praxis 1986, S. 293-312.

ORDELHEIDE, Dieter (latente Steuern): Aktivische latente Steuern bei Verlustvorträgen im Einzel- und Konzernabschluß - HGB, SFAS und IAS, in: Lanfermann, Josef (Hrsg.), Internationale Wirtschaftsprüfung - Festschrift zum 65. Geburtstag für Prof. Dr. Dr. Hans Havermann, Düsseldorf 1995, S. 601-623.

ORTH, Manfred (Organschaft): Schritte in Richtung einer „Grenzüberschreitenden Organschaft", in: Internationales Steuerrecht 2002, Beihefter zu Heft 9/2002, S. 1-19.

PACKMOHR, Arthur (Bilanzpolitik): Bilanzpolitik und Bilanzmanagement - Leitlinien für die optimale Gestaltung des Jahresabschlusses mit Checkliste der bilanzpolitischen Aktivitäten, Köln 1984.

PASSOW, Richard (Betrieb): Betrieb, Unternehmung, Konzern, Jena 1925.

PAWELZIK, Kai Udo (Mittelstand): IFRS-Abschlüsse im Mittelstand - Warum eigentlich nicht?, in: Der Betrieb 2006, S. 793-797.

PEEMÖLLER, Volker H. / SPANIER, Günter / WELLER, Heino (Internationalisierung): Internationalisierung der externen Rechnungslegung: Auswirkungen auf nicht kapitalmarktorientierte Unternehmen, in: Betriebs-Berater 2002, S. 1799-1803.

PELLENS, Bernhard (Börseneinführung): Börseneinführung von Tochterunternehmen - Aktienmarktreaktionen auf die Performance des Mutterunternehmens, in: Zeitschrift für betriebswirtschaftliche Forschung 1993, S. 852-872.

PELLENS, Bernhard (Internationale Rechnungslegung): Internationale Rechnungslegung, 4., überarbeitete und erweiterte Auflage, Stuttgart 2001.

PETEREIT, Axel (switch-over-Klausel): Die sog. switch-over-Klausel in den deutschen Doppelbesteuerungsabkommen - Überblick, Inhalt und Steuerplanung, in: Internationales Steuerrecht 2003, S. 577-586.

PFEIFFER, Thomas (Unternehmenssteuerung): Anreizkompatible Unternehmenssteuerung, Performancemaße und Erfolgsrechnung - Zur Vorteilhaftigkeit von Ergebnisgrößen bei unbekannten Zeitpräferenzen des Managers, in: Die Betriebswirtschaft 2003, S. 43-59.

PILTZ, Detlev Jürgen (Doppelbesteuerungsabkommen): Doppelbesteuerungsabkommen und Steuerumgehung unter besonderer Berücksichtigung des treaty-shopping, in: Betriebs-Berater 1987, Beilage Nr. 14 zu Heft 18/1987, S. 1-15.

PILTZ, Detlev Jürgen (Personengesellschaften): Die Personengesellschaften im internationalen Steuerrecht der Bundesrepublik Deutschland, Heidelberg 1981, zugleich Dissertation jur., Ruprecht-Karls-Universität Heidelberg 1980/81.

PILTZ, Detlev Jürgen (Qualifikationskonflikte): Qualifikationskonflikte im internationalen Steuerrecht unter besonderer Berücksichtigung von Personengesellschaften, in: Fischer, Lutz (Hrsg.), Besteuerung internationaler Konzerne, Köln 1993, S. 21-47.

POSER UND GROß-NAEDLITZ, Arwed von (Qualifikationskonflikt): Der Qualifikationskonflikt bei Doppelbesteuerungsabkommen, München 1972, zugleich Dissertation, Ludwig-Maximilians-Universität München 1972.

PRANTL, Johannes (Konzernbildung): Konzernbildung, Konzernrecht und Minderheitenschutz in Deutschland - eine ökonomische Analyse, Frankfurt am Main 1994, zugleich Dissertation rer. pol., Universität Regensburg 1994.

PRICEWATERHOUSECOOPERS (Applying IAS 12): International Accounting Standards - Applying IAS 12 (Income Taxes) in Practice, United Kingdom 1998.

PRICEWATERHOUSECOOPERS (IAS für Banken): IAS für Banken, 2., überarbeitete und erweiterte Auflage, Frankfurt am Main 2002.

PRICEWATERHOUSECOOPERS (Understanding IAS): Understanding IAS - Analysis and Interpretation of International Accounting Standards, Second Edition, Great Britain 1998.

PRINZ, Ulrich (Ertragsteuerfragen): Ertragsteuerfragen moderner Konzepte der Unternehmensorganisation, in: Finanz-Rundschau 2000, S. 537-545.

PRINZ, Ulrich (Gesellschafterfremdfinanzierung): Gesellschafterfremdfinanzierung von Kapitalgesellschaften, in: Piltz, Detlev Jürgen / Schaumburg, Harald (Hrsg.), Internationale Unternehmensfinanzierung, Köln 2006, S. 21-70.

PRINZ, Ulrich (Umsetzung): Reform der deutschen Rechnungslegung - Gedanken und Anregungen an den Gesetzgeber zur Umsetzung der Mitgliedstaatenwahlrechte der IAS/IFRS-Verordnung aus Praktikersicht, in: Deutsches Steuerrecht 2003, S. 1359-1364.

PRINZ, Ulrich (Unternehmenssteuerreform): Die geplante Unternehmenssteuerreform - Konzeptionelle Bestandsaufnahme bei national und international tätigen Unternehmen, erste Probleme, Gestaltungen, in: Finanz-Rundschau 1999, S. 1265-1280.

PÜHLER, Hans (Verrechnungspreissystem): Das Verrechnungspreissystem der METRO, in: Raupach, Arndt (Hrsg.), Verrechnungspreissysteme multinationaler Unternehmen in betriebswirtschaftlicher, gesellschafts- und steuerrechtlicher Sicht - Vorträge, Fallbesprechungen, Diskussionen der Tagung „Praxis des Internationalen Steuerrechts“ vom 10. bis 12. November 1997 in Frankfurt am Main, Herne/Berlin 1999, S. 250-259.

PYSZKA, Tillmann / BRAUER, Michael (Einschränkung): Einschränkung der Steuerbefreiung von Dividenden und Veräußerungsgewinnen bei Holdinggesellschaften (§ 8b Abs. 7 KStG), in: Betriebs-Berater 2002, S. 1669-1674.

RABENECK, Jasmin / REICHERT, Gudrun (Latente Steuern): Latente Steuern im Einzelabschluss, in: Deutsches Steuerrecht 2002, S. 1366-1372 und S. 1409-1416.

RASCH, Stephan / ROEDER, Achim (Verrechnungspreisgesetz): Neues Verrechnungspreisgesetz in Deutschland, in: Internationale Wirtschafts-Briefe 2003, Fach 3, Gruppe 1, S. 1933-1934.

RÄTTIG, Horst / PROTZEN, Peer Daniel G. (Hinzurechnungsbesteuerung): Überblick über die Hinzurechnungsbesteuerung des AStG in der Fassung des Unternehmenssteuerfortentwicklungsgesetzes, in: Deutsches Steuerrecht 2002, S. 241-246.

RAUPACH, Arndt (Bemessung): Funktionsgerechte Bemessung von Verrechnungspreisen, in: Raupach, Arndt (Hrsg.), Verrechnungspreissysteme multinationaler Unternehmen in betriebswirtschaftlicher, gesellschafts- und steuerrechtlicher Sicht - Vorträge, Fallbesprechungen, Diskussionen der Tagung „Praxis des Internationalen Steuerrechts“ vom 10. bis 12. November 1997 in Frankfurt am Main, Herne/Berlin 1999, S. 127-142.

RAUPACH, Arndt (Spartenkonzern): Der international tätige Spartenkonzern - Organisation - Recht - Steuern, in: Internationales Steuerrecht 1993, S. 194-200.

REHKUGLER, Heinz / PODDIG, Thorsten (Bilanzanalyse): Bilanzanalyse, 4., völlig überarbeitete und erweiterte Auflage, München/Wien 1998.

REIS, Monique (Besteuerung): Die Besteuerung ausländischer Betriebsstätten einer inländischen GmbH, in: GmbH-Rundschau 1999, S. 1023-1025.

RHEINBOLDT, Ralph (Analyse): Analyse von Konzernabschlüssen mit Hilfe von Kennzahlen - Die Entwicklung der Ursachenrechnung zur Unterstützung der Urteilsbildung, Lohmar 1998, zugleich Dissertation rer. pol., Universität Mannheim 1998.

RICHTER, Frank-Jürgen (Kooperation): Erfolg durch Kooperation - Dynamik von Allianzennetzwerken als Herausforderung der 90er Jahre, in: Betriebswirtschaftliche Forschung und Praxis 1995, S. 523-539.

RIEDWEG, Peter (Steuerplanung): Steuerplanung: Ein Vergleich schweizerischer Konzerne - Anforderungen an ein modernes Tax-Management, in: Der Schweizer Treuhänder 1995, S. 186-192.

RIEGLER, Christian (Anreizsysteme): Anreizsysteme und wertorientiertes Management, in: Wagenhofer, Alfred / Hrebicek, Gerhard (Hrsg.), Wertorientiertes Management - Konzepte und Umsetzungen zur Unternehmenswertsteigerung, Stuttgart 2000, S. 145-176.

RÖDDER, Thomas (Exit): Steuerfreier Exit von stillen Reserven beim Wegzug von Unternehmen aus Deutschland?, in: Internationales Steuerrecht 2005, S. 297-299.

RÖDDER, Thomas (Gestaltungssuche): Gestaltungssuche im Ertragsteuerrecht - Entwicklung von Gestaltungsmöglichkeiten und Gestaltungsbeispiele, Wiesbaden 1991, zugleich Dissertation rer. pol., Universität zu Köln 1990.

RÖDDER, Thomas / SCHUMACHER, Andreas (Wesentliche Änderungen): Unternehmenssteuerfortentwicklungsgesetz: Wesentliche Änderungen des verkündeten Gesetzes gegenüber dem Regierungsentwurf, in: Deutsches Steuerrecht 2002, S. 105-113.

RÖDEL, Thomas (stille Gesellschaft): Die typisch stille Gesellschaft im Spiegel der neueren Rechtsprechung, in: Die Information über Steuer und Wirtschaft 2003, S. 140-144.

ROGALL, Matthias (Neuerungen): Die Belastung von Dividenden und Veräußerungsgewinnen im Konzern nach den beabsichtigten Neuerungen des § 8b Abs. 3 und 5 KStG, in: Der Betrieb 2003, S. 2185-2188.

ROGLER, Silvia (Jahresabschluß): Einfluß ausgewählter steuerrechtlicher Änderungen zur Gewinnermittlung auf den handelsrechtlichen Jahresabschluß sowie die Bilanzpolitik, in: Betriebswirtschaftliche Forschung und Praxis 2001, S. 413-425.

ROSE, Gerd (Ertragsteuern): Ertragsteuern - Einkommensteuer, Körperschaftsteuer, Gewerbesteuer, 18., erheblich überarbeitete Auflage, Berlin 2004.

ROSE, Gerd (Grundzüge): Grundzüge des Internationalen Steuerrechts - Betrieb und Steuern, Band 5, 5., überarbeitete Auflage, Wiesbaden 2000.

ROSE, Gerd (Steuerbelastung): Untersuchung über die Steuerbelastung der Unternehmung, in: Der Betrieb 1968, Beilage Nr. 7 zu Heft 10/1968, S. 1-12.

ROSE, Gerd (Steuerberatung): Steuerberatung und Wissenschaft - Gedanken anläßlich des 50jährigen Bestehens der Betriebswirtschaftlichen Steuerlehre, in: Thoma, Gerhard / Zacharias, O. H. / Niemann, Ursula (Hrsg.), Steuerberater-Jahrbuch 1969/70, Köln 1970, S. 31-70.

ROSE, Gerd (Steuerlehre): Betriebswirtschaftliche Steuerlehre - Eine Einführung für Fortgeschrittene, 3., vollständig überarbeitete und aktualisierte Auflage, Wiesbaden 1992.

ROSE, Gerd (Teilsteuerrechnung): Einführung in die Teilsteuerrechnung, in: Betriebswirtschaftliche Forschung und Praxis 1979, S. 293-308.

ROSE, Gerd (Übermaß-Steuern): Zum Anspruch auf Erlaß von „Übermaß-Steuern" und zu seiner Durchsetzung - Weitere Auswertung des Vermögensteuer-Beschlusses des BVerfG vom 22.6.1995, in: Der Betrieb 1995, S. 2387-2390.

ROSE, Gerd (Unternehmung): Die Steuerbelastung der Unternehmung - Grundzüge der Teilsteuerrechnung, Wiesbaden 1973.

RÖTHEL, Hans (Steuerbilanzpolitik): Steuerbilanzpolitik - Entscheidungsprobleme der interperiodischen Allokation von Ertragsteuerzahlungen, zugleich Dissertation, Ludwig-Maximilians-Universität München 1974.

RUBIN, Steve (House): The House of GAAP, in: Journal of Accountancy 1984, S. 122-129.

RÜCKLE, Dieter (Steuerbilanzpolitik): Normative Theorie der Steuerbilanzpolitik, Wien 1983, zugleich Habilitationsschrift, Universität Wien 1979.

RUDDEN, John T. / SIEKER, Klaus (Besteuerung): Besteuerung deutscher Unternehmen in den USA, Herne/Berlin 1994.

RUNGE, Berndt / SCHÄFER, Stefanie (Ansässigkeit): Die Bedeutung der Ansässigkeit von Kapitalgesellschaften für das Steuerrecht, in: Internationale Wirtschafts-Briefe 1987, Fach 10, Gruppe 2, S. 615-626.

RUST, Alexander (Organschaft): Ermöglichen Diskriminierungsverbote eine Organschaft über die Grenze? - Anmerkung zum Urteil des BFH vom 29.1.2003, in: Internationales Steuerrecht 2003, S. 658-661.

RWE AG (Geschäftsbericht 2004): Konzern-Geschäftsbericht für das Geschäftsjahr 2004, aufgestellt nach IAS.

SANDER, Birgit (Anrechnungsverluste): Körperschaftsteuerliche Anrechnungsverluste bei grenzüberschreitenden Kooperationen - Ursachen und Gestaltung, Düsseldorf 1999, zugleich Dissertation rer. pol., Universität zu Köln 1998.

SAP AG (Geschäftsbericht 2001): Konzern-Geschäftsbericht für das Geschäftsjahr 2001, aufgestellt nach US-GAAP.

SAP AG (Geschäftsbericht 2002): Konzern-Geschäftsbericht für das Geschäftsjahr 2002, aufgestellt nach US-GAAP.

SAP AG (Geschäftsbericht 2004): Konzern-Geschäftsbericht für das Geschäftsjahr 2004, aufgestellt nach US-GAAP.

SAUTER, Thomas / HEURUNG, Rainer / FISCHER, Wolfgang Wilhelm (E-DRS 12): Erfassung von latenten Steuern im Konzernabschluss nach E-DRS 12, in: Betriebs-Berater 2001, S. 1783-1788.

SBC COMMUNICATIONS INC. (Annual Report 2004): Annual Report für das Geschäftsjahr 2004.

SCHÄFER, Henry (Finanzmanagement): Finanzmanagement mit Instrumenten der Collateral Trading Markets, in: Österreichisches Bank-Archiv 2000, S. 461-471.

SCHÄFERS, Manfred (30 Prozent): „Man sollte 30 Prozent anpeilen" - Steuerfachmann Christoph Spengel warnt vor einer Ausweitung der Mindestbesteuerung, in: Frankfurter Allgemeine Zeitung Nr. 64 vom 17.3.2005, S. 12.

SCHÄFERS, Manfred (Steuerschlacht): Die Steuerschlacht wird mit Zahlen und Quoten geführt - Hinter den Kulissen tobt ein Streit über die effektive Belastung der Unternehmen, in: Frankfurter Allgemeine Zeitung Nr. 64 vom 17.3.2005, S. 12.

SCHÄFFELER, Ursula (Benchmark): Konzernsteuerquote als Benchmark - Für die Analyse bei internationaler Bilanzierung immer wichtiger, in: Börsen-Zeitung Nr. 32 vom 15.2.2002, S. 7.

SCHÄFFELER, Ursula (Latente Steuern): Latente Steuern nach US-GAAP für deutsche Unternehmen, Frankfurt am Main 2000, zugleich Dissertation oec. publ., Ludwig-Maximilians-Universität München 2000 unter dem Titel „Bilanzierung und Ausweis latenter Steuern nach SFAS No. 109 für deutsche Unternehmen".

SCHAUMBURG, Harald (Internationales Steuerrecht): Internationales Steuerrecht - Außensteuerrecht, Doppelbesteuerungsrecht, 2., völlig überarbeitete und erweiterte Auflage, Köln 1998.

SCHAUMBURG, Harald (Zuzug): Zuzug von Unternehmen, in: Der Konzern 2005, S. 347-356.

SCHEFFLER, Wolfram (Besteuerung): Besteuerung der grenzüberschreitenden Unternehmenstätigkeit, 2., völlig überarbeitete und erweiterte Auflage, München 2002.

SCHEFFLER, Wolfram (Gewinnvorverlagerung): Strategien der Steuerbilanzpolitik: Vorteile einer Gewinnvorverlagerung, in: Betriebs-Berater 2003, S. 1719-1724.

SCHEFFLER, Wolfram (Veranlagungssimulation): Veranlagungssimulation versus Teilsteuerrechnung, in: Wirtschaftswissenschaftliches Studium 1991, S. 69-75.

SCHEREN, Michael (Konzernabschlußpolitik): Konzernabschlußpolitik - Möglichkeiten und Grenzen einer zielorientierten Gestaltung von Konzernabschlüssen, Stuttgart 1993, zugleich Dissertation, Universität des Saarlandes Saarbrücken 1992.

SCHERING AG (Geschäftsbericht 2004): Konzern-Geschäftsbericht für das Geschäftsjahr 2004, aufgestellt nach IAS.

SCHERRER, Gerhard (Konzernrechnungslegung): Konzernrechnungslegung, München 1994.

SCHEUNEMANN, Marc (Verlustberücksichtigung): Praktische Anforderungen einer grenzüberschreitenden Verlustberücksichtigung im Konzern in Inbound- und Outboundfällen nach der Entscheidung Marks & Spencer, in: Internationales Steuerrecht 2006, S. 145-154.

SCHIFFERS, Joachim (Steuerberatung): Teilsysteme einer zukunftsgerichteten Steuerberatung - Steuerplanung, steuerliches Informationssystem und Steuercontrolling, in: Steuer und Wirtschaft 1997, S. 42-50.

SCHILDBACH, Thomas (Ausschüttungsbemessungsgrundlage): Der Konzernabschluss als Ausschüttungsbemessungsgrundlage, in: Die Wirtschaftsprüfung 1993, S. 53-63 und S. 94-98.

SCHILDBACH, Thomas (Konzernabschluß): Der Konzernabschluß nach HGB, IAS und US-GAAP, 6., überarbeitete und erweiterte Auflage, München/Wien 2001.

SCHILDBACH, Thomas (Konzernrechnungslegung): Überlegungen zu Grundlagen einer Konzernrechnungslegung, in: Die Wirtschaftsprüfung 1989, S. 157-164 und S. 199-209.

SCHILDBACH, Thomas (permanente Differenzen): Latente Steuern auf permanente Differenzen und andere Kuriositäten - Ein Blick in das gelobte Land jenseits der Maßgeblichkeit, in: Die Wirtschaftsprüfung 1998, S. 939-947.

SCHILDBACH, Thomas (US-GAAP): US-GAAP - amerikanische Rechnungslegung und ihre Grundlagen, 2., überarbeitete und aktualisierte Auflage, München 2002.

SCHLAGER, Josef (Steuercontrolling): Aspekte des Steuercontrolling, in: Feldbauer-Durstmüller, Birgit / Schwarz, Reinhard / Wimmer, Bernhard (Hrsg.), Handbuch Controlling und Consulting - Festschrift für Harald Stiegeler zum 65. Geburtstag, Wien 2005, S. 613-658.

SCHLEITER, Manfred (Steuersystem): Steuersystem und Unternehmenspolitik - Theorie und empirische Ergebnisse zum Einfluss des Steuersystems auf die Investitionsentscheidungen deutscher Industrieaktiengesellschaften, Köln 1985.

SCHLIEPHAKE, Dirk (Gewinnabgrenzung): Steuerliche Gewinnabgrenzung internationaler Personengesellschaften, Bielefeld 1990, zugleich Dissertation, Georg-August-Universität Göttingen 1989 unter dem Titel „Besteuerung deutsch-internationaler Personenhandelsgesellschaften und ihre Behandlung in den Verwaltungsgrundsätzen zum Außensteuergesetz".

SCHLITT, Michael (Marktsegmente): Die neuen Marktsegmente der Frankfurter Wertpapierbörse - Struktur, Zulassungsvoraussetzungen und Folgepflichten, in: Die Aktiengesellschaft 2003, S. 57-69.

SCHMALENBACH, Eugen (Dynamische Bilanz): Dynamische Bilanz, 13., verbesserte und erweiterte Auflage, Köln und Opladen 1962.

SCHMALENBACH, Eugen (Finanzierungen): Finanzierungen - Neubearbeitet unter Mitwirkung von Rudolf Bethmann, 6. Auflage, Leipzig 1937.

SCHMIDBAUER, Rainer (Bilanzierung): Die Bilanzierung latenter Steuern nach HGB unter Berücksichtigung von E-DRS 12 sowie nach IAS auf Basis der Änderungen der Steuergesetze, in: Der Betrieb 2001, S. 1569-1576.

SCHMID-PICKERT, Gisela (Verrechnungspreise): Verrechnungspreise bei internationalen Leistungsbeziehungen aus ertragsteuerlicher Sicht, in: Steuer und Studium 2005, S. 254-262.

SCHMIDT, Christian (Konsequenzen): Steuerrechtliche Konsequenzen und Probleme beim Einsatz der typisch und atypisch stillen Beteiligung im Ausland, in: Grotherr, Siegfried (Hrsg.), Handbuch der internationalen Steuerplanung, 2. Auflage, Herne/Berlin 2003, S. 1409-1433.

SCHMIDT, Christian (Personengesellschaften): Personengesellschaften im Abkommensrecht, in: Die Wirtschaftsprüfung 2002, S. 1134-1145 und S. 1232-1242.

SCHMIDT, Karsten (Gesellschaftsrecht): Gesellschaftsrecht, 4., völlig neu bearbeitete und erweiterte Auflage, Köln/Berlin/Bonn/München 2002.

SCHMIDT, Ludwig (EStG): Einkommensteuergesetz - Kommentar, 9., völlig neubearbeitete Auflage, München 1990.

SCHMIDT, Ludwig (EStG): Einkommensteuergesetz - Kommentar, 25., völlig neubearbeitete Auflage, München 2006.

SCHMIDT, Matthias (Legitimacy): On the Legitimacy of Accounting Standard Setting by Privately Organised Institutions in Germany and Europe, in: Schmalenbach Business Review 2002, S. 171-190.

SCHMÖLDERS, Günter (Anteil des Staates): Der Anteil des Staates am Betriebsertrag und die betriebliche Steuerpolitik, in: Steuer und Wirtschaft 1967, S. 441-450.

SCHNEELOCH, Dieter (Bilanzpolitik): Bilanzpolitik und Grundsätze der Maßgeblichkeit, in: Deutsches Steuerrecht 1990, S. 96-104.

SCHNEELOCH, Dieter (Latente Steuern): Latente Steuern, in: Wittmann, Waldemar / Kern, Werner / Köhler, Richard / Küpper, Hans-Ulrich / Wysocki, Klaus von (Hrsg.), Enzyklopädie der Betriebswirtschaftslehre, Band III - Handwörterbuch des Rechnungswesens, 3., völlig neu gestaltete Auflage, Stuttgart 1993, S. 1339-1346.

SCHNEELOCH, Dieter (Steuerpolitik): Besteuerung und betriebliche Steuerpolitik - Band 2: Betriebliche Steuerpolitik, 2., völlig neubearbeitete Auflage, München 2002.

SCHNEIDER, Dieter (Investition): Investition, Finanzierung und Besteuerung, 7., vollständig überarbeitete und erweiterte Auflage, Wiesbaden 1992.

SCHNEIDER, Dieter (Messung): Die Messung der Unternehmenssteuerbelastung: Methoden und Ergebnisse, in: Betriebs-Berater 1990, S. 534-539.

SCHNEIDER, Dieter (Steuerbelastungsvergleiche): Wider leichtfertige Steuerbelastungsvergleiche, in: Die Wirtschaftsprüfung 1988, S. 281-291.

SCHNEIDER, Dieter (Steuerlast): Steuerlast und Steuerwirkung - Einführung in die steuerliche Betriebswirtschaftslehre, München 2002.

SCHNEIDER, Dieter (Steuerplanungslehre): Betriebswirtschaftliche Steuerlehre als Steuerplanungslehre oder als ökonomische Analyse des Steuerrechts?, in: Fischer, Lutz (Hrsg.), Unternehmung und Steuer - Festschrift zur Vollendung des 80. Lebensjahres von Peter Scherpf, Wiesbaden 1983, S. 21-37.

SCHNELL, Rainer / HILL, Paul B. / ESSER, Elke (Sozialforschung): Methoden der empirischen Sozialforschung, 6., völlig überarbeitete und erweiterte Auflage, München/Wien 1999.

SCHNORBERGER, Stephan (Verrechnungspreise): Das Problem unangemessener Verrechnungspreise im internationalen Konzern - Eine synoptische Analyse des handelsrechtlichen Einzel- und Konzernabschlusses, des Gesellschaftsrechts und der steuerliche Gewinnermittlung, Aachen 1998, zugleich Dissertation, Universität Erlangen/Nürnberg 1998.

SCHÖLLHORN, Thomas / MÜLLER, Martin (Bedeutung): Bedeutung und praktische Relevanz des Rahmenkonzeptes (framework) bei Erstellung von IFRS-Abschlüssen nach zukünftigem „deutschem" Recht - Darstellung unter Berücksichtigung der IAS-VO und des BilReG, in: Deutsches Steuerrecht 2004, S. 1623-1628 und S. 1666-1670.

SCHOLTISSEK, Wolfgang (Rechnungslegung): Auf dem Weg zur europäischen Rechnungslegung - Die Anwendung internationaler Rechnungslegungsstandards, in: Deutsche Steuer-Zeitung 2003, S. 869-873.

SCHÖNWALD, Stefan (Anwendungsbereich): Überblick über den Anwendungsbereich des Körperschaftsteuergesetzes - Die Körperschaftsteuerpflicht - Darstellung der einzelnen Steuersubjekte, in: Steuer und Studium 2004, S. 498-503.

SCHREIBER, Rolf (Verlagerung): Verrechnungspreise bei Verlagerung von Funktionen und Risiken im internationalen Konzern, in: Oestreicher, Andreas (Hrsg.), Internationale Verrechnungspreise - Beiträge zu einer Ringveranstaltung an der Universität Göttingen im Sommersemester 2002, Herne/Berlin 2003, S. 285-342.

SCHRUFF, Wienand (Bilanzierung): Bilanzierung latenter Steuern nach IAS 12 innerhalb des deutschen Körperschaftsteuer-Systems, in: Baetge, Jörg (Hrsg.), Zur Rechnungslegung nach International Accounting Standards (IAS) - Vorträge und Diskussionen zum 15. Münsterischen Tagesgespräch des Münsteraner Gesprächskreises Rechnungslegung und Prüfung e.V. am 10. Juni 1999, Düsseldorf 2000, S. 97-123.

SCHRUFF, Wienand (Konzern): Konzern, in: Wittmann, Waldemar / Kern, Werner / Köhler, Richard / Küpper, Hans-Ulrich / Wysocki, Klaus von (Hrsg.), Enzyklopädie der Betriebswirtschaftslehre, Band I/3 - Handwörterbuch der Betriebswirtschaft, Teilband 3, R-Z, 5., völlig neu gestaltete Auflage, Stuttgart 1993, S. 2274-2287.

SCHUBERT, Werner / KÜTING, Karlheinz (Unternehmenszusammenschlüsse): Unternehmenszusammenschlüsse, München 1981.

SCHULTZE, Pascal (Anspruch): Doch noch Anspruch auf den „avoir fiscal"?, in: Internationales Steuerrecht 2004, S. 639-642.

SCHÜNEMANN, Wolfgang B. (Steuersubjektivität): Zur Steuersubjektivität der Personengesellschaft, in: Betriebs-Berater 1976, S. 475-478.

SCHWEITZER, Marcell / KÜPPER, Hans-Ulrich (Kostenrechnung): Systeme der Kosten- und Erlösrechnung, 8., überarbeitete und erweiterte Auflage, München 2003.

SCHWENKE, Michael (Gewinnverlagerung): Möglichkeiten der Gewinnverlagerung ins Ausland, in: Betriebs-Berater 1998, S. 2604-2617.

SCHWICHTENBERG, Knut W. (Einheit der Gesellschaft): Der Gedanke der Einheit der Gesellschaft und der Gedanke der Vielheit der Gesellschafter - Zur steuerrechtlichen Behandlung der Personengesellschaft, in: Deutsche Steuer-Zeitung/Ausgabe A 1976, S. 143-148.

SEIDEL, Gernot (Gewinnverschiebungen): Gewinnverschiebungen über die Grenze, Düsseldorf 1972, zugleich Dissertation, Universität Göttingen 1971.

SIEGEL, Theodor (Entwurf): Probleme latenter Steuern im Entwurf des Bilanzrichtlinien-Gesetzes, in: Betriebs-Berater 1984, S. 1909-1915.

SIEGEL, Theodor (Konzeptionsprobleme): Konzeptionsprobleme und Anwendungsfragen zur Bilanzierung nach § 274 HGB, in: Zeitschrift für Betriebswirtschaft 1987, Ergänzungsheft 1/87, S. 137-174.

SIEGEL, Theodor (Konzernabschluß): Latente Steuern im Konzernabschluß, Prüfung, in: Coenenberg, Adolf Gerhard / Wysocki, Klaus von (Hrsg.), Enzyklopädie der Betriebswirtschaftslehre, Band VIII - Handwörterbuch der Revision, 2., neugestaltete und ergänzte Auflage, Stuttgart 1992, S. 1223-1235.

SIEGEL, Theodor (Steuerpolitik): Steuerwirkungen und Steuerpolitik in der Unternehmung, Würzburg/Wien 1982.

SIEMENS AG (Geschäftsbericht 1999/2000): Konzern-Geschäftsbericht für das Geschäftsjahr 1999/2000, aufgestellt nach HGB.

SIEMENS AG (Geschäftsbericht 2000/2001): Konzern-Geschäftsbericht für das Geschäftsjahr 2000/2001, aufgestellt nach US-GAAP.

SIEMENS AG (Geschäftsbericht 2003/2004): Konzern-Geschäftsbericht für das Geschäftsjahr 2003/2004, aufgestellt nach US-GAAP.

SIGLE, Hermann (Konzerngestaltungspolitik): Konzerngestaltungspolitik, in: Betriebswirtschaftliche Forschung und Praxis 1986, S. 313-325.

SIMON, Sascha Theodor (Gestaltbarkeit): Gestaltbarkeit der Konzernsteuerquote durch Umstrukturierungen, unveröffentlichte Diplomarbeit 2004, Universität zu Köln.

SÖFFING, Andreas (Beratung): Gestaltung der steuerlichen Beratung - Ein Ansatz zur Begründung der institutionell-orientierten Steuerlehre als Teilbereich der betriebswirtschaftlichen Steuerlehre, Köln 1993, zugleich Dissertation rer. pol., Universität zu Köln 1992.

SPANHEIMER, Jürgen / KOCH, Christian (Bilanzierungspraxis): Internationale Bilanzierungspraxis in Deutschland - Ergebnisse einer empirischen Untersuchung der Unternehmen des DAX und MDAX sowie des Neuen Marktes, in: Die Wirtschaftsprüfung 2000, S. 301-310.

SPENGEL, Christoph (Beitrittsstaaten): Unternehmensbesteuerung in den Beitrittsstaaten der EU - Steuerliche Aspekte für Investoren, in: Internationales Steuerrecht 2004, S. 615-624.

SPENGEL, Christoph (effektive Steuerbelastung): Grenzüberschreitende Geschäftstätigkeit und effektive Steuerbelastung nach der deutschen Steuerreform, in: Zeitschrift für betriebswirtschaftliche Forschung 2002, S. 710-742.

SPENGEL, Christoph (Konzernsteuerquoten): Konzernsteuerquoten im internationalen Vergleich - Bestimmungsfaktoren und Implikationen für die Steuerpolitik, in: Oestreicher, Andreas (Hrsg.), Internationale Steuerplanung - Beiträge zu einer Ringveranstaltung an der Universität Göttingen im Sommersemester 2003, Herne/Berlin 2004, S. 89-125.

SPENGEL, Christoph (Struktur): Höhe und Struktur der Unternehmensbesteuerung in Europa - Ein Belastungsvergleich auf der Basis eines Unternehmensmodells, in: Jacobs, Otto H. / Spengel, Christoph (Hrsg.), Aspekte der Unternehmensbesteuerung in Europa, Baden-Baden 1996, S. 37-85.

SPENGEL, Christoph / LAMMERSEN, Lothar (Messung): Methoden zur Messung und zum Vergleich von internationalen Steuerbelastungen, in: Steuer und Wirtschaft 2001, S. 222-238.

SPENGEL, Christoph / WIEGARD, Wolfgang (Hochsteuerland): Deutschland ist ein Hochsteuerland für Unternehmen, in: Der Betrieb 2005, S. 516-520.

SPREMANN, Klaus (Reputation): Reputation, Garantie, Information, in: Zeitschrift für Betriebswirtschaft 1988, S. 613-629.

SPRIEGEL, Helmut / SCHWEISS, Karel (Grenzen): Grenzen der steuerlichen Anerkennung und strafrechtliche Relevanz von grenzüberschreitenden Aktivitäten, in: Betriebs-Berater 1996, S. 1354-1362.

STAUDT, Erich / KRIEGESMANN, Bernd / THIELEMANN, Frank / BEHRENDT, Sabine (Kooperationen): Kooperationen als Erfolgsfaktor ostdeutscher Unternehmen - Ergebnisse einer empirischen Untersuchung zur Kooperationslandschaft in Ostdeutschland, in: Zeitschrift für Betriebswirtschaft 1995, S. 1209-1230.

STEIBERT, Frank (Renditewirkungen): Dividendenzahlungen aus Frankreich - Renditewirkungen des „Avoir Fiscal“ im Halbeinkünfteverfahren, in: Internationale Wirtschafts-Briefe 2001, Fach 3, Gruppe 2, S. 953-958.

STEIN, Volker / BECKER, Jan Dierk (Steuerplanung): Steuerplanung beim Erwerb von Auslandsbeteiligungen im Kapitalgesellschaftskonzern, in: GmbH-Rundschau 2003, S. 84-91.

STEIN, Volker / BECKER, Jan Dierk (Unternehmenswertsteigerung): Fachbeitrag: Unternehmenswertsteigerung durch Reduzierung der Konzernsteuerquote - EU-Erweiterung bietet auch mittelständischen Unternehmen Chancen, das internationale Steuergefälle zu nutzen, online im Internet: PriceWaterhouseCoopers (Hrsg.), URL: http://www.pwc.com/extweb/pwcpublications.nsf/docid/4A672E922E82F8AD80256EE8003EF4EC, Stand: 15.12.2005, Abfrage vom 15.12.2005.

STEIN, Volker / VITALE, Andrea (Shareholder Value): Shareholder Value als Aufgabenstellung der betrieblichen Steuerplanung, in: Grotherr, Siegfried (Hrsg.), Handbuch der internationalen Steuerplanung, 2. Auflage, Herne/Berlin 2003, S. 549-565.

STROBL, Jakob / ZIRKEL, Klaus (Konzern): Zum Problem des „angemessenen" Verrechnungspreises im internationalen Konzern in steuerlicher Sicht, in: Außenwirtschaftsdienst des Betriebs-Beraters 1968, S. 463-469.

STRUNK, Günther (Standortwahl): Einfluß der Besteuerung auf die internationale Standortwahl - Unter besonderer Berücksichtigung der Änderung des deutschen Außensteuergesetzes durch das Steueränderungsgesetz 1992, in: Steuer und Studium 1993, S. 53-58.

STUTH, Theodor (Konzernsteuerquote): Vortrag zu dem Thema „Steuerwettbewerb, Konzernbesteuerung und Konzernsteuerquote - Senkung der Konzernsteuerquote", gehalten in Köln am 16.7.2002.

SUCHANEK, Markus / HERBST, Christian (Gewährung): Gewährung des internationalen Schachtelprivilegs für einen typisch still Beteiligten an einer luxemburgischen Kapitalgesellschaft - als Beispiel für die Auslegung von DBA, in: Finanz-Rundschau 2003, S. 1108-1116.

SULTANA, Ahmad / WILLEKE, Clemens (Unabhängigkeitsregeln): Die neuen Unabhängigkeitsregeln bei der Abschlussprüfung von kapitalmarktorientierten Unternehmen - Darstellung und Auswirkungen des neuen § 319a HGB, in: Steuern und Bilanzen 2005, S. 212-217.

TELKAMP, Heinz-Jürgen (Betriebstätte): Betriebstätte oder Tochtergesellschaft im Ausland? - Steuerpolitische Entscheidungsgrundlagen für die Wahl der statutarischen Struktur ausländischer Grundeinheiten einer deutschen internationalen Unternehmung, Wiesbaden 1975, zugleich Dissertation rer. pol., Universität zu Köln.

TERRELL, Katherene P. / TERRELL, Robert L. (Accounting): Survey of Accounting - Making Sense of Business, Upper Saddle River 2005.

THE BOEING COMPANY (Annual Report 2004): Annual Report für das Geschäftsjahr 2004.

THE HOME DEPOT, INC. (Annual Report 2004): Annual Report für das Geschäftsjahr 2004.

THE PROCTER & GAMBLE COMPANY (Annual Report 2004): Annual Report für das Geschäftsjahr 2004.

THEISEN, Manuel René (Konzern): Der Konzern - Betriebswirtschaftliche und rechtliche Grundlagen der Konzernunternehmung, Stuttgart 1991.

THEISEN, Manuel René / MANGELS, Henning (Standortwahl): Besteuerung und nationale Standortwahl, in: Der Betrieb 1991, S. 2197-2200.

THÖMMES, Otmar (Abzugsbeschränkungen): Abzugsbeschränkungen nach § 8b KStG und dem Halbeinkünfteverfahren, in: Internationales Steuerrecht 2005, S. 685-693.

THYSSENKRUPP AG (Geschäftsbericht 2000/2001): Konzern-Geschäftsbericht für das Geschäftsjahr 2000/2001, aufgestellt nach US-GAAP.

THYSSENKRUPP AG (Geschäftsbericht 2003/2004): Konzern-Geschäftsbericht für das Geschäftsjahr 2003/2004, aufgestellt nach US-GAAP.

TIPKE, Klaus / KRUSE, Heinrich Wilhelm (AO): Abgabenordnung - Finanzgerichtsordnung - Kommentar zur AO und FGO, 16. Auflage, Köln 1996, Loseblatt, Stand: 11/2005, 108. Ergänzungslieferung.

TIPKE, Klaus / LANG, Joachim (Steuerrecht): Steuerrecht, 17., völlig überarbeitete Auflage, Köln 2002.

TIPKE, Klaus / LANG, Joachim (Steuerrecht): Steuerrecht, 18., völlig überarbeitete Auflage, Köln 2005.

TÖBEN, Thomas (Steuerbefreiung): Steuersenkungsgesetz: Steuerbefreiung von Anteilsveräußerungsgewinnen nach § 8b Abs. 2 KStG n.F., in: Finanz-Rundschau 2000, S. 905-917.

UNITED TECHNOLOGIES CORPORATION (Annual Report 2001): Annual Report für das Geschäftsjahr 2001.

UTESCHER, Tanja / BLAUFUS, Kay (Begrenzung): Unternehmenssteuerreform 2001: Begrenzung des Betriebsausgabenabzugs bei Beteiligungserträgen, in: Deutsches Steuerrecht 2000, S. 1581-1586.

VAN HULLE, Karel (International Accounting Standards): Von den Bilanzrichtlinien zu International Accounting Standards, in: Die Wirtschaftsprüfung 2003, S. 968-981.

VAN HULLE, Karel (Rechnungslegungsstrategie): Die europäische Rechnungslegungsstrategie, in: Wirtschaftsprüferkammer-Mitteilungen 2002, S. 178-181.

VERA, Antonio (Steuerabteilungen): Organisation von Steuerabteilungen und Einsatz externer Steuerberatung in deutschen Großunternehmen - eine empirische Analyse, Lohmar/Köln 2001, zugleich Dissertation rer. pol., Universität zu Köln 2000.

VODAFONE GROUP PLC (Annual Report 2001): Annual Report & Accounts für das Geschäftsjahr 2001, aufgestellt nach UK-GAAP.

VOGEL, Klaus (Missbrauchsabwehr): Abkommensbindung und Missbrauchsabwehr, in: Cagianut, Francis / Vallender, Klaus A. (Hrsg.), Steuerrecht - Ausgewählte Probleme am Ende des 20. Jahrhunderts - Festschrift zum 65. Geburtstag von Ernst Höhn, Bern/Stuttgart/Wien 1995, S. 461-481.

VOGEL, Klaus (Rückfall-Klauseln): Die Mär von den „Rückfall-Klauseln" in Doppelbesteuerungsabkommen, in: Internationales Steuerrecht 1997, Beihefter zu Heft 24/1997, S. 1-12.

VOGEL, Klaus (Steuerumgehung): Steuerumgehung nach innerstaatlichem Recht und nach Abkommensrecht, in: Steuer und Wirtschaft 1985, S. 369-381.

VOGEL, Klaus / LEHNER, Moris (DBA): Doppelbesteuerungsabkommen der Bundesrepublik Deutschland auf dem Gebiet der Steuern vom Einkommen und Vermögen - Kommentar auf der Grundlage der Musterabkommen, 4., völlig neubearbeitete Auflage, München 2003.

VÖGELE, Alexander / BADER, William (Systematik): Systematik der Schätzung von Verrechnungspreisen, in: Internationales Steuerrecht 2002, S. 354-360.

VÖGELE, Alexander / BORCK, Rainald (Risiken): Quantifizierung von Risiken zur Verrechnungspreisbestimmung, in: Internationales Steuerrecht 2002, S. 176-180.

VÖGELE, Alexander / BORSTELL, Thomas / ENGLER, Gerhard (HB der Verrechnungspreise): Handbuch der Verrechnungspreise - Betriebswirtschaft, Steuerrecht, OECD- und US-Verrechnungspreisrichtlinien, 2., vollständig neubearbeitete Auflage, München 2004.

VÖGELE, Alexander / BREM, Markus (Rechtsverordnung): Die neue Rechtsverordnung zu § 90 Abs. 3 AO: Systematik zu Aufbau und Struktur der Verrechnungspreisdokumentation, in: Internationales Steuerrecht 2004, S. 48-53.

VÖGELE, Alexander / EDELMANN, Georg (Steuerplanung): Internationale Steuerplanung nach der Unternehmenssteuerreform 2001, in: Internationales Steuerrecht 2000, S. 463-465.

VOLKART, Rudolf (Steuerpolitik): Wertorientierte Steuerpolitik, Zürich 1998.

VOLKSWAGEN AG (Geschäftsbericht 2000): Konzern-Geschäftsbericht für das Geschäftsjahr 2000, aufgestellt nach HGB.

VOLKSWAGEN AG (Geschäftsbericht 2004): Konzern-Geschäftsbericht für das Geschäftsjahr 2004, aufgestellt nach IAS.

WAGENHOFER, Alfred (Abweichungsanalyse): Abweichungsanalyse bei der Erfolgskontrolle aus agencytheoretischer Sicht, in: Betriebswirtschaftliche Forschung und Praxis 1992, S. 319-338.

WAGENHOFER, Alfred (Bilanzanalyse): Bilanzierung und Bilanzanalyse - Eine Einführung für Manager, Wien/Frankfurt am Main 2000.

WAGENHOFER, Alfred (Gestaltung): Anreizkompatible Gestaltung des Rechnungswesens, in: Bühler, Wolfgang (Hrsg.), Unternehmenssteuerung und Anreizsysteme - Kongress-Dokumentation 52. Deutscher Betriebswirtschafter-Tag 1998, Stuttgart 1999, S. 183-206.

WAGENHOFER, Alfred (IAS): International Accounting Standards - Bilanzierung und Bewertung, Auswirkungen auf den Jahresabschluß, 3., aktualisierte und erweiterte Auflage, Wien/Frankfurt am Main 2001.

WAGENHOFER, Alfred (Internationale Rechnungslegungsstandards): Internationale Rechnungslegungsstandards - IAS/IFRS - Grundkonzepte - Bilanzierung, Bewertung, Angaben - Umstellung und Analyse, 5., überarbeitete und erweiterte Auflage, Frankfurt am Main 2005.

WAGENHOFER, Alfred (Steuerlatenz): Rechnungsabgrenzung und Steuerlatenz in der Internationalen Rechnungslegung, in: Bertl, Romuald / Egger, Anton / Gassner, Wolfgang / Lang, Michael / Nowotny, Christian (Hrsg.), Erfolgsabgrenzungen in Handels- und Steuerbilanz, Wien 2001, S. 25-47.

WAGNER, Franz W. (Steuerforschung): Gegenstand und Methoden betriebswirtschaftlicher Steuerforschung, in: Steuer und Wirtschaft 2004, S. 237-250.

WAGNER, Franz W. / DIRRIGL, Hans (Steuerplanung): Die Steuerplanung der Unternehmung, Stuttgart 1980.

WAGNER, Siegfried (Steuergutschrift): Wegfall der französischen Steuergutschrift (avoir fiscal), in: Internationale Wirtschafts-Briefe 2001, Fach 3, Gruppe 2, S. 959-964.

WAGNER, Siegfried (stille Gesellschaft): Steuerliche Zweifelsfragen rund um die stille Gesellschaft in Luxemburg, in: Die steuerliche Betriebsprüfung 2001, S. 349-353.

WAL-MART STORES, INC. (Annual Report 2004): Annual Report für das Geschäftsjahr 2004.

WALTER, Antje (Ertragsteuern): Tatsächliche und latente Ertragsteuern, in: Löw, Edgar (Hrsg.), Rechnungslegung für Banken nach IAS - Praxisorientierte Einzeldarstellungen, Wiesbaden 2003, S. 517-548.

WASSERMEYER, Franz (ausländische Kapitalgesellschaft): Kann eine ausländische Kapitalgesellschaft im Inland unbeschränkt steuerpflichtig sein?, in: Der Betrieb 1990, S. 244-245.

WEHRHEIM, Michael (Steuerwirkungslehre): Einkommensteuer und Steuerwirkungslehre, 2., vollständig überarbeitete und erweiterte Auflage, Wiesbaden 2004.

WEHRHEIM, Michael / ADRIAN, Gerrit (Steuerabgrenzung): Ebenen und Zeiträume der latenten Steuerabgrenzung in IAS- und HGB-Abschlüssen bei organschaftlich verbundenen Unternehmen, in: Die Wirtschaftsprüfung 2003, S. 1058-1062.

WEHRHEIM, Michael / LENZ, Thomas (Einfluss): Einfluss der IAS/IFRS auf das Maßgeblichkeitsprinzip, in: Steuern und Bilanzen 2005, S. 455-460.

WEINERT, Ansfried B. (Anreizsysteme): Anreizsysteme, verhaltenswissenschaftliche Dimension, in: Frese, Erich (Hrsg.), Enzyklopädie der Betriebswirtschaftslehre, Band II - Handwörterbuch der Organisation, 3., völlig neu gestaltete Auflage, Stuttgart 1992, S. 122-133.

WEIßENBERGER, Barbara E. / BEHRENDT, Anneke (Latente Steuern): Latente Steuern im Konzern: auslösende Tatbestände im Rahmen einer informationsorientierten Gestaltung des HGB-Konzernabschlusses, in: Betriebs-Berater 2006, S. 931-937.

WEMPEN, Holger (Tax Reconciliation): Tax Reconciliation - Überleitungsrechnung zur Konzernsteuerquote, unveröffentlichte Diplomarbeit 2002, Universität zu Köln.

WENDLANDT, Klaus / VOGLER, Gerlinde (Latente Steuern): Latente Steuern nach E-DRS 12 im Vergleich mit IAS, US-GAAP und bisheriger Bilanzierung nach HGB sowie Kritik an E-DRS 12, in: Kapitalmarktorientierte Rechnungslegung 2001, S. 244-254.

WENINGER, Johannes (Wertpapierleihe): Wertpapierleihe in Österreich, in: Österreichisches Bank-Archiv 1994, S. 859-867.

WERNER, Ingo (Mindestbesteuerung): Die Mindestbesteuerung im deutschen und US-amerikanischen Einkommensteuerrecht, Baden-Baden 2001, zugleich Dissertation, Universität Konstanz 2000.

WERRA, Mathias (Aspekte): Unternehmenssteuerreform: Aspekte des nationalen und internationalen Konzernsteuerrechts, in: Finanz-Rundschau 2000, S. 645-650.

WERRA, Mathias (Dokumentation): Zweifelsfragen bei der Dokumentation von Verrechnungspreisen - zum Entwurf der Verwaltungsgrundsätze-Verfahren zur Einkunftsabgrenzung zwischen internationalen Unternehmen, in: Internationales Steuerrecht 2005, S. 19-23.

WESTERMANN, Harm Peter (Handbuch der Personengesellschaften): Handbuch der Personengesellschaften - Gesellschaftsrecht, Betriebswirtschaft: Unternehmensrechnung, Steuerrecht, Arbeitsrecht, Sozialversicherungsrecht, 4. Auflage, Köln 1994, Loseblatt, Stand: 6/1995, 22. Ergänzungslieferung.

WEYAND, Stefan (Bilanzierung): Die Bilanzierung latenter Steuern nach § 274 HGB, in: Der Betrieb 1986, S. 1185-1189.

WIDMANN, Siegfried / MAYER, Dieter (Umwandlungsrecht): Umwandlungsrecht - Umwandlungsgesetz - Umwandlungssteuergesetz - Spruchverfahrensgesetz - Einbringung - Realteilung - Umsatzsteuer - Grunderwerbsteuer - Vertragsmuster - Kommentar, Bonn/Berlin 1970, Loseblatt, Stand: 1/2006, 86. Ergänzungslieferung.

WISSENBACH, Heinz (Kennzahlen): Betriebliche Kennzahlen und ihre Bedeutung im Rahmen der Unternehmerentscheidung - Bildung, Auswertung und Verwendungsmöglichkeiten von Betriebskennzahlen in der unternehmerischen Praxis, Berlin 1967, zugleich Dissertation, Johann Wolfgang Goethe-Universität Frankfurt am Main.

WÖHE, Günter (Allgemeine Betriebswirtschaftslehre): Einführung in die Allgemeine Betriebswirtschaftslehre, 21., neubearbeitete Auflage, München 2002.

WÖHE, Günter (Aufgaben): Die Aufgaben der Betriebswirtschaftlichen Steuerlehre und das Postulat der Wertfreiheit, in: Fischer, Lutz (Hrsg.), Unternehmung und Steuer - Festschrift zur Vollendung des 80. Lebensjahres von Peter Scherpf, Wiesbaden 1983, S. 5-20.

WÖHE, Günter (Bilanzierung): Bilanzierung und Bilanzpolitik - Betriebswirtschaftlich - Handelsrechtlich - Steuerrechtlich, 9., völlig überarbeitete Auflage, München 1997.

WÖHE, Günter (Steuerbilanz): Die Handels- und Steuerbilanz - Betriebswirtschaftliche, handelsrechtliche und steuerrechtliche Grundsätze der Bilanzierung, 5., aktualisierte und erweiterte Auflage, München 2005.

WÖHE, Günter (Steuerbilanzpolitik): Bemerkungen zur Steuerbilanzpolitik, in: Betriebswirtschaftliche Forschung und Praxis 1977, S. 216-229.

WÖHE, Günter (Steuerlehre I/1): Betriebswirtschaftliche Steuerlehre - Band I, 1. Halbband - Die Steuern des Unternehmens - Das Besteuerungsverfahren, 6., völlig neubearbeitete Auflage, München 1988.

WÖHE, Günter (Steuerlehre): Die betriebswirtschaftliche Steuerlehre - eine spezielle Betriebswirtschaftslehre?, in: Zeitschrift für handelswissenschaftliche Forschung 1961, S. 49-70.

WOLFF, Ulrich (Doppelte Nicht-Besteuerung): Generalthema I: Doppelte Nicht-Besteuerung, in: Internationales Steuerrecht 2004, S. 542-549.

WOTSCHOFSKY, Stefan / HELLER, Silke (Konzernabschluss): Latente Steuern im Konzernabschluss, in: Internationales Steuerrecht 2002, S. 819-824.

WOTSCHOFSKY, Stefan / WITTEMANN, Tobias (Qualifikationsprobleme): Qualifikationsprobleme bei der Auslegung bilateraler Abkommen, in: Steuer und Studium 2002, S. 317-328.

WÜRDIGER, Hans (Konzernrecht): Aktien- und Konzernrecht - Eine systematische Darstellung, 2., völlig neubearbeitete Auflage, Karlsruhe 1966.

WÜSTEMANN, Jens / DUHR, Andreas (Geschäftswertbilanzierung): Geschäftswertbilanzierung nach dem Exposure Draft ED 3 des IASB - Entobjektivierung auf den Spuren des FASB?, in: Betriebs-Berater 2003, S. 247-253.

WYSOCKI, Klaus von (Steuerbelastungsvergleich): Der internationale Steuerbelastungsvergleich als Grundlage betrieblicher Verhaltensplanung im Gemeinsamen Markt, in: Zeitschrift für Betriebswirtschaft 1962, S. 129-141.

WYSOCKI, Klaus von / SCHULZE-OSTERLOH, Joachim / HENNRICHS, Joachim / KUHNER, Christoph (HdJ): Handbuch des Jahresabschlusses - Rechnungslegung nach HGB und internationalen Standards, Köln 1984, Loseblatt, Stand: 3/2006, 37. Ergänzungslieferung.

WYSOCKI, Klaus von / WOHLGEMUTH, Michael (Konzernrechnungslegung): Konzernrechnungslegung, 4., völlig neu bearbeitete Auflage, Düsseldorf 1996.

ZABEL, Martin (Einzelabschluss): IAS zwingend für Konzern- und Einzelabschluss? - Stellungnahme zu *Böcking*, WPg 2001, S. 1433 ff.; zugleich ein Plädoyer für eine intensive Diskussion der Vor- und Nachteile kapitalmarktorientierter Rechnungslegungs- und Publizitätsgrundsätze für nicht kapitalmarktorientierte Unternehmen, in: Die Wirtschaftsprüfung 2002, S. 919-924.

ZENTHÖFER, Wolfgang / SCHULZE ZUR WIESCHE, Dieter (Einkommensteuer): Einkommensteuer, 8., völlig neu bearbeitete Auflage, Stuttgart 2004.

ZIMMERMANN, Martin (Steuercontrolling): Steuercontrolling - Beziehungen zwischen Steuern und Controlling, Wiesbaden 1997, zugleich Dissertation rer. pol., Universität zu Köln 1996.

ZIRFAS, Heidrun (Planungsansätze): Ausgewählte Planungsansätze bei der Bestimmung von Verrechnungspreisen in deutschen Großunternehmen, in: Oestreicher, Andreas (Hrsg.), Internationale Verrechnungspreise - Beiträge zu einer Ringveranstaltung an der Universität Göttingen im Sommersemester 2002, Herne/Berlin 2003, S. 243-263.

ZÜLCH, Henning (Improvement Project): Das IASB Improvement Project - Wesentliche Neuerungen und ihre Würdigung, in: Kapitalmarktorientierte Rechnungslegung 2004, S. 153-167.

ZWIRNER, Christian / BUSCH, Julia / REUTER, Michael (Bedeutung von Verlusten): Abbildung und Bedeutung von Verlusten im Jahresabschluss - Empirische Ergebnisse zur Wesentlichkeit von Verlustvorträgen in deutschen Konzernabschlüssen, in: Deutsches Steuerrecht 2003, S. 1042-1049.

Rechtsquellenverzeichnis

I. Gesetze

./.	Gesetz zur Änderung des Einkommensteuergesetzes vom 20.4.1976, Bundesgesetzblatt I 1976, S. 1054.
./.	Gesetz zur Fortsetzung der Unternehmenssteuerreform vom 29.10.1997, Bundesgesetzblatt I 1997, S. 2590.
./.	Gesetz zur Umsetzung der Protokollerklärung der Bundesregierung zur Vermittlungsempfehlung zum Steuervergünstigungsabbaugesetz vom 22.12.2003, Bundesgesetzblatt I 2003, S. 2840.
AktG	Aktiengesetz vom 6.9.1965, Bundesgesetzblatt I 1965, S. 1089, zuletzt geändert durch das Gesetz zur Unternehmensintegrität und Modernisierung des Anfechtungsrechts (UMAG) vom 22.9.2005, Bundesgesetzblatt I 2005, S. 2802.
AO	Abgabenordnung - In der Fassung der Bekanntmachung vom 1.10.2002, Bundesgesetzblatt I 2002, S. 3866, ber. Bundesgesetzblatt I 2003, S. 61, zuletzt geändert durch das Gesetz zur Neuorganisierung der Bundesfinanzverwaltung und zur Schaffung eines Refinanzierungsregisters vom 22.9.2005, Bundesgesetzblatt I 2005, S. 2809.
AStG	Gesetz über die Besteuerung von Auslandsbeziehungen (Außensteuergesetz) vom 8.9.1972, Bundesgesetzblatt I 1972, S. 1713, zuletzt geändert durch das EURichtlinien-Umsetzungsgesetz vom 9.12.2004, Bundesgesetzblatt I 2004, S. 3310.
BilReG	Gesetz zur Einführung internationaler Rechnungslegungsstandards und zur Sicherung der Qualität der Abschlussprüfung (Bilanzrechtsreformgesetz) vom 4.12.2004, Bundesgesetzblatt I 2004, S. 3166.
BiRiLiG	Gesetz zur Durchführung der Vierten, Siebenten und Achten Richtlinie des Rates der Europäischen Gemeinschaften zur Koordinierung des Gesellschaftsrechts (Bilanzrichtlinien-Gesetz) vom 19.12.1985, Bundesgesetzblatt I 1985, S. 2355.
EStG	Einkommensteuergesetz - In der Fassung der Bekanntmachung vom 19.10.2002, Bundesgesetzblatt I 2002, S. 4210, ber. Bundesgesetzblatt I 2003, S. 179, zuletzt geändert durch das Gesetz zur Neuorganisierung der Bundesfinanzverwaltung und zur Schaffung eines Refinanzierungsregisters vom 22.9.2005, Bundesgesetzblatt I 2005, S. 2809.
Flutopfer-solidaritätsgesetz	Gesetz zur Änderung steuerrechtlicher Vorschriften und zur Errichtung eines Fonds „Aufbauhilfe" vom 19.9.2002, Bundesgesetzblatt I 2002, S. 3651.
GewStG	Gewerbesteuergesetz - In der Fassung der Bekanntmachung vom 15.10.2002, Bundesgesetzblatt I 2002, S. 4167, zuletzt geändert durch das Gesetz zum 3. Zusatzprotokoll vom 4.7.2004 zum Abkommen vom 16.6.1959 zwischen der Bundesrepublik Deutschland und dem Königreich der Niederlande vom 15.12.2004, Bundesgesetzblatt II 2004, S. 1653.

GG	Grundgesetz für die Bundesrepublik Deutschland vom 23.5.1949, Bundesgesetzblatt I 1949, S. 1, zuletzt geändert durch das Gesetz zur Änderung des Grundgesetzes (Art. 96) vom 26.7.2002, Bundesgesetzblatt I 2002, S. 2863.
GmbHG	Gesetz betreffend die Gesellschaften mit beschränkter Haftung vom 20.4.1892, Reichsgesetzblatt I 1892, S. 477 - In der Fassung der Bekanntmachung vom 20.5.1898, Reichsgesetzblatt I 1898, S. 846, zuletzt geändert durch das Gesetz über die Verwendung elektronischer Kommunikationsformen in der Justiz (Justizkommunikationsgesetz - JKomG) vom 22.3.2005, Bundesgesetzblatt I 2005, S. 837.
HGB	Handelsgesetzbuch vom 10.5.1897, Reichsgesetzblatt 1897, S. 219, zuletzt geändert durch das Gesetz über die Offenlegung der Vorstandsvergütungen (Vorstandsvergütungs-Offenlegungsgesetz - VorstOG) vom 3.8.2005, Bundesgesetzblatt I 2005, S. 2267.
InvZulG 2005	Investitionszulagengesetz 2005 vom 17.3.2004, Bundesgesetzblatt I 2004, S. 438, zuletzt geändert durch das Gesetz zur Neuregelung der präventiven Telekommunikations- und Postüberwachung durch das Zollkriminalamt und zur Änderung der InvZulG 2005 und 1999 vom 21.12.2004, Bundesgesetzblatt I 2004, S. 3603.
KapAEG	Gesetz zur Verbesserung der Wettbewerbsfähigkeit deutscher Konzerne an Kapitalmärkten und zur Erleichterung der Aufnahmen von Gesellschafterdarlehen (Kapitalaufnahmeerleichterungsgesetz) vom 20.4.1998, Bundesgesetzblatt I 1998, S. 707.
KapCoRiLiG	Gesetz zur Durchführung der Richtlinie des Rates der Europäischen Union zur Änderung der Bilanz- und der Konzernbilanzrichtlinie hinsichtlich ihres Anwendungsbereiches (90/605/EWG), zur Verbesserung der Offenlegung von Jahresabschlüssen und zur Änderung anderer handelsrechtlicher Bestimmungen (Kapitalgesellschaften- und Co-Richtlinie-Gesetz) vom 24.2.2000, Bundesgesetzblatt I 2000, S. 154.
KStG	Körperschaftsteuergesetz 2002 - In der Fassung der Bekanntmachung vom 15.10.2002, Bundesgesetzblatt I 2002, S. 4144, zuletzt geändert durch das Gesetz zur Änderung des Versicherungsaufsichtsgesetzes und anderer Gesetze vom 15.12.2004, Bundesgesetzblatt I 2004, S. 3416.
KStG 1999	Körperschaftsteuergesetz 1999 - In der Fassung der Bekanntmachung vom 22.4.1999, Bundesgesetzblatt I 1999, S. 817, zuletzt geändert durch das Gesetz zur weiteren steuerlichen Förderung von Stiftungen vom 14.7.2000, Bundesgesetzblatt I 2000, S. 1034.
PublG	Gesetz über die Rechnungslegung von bestimmten Unternehmen und Konzernen (Publizitätsgesetz) vom 15.8.1969, Bundesgesetzblatt I 1969, S. 1189, ber. Bundesgesetzblatt I 1970, S. 1113, zuletzt geändert durch das Gesetz vom 4.12.2004, Bundesgesetzblatt I 2004, S. 3166.
SolZG	Solidaritätszuschlaggesetz 1995 - In der Fassung der Bekanntmachung vom 15.10.2002, Bundesgesetzblatt I 2002, S. 4130, zuletzt geändert durch das zweite Gesetz für moderne Dienstleistungen am Arbeitsmarkt vom 23.12.2002, Bundesgesetzblatt I 2002, S. 4621.

SolZG 1991	Gesetz zur Einführung eines befristeten Solidaritätszuschlags und zur Änderung von Verbrauchsteuer- und anderen Gesetzen vom 24.6.1991, Bundesgesetzblatt I 1991, S. 1318.
StandOG	Gesetz zur Verbesserung der steuerlichen Bedingungen zur Sicherung des Wirtschaftsstandorts Deutschland im Europäischen Binnenmarkt (Standortsicherungsgesetz) vom 13.9.1993, Bundesgesetzblatt I 1993, S. 1569.
StEntlG	Steuerentlastungsgesetz 1999/2000/2002 vom 24.3.1999, Bundesgesetzblatt I 1999, S. 402.
StReformG 1990	Steuerreformgesetz 1990 vom 25.7.1988, Bundesgesetzblatt I 1988, S. 1093.
StSenkG	Gesetz zur Senkung der Steuersätze und zur Reform der Unternehmensbesteuerung (Steuersenkungsgesetz) vom 23.10.2000, Bundesgesetzblatt I 2000, S. 1433.

II. Gesetzesmaterialien

DEUTSCHER BUNDESTAG (Drs. V/3197 vom 5.8.1968): Entwurf eines Gesetzes über die Rechnungslegung von Großunternehmen und Konzernen, Bundestags-Drucksache V/3197 vom 5.8.1968.

DEUTSCHER BUNDESTAG (Drs. 10/4268 vom 18.11.1985): Beschlußempfehlung und Bericht des Rechtsausschusses (6. Ausschuß) zu dem von der Bundesregierung eingebrachten Entwurf eines Gesetzes zur Durchführung der Vierten Richtlinie des Rates der Europäischen Gemeinschaften zur Koordinierung des Gesellschaftsrechts (Bilanzrichtlinie-Gesetz) - Drucksache 10/317 - Entwurf eines Gesetzes zur Durchführung der Siebenten und Achten Richtlinie des Rates der Europäischen Gemeinschaften zur Koordinierung des Gesellschaftsrechts - Drucksache 10/3440, Bundestags-Drucksache 10/4268 vom 18.11.1985.

DEUTSCHER BUNDESTAG (Drs. 12/4401 vom 4.3.1993): Gesetzentwurf der Fraktionen der CDU/CSU und der F.D.P. - Entwurf eines Gesetzes über Maßnahmen zur Bewältigung der finanziellen Erblasten im Zusammenhang mit der Herstellung der Einheit Deutschlands, zur langfristigen Sicherung des Aufbaus in den neuen Ländern, zur Neuordnung des bundesstaatlichen Finanzausgleichs und zur Entlastung der öffentlichen Haushalte (Gesetz zur Umsetzung des Föderalen Konsolidierungsprogramms - FKPG-), Bundestags-Drucksache 12/4401 vom 4.3.1993.

III. Verwaltungsanweisungen

BUNDESMINISTERIUM DER FINANZEN (Schreiben vom 23.2.1983): Schreiben vom 23.2.1983, Aktenzeichen IV C 5 - S 1341 - 4/83 - „Grundsätze für die Prüfung der Einkunftsabgrenzung bei international verbundenen Unternehmen (Verwaltungsgrundsätze)“, in: Bundessteuerblatt I 1983, S. 218-233.

BUNDESMINISTERIUM DER FINANZEN (Schreiben vom 12.4.2005): Schreiben vom 12.4.2005, Aktenzeichen IV B 4 - S 1341 - 1/05 - „Grundsätze für die Prüfung der Einkunftsabgrenzung zwischen nahestehenden Personen mit grenzüberschreitenden Geschäftsbeziehungen in Bezug auf Ermittlungs- und Mitwirkungspflichten, Berichtigungen sowie auf Verständigungs- und EU-Schiedsverfahren (Verwaltungsgrundsätze-Verfahren)“, in: Bundessteuerblatt I 2005, S. 570-599.

FINANZBEHÖRDE HAMBURG (Erlass vom 15.1.1985): Erlass vom 15.1.1985, Aktenzeichen 53 - S 2071 - 3/82, in: Der Betrieb 1985, S. 258-259.

IV. Verordnungen der Europäischen Union

EUROPÄISCHE UNION (Verordnung 2157/2001): Verordnung (EG) Nr. 2157/2001 des Rates vom 8. Oktober 2001 über das Statut der Europäischen Gesellschaft (SE) - SE-Verordnung, in: Amtsblatt der Europäischen Gemeinschaften Nr. L 294 vom 10.11.2001, S. 1-21.

EUROPÄISCHE UNION (Verordnung 1606/2002): Verordnung (EG) Nr. 1606/2002 des Europäischen Parlaments und des Rates vom 19.7.2002 betreffend die Anwendung internationaler Rechnungslegungsstandards, in: Amtsblatt der Europäischen Gemeinschaften Nr. L 243 vom 11.9.2002, S. 1-4.

V. Standardsetter Rechnungslegung

AICPA (Hrsg.) (ARB 43): Accounting Research Bulletin No. 43 - Restatement and Revision of Accounting Research Bulletins, 1953, in: FASB (Hrsg.), Original Pronouncements - 2002/2003 Edition - Accounting Standards as of June 1, 2002, Vol. III, New York u.a. 2002, S. 5-53.

DRSC (Hrsg.) (DRS 3): Deutscher Rechnungslegungs Standard Nr. 3 (DRS 3) - Segmentberichterstattung - verabschiedet vom Deutschen Standardisierungsrat (DSR) am 20.12.1999, 2000, in: Bundesministerium der Justiz (Hrsg.), Bundesanzeiger, Nr. 103, 10193, Berlin 2000, S. 1.

DRSC (E-DRS 12): Entwurf Deutscher Rechnungslegungs Standard Nr. 12 - E-DRS 12 - Latente Steuern im Konzernabschluss, online im Internet: DRSC (Hrsg.), URL: http://www.standardsetter.de/drsc/docs/drafts/12.html, Stand: 13.7.2001, Abfrage vom 22.3.2002.

DRSC (Hrsg.) (DRS 10): Deutscher Rechnungslegungs Standard Nr. 10 (DRS 10) - Latente Steuern im Konzernabschluss - verabschiedet vom Deutschen Standardisierungsrat (DSR) am 18.1.2002, 2002, in: Bundesministerium der Justiz (Hrsg.), Bundesanzeiger, Nr. 66a, Berlin 2002, S. 1-8.

DRSC (Entwurf Rahmenkonzept): Entwurf Grundsätze ordnungsmäßiger Rechnungslegung (Rahmenkonzept), online im Internet: DRSC (Hrsg.), URL: http://www.standardsetter.de/drsc/docs/drafts/framework.html, Stand: 16.10.2002, Abfrage vom 12.5.2004.

FASB (Hrsg.) (SFAC 1): Statement of Financial Accounting Concepts No. 1 - Objectives of Financial Reporting by Business Enterprises, 1978, in: FASB (Hrsg.), Original Pronouncements - 2002/2003 Edition - Accounting Standards as of June 1, 2002, Vol. III, New York u.a. 2002, S. 1005-1020.

FASB (Hrsg.) (SFAC 2): Statement of Financial Accounting Concepts No. 2 - Qualitative Characteristics of Accounting Information, 1980, in: FASB (Hrsg.), Original Pronouncements - 2002/2003 Edition - Accounting Standards as of June 1, 2002, Vol. III, New York u.a. 2002, S. 1021-1055.

FASB (Hrsg.) (SFAC 5): Statement of Financial Accounting Concepts No. 5 - Recognition and Measurement in Financial Statements of Business Enterprises, 1984, in: FASB (Hrsg.), Original Pronouncements - 2002/2003 Edition - Accounting Standards as of June 1, 2002, Vol. III, New York u.a. 2002, S. 1082-1107.

FASB (Hrsg.) (SFAS No. 109): Statement of Financial Accounting Standards No. 109 - Accounting for Income Taxes, 1992, in: FASB (Hrsg.), Original Pronouncements - 2002/2003 Edition - Accounting Standards as of June 1, 2002, Vol. II, New York u.a. 2002, S. 1412-1481.

FASB (Hrsg.) (SFAS No. 131): Statement of Financial Accounting Standards No. 131 - Disclosures about Segments of an Enterprise and Related Information, 1997, in: FASB (Hrsg.), Original Pronouncements - 2002/2003 Edition - Accounting Standards as of June 1, 2002, Vol. II, New York u.a. 2002, S. 2048-2078.

FASB (Hierarchy): Exposure Draft -The Hierarchy of Generally Accepted Accounting Principles - Proposed Statement of Financial Accounting Standards, online im Internet: FASB (Hrsg.), URL: http://www.fasb.org/draft/ed_gaap_hierarchy.pdf, Stand: 28.4.2005, Abfrage vom 19.7.2005, S. 1-11.

IASB (Hrsg.) (IAS 1): International Accounting Standard 1 - Presentation of Financial Statements, revised 2003, in: IASB (Hrsg.), International Financial Reporting Standards (IFRSs) 2005 including International Accounting Standards (IASs) and Interpretations as at 1 January 2005, London 2005, S. 601-653.

IASB (Hrsg.) (IAS 1 (rev. 1997)): International Accounting Standard 1 (rev. 1997) - Presentation of Financial Statements, revised 1997, in: IASB (Hrsg.), International Accounting Standards 2002, London 2002, S. 1-1-1-44.

IASB (Hrsg.) (IAS 12): International Accounting Standard 12 - Income Taxes, revised 2000, in: IASB (Hrsg.), International Financial Reporting Standards (IFRSs) 2005 including International Accounting Standards (IASs) and Interpretations as at 1 January 2005, London 2005, S. 761-818.

IASB (Hrsg.) (IAS 12 (D)): International Accounting Standard 12 (Deutsche Ausgabe) - Ertragsteuern, überarbeitet 2000, in: IASB (Hrsg.), International Financial Reporting Standards (IFRSs) 2005 einschließlich International Accounting Standards (IASs) und Interpretationen zum 1.Januar 2005, London 2005, S. 12-1-12-77.

IASB (Hrsg.) (IAS 14): International Accounting Standard 14 - Segment Reporting, revised 1997, in: IASB (Hrsg.), International Financial Reporting Standards (IFRSs) 2005 including International Accounting Standards (IASs) and Interpretations as at 1 January 2005, London 2005, S. 819-851.

IASB (Hrsg.) (IAS 27): International Accounting Standard 27 - Consolidated and Separate Financial Statements, revised 2003, in: IASB (Hrsg.), International Financial Reporting Standards (IFRSs) 2005 including International Accounting Standards (IASs) and Interpretations as at 1 January 2005, London 2005, S. 1133-1160.

IASB (Hrsg.) (IAS 8): International Accounting Standard 8 - Accounting Policies, Changes in Accounting Estimates and Errors, revised 2003, in: IASB (Hrsg.), International Financial Reporting Standards (IFRSs) 2005 including International Accounting Standards (IASs) and Interpretations as at 1 January 2005, London 2005, S. 697-730.

IASB (Hrsg.) (IAS 8 (rev. 1993)): International Accounting Standard 8 (rev. 1993) - Net Profit or Loss for the Period, Fundamental Errors and Changes in Accounting Policies, revised 1993, in: IASB (Hrsg.), International Accounting Standards 2002, London 2002, S. 8-1-8-24.

IASB (Hrsg.) (Framework): Framework for the Preparation and Presentation of Financial Statements, 1989, in: IASB (Hrsg.), International Financial Reporting Standards (IFRSs) 2005 including International Accounting Standards (IASs) and Interpretations as at 1 January 2005, London 2005, S. 29-53.

IASB (Hrsg.) (IAS 34): International Accounting Standard 34 - Interim Financial Reporting, 1998, in: IASB (Hrsg.), International Financial Reporting Standards (IFRSs) 2005 including International Accounting Standards (IASs) and Interpretations as at 1 January 2005, London 2005, S. 1381-1404.

IASC (Hrsg.) (IAS 12 (ref. 1994)): International Accounting Standard 12 (ref. 1994) - Accounting for Taxes on Income, reformatted 1994, in: IASC (Hrsg.), International Accounting Standards 1997, London 1997, S. 209-224.

IASCF (IASB Constitution): IASB Constitution, online im Internet: IASCF (Hrsg.), URL: http:// www.iasb.org/uploaded_files/documents/8_11_iascf-constitution.pdf, Stand: 1.7.2005, Abfrage vom 13.10.2005, S. 1-12.

SEC (Hrsg.) (FRR): Financial Reporting Releases, 1999, in: SEC (Hrsg.), SEC-Guidelines - Rules and Regulations, Boston 1999, S. FRR.1-FRR.227.

SEC (Hrsg.) (SAB): Staff Accounting Bulletin, 1999, in: SEC (Hrsg.), SEC-Guidelines - Rules and Regulations, Boston 1999, S. SAB.1-SAB.160.

SEC (Reg. S-X): Regulation S-X, online im Internet: SEC (Hrsg.), URL: http://www.sec.gov/ divisions/corpfin/forms/regsx.htm, Stand: 8.11.2004, Abfrage vom 14.5.2005, Item 210.1-01-Item 210.12-29.

Rechtsprechungsverzeichnis

BUNDESFINANZHOF: Urteil vom 10.5.1967, Aktenzeichen I 187/64, in: Bundessteuerblatt III 1967, S. 498-499.

BUNDESFINANZHOF: Urteil vom 16.3.1967, Aktenzeichen I 261/63, in: Bundessteuerblatt III 1967, S. 626-627.

BUNDESFINANZHOF: Urteil vom 16.2.1977, Aktenzeichen I R 94/75, in: Bundessteuerblatt II 1977, S. 568-569.

BUNDESFINANZHOF: Urteil vom 16.4.1980, Aktenzeichen I R 75/78, in: Bundessteuerblatt II 1981, S. 492-493.

BUNDESFINANZHOF: Urteil vom 23.1.1991, Aktenzeichen I R 22/90, in: Bundessteuerblatt II 1991, S. 554-555.

BUNDESFINANZHOF: Urteil vom 23.6.1992, Aktenzeichen IX R 182/87, in: Bundessteuerblatt II 1992, S. 972-975.

BUNDESFINANZHOF: Urteil vom 16.12.1998, Aktenzeichen I R 138/97, in: Bundessteuerblatt II 1999, S. 437-439.

BUNDESFINANZHOF: Urteil vom 17.10.2001, Aktenzeichen I R 103/00, in: Bundessteuerblatt II 2004, S. 171-179.

BUNDESFINANZHOF: Urteil vom 6.4.2005, Aktenzeichen I R 22/04, in: Internationales Steuerrecht 2005, S. 598-601.

BUNDESVERFASSUNGSGERICHT: Beschluss vom 22.7.1991, Aktenzeichen 1 BvR 313/88, in: Höchstrichterliche Finanzrechtsprechung 1991, S. 423-424.

BUNDESVERFASSUNGSGERICHT: Beschluss vom 22.6.1995, Aktenzeichen 2 BvL 37/91, in: Bundessteuerblatt II 1995, S. 655-665.

EuGH: Urteil vom 13.12.2005, Rechtssache C-446/03 - ‚Marks & Spencer', in: Internationales Steuerrecht 2006, S. 19-22.

FINANZGERICHT MÜNSTER: Urteil vom 27.9.2005, Aktenzeichen 12-K-6263/03-E, in: Ertragsteuerberater 2006, S. 53.

REICHSFINANZHOF: Urteil vom 30.1.1930, Aktenzeichen I A 226/229, in: Reichssteuerblatt 1930, S. 148-151.

REICHSFINANZHOF: Urteil vom 19.12.1935, Aktenzeichen I A 166/35, in: Reichssteuerblatt 1936, S. 252-253.